当代西方
社会心理学
名著译丛

方文 主编

第2版 偏见

Prejudice
Its Social
Psychology, 2e

[英] 鲁珀特·布朗 著
(Rupert Brown)

张彦彦 译

中国人民大学出版社
·北京·

当代西方社会心理学名著译丛（第二辑）编委会

学术顾问

陈欣银教授（宾夕法尼亚大学教育学院）
王登峰教授（北京大学心理与认知科学学院）
乐国安教授（南开大学社会心理学系）
周晓虹教授（南京大学社会学院）

编辑委员会

戴健林教授（华南师范大学政治与公共管理学院）
高明华教授（哈尔滨工程大学人文社会科学学院）
高申春教授（吉林大学心理学系）
管健教授（南开大学社会心理学系）
侯玉波副教授（北京大学心理与认知科学学院）
胡平教授（中国人民大学心理学系）
寇彧教授（北京师范大学心理学部）
李丹教授（上海师范大学心理学系）
李磊教授（天津商业大学心理学系）
李强教授（南开大学社会心理学系）
刘力教授（北京师范大学心理学部）
罗教讲教授（武汉大学社会学院）
马华维教授（天津师范大学心理学部）
潘宇编审（中国人民大学出版社）
彭泗清教授（北京大学光华管理学院）
汪新建教授（南开大学社会心理学系）
杨宜音研究员（中国社会科学院社会学研究所）
翟学伟教授（南京大学社会学院）
张建新研究员（中国科学院心理研究所）
张彦彦教授（吉林大学心理学系）
赵德雷副教授（哈尔滨工程大学人文社会科学学院）
赵蜜博士（中央民族大学民族学与社会学学院）
钟年教授（武汉大学心理学系）
朱虹教授（南京大学商学院）
佐斌教授（华中师范大学心理学院）
方文教授（译丛主编，北京大学社会学系）

开启社会心理学的"文化自觉"
"当代西方社会心理学名著译丛"(第二辑)总序

只有一门社会心理学。它关注人之认知、情感和行为潜能的展现,如何受他人在场(presence of others)的影响。其使命是激励每个活生生的个体去超越约拿情结(Jonah Complex)的羁绊,以缔造其动态、特异而完整的丰腴生命。但他人在场,已脱离奥尔波特(Gordon. W. Allport)原初的实际在场(actual presence)、想象在场(imagined presence)和隐含在场(implied presence)的微观含义,叠合虚拟在场(virtual presence)这种新模态,从共时-历时和宏观-微观两个维度得到重构,以涵括长青的研究实践和不断拓展的学科符号边界(方文,2008a)。社会心理学绝不是哪个学科的附属学科,它只是以从容开放的胸怀,持续融会心理学、社会学、人类学、进化生物学和认知神经科学的智慧,逐渐建构和重构自主独立的学科认同和概念框架,俨然成为人文社会科学的一门基础学问。

在不断建构和重构的学科历史话语体系中,社会心理学有不同版本的诞生神话(myth of birth),如1897年特里普里特(Norman Triplett)有关社会促进/社会助长(social facilitation)的实验研究、1908年两本偶然以社会心理学为题的教科书,或1924年奥尔波特(Floyd H. Allport)的权威教材。这些诞生神话,蕴含可被解构的意识形态偏好和书写策略。援引学科制度视角(方文,2001),这门新生的社会/行为科学的学科合法性和学科认同,在20世纪30年代中期于北美得以完成。而北美社会心理学,在第二次世界大战期间及战后年代声望日盛,成就其独断的符号霸权。当代社会心理学的学科图景和演进画卷,舒展在此脉络中。

一、1967年:透视当代社会心理学的时间线索

黑格尔说,一切哲学也就是哲学史。哲人道破学科史研究的秘密:滋养学

术品位。但在社会科学/行为科学的谱系中，学科史研究一直地位尴尬，远不及人文学科。研究学科史的学者，或者被污名化——自身没有原创力，只能去总结梳理他人的英雄故事；或者被认为是学问大家研究之余的闲暇游戏，如对自身成长过程的记录。而在大学的课程设计中，学科史也只是附属课程，大多数被简化为具体课程中的枝节，在导论里一笔带过。

学科史研究对学术品位的滋养，从几方面展开。第一，它在无情的时间之流中确立学科演化路标：学科的英雄谱系和经典谱系。面对纷繁杂乱的研究时尚或招摇撞骗的学界名流，它是最简洁而高效的解毒剂。第二，它作为学科集体记忆档案，是学科认同建构的基本资源。当学子们领悟到自身正置身于那些非凡而勤奋的天才所献身的理智事业时，自豪和承诺油然而生。而学科脉络中后继的天才，就从中破茧而出。第三，它也是高效的学习捷径。尽管可向失败和愚昧学习，但成本过高；而向天才及其经典学习，是最佳的学习策略。第四，它还可能为抽象的天才形象注入温暖的感性内容。而这感性，正是后继者求知的信心和努力的动力。

已有四种常规线索、视角或策略，被用来观照当代社会心理学的演化：学科编年史，或者学科通史是第一种也是最为常用的策略；学派的更替是第二种策略；不同年代研究主题的变换是第三种策略；而不同年代权威教科书的内容变迁，则是第四种策略。

还有一些新颖的策略正在被尝试。支撑学科理智大厦的核心概念或范畴在不同时期杰出学者视域中的意义演化，即概念史或范畴史，是一种新颖独特但极富难度的视角；而学科制度视角，则以学科发展的制度建设为核心，也被构造出来（方文，2001）。这些视角或策略为洞悉学科的理智进展提供了丰盛的养料。

而历史学者黄仁宇先生则以核心事件和核心人物的活动为主线，贡献了其大历史的观念。黄先生通过聚焦"无关紧要的一年"（A Year of No Significance）——1587年或万历十五年（黄仁宇，2007），条分缕析，洞悉当时最强大的大明帝国若干年后崩溃的所有线索。这些线索，在这一年六位人物的活动事件中都可以找到踪迹。

剥离其悲哀意味，类似地，当代社会心理学的命运，也可标定一个"无关紧要的一年"：1967年。它与两个基本事件和三个英雄人物关联在一起。

首先是两个基本事件。第一是1967年前后"社会心理学危机话语"的兴起，第二是1967年前后所开始的欧洲社会心理学的理智复兴。危机话语的兴起及其应对,终结了方法学的实验霸权,方法多元和方法宽容逐渐成为共识。而欧洲社会心理学的理智复兴,则终结了北美主流"非社会的"社会心理学(a-social social psychology),"社会关怀"成为标尺。而这两个事件之间亦相互纠缠,共同形塑了其当代理论形貌和概念框架(Moscovici & Marková, 2006)。

还有三个英雄人物。主流社会心理学的象征符码,"社会心理学的教皇"(pope of social psychology)费斯廷格(Leon Festinger, 1919—1989),在1967年开始对社会心理学萌生厌倦之心,正准备离开斯坦福大学和社会心理学。一年后,费斯廷格终于成行,从斯坦福大学来到纽约的新社会研究学院(New School for Social Research),主持有关运动视觉的项目。费斯廷格对社会心理学的离弃,是北美独断的符号霸权终结的先兆。

而在同一年,主流社会心理学界还不熟悉的泰弗尔(Henri Tajfel, 1919—1982),这位和费斯廷格同年出生的天才,从牛津大学来到布里斯托大学。他从牛津大学的讲师被聘为布里斯托大学社会心理学讲席教授。

而在巴黎,和泰弗尔同样默默无闻的另一位天才莫斯科维奇(Serge Moscovici, 1925—2014)正在孕育少数人影响(minority influence)和社会表征(social representation)的思想和研究。

从1967年开始,泰弗尔团队和莫斯科维奇团队,作为欧洲社会心理学理智复兴的创新引擎,在"社会关怀"的旗帜下,开始一系列独创性的研究。社会心理学的当代历史编纂家,会铭记这一历史时刻。当代社会心理学的世界图景从那时开始慢慢重构,北美社会心理学独断的符号霸权开始慢慢解体,而我们置身于其中的学科成就,在新的水准上也得以孕育和完善。

二、统一的学科概念框架的建构:解释水平

教科书的结构,是学科概念框架的原型表征。在研究基础上获得广泛共识的学科结构、方法体系和经典案例,作为学科内核,构成教科书的主体内容。教科书,作为学科发展成熟程度的重要指标,是学科知识传承、学术社会化和学科认同建构的基本资源和主要媒介。特定学科的学子和潜在研究者,首先通过教科书而获得有关学科的直观感受和基础知识。而不同年代权威教科书的内容变迁,实质上负载特定学科理智演化的基本线索。

在杂多的教科书当中,有几条标准可帮助辨析和鉴别其优劣。第一,教科书的编/作者是不是第一流的研究者。随着学科的成熟,中国学界以往盛行的"教材学者"已经淡出;而使他们获得声望的所编教材,也逐渐丧失价值。第

二，教科书的编/作者是否秉承理论关怀。没有深厚的理论关怀，即使是第一流的研究者，也只会专注于自己所感兴趣的狭隘领域，没有能力公正而完备地展现和评论学科发展的整体面貌。第三，教科书的编/作者是否有"文化自觉"的心态。如果负荷文化中心主义的傲慢，编/作者就无法均衡、公正地选择研究资料，而呈现出对自身文化共同体的"单纯暴露效应"（mere exposure effect），缺失文化多样性的感悟。

直至今日，打开绝大多数中英文社会心理学教科书的目录，只见不同研究主题杂乱无章地并置，而无法明了其逻辑连贯的理智秩序。学生和教师大多无法领悟不同主题之间的逻辑关联，也无法把所学所教内容图式化，使之成为自身特异的知识体系中可随时启动的知识组块和创造资源。这种混乱，是对社会心理学学科身份的误识，也是对学科概念框架的漠视。

如何统合纷繁杂乱但生机活泼的研究实践、理论模式和多元的方法偏好，使之归于逻辑统一而连贯的学科概念框架？有深刻理论关怀的社会心理学大家，都曾致力于这些难题。荣誉最终归于比利时出生的瑞士学者杜瓦斯（Willem Doise）。

在杜瓦斯之前，美国社会心理学者，2007年库利-米德奖（Cooley-Mead Award）得主豪斯也曾试图描绘社会心理学的整体形貌（House，1977）。豪斯所勾画的社会心理学是三头怪物：社会学的社会心理学（sociological social psychology, SSP）、实验社会心理学（experimental social psychology, ESP）和语境社会心理学或社会结构和人格研究（contextual social psychology, CSP; social structure and personality）。曾经被误解为两头怪物的社会心理学，因为豪斯更加让人厌烦和畏惧。

但如果承认行动者的能动性，即使是在既定的社会历史语境中的能动性，在行动中对社会过程和社会实在进行情景界定和社会建构的社会心理过程的首要性，就会凸显出来。换言之，社会心理过程在主观建构的意义上对应于社会过程。

杜瓦斯在《社会心理学的解释水平》这部名著中，以解释水平为核心，成功重构了社会心理学统一的学科概念框架。杜瓦斯细致而合理地概括了社会心理学解释的四种理想型或水平，而每种解释水平分别对应于不同的社会心理过程，生发相应的研究主题（Doise，1986：10 – 17）。

水平1——个体内水平（intra-personal or intra-individual level）。它是最为微观也最为心理学化的解释水平。个体内分析水平，主要关注个体在社会情境中组织其社会认知、社会情感和社会经验的机制，并不直接处理个体和社会环境之间的互动。

以个体内解释水平为核心的**个体内过程**，可涵括的基本研究主题有：具身性（embodiment）、自我、社会知觉和归因、社会认知和文化认知、社会情感、社会态度等。

在这一解释水平上，社会心理学者已经构造出一些典范的理论模型，如：费斯廷格的认知失调论；态度形成和改变的双过程模型，如精致化可能性模型（elaboration likelihood model，ELM）与启发式加工-系统加工模型（heuristic-systematic model，HSM）；希金斯（Higgins，1996）的知识启动和激活模型。

水平2——人际和情景水平（interpersonal and situational level）。它主要关注在给定的情景中所发生的人际过程，而并不考虑在此特定的情景之外个体所占据的不同的社会位置（social positions）。

以人际水平为核心的**人际过程**，可涵括的基本研究主题有：亲社会行为、攻击行为、亲和与亲密关系、竞争与合作等。其典范理论模型是费斯廷格的社会比较论。

水平3——社会位置水平（social positional level）或群体内水平。它关注社会行动者在社会位置中的跨情景差异（inter-situational differences），如社会互动中的参与者特定的群体资格或范畴资格（different group or categorical membership）。

以群体水平为核心的**群体过程**，可涵括的基本研究主题有：大众心理、群体形成、多数人的影响和少数人的影响、权威服从、群体绩效、领导-部属关系等。其典范理论模型是莫斯科维奇有关少数人影响的众从模型（conversion theory）、多数人和少数人影响的双过程模型和社会表征论（Moscovici，2000）。

水平4——意识形态水平（ideological level）或群际水平。它是最为宏观也是最为社会学化的解释水平。它在实验或其他研究情景中，关注或考虑研究参与者所携带的信念、表征、评价和规范系统。

以群际水平为核心的**群际过程**，可涵括的基本研究主题有：群际认知，如刻板印象；群际情感，如偏见；群际行为，如歧视及其应对，还有污名化。

在过去的40年中，群际水平的研究已有突破性的进展。主宰性的理论范式由泰弗尔的社会认同论所启动，并深化到文化认同的文化动态建构论（dynamic constructivism）（Chiu & Hong，2006；Hong et al.，2000；Wyer et al. Eds.，2009）和"偏差"地图模型（BIAS map）（Cuddy et al.，2007；Fiske et al.，2002）

之中。

社会理论大家布迪厄曾经讥讽某些社会学者的社会巫术或社会炼金术，认为他们把自身的理论图式等同于社会实在本身。英雄所见！杜瓦斯尤其强调的是，社会实在在任何时空场景下都是整体呈现的，而不依从于解释水平。社会心理学的四种解释水平只是逻辑工具，绝不是社会实在的四种不同水平；而每种解释水平，都有其存在的合理性，但都只涉及对整体社会实在的某种面向的研究；对于社会实在的整体把握和解释，有赖于四种不同的解释水平的联合（articulation；Doise，1986）。

这四种不同面向和不同层次的社会心理过程，从最为微观也最为心理学化的个体内过程，到最为宏观也最为社会学化的群际过程，是对整体的社会过程不同面向和不同层次的相应表征。

以基本社会心理过程为内核，就可以勾画社会心理学逻辑连贯的概念框架，它由五部分所组成：

（1）社会心理学的历史演化、世界图景和符号霸权分层。

（2）社会心理学的方法体系。

（3）不断凸现的新路径。它为生机勃勃的学科符号边界的拓展预留空间。

（4）基本社会心理过程。

（5）社会心理学在行动中：应用实践的拓展。

社会心理学的基础研究，从第二次世界大战开始，就从两个方面向应用领域拓展。第一，在学科内部，应用社会心理学作为现实问题定向的研究分支，正逐渐地把基础研究的成果用来直面和应对更为宏大的社会问题，如健康、法律、政治、环境、宗教和组织行为。第二，社会心理学有关人性、心理和行为的研究，正对其他学科产生深刻影响。行为经济学家塞勒（Richard H. Thaler，又译为泰勒）因有关心理账户和禀赋效应的研究而获得2017年诺贝尔经济学奖。这是社会心理学家在近50年中第四次获此殊荣［这里没有算上认知神经科学家奥基夫（John O'Keefe）和莫泽夫妇（Edvard I. Moser和May-Britt Moser）因有关大脑的空间定位系统的研究而获得的2014年诺贝尔医学或生理学奖］。在此之前，社会心理学家洛伦茨（Konrad Lorenz）、廷伯根（Nikolaas Tinbergen）和冯·弗里希（Karl von Frisch）因有关动物社会行为的开创性研究而于1973年分享诺贝尔医学或生理学奖。西蒙（Herbert A. Simon；中文名为司马贺，以向司马迁致敬）因有关有限理性（bounded rationality）和次优决策或满意决策（sub-optimum decision-making or satisficing）的研究而获得1978年诺贝尔经济学奖。而卡尼曼（Daniel Kahneman）则因有关行动者在不确定境况中的判断启发式及其偏差的研究，而与另一位学者分享2002年诺贝尔经济学奖。

在诺贝尔奖项中，并没有社会心理学奖。值得强调的是，这些荣膺大奖的社会心理学家，也许只是十年一遇的杰出学者，还不是百年一遇的天才。天才社会心理学家如费斯廷格、泰弗尔、莫斯科维奇和特里弗斯（Robert Trivers）等，他们的理论，在不断地触摸人类物种智慧、情感和欲望的限度。在这个意义上，也许任何大奖包括诺贝尔奖，都无法度量他们持久的贡献。但无论如何，不断获奖的事实，从一个侧面明证了社会心理学家群体的卓越成就，以及社会心理学的卓越研究对于其他人文社会科学研究的典范意义。

杜瓦斯的阐释，是对社会心理学统一概念框架的典范说明。纷繁杂乱的研究实践和理论模式，从此可以被纳入逻辑统一而连贯的体系之中。社会心理学直面社会现实的理论雄心由此得以释放，它不再是心理学、社会学或其他什么学科的亚学科，而是融会相关理智资源的自主学科。

三、当代社会心理学的主宰范式

已有社会心理学大家系统梳理了当代社会心理学的理智进展（如乐国安主编，2009；周晓虹，1993；Burke Ed.，2006；Kruglanski & Higgins Eds.，2007；Van Lange et al. Eds.，2012）。以杜瓦斯所勾画的社会心理学的概念框架为心智地图，也可尝试粗略概括当代社会心理学的主宰范式。这些主宰范式主要体现在方法创新和理论构造上，而不关涉具体的学科史研究、实证研究和应用研究。

（一）方法学领域：社会建构论和话语社会心理学的兴起

作为学科内外因素剧烈互动的结果，"社会心理学危机话语"在20世纪60年代末期开始登场，到20世纪80年代初尘埃落定（方文，1997）。在这段时间，社会心理学教科书、期刊和论坛中充斥着种种悲观的危机论，有的甚至非常激进——"解构社会心理学"（Parker & Shotter Eds.，1990）。"危机话语"实质上反映了社会心理学家群体自我批判意识的兴起。这种自我批判意识的核心主题，就是彻底审查社会心理学赖以发展的方法学基础即实验程序。

危机之后，社会心理学已经迈入方法多元和方法宽容的时代。实验的独断主宰地位已经消解，方法体系中的所有资源，正日益受到均衡的重视。不同理智传统和方法偏好的社会心理学者，通过理智接触，正在消解相互的刻板印象、偏见甚至是歧视，逐渐趋于友善对话甚至是合作。同时，新的研究程序和文献评论技术被构造出来，并逐渐产生重要影响。

其中主宰性的理论视角就是社会建构论（如 Gergen，2001），主宰性的研究路径就是话语社会心理学（波特，韦斯雷尔，2006；Potter & Wetherell，1987；Van Dijk，1993）和修辞学（rhetoric；Billig，1996），而新的研究技术则是元分析（meta-analysis；Rosenthal & DiMatteo，2001）。近期，行动者中心的计算机模拟（agent-based simulation；Macy & Willer，2002）和以大数据处理为基础的计算社会科学（computer social science）（罗玮，罗教讲，2015；Macy & Willer，2002）也开始渗透进社会心理学的研究中。

（二）不断凸显的新路径：进化路径、文化路径和社会认知神经科学

社会心理学一直不断地自我超越，以开放自在的心态融合其他学科的资源，持续拓展学科符号边界。换言之，社会心理学家群体不断地实践新的研究路径（approaches or orientations）。进化路径、文化路径和社会认知神经科学是其中的典范路径。

进化路径和文化路径的导入，关联于受到持续困扰的基本理论论争：是否存在统一而普遍的规律和机制以支配人类物种的社会心理和社会行为？人类物种的社会心理和社会行为是否因其发生的社会文化语境的差异而呈现出特异性和多样性？这个基本理论论争，又可称为普遍论－特异论（universalism vs. particularism）之论争。

依据回答这个论争的不同立场和态度的差异，作为整体的社会心理学家群体可被纳入三个不同的类别或范畴之中。第一个类别是以实验研究为定向的主流社会心理学家群体。他们基本的立场和态度是漠视这个问题的存在价值，或视之为假问题。他们自我期许以发现普遍规律为己任，并把这一崇高天职视为社会心理学的学科合法性和学科认同的安身立命之所。因为他们持续不懈的努力，社会心理学的学子们在其学科社会化过程中，不断地遭遇和亲近跨时空的典范研究和英雄系谱。

第二个类别是以文化比较研究为定向的社会心理学家群体。不同文化语境中社会心理和社会行为的特异性和多样性，使他们刻骨铭心。他们坚定地主张特异论的一极，并决绝地质疑普遍论的诉求。因为他们同样持续不懈的努力，社会心理和社会行为的文化嵌入性（cultural embeddedness）的概念开始深入人心，并且不断激发文化比较研究和本土化研究的热潮。奇妙的是，文化社会心理学的特异性路径，从新世纪开始逐渐解体，而迈向文化动态建构论（Chiu &

Hong, 2006; Hong et al., 2000) 和文化混搭研究 (cultural mixing/polyculturalism) (赵志裕, 吴莹特约主编, 2015; 吴莹, 赵志裕特约主编, 2017; Morris et al., 2015)。

文化动态建构论路径, 关涉每个个体的文化命运, 如文化认知和知识激活、文化认同和文化融合等重大主题。我们每个个体宿命地诞生在某种在地的文化脉络而不是某种文化实体中。经过生命历程的试错, 在文化认知的基础上, 我们开心眼, 滋心灵, 育德行。但文化认知的能力, 是人类物种的禀赋, 具有普世性。假借地方性的文化资源, 我们成长为人, 并不断地修补和提升认知力。我们首先成人, 然后才是中国人或外国人、黄皮肤或黑白皮肤、宗教信徒或非信徒。

倚靠不断修补和提升的认知力, 我们逐渐穿越地方性的文化场景, 加工异文化的体系, 建构生动而动态的 "多元文化的心智" (multicultural mind; Hong et al., 2000)。异质的 "文化病毒", 或多元的文化 "神灵", "栖居" 在我们的心智中, 而表现出领域-特异性。几乎没有 "诸神之争", 她们在我们的心灵中各就其位。

这些异质的 "文化病毒", 或多元的文化 "神灵" 不是暴君, 也做不成暴君, 绝对主宰不了我们的行为。因为先于她们, 从出生时起, 我们就被植入了自由意志的天赋。我们的文化修行, 只是手头待命的符号资源或 "工具箱" (Swidler, 1986)。并且在行动中, 我们练习 "文化开关" 的转换技能和策略, 并累积性地创造新工具或新的 "文化病毒" (Sperber, 1996)。

第三个类别是在当代进化生物学的理智土壤中生长而壮大的群体, 即进化社会心理学家群体。他们蔑视特异论者的 "喧嚣", 而把建构统一理论的雄心拓展至包括人类物种的整个动物界, 以求揭示支配整个动物界的社会心理和社会行为的秩序和机制。以进化历程中的利他难题和性选择难题为核心, 以有机体遗传品质的适应性 (fitness) 为逻辑起点, 从 1964 年汉密尔顿 (W. D. Hamilton) 开始, 不同的宏大理论 (grand theories) [如亲属选择论 (kin selection/ inclusive fitness)、直接互惠论 (direct reciprocal altruism) 和间接互惠论 (indirect reciprocal altruism) 在利他难题上, 亲本投资论 (theory of parental investment; Trivers, 2002) 在性选择难题上] 被构造出来。而进化定向的社会心理学者把进化生物学遗传品质的适应性转化为行为和心智的适应性, 进化社会心理学作为新路径和新领域得以成就 (如巴斯, 2011, 2015; Buss, 2016)。

认知神经科学和社会认知的融合, 催生了社会认知神经科学。以神经科学的新技术如功能性磁共振成像技术（fMRI）和正电子发射断层扫描技术（PET）为利器，社会认知的不同阶段、不同任务以及认知缺陷背后的大脑对应活动，正是最热点前沿（如 Eisenberger, 2015; Eisenberger et al., 2003; Greene et al., 2001; Ochsner, 2007）。

（三）个体内过程：社会认知范式

在个体内水平上，从 20 世纪 80 年代以来，以"暖认知"（warm cognition）或"具身认知"（embodied cognition）为核心的"社会认知革命"（李其维，2008；赵蜜，2010；Barsalou, 1999; Barbey et al., 2005），有重要进展。其典范的启动程序（priming procedure）为洞悉人类心智的"黑箱"贡献了简洁武器，并且渗透在其他水平和其他主题的研究中，如文化认知、群体认知（Yzerbyt et al. Eds., 2004）和偏差地图（高明华，2010；佐斌等，2006；Fiske et al., 2002; Cuddy et al., 2007）。

卡尼曼有关行动者在不确定境况中的判断启发式及其偏差的研究（卡尼曼等编，2008；Kahneman et al. Eds., 1982），以及塞勒有关禀赋效应和心理账户的研究（泰勒，2013，2016），使社会认知的路径贯注在经济判断和决策领域中。由此，行为经济学开始凸显。

（四）群体过程：社会表征范式

人际过程的研究，充斥着杂多的中小型理论模型，并受个体内过程和群体过程研究的挤压。最有理论综合潜能的可能是以实验博弈论为工具的有关竞争和合作的研究。

当代群体过程研究的革新者是莫斯科维奇。从北美有关群体规范形成、从众以及权威服从的研究传统中，莫斯科维奇洞悉了群体秩序和群体创新的辩证法。莫斯科维奇的团队从 1969 年开始，在多数人的影响之外，专注少数人影响的机制。他以少数人行为风格的一致性为基础的众从模型（conversion theory），以及在此基础上所不断完善的多数人和少数人影响的双过程模型（如 De Deru et al. Eds., 2001; Nemeth, 2018），重构了群体过程研究的形貌。莫斯科维奇有关少数人影响的研究经历，佐证了其理论的可信性与有效性（Moscovici, 1996）。

而社会表征论（social representation）则是莫斯科维奇对当代社会心理学的另一重大贡献（Moscovici, 2000）。他试图超越北美不同版本内隐论（implicit theories）的还原主义和个体主义逻辑，解释和说明常识在社会沟通实践中的生产和再生产过程。社会表征论从20世纪90年代开始，激发了丰富的理论探索和实证研究（如管健，2009；赵蜜，2017；Doise et al., 1993；Liu, 2004；Marková, 2003），并熔铸在当代社会理论中（梅勒，2009）。

（五）群际过程：社会认同范式及其替代模型

泰弗尔的社会认同论（social identity theory, SIT）革新了当代群际过程的研究。泰弗尔首先奠定了群际过程崭新的知识基础和典范程序：建构主义的群体观、对人际-群际行为差异的精妙辨析，以及"最简群体范式"（minimal group paradigm）的实验程序。从1967年开始，经过十多年持续不懈的艰苦努力，泰弗尔和他的团队构造了以社会范畴化、社会比较、认同建构和认同解构/重构为核心的社会认同论。社会认同论，超越了前泰弗尔时代北美盛行的还原主义和个体主义的微观-利益解释路径，基于行动者的多元群体资格来研究群体过程和群际关系（布朗，2007；Tajfel, 1970, 1981；Tajfel & Turner, 1986）。

在泰弗尔于1982年辞世之后，社会认同论在其学生特纳的领导下，有不同版本的修正模型，如不确定性-认同论（uncertainty-identity theory; Hogg, 2007）和最优特异性模型（optimal distinctiveness model）。其中最有影响的是特纳等人的"自我归类论"（self-categorization theory; Turner et al., 1987）。在自我归类论中，特纳提出了一个精妙构念——元对比原则（meta-contrast principle），它是行为连续体中范畴激活的基本原则（Turner et al., 1987）。所谓元对比原则，是指在群体中，如果群体成员之间在某特定维度上的相似性权重弱于另一维度的差异性权重，沿着这个有差异的维度就会分化出两个群体，群际关系因此从群体过程中凸显。特纳的元对比原则，有两方面的重要贡献：其一，它完善了其恩师的人际-群际行为差别的观念，使之转换为人际-群际行为连续体；其二，它卓有成效地解决了内群行为和群际行为的转化问题。

但社会认同论仍存在基本理论困扰：内群偏好（ingroup favoritism）和外群敌意（outgroup hostility）难题。不同的修正版本都没有妥善地解决这个基本问题。倒是当代社会认知的大家费斯克及其团队从群体认知出发，通过刻板印象内容模型（stereotype content model, STM; Fiske et al., 2002）巧妙解决了这个难题，并经由"偏差"地图（BIAS map; Cuddy et al., 2007）把刻板印象（群际认知）、偏见（群际情感）和歧视（群际行为）融为一体。

典范意味着符号霸权，但同时也是超越的目标和击打的靶心。在社会认同范式的笼罩下，以自尊假设和死亡显著性（mortality salience）为核心的恐惧管理理论（terror management theory，TMT）（张阳阳，佐斌，2006；Greenberg et al.，1997）、社会支配论（social dominance theory；Sidanius & Pratto，1999）和体制合理化理论（system justification theory；Jost & Banaji，1994）被北美学者构造出来，尝试替代解释群际现象。它有两方面的意涵：其一，它意味着人格心理学对北美社会心理学的强大影响力；其二则意味着北美个体主义和还原主义的精神气质期望在当代宏观社会心理过程中借尸还魂，而这尸体就是腐败达半世纪的权威人格论及其变式。

四、铸就中国社会心理学的"社会之魂"

中国当代社会心理学自1978年恢复、重建以来，"本土行动、全球情怀"可道其风骨。立足于本土行动的研究实践历经二十余载，催生了"文化自觉"的信心和勇气。中国社会心理学者的全球情怀，也从21世纪起开始凸显。

（一）"本土行动"的研究路径

所有国别中的社会心理学研究，首先都是本土性的研究实践。中国当代社会心理学的研究也不例外，其"本土行动"的研究实践，包括以下两类研究路径。

1. 中国文化特异性路径

以中国文化特异性为中心的研究实践，已经取得一定成就。援引解释水平的线索，可从个体、人际、群体和群际层面进行概要评论。在个体层面，受杨国枢中国人自我研究的激发，金盛华和张建新尝试探究自我价值定向理论和中国人人格模型；王登峰采用中文词汇学路径，构造了中国人人格结构的"大七模型"，以与西方的"大五模型"相区别；彭凯平的分析思维-辩证思维概念、侯玉波的中国人思维方式探索以及杨中芳的"中庸"思维研究，都揭示了中国人独特的思维方式和认知特性；刘力有关中国人的健康表征研究、汪新建和李强团队的心理健康和心理咨询研究，深化了对中国人健康和疾病观念的理解。而周欣悦的思乡研究、金钱启动研究和控制感研究，也有一定的国际影响。在人际层面，黄光国基于儒家关系主义探究了"中国人的权力游戏"，并激发了翟学伟和佐斌等有关中国人的人情、面子和里子研究；叶光辉的孝道研究，增进了对中国人家庭伦理和日常交往的理解。在群体层面，梁觉的社会通则概念，王垒、王辉、张志学、孙健敏和郑伯埙等有关中国组织行为和领导风格的研究，尝试探究中国人的群体过程和组织过程。而在群际层面，杨宜音的"自己人"和"关系化"的研究，展现了中国人独特的社会分类逻辑。沙莲香有关中国民族性的系列研究，也产生了重大影响。

上述研究增强了中国社会心理学共同体的学术自信。但这些研究也存在有待完善的共同特征。第一，这些研究都预设一种个体主义文化-集体主义文化的二元对立，而中国文化被假定和西方的个体主义文化不同，位于对应的另一极。第二，这些研究的意趣过分执着于中国文化共同体相对静止而凝固的面向，有的甚至隐含汉族中心主义和儒家中心主义倾向。第三，这些研究的方法程序大多依赖于访谈或问卷/量表。第四，这些研究相对忽视了当代中国社会的伟大变革对当代中国人心灵的塑造作用。

2. 稳态社会路径

稳态社会路径对理论论辩没有丝毫兴趣，但它是大量经验研究的主宰偏好。其问题意识，源于对西方主流学界尤其是北美社会心理学界的追踪、模仿和复制，并常常伴随中西文化比较的冲动。在积极意义上，这种问题意识不断刺激国内学子研读和领悟主流学界的进展；但其消极面是使中国社会心理学的精神品格，蜕变为北美研究时尚的落伍追随者，其典型例证如被各级地方政府所追捧的有关主观幸福感的研究。北美社会已经是高度稳态的程序社会，因而其学者问题意识的生长点只能是稳态社会的枝节问题。而偏好稳态社会路径的中国学者，所面对的是急剧的社会变革和转型。社会心理现象的表现形式、成因、后果和应对策略，在稳态社会与转型社会之间，存在质的差异。

稳态社会路径的方法论偏好，可归结为真空中的个体主义。活生生的行动者，在研究过程中被人为剔除了其在转型社会中的丰富特征，而被简化为高度同质的原子式的个体。强调社会关怀的社会心理学，蜕变为"非社会的"（asocial）社会心理学。而其资料收集程序，乃是真空中的实验或问卷调查。宏大的社会现实，被歪曲或简化为人为的实验室或田野中漠不相关的个体之间虚假的社会互动。社会心理学的"社会"之魂由此被彻底放逐。

(二) 超越"怪异心理学"的全球情怀

中国社会"百年未有之大变局",给中国社会心理学者提供了千载难逢的社会实验室。一种以中国社会转型为中心的研究实践,从 21 世纪开始焕发生机。其理论抱负不是对中西文化进行比较,也不是为西方模型提供中国样本资料,而是要真切地面对中国伟大的变革现实,以系统描述、理解和解释置身于转型社会的中国人心理和行为的逻辑和机制。其直面的问题虽是本土-本真性的,但由此系统萌生的情怀却是国际性的,力图超越"怪异心理学"[western, educated, industrialized, rich, and democratic (WEIRD) psychology; Henrich et al., 2010],后者因其研究样本局限于西方受过良好教育的工业化背景的富裕社会而饱受诟病。

乐国安团队有关网络集体行动的研究,周晓虹有关农民群体社会心理变迁、"城市体验"和"中国体验"的研究,杨宜音和王俊秀团队有关社会心态的研究,方文有关群体符号边界、转型心理学和社会分类权的研究(方文,2017),高明华有关教育不平等的研究(高明华,2013),赵德雷有关社会污名的研究(赵德雷,2015),赵蜜有关政策社会心理学和儿童贫困表征的研究(赵蜜,2019;赵蜜,方文,2013),彭泗清团队有关文化混搭(cultural mixing)的研究,都尝试从不同侧面捕捉中国社会转型对中国特定群体的塑造过程。这些研究的基本品质,在于研究者对社会转型的不同侧面的高度敏感性,并以之为基础来构造自己研究的问题意识。其中,赵志裕和康茔仪的文化动态建构论模型有重要的国际影响。

(三) 群体地图与中国体验等紧迫的研究议题

面对空洞的宏大理论和抽象经验主义的符号霸权,米尔斯呼吁社会学者应以持久的人类困扰和紧迫的社会议题为枢纽,重建社会学的想象力。而要滋养和培育中国当代社会心理学的想象力和洞察力,铸就社会心理学的"社会之魂",类似地,必须检讨不同样式的生理决定论和还原论,直面生命持久的心智困扰和紧迫的社会心理议题。

不同样式的生理决定论和还原论,总是附身于招摇的研究时尚,呈现不同的惑人面目,如认知神经科学的殖民倾向。社会心理学虽历经艰难而理智的探索,终于从生理/本能决定论中破茧而出,却持续受到认知神经科学的侵扰。尽管大脑是所有心智活动的物质基础，尽管所有的社会心理和行为都有相伴的神经相关物，尽管社会心理学者对所有的学科进展有持续的开放胸怀，但人类复杂的社会心理过程无法还原为个体大脑的结构或功能。而今天的研究时尚，存在神经研究替代甚至凌驾完整动态的生命活动研究的倾向。又如大数据机构的营销术。据称大数据时代已经来临，而所有生命活动的印迹，通过计算社会科学，都能被系统挖掘、集成、归类、整合和预测。类似于乔治·奥威尔所著《一九八四》中老大哥的眼神，这是令人恐怖的数字乌托邦迷思。完整动态的生命活动，不是数字，也无法还原为数字，无论基于每个生命从出生时起就被永久植入的自由意志，还是自动活动与控制活动的分野。

铸就中国当代社会心理学的"社会之魂"，必须直面转型中国社会紧迫的社会心理议题。

（1）数字时代人类社会认知能力的演化。方便获取的数字文本、便捷的文献检索和存储方式，彻底改变了生命学习和思考的语境。人类的社会认知过程的适应和演化是基本难题之一。"谷歌效应"（Google effect；Sparrow et al.，2011）已经初步揭示便捷的文献检索和存储方式正败坏长时记忆系统。

（2）"平庸之恶"风险中的众从。无论是米尔格拉姆的权威服从实验还是津巴多的"路西法效应"研究，无论是二战期间纳粹德国的屠犹还是日本法西斯在中国和东南亚的暴行，无论是当代非洲的种族灭绝还是不时发生的恐怖活动，如何滋养和培育超越所谓"平庸之恶"的众从行为和内心良知，值得探究。它还涉及如何汇集民智、民情和民意的"顶层设计"。

（3）中国社会的群体地图。要想描述、理解和解释中国人的所知、所感、所行，必须从结构层面深入人心层面，系统探究社会转型中不同群体的构成特征、认知方式、情感体验、惯例行为模式和生命期盼。

（4）中国体验与心态模式。如何系统描绘社会变革语境中中国民众人心秩序或"中国体验"与心态模式的变迁，培育慈爱之心和公民美德，对抗非人化（dehumanization）或低人化（infra-humanization）趋势，也是紧迫的研究议程之一。

五、文化自觉的阶梯

中国社会"千年未有之变局"，或社会转型，已经并正在形塑整体中国人的历史命运。如何从结构层面深入人心层面来系统描述、理解和解释中国人的所知、所感及所行？如何把社会转型的现实灌注到中国社会心理学的研究场景中，以缔造中国社会心理学的独特品格？如何培育中国社会心理学者对持久的人类困扰和紧迫的社会议题的深切关注和敏感？所有这些难题，都是中国社会心理学者不得不直面的挑战，但同时也是理智复兴的机遇。

中国社会转型，给中国社会心理学者提供了独特的社会实验室。为了描述、理解和解释社会转型中的中国人心理和行为逻辑，应该呼唤直面社会转型的社会心理学的研究，或转型心理学的研究。转型心理学的路径，期望能够把握和捕捉社会巨变的脉络和质地，以超越文化特异性路径和稳态社会路径，以求实现中国社会心理学的理智复兴（方文，2008b，2014；方文主编，2013；Fang，2009）。

中国社会心理学的理智复兴，需要在直面中国社会转型的境况下，挖掘本土资源和西方资源，进行脚踏实地的努力。追踪、学习、梳理及借鉴西方社会心理学的新进展，就成为无法绕开的基础性的理论工作，也是最有挑战性和艰巨性的理论工作之一。

从前辈学者开始，对西方社会心理学的翻译、介绍和评论，从来就没有停止过。这些无价的努力，已经熔铸在中国社会心理学研究者和年轻学子的心智中，有助于滋养学术品位，培育"文化自觉"的信心。但翻译工作还主要集中于西方尤其是北美的社会心理学教科书。

教科书作为学术社会化的基本资源，只能择要选择相对凝固的研究发现和理论模型。整体研究过程和理论建构过程中的鲜活逻辑，都被忽略或遗弃了。学生面对的不是原初的完整研究，而是由教科书的编/作者所筛选过的第二手资料。期望学生甚至是研究者直接亲近当代社会心理学的典范研究，就是出版"当代西方社会心理学名著译丛"的初衷。

本译丛第一辑名著的选择，期望能近乎覆盖当代西方社会心理学的主宰范式。其作者，或者是特定研究范式的奠基者和开拓者，或者是特定研究范式的当代旗手。从2011年开始出版和陆续重印的名著译丛，广受好评，也在一定意义上重铸了中文社会心理学界的知识基础。而今启动的第二辑在书目选择上也遵循了第一辑的编选原则——"双重最好"（double best），即当代西方社会心理学最好研究者的最好专著文本，尽量避免多人合著的作品或论文集。已经确定的名篇有《语境中的知识》（Jovchelovitch，2007）、《超越苦乐原则》（Higgins，2012）、《努力的意义》（Dweck，1999）、《归因动机论》（Weiner，2006）、《欲望的演化》（Buss，2016）、《偏见》（Brown，2010）、《情绪感染》（Hatfield et al.，1994）、《群际接触》（Pettigrew & Tropp，2011）和《道德与社会行为的调节》（Ellemers，2017）。

正如西蒙所言，没有最优决策，最多只存在满意决策。文本的筛选和版权协商，尽管尽心尽力、精益求精，但总是有不可抗力而导致痛失珍贵的典范文本，如《自然选择和社会理论》（Trivers，2002）以及《为异见者辩护》（Nemeth，2018）等。

期望本名著译丛的出版，能开启中国社会心理学的"文化自觉"。

鸣谢

从2000年开始，我的研究幸运地持续获得国家社会科学基金（2000，2003，2008，2014，2020）和教育部人文社会科学重点研究基地重大项目基金（2006，2011，2016）的资助。最近获得资助的是2016年度教育部人文社会科学重点研究基地重大项目"阻断贫困再生产：儿童贫困后效、实验干预与政策反思"（项目批准号为16JJD840001）和2020年度国家社会科学基金一般项目"宗教和灵性心理学的跨学科研究"（项目批准号为20BZJ004）。"当代西方社会心理学名著译丛"（第二辑），也是这些资助项目的主要成果之一。

而近20年前有幸结识潘宇博士，开始了和中国人民大学出版社的良好合作。潘宇博士，沙莲香先生的高徒，以对社会心理学学科制度建设的激情、承诺和敏锐洞察力，给我持续的信赖和激励。本名著译丛从最初的构想、书目选择到版权事宜，她都给予了持续的支持和推动。而中国人民大学出版社的张宏学和郦益在译丛出版过程中则持续地贡献了智慧和耐心。

最后衷心感谢本译丛学术顾问和编辑委员会所有师友的鼎力支持、批评和建议，也衷心感谢所有译校者的创造性工作。

方文

2020年7月

参考文献

巴斯．（2011）．欲望的演化：人类的择偶策略（修订版；谭黎，王叶译）．北京：中国人民大学出版社．

巴斯．(2015)．进化心理学：心理的新科学（第4版；张勇，蒋柯译）．北京：商务印书馆．

波特，韦斯雷尔．(2006)．话语和社会心理学：超越态度与行为（肖文明等译）．北京：中国人民大学出版社．

布朗．(2007)．群体过程（第2版；胡鑫，庆小飞译）．北京：中国轻工业出版社．

方文．(1997)．社会心理学百年进程．社会科学战线（2），248-257.

方文．(2001)．社会心理学的演化：一种学科制度视角．中国社会科学（6），126-136+207.

方文．(2008a)．学科制度和社会认同．北京：中国人民大学出版社．

方文．(2008b)．转型心理学：以群体资格为中心．中国社会科学（4），137-147.

方文．(2014)．转型心理学．北京：社会科学文献出版社．

方文．(2017)．社会分类权．北京大学学报（哲学社会科学版），54（5），80-90.

方文（主编）．(2013)．中国社会转型：转型心理学的路径．北京：中国人民大学出版社．

高明华．(2010)．刻板印象内容模型的修正与发展：源于大学生群体样本的调查结果．社会，30（5），200-223.

高明华．(2013)．教育不平等的身心机制及干预策略：以农民工子女为例．中国社会科学（4），60-80.

管健．(2009)．社会表征理论的起源与发展：对莫斯科维奇《社会表征：社会心理学探索》的解读．社会学研究（4），232-246.

黄仁宇．(2007)．万历十五年（增订本）．北京：中华书局．

卡尼曼，斯洛维奇，特沃斯基（编）．(2008)．不确定状况下的判断：启发式和偏差（方文等译）．北京：中国人民大学出版社．

李其维．(2008)．"认知革命"与"第二代认知科学"刍议．心理学报，40（12），1306-1327.

罗玮，罗教讲．(2015)．新计算社会学：大数据时代的社会学研究．社会学研究（3），222-241.

梅勒．(2009)．理解社会（赵亮员等译）．北京：北京大学出版社．

泰勒．(2013)．赢者的诅咒：经济生活中的悖论与反常现象（陈宇峰等译）．北京：中国人民大学出版社．

泰勒．(2016)．"错误"的行为：行为经济学的形成（第2版，王晋译）．北京：中信出版集团．

吴莹，赵志裕（特约主编）．(2017)．中国社会心理学评论：文化混搭心理研究（Ⅱ）．北京：社会科学文献出版社．

乐国安（主编）．(2009)．社会心理学理论新编．天津：天津人民出版社．

张阳阳，佐斌．(2006)．自尊的恐惧管理理论研究述评．心理科学进展，14（2），273-280.

赵德雷．(2015)．农民工社会地位认同研究：以建筑装饰业为视角．北京：知识产权出版社．

赵蜜．(2010)．以身行事：从西美尔风情心理学到身体话语．开放时代（1），152-160.

赵蜜. (2017). 社会表征论：发展脉络及其启示. 社会学研究 (4), 222-245+250.

赵蜜. (2019). 儿童贫困表征的年龄与城乡效应. 社会学研究 (5), 192-216.

赵蜜, 方文. (2013). 社会政策中的互依三角：以村民自治制度为例. 社会学研究 (6), 169-192.

赵志裕, 吴莹 (特约主编). (2015). 中国社会心理学评论：文化混搭心理研究 (Ⅰ). 北京：社会科学文献出版社.

周晓虹. (1993). 现代社会心理学史. 北京：中国人民大学出版社.

佐斌, 张阳阳, 赵菊, 王娟. (2006). 刻板印象内容模型：理论假设及研究. 心理科学进展, 14 (1), 138-145.

Barbey, A., Barsalou, L., Simmons, W. K., & Santos, A. (2005). Embodiment in religious knowledge. Journal of Cognition & Culture, 5 (1-2), 14-57.

Barsalou, L. W. (1999). Perceptual symbol systems. Behavioral & Brain Sciences, 22 (4), 577-660.

Billig, M. (1996). Arguing and thinking: A rhetorical approach to social psychology (New ed.). Cambridge University Press.

Brown, R. (2010). Prejudice: It's social psychology (2nd ed.). Wiley-Blackwell.

Burke, P. J. (Ed.). (2006). Contemporary social psychological theories. Stanford University Press.

Buss, D. M. (2016). The evolution of desire: Strategies of human mating. Basic Books.

Chiu, C.-y., & Hong, Y.-y. (2006). Social psychology of culture. Psychology Press.

Cuddy, A. J., Fiske, S. T., & Glick, P. (2007). The BIAS map: Behaviors from intergroup affect and stereotypes. Journal of Personality & Social Psychology, 92 (4), 631-648.

De Dreu, C. K. W., & De Vries, N. K. (Eds.). (2001). Group consensus and minority influence: Implications for innovation. Blackwell.

Doise, W. (1986). Levels of explanation in social psychology. (E. Mapstone, Trans.). Cambridge University Press.

Doise, W., Clémence, A., & Lorenzi-Cioldi, F. (1993). The quantitative analysis of social representations. (J. Kaneko, Trans.). Harvester Wheatsheaf.

Dweck, C. S. (1999). Self-theories: Their role in motivation, personality and development. Psychology Press.

Eisenberger, N. I. (2015). Social pain and the brain: Controversies, questions, and where to go from here. Annual Review of Psychology, 66, 601-629.

Eisenberger, N. I., Lieberman, M. D., & Williams, K. D. (2003). Does rejection hurt? An fMRI study of social exclusion. Science, 302 (5643), 290-292.

Ellemers, N. (2017). Morality and the regulation of social behavior: Groups as moral anchors. Routledge.

Fang, W. (2009). Transition psychology: The membership approach. Social Sciences in China, 30 (2), 35-48.

Fiske, S. T., Cuddy, A. J., Glick, P., & Xu, J. (2002). A model of (often mixed) stereotype content: Competence and warmth respectively follow from perceived status and competition. Journal of Personality & Social Psychology, 82 (6), 878-902.

Gergen, K. J. (2001). Social construction in context. Sage.

Greenberg, J., Solomon, S., & Pyszczynski, T. (1997). Terror management theory of self-esteem and cultural worldviews: Empirical assessments and conceptual refinements. In P. M. Zanna (Eds.), Advances in experimental social psychology (Vol. 29, pp. 61-139). Academic Press.

Greene, J. D., Sommerville, R. B., Nystrom, L. E., Darley, J. M., & Cohen, J. D. (2001). An fMRI investigation of emotional engagement in moral judgment. Science, 293 (5537), 2105-2108.

Hatfield, E., Cacioppo, J. T., & Rapson, R. L. (1994). Emotional contagion. Cambridge University Press.

Henrich, J., Heine, S. J., & Norenzayan, A. (2010). The weirdest people in the world?. Behavioral & Brain Sciences, 33 (2-3), 61-83.

Higgins, E. T. (1996). Activation: Accessibility, and salience. In E. T. Higgins & A. Kruglanski (Eds.), Social psychology: Handbook of basic principles (pp. 133-168). Guilford.

Higgins, E. T. (2012). Beyond pleasure and pain: How motivation works. Oxford University Press.

Hogg, M. A. (2007). Uncertainty-identity theory. Advances in Experimental Social Psychology, 39, 69-126.

Hong, Y.-y., Morris, M. W., Chiu, C.-y., & Benet-Martínez, V. (2000). Multicultural minds: A dynamic constructivist approach to culture and cognition. American Psychologist, 55 (7), 709-720.

House, J. S. (1977). The three faces of social psychology. Sociometry, 40 (2), 161-177.

Jost, J. T., & Banaji, M. R. (1994). The role of stereotyping in system-justification and the production of false consciousness. British Journal of Social Psychology, 33 (1), 1-27.

Jovchelovitch, S. (2007). Knowledge in context: Representations, community and culture. Routledge.

Kahneman, D. , Slovic, P. , & Tversky, A. (Eds.). (1982). Judgment under uncertainty: Heuristics and biases. Cambridge university press.

Kruglanski, A. W. , & Higgins, E. T. (Eds.). (2007). Social psychology: Handbook of basic principles. Guilford.

Liu, L. (2004). Sensitising concept, themata and shareness: A dialogical perspective of social representations. Journal for the Theory of Social Behaviour, 34 (3), 249 – 264.

Macy, M. W. , & Willer, R. (2002). From factors to actors: Computational sociology and agent-based modeling. Annual Review of Sociology, 28, 143 – 166.

Marková, I. (2003). Dialogicality and social representations: The dynamics of mind. Cambridge University Press.

Morris, M. W. , Chiu, C. -y. , & Liu, Z. (2015). Polycultural psychology. Annual Review of Psychology, 66, 631 – 659.

Moscovici, S. (1996). Foreword: Just remembering. British Journal of Social Psychology, 35, 5 –14.

Moscovici, S. (2000). Social representations: Explorations in social psychology. Polity.

Moscovici, S. , & Marková, I. (2006). The making of modern social psychology: The hidden story of how an international social science was created. Polity.

Nemeth, C. (2018). In defense of troublemakers: The power of dissent in life and business. Basic Books.

Ochsner, K. N. (2007). Social cognitive neuroscience: Historical development, core principles, and future promise. In A. W. Kruglanski & E. T. Higgins (Eds.), Social psychology: Handbook of basic principles (pp. 39 – 66). Guilford.

Parker, I. , & Shotter, J. (Eds.). (1990). Deconstructing social psychology. Routledge.

Pettigrew, T. F. , & Tropp, L. R. (2011). When groups meet: The dynamics of intergroup contact. Psychology Press.

Potter, J. , & Wetherell, M. (1987). Discourse and social psychology: Beyond attitudes and behaviour. Sage.

Rosenthal, R. , & DiMatteo, M. (2001). Meta-analysis: Recent developments in quantitative methods for literature review. Annual Review of Psychology, 52, 59 – 82.

Sidanius, J. , & Pratto, F. (2001). Social dominance: An intergroup theory of social hierarchy and oppression. Cambridge University Press.

Sparrow, B. , Liu, J. , & Wegner, D. M. (2011). Google effects on memory: Cognitive consequences of having information at our fingertips. Science, 333 (6043), 776 – 778.

Sperber, D. (1996). Explaining culture: A naturalistic approach. Blackwell.

Swidler, A. (1986). Culture in action: Symbols and strategies. American Sociological Review,

51 (2), 273 – 286.

Tajfel, H. (1970). Experiments in intergroup discrimination. Scientific American, 223 (5), 96 –103.

Tajfel, H. (1981). Human groups and social categories: Studies in social psychology. Cambridge University Press.

Tajfel, H., & Turner, J. C. (1986). The social identity theory of inter-group behavior. In S. Worchel & L. W. Austin (Eds.), Psychology of intergroup relations (pp. 7 – 24). Nelson-Hall.

Trivers, R. (2002). Natural selection and social theory: Selected papers of Robert Trivers. Oxford University Press.

Turner, J. C., Hogg, M. A., Oakes, P. J., Reicher, S. D., & Wetherell, M. S. (1987). Rediscovering the social group: A self-categorization theory. Blackwell.

Van Dijk, T. A. (1993). Elite discourse and racism. Sage.

Van Lange, P. A. M., Kruglanski, A. W., & Higgins, E. T. (Eds.). (2012). Handbook of theories of social psychology. Sage.

Weiner, B. (2006). Social motivation, justice, and the moral emotions: An attributional approach. Erlbaum.

Wyer, R. S., Chiu, C. -y., & Hong, Y. -y. (Eds.). (2009). Understanding culture: Theory, research, and application. Psychology Press.

Yzerbyt, V., Judd, C. M., & Corneille, O. (Eds.). (2004). The psychology of group perception: Perceived variability, entitativity, and essentialism. Psychology Press.

中文版序

　　这是一本关于偏见（基于他人所从属的群体而对其产生某种轻视的态度、情绪或行为）的书。这是我第二次尝试关于偏见的写作。第一次的写作是在十五年前，也就是本书第 1 版出版的时候。这十五年间，社会心理学在偏见领域做出了许多重要的突破：提出了新的理论；设计了巧妙的测量工具；我们现在认识到无意识过程在偏见中扮演着重要的角色；我们不仅仅研究偏见的施予者，也开始关注偏见的受害者；在有效减少偏见的方法方面，我们比以前掌握了更多的知识。

　　在第 2 版中，我尝试对上述偏见研究的进展做出公正客观的描述。在第一章，我讨论了我们应当如何确切地定义偏见。第二章是对偏见人格理论的更详细论述，它反映了近年来此种视角的复兴。第三章和第四章对仍占据主导地位的社会认知理论视角进行了扩展。在这里，我探讨了"分类"（一切形式的偏见的认知基础）所扮演的关键角色（第三章）。分类过程为刻板印象提供了基础（第四章），这一过程也是人们理解和解释社会现象的重要手段之一。过去的几十年，研究者也开始重新关注偏见在童年期的发展过程，因此我也相应地对第五章进行了扩展和修订。第六章是本书的理论核心，分析了作为群际现象的偏见，它起源于群体的物质兴趣以及对权利、剥夺和威胁的感知。所有这些群际关系的核心都暗含着人们对种族、宗教、性别和各类其他群体成员身份的认同。第七章着眼于用来评估和测量偏见的一些当代技术，还延伸到另一个研究热点，即传统纸笔测验和一些更为内隐的指标之间的关系。第八章是全新的内容，即偏见对其目标对象的影响。它反映了社会心理学家对于偏见问题开始采用一种更为开阔和动态的视角，将施予者和受害者进行了明确的区分。最后在第九章，我提供了关于如何与偏见做斗争的一些新想法。同样，这部分也增加了许多新的资料，它们大多数是在过去的二十年内发表的。基于当前的个人兴趣，我花费了不少篇幅论述了社会心理学在减少偏见方面的一些有前景的实际应用。

虽然这一版在内容方面有许多变化，但我希望本书的写作形式并没有发生改变。在展示大量的理论和研究成果的同时，我还在书中穿插了不少报纸、小说、电影里的内容，甚至是一些我个人生活中的逸事。我的学生告诉我，这种形式比传统的写作方式更容易为读者所接受，因此我决定延续这种写作形式。但这本书在其他方面仍然是比较正统的。在每一章，我都凸显了一些关键性的研究，有时也使用图或表将实际的研究结果呈现出来。每一章的"小结"部分是对本章主要观点的概括。"扩展阅读"部分列出了一些文献，可供深度研究参考。书后的"参考文献"包含了大约1 000篇文章。我希望它既是一部具有可读性的书，同时也是一本参考书。

对于本书即将以中文出版我感到尤为高兴，在这里要感谢张彦彦教授的翻译。我必须承认，想到我的文字可能最终会被大量的中国读者阅读，我不禁感到心生畏惧！我只希望他们觉得我对这一主题的讨论还算是公正。但考虑到会有这么多新的读者，我想再加上两点补充。

首先，我必须承认本书中的研究在本质上是以西方为中心的。书中引述的大多数研究工作来自欧洲和北美。这可以部分地归结于西方对于中国的研究和学术一无所知。整个科学界，尤其是心理学界，都大体如此，而我也和我的多数同事一样不了解中国。不太谦虚地说，我希望未来中国的社会心理学家们能够受到这本书的启发而对偏见及其影响的跨文化研究展开深入的探索。只有这样的分析才有可能区分偏见过程的人类普遍性与文化特殊性。

其次，我希望读者们能够注意到，近些年来一些西方国家的民族主义不幸有所抬头。这种民族主义助长了许多政治领袖及其追随者们令人不快的排外倾向。这表现为对外国人总体上的负面情绪，而我得羞愧地承认在某些方面它尤其针对着中国人。导致这种反外国人偏见的原因是多样而复杂的，因此声称社会心理学可以全面地解决这一问题则是狂妄的。但无论如何，如果我的书能够让中国读者们稍微理解一点"恐华症"的起源，那么它也算是物尽其用了。

鲁珀特·布朗

Preface for the Chinese Edition

This is a book about prejudice, that state of mind, feeling or behaviour that implies some disparagement of others because of the group they belong to. It is my second attempt to write about prejudice. The other was twenty-five years ago when the first edition of this book came out. In that time there have been many advances in the social psychology of prejudice: new theories have been proposed; clever techniques for its measurement have been devised; we now realise the important role that unconscious processes can play in its determination; we also study not just the perpetrators of prejudice but also those who are its victims; and we know much more than we did about effective measures to reduce it.

I have tried to do justice to these developments in this second edition. In Chapter 1, I discuss how exactly we should define prejudice. In Chapter 2, there is now a longer discussion of personality theories of prejudice, reflecting the revival of interest in this approach in recent years. In Chapters 3 and 4, there is an expanded coverage of the still dominant socio-cognitive perspective on prejudice. Here I discuss the critical role played by categorisation (Chapter 3), the cognitive foundation of all forms of prejudice. Categorisation processes provide the basis for stereotyping (Chapter 4), one of the ways that people make sense of and justify their social world. The study of how prejudice develops in childhood has also enjoyed a renaissance over recent decades and I have expanded and revised Chapter 5 accordingly. Chapter 6, the theoretical heart of the book, analyses prejudice as an intergroup phenomenon, stemming from groups' material interests and perceptions of entitlement, deprivation and threat. Centrally implicated in all these intergroup relationships are people's identities as members of ethnic, religious, gender and myriad other groups. Chapter 7 focuses on contemporary techniques for the assessment and measurement of prejudice. It has been extended to include the burgeoning topic of the relationship between conventional pencil and paper measures of prejudice and other, more implicit, indicators. Chapter 8, dealing with the effects of prejudice on its targets, is entirely new. It reflects a growing appreciation amongst social psychologists that we need to view prejudice in a wider, more dynamic, perspective in which both the perpetrators and their victims are kept clearly in the field of view. Finally, in Chapter 9 I offer the latest thinking on how we can combat prejudice. Here, too, there is much new material to consider, most of it published only in the past twenty years. Reflecting my own current concerns, I have dwelt at length here on some of the more promising practical applications of social psychology for the reduction of prejudice.

If much of the content of this edition has changed from its earlier version, I hope that the style in which it is written has not. Amongst the exposition of theory and the presentation of research findings, I have liberally sprinkled the text with illustrations from newspapers, novels, films and sometimes anecdotes from my own life. I also have adopted a more personal style than is common in academic writing. My students tell me that they find this approach more accessible than conventionally written textbooks and so I have continued with it. In other respects, though, the format of the book is orthodox enough. In each chapter I have chosen to highlight a few key studies, sometimes with a table or figure to show the actual findings. At the end of each chapter there is a Summary of the main issues covered and some Further Readings where more in-depth treatments of certain topics can be found. There is also a Bibliography of approximately 1000 references to be found at the end of the book. As well as a readable book, I want it to be a source of reference too.

I am especially pleased that my book will appear in a Chinese edition, thanks to Professor Zhang's very capable translation. I must confess I find it a daunting prospect to imagine that my words may eventually be read by several tens of thousands of Chinese students! I only hope that they will find that I have done the subject matter justice. However, with that vast new readership in mind, two additional comments are in order.

First, I must acknowledge the rather western-centric nature of the research underpinning the book. The overwhelming majority of the work that I present here comes from Europe and North America. This is, in part, attributable to the West's woeful ignorance of research and scholarship emanating from China. This is true of science generally, and of psychology specifically, and I am as ignorant as most of my colleagues, if not more so. My rather immodest hope is that future generations of Chinese social psychologists will feel sufficiently inspired by what they read here to engage in a thorough-going cross-cultural study of prejudice and its effects. Only with that analysis will it be possible to distinguish the human generalities from the cultural particularities in the processes underlying prejudice.

My second comment is to note the unfortunate rise of nationalistic politics in several western countries in recent years. Such nationalism has fuelled an unpleasant xenophobic orientation in many political leaders and their followers. This manifests itself as a negative sentiment towards foreigners in general and, in some quarters I am ashamed to admit, towards Chinese people in particular. The causes of this anti-foreigner prejudice are manifold and complex, and it would be presumptuous to claim that social psychology can offer much more than a glimpse into them. Nevertheless, if my book gives my Chinese readers even the smallest understanding of the origins of that Sinophobia, it will have served some purpose.

Rubert Brown

献给 Hannah 和 Rosa

我最爱的内群体里两位亲爱的新成员

致　谢

这本书有许多需要感谢的人。非常遗憾的是，其中两位最重要的学术思想贡献者——Gordon Allport（戈登·奥尔波特）和 Henri Tajfel（亨利·泰弗尔）已经离世。我在本科时期就读过 Allport 的书，并为他深刻的思想和清晰的写作所折服。我仍旧认为他的《偏见的本质》（*The Nature of Prejudice*）一书是有关偏见的最好作品之一。我在读博士期间师从 Tajfel。他使我对群际关系研究产生了持久的兴趣。他对认同问题（与他自身经历有关）的长期关注，加之他对社会心理学的热情和雄心，都使他成为我难以抗拒的一位学术榜样。

还有一些人也为本书做出了重要的贡献。在学术生涯中，我非常幸运地拥有许多同事，他们为我提供了思想火花、情感支持以及卓越的学术合作机会。其中几位也成了我的挚友。他们为书稿提供了各种建议，与我一同开展合作，并使我对于我们工作的重要性坚信不疑。需要特别感谢的是：Jens Binder, Raff Calitri, Lindsey Cameron, Sabina Čehajić, Laura Ferraresi, Roberto González, Ginette Herman, Miles Hewstone, Lorella Lepore, Joke Meeus, Amelie Mummendey, Sam Pehrson, Jenny Roth, Adam Rutland, Pablo De Tezanos Pinto, 以及 Hanna Zagefka。我也非常感谢四位匿名评审人对于初稿提出的一些非常有用的意见，感谢 Megan Hurst 在索引编辑工作上的一丝不苟。

最后，有关本书的写作方式我再多说一句。我最近看了一部电影，名叫《口是心非》。虽然整个观影过程没什么难忘的，但有一句台词让我记忆犹新。影片里的一个角色在得知他的老板仍然用钢笔给他的员工写留言条时，大喊："这也太装腔作势了吧?!"我觉得我的一些同事和学生可能也有相同的看法。不论装腔作势与否，我仍然习惯用钢笔写字。这本书的每一个字最初都是手写的，大部分时候使用的是一支威迪文牌钢笔。它是多年前别人送给我的一份礼物。对于现如今这样一个充斥着"一次性"商品的社会来说，我觉得威迪文牌钢笔的结实耐用和派克牌黑墨水的恒久不变让人眼前一亮。但必须承认，我对这种非时尚写作技术的坚持要归功于 Tiffany Bancel 和 Charlotte Rea，这两位技能高超的秘书非常快速而又毫无怨言地把我的手写稿变成了世界上其他人能读懂的文字。

目 录

第一章 偏见的本质 /1
    什么是偏见？ /1
    一种社会心理学的视角 /8
    小结 /12
    注释 /13
    扩展阅读 /13

第二章 持有偏见的个体 /14
    权威主义人格 /15
    左翼和右翼的偏见：教条主义的心理学研究 /22
    作为社会支配的偏见 /25
    采用人格视角研究偏见的局限 /30
    小结 /35
    注释 /36
    扩展阅读 /36

第三章 社会分类和偏见 /38
    把世界分类：社会分类，一个基本的认知过程 /39
    我们在何时、何地及以何种方式进行分类？影响类别使用的因素 /57
    是基于群体还是他们的观念？分类或观念相似性作为偏见的基础 /68
    小结 /71
    注释 /71

扩展阅读 / 72

第四章　刻板印象和偏见 / 73

刻板印象的起源 / 73
刻板印象的使用 / 84
刻板印象的改变 / 106
小结 / 113
注释 / 114
扩展阅读 / 115

第五章　儿童偏见的发展 / 117

对社会类别的觉察 / 118
我是谁和我喜欢谁？类别认同和偏好 / 123
儿童的群际歧视 / 136
理解儿童偏见的发展过程 / 144
小结 / 155
注释 / 156
扩展阅读 / 156

第六章　偏见和群际关系 / 157

群体利益的冲突：当我们损失时，你们获益 / 158
社会认同 / 164
相对剥夺 / 182
威胁作为偏见的一个原因 / 190
小结 / 197
注释 / 198
扩展阅读 / 199

第七章　新旧形式的偏见 / 201

偏见在减少吗？ / 202
新形式的偏见 / 207
偏见的内隐测量 / 230

    小结 /239

    注释 /239

    扩展阅读 /241

第八章 从接收者的视角看偏见 /242

    经历偏见 /242

    污名化的后果 /250

    小结 /267

    注释 /267

    扩展阅读 /269

第九章 减少偏见 /270

    接触假设 /271

    学校里的接触 /277

    重新思考接触假设 /285

    结束语 /309

    小结 /310

    注释 /311

    扩展阅读 /311

术语表 /313

参考文献 /323

主题索引 /373

译后记 /383

第一章
偏见的本质

1954年，哈佛大学心理学家Gordon Allport出版了一部著作，书名和本章的章节名相同（Allport，1954）。精彩的写作手法和百科全书式的内容，使这本书在当代学者探究偏见的本质以及减少偏见的方法方面成了一座里程碑。在书中，Allport对群际歧视的起源进行了深刻的分析，前瞻性地对近期社会认知和群体行为的研究成果进行了展望（参见第三至六章），也提供了有关减少歧视的一些有影响力的政策性意见（参见第九章）。实际上，毫不夸张地说，Allport的理论为过去五十年间增进群际关系的一系列尝试提供了基础。

因此，在第一章我们将重新审视那些指引了Allport学术思想的定义和假设。首先，我将为读者展示当代研究中关于偏见的一些假说，之后检验"偏见"一词的传统定义。虽然与传统的解释基本保持了一致，但我为偏见提供了一个更为简洁和全面的定义，并试图避免在定义偏见时强调它在思想、语言或行为方面的"错误"性。其次，在术语讨论之后，我会大致地描述本书其余部分所采用的视角，即将偏见视为一种群体过程，但同时也可以在个体层面被分析的知觉、情绪和行为现象。最后，我将这种社会心理学的方法与其他学科——历史学、政治学、经济学、社会学等进行关联。我得出结论：每一种不同的视角都可以为偏见本质研究提供独立而有价值的见解，且并不会将问题还原到更基础的分析水平。同时，我认识到：最终，在未来社会科学的"乌托邦"里，每一个层面的分析都需要与其他层面保持一致，并在理论整合的过程中都会受到一些概念上和实证上的限制与约束。

❖ 什么是偏见？

20世纪80年代中期的西英格兰，布里斯托尔市的某处。时间是下午五点钟。Geoff Small，一个20多岁的黑人小伙子，正在一位白人房东的带领下参观一处出租公寓。

  Small：我是第一个来看房子的吗？

  房东：……是的，你确实是第一个，但你要知道，还有一些人要来。嗯，十分钟之后另外一个人就来了，还有一些人六点要来。

  Small：啊，好的。那么你对出租这间屋子有什么要求？

  房东：嗯，我得先看看有哪些人会来看房子。之后，你知道，要给他们打电话，通知他们……

十分钟之后，第二个人来了，也是一位20多岁的小伙子，他参观了同一间公寓。他名叫Tim Marshall。他恰好是个白人。参观结束后，他问房东如何决定谁可以成为租客。

  Marshall：是先到先得原则吗？就是说，如果我想要租……？

  房东：（犹豫）……呃……是的……嗯……是……有差不多合适的我就同意了。但是……反之我就会说"我会通知你"（尴尬地笑）。

  Marshall：好，我确实喜欢这里。但是我还有……

  房东：……还有其他几处房子要看，是不是？

  Marshall：是的，还有两处。但是我的意思是……我有没有竞争对手？我的意思是，有其他人想要租这里吗？

  房东：嗯，情况是我今天四点就回来了。有个小伙子六点来看房子——六点到七点之间——但是……呃……可能有点种族歧视……他是个黑人，人很好，但我怕他会制造麻烦，所以我说，瞧，我会通知你。

  Marshall：你不想租给一个黑人……？

  房东：不想。你知道，他是个好小伙。但是与此同时，他是个大块头而且有点难掌控。你要知道，我担心他会制造麻烦。

  Marshall：糟糕。我不知道该说什么。我不想失去这间屋子，但我也不想现在就定下来。

  房东：嗯，我还有一间屋子……也要出租。

  Marshall：嗯，我可能得碰碰运气了，你说你不会租给那个黑人？

  房东：是的。

在带Marshall下楼的时候，房东继续解释着为什么不租给前面的人，甚至一度将他形容为"有点狂妄的"。

这两段对话被两位伪装的"租客"偷偷录下来了。这两个人实际上是在拍一部电视纪录片（*Black and White*，BBC Television，1987）。他们携带着隐藏的麦克风和摄像机去寻找住所、找工作和参加娱乐活动。纪录片实际上是采用电视节目的方式，再现了英国政府下属某个委员会在1965年发起的一项知名研究（Daniels，1968）。在电视节目中，有一种研究手段就是派遣三位面试者假扮成申请人去找房子、工作和其他各种服务。三位面试者在许多方面都非常相似（相似的年龄、外表和资质），但在另一些方面他们却有着天壤之别：第一位申请者来自西印度群岛或亚洲，他恰好是肤色比较黑的；第二位申请者的肤色虽然是白的，但他来自匈牙利；第三位申请者是英国白人。

结果让人非常吃惊：在60位被拍摄的房东中，来自西印度群岛的小伙子只有15次在与房东的接触过程中得到了与其他申请者相同的待遇（Daniels，1968）。在其余的45次接触中，有38次他被告知公寓已经租出去了，而其他两位后来的申请者却被告知房子还空着。在找工作时，也发生了同样严重的歧视：在被拍摄的40家公司里，不少于37家公司告诉来自西印度群岛的小伙子它们目前没有职位。英国白人只受到10次直接的拒绝，匈牙利人被拒绝23次。在直接给予职位和鼓励继续申请这两个方面也存在着同样的偏向。

人们可能认为，这样的结果是由当时所处的时代造成的，并倾向于忽略它。确实，你可能会说，在经过四十年不断的种族关系协调和对机会相等原则的立法之后，现如今很难看到如此公开的歧视了。但我并不会这么乐观。毕竟，前面的电视纪录片里反复地揭示了对黑人和白人的差别对待。近期的一些调查结果也证实了这种歧视的残留现象。在Bertrand和Mullainathan（2004）的一项研究中，5 000名申请者对美国报纸的广告栏里刊登出的各种工作机会做出回应。一半的人假装自己有个听上去就像是白人的名字，比如Allison或是Greg；而另一半假装自己有个黑人的名字，比如Ebony或者Leroy。在个人简历里，除了位于最上方的姓名之外，一些申请人的简历看上去有更多的工作经验和技能，而另一些则相对较少。当然，大多数的申请者没能收到雇主的回复。但拥有白人名字的申请者比拥有黑人名字的申请者收到回复的可能性多了50%：回复率分别是9.6%和6.4%。更糟的是，对于"白人"申请者而言，简历的质量明显地影响了回复的可能性，而简历质量对于"黑人"申请者的回复率几乎没有影响。在英国也存在同样的、基于姓名的工作歧视。拥有亚洲名字的申请者比拥有白人名字的申请者更难进入最终的雇佣名单（BBC，2004；Department for

Work and Pensions, 2009；Esmail and Everington, 1993）。在智利，即使是在保持教育背景恒定（或者从统计学的角度说"控制了"）的前提下，与低社会地位或者是拥有本土名字的同事相比，那些拥有高社会地位的卡斯蒂利亚（西班牙）名字的员工可以多赚大约 10% 的工资（Nunez and Gutierez, 2004）。在住房方面，英国少数族裔在租房时仍然面临歧视问题。英国种族平等委员会称，20 世纪 80 年代末，大约有 20% 的私人房屋代理在出租房屋时存在歧视，而贝尔法斯特一家报纸的一篇近期报道称，这一情况到现在仍然存在于某些地方（CRE, 1990；Irish News, 30 October 2004）。

这些统计数据背后隐藏着严峻的现实：许多少数族裔成员遭受着日常的言语虐待、骚扰和人身威胁。下面的例子可能可以作为最后一个证据，来说明偏见有的时候（也可能是经常）包含公开的敌意和暴力。2009 年，BBC 派遣两位亚裔英国记者，Tamann Rahman 和 Amil Khan，在英国布里斯托尔市的一处工薪阶级的居住区居住了两个月（'Panorama', BBC 1 TV, 19 October 2009；参见 http：//news.bbc.co.uk/panorama/hi/front_page/newsid_8303000/8303229.stm）。两人假扮夫妻，将他们遭到邻居和社区里的其他人歧视的过程隐蔽地录了下来。他们的遭遇让人震惊。在街上，经常有人冲他们喊"巴基斯坦佬""喂，你这个塔利班""谁带了炸弹？""伊拉克那边的"。而这些仅仅是他们遭受过的、罄竹难书的侮辱中的一小部分。他们受到了人身攻击，有些攻击甚至来自一些年龄很小的儿童。一个 11 岁的小男孩试图打劫 Rahman 女士，他先假装有枪，然后是刀，最后真的朝她丢了石头，直到一位路人制止了他。还有人向她丢石头、各种饮料瓶子和罐子。Khan 先生也遭受了同样的虐待，有一次被人无缘无故地打了头侧部。这就是在 21 世纪的英国，某些地方少数族裔的生活。

这些都是一种特殊偏见形式的例子，即针对少数群体成员的偏见。当然，也有许多其他常见形式的偏见（针对女性、针对同性恋者、针对残障人士），在本书的后面会逐渐提到。但当我们说"偏见"这个词的时候，究竟是什么意思？通常这个时候我们就会参考词典，然后找到偏见的典型定义："事先或没有足够的检验就形成的一种评价或看法"（Chambers English Dictionary, 1988）。

类似的定义使许多社会心理学家在定义偏见时会强调"不正确性"或"不准确性"这样的特征。例如，Allport 写道："种族偏见是基于错误和不灵活的泛化而形成的反感。它可能是情绪体验或外部表达。它可能是指向整个群体的，或是由于所从属群体的成员身份而指向某个个体的。"（Allport, 1954, p.10；楷体强调为我所加）或者近期 Samson 将其定义为："偏见包含基于社会分类或

群体成员身份，而对他人产生的不合理的，通常是消极的态度。"（Samson，1999，p. 4；楷体强调为我所加）

从正规的词汇学角度来看，这样的社会心理学定义是值得推荐的。尤其是它们准确地表达了偏见现象的一个核心要素，即它是由于某个特殊群体的成员身份而指向整个群体或指向个体的一种社会倾向。这些定义的另外一个共同之处在于，它们强调群体偏见的消极特征。当然，从逻辑上来说，偏见可以是积极或消极的形式。比如，我自己就很喜欢意大利的所有东西：我喜欢意大利的食物、意大利的电影，只要有听众就不放过任何一个说蹩脚意大利语的机会（通常会让朋友或家人尴尬）。但这种无害的痴迷几乎不会引发让社会科学家关注的、严重的社会问题。然而，对当今社会造成威胁的、急需我们理解关注的通常是消极的那类偏见：一个群体对另一个群体的警惕的、可怕的、可疑的、贬低的、敌意的或是最终引发谋杀的对待方式。因此，从实际的角度来说，我认为最有用的是关注哪些原因导致了这些反感在形式上有所不同。但在提出下面的定义时，我仍然觉得有必要考虑到"积极"偏见这一问题。

我认为无须（像前面的那些定义那样）去暗示偏见必须是被当作一种指向另一个群体的"错误的"或"非理性的"观念、一种"错误的"泛化，或是一种"不合理的"特质归因。我以这种角度看待问题有三点理由。第一，如果说一种态度或观念是"错误"的，就意味着我们有方法可以使之回归"正确"。在一些特殊情况下确实有可能这么做，但只有当某种观念满足一些客观测量的标准时才存在这种可能（Judd and Park，1993；Lee et al.，1995；Oakes and Reynolds，1997）。但这种可能性究竟有多大？偏见性言语通常是以很模糊或模棱两可的方式表达出来的。比如就本章前面房东的那段话而言，我们如何证明他关于黑人更有可能"制造麻烦"的想法是正确的或是错误的？编制一些与"和平"（peaceableness）标准相反的指标，并测量人们在这些指标上的得分？仅是提出这个问题就让我想到在回答问题过程中会遇到的那些不可逾越的困难。就算这样的测验是可行的，让我们假设确实发现了黑人更容易"制造麻烦"，这难道就证明房东的话没有偏见了吗？对于假设的统计学检验结果存在着无数可能的解释，例如白人的挑衅、对不公平社会剥夺的回应等，每一种解释都足够推翻黑人会"制造麻烦"的论断。事实上，房东表达的看法及其社会后果并不会因为满足现实中一些（所谓的）指标就在"消极"程度上（或偏见程度上）有所减弱。

在定义偏见时包含一些具有"真理价值"的元素所带来的第二个问题是：

群体间的知觉具有特殊的相对性。长久以来研究者就观察到（后面的章节中也会有许多内容可以证实），群体甚至比个体更容易出现"情人眼里出西施"的情况。换言之，一个群体与另一个群体在关于什么是"令人愉悦的"，或是"品德高尚的"，甚至是一些不言而喻的"真理"问题上都可能会持有非常不同的观点。因此，如果一个群体认为自己是"节俭的"，这种观点与另外一个认为前者是"吝啬的"观点相比较，与现实的差距是更大还是更小呢？这当然是不可能说清楚的。重要的不是区分两种观点的相对"正确性"，而是区分价值评判背后的隐含意义。

传统偏见定义存在的第三个问题是，它们在偏见性思维的起源和功能方面似乎存在着先入为主的观点。因此，当 Allport（1954）把偏见定义为"不灵活的泛化"，或是 Ackerman 和 Jahoda（1950）大谈偏见具有"非理性功能"时，他们或许在定义里不明智地加入了一些预先假设。就如同在接下来的章节里我们会看到的一样，许多偏见有可能确实具有明显的一成不变或功能失调的特点。但这些章节的内容也同样地揭示出，偏见具有形式上的多样性和复杂性，并且在许多情境中存在着令人吃惊的不稳定性。因此，认为偏见是不可改变的，或是认为它对其拥护者们没有任何理性功能，这些看法都是不公平的。

现在让我们回到传统定义的限制，即偏见应当是一种消极倾向。多年以来，人们对于这种限制毫无疑义（Abound, 1988；Jones, 1972；Sherif, 1966）。我在本书的第 1 版里也采用了这样的观点（Brown, 1995）。然而，一些近期研究指出，社会心理学对偏见的定义需要包括一些明显的、积极的态度、情绪和行为。因此，Jones 在修订他早期著作的基础上，将偏见定义为"基于对个体所从属的群体的态度或信念而产生的，对于个体的一种积极或消极的态度、判断或情感"（Jones, 1977, p.10；楷体强调为我所加）。同时，Glick 和同事们（2000）认为："对于女性的主观的偏爱态度，其本身可能就是一种形式的偏见，借此可以保持女性处于从属地位，并将其合理化。"（Glick et al., 2000, p.764）

这些涵盖范围更大的定义背后有何考量？简而言之，逻辑关系如下：许多群际态度，表面上是积极的，实则是为了延续外群体的从属地位，因为它们仅在特定的、通常是不那么"重要"的特质方面给外群体赋予了价值。更重要的是，这些特质会帮助人们将外群体定义为更适合于在社会中扮演屈从性的角色。因此，不论这种态度是有多积极或真诚，其根本是为了强化而非减弱既有的群体间不平等。Eagly 和 Mladinic（1994）的研究成果极大地推动了上述观点的形成。研究发现，至少是在北美地区，男性（和女性）对女性持有的积极刻板印象更多。但这些刻板印象更多地体现在集体性和表达性特质方面（比如"助人的""热心的""理解人的"）。相反，在诸如"独立的""果断的""自信的"等具有主体性和工具性的特质方面，人们对女性的评价却没那么高（虽然不是完全相反的）。Glick 和 Fiske（1996）之后的研究发现，平均而言，男性更乐于赞同下列积极的观点："没有女人的男人是不完整的""女人比男人有更强的道德敏感力""一个好女人应当被男人捧在手心里"。Glick 和 Fiske（1996，2001）指出，虽然这些看法似乎是"善意"的，但其最终的影响是将女人定义为需要依靠的，因而是从属于男性的（参见第七章有关善意的和敌意的性别主义的讨论）。研究者的一部分逻辑观点源于其研究结果。结果显示，那些同意上述观点的人也倾向于持有"明显的"性别主义者的态度："善意"与"敌意"的性别主义态度呈正相关，且在个体层面的相关系数较小（大约为+0.3），而在全国样本层面的相关系数较大（大约为+0.9）（Glick et al.，2000）。

Jackman（1994）将上述观点拓展到种族和阶级关系的领域。在名为《天鹅绒手套》(*The Velvet Glove*，隐去了其中的铁拳）的著作中，她"探讨了统治群体通过拉拢，或至少是从情感上缴械的方法，来化解他们与被统治群体间的矛盾"（p.2）。她主张："偏见的概念应当被摒弃，取而代之以种族间态度的概念。这一概念将种族间的态度视为出于政治动机的交流手段，其目的是维护群体利益而不是表达狭隘的否定态度。"（p.41）

上述观点不只是具有表面的合理性。少数族裔和被统治群体的成员长久以来遭受了统治群体的家长式的对待，且这样的对待方式总是隐藏在看似善意，实际上含有贬低意味的关心背后；或是表面上"喜欢"，实则暴露了优势群体高高在上的态度。因此，我认为应当对传统的偏见定义做出修订，使其不仅体现出对消极价值的直接表达，也囊括那些间接的消极群际态度。作为本书的定义，**偏见**（prejudice）被认为是对于一个群体的成员的态度、情感或行为，它们直接或间接地包含对那个群体的一些否定或是反感。

关于这个定义我还得加几条注释。第一，虽然偏见的直接消极表现形式很容易被识别，但那些间接的形式相对比较麻烦，甚至不可能被提前分辨出来。在前面已经提到过，我恰好对意大利的东西（包括人）一般是持有积极刻板印象的。例如，意大利人看起来很时髦、开朗和好客，尤其是跟我们英国人相比。那么，这是否说明与我的父辈们在七十年前对意大利人的消极印象相比（当时意大利和英国正在打仗），现在我们的态度已经有了明显的改观呢？还是说，这其实是不小心地暴露了北欧人的虚荣，认为南欧人是情绪化和没出息的（采用一种温和的态度把南欧人在欧洲诸国的排序中贬低至从属地位）？其中的演绎过程很难说清。或许最好的办法是，测量这些看起来积极的态度与那些更为明显的消极群际关系的指标之间是否存在着共变关系。如果有正相关，且被试对于前后问题的态度是相反的，就可以推断出确实存在着偏见。

第二，从广义上来说，我会在使用定义的时候把偏见作为其他几个词语的同义词，其中包括**性别主义**（sexism）、**种族主义**（racism）、**恐同**（homophobia）、**年龄主义**（ageism）等类似的词。有些研究者会对一些术语的使用范围做出限制，比如"种族歧视"的概念应该仅在讨论与生物学上的种群差异相关的思想或实践的时候才被使用（如 van den Berghe，1967；Miles，1989）。然而，从本书采用的社会心理学的视角来看，我认为更有用的方法是将与这些术语相关的所有现象都作为广义偏见的特殊形式加以考量。这样，我们就无须将一些没有明显生物学成分的、但却很重要的群际反感（如阶级偏见和某些形式的宗教偏执）排除在讨论范围之外了。

第三，偏见不能仅被当作认知或态度现象，它也可以包含情绪以及行为表达。因此我无法在偏向性态度、敌意情绪和歧视行为之间划清界限。但这也不是说偏见的形式都是一样的，或一定是高度相关的。我们会回顾一些研究，这些研究证据表明上述偏见形式之间的关系实际上是非常复杂的。但仍可以说，态度、情感和行为都是偏见倾向的某些方面。我特意强调"多水平"这一特点，这与当代社会心理学的某些偏见理论"重认知、轻情绪和行为"的趋势是相反的（例如 Hamilton，1981——但可参照 Mackie and Hamilton，1993；Mackie and Smith，2002；Smith，1993）。对认知的分析无疑是重要的；实际上我会用两整章（第三章和第四章）来介绍这一方面的内容。然而，人们实际日常生活中经历和遭遇的偏见都是满载情感的（甚至可以说是情感饱和的），我觉得忽视了偏见的这种本质就是忽视了它的基础。因此，本书随后会反复出现的一个主题就是偏见中涉及的认知、情感和行为过程间的相互作用。

❖ 一种社会心理学的视角

在给偏见做出定义之后，我需要就本书采用的基本视角说几句。在当前阶段，我仅会宽泛地勾勒一下研究视角，而不提供支撑性的证据和论据。详细的证据将留在随后的章节里。

首先要说的一点是，我将偏见基本视为一种源于群体过程的现象。该观点基于三个密切相关的理由。第一，就像我所选择的定义那样，偏见是一种倾向，这种倾向是针对整体的人群分类而非针对孤立的个体。虽然在具体情境中，偏见的目标对象可能是一个单独的个体（比如上一节所举的那个例子），但相比于对一个人进行分组的标记物（姓名、口音、皮肤颜色等），他/她的个体特征是微不足道的。偏见应当被看作群体过程的第二个原因在于，它通常是一种共享的社会倾向。就是说，对于任意一个外群体的负面刻板印象，某个社会中的大多数人基本持有赞同态度，并会对其成员做出相似的行为反应。虽然在下一章我们会看到，有些长期和极端形式的偏见可能与特殊的人格类型有关，但鉴于偏见的广泛性和普遍程度，我们无法将它归进个体病理学的范畴。第三个理由是基于上述两点的。由于偏见通常是由其他的群体发起并指向某些特定群体的，所以当我们发现这些群体间的关系是决定偏见的重要因素时，就不应当感到太吃惊。因此，就像我在后面的章节会提到的那样，诸如为争夺稀缺资源产生的冲突，或是一个群体对另一个群体的权力支配，或是数量和地位上的悬殊，这些群际关系对于偏见的方向、水平和强度都有重要的意义。实际上，正是偏见的这种群际本质构成了整本书的主旋律。

其次，我的分析主要聚焦于个体。换言之，我主要关注影响个体对其他群体成员的知觉、评价和行为反应的各种诱因。这些诱因的形式可能是多样的。其中一些诱因可能本身来源于个体（如某些人格和认知过程，参见第二至四章）。另外，我们会看到，也有许多重要的诱因来自包含着个体的社会情境的特征（如同辈群体的社会影响，或群际目标关系的本质；参见第六章和第九章）。此外，当我们讨论社会化的影响（第五章）和分析新的偏见形式时（第七章），可以看到另外一些诱因源于更广泛的社会层面。无论如何，在上述所有情况中，作为一位社会心理学家，我关注的都是这些诱因对个体社会行为的作用。

鉴于这与我之前声称偏见本质上是一种群体过程的观点似乎是矛盾的，那么现在就需要一点详细的阐述了。实际上，我在其他地方也曾指出，这种矛盾只是表面的，而非真实存在的（Brown, 2000a）。只要认识到个体和个体行为在群体情境中会被改变，我们就可以断言，在社会心理学领域，群体过程是具有因果重要性和独特性的。这就如同金属物体的行为在磁场出现时就会受到影响。磁场的出现（对于客体本身来说是一种外部因素）并不会阻碍我们对客体的描述和预测。同样，也可以将个体的行为作为与群体过程紧密联系的一个部分来进行分析。[1] 试设想，在一次为同性恋者争取权利而进行的游行中，或是在一次种族冲突事件中，那些抗议者的行为——它们的形式、方向和强度——都会受到周围他人的规范和目标以及群际关系的影响。然而，这些行为都是由个体发起的社会行为事件，因此它们直接归属于社会心理学范畴。

把偏见同时作为基于群体的现象和发生在个体层面的认知、情绪和行为现象去研究，对于这一看似矛盾的问题，我们现在就有解决方案了。关键的一点是要认识到，我并非建议要同时研究个体行为和群体行为本身；它们确实是不同的分析水平。相反，我希望在作为群体成员的个体和作为个体本身之间做出区分（Sherif, 1966；Tajfel, 1978a）。前面这种行为类型（作为"女性"或"男性"、"同性恋者"或"异性恋者"、"黑人"或"白人"）是我在本书中主要的关注点。

我虽然赞成这种社会心理学的取向，但必须澄清一点，我不认为社会心理学在为偏见提供解释和补救措施方面比其他的学科取向更有优势。在特定的情境中，我们只有考虑到复杂的历史、政治、经济和社会结构因素在共同起作用，才能够完全理解偏见现象。历史很重要，因为我们的语言、我们的文化传统和规范，还有我们的社会制度都是历史的馈赠。它们在我们使用不同的社会类别来建构世界的过程中扮演着重要的角色，而这一过程又是形成各种类型的偏见的首要的、必不可少的先决条件（第三章）。同样，政治过程不容忽视，它们帮助决定一个国家有关基本公民权利和移民政策的立法（仅列举两个问题）。除了会直接影响到少数族裔的生活外（通常是对其产生损害），这样的政策也在意识形态结构方面产生影响，比如对各种族（或其他）群体在社会中的价值做出差异性的评判。举例而言，Miles（1989）描述了欧洲人定居澳大利亚的过程，以及20世纪初期的"白澳"政策是如何伴随着官方及日常语言中各式各样的种族主义言论而一同产生的。"白澳"政策在全面攻击和反对土著方面的"成功"，导致所有与这片大陆有关的、官方的"历史记载"几乎都被涂改了（Pilger, 1989）。这真是悲剧性的讽刺。经济因素在治理社会中的群体关系时会扮演重要的（有人会说是压倒性的）角色。当一个群体出于经济剥削的目的，且有手段和意愿去侵占另一个群体的领地时（比如英国对非洲、亚洲和大洋洲大部分地区的殖民），种族歧视的观念通常就会出于合理化的需要应运而生（Banton, 1983）。Simpson 和 Yinger（1972）简练地概括为："偏见之所以存在是因为有人得利了。"（p. 127）

与上面讨论的这些因素密不可分的是,在制造和维护偏见的过程中,社会的结构、亚群体的组织形式,以及这些群体的社会安排也扮演了各自的角色。例如,下面两种社会类型之间就存在着差异。一类社会是由规模和容量不断增加的群体(家庭、宗教、区域等)所组成的,而另一类社会则是由彼此交叉的群体(如一些社会的规范规定了人们应当与直系社区之外的人结婚,从而在家庭群体和村落群体之间造成了交叉)所组成的。在研究了广泛的人类学资料后,LeVine 和 Campbell(1972)认为,后一类社会中的内部矛盾较少,这是不同群体间的纵横交错产生了竞争性的忠诚结构所致(参见第三章)。另一些社会方面的分析则揭示出,制度和社会实践会调节社会中的不同群体获得产品和服务的机会。机会的不均等会延续甚至加重既有的差距,进而为指向特殊群体的偏见提供了自我实现式的正当理由。就教育机会而言,在英国,一个人上大学的机会很大程度上与其父母的社会阶级有关。近期数据显示,2000 年英国大学的入学新生中,接近 50% 的人来自仅占人口比例 43% 的 I 类和 II 类社会阶级。相反,来自 III 类至 V 类社会阶级的新生不足 20%,而这一类阶级占人口比例超过 40%(Department for Education and Skills, 2003)。大学生阶级结构上的偏态导致在用工单位招聘以及失业可能性方面,存在同样的不平衡状态。这就很容易形成有关工薪阶级人民形象的持续性偏见,认为他们是"没受过教育的""愚蠢的""懒惰的"。

至此,可以明显看出,对偏见的分析可以从很多不同的水平出发,而社会心理学视角仅是其中之一。但假如像 Allport(1954)巧妙的说法一样,"多因素的因果关系是我们希望教会学生的首要一课"(p. xii),那么这些不同原因之间的关系是怎样的呢?不同的分析水平是否可以被还原到某种更加基础的视角呢?试设想两位社会科学家的观点。他们正在讨论战争问题,但这同样适用于有关偏见的讨论:

> 试图将战争解释为从内到外的好斗性,就好像是用石头的物理特点来解释埃及、哥特式和玛雅式的建筑一样。(White, 1949, p. 131)

> 从群体的层面探讨个体心理终将带来麻烦。个体决定发动战争;战役是个体打的;和平是由个体建立的。(Berkowitz, 1962, p. 167)

这两位学者每个人都声称一门学科比另一门学科更具有理论上的优越性。人类学家 White 认为社会方面的分析是基础,心理学家 Berkowitz 认为微观的方法终究更有价值。实际上,任何一种还原主义的形式都不是必需的。正如 LeVine 和

Campbell（1972）非常有说服力的主张那样，本着被作者们称为"可选择的自主"（optional autonomy；p. 26）的精神，应当将这些形式多样的研究方法看作或多或少是彼此独立的（p. 26）。在他们的观念里，没有哪种分析水平比其他的分析水平更优越或更优先。学科方法上的优先权应当由所遇到的问题的本质来决定。因此，在分析歧视性雇佣问题对不同种族群体失业水平的影响时，宏观层面的分析就明显是比较合适的。但如果一个人关注的是员工选拔程序中实际的社会互动问题，那么社会心理学的方法就可能是更加卓有成效的。每种分析方法都可以相对地不受到其他方法的干扰。然而，这也并不是在主张知识性的无政府主义。到了最终的分析阶段，不同的方法将会是彼此间"和谐的"——再次借用 LeVine 和 Campbell 的说法。换言之，在经济学或社会学层面针对雇佣歧视问题提出的有效理论，必将与基于社会心理学的、有关个体在工作面试时的社会行为的研究结论相一致，反之亦然。

这就是我在本书中的立场。由于我恰好是受过专业训练的社会心理学家，社会心理学将是我在接下来的章节尝试采用的视角。但我希望，当读到最后一页时，读者们可以清楚地认识到，虽然社会心理学有潜力在解构和消除偏见这两个方面做出重要的贡献，但它仅能解释偏见现象这一整体当中的一个部分，或许可能只是很小的一部分。

❖ 小结

1. 偏见通常被定义为对于一个群体的成员持有的错误的或不合理的消极判断。然而，这样的定义遭遇了概念上的困难。当研究者采用该种定义去探究社会判断与现实情况之间是否相符时，出现了许多问题。因此，我们将偏见简单地定义为：对于某个群体的成员的态度、情感或行为，它们直接或间接地包含对该群体的否定。

2. 由于偏见包括他人对某些群体的判断，且研究表明，偏见会受到这些群体间客观关系的影响，偏见应当被看作源于群体过程的现象。然而，这样的视角与社会心理学的研究主要关注个体知觉、评价和行动的分析视角并不排斥。这样的分析视角认为，以群体成员身份行动的个体，是统一的群体活动中的一个部分。

3. 在研究偏见问题时，社会心理学的分析视角是一系列行之有效的科学分析方法中的一种。每一门学科在探索自身研究问题时，都可以与其他学科之间保持多多少少的独立。但最终，这些多样化的分析必须做到彼此兼容。

❖ 注释

1. 实际上，磁场的类比并不是很精确。与无生命的物体不同，人类有能力改变甚至重建他们所属群体的"磁力"场。但重点是，我们仍然可以把这样的尝试，作为有组织的系统中的个体成分来进行分析（Asch, 1952; Steiner, 1986）。

❖ 扩展阅读

Allport, G. W. (1954) *The Nature of Prejudice*, chs 1, 14, 15. Reading, MA: Addision-Wesley.

Brown, R. J. (2000) *Group Processes*, ch. 1. Oxford: Basil Blackwell.

Jones, J. M. (1997) *Prejudice and Racism*, 2nd edn, ch. 17. NY: McGraw Hill.

Sherif, M. and Sherif, C. W. (1969) *Interdisciplinary Relationships in the Social Sciences*, ch. 1. Chicago: Aldine.

第二章
持有偏见的个体

几年前，我的一位同事的信箱里被人塞了一张宣传单。宣传单上是一段几百字的尖刻言辞，抱怨英国内政大臣没有阻止一位来自美国的黑人社会活动家 Sharpton 先生访问英国。传单的主旨是 Sharpton 先生在这里煽动黑人暴乱，而且媒体密谋给他提供免费的公众宣传。下面是从那份宣传单中选出的几段很有代表性的摘录：

> 这里已经出现了大规模的黑人暴力，成千上万的妇女遭到残暴的强奸，我们的老人遭到野蛮的攻击。

> 我们知道媒体是犹太人的（Maxwell［罗伯特·马克斯韦尔］和 Murdoch［鲁伯特·默多克］是来自俄罗斯的犹太人），BBC 的一位前主任说过："我们都是 BBC 的马克思主义者。"我们也知道内政大臣是英国犹太人代表委员会的走狗。

> 我们希望通过这些宣传单来提醒你，数百万怀有敌意的外来种族主义者不是偶然地来到这里，他们是通过密谋来到这里的；这场阴谋是针对**你**的。

当面对如此公然且明显带有攻击性的种族主义时，一种常见的反应就是给它的作者贴上"疯子"或"有某种人格问题"的标签。事实上，对于许多非专业人士和心理学家来说，偏见就是这样一种现象：一种特殊的，可能是病态的人格类型的表现。在本章，我详细地考察了这一假设。我首先从其中最知名的版本开始。该理论假设偏见的根源可以从个人的心理构成和功能中去寻找，且这些因素被认为是某个家族史的产物。这一理论声称，一种特殊的教养方式会造就一个人对权威有着非常恭敬的态度，具有比较简单化和僵化的认知风格，并容易受到右翼和种族主义思想的影响。这一理论可以扩展到对左翼和右翼思想都无法容忍的广义综合征；我将在第二节探讨形成上述论点的方法。其次，我会考察近期的一个理论，该理论声称偏见可以被追溯到广义的社会支配倾向。在这种解释中，等级关系（或支配关系）是人类生存的一个普遍特征，它们有着进化的起源，并表现在社会、群际和个体三个层面。最后，通过总结上述个体主义视角所存在的共同问题，我认为这些问题使得它们不足以作为解释偏见的原因。

❖ 权威主义人格

1950 年，Adorno 和他的同事发起了将偏见与特定人格类型相关联的著名研究尝试。这一理论将马克思主义社会哲学、弗洛伊德精神分析的家庭动力学和定量的心理测量学相融合，它很快就成了整整一代研究者了解偏见本质的参照点。

它的基本假设很简单：个体的政治和社会态度是合而为一的，是"深层次人格倾向的表现"（Adorno et al., 1950, p.1）。有偏见的人是指其人格使之容易受到某一特定时期社会中流行的种族主义或法西斯主义思想影响的那些人。这一理论并没有试图从社会层面解释这些思想的起源，因为理论发起者们认为那是社会学或政治学需要关注的问题。相反，理论发起者们关心的是这些偏见思想在感受性（receptivity）方面的个体差异。

Adorno 和他的团队认为，这些人格差异可以追溯到儿童在社会化过程时期所处的家庭环境。受弗洛伊德思想的影响，这些研究者认为，儿童的发展受到社会存在的制约。社会化过程中最早也是最强大的原动力当然就是父母。在"正常"情况下，父母能够在允许孩子自我表达（例如，容忍偶尔发脾气或兴奋过度）和对可接受及不可接受的行为施加一些灵活的限制之间找到平衡。但相反，Adorno 和他的同事们认为，有偏见的人的主要问题在于他们受到了一种家庭体制的影响，这种家庭制度过分关注"良好行为"和对传统道德准则的服从。这些家庭的父母，特别是父亲，会过分严厉地惩罚孩子的违规行为。这样做的结果是（至少 Adorno 和他的同事们相信），由于担心直接对父母表现出攻击行为（"本能"冲动受挫的必然结果）会带来不好的后果，儿童会将对父母的攻击行为移置到其他目标对象身上。最有可能成为替罪羊的是那些看起来比自己弱小或低等的人（如偏离社会规范的人）。可以成为攻击行为宣泄渠道的既定候选人包括少数族裔群体的成员或具有低社会价值的群体成员，如同性恋者或罪犯。

Adorno 和他的同事们提出，上述综合征不仅反映在人的社会态度方面，还表现在形成和表达这些态度的认知风格方面。他们认为，由于父母对纪律和严格的传统道德的热衷，儿童会形成一种简单的思维方式，认为在这个世界里，人们和人们的行为被严格地划分为"对的"和"错的"。这一倾向被泛化为一种认知风格，其特点是坚持使用具有明确界限的分类方式，以及不能容忍类别间的任何"模糊性"。当然，这种思维方式也使得个体很容易认可对于社会群体独特的和一成不变的刻板印象。

最终的结果会导致一个人在面对权威人物时过于恭敬和感到焦虑（由于他们象征着父母），在看待世界时通常是"非黑即白"的（字面意思），不能或不愿容忍认知上的模棱两可，并且会公开地对明显的非内群体成员表现出敌意。Adorno 和他的同事称这种类型的人格为**权威主义人格**（authoritarian personality），而我们本章开头宣传单的制作者（或制作者们）就是这种人格类型的最好例子。将反黑人、反犹太人的粗鲁诋毁相结合，与性暴力的暗流和对权力阴谋的恐惧相伴随，这正是典型的权威主义者所认同的一系列态度。

为了证实他们的理论，Adorno 和他的同事发起了一个结合了大规模心理测试和个体临床访谈的大型研究项目。他们最初考虑的是设计一些客观指标来测量多种形式的公开偏见，例如**反犹主义**（anti-Semitism）或一般的**种族中心主义**（ethnocentrism）。这之后演变成为编制一个人格量表，并希望该量表能够挖掘到潜在的权威主义人格综合征的核心方面。从该项目衍生出的这个最著名的量表之所以被称为"F 量表"，就是因为它试图测量的是一种"前法西斯倾向"（pre-fascist tendencies）。经过仔细的筛选和预实验，该量表由 30 个题目组成，这些题目都是针对权威主义者各个方面特征的假设而设计的。例如，一些题目与权威主义服从有关（"顺从和尊重权威是儿童应该学习的最重要的美德"），一些题目是关于对越轨群体的攻击（"同性恋者不比罪犯好多少，因此应该遭受严厉的惩罚"），还有一些题目是关于无意识（特别是性冲动）的投射（"希腊人和罗马人狂野的性生活同这个国家正在发生的一些事情相比算是温和的了，即使是在那些人们认为最不可能发生这些事情的地方也是如此"）。正如其编制者所预测的那样，该量表具有良好的内部信度，尽管量表中没有涉及种族群体的题目，但它与之前用来测量群际偏见的那些量表都有较好的相关。

为了验证 F 量表的有效性，研究者选择了极高得分和极低得分的子样本进行深入临床访谈。这些访谈包括详细询问受访者对其早期童年经历的回忆、对父母的感知以及他们对现今各种社会和道德问题的看法。这些采访似乎确实证实了 Adorno 和他的团队关于**权威主义**（authoritarianism）起源和后果的理论假设。例如，在 F 量表上得分较高的人倾向于把他们的父母理想化成道德典范。同时，他们会回忆起在童年时期严格地服从父母的权威，以及任何轻微的违规行为都会受到严厉的惩罚。他们当前的态度与他们对 F 量表题目的回答是一致的：非常道德，公开谴责"越轨者"或社会地位"低下"者，并表现出明确的刻板印象和公开的偏见。相比之下，得分较低的人则将他们早期的家庭生活描绘成一幅较为模棱两可和平衡的画面，并通常表现出一种更为复杂和灵活的社会态度。

无论是出于对其理论和应用目标的雄心壮志，还是由于它所包含的方法论的广泛范围，在 20 世纪 50 年代，《权威主义人格》一书引起了社会心理学家的极大兴趣。在该书出版 8 年后发表的一篇综述里，作者引用了 200 多篇已发表的研究成果，这些研究成果探讨了权威主义与心理现象的关系，包括领导、印象形成、问题解决、社会服从、精神病理学、认知风格，当然也包括偏见（Christie and Cook, 1958）。

我们在这里感兴趣的是后两个主题。Adorno 和他的同事认为权威主义的特征是一种过于僵化的认知风格，而这种风格不容易接纳含糊其词和模棱两可，当它转化为社会态度时，会表现为对少数群体的敌意。那么，上述假设有什么独立的实证依据吗？

Rokeach（1948）最早开展了研究权威主义与思维固化间关系的实验。他的方法是向被试展示一系列简单的算术题。在练习阶段，这些问题至少需要三个独立的步骤才能解决。然而在正式实验中，这些问题虽然表面上类似于练习阶段的问题，但是除了先前反复练习过的、步骤复杂的解决方法之外，也可以通过简单的一步法来解决。关键问题在于：被试是会采用更快的方法来解决这些随后的问题，还是会坚持使用在练习阶段学到的不那么直接的方法？Rokeach 还同时测量了被试的种族中心主义，这通常与权威主义密切相关。正如他（以及 Adorno 和他的同事）所假设的，那些在种族中心主义上得分很高（即高于中位数）的人，比得分低于中位数的人表现出了更强的思维固化。然而，在几次尝试复制上述结果却遭到失败后，Brown（1953）得出结论：只有当测试情境对于被试自身而言很重要时，权威主义与思维定势之间的关联才会出现。通过实验操纵，将这些算术题的预期社会重要性、科学重要性和个人重要性进行分组，Brown 发现，只有在"自我卷入"的条件下，而不是"无自我卷入"的条件下，权威主义和思维定势之间才存在明确的相关。

这些研究是早期的先行者，后续的许多研究旨在探索权威主义或右翼态度与认知风格之间的关系。Jost 和他的同事（2003a）找到了 80 多项这样的研究，并得出结论：持权威主义态度的人的确表现出了特定的思维方式。除了 Adorno 和他的团队提出的**模糊不耐受**（intolerance of ambiguity）假设之外，Jost 和他的同事（2003a）也发现了一些证据，表明那些保守倾向的个体会表现出更少的**整合复杂性**（integrative complexity）、更多的不确定性规避，对**认知闭合**（cognitive closure）有着更多的需求，并感受到更高水平的恐惧和威胁。不可否认，研究中并非所有的相关都很强，所考察的 9 个指标的平均相关系数为 0.29；但考虑到这些数据通常是几个独立样本的平均值，因此它们在统计上可信度都是很高的。所以总的来说，证据表明权威主义水平更高的人（或存在更多偏见的人）确实有以某种方式思考的倾向。

那么权威主义和偏见之间有什么关联呢？正如已经提过的，Adorno 和他的同事（1950）在早期研究公开的种族中心主义与 F 量表的关系时，发现了大量的相关（相关系数通常大于 0.6），从而证实了偏见和人格的确存在关联。随后的研究也验证了这一关系。例如，Campbell 和 McCandless（1951）以美国学生为样本，发现权威主义和他们自编的**仇外主义**（xenophobia）量表之间存在着大小近似的相关。这里，仇外主义是指对黑人、犹太人、墨西哥人、日本人和英国人的敌意。美国以外的研究也发现了权威主义和偏见之间存在相关。Pettigrew（1958）发现 F 量表和反黑人的偏见之间存在着可靠的相关（相关系数为 0.4～0.6），后面我会介绍这一研究。在荷兰，Meleon 和他的同事（1988）报告了权威主义和种族中心主义之间存在一致而且大量的相关，权威主义、性别主义和对极端右翼政治团体的支持三者间也存在相似的关系。在印度，Sinha 和 Hassan（1975）发现，一些高级种姓印度男子的权威主义可以预测他们对穆斯林的宗教偏见、对贱民（Harijans）的种姓偏见和性别主义。此外，三个偏见指标之间也高度相关，进一步支持了潜在偏见性人格的假设。与权威主义人格相一致，权威主义与对被污名化群体或越轨群体的态度之间也存在相关。例如，Cohen 和 Streuning（1962），以及随后 Hanson 和 Blohm（1974）的研究都发现，权威主义者不像非权威主义者那样同情精神病患者，其中前一项研究中的被调查者还是精神病院的实际员工。同样，权威主义者对艾滋病患者的态度可能也不那么积极（Witt，1989）。最后，待会儿我们就会发现，F 量表的一个当代修订版与对各种外群体目标对象的偏见之间也存在着可靠的相关（Altemeyer，1988，1996）。

尽管有许多证据支持，但有关权威主义和偏见关系的研究结果并不是完全明确的。首先，一些观察到的相关并不是很强，对偏见得分差异的解释力通常不到一半，有一些还不到五分之一。因此，无论人格特质对表达偏见有多大的贡献，显然还有其他的过程在起作用。其次，权威主义与外群体排斥之间的相关有时为零。一个有趣的例子是，Forbes（1985）研究了加拿大人的权威主义与群际态度之间的关联。在说英语的受访者中，权威主义和反法情绪之间存在显著的相关（正如预测的那样），尽管这一相关非常弱（相关系数小于0.2）。然而，同一群体的权威主义与民族主义呈负相关，且与国际主义完全无关。更大的问题是，在说法语的受访者中，存在一致的零相关。[1]

足够讽刺的是，由《权威主义人格》一书所引爆的研究兴趣使研究者们很快就发现整个项目中存在着一些相当有害的方法论及理论上的缺陷（Brown，1965；Christie and Jahoda，1954；Rokeach，1956）。鉴于这些批评中有许多是众所周知的，且在其他地方更好地表述过了，这里我只想重复一下我认为是早期争论中最受诟病的那部分，并在本章后面的部分对用人格来解释偏见的尝试进行更整体性的批判。

在方法论的层面，大多数的批评集中于F量表的编制和有效性（Hyman and Sheatsley，1954；Brown，1965）。以下三个问题特别受到关注。第一个问题是，Adorno和他的同事使用了不太具有代表性的受访者样本来编制并完善他们的问卷。尽管其中一些样本的规模令人印象深刻（仅F量表的编制就招募了2 000多名受访者），但这些受访者主要来自正规（且以中产阶级为主）的组织。Hyman和Sheatsley（1954）认为，这么做很可能吸引到某种特殊的人格类型，而且无论如何都无法建立起坚实的实证基础，进而无法构建一个普遍的偏见理论。第二个，或许也是更严重的问题是F量表自身的结构。与Adorno和同事们设计的其他量表一样，所有的题目表述方式都是相同的，即回答"同意"就代表具有权威主义倾向。正如Brown（1965）所指出的，这一方法的明显缺点是，如此测量出的权威主义很难与人们的一般默认倾向（倾向于赞同看似可靠的陈述）相区别（另见Bass，1955）。第三个问题是，通过对高分者和低分者进行深入临床访谈来验证F量表的有效性所采取的步骤仍有许多待改进的地方。尤其令人担忧的是，采访者事先知道每个受访者的得分，这一事实提高了这样一种可能性，即不管是不是无意识的，采访者都可能会诱发和影响受访者的答案。

正如心理学后来的发现那样，当一位研究助理知道实验假设时，即使是实验室的老鼠，其行为也会被影响（Rosenthal，1966）。

对《权威主义人格》一书还有其他更实质性的批评。这集中在 Adorno 和他的同事报告的权威主义与智力、教育程度和社会阶级等变量之间的相关性方面，并且后续的研究观察到了更强的相关（Christie，1954）。这些相关的理论意义在于，它们为权威主义的起源提供了另一种解释。也许权威主义只是反映了个体对于社会中特定亚群体的一些社会化态度，而不是像 Adorno 和他的同事们所主张的那样，起源于某种家庭教养方式所产生的人格动力（Brown，1965）。这就可以解释为什么 Mosher 和 Scodel（1960）测量儿童及其母亲的种族中心主义，以及母亲对专制型儿童抚养方式的态度时，发现种族中心主义的两个测量（母亲和孩子）之间存在着中等程度的相关，但母亲对抚养方式的态度与孩子的偏见之间绝对没有任何相关。这强烈地表明，一些态度是直接通过社会化而形成的，而不是通过教养方式间接地塑造了偏见性人格。然而，正如我们将在第五章看到的，即使是直接社会化的理论模型也不是没有问题的。

右翼权威主义：新瓶装老酒？

在《权威主义人格》出版二三十年后，面对这些批评，对偏见性人格的探索陷入了相对默默无闻的境地，这也许并不令人感到惊奇。若非 Altemeyer（1988，1996，1998）的努力，它可能还停留在原地。与前人（例如 Lee and Warr，1969）一样，Altemeyer 把目光放在纠正 F 量表的心理测量学缺陷上。他尤其想要纠正量表最明显的缺陷：存在**默认反应定势**（acquiescence response set；所有题目的表述都是一样的"权威主义方向"）。多年来，Altemeyer 编制了他称为**右翼权威主义**（right-wing authoritarianism，RWA）量表的许多版本，最近的也是现在被广泛接受的一版包含 30 个题目，且这些题目的表述方向是均衡的（Altemeyer，1996）。这些题目是从大量的题目中筛选出来的，目的是描绘出 Altemeyer 提出的权威主义人格的三大核心要素：服从（对于权威）、攻击（针对越轨者或"局外人"）和因袭主义（遵守传统的道德准则）。下面的例子展现了该量表中的一些题目：

> 如果我们尊重我们祖先的做法，按照权威的要求去做，并消灭那些正在破坏一切的"毒瘤"，那么我们的国家将变得伟大。

> 我们关于谦逊和性行为的许多规则只是习俗，并不一定比其他人所遵

循的规则更好或更神圣。[反向计分题目:换言之,该题目实际测量的是权威主义的**对立面**,且在与其他题目合并之前需要反向计分。]

如果我们不消灭那些蚕食我们的道德品质和传统信仰的变态行为,我们的国家总有一天会被摧毁。(Altemeyer,1996,p. 13)

我们可能注意到这些陈述通常想要同时涵盖两个或多个核心构念。第一段引文中的第一句与因袭主义相关联,第二句与权威服从相关联,第三句与权威攻击相关联。结果就导致了大多数的陈述都很长,并且同时表达了多个想法。由于想要测量的构念是近似的,RWA量表的一些题目在语气方面(即使不是在确切的内容上)不出所料地与原始F量表的题目存在着相似之处。但是,那些具有强烈精神分析色彩的题目消失了,因为对于Altemeyer(1996)来说,RWA量表的一个优点和独特之处就在于它从其前身F量表弗洛伊德理论的束缚中解脱出来了。

RWA量表具有良好的心理测量学特性。它具有较好的**内部信度**(internal reliability),反映在所有题目与总分之间都存在着极高的相关。它的**重测信度**(test/re-test reliability)也很好,通常在0.7~0.9的范围内(Altemeyer,1996,p. 319)。正如我们将要看到的,尽管这些只是初步的而非确切的证据,但它表明该量表测量的是一个相对稳定的人格特征。最后,作为效度的证据,该量表与许多外群体偏见的测量之间存在着正向预测作用,包括对少数族裔的偏见、恐同以及对流浪汉和违法者的(消极)态度(Altemeyer,1996)。正如我们所预期的那样,这些相关是"中等"程度的(相关系数为0.4~0.6),这就使得一半以上的偏见差异无法用RWA得分来解释。

Altemeyer(1996)对权威主义的其他一些主张也是值得注意的。试图避开Adorno及其同事(1950)采用的心理动力学方法,Altemeyer认为权威主义的根源不在于童年早期的亲子动力关系,而在于个人更广泛的社会学习经验(尤其是在进入青春期的阶段)。虽然没有任何直接的发展心理学的证据来支持这一假设,但Altemeyer确实发现,在回忆成长经历时,RWA得分高的人比得分低的人更多地记起狭隘的传统和严格的管教。换言之,人们习得权威主义是为了适应特定的社会环境,而不仅仅是遭受了蛮横父母的关注所致。支持这个观点的一个证据表明,人们的RWA得分与测量权威情境经历的量表得分存在高度相关(相关系数大约为0.70),且这一相关系数高于他们与父母RWA得分的相关(相关系数大约为0.40)。与社会学习解释相一致的其他证据表明,可以观察到人们的 RWA 得分在一生中会发生变化。例如，高等教育的经历往往会降低 RWA 得分，而为人父母似乎会提高 RWA 得分。

最后，Altemeyer（1996）还记录了他在二十三年的时间里观察到的一些引人注目的同辈人差异（cohort difference）。虽然 Altemeyer 将这些波动作为 RWA 量表具有敏感性的证据，认为它可以检测到他的学生们在日常个人生活经历中的一些变化，但讽刺的是，这些波动也可以作为证据用来反对他所拥护的传统人格理论。我将在本章的小结部分重新提到这一点。

那么，对于 Altemeyer 修订和改进偏见性人格类型最初研究的尝试，我们能得出什么结论呢？在技术层面，RWA 量表显然优于 F 量表。它均衡了肯定和否定题目，而且表现出良好的内部信度和重测信度。尽管如此，它也并非没有缺陷。正如我们所看到的，它的许多题目在形式上是双管问题甚至是三管问题，我们通常应当避免这样复杂的形式，因为不清楚受访者同意的（或不同意的）是陈述中的具体哪个部分（Robinson et al.，1991）。此外，尽管包括三个子成分（攻击、服从、因袭主义），Altemeyer 声称 RWA 量表测量的是一个整体的构念，即权威主义，但更细致的分析表明，确实应当将这些分量表加以区分（Funke，2005）。一方面，研究所观察到的题目之间的相关模式似乎符合三元结构模型；另一方面，三个维度与社会态度的关系可能是不同的。Funke 的研究结果表明，受访者对假想罪犯的惩罚程度与其权威主义的攻击维度呈正相关，但与因袭主义维度和服从维度呈负相关。此外，攻击和服从维度与一种"整合"的文化适应倾向存在强负相关（Berry，1984），但因袭主义维度与之无关（Funke，2005）。简言之，权威主义可能是比 Altemeyer（1996）推测的更为复杂的人格因素的组合。

对于右翼权威主义的概念还存在着最后一种潜在的批判，这种批判与对最初的权威主义人格观点的批判有着共同之处：它们两者都只关注权威主义的一种形态，即与右翼政治立场具有一致性的那种权威主义。但有没有可能持有其他政见的人也是权威主义者，进而也存在偏见呢？Shils（1954）最先提出了这个观点，Rokeach（1956，1960）将其恰到好处地发展成了一个更加系统的理论。

❋ 左翼和右翼的偏见：教条主义的心理学研究

Rokeach（1956）的分析首先将偏见的内容（即一系列不能忍受的态度和

这些态度所指向的外群体）与偏见深层的组织或结构加以区别。Rokeach 声称，Adorno 及其同事们的理论和相关测量工具实际上只关注了右翼分子对传统保守目标对象的偏见，如共产主义者、犹太人和其他"越轨"的少数群体。Rokeach 认为，左翼人士或许也会表现出外群体排斥，只是他们针对的是不同的目标对象。[2] 斯大林的支持者对托洛茨基主义者和其他所谓的修正主义者的敌意排斥就是一个很好的例子（Deutscher，1959）。根据 Rokeach 的假设，这些看上去非常不同的偏见有着一个共同的深层认知结构，在这个结构中，不同的信仰或信仰体系彼此分离，因此个体能够容忍相互矛盾的观点。此外，这类信仰体系使得个体在出现新情况时抗拒做出改变，此时信仰支持者就会通过诉诸权威的方法来证明其正确性。Rokeach 将这种不耐受综合征称为"封闭的思想"或教条人格，与"开放的思想"或非偏见性人格形成对比（Rokeach，1960）。

为了证实他的理论，Rokeach（1956）设计了两个新的量表。一个是"独断主义量表"，它由一系列非常极端的社会态度陈述组成，在措辞上既有右翼的也有左翼的。这个量表用以测量态度上的不耐受程度。另一个量表是"**教条主义（dogmatism）量表**"，用以测量一般权威主义，但在设计上与独断主义量表存在着高度的相关。虽然第二个量表的一些题目与早期的 F 量表题目存在着明显相似，但 Rokeach 希望教条主义量表可以区别于 Adorno 和同事们的设计，成为可以测量权威主义的、与内容无关的指标。但我们将会看到，有理由怀疑他在这方面是否成功了。[3]

通过采用标准的心理测量程序，Rokeach 证实了这些量表的内部信度。然后他试图证明其**效度**（validity）。他尝试了各种方法，但不得不说，成败参半。在两项小型研究中，他比较了不同组学生的教条主义分数，这些学生被他们的教授或同学评价为"特别教条的"或"思想非常开放的"。虽然当以同学的评价作为基准时，量表的区分度更好，但当以教授的评价作为标准时，两组学生在教条主义上并不存在可信的差异（Rokeach，1960）。在同本书的进一步研究中，Rokeach 比较了他认为从先验层面来说比一般人（如非信仰者、政治自由主义者）更教条的那些群体在教条主义量表上的得分。与此同时，他还用 Adorno 和同事们（1950）设计的工具测量了这些人的权威主义和种族中心主义。其中的一些比较的结果确实支持了他的观点，即教条主义是比权威主义更宽泛的一种测量。例如，共产主义者组（诚然样本很小）在教条主义上的得分与保守主义者相当，但在权威主义上的得分要低得多。与此同时，这些共产主义者在教条主义上的得分略高于自由主义者，但在权威主义上的得分较低；这表明，将态度上的一般不耐受与右翼政治立场相区分是有可能实现的，且这是 F 量表似乎无法做到的。早期的几项研究进一步证实了这一假设。在这些研究中，教条主义与左翼和右翼的观点都存在相关；当然，与权威主义和种族中心主义也存在相关（Rokeach, 1956）。但权威主义和种族中心主义仅与右翼的观点相关。然而，对宗教群体的对比显示了与上述支持证据相反的结果，即一些群体未能表现出在教条主义上的预期差异（Rokeach, 1956）。

教条主义人格的起源是什么？Rokeach 在这方面赞同 Adorno 和同事们的观点（1950），认为教条主义人格的起源是早期家庭社会化的经历，特别是孩子和父母的关系。因此他假设，与 Adorno 和同事们对权威主义者特征的描述一样，"思想封闭的"人（或教条主义者）也会表现出同样夸张的、对父母的称颂，以及同样压抑的焦虑症状（例如咬指甲、做噩梦等）。与此一致的是，Rokeach（1960）确实发现"思想开放的"学生更倾向于用模棱两可或含糊的术语描述他们的父母，并且回忆起更少的童年期焦虑症状。然而，令人有些惊讶的是，"中等程度"的"思想封闭"组，而不是"极端封闭"组，与"思想开放"组的差异最大。

教条主义的概念对预测偏见有多大帮助？不幸的是，针对这个问题的研究相当少。正如我们所看到的，Rokeach 自己的研究表明教条主义与用种族中心主义量表测量的一般性外群体排斥相关。Maykovich（1975）也发现，即使在控制了地理区域、教育和社会经济地位等主要社会变量的影响之后，美国白人的反黑人态度仍然与教条主义相关。在以色列的宗教极端团体中，教条主义与反阿拉伯的偏见相关，但相关不高（Kedem et al., 1987；另见 Hoge and Carroll, 1973）。最后，Dion（1973）在一项少有的实验研究中发现，与低水平的教条主义者相比较，由高水平的教条主义者所组成的两人一组的被试在奖励分配上并没有更歧视竞争对手，且他们的组间评价也没有更具偏向性。在这个实验中，最简群体的划分似乎比群体成员的人格更重要，我们将在第三章谈到这个现象。

Rokeach 认为左右两派的极端分子会共享某些人格特征，且具有相似的认知风格。关于这一观点又有哪些发现呢？Rokeach 自己的研究数据并不是很有说服力。一项关键研究比较了处于政治立场两极的受访者。但这项研究中的某些样本非常小（例如共产主义者只有 13 人）。或许正因为如此，"极端派"与"中间派"在教条主义水平上的差异都没能达到统计学上的显著（Rokeach, 1960）。McFarland 和同事们（1992）研究了苏联和美国权威主义的程度和相关关系。虽然苏联人在权威主义上得分比美国人低，但相关关系的结果表明，在苏联人中，权威主义与信仰共产主义呈正相关；而在美国人中，权威主义与信仰共产主义呈负相关。换言之，极左和极右与权威主义之间不存在简单的关联，它们之间的关系取决于文化背景。Tetlock（1983，1984）也为左、右意识形态具有相似的心理特征这一观点提供了其他的证据。Tetlock 分析了美国保守派和英国社会主义政治家的修辞技巧，发现他们的语言倾向于比"中立派"更为简单，表明这两类人使用严格和僵化的术语来定义这个世界。然而，这种认知风格的差异是否能归因于人格功能还存在着争议，因为至少有一部分原因可能取决于群体所从属的党派是执政党还是反对党。在反对党中，政客们发表的演讲往往不如他们执政时那么熟练和谨慎（Tetlock，1984）。此外，随后的一项研究系统分析了左翼和右翼分子的认知风格并得出结论，有一些证据支持极端的右翼分子在认知上比极端的左翼分子更为僵化，两者关系并非 Rokeach 预测的 U 形函数（Jost et al.，2003a）。

对于试图将不同政治立场的极端分子等同起来的做法，Billig（1976）提出了最犀利的批评。他指出，这类研究采用的测量工具实际上包含意识形态上的沉重包袱，而远非政治中立的（不能检测纯心理学上的差异）。他认为研究观察到的、群体间的任何异同都可以归结为由于量表题目的特定组合而诱发出的政治态度的集合。为了说明这一点，Billig 和 Cochrane（1979）的研究发现，采用 Rokeach（1973）的价值观调查工具，通过仔细分析被试对单个题目的态度，可以明确地把英国共产党和英国国民阵线党区分开来，但这就与他们可以被认为属于同一心理类别的假设相矛盾了。

❖ 作为社会支配的偏见

在本章我想谈到的最后一种视角在形式和范围上与之前的那些研究视角略有不同。它的支持者认为这不仅是一种人格理论，而且是心理学、社会学和进化过程的综合，它们共同创造了并维持着全世界的等级社会体系。根据这一观点，所有形式的偏见和歧视只不过是人类具有的一种普遍倾向的体现，这种倾向就是形成以群体为基础的社会支配结构，且在这种结构中，一些群体成员拥有征服另一些群体成员的手段和愿望。更重要的是，这一理论还提出，社会从属群体的成员对指向自身的压迫往往会采取默认，甚至是积极配合的态度；而这就是支配关系包罗万象的本质。这些看法确实是非常大胆的。它们是谁提出的？为什么要提出这些看法？

这种被称为**社会支配论**（social dominance theory）的视角是由 Sidanius 和 Pratto（1999）提出的。他们首先观察到，所有已知的人类社会似乎都是按照等级来组织的，即一些群体拥有凌驾于其他群体之上的权力。当然，这些等级结构的组成存在很大的差别。在一些地方，等级结构是以氏族的形式来组织的，在另一些地方则是以宗教、族群或其他五花八门的社会分类形式来组织的。人类发现这么做有利于帮助他们认识自己所处的世界（参见第三章）。但在任何文化中，"谁才是更重要的群体"其实是一个相当随机的事情，因此 Sidanius 和 Pratto 将之称为"随机组合"形成的差别。然而在现存的、具有巨大多样性特征的随机组合系统中，Sidanius 和 Pratto 认为存在两个具有重要功能的分类维度：年龄和性别——尤其是性别。研究者们认为，基于"进化而来的生存价值"，长者和男性社会成员总是比年轻人和女性社会成员拥有更多的权力和特权，这一近乎普遍的趋势使得上述两种分类体系在他们的理论中占据特殊的地位。他们因此而预测，总的来说，我们会发现男性比女性更赞同支配；同时，老年人会比年轻人有更强的支配倾向，但可能不像性别差异那么普遍。

但是，无论是基于随机组合还是基于年龄和性别，为什么都会存在群体的等级结构呢？Sidanius 和 Pratto（1999）引证了进化论和社会功能主义的混合观点来支持他们的看法。他们认为，性别竞争和人类婴儿的生物脆弱性是导致性别和年龄成为普遍支配关系的可能原因。此外，随着社会产生经济盈余，在争夺这些盈余的控制权的过程中，还会出现其他一些随机的分类。最后，由等级制度组织的社会比平等的社会更稳定，这使它们长期具有"功能上"的优势。这种推理的另一层含义是，基于群体的等级结构趋向于自我延续，会发展出各种机制来进行自我维系。此外，生活在等级而非水平系统中可以具有更强的社会功能，因此，即使是地位较低的群体成员通常也会在从属关系中表现出合作。正如 Sidanius 和 Pratto（1999, p.43）所说："群体压迫在很大程度上是一种合作游戏。"[4]

虽然社会支配论主要是强调等级体系的必然性和稳定性，但它的提出者们承认，有时这些体系内部确实会存在紧张关系。例如，某些群体或群体内的某些个体想要寻求减少而不是加强既存的不平等。Sidanius 和 Pratto 的理论中被研究得最深入的部分就是**社会支配倾向**（social dominance orientation，SDO）量表，它试图精确地捕捉到群体和个体在对不平等的偏好程度上的差异。

SDO 量表由一系列陈述组成（最新版本包括 16 个题目）。这些陈述肯定或否定了对群体不平等的认同。下面是一些例子：

若想出人头地，有时必须将其他群体踩在脚下。

有时其他群体必须保持现状。

如果我们更平等地对待他人，我们的问题就会更少一些。[反向计分项]

人们对上述题目的认同程度往往是相当一致的，使得该量表满足了内部信度的通常标准。Sidanius 和 Pratto 认为这个量表可以测量个体对群际不平等关系的认可程度，而这种偏好进而可以转化为对任何形式偏见的认可（例如种族主义或民族主义）。在社会支配论中，这类偏见被认为是有助于使不平等现状合理化的迷思；它们最终将表现为歧视的行为，来加强现有的社会等级制度。SDO 量表也可以在总体水平上使用，以检验该理论关于不同群体的相对支配倾向的假设（例如男性得分高于女性的假设）。

一个人 SDO 水平的决定因素有哪些？与《权威主义人格》一书提出的详细的起源论（aetiological）理论相反，Sidanius 和 Pratto（1999）对 SDO 的起源并没有非常详细的描述。他们认为，它在一定程度上源于个人在特定社会阶级中的社会化经验。例如，一个人可能被社会化为白人、中产阶级和男性，因此根据该理论，这种组合应该会产生高 SDO 水平。此外，SDO 可能部分源于个体生活经验（某种子女抚养方式），或是在一定程度上也可能取决于情境因素（特定的群际地位差异，这种地位差异在特定情境中具有心理上的凸显性）。我们将看到，关于最后这一点是颇有争议的，因为它似乎削弱了 Sidanius 和 Pratto 的主张，即 SDO 水平反映了人们认同（或反对）主流种族主义、性别主义或其他意识形态的一种稳定倾向。如果 SDO 具有情境上的不稳定性，那么它怎么能具有跨情境的一致性呢？关于 SDO 还有最后一点需要说明。与我在本章谈到的其他个体差异的测量有所不同，Sidanius 和 Pratto 煞费苦心地强调一个人的（高）SDO 水平不是病理学上的标志，也不是人们在某种程度上异常的指标。相反，SDO "反映了正常的人类差异，它与正常的社会化经验相结合，且部分来自遗传的人格特质"（Sidanius and Pratto，1999，p. 74）。

我们现在评估一下在多大程度上可以用社会支配论来解释偏见。也许并不奇怪，大多数研究集中于预测 SDO 和各种偏见的测量之间的关系，而较少地关注更大的（也更难测试的）有关群体等级结构的普遍性和必然性的主张。Pratto 和同事们（1994）通过几个美国大学生样本发现了 SDO 与种族主义、性别主义和民族主义之间存在一致的相关（相关系数平均约为 0.50）。重要的是，SDO 与右翼权威主义仅存在微弱的相关，即使控制了后者，SDO 与各种偏见指标之间的关系也非常稳健。男性的 SDO 得分略高于女性，这也与假设一致。随后的其他几位研究者也观察到了 SDO 与不同形式的偏见之间的相似关系（Duckitt, 2001; Duriez et al., 2005; Whitley, 1999）。在所有这些研究中，即使去掉 RWA 的影响，SDO 与偏见仍存在稳定的相关，这表明 SDO 和 RWA 与偏见的相关关系是相对独立的。尽管在某些情境中，SDO 和 RWA 的相关可能明显更高或更低，但两者的相关通常只有 0.20 左右（Duckitt, 2001; Duriez et al., 2005）。

研究者已经证实了 SDO 和偏见之间存在共变关系。但 SDO 的本质及其与偏见的因果关系仍然是未知的。是否如 Pratto 和同事们（1994）在他们的文章标题中所暗示的那样，SDO 仅仅是另一个"预测社会和政治态度的人格变量"呢？[5] Altemeyer（1998）肯定是这样认为的：他建议将 SDO 的测量作为权威主义的一种形式，并且是对 RWA 的补充——将 SDO 用以测量权威主义的支配维度而不是服从维度。至少从严格的意义上来说，将 SDO 进行人格的概念化，就意味着人们的 SDO 水平在他们的本质构成中是相当稳定的一部分，并且是偏见的一个根本原因，且具有或多或少的跨情境不变性。这也意味着我们通常会观察到不同职业的人群（例如警察和社会工作者）具有不同水平的 SDO（及偏见），而这既可能是自我选择的结果（支配性强的人倾向于寻找"支配性"的社会角色），也可能是团体选择的结果（组织倾向于雇用那些人格与职业角色相匹配的人），或是两种选择共同作用的结果（Pratto et al., 1997; Sidanius et al., 1994）。

然而，有理由怀疑 SDO 是不是一种固定的倾向。Duckitt（2001）指出，SDO 量表和 RWA 量表一样，实际上是对社会态度而非人格的测量。SDO 量表的题目反映了一种普遍的意识形态观，即世界是一个充满竞争群体的地方，因此不可避免地会有赢家或输家。相对而言，RWA 量表的题目似乎把世界描绘成一个充满危险和威胁的地方，因此需要强大的内群体道德价值观和令人敬畏的权威来保护我们。尽管 Duckitt（2001）自己把这些不同的世界观与深层的人格相关联，如刚性（tough-mindedness; Eysenck, 1954）和社会服从（Saucier, 1994），但同样也可以假设这些信仰体系可能来自特定的情境或事件，或是来自社会化过程中形成的竞争或平等的价值观。如果是这样，那么 SDO 就不应当被看作导致各种偏见的一个主要原因；相反，它是人们对自己所处环境的一种意识形态的反应。这种反应很可能会继而引发一种特殊的群际态度，但它不能被视为其始作俑者。

Schmitt 和同事们（2003）以及 Guimond 和同事们（2003）的研究为 SDO 的上述替代性概念提供了证据。在一项研究中，Schmitt 和同事们（2003, Study 2）在实验开始前首先对被试的种族主义和性别主义进行了预测。然后在正式研究中，为了凸显被试的种族或性别，研究者让被试回答五个问题：为什么作为自己所在的种族（或性别）群体中的一员让他们感觉是自然而然的？然后被试填写了 SDO 量表。那么现在，如果说 SDO 反映了一种偏爱支配关系的一般倾向，并进而表现出偏见的话，那么不管在何种实验条件下，SDO 与种族主义和性别主义都应该存在着同样的强相关。但事实上，它在种族凸显的条件下仅与种族主义相关，在性别凸显的条件下仅与性别主义相关。这就强有力地表明了 SDO 并非一般偏见的深层次原因，而是对情境事件的一种反应（由情境事件决定了何种身份是即时凸显的）。Guimond 和同事们（2003）考察了不同的群体社会化导致 SDO 的可能性。他们测量了精英组（法律）和低社会地位组（心理学）学生在 SDO 和偏见上的得分，样本分别包括来自两个学科的一年级和三（或四）年级的学生。根据社会支配论，那些将来会获得更高社会地位的学生（律师）应该表现出更高水平的社会支配和（因此）更多的偏见。事实也确实如此，但结果并非简单明了。在 SDO 得分上，法律专业的学生确实是高于心理学专业的学生，但这种差异在高年级学生中尤为明显。最关键的是，在一年级的学生中，尽管 SDO 水平仍然存在着学科差异，但不同学科的学生在偏见水平上却不存在任何差异；偏见的差异只出现在高年级学生样本中（见图 2.1）。Guimond 和同事们将这些结果解释为，法律（或心理学）专业的学生需要一段时间才能适应他们所选择的职业所处的那种激烈竞争（或更集体共有）的世界，进而使得他们的 SDO 水平上升（或下降）。为了避免研究可能存在的群组效应，即被研究的特定学生群体存在着某些特殊性，Guimond 和同事们（2003）采用实验法创建了不同社会地位的群体，并得到了相似的结果。

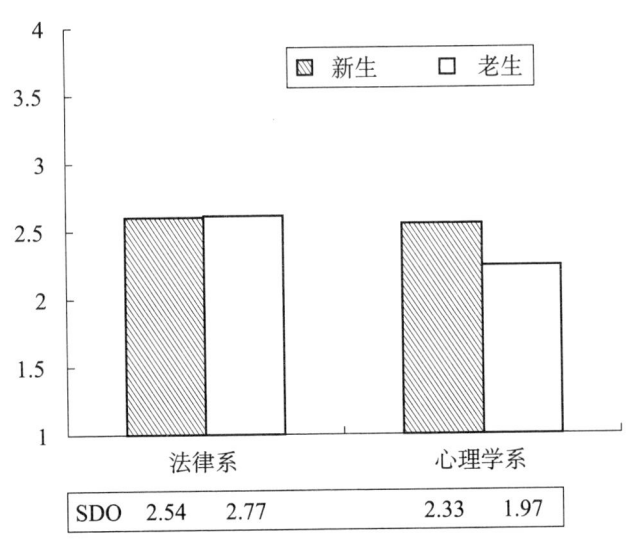

图 2.1 精英组（法律）和非精英组（心理学）学生的社会支配倾向与偏见

注：图中每个柱形下方标黑的数字表示所属组对应的社会支配倾向水平。

资料来源：Adapted from Figure 2 in Guimond et al., 2003.

社会支配论值得讨论的最后一点是关于将社会支配关系与进化过程相联系的假设。正如我们之前看到的，这种关联让 Sidanius 和 Pratto（1999）得出结论：基于群体的等级制度和伴随其而来的、合理化的意识形态（或偏见）在文化上具有普遍性，因此在某种程度上是不可避免的。该理论特别强调 SDO 中所表达的性别差异的普遍性。Sidanius 和同事们（2000）在他们抽样调查的 6 个国家中（中国、以色列、巴勒斯坦、新西兰、美国、苏联）确实发现，尽管在其他的不平等指标上存在着显著的差异，但这些国家男性的社会支配水平都比女性更高。但其他一些研究对这种所谓的跨情境"不变性假设"的支持程度较低。Wilson 和 Liu（2003）发现，SDO 的性别差异只存在于那些有着强烈性别类型认同的男性和女性身上；对于不那么强烈认同的人，女性的 SDO 得分要高于男性。因此，人们的社会支配倾向对情境的依赖程度似乎要比 Sidanius 和 Pratto 预计的更高。

至于有关群体等级制度具有不可避免性的主张，不论是由于它悲观的政治含义，还是因为证据支撑不足，这一观点已经招致了尖锐的批评（Reicher, 2004；Turner and Reynolds, 2003）。正如 Reicher（2004）所说："我对不平等地位关系具有不可避免性的理论假设感到担忧，但这并不是因为它们是真的，而是因为它们可能会变成真的。"（p. 42）进化论的假设因难以证伪而著称，因此我们在过于急切地将其纳入我们的理论之前，应当先停下来仔细思考。不过，对于社会支配论的支持者在试图描述和解释等级系统时为了证明理论的合理性而为其辩护的行为，我们也是可以理解的。他们认为："正如同地质学不是为了从道德上认可地震，流行病学不是为了从道德上认可埃博拉病毒的暴发，精神病学不是为了从道德上认可疯狂，对人类某种行为的进化论分析也不是为了从道德上认可这种行为。"（Sidanius et al., 2004, p. 862）在这一点上，他们肯定是对的。有时候，社会科学的研究确实会吐露出令人不安的真相，但我们的反应应当是找到方法来对抗或规避这些真相造成的影响，而不是简单地否认它们的存在。

❖ 采用人格视角研究偏见的局限

现在，我想从对特定理论的讨论转向考量更广范围的观点，即人格上的个体差异可以解释偏见的变化和产生。在我看来，这一论断存在四个主要的局限（类似的批评另见 Billig, 1976）。

第一，它低估了直接的社会情境在塑造人们态度方面的效力和重要性。目前社会心理学中一个老生常谈的观点就是：我们的观点和行为会受到身边或周围其他人的态度、群体的规范以及群体间关系等因素的重要影响（Brown，2000a）。因此，偏见的表现也是如此。以 Siegel 和 Siegel（1957）的一项研究为例，两位研究者进行了一项社会心理学中少见的"田野"实验。他们观察到，在一年的时间里，两组美国女大学生在权威主义得分上发生了变化。其中一组学生居住在非常保守和传统的"姐妹会"宿舍，而另一组学生住在更具自由主义氛围的宿舍。从方法上来看，这项研究出彩的地方就在于宿舍的分配是在随机的基础上做出的，这就确保了两组被试的初始人格和其他性格特征是相同的。与假设一致，那些接触了左翼群体规范的学生，她们的权威主义倾向明显下降，而生活在"姐妹会"宿舍的学生几乎没有发生任何变化（见表2.1）。

具有讽刺意味的是，这项研究中用来测量偏见的工具实际上正是 F 量表。在这项研究中，F 量表被证明具有足够的敏感性，并可以用来检测被试基于群体生活经验而发生的态度变化。但它原本应该是即时的、具有跨情境稳定性的人格特质的一个指标！

表2.1　　　接触了自由派或保守派群体规范后权威主义的变化

	时间点1	时间点2（一年以后）
保守的姐妹会	103.0	99.1
氛围自由的宿舍	102.1	87.3

资料来源：Adapted from Table 2 in Siegel and Siegel, 1957.

请回忆一下在上一节讨论过的 Guimond 和同事们（2003）的研究。正如我在那里指出的，研究者发现学生的 SDO 和偏见水平会随着他们最终学习的专业而发生显著的变化。Guimond 和同事们还通过短时间的实验操纵改变了 SDO 和偏见水平。Verkuyten 和 Hagendoorn（1998）提供了有关偏见的情境性及其原因的进一步证据。他们认为，只有在人们的群体身份不是很凸显的情况下，像权威主义这样的人格变量才可能会影响和导致偏见。相反，当群体身份具有心理层面的重要性时，他们认为人格决定因素会让位于其他因素（例如内群体规范或对外群体的刻板印象）。在研究中，研究者通过一系列问题来启动人们的个人或社会身份，包括询问他们的个人特征（外貌、兴趣等）或他们的国籍。这一简单的步骤足以显著地改变权威主义和偏见之间的相关：在个人身份条件下（第一组），相关关系是正向的和显著的，但在社会身份条件下（第二组）则可忽略不计。在后一组中，内群体刻板印象能够可靠地预测偏见，但两者的关系在个人身份条件下完全缺失（另见 Reynolds et al., 2001）。

上述论证可以进一步扩展到更广泛的文化或社会层面，并作为"用人格上的个体差异来解释偏见"这一观点具有局限性的第二个理由。Pettigrew（1958）在这一领域开展了具有开创性的跨文化研究。他研究了南非和美国的偏见，并发现南非白人确实与美国南部地区的白人一样，表现出了非常高的反黑人偏见。然而，虽然这两个地方的权威主义和偏见之间在个体层面存在相关，但样本在权威主义上的总体均值并不比其他具有较少偏见的群体高。换言之，尽管样本中的被试报告了公开的种族歧视态度，但样本人群在人格类型的整体分布上与"正常"人群是非常相似的。Pettigrew 得到的结论是，种族主义更多地源自这些受访者所处的普遍社会规范，而不是源自任何人格障碍。他观察到偏见和社会服从之间存在着一致的高度相关，这就强化了上述结论。

多年来，由于在种族隔离时代存在着制度上的种族主义结构，南非一直是研究者在探索偏见决定因素时非常感兴趣的一种文化。种族隔离制度建立在种族隔离和白人至上的双重基础上，为种族主义思想的产生和传播提供了温床。继 Pettigrew（1958）的研究之后，还有其他几项研究也考察了偏见在南非的起源。总体而言，权威主义和偏见之间在个体层面存在相关已经得到了证实，但相关并不总是很强（Colman and Lambley, 1970; Duckitt, 1988; Heaven, 1983）。然而或许更重要的是，在控制了权威主义的程度之后，一些社会人口学变量仍然是偏见水平的良好预测指标。例如，讲阿非利卡语（南非白人语）的人和社会经济地位较低的群体往往比讲英语的人或中产阶级群体具有更高的偏见水平（Duckitt, 1988; Pettigrew, 1958）。这些既存的、亚文化群体间的巨大差异进一步强调了之前的观点，即决定特定群体总体偏见水平的是社会规范而不是个体的人格动态系统。

用人格因素来解释偏见的第三个困难在于，它无法解释整个群体中偏见性态度的统一性。这些理论的本质是利用人们之间的个体差异来解释偏见，但这就使得它们特别不适合用来解释为什么偏见的存在在某些社会中几乎是共识。在战前的纳粹德国，或是直至20世纪90年代初的现代南非，我们可以观察到成千上万的人都有着一贯的种族主义态度和行为，虽然他们肯定在大多数其他的心理特征上有所不同。Davey（1983）对英国儿童种族间态度的研究虽然在形式上较为温和，但对普遍存在的偏见进行了时代性的和系统性的描述。这项研究的一部分涉及让孩子们与照片中不同种族的陌生成员分享一些糖果。从表2.2可以看出，在大约500个儿童被试中，有50%的儿童在分配糖果时是具有种族中心主义的。也就是说，他们分给内群体成员的糖果多于分给其他群体成员的糖果。近60%的白人儿童表现出这种歧视。难以想象这么多来自各种普通背景的孩子，在接触了某种特定的家庭动态关系，或经历了童年期的社会化后，就变成了有偏见的人（另见第五章）。

表 2.2　英国儿童的种族歧视：采用的分配策略的百分比

糖果分配的模式[a]	儿童的种族			
	白人	西印度群岛人	亚洲人	全部
种族中心主义的	59.8	41.4	39.8	50.2
公平的	24.7	36.0	25.8	27.8
偏爱外群体的	0.4	0.8	1.6	0.8

注：[a]根据本实验采用的定义，"种族中心主义的"是指将四个糖果中至少三个分给自己小组的行为；"公平的"是指给每个种族各分发两个糖果的行为；"偏爱外群体的"是指以牺牲自己的利益为代价而偏向另一个群体的行为。

资料来源：Adapted from Table 9.2 in Davey, 1983.

第四个问题涉及偏见的历史特殊性。如果偏见的统一性难以用人格模型来解释，那么偏见在某时期的突然上升和下降也同样难以解释。例如，希特勒统治下的反犹主义仅在十年左右的时间里就形成了，但这么短的时间内根本没有办法让整整一代的德国家庭都采用某些必要的育儿方法，并快速地抚养出这么多具有权威主义和偏见的后代。另一个更有说服力的案例是1942年轰炸珍珠港之前和之后美国人对日本人的态度（Seago，1947）。个体层面和组织制度层面的态度变化（包括给亚裔美国人建造大型监狱）只在短短几个月之内就发生了（Nakanishi，1988）。最近，许多国家在"9·11"事件之后对宗教极端组织产生了恐惧，这也是一个很好的例子（例如，参见 Kaplan，2006）。

另外两项近期的系统研究也强调了这一点。回想一下之前的研究者在1973年至1996年的二十三年间观察到的加拿大连续几届本科生在权威主义上发生的变化（Altemeyer，1996）。正如我们在本章前面看到的，Altemeyer 观察到权威主义在这一时期发生了巨大的变化。从**原因论的**（aetiological）角度来看，这些学生的父母在同一时期在权威主义水平上却几乎没有任何变化。一项对900多名荷兰青少年展开的纵向研究（Vollebergh，1991）更加令人印象深刻。在两年的时间里，Vollebergh 跟踪并观察到权威主义水平出现了下降，下降的幅度虽然很小但信度却很高，并且这种现象在她所研究的五个年龄段中都能观察到。正如我已经指出的那样，诸如此类的、时间上的变化对于将偏见的起源解释为家庭动态关系的说法而言是相当尴尬的。这些历史的变化向人格视角提出了更为严峻的问题，因为它们表明权威主义和社会支配可能实际上只是社会条件发生改变的结果，而非源于特定历史时期的社会化。如果是这样的话，那么，就像每个统计学入门课程的学生都会不断被提醒的那样，通常观察到的人格变量和偏见之间的相关并不能表明它们之间存在因果关系，这种相关实际上可能源于两者所共同依赖的一些更广泛的社会因素。

一系列的档案研究使上述解释变得更加合理。这些研究检验了不同经济指数和权威主义的一些社会指标在历史上的共变关系。第一项研究是由 Sales（1973）开展的。他指出，对于成人和儿童而言，权威主义的重要来源是社会中存在的威胁因素。其中最主要的是当时的经济条件：当时代艰难时，人们会感受到比繁荣时期更大的威胁。Sales 认为，这种威胁感表现为人们会更多地被专制主义形式的宗教所吸引。1920 年至 1939 年期间（跨越了 20 年代的经济繁盛和 30 年代的经济大萧条），美国各种教会的皈依率为这一假设提供了一些支持。收入水平与"专制型"宗教（比如天主教和基督复临安息日会）的皈依率之间存在可靠的负相关，但与长老会这种"非专制型"宗教的皈依率之间存在正相关。因此，借用马克思的名言，在经济衰退的时期，专制型的宗教是"人民的鸦片"。之后，Sales（1973）巧妙地编制了权威主义的一些其他指标来扩展他的分析。例如，他认为在一种充斥着威胁的气候下，像动漫人物这样的流行文化符号应该强调力量和刚强；占星术和其他迷信的受欢迎度应有所增长；人们对宠物狗的选择应该转向杜宾犬和德国牧羊犬这些具有攻击性的品种。上述所有指标均显示出与经济变量间的可靠相关。对战前德国以及 20 世纪七八十年代的美国开展的类似档案研究也极大地支持了 Sales 的结论（Doty et al.，1991；Padgett and Jorgenson，1982）。最近，Perrin（2005）观察到在"9·11"恐怖袭击事件发生后，人们在寄给美国报纸的信件中使用了更为明显的权威型语气。有趣的是，同一时期非权威型的信件也有（少量）增加，这可能是一种反作用。

Duckitt 和 Fisher（2003）以及 Stellmacher 和 Petzel（2005；另见 Duckitt，1989）扩展了上述观点，认为权威主义可能是对指向群体的威胁做出的一种集体反应。Duckitt 和 Fisher（2003）要求来自新西兰的被试阅读关于新西兰十年后可能出现的三个"未来场景"中的一个。第一个场景描绘了一个存在着社会和经济威胁的未来（失业率和犯罪率高，政治不稳定），第二个场景是安全和繁荣的未来（经济增长和社会和谐），第三个场景是"中性"的当下现状发展的结果。正如预期的那样，阅读不同的场景故事可靠地改变了被试的世界观和权威主义水平，以及他们的社会支配水平，尽管在后一维度上的变化不是那么明显。Stellmacher 和 Petzel（2005）通过编制群体权威主义量表进一步论证了上述观点。他们认为这一工具可以测量在面临身份认同威胁情境时的集体反应。在模型中，研究者仍然保留了权威主义的个体倾向并将其作为出发点，这些个体倾向随后与群体认同的强度以及社会威胁的强度相互作用，提高了权威主义的群体反应水平（对群体规范的服从、对领导者的服从和仇外主义）。在一项实验中，通过操纵心理学专业学生的职业前景遭到威胁（或没有遭到威胁），Stellmacher 和 Petzel 确实观察到了个体层面的权威主义、身份认同和威胁之间的相互作用：对于那些初始个体权威主义水平很高、强烈自我认同为心理学家，且处于高威胁条件下的学生而言，他们的群体权威主义水平也是最高的。

在我看来，这些都是有希望的研究进展，它们为把纯粹基于人格视角来研究偏见从死胡同里拯救出来提供了可能性。随后的 Adorno、Rokeach 和其他研究者认为，偏见问题的答案存在于个体人格的结构中：经历了特定教养方式的孩子会长大成为服从权威的人，他们在思想上是僵化的，且尤其是对少数群体和外国人抱有敌意。然而，正如我们所看到的，这种人格视角无法解释为什么偏见普遍存在于某些特定时间和特定地点，而在另一些时间和地点却几乎完全看不到。对于处于偏见分布的两极的那些人，即永远的宽容者和始终如一的独断者，人格因素可能很重要。而对于剩余的大多数人，相对于影响行为的许多不同的情境因素而言，人格可能并不是决定偏见的重要因素。此外，对于这些大多数人来说，应当将权威主义和社会支配等变量视为同种社会和文化变量作用的结果而不是起因。

❖ 小结

1. 对偏见的一种常见解释是将其归因于某种特殊类型的人格。心理学中这种解释最著名的例子就是《权威主义人格》一书中提出的理论。这一模型提出，某些家庭条件，特别是过度严苛和遵从传统道德的家庭教养经历，会导致个体在生活观上对权威过分顺从，持有保守的社会态度，对少数群体或"越轨"群体怀有敌意，并以简单的认知风格为主导。这种视角在方法论上遭到了广泛的批评，并被 Altemeyer（1996）的右翼权威主义理论所取代。

2. Rokeach 提出的假设是对权威主义的延伸，即不耐受和思想僵化并不是政治右翼分子的特权，在极左分子中也可以观察到。但这一理论也不是不存在实证困难的。

3. 社会支配论试图将偏见解释为社会支配的一种表现，即所有等级组织的社会中都存在的一种固有倾向。根据这一理论，群体的等级制度也是人类生存的普遍特征。然而，近期的研究对将社会支配倾向作为偏见的成因提出了质疑。

4. 用人格解释偏见是具有局限性的，因为这些解释倾向于弱化情境因素，并忽视社会或亚文化规范的影响。此外，它们不好解释为什么某些社会或群体中普遍存在着偏见，也不容易解释偏见的历史变化。近期的一些分析将权威主义和社会支配看作针对群际条件的改变而做出的反应，而非偏见的主要原因。

❖ 注释

1. 鉴于样本的大小（均大于600），本研究中不存在任何强相关关系似乎不太可能归因于缺少统计效力。

2. Eysenck（1954）做出了另一个尝试，试图将人格与偏见相关联，但又与政治上的保守主义相分离。

3. 令人有些惊讶的是，Rokeach 最为人所知的偏见研究没有将教条主义作为一个自变量。这里提到的是他的"观念一致性理论"（belief congruence theory），第三章将对此进行更全面的论述。

4. 这种观点与体制合理化理论（system justification theory）有很多共同点（例如 Jost et al., 2004；参见第八章）。

5. 在社会支配论的后续版本中，Sidanius 和 Pratto 稍微修改了他们的立场（Sidanius and Pratto, 1999；Sidanius et al., 2004）。虽然他们希望仍能维持 SDO 可以反映一些潜在人格特质的主张，但他们确实允许 SDO 作为情境相关变量的函数而发生变化。尽管如此，他们仍然认为，即使 SDO 的绝对水平可以在不同的环境中发生变化，相对水平（即 SDO 维度中个体的排名顺序）也不会发生改变。

❖ 扩展阅读

Billig, M.（1978）*Fascists: A Social Psychological View of the National Front*, ch. 3.

London: Harcourt Brace Jovanovich.

Duckitt, J. (2001) A dual-process cognitive-motivational theory of ideology and prejudice. *Advances in Experimental Social Psychology* 33: 41-113.

Sidanius, J., and Pratto, F. (1999) *Social Dominance: An Intergroup Theory of Social Hierarchy and Oppression*, chs 2 – 3. Cambridge: Cambridge University Press.

第三章
社会分类和偏见

在前面两章，我们已经看到几个有关偏见的例子，尽管它们的强度和表现方式各不相同，但它们都有一个共同点：包含一些消极情绪，这些消极情绪指向的是某一特定群体或至少是该群体的代表。在第一章我们提到这是偏见定义的特征之一：其他形式的反感在特征上更强调人际关系或是个体特异性，而偏见则有所不同，它包含分类的基础。以这种方式看待偏见是很重要的，因为它强调了对目标对象造成的社会后果。偏见不是发生在单独的个体身上的事；它会潜在地影响到外群体中的任何成员。

这种分类的定义之所以重要还有另一个原因。它强调了这样一个事实，即偏见的实施者很可能在他们形成偏见性判断或实施歧视行为以前（或当时）从事了（着）某种认知活动。当有人发表种族主义或性别主义言论时，或是当雇主选择雇用他/她自己所属群体中的一个成员，而不是雇用同样有资格但来自另一个群体的人时，他们就已经在心理层面激活了一个或多个社会分类。他们将这种分类作为出发点去推断事件中相关人员的属性，并且经常通过分类来为其行为的合理性找到借口。事实上，分类的过程对于偏见的实施是如此重要，以至于有研究者认为这是偏见存在的必要条件（Allport，1954；Tajfel，1969a）。

这一章是本书中有关偏见背后的认知过程的两章内容中的第一章。在本章，我首先要考量的是**分类**（categorization）的最直接后果：**类别间分化**（intercategory differentiation）和**类别内同化**（intracategory assimilation）。在随后的章节，我将讨论当超过一个以上的分类维度在心理上凸显时会发生什么事。首先，我会展示在类别相互作用的情况下，分化和同化过程是何时以及如何结合在一起的。其次，我主要关注类别内的同化过程，这一过程会导致同一群体的成员被视为比他们实际上更加相似。在群际环境中，这个过程很少是对称的；通常一个群体会被认为比另一个群体更具有同质性。再次，我要谈到的是，人们为了理解特定的情境会选择使用不同的分类,那么有哪些因素决定了人们如何选择不同的分类呢?最后,我会通过直接的对比谈到一种理论,该理论认为类别差异对群际态度的影响不像人们通常认为的那么重要。

❖ 把世界分类:社会分类,一个基本的认知过程

社会分类是偏见的先决条件,这一观点至关重要,因为它强调了偏见的普通或平凡的本质(Allport, 1954)。分类是一个认知过程,它不仅仅发生在奇怪的环境中或是某些病理的情况下。正如 Bruner(1957)在多年前所指出的,这是人类存在所不可避免的一个特征。为什么呢?这是因为世界实在太复杂了,如果在一开始我们没有办法对它进行简化和整理,那我们就无法生存。正如生物学家和化学家使用分类系统来减少自然界的复杂性,使之降低到一个更易于管理的类别数量,并以科学的行之有效的方式将这些类别联系在一起,我们在日常生活中也同样依赖于分类系统。我们根本没有能力对我们遇到的每一个人或每一件事都做出不同的反应。而且,即便我们有这样的能力,鉴于这些刺激具有许多共同的特征,以及区别于其他刺激的特征,这么做也存在着很大的功能障碍。通过按相似性和差异性将刺激分类,我们可以更有效地处理它们。这就是人类的语言充满了复杂的分类和子分类系统的原因之一;这些系统允许我们随时使用人和物品的整个类别,而不用总是进行特定的描述。在 Allport 令人记忆深刻的说法中,类别是用来把我们的环境"切片的名词"(Allport, 1954, p.174)。

举个例子:假设我正在访问某个外国城市,并需要找到去一些著名地标的路。对于我来说,为了问路,能够识别出特定类别的人(例如警察、出租车司机、当地居民),要比直接问我遇到的第一个人(通常可能也是个同样迷路了的游客)要有用得多。在这个日常的例子中仅仅是与"便利"有关的事情,在更危险的环境中就可能会变成生死攸关的问题。在巴格达或耶路撒冷的街道上能够识别出并恰当地对待"我方"和"敌方"成员,就使得快速和准确的分类判断对于一个人的生存问题至关重要了。

夸大和忽视差异:分化和同化

如果分类是有用的简化和排序工具,那么它们能够帮助我们明确地区分哪些是"属于的"和哪些是"不属于的"就很重要了。Campbell(1956)是最早

认识到这一点的人之一。在一篇很少被引用的论文中,他观察到刻板印象的一个重要方面就是增强了群体间的对比。然后,通过在一个简单的物理判断任务中诱发这种对比效应,他证明了对比是分类的一个基本后果。他要求被试学习一些无意义音节的物理位置(在每一个试次中,给定的音节总是沿水平线出现在相同的位置)。这些由无意义音节组成的刺激可以分成两个隐含的类别:一类音节总是以"E"作为正中间的字母,另一类音节总是以"X"字母来结尾。尽管这些音节在中间是重叠的,但"E"字母总是出现在左侧,而"X"字母总是出现在右侧。Campbell 发现,在对这些重叠音节的位置进行估计时,被试总是犯同样的错误:"E"刺激的位置被估计为更靠左,而"X"刺激的位置被估计为更靠右,即这两类刺激的物理位置被更加清晰地分开了。

据此,Tajfel(1959)形成了有关分类的认知结果的两个假设。第一个假设认为,如果对一组刺激(无论是物理对象、感官事件还是人)进行了类别上的区分,使得某些刺激归为 A 类,其余的归为 B 类,那么这将起到增强 A 类和 B 类成员既有差异的效果。第二个假设是类别内的差异将会减弱,这实际上是第一个假设的推论。或者,不那么正式地说,不同群体成员的差异被看作比实际上更大,而同一群体成员的相似性也被看作比实际上更大。

Tajfel 和 Wilkes(1963)首次对这些假设进行了直接的检验。同 Campbell(1956)一样,他们研究了对物理刺激的判断。他们让被试简单地估计一组线段的长度,每次呈现一条线段。实际上有八条不同的线段,每条线段和它相邻的线段之间都存在着恒定的差别(略小于 1 厘米)。这是一个足够简单的任务,因此控制组的被试做出了相当准确的估计。然而,实验组被试在做出判断时遇到了一个很小的新信息。在每张包含着刺激线段的卡片上,都会出现字母"A"或"B"。四条较短的线段恰巧地被标记为"A",而四条较长的线段被标记为"B"。加入简单的 A/B 分类对被试的判断产生了奇怪的影响:多数的估计仍然是准确的,但被试感知到的最长的"A"线段和最短的"B"线段间的差异是不准确的(即最能代表 A/B 二分法的两条线段)。被试总是将这个差异感知为实际差异的两倍(约 2 厘米)。换句话说,正如 Tajfel 假设的,被试将感知到的两个类别之间的差异夸大了。但与他的第二个假设相反,没有证据表明类别内的差异减少了。

在这些实验的启发下,其他研究者也通过各种不同的任务证实了类别分化效应,包括组成语音音素类别的语音模式、对面积的判断、对一年中不同月份气温的估计、对面孔的印象以及对态度陈述的评价(Doise,1976;Eiser and

Stroebe, 1972; Krueger and Clement, 1994）。最后两个判断任务很有趣，因为它们在内容上更具社会性。这就意味着正如 Campbell（1956）所推测的那样，分类过程的影响可能适用于相当广泛的情境。此外，其他的实验也证实了类别内同化效应的存在。McGarty 和 Penny（1988）采用 Eiser（1971）设计的判断范式发现了类别分化及同化的证据。被试必须对一系列表达不同政治观点的陈述进行评判，给每一项陈述的左翼或右翼程度打分。在其中一种分类条件下，所有右翼陈述都被归属为"作者 A"，所有左翼陈述都被归属为"作者 B"。在第二种条件下，通过将"作者 A"描述为"美国右翼政治候选人"和将"作者 B"描述为"加拿大马克思主义社会学家"来提供类别属性的信息。鉴于其传达的额外政治含义，这些信息性标签的出现应当会强化对比或同化过程。当然，还有一种条件下没有给陈述提供任何的标签。被试的判断确实受到了标签的影响：与控制组相比，当陈述被贴上标签时，被试感知到的左翼陈述与右翼陈述间的差异被放大了，且这种效应在信息性标签条件下表现得更为明显；与此同时，被试感知到的两类陈述内部的差异也相应地减少了，尤其是在信息性标签的条件下（另见 Doise et al.，1978）。

我们和他们：社会分类和群际歧视

到目前为止，我们已经看到，在原本不做区分的情境中引入分类原则，会对人们的知觉和认知功能产生一些可预见的扭曲效应。但我们可能会遭到合理的反驳，即上述的大多数现象与包含群际偏见的各种社会判断和行为相去甚远。是否有证据表明，社会分类对人们指向群体内/外成员的态度和行为产生了更有意义的影响？确实有。在后面的章节中，我们将看到一些其他例子。在这些例子中，分类过程被认为对群际关系产生了一些相当复杂而深远的影响；但在此之前，我还需要再描述一个分类本身带来的结果。这就是，无论是通过有偏向的评价性判断，还是通过某种具体的**群际歧视**（intergroup discrimination）行为，分类似乎为人们开始偏爱内群体而不是其他群体提供了充分的条件。

Rabbie 和 Horwitz（1969）的研究是最早证明上述观点的研究之一。研究者声称，由于行政上的一些原因，需要将荷兰一所学校里互不相识的儿童随机分成四人一组，并分别贴上"绿色"和"蓝色"的标签。随后，这些儿童独自花几分钟来完成一些无关任务。接下来，根据实验条件，发生了两件事中的一件。一些孩子得知，其中一个小组将会因为协助研究而获得奖励（一些新的晶体管收音机），而另一个小组则因为资源短缺不会获得任何奖励。这个"共同命运"

是由抛硬币来决定的。但对于控制组的孩子，这条信息被省略了；因此除了颜色标签外，他们之间没有任何共同之处。然后，被试需要在一些社会度量尺度（socio-metric scales）上给彼此打分。问题是：对这些几乎是陌生人的印象评价是否会受到并不具有说服力的"绿色"和"蓝色"标签的影响呢？结果表明，在孩子们经历了一些相互依赖的情况（意外的和随意的奖励或剥夺）后，有明确的证据显示，群体内的孩子比群体外的孩子得到了更高的评价；而控制组的评分似乎没有显示出这种偏向。Rabbie 和 Horwitz 最初的结论是，仅是分类本身并不足以影响人们的群际判断；似乎有必要增加一些相互依赖的感觉。事实上，正如他们后来承认的那样，得出这个结论还为时过早（Horwitz and Rabbie，1982）。在一项后续研究中，增加了控制组的样本数后，他们的确发现了一些（统计学上显著的）内群体/外群体分化的证据。因此，这是第一个证据表明，简单地将人们归为不具有什么意义的两个类别中的一类，就可以影响他们对真实同伴（不仅是物理刺激或假想的他人）的判断。

Tajfel 和同事们（1971）开展的一系列实验以更为瞩目的方式证实了上述结论。这些研究者试图发现，仅仅是从属于一个群体，而不是其他群体，就足以引发一种行为偏见的基本形式，即对内、外群体成员的区别对待。为此，他们设计了**最简群体范式**（minimal group paradigm）。之所以这么命名，是因为它试图创造出一些群体，这些群体没有任何常见的群体生活——面对面的互动、一个内部群体结构、一套规范、与其他群体的关系等（参见 Brown，2000a）。人们只知道自己属于一个类别而不是另一个类别。为了实现这个相当奇怪的情境，被试通常会被邀请参加一个"决策"实验，第一部分是向他们展示几组成对的抽象画，并让他们从每对中选出自己喜欢的。[1] 看似根据这些偏好，每个人被分配到了两个群体中的一个；在最初的实验中，这两个组分别被称为 Klee 和 Kandinsky（以画家的名字命名）。这个群体分配程序的一个重要特点是它是私下进行的，因此没人知道他们自己的组（或别的组）里还有谁。这种方式保留了群体的匿名性，并避免了可能的干扰因素（比如群体中有一些特别的朋友）。接着，主试引入"决策"实验的下一个部分。在这个部分，通过使用特殊准备的、由奖励表格做成的小册子，被试将钱分配给其他人，但这些人只能通过编号和群体成员身份进行识别[2]（见表 3.1）。为了消除利己主义的动机，被试永远不能将钱奖励给自己。

表 3.1　　　　　　　　　　最简群体范式中的两个矩阵样例

	奖励钱数[a]
矩阵 1[b]	
Klee 组的 72 号成员	18 17 16 15 14 13 12 11 10 9 8 7 6 5
Kandinsky 组的 47 号成员	5 6 7 8 9 10 11 12 13 14 15 16 17 18
矩阵 2[b]	
Klee 组的 74 号成员	25 23 21 19 17 15 13 11 9 7 5 3 1
Kandinsky 组的 44 号成员	19 18 17 16 15 14 13 12 11 10 9 8 7

注：[a]在每一页上，被试必须选择一对代表真实货币奖励的数字。[b]这是研究中使用的几个矩阵中的两个。矩阵 1 用以测量一般内群体偏爱，而矩阵 2 用以测量将内、外群体接受者之间差异最大化的倾向。在实验中，这些矩阵将至少向每个被试呈现两次：一次如上表所述，另一次两个接受者的群体从属关系对换。

资料来源：Adapted from Tables 2 and 7 in Tajfel et al., 1971.

他们可能会使用什么策略呢？表 3.1 表明存在许多可能性。一个完全合理的策略可能是总是给两个匿名的接受者以尽可能相同的数量，理由是他们之间实在没什么可选的——毕竟谁是 72 号和 47 号呢？另一种理性的策略是选择总金额最高的那对数字，目的是使最终分配给每个人的金额最大化。还有一种可能是随机选，因为整个情境中实在是缺乏行动线索，以至于这是最明智的选择。或者最后，人们也可以基于群体成员身份来系统地区分接受者。事实上有证据表明，人们通常会使用第一种和最后一种策略（Branthwaite et al., 1979; Turner, 1980）。人们在分配时通常想努力做到公平，但与此同时，也表现出给内群体成员的奖励多于外群体成员的一种稳定倾向。因此，在最初的实验中，在表 3.1 的矩阵 1 中超过 70% 的被试做出了有利于自己群体的选择，（例如）Klee 组被试的平均选择介于 14/9 和 13/10 之间（Tajfel et al., 1971）。

即使是当绝对数量上内群体会吃亏的时候，也是如此。例如，在矩阵 2 中，Kandinsky 组被试的平均选择介于 13/13 和 12/11 之间（Tajfel et al., 1971）。要注意，这一选择导致了 Kandinsky 组的接受者比他/她本可以得到的最高钱数少了 6~7；但对于被试而言，最为重要的是这个接受者因此而得到的钱数比 Klee 组的人多了。众所周知，这种**差异最大化**（maximizing difference）策略是最简群体研究的常见结果（Turner, 1981）。

这种最简群体中的群际歧视被证明是一种非常稳健的现象，在来自几个不同国家的各种被试样本中被重复了 20 多次（Brewer, 1979; Diehl, 1990; Tajfel, 1982）。然而，尽管有实证上的共识，但这种明显的"普遍"（最小）社会歧视存在着两个有趣的例外。第一个例外是当社会情境中存在一个以上的外群体时。尽管在实验室之外的现实世界中，群际关系经常简化成二分的"我们"和"他们",但仍能够找到其他的模式。例如,在20世纪90年代的巴尔干战争中,至少有三个群体参与了战争:波斯尼亚人、塞尔维亚人和克罗地亚人(如果再算上联合国就是四个了)。在我写这本书的时候,伊拉克正卷入一场包括美军、英军、什叶派和逊尼派穆斯林四方势力的战争中。如果将通常的两个群体扩展到第三个群体,那么在最简群体范式中会发生什么?简单的答案似乎是:就什么也不会发生了!Hartstone 和 Augoustinos(1995)研究了被试面对两个(而非一个)外群体的情境,并试图复制点数分配任务中存在的群际歧视。研究没有观察到通常存在的内群体偏爱(另见 Spielman,2000,Study 2)。

在最简群体实验的分配阶段使用处罚来代替奖励时,就出现了第二个反常的结果。例如,Mummendey 和同事们(1992)改编了经典的范式:被试需要将令人不舒服的高音的持续时间或是花在一项无聊任务上的时间分配给内、外群体成员。使用这种方法似乎完全消除了内群体偏爱。证据表明,被试更倾向于使用平衡结果(公平)的策略或是减少总体厌恶体验的策略。只有在特殊的情况下,比如当被试被安排在低社会地位的少数群体中时,"常见"的内群体偏爱才会出现。歧视的积极和消极形式之间的差异似乎非常普遍,也可以在人们对积极和消极措辞的价值维度进行群际判断时观察到(Buhl,1999;Mummendey and Otten,1998)。实际上,大多数形式的偏见包括对外群体的消极对待或评价,这就给这种**正-负不对称效应**(positive-negative asymmetry effect,正如其名)赋予了额外的意义。

我稍后还会回到这些例外的结果;但就目前而言,值得注意的是,在标准的最简群体范式中观察到的、明显的自发性歧视与分类过程中伴随的普遍分化现象是非常一致的(Doise,1976)。想想看实验被试所面临的情境。在实验的几分钟内,被试几乎无法区分其他的同伴。编号显然是随机的,因此没有提供任何信息。面对模糊不清的情境,被试抓住了唯一可用的信息(Klee 和 Kandinsky 的类别身份),然后利用这个身份信息来理解他们所处的情境。一旦采用了特殊的(且唯一的)分类,类别分化就不可避免地发生了,且这种分化唯一可能的形式就是将不同数量的金钱分配给内、外群体的接受者。这就是为什么它如此重要,以至于被试似乎既关注将类别间的差异最大化,同时又以绝对的方式偏爱着内群体。至此,在物理判断和社会判断中可以观察到的现象,在具有社会意义的行为层面也同样能够明显地观察到了。

在多个群体的情境中,或是当面临处罚而非奖励时,我们很难观察到歧视。那么,应该如何理解这一事实?虽然不能肯定,但我们可能仍然可以用分类过程的活动来解释上述研究的结果。在两个（或两个以上）外群体的情境中（尤其是在社会维度上简化了的最简范式中），可以想象，类别作为认知组织工具可能会失去一些心理效用。举一个极端的例子：如果把 20 或 30 个同班同学分成 5 个群体或 10 个群体，人们还会给这些类别赋予什么重要意义吗？可能不会了。在奖励和惩罚分配不对称的例子里，很可能发生的情况是：当最简群体实验的被试需要向同伴施加负面结果时，他们将实验情境重新划分为"我们"（所有被试，无论他们的群体成员身份是什么）和"他们"（主试们）。这可能是由于要求被试把不舒服的体验强加给同伴的情况是很少见的，而且是不对的。如果确实出现了这种重新的划分，那么根据分类原则，被试之间的差异（如 Klee 组和 Kandinsky 组成员之间的差异）将会减少，而被试和主试之间的差异则会增加。我们为这一解释找到了一些证据（Gardham and Brown，2001）。我们拓展了 Mummendey 和同事们（1992）的研究设计：不同实验条件下的被试要么给予奖励或惩罚，要么撤回奖励或惩罚。我们发现，撤回奖励和给予惩罚的条件下也都发生了正－负不对称效应（见表 3.2）。此外，被试对虚拟的 Klee/Kandinsky 群体和现实生活中的高等级学校群体间相对重要性的感知，也很好地反映了歧视水平的模式（见表 3.2 下半部分）。事实上我们可以表明，两个群体的相对重要性对歧视的结果具有统计学的解释意义。

表 3.2　　最简群体范式中的奖励和惩罚：歧视水平和类别相对重要性

	实验条件			
	奖励		惩罚	
	给予	撤回	给予	撤回
歧视水平[a]	2.14	−0.77	0.60	1.13
类别相对重要性[b]	0.21	2.54	2.33	0.43

注：[a] 正分代表偏爱内群体的歧视，分数接近于零表示很少或没有歧视。[b] 对学校群体的身份认同减去对 Klee 群体的身份认同。

资料来源：Adapted from Tables 2 and 5 in Gardham and Brown, 2001.

无意识的内群体偏爱

刚才我谈到的实验都是人们在对待内群体和外群体成员时会做出的有意识的决策。正如我们所看到的，有大量的证据表明，即使是面对本质上没有意义的群体，这些决策还是表现出了内群体偏爱。这种内群体偏爱并不局限于意识领域，也可以在我们自发的或无意识的反应中观察到。Perdue 和同事们（1990）进行的研究证明了这一点。在他们的实验中，他们首先呈现一些带有内群体或外群体含义的代词（'we'［我们］、'us'［我们］、'they'［他们］等）。但是，这些代词出现的时间非常短（55毫秒），并且它们在屏幕上被另一个词迅速覆盖了，以至于几乎没有人能够察觉到实际上呈现的是什么。被试的任务只是尽可能快地指出第二个词是积极词还是消极词。仅此而已。一个令人吃惊的发现是，人们做出决策所需的反应时受到第一个**阈下**（subliminally）呈现的代词的系统性影响。从图3.1可以看出，当使用we或us作为启动词时，被试对积极词的反应时明显比对消极词的反应时短。含有的外群体标签的阈下启动效应较小，这一发现在随后的实验中得到了证实。

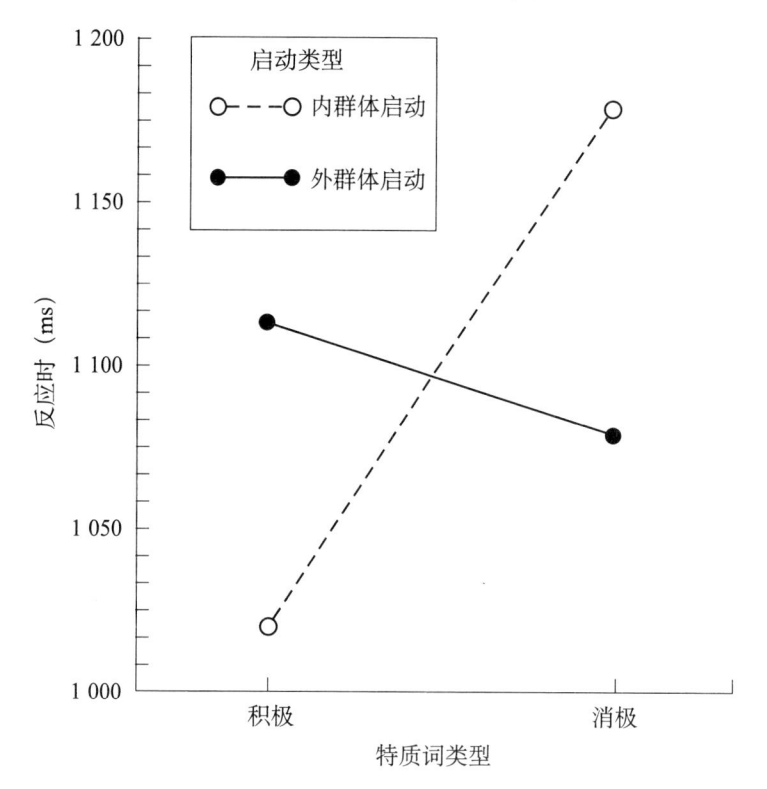

图3.1 无意识的内群体偏爱：阈下内/外群体启动后对积极词和消极词的反应时

资料来源：Perdue et al., 1990, Figure 2.

Otten和Moskowitz（2000）采用一种完全不同的技术也观察到了同样的内群体偏向。在这个实验中，被试首先进入两个最简群体中的一个。在随后的任务中，他们必须阅读一些描述内群体或外群体成员日常行为的句子。尽管相应的特征词并没有真正出现在句子中，但每个句子都暗含一个特定的积极或消极特质。当每个句子从屏幕上消失后，一个特征词出现了，此时被试需要判断这个词是否在前面的句子中真正出现过。

这个特征词有时与句子有关,有时则无关。但不管怎样,被试的正确反应应该都是这个词没有出现过。然而,Otten 和 Moskowitz 认为,在内群体成员表现出积极行为的句子中,被试的决策会受到一定的干扰,尤其是与内群体消极行为的句子相比。结果证明研究者是对的。被试对前一组句子的反应时比对后一组的长 100 毫秒以上。在外群体行为上则没有这样的差异。最关键的是,被试的判断完全是自发的,并没有时间去仔细思考。

与前面提到的那些给最简内群体和外群体成员进行奖励分配的研究一样,这些研究也很重要。这是因为它们表明,在正常的认知过程中可以或多或少地找到一些偏见的根源。当然,认为偏见本质上是正常的或是普通的这种观点,就与第二章谈到的视角形成了鲜明的对比。第二章更多地强调将偏见作为一种异常的或病态的综合征。正如我当时所说的,人格视角虽然可能有助于对偏见的一些极端形式进行解释,但恰恰因为它无法解释偏见更为常见的日常表现形式而存在着局限性。然而我必须赶紧补充一点:这种对偏见"日常性"的认识不应让我们过早地假定偏见的必然性。诚然,世界上存在着各种不同的分类——男人和女人、从业者和失业者、老人和年轻人、黑人和白人——正如我们在后面将会看到的,这些分类中的哪些类别会在何时发挥作用?不同分类系统同时运行时会发生什么?在给出确定的答案之前仍有复杂的问题需要解决。

当人们从属于多个群体时:交叉分类的影响

我有一个朋友在加拿大的一所大学工作。当然,她有男同事和女同事,不过女同事要少得多。和加拿大的许多公共机构一样,大学的教学和管理工作可能会用到英语和法语。事实上,英语母语者(anglophones)和法语母语者(francophones)[3]都在那里工作。让我们假想一下,这所大学的学术委员会正在对一个研究职位的工作申请材料进行评估。可能不难做出这样的假设:这个委员会几乎全是由讲英语的男性组成的。我们可能会问:他们在面对其中一些是说英语的、一些是说法语的,一些是男性、一些是女性候选人时,会做出什么样的反应呢?在适当的时候,我将呈现一些我们为回答这样一个问题而收集到的实证数据;但让我们从分类过程的知识出发,对上述情况先进行一下理论层面的分析。正如我们在上一节看到的,我们应该假设类别间差异的增强和类别内差异的减少。Doise(1976)认为,在两个类别交叉的情况下(在我们的例子里是性别和语言偏好),鉴于两个维度上的类别间和类别内效应同时发生作用,会导致初始类别的分化减少。如图 3.2 所示，分化和同化过程应该有效地相互抵消，最终的结果应该是在性别或语言方面的偏向减小，甚至是完全消失。

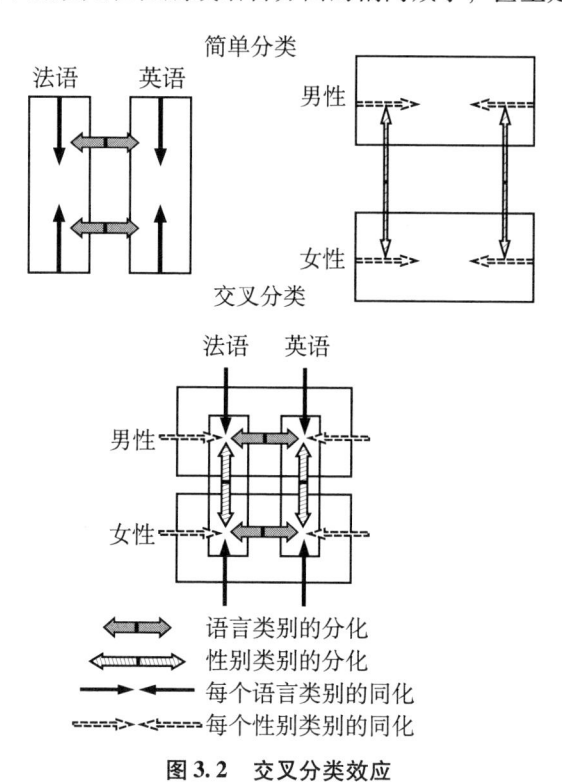

图 3.2　交叉分类效应

有大量的证据支持了这一假设。社会人类学家经常指出，以交叉的亲属关系和部落系统为特征的社会，似乎不像金字塔结构的社会那样容易发生内部争斗。Gluckman（1956）分析了来自苏丹的努尔人，结果表明他们的亲属关系系统地降低了发生严重群际冲突的可能性。例如，婚姻制度禁止与任何七代以内的近亲结婚，从而有效地规定了人们与直系亲属外的人结婚。由于任何一个村庄都可能包含姻亲关系，这种异族婚姻习俗就在邻近群体之间形成了一个复杂的忠诚网络。当然，并非一切都是完美和谐的。Gluckman 指出，虽然交叉结构可能会缓解内部紧张，但它们可能会加剧对"真正的"外来者（那些一点也没有亲属关系的人）的攻击。因此，努尔人的战争规则谨慎地限制了被允许使用的武器的种类，并对部落间的暴力行为加以限制；但在涉及"外国人"的问题上却没有这样的规定。将"母系"社会（如努尔人）与其他类型的社会进行比较的量化研究证实了交叉分类、内部凝聚力和外部攻击之间存在着上述相关（LeVine and Campbell，1972）。

首次采用实验法来尝试检验这一观点的研究也验证了上述结论。Deschamps 和 Doise（1978）让一些十几岁的女孩对"年轻人"和"成年人"，以及"男性"和"女性"的一些刻板印象特征进行评分。半数的女孩将这些群体进行了二分配对来评分。这是简单分类条件。其余的人将这些类别结合起来进行评分："年轻女性""成年男性"等等。这是交叉分类条件。在第二种条件下，感知到的年龄类别间的差异和性别类别间的差异总是小于简单分类条件。在第二个研究中，当年轻的女孩和男孩被进一步划分到"红色"组和"蓝色"组后，偏向更加明显地减小了。在简单分类条件下，男孩和女孩在对任务表现的评价中都表现出了内群体偏好；但在交叉分类条件下，这种性别偏向完全消失了。事实上，与在两个类别上属于同组的人相比，即使是那些属于异性组并且是其他颜色组的人，也得到了同样的好评。

这些实验启发了许多其他的实验研究。Brown 和 Turner（1979）设计了两种人造的、因此是同样（不）重要的类别，结果发现，在部分重叠的情况下（即一个成员身份是共享的而另一个不是）仍然存在着一些偏向；而在完全不重叠的情况下（即两个类别都不是共享的），偏向被放大了。除了偶尔的例外，使用特殊设计群体的其他一些研究也发现了上述模式（Crisp and Hewstone, 2000, 2001; Migdal et al., 1998; Urban and Miller, 1998）。看起来似乎是由分类的两个维度叠加在一起，从而产生了对双内群体成员（double ingroupers）最为偏爱的评价、对双外群体成员（double outgroupers）最不利的评价，以及对有重叠情况群体成员的中等评价，因此这种特定的偏向构造被称为"加性"模式（Hewstone et al., 1993）。事实上，这种结果最为普遍，以至于在交叉分类的情况下，它被认为是基线或默认模式（Crisp et al., 2002）。然而，正如我们将会看到的，一旦我们冒险走出了实验室，交叉分类也可能会导致其他模式的偏向。

例如，在中国进行的一项研究中，Brewer 和同事们（1987）让一些广东男孩和女孩表达他们对 8 个假想同伴的喜欢程度。这些"刺激"儿童要么是男性，要么是女性，且来自四个不同的地区：广东（与研究中的被试一样）、上海、美国和印度。被试的喜好评分清楚地显示了以下两点（见表 3.3）。首先，他们更喜欢同性别的人。这是影响最强的单一因素。其次，与其他两组相比，他们也表现出对两个中国人群体的明显偏好，但这种偏好在评价同性目标对象时略强于评价异性目标对象时。Brewer 和同事们将这些结果解释为：对于这些孩子来说，性别比地区更重要，且与 Deschamps 和 Doise（1978）的实验室实验不同，第二个维度（地区）的加入不足以消除强烈的性别偏向。值得注意的是，即使是异性的广东孩子（内群体）也并不比同性的印度孩子更受欢迎。

表3.3　　　　　　　　性别与地区交叉对内群体偏爱的影响[a]

地区	同性目标对象[b]	异性目标对象[b]
广东	3.2	2.5
上海	3.0	2.4
美国	2.8	2.2
印度	2.5	1.9

注：[a]被试是广东小孩。[b]1~4计分量表。
资料来源：Adapted from Table 1（合并了男孩与女孩）in Brewer et al., 1987.

在对孟加拉国的穆斯林和印度教徒展开的一项研究中，单一分类维度在现实生活情境中占优势地位的这一倾向得到了证实（Hewstone et al., 1993）。这里的交叉类别是宗教（穆斯林和印度教徒）、民族（孟加拉国人和印度人），随后的第二个研究使用的类别是语言（孟加拉语和其他语言）。在之前的研究中，性别占了优势地位；在这个研究中是宗教占了优势地位。如果人们被认为共享宗教信仰，则他们总是会得到积极的评价。如果不是，那么无论国籍或语言是否相同，他们的评分都会大幅下降。在边境另一边的印度，宗教差异也往往占据优势地位（Hagendoorn and Henke, 1991）。20世纪90年代初，印度的几个城市里发生了严重的内乱，有时这些动乱是由对特定宗教场所所有权的争议所引发的，其背后正是宗教偏见的本质。

在任何情境中，哪个类别维度会居于首要地位取决于当地特殊的环境，而田野研究为回答这一问题提供了重要的启示。在北爱尔兰、伊拉克和印度次大陆，宗教往往是至关重要的。但在其他地方，另一些社会维度起着主要作用，如卢旺达1994年的种族大屠杀。事实上，现实世界中的群际复杂性千差万别，以至于社会心理学家们持续地专注于厘清多重类别的作用过程。Hewstone和同事们（1993）从上述情境中识别了群际作用的结果存在的几种可能性，其中包括我们之前已经谈到的"加性"和"类别优势"两种常见的模式。此外，还有一种模式是以双内群体作为基线水平，而其他的任何类别上的偏离（部分或整体偏离）都会导致评价或偏爱程度的下降。这有时被称为"类别联结"（category conjunction）效应。Urban和Miller（1998）以及Migdal和同事们（1998）通过查阅文献，发现了一些似乎与上述不同模式相关的因素。正如我已经指出的，两篇论文都认为"加性"模式是最常见的结果。情境因素如果造成了人们的认知负荷或负面情绪，就会把结果从"加性"模式转为"类别联结"效应

(Urban and Miller, 1998)。与此同时, 不言而喻, 随着类别维度在心理重要性方面差异的增大,"类别优势"作为结果的可能性就越强。如果存在另一些因素, 这些因素更多地强调个体并减少了群体间的边界, 即发生了"个体化"(personalization), 那么, 结果将变成 Deschamps 和 Doise (1978) 观察到的最初模式: 对所有类别组合的评价都是"同等的", 或是偏向程度在总体上降低 (Ensari and Miller, 2001)。

值得一提的最后一个因素是同时出现多个交叉类别维度的情况。毕竟, 片刻的思考就会提醒我们: 我们从属于多个不同的群体, 而这些群体身份可能与潜在的外群体成员重叠 (或不重叠)。一个碰巧是同性恋、在 X 大学主修科学、支持西印度群岛板球队的年轻加勒比黑人男子, 会如何评价一位异性恋 (或同性恋)、在 Y (或 X) 大学主修法律 (或科学)、支持印度板球队的年长 (或年轻) 孟加拉男性 (或女性) 呢?Crisp 和同事们 (2001) 以及 Hall 和 Crisp (2005) 研究了这些多重的、具有潜在重叠性的 (或排他性的) 类别的作用。最初他们发现, 同时出现几个类别维度的情况会至少在其中一个维度上 (如不同的大学) 减小 (尽管不是消除) 反外群体成员的偏向。有趣的是, 相比于某个人在一个维度上是外群体成员而在其余维度上是内群体成员的情况, 他/她在所有维度上都是外群体成员时, 却并不会导致更大的偏向 (Crisp et al., 2001, Study 2)。这很可能是由于存在着太多的分类基础, 使得被试不再用分类作为手段来看待此时的情况。尽管如此, 这一结果似乎与我们早先的结论略有不同, 即那些双 (或三) 外群体成员通常会被视为是相当不受欢迎的 (Brown and Turner, 1979; Hewstone et al., 1993)。Hall 和 Crisp (2005) 很可能已经提供了上述明显矛盾的解决方案。他们发现只有当多个类别彼此不相关时, 拥有多个类别的好处才会显现出来。如果像现实世界中通常的情况那样, 不同维度间是相互关联的 (如种族、国籍和宗教经常共变), 那么作为一个多重外群体成员不再带来任何好处, 而是坏处 (Hewstone et al., 1993, Study 2)。

现实世界中的外群体情况复杂, 特别是在群体规模或地位上存在着不同, 且可能相互合作或相互竞争。因此, 我们对采用交叉分类来减少偏见的模式应持谨慎态度。作为最后一个例子, 让我们回到最初讨论的那个雇用加拿大人的情境。在进行大学学术调查的过程中, 我们假设的场景中有六名候选人 (在简历中进行了描述) 正在申请研究助理的职位 (Joly et al., 1993)。这些简历是精心准备的: 其中四份简历同样优秀, 只是在性别和语言偏好上有所不同; 另两份明显较差的简历来自男性——其中一个人讲英语, 另一个人讲法语。我们调查的对象也包括说英语和法语的男性和女性，他们需要对这六名候选人的薪酬提出建议。毫无意外的是，实力较弱的两名候选人的工资普遍较低（见表3.4）。然而，在"优秀的"候选人中，有一些证据表明被调查者——甚至包括那些说法语者本身！——存在反说法语者的偏向（将表3.4分成不同类型的调查对象并没有得到明显不同的结果）。因此，这再一次表明，两种交叉类别的出现并无助于消除由历史根源造成的将讲法语者视为低社会地位群体的观念。此外，或许有些令人惊讶的是，女性候选人的优势略高于男性候选人，尽管这种性别偏向不如语言偏向那么强。我们再次发现了单个类别维度占优势的例子，而这种优势并没有由于另一个类别维度的出现而被抵消。

表3.4　加拿大一所大学中的交叉分类效应：对研究助理候选人薪资的建议[a]

"优秀的"候选人[b]				"弱的"候选人	
女性说英语	男性说英语	女性说法语	男性说法语	男性说英语	男性说法语
5.7	5.4	4.9	3.8	3.6	2.8

注：[a]说法语和说英语的男性及女性被调查者的总和。1~7计分量表，其中1 = $19/次面试，7 = $25/次面试。[b]在"优秀的"候选人中，讲英语和法语者及男性和女性的差异都是显著的。

资料来源：Joly et al., 1993.

为什么他们看起来都一样？感知到的群体内同质性

分类的两个基本作用是夸大外群体差异性和增强内群体相似性。随着对这些作用的研究扩展到更为广泛的领域，特别是涉及对人进行分类的情境时，我们发现这些作用明显是不对称的；对内群体和外群体的感知总是存在差异。在这一小节，我想重点讨论第二种不对称的效应：类别内差异的同化，**或感知到的群体内同质性**（perceived intragroup homogeneity）。

日常观察表明，如果对群体内同质性的感知存在偏向，就应当认为外群体比内群体更具有同质性，即外群体成员间比内群体成员间更加相似："他们都是一样的，我们都是不同的。"著名（白人）足球评论员John Motson在一次电台采访中发表了发人深省的言论：

> 有些球队的球员，从远处看，几乎一模一样。当然，随着越来越多的黑人球员加入比赛，他们不会介意我说这太让人困惑了［……］如果球队中有五到六名黑人球员，而且有几个人要抢球，那就挺困难了。（*Independent*, 5 January 1998）

Hamilton和Bishop（1976）在采访康涅狄格社区的白人居民时也发现了类似的

现象。不管是黑人还是白人，每个社区都有一个最近新搬来的家庭。与白人家庭相比，受访者更有可能提到黑人新家庭的到来。尽管有更强的意识，但他们似乎对新的黑人家庭知之甚少。一个月后，只有11%的人知道新来的黑人家庭的姓，而60%的人知道新来的白人家庭的姓。很明显，黑人家庭继续被归类为黑人，而黑人之间几乎没有什么区别，但白人家庭则更多地被视为个体。

Jones 和同事们（1981）对这一现象开展了首次系统的研究。他们要求大学俱乐部的成员对自己所属俱乐部的成员在一系列特征维度上的相似性进行评分。之后对另一些俱乐部的成员也进行了同样的评分。Jones 和同事们发现，与内群体的成员相比，外群体的成员更容易被视为彼此相似。其他几项研究也得到了类似的结果（Linville et al., 1989; Ostrom and Sedikides, 1992; Quattrone, 1986）。

对于这种**外群体同质性效应**（outgroup homogeneity effect，正如我们所知的现象）的解释是什么呢？第一种观点认为，它源于我们对内群体和外群体成员掌握着不同数量的信息（Linville et al., 1989）。一方面，我们通常认识更多自己所属群体里的人，我们可能会与他们互动得更多，并因此而容易意识到他们之间的差异。另一方面，由于不太为人所知，那些外群体的成员很可能以一种无差异的方式被看待。第二种观点采用了稍微不同的视角，认为一些特定范例的信息不重要，重要的是类别作为一个整体的本质（Park et al., 1991）。根据这一观点，人们的头脑中并不是在计算自己所认识的某个内群体或外群体成员的个数，而是将类别视为更抽象的整体概念，这些抽象概念是建立在每个类别的原型成员及对其变异性的估计的基础之上的。内群体之所以被视为变异性更大，是由于这一类别的概念更加重要（因为它包括自我）、更加具体（再说一遍，因为至少有一个人是我们非常熟悉的），并且更加短暂（因为假定我们有更强的动机，想要对那些和我们心理距离很近的人形成准确的印象）。

尽管直觉上可信，但第一种观点（称为熟悉性假设）没有得到多少实证的支持。Linville 和同事们（1989）的确发现，在一个学期之后，主修了某一门大学课程的学生认为他们同班同学间的差异性增加了。之后，研究者通过计算机模拟证明了感知到的差异性的增大与熟悉度的变化有关。然而，上述结果与其他一些研究相反，这些其他研究要么没有发现熟悉度的作用，要么甚至发现了相反的关系。例如，在之前提到的 Jones 和同事们（1981）的研究中，每个群体中所认识的成员的数量与对该群体差异性的估计之间不存在相关。熟悉性假设存在的另一个问题是，在最简群体情境下仍然可以观察到外群体同质性效应。此时，由于群体是匿名的，所以关于内群体和外群体的信息都是同等的，且接近于零（Wilder，1984b）。我们自己的研究检验了在群体形成过程中的差异性判断，这些研究证据使得熟悉性假设暴露了更多的问题（Brown and Wootton-Millward, 1993）。我们对一些正在接受培训的护校学生进行了为期一年的研究。这些群体的人数很少（通常少于 20 人），成员之间每天有广泛的面对面交流。如果 Linville 和同事们是对的，那么这种经历所带来的成员间更多的相互熟悉性，应该会导致感知到的内群体差异性随着时间的推移而增加，从而产生更明显的外群体同质性效应。事实上，随着时间的推移，并没有出现更多感知到的内群体差异性。对于熟悉性假设而言，更糟糕的是，在至少两个评价维度上，内群体（而非外群体）被认为是更加同质的。

  上述最后一个结果只是一系列研究中的一项。这些研究都表明，外群体同质性效应并不是人们在进行群际知觉时的一个普遍特征（Simon，1992a）。奇怪的是，有关感知到的同质性的一项早期研究（也是常常被人们忽视的）也发现了内群体同质性的证据（Stephan，1977）。Stephan 研究了美国西南部的黑人、白人和墨西哥裔美国人学校里学生的共同知觉。与随后的许多研究相反，Stephan 发现这三个群体认为自己群体成员的差异要小于另外两个群体。值得注意的是，在 Stephan 的研究中至少有两个群体是少数族裔，因此我们推测，内群体相对于其他群体的规模可能是决定是否会观察到内群体或外群体同质性的一个重要因素（Simon and Brown，1987）。我们认为，也许当一个内群体是少数群体时，它可能会觉得自己的身份受到了来自更大的多数群体的威胁。对这种威胁的一种反应可能是：有必要从更同质的角度来看待内群体，以保护它的凝聚力和完整性，即一种对等级的心理封闭。采用最简群体范式，我们分别改变了内群体和外群体的规模，之后发现正如我们所预期的，那些意识到自己处于一个相对较小规模的群体里的人表现出了明显的内群体同质性；非少数群体表现出了常见的外群体同质性效应（见图 3.3）。实验中的两个细节证实了我们的推测，即人们的身份认同可能与这一逆转有关。来自控制组的数据表明：控制组被试做出了完全相同的判断，但他们与其他被试有一个关键的区别，即这些人没有被分配到某个特定的组，因此他们扮演着中立"观察者"的角色。这些被试没有表现出将较小群体视为更加具有同质性的倾向，因此排除了把我们的结果简单地解释为群体规模效应的可能性（另见 Bartsch and Judd, 1993）。另一个关键的结果在于，少数群体里的人比多数群体里的人更加认同自己的群体。

少数群体通常表现出**内群体同质性**（ingroup homogeneity）的这一发现在实验室内和实验室外的其他几项研究中都得到了证实（Mullen and Hu, 1989; Simon, 1992a）。这里举两个例子就够了。其中之一来自教育环境，并基于这样一个事实：在大多数大学中，女性形成了一个独特的少数群体（在这一研究中，男女比例大约为 8∶1; Brown and Smith, 1989）。对英国大学中男女职员的评价研究重复了 Simon 和 Brown（1987）的早期发现：男性（多数群体）表现出外群体同质性，女性表现出内群体同质性。在英国和意大利的大学里开展的一项后续研究中，Hewstone 和同事们（2006）证实了上述结果，并同样表明，无论是内群体还是外群体同质性偏向的程度都取决于每个系里的男女比例：比例越倾斜，偏向越大。同样，在一项对异性恋和同性恋男性的研究中，研究者发现，后者认为自己与同性恋同伴间的相似性要高于那些占大多数的外群体成员；与此同时，异性恋者通常表现出外群体同质性（Simon et al., 1991）。无论是在 Brown 和 Smith（1989）的研究中还是在 Simon 和同事们（1991）的研究中，调查对象所感知到的同质性与他们所认识的群体成员数量之间不存在稳定的相关，这再次与熟悉性假设相悖。

因此我们已经看到，人们对内群体和外群体成员的直接认识并不能很好地解释在感知到的内群体同质性方面存在的差异。此外，特定的群际情境中存在内群体同质性也使第二种解释成为可能：存在着更加抽象的内群体和外群体概念（Park et al., 1991）。还有什么其他的解释呢？Simon 和 Brown（1987）的实验结果已经提供了一条线索：群体认同对于少数群体成员来说更为重要。Turner 和同事们（1987）认为，认同一个群体的过程涉及另外两个过程的同时运行：一个过程是将自己与内群体原型的决定性或"关键"属性相匹配，另一个过程是使这个原型与外群体原型之间的距离最大化。这里我们感兴趣的是第一个过程。人们在某种程度上努力使自己更接近理想概念中的"好成员"形象，

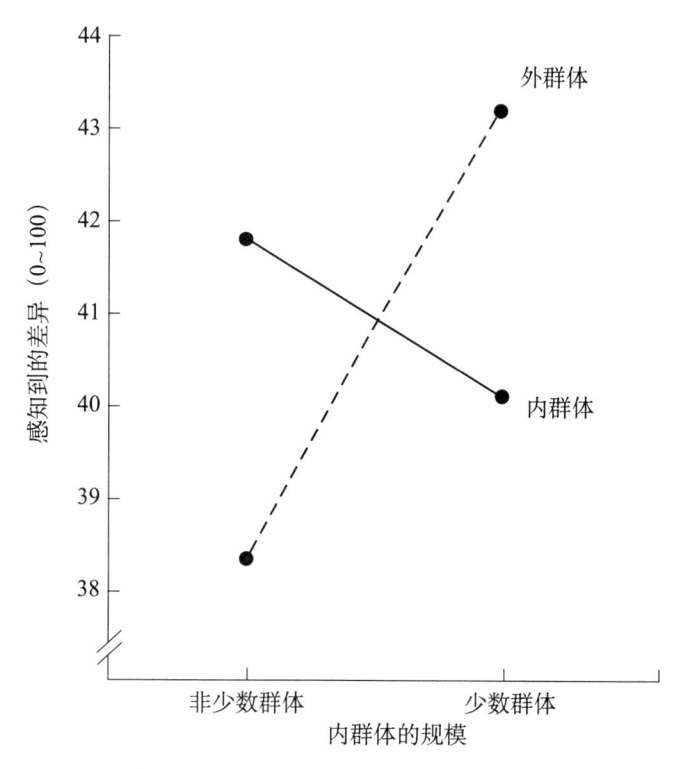

图 3.3　少数群体 – 多数群体情境下感知到的群体内同质性

资料来源：Derived from Table 1 in Simon and Brown, 1987.

这就使他们倾向于引发和增强对内群体相似性的感知，至少在某些维度上是这样的。

　　至此，我们已经很好地确立起了同质性知觉特异性的维度。Kelly（1989）在她对英国政党的研究中发现，政党成员认为自己的政党在意识形态的核心问题上是更加同质的，但在更一般的标准上却不那么同质。同样，在我们对护校学生的研究中，我们发现内群体同质性存在于与护理相关的维度上（"关心与理解""沟通"），而在与医生（外群体）相关的标准上则是相反的结果（如"职业独立性"；参见 Brown and Wootton-Millward, 1993）。这两项研究都复制了在可控性较强的实验室条件下发现的同样的基本模式（Simon, 1992b）。因此，综上所述，我们似乎可以合理地假设：导致群体同质性知觉不对称的一个重要因素就源于人们作为特定群体成员而不是其他群体成员的身份认同（参见第六章）。

❖ 我们在何时、何地及以何种方式进行分类？影响类别使用的因素

正如我们所看到的，在大多数社会情境中，被试可以使用的分类维度不止一个。例如，当我想到一个典型的课堂情境时，我会想到这个课堂里女性比男性多；英国白人学生占了大多数，而来自其他各民族和国家的人寥寥无几；大多数学生年龄在 18 岁至 21 岁之间，但通常也有少数年纪较大的学生，因为他们总是坐在一起而引人注目；我还会记起由于我们的课程通常也会有其他学科的学生选修，所以并不是所有人都在攻读心理学的学位；作为大学新评估体系的一部分，我的一些同事们也可能会在课上旁听；最后，还会有各种各样的着装风格，偶尔会见到一件夹克衫和一条领带，或是一两个"哥特风"的着装，这两种风格的学生与穿着较为传统的牛仔裤和 T 恤的学生形成了鲜明对比。在我讲课的过程中，哪一种分类可能是我脑海中最重要的？是哪些因素决定了我的选择？

首先需要注意的一点是，存在着不同水平的分类，其中一些水平比另一些的包含性更强。在前面的例子中，最具包含性的类别是"学生"，或者如果我希望包括我和我的同事们的话，最具包含性的类别就是"大学成员"。其他几个类别可能不那么全面，或可能由类别的组合或划分组成，例如"成熟的心理学学生"。根据 Rosch（1978）的研究，当人们对物体的客观世界进行分类时，他们最可能使用的是她称为"基本"水平的类别（如"椅子"和"桌子"），而不是"高级"或"低级"水平的类别（如"家具"或"酒吧凳"）。Turner 和同事们（1987）将这一观点扩展到社会领域。他们认为，总的来说，无论发生在什么情况下，对人进行分类的基本水平是社会群体。而对应的高级和低级水平分别是"人类"和"个体差异"。

稍后我会检验一些因素，这些因素决定了在任何特定情境中人们会选择哪些可用的组别；就目前而言，值得强调的是，越来越多的证据表明，构成常用的基本社会类别的群体实际上往往不是那些广泛意义上的未分化群体，而是这些群体当中的亚型。Brewer 和同事们（1981）要求（年轻的）大学生们按照自己的意愿将一些照片分类。这组照片里有各种老年人的照片，也有一些和学生年龄相仿的人的照片。对学生使用的分类策略的分析表明，这些策略通常不包括简单的"老"与"年轻"的二分法，而是对老年人类别中的明显子维度做出反应（例如"老人""年长的政治家"）。正如我们将在第五章看到的，这种使

用大类别的子维度的方法在年幼的儿童中也非常普遍。

Stangor 和同事们（1992）用一种不太直接的方法证实了这种使用亚型的倾向。在实验中，他们向被试展示一系列白人和黑人男性和女性的照片。同时每一张照片都附有一些声称是来自此人的陈述。被试随后的任务是回忆哪一个陈述是来自哪个人的。如果他们使用种族或性别分类来帮助他们完成这一记忆任务，就会发现同一类别成员间会产生系统性的混淆错误（例如认为"马克"说了一些事，但实际上是"大卫"说的）；但不同类别成员间的错误较少（例如混淆了"马克"和"琼"的陈述）。研究结果中错误的模式清楚地表明，被试同时使用了两种主要类别（尽管性别比种族更多）；但它们似乎是相互结合来使用的，并形成了亚类别（例如"白人女性""黑人男性"等等）。事实表明：在同种族/同性别的组合里，被试的错误量最多（大约是其他组合的两倍）。这项研究还有一个有趣的结果：有更多偏见的被试（通过对偏见量表的前测来确定的）比有较少偏见的被试更倾向于犯同种族混淆的错误。这一现象表明：对于有偏见的被试来说，种族是一个较为重要的类别。稍后我还会回到这一点上来，因为它关系到什么时候选择哪一类别的问题。

了解到人们更喜欢使用精细的分类，而不是使用简单的"老人"和"年轻人"、"黑人"和"白人"的二分法，这本身并不能帮助我们预测在特定的情境中，人们从对世界的许多种可能分类方式中实际会选择哪一种。为了做到这一点，我们需要更多地了解那些感知者（他们看待事物的习惯方式是什么？他们的需要和目标是什么？），以及他们所面对的情境（在这种情况下，人们有什么实际的相似和不同之处？在"触发"了一组而不是另一组类别之前发生了什么？）。Bruner（1957）为回答这些问题提供了一些启示，他认为最有可能被使用的类别是那些对于个体来说最"**可及的**"——这是对第一组问题的简要回答，以及那些对于他/她所面临的刺激来说最为**契合的**（fit）——这是对第二组问题的回答（另见 Higgins，1989）。

为了说明"**可及性**"（accessibility）和"**契合度**"的概念，让我回到我（也不一定是我）假设的课堂情境里。在那种情境中，正如我们所看到的，类别和线索都具有多样性。作为一名教师，也许最明显的做法就是把教室划分为"学生"和"教职员工"。由于我在那一天里被其他同事评估，我作为一名教师的自我意识和对良好表现的需求就尤为凸显。所以在这种情境中，当我不安地意识到我的两位同事出现在教室后面时，做上述分类的可能性就很大了。然而，在其他情境中，学生/教职员工的划分可能对我没什么用。在通常情况下，我可能更多地关注班级中的国籍差异，同时监测那些英语不是第一语言的人的理解水平，以及以英语为母语的人的无聊程度（如果我说得太慢或是重复太多次）。我还可能做进一步的划分。在之前的章节，我承认过我喜欢意大利的人和物。这可能会让我在众多的外国学生中辨认出三两个从意大利来的学生，或许还可以按照他们的兴趣举个例子或开个玩笑（用我蹩脚的意大利语）。我对这一领域的习惯性的或"长期的"兴趣使得这个类别对于我尤为可及。此外，我的一个笑话或是相关的评论，很可能会让我的受众也对同一方式的群体分类产生关注，即便只是暂时的。

但不管是基于我的特殊倾向还是基于临时的任务目标，无论我把什么样的类别带到教室里，它们都只有在某种程度上与我面前的这些人相匹配时才对我有用。因此，我不太可能会使用天主教和新教的分类。据我所知，我的学生很少有宗教信仰，因此这种特定的类别无法将他们区分开。[4] 与此同时，按性别或国籍进行分类确实与班级成员间的一些实际差异相对应。当然，其中一些差异比另一些更明显。Campbell（1958）和 Rosch（1978）指出，我们环境中的大多数刺激本身并无法形成边界分明的群体，但却几乎总是存在带有近似性或"模糊"性成分的群体。尤其是 Campbell（1958）发现了一些似乎会导致个体将相互离散的实体（即人）视为群体的因素，他将这一特性称为"**实体性**"（entitativity）。这些因素包括共同命运、相似性和邻近性。聚在一起的人或者遇到类似事情的人（他们有着共同的命运）可以被称为一个类别，就像（引用 Campbell 的例子）石头分子在空间和时间上紧密地相互依赖导致它被视为一个物体。同样，在某些方面相似的人（如他们讲同一种语言）也可能被归为一类。那些经常在身体上彼此接近或邻近的人（我所举的例子中那些成熟的学生）也可能由于某些目的被视为一个群体。总而言之，如果这些类别想要对我们有用的话，那么它们必须对应着一些实际的生理、心理和文化差异，即使这些只是大致上的对应关系。

"可及性"和"契合度"并不是相互独立的。因为，正如我们将看到的，最可及的类别可能会随着情况的变化而变化，而这种变化会影响到类别与所感知事物间实际差异的"契合度"。同时，对于我们来说，并非所有的类别在心理层面都是等同的：我们是某些类别的成员，而不是其他类别的成员。Turner 和同事们（1987）注意到，这就为可及性－契合度的组合带来了一种不对称的成分。根据 Turner 和同事们的观点，在任何情况下，更可能被使用的分类是既可以使得自我和原型内群体成员间的差异最小化，同时也可以使得原型内群体成员和原型外群体成员间差异最大化的那些分类方式。他们将其形式化并称之为最佳"**元对比率**"（meta-contrast ratio）；且他们强调的重点是，对于任何情境中的知觉者而言，这个比率都不存在一个固定的公式。不管出于什么原因，如果一个不同的内群体身份变得凸显，那么不同的元对比率就会起作用。正如我们在上述讨论可及性时所看到的那样，我在课堂上的身份可能会从"教师"（相对于"学生"）转变为"英国人"（相对于"外国人"），这取决于当时的情境需求和线索。

我现在就要开始检验一些针对分类选择问题开展的实证研究了。首先，我将关注即时情境的三个重要特征：潜在类别成员的群体实体性、他们的知觉特异性，以及某个类别的最近一次外部唤起。这些都与 Bruner（1957）理论中的"契合度"成分直接相关。然后，我会转向"可及性"成分，去考察来自知觉者方面的因素，这些因素决定了类别的使用。

类别的契合度：情境因素和类别选择

正如我们所看到的，Campbell（1958）认为，人们（作为刺激物）之间的实际关系会影响他们是否被知觉为同一群体的成员。Gaertner 和同事们（1989）通过一项如何减小内群体偏向的研究，为这一说法的真实性提供了明确的证据。Gaertner 和他的同事们推断，如果两个类别的成员可以被知觉为从属于同一个上位群体，或是被知觉为相互独立的个体，那么与类别相关的内群体偏向就会减小。为此，他们尝试了三个不同的实验条件：维持两个群体的划分、把它归为一个更大的类别、消除全部群体线索。通过使用人为的群体标签（不同颜色的标签），最初的六名被试被分配到两个小组中的一组，且必须在这些小组里一起工作。之后，两组人聚在一起完成另一项任务，并且这次接触的性质存在着系统的差异。在"两个群体"的条件下，小组成员保留了原有的组标签，面对面地坐在一张桌子旁，主要在彼此间进行互动，目的是赢得任务的最佳解决方案奖。相反，在"一个群体"的条件下，两组成员交替坐在桌子周围，为组合而成的大组设计一个新的群体标签，并且为了赢得任务的最佳组合解决方案奖而一起努力。在"个人"条件下，每个人坐在一张单独的桌子旁，被要求想出一个独特的名字，并为了赢得最佳个人解决方案奖而努力。请注意这个实验操纵如何结合了 Campbell（1958）关于群体实体性的三个标准：身体上的邻近性

（他们坐的位置）、相似性（标签）和命运的相互依赖（得到奖励）。表 3.5 显示了实验操纵如何是影响被试对情境的知觉的。很明显（从左上到右下对角线上的百分比），实验操纵对被试将彼此分类的方法有着重要的影响。且正如预期的那样，这些感知到的变化也与内群体偏向的差异有关：在"一个群体"的条件下观察到的偏向最小，而在"两个群体"的条件下观察到的偏向最大。（我在第九章还会谈到这个实验。）

表 3.5　　　　　　　　　　情境对感知到的群体实体性的影响
（在每种条件下被试选择每种情境认知表征的百分比）

认知表征	实验条件		
	两个群体	一个群体	独立的个体
两个群体	80.0	21.7	16.7
一个群体	18.9	71.7	15.8
独立的个体	1.7	6.7	67.5

资料来源：Gaertner et al., 1989, Table 1.

当然，存在着许多可以引发群体实体性知觉的线索。Magee 和 Tiedens（2006）发现，看到一些人表现出相似的情绪（无论是高兴还是悲伤），比看到他们表现出不同情绪时更有可能导致对群体实体性的判断。Lickel 和同事们（2000）要求人们对大量自然形成的群体（40 个群体，如体育运动队、家庭、种族）进行群体实体性的判断，同时评价相同的群体是否存在着各种其他属性（如群体成员的相似性、共同结果、群体内互动的数量）。与感知到的群体实体性相关最强的属性是互动的数量：群体成员间做的事情越多，他们就越可能被视为一个群体。拥有共同的结果和目标，以及被认为具有相似性，也会导致群体知觉，但相关不那么强。

一些研究者认为，某些人的知觉特异性可能是决定哪些类别会被从认知层面"触发"的另一个情境因素。例如，Kanter（1977）认为，组织中的少数群体可能会成为多数群体关注的焦点。Kanter 本人尤其感兴趣的研究问题是，在男性占支配地位的工作环境中，人们如何感知和对待女性。她描述了在一家男女比例为 15∶1 的公司里，"女性"这一类别作为"装点门面"的代表似乎很容易被人注意到，有时还会成为男同事夸大性别角色刻板印象的目标。Kanter 的数据有点仅凭印象，但随后 Taylor 和她的同事们开展了一些实验研究（Taylor et al., 1978；Taylor, 1981）。在这些实验中，被试听一段六个人的录音讨论，并且在播放录音的同时这些发言者的照片也会显示出来。这个群体的组成被系统地改变了。在一个实验中，发言者由一名黑人和五名白人、五名黑人和一名白人，或者是三名黑人和三名白人组成（Taylor，1981）。在另一个实验中，性别是分类变量，群体由单一的性别组成或是由所有其他可能的性别比例组成（Taylor et al.，1978）。这两项研究都提供了一些不甚明确的证据，证明了数量上的特异性会导致认知上的吸引力。Taylor（1981）报告说，尽管被试并没有以特殊的（黑人）刻板印象的方式来看待黑人，但是在"单个"黑人的情境中，被试对黑人所做贡献的记忆要好于黑人和白人比例相同的情境（3∶3）。同样，Taylor和同事们（1978）发现，相比于男女比例平衡的群体，"单个"的男性和女性被认为是更自信的。然而，被试并没有以更强的性别刻板印象的方式来看待这些人，这就更加清楚地表明是性别分类在起作用。

Biernat和Vescio（1993）报告了对所谓"单个"特异性的进一步研究结果。在使用了与Taylor和同事们（1978）相同范式的两项研究中，他们以黑人和白人为被试，结果发现记忆错误的模式显示出黑人–白人的分类实际上更有可能在"平衡的"条件下被诱发，因为此时"种族内"错误和"种族间"错误的差（作为被试运用了分类的一个关键指标）似乎比"单个"条件下更大（参见Oakes，1994；Biernat and Vescio，1994）。事实上，在其中一个实验的其中一种"单个"条件下，被试在记忆错误方面不存在任何可靠的"内"和"外"差异。

因此，仅是从属于某个少数群体并不是产生特异性的非常可靠的或强大的根源。然而，还有其他来源。有身体残疾或明显身体缺陷的人经常抱怨他们总是被人盯着看。其中一个原因可能是：对于大多数人来说，看到残疾人可能是一件相当新奇的事情，所以这种新奇本身就会引起人们的注意。Langer和同事们（1976）也是这么认为的。他们在公众场所的大厅里挂上了各种残疾人和非残疾人的照片。在不引人注目的情况下，他们测量了路人停下来看照片的时间，并发现相比于那些没有明显耻辱特征的人，路人看那些身体有残疾的人（有腿部支架的女人或驼背的男人）的时间更久。[5] 在同一篇论文里报告的一项后续研究中，Langer和同事们还发现，与非残疾人相比，被试选择与身体有残疾的人坐得距离更远些。如果他们事先有机会看到残疾人的照片，这种差异就会消失，这可能是因为事先看过照片降低了对残疾人的新鲜感。

不仅是情境中刺激的属性可以激活一个类别而不是另一个类别。如果最近发生的某事唤起了对某一特定分类的回忆，那么很可能人们对随后发生的事件或情况也按照同一类别系统进行解释。因此，如果我们看到一条新闻声称警察实施了一些种族骚扰，这就会使我们在随后有关警察渎职的报道中对种族问题更加敏感。相比于我们没有注意到先前报告的情形，现在我们或许更愿意寻找种族歧视的证据。在专业术语中，这种准备工作被称为**启动**（priming）。Skowronski 和同事们（1993）通过两个实验证明了启动的强大效应。他们研究了两种启动方式对人们的影响，这些人需要对短篇小说中描述的人物进行回忆和印象评价。使用的启动词是形容词或标签，旨在唤起"有智力障碍的"这一类别。其中一种启动方式是在被试阅读故事之前，偷偷地将"笨蛋"和"愚蠢"等词隐藏在大量的中性词语中。另一种启动方式是使用更为明显的标签，用"智障"来描述故事中的人物。由于太明显了，所以第二种启动方式可能比隐蔽启动更能引发被试基于社会期望的回答。事实上，结果就是这样。加入明确的标签后，被试倾向于记住故事中更多与智力障碍人士的刻板印象不一致的内容，并对主角有着更为正面的评价。对于更微妙的启动方式而言，结果却通常是相反的：只要没有明显的标签，被试就会回忆起这个人更多的刻板特征，并通常对他做出更为负面的评价。

甚至有一些证据表明，通过启动来激活一个类别可能发生在意识水平以下，且一个类别的激活似乎会抑制另一个类别的使用。这一点在 Macrae 和同事们（1995）的一个独创性实验中得到了证明。这项研究包括三个看起来不相干的实验。在第一阶段，女性被试承担了一项她们认为的警戒任务。在每一个试次中，电脑屏幕的周边某处都会闪现一串无意义的辅音字母，被试的工作就是按下两个键中的一个，来表明它是出现在中央注视点的左边还是右边。然而，在她们不知道的情况下，每个试次里也会出现另一个持续 75 毫秒的真词，但马上就被这个无意义的词所掩盖。对于三分之一的被试来说，真词是"女人"；对于另外三分之一的被试来说，真词是"中国人"；而对于其余的人（控制组）则没有给出任何词。通过在视野中心以外（parafoveally）[6] 短暂地呈现刺激，是能确保它们不会被有意识地感知到的一种方法。在第二阶段，被试观看了一位中国女性读书的视频短片。对于研究者来说，最关键的问题是："这个人是如何被归类的？女人还是中国人？"为了回答这个问题，他们让有耐心的被试接受了第三项任务。在这个任务中，屏幕上显示了各种单词，但这一次是清晰可见的。她们的工作只是同样地按下两个键中的一个键来尽快判断每个单词是不是一个真词。在这些真词中，一些是关于女人的刻板印象特征（"情绪化的""浪漫的"），而另一些是关于中国人的刻板印象特征（"值得信赖的""冷静的"），还有一些是中性的词。Macrae 和同事们推断，如果一个特定的类别被阈下启动"激活"了，那么与该类别相关的刻板印象词应该会更快地被识别出来；相反，如果一个类别被"抑制"了,那么与之相关的单词应该会被更慢地识别出来。从图 3.4 可以看出,这正是所发生的情况。那些最开始被启动了"中国人"的被试更快地识别出了中国人的刻板印象特征,而不是女性刻板印象特征;而那些处于"女性"启动条件下的被试则相反。同样要注意的是,与没有被启动任何一个类别的控制组被试相比,另外两种条件下的被试对各自的刻板印象词和非刻板印象词分别表现出促进效应(反应时更短)和抑制效应(反应时更长)。

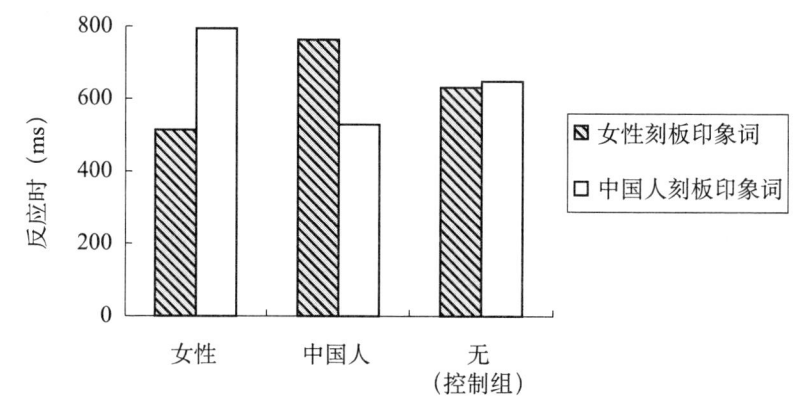

图 3.4 阈下启动后的分类激活与抑制

注:此图显示了对不同类型词汇进行再认的反应时(RTs)。
资料来源:Adapted from Table 1 in Macrae et al., 1995.

一个类别可以在我们不知道的情况下去"契合"一个情境,这一事实强调了我们的认知系统是随时做好准备来应对它所面临的世界的。此外,一个类别被激活的同时另一个类别会受到抑制,这表明了注意过程的功能性。鉴于认知资源是有限的,将心理能量集中在一个主导类别上,而不是分散在两个(或更多)类别上是有道理的。现在,有必要回顾一下我在本章前面讨论过的关于交叉分类的研究。我们可能还记得,在那儿曾经提到过,一个类别维度占有支配地位且排斥其他类别维度的情况并不罕见。虽然在每个特定的情境中,这种类别优势通常都有其深层的文化和历史原因,但有趣的是,在自动化的认知过程中也可以观察到相似的模式。

类别的可及性:个体因素和类别选择

如果短暂的情境因素能够影响分类,使其成为一组给定刺激的最"契合"类别,那么同样,感知者的某些属性也会对类别可及性的难易程度产生影响。其中三种属性尤为重要:进行分类的人当前的任务或目标,他/她与目标人群的内-外群体关系，以及出于某些个人或社会的需要，或是由于以前使用的频率特别高的原因，某些类别对于某个人来说在多大程度上具有长期的可及性（Higgins，1989）。

Oakes 和 Turner（1986）的研究说明了任务需要对于类别选择的重要性。他们采用了我之前描述的与 Taylor 和同事们（1978）相同的范式，展示了如何通过给被试特定的指令来掩盖任何与"单个"刺激有关的特殊性。与 Taylor 和同事们一样，Oakes 和 Turner 对录音讨论小组的性别组成进行了操纵。一半的听众得知他们仅需要描述单个人，其余的人则被告知要把注意力集中在整个小组上。根据 Oakes 和 Turner 的推理，在后一种情况下，被试最有可能使用性别分类——不是在"单个的"群体中，而是在"平衡的"群体中（3 名男性：3 名女性）。在这种情况下，性别分类将更契合当前的任务。事实似乎确实如此。在"平衡"条件下，对同一男性目标对象的评估比在"单个"条件下更加刻板，这意味着在"平衡"条件下性别分类更可及（另见 Biernat and Vescio，1993）。

Stangor 和同事们（1992）进一步且更直接地说明了感知者任务的重要性。研究者给被试呈现了一系列男性和女性的照片，一些人穿着休闲，另一些人的穿着则更为正式。和往常一样，被试在回忆时的错误表明他们使用了性别分类（"性别内"的错误比"性别间"的错误多得多）。着装风格（正式与休闲）被当作了二级分类变量。但当同样的过程被用于选择一位"媒体代表"的任务时，被试很明显更多地使用了着装风格来分类。然而，像这样的实验指令在多大程度上能够影响人们对类别的使用是受到限制的。在 Stangor 和同事们（1992）展开的其他两项实验研究中，最具功能性的分类是种族和性别（假定作为一种习惯，这两种分类方式都是经常演练和被使用的）。此时，试图通过直接的指令或间接的手段（启动）来改变被试对类别的使用就是无效的了。我稍后还会谈到这个问题。

Pendry 和 Macrae（1996）也检验了感知者当前目标的影响。他们使用反应时来测量词汇决策任务中的类别激活。实验中所有被试（控制组除外）观看了一个女人在办公室工作的短视频。一些被试要专注于录像，因为随后他们需要向第三方说明他们对录像中人物的印象。这一指令的目的是将被试信息加工的任务目标最大化，并希望激活更具区分度的"女商人"类别，而不仅仅是"女性"这一类别。另一些被试则需要关注目标人物的身高，因为随后他们需要做出估计；还有一些被试被告知只需关注录像的技术质量。在后两种情况下，如果缺少对目标人物形成印象这一明确目标,那么只会默认激活"女性"类别。对与"女商人"和"女性"相关的刻板词汇的反应时证实了这些假设。只有在第一种情况下,对"女商人"特征词的识别才会产生明显的促进作用;在另外两种情况下,对"女性"相关特征词的识别速度更快。

影响类别使用的第二个因素是目标人物与感知者间潜在的群际关系。这里的问题不在于哪种分类系统更有可能被使用,而在于目标人物将被归为哪一类:感知者自己的类别,还是另一个类别?这一因素的引入提醒我们,社会分类与物质世界分类是极其不同的。这是由于在社会领域进行分类时,我们自身常常会被牵涉到分类结果中去,而在我们对不同种类的水果或家具进行分类时却不会。Leyens 和 Yzerbyt(1992)认为,群体成员身份的一个后果就是,我们在把他人归为与我们同类别时会特别谨慎;就心理层面而言,我们发现把一个真正的内群体成员错误地归类为外群体成员,要比冒着风险把一个外群体成员"放进来"容易多了。他们称之为**"内群体过度排斥效应"**(ingroup over-exclusion effect),并在对比利时讲法语的瓦龙人展开的一项实验研究中证实了这一点。在比利时,瓦龙人与他们说佛兰德语的同胞之间的紧张关系由来已久。Leyens 和 Yzerbyt 将他们的研究置于瓦龙-佛兰德的背景下,向他们的被试展示了一些个人资料。他们的方法是针对每个目标人物每次呈现一条信息(最多 10 条)。被试需要在他们觉得有足够的信息将这个人归类为瓦龙人时就停止呈现。这些谨慎呈现的信息要么是积极的,要么是消极的,要么是与瓦龙人的刻板印象相符的,要么是不符的。结果表明,被试在将目标人物归类为瓦龙同伴之前,总是需要更多的信息,即需要更多的相符的和积极的信息;而当信息明显不符并且消极时,他们很快就将目标人物归类为佛兰德人。另一项用语言作为分类线索的研究也证实了这一现象(Yzerbyt et al.,1995)。

至此,我们已经考虑了一些似乎会影响类别可及性的一般因素。但对于某些人来说也存在着这样的情况:某个给定的分类是永久的或"长期"可及的。这些人可能有着特别高的偏见水平;几乎任何情境都会被这些人用他们所喜爱的类别来加以解释(Lepore and Brown,2000)。有很多证据支持这种说法。Allport 和 Kramer(1946)向被前测过反犹主义倾向的人们呈现了同样数量的犹太人和非犹太人的照片。反犹主义程度较高的被试比偏见水平较低的被试将更多的照片里的人识别为犹太人,且更准确。在我们的术语中,种族对于有偏见的被试来说是一种长期可及的分类,因此,他们比偏见水平较低的被试更愿意使用它,而且看起来似乎更准确。此后,这项实验被重复了几次,尽管结果不尽相同（Tajfel，1969b）。然而，有一个一致的发现是：偏见水平较高的人更愿意将人们归类为外群体，即使有时是错误的。这仍然进一步证明了内群体过度排斥效应。

Quanty 和同事们（1975）将信号检测分析应用到面部识别范式中，使上述命题得到了最完美的论证。与 Allport 和 Kramer（1946）一样，他们要求高偏见水平和中等偏见水平的人将照片里的人分为犹太人和非犹太人。然后通过一个有趣的操纵，他们向一些被试承诺，如果能正确识别出犹太人或非犹太人的面孔就会得到经济奖励。其余的被试则没有因正确识别而获得奖励。高偏见水平的被试再一次比低偏见水平的被试将更多的照片归类为犹太人，这是由于前面这个群体的门槛标准通常较低。有趣的是，只有后面这个群体会受到不同任务奖励的影响。在这一群体中，犹太人/非犹太人分类的可及性可能会受到不同知觉目标的影响，而对于偏见水平较高的人来说，种族是长期可及的，这显然足以使其不受临时任务设定的影响。

Blascovich 和同事们（1997）提供了另一个证据来说明偏见水平较高的人可能对种族分类尤为谨慎。他们给一些有着高和低偏见水平的人呈现了一组刺激，这些刺激包括面孔和椭圆的形状，它们要么是清晰的黑色或白色，要么是较模糊的颜色。这项任务只是报告每种刺激的颜色。不出所料，所有模糊的刺激比清晰的刺激需要更长的时间来分类。更有趣的是，高、低偏见水平的人在对模糊和清晰的面孔进行分类时所需的时间差不同：时间差对于高偏见的被试来说更明显，这表明他们在对模糊的面孔进行分类时格外小心（偏见水平对于椭圆形的刺激没有类似的作用）。鉴于 Blascovich 和同事们发现，在决定将刺激分为"黑色"或"白色"时，这种延迟同样适用，这种时间上的延长似乎反映了高偏见水平被试的一种普遍的谨慎性。Castano 和同事们（2002）使用了一种类似的范例，研究了北部意大利人在将面孔分为"北部"或"南部"意大利人时的决策。面孔刺激是通过使用计算机图像变形技术（morphing）生成的：典型的"北方"和"南方"的面孔以不同的比例进行变形处理。总的来说，北方人有点不太愿意将这些面孔归为"北方人"，但这种群体内过度排斥效应对于高度认同为 *settentrionali*（"北方人"）的被试来说尤为明显。在这种情况下，与内群体的强烈依恋关系显然使得南-北分类对于某类被试来说尤为凸显。

种族不是唯一可以变成长期可及的因素。Stangor（1988）发现，性别对于某些人来说也比其他人更可及。Stangor 对人们在描述他人时使用性别概念的一般倾向做了初步的评估。在此基础上，前测的被试被归类为在性别方面是

（否）"长期可及"。在随后的一项记忆任务中，有明确的证据表明，在看到男性和女性目标对象表现出不同的行为后，与性别倾向较低的被试相比，"长期可及"的被试产生的"性别内"回忆错误比"性别间"回忆错误更多（这与之前提到的 Stangor 等人 1992 年的研究结果类似，我们可以回忆一下当时讲到，有种族偏见的被试比种族偏见较少的被试犯了更多的"种族内"错误）。当使用性别分型程度（即被试基于性别来分类的倾向）作为长期可及性的指标时，在包含了性别刺激的记忆任务中也可以观察到相似的结果（Frable and Bem，1985；Taylor and Falcone，1982；但可参照 Beauvois and Spence，1987）。

总之，不同社会类别系统的可及性并不是我们认知系统中一种固定的或是不变的属性，它取决于我们直接目标的性质、感知者与被感知者之间的群际关系，以及导致我们长期使用（或忽视）各种类别的个体因素。

❖ 是基于群体还是他们的观念？分类或观念相似性作为偏见的基础

本章要考虑的最后一个问题是，我们是否夸大了分类作为各种偏见基础的重要性。尽管有我在上面讨论过的理论和证据，但或许在通往消极的群际态度和歧视的道路上，将某人知觉为从属于与不同于我们的群体这一因素的作用跟一些其他因素相比而言并不重要。这一观点是 Rokeach（1960）提出的。他认为，关键的"其他因素"是我们的观念系统和他人的观念系统之间的相似性或"一致性"。继 Festinger（1954）之后，Rokeach 认为两个人观点的相似性会导致相互吸引，因为意见相同提供了一种确认。与此同时，意见分歧导致厌恶，因为这种不和谐对我们的观念系统构成了威胁（参见 Brown，2000a）。然后，Rokeach 从这一有充分根据的假设中推断并指出，各种群体偏见与人们在这些群体里的成员身份及其相关的规范、刻板印象和群际关系之间并无多大的关系，主要是**观念不一致**（belief incongruence）的结果，即他人持有的观念系统与我们的不相容。直接引用他的话："观念比民族或种族成员身份更重要，它是社会歧视的决定因素。"（Rokeach，1960，p.135）

为了验证这一观点，Rokeach 和同事们（1960）设计了一个实验范式，其中群体成员身份和观念一致性是独立发生变化的。因此，被试通常必须针对不同的人表达自己的喜欢程度，这些人要么属于与自己相同的群体，要么属于不同的群体，且持有相似或不同的观念。在许多使用这一基本技术的研究中，"观念"因素通常是比类别变量更强的态度决定因素。因此，白人往往会声称他们更喜欢有相似观念的黑人，而不是有不同观念的白人（Byrne and Wong，1962；Hendrick et al.，1971；Rokeach and Mezei，1966；Rokeach et al.，1960）。这种倾向的一些例外情况似乎可以用更强的吸引力来解释（例如渴望拥有亲密的友谊），在这些情况下，几项研究都发现，类别差异比观念差异更重要（Insko et al.，1983；Stein et al.，1965；Triandis and Davis，1965）。

尽管 Rokeach 的理论得到了实证研究的支持，但至少对于他最初构想的理论的强大形式而言，仍有几个理由怀疑它是否为偏见提供了充分的解释。第一，我们应该注意到，该理论在解释任何一种群际偏见的产生时采用了一些障眼法。如果像 Rokeach 所说的那样，我们不喜欢一些人（即我们对他们有偏见）是因为我们认为他们持有与我们不同的观念，那么我们为什么会假设外群体成员一定是持有不同观念的呢？当然，如果社会类别不重要，那么我们对一个人的评价应该是具体问题具体分析的，即取决于这个人与我们的相似程度，而不会事先假定一群人（比如黑人，如果我们碰巧是白人）应当跟我们有着相同的观念。不过，正如我们在这本书中已经谈到的几十个例子所清楚表明的那样，偏见明显是按照类别来表现的。因此，要让 Rokeach 的理论站得住脚，我们必须添加一个额外的、基于类别的假设，即另一个群体的成员所信仰的事物很可能与我们所信仰的是不同的。事实上，有证据表明这正是人们所感知到的；但是，请注意，这种感知首先是建立在内－外群体类别差异的心理现实基础之上的（Allen and Wilder，1979；Wilder，1984a）。

Rokeach 理论的第二个缺陷在于它受到一个重要条件的限制。从一开始，他就希望回避用观念一致来解释一些情况，在这些情况下，偏见是被法律或社会习俗制度化了的，或是对于表达偏见存在着极大的社会支持。他承认，在这些情况下，人们各自的群体成员身份会凌驾于观念一致性之上，从而成为偏见的基础（Rokeach，1960，p. 164）。因此，就许多最普遍、最恶毒的偏见表现形式而言（在欧洲和美国的许多地方对穆斯林的偏见，在中东地区不同宗教派别之间的偏见，在印度不同种姓成员之间的偏见，等等），Rokeach 的理论看起来确实不适用。

对观念一致性视角的第三种批判针对的是用来证明它的经典实验方法。我已经在其他地方更为详细地介绍了这一批判（Brown and Turner，1981），所以在这里，我只想简单地重申一下主要观点。一方面，这种批判的核心是，种族观念范式（正如为人所知的）通常没有向实验被试呈现出恰当的群际情境。通常，被试面对的是一系列的个体（真实的或假想的），这些人恰好持有这一套或那一套观念，且几乎碰巧与被试共享（或不共享）一个类别的成员身份。在这种情况下，我认为人际吸引力的主要决定因素之一（即态度或观念相似性）作为主要的成因而出现也就不足为奇了。另一方面，当情境中的群体性质与人际相似性被给予相同权重来加以考量时，支持 Rokeach 理论的证据就不那么有力了。

这方面的一个直接例子或许来自 Billig 和 Tajfel（1973）的一个实验。该实验针对我在本章前面描述过的最简群体范式做出了一些改变。他们的目的是检验不同的群体形成方法对群际歧视的影响。在第一种条件下，被试得知一些接受者比其他人同他们更相似，因为这些接受者在前测中也喜欢同样的图画。这一条件下没有提到群体。因此，这构成了一个"纯粹的"相似性条件。相反，在第二种条件下，没有提到任何相似性；被试仅被告知通过抛硬币的方式将他们分配到两组。这是一个"纯粹的"分类条件。第三种形式将第一种和第二种条件结合起来，使对图画偏好的相似性成为分类的基础。最后，在控制条件下，既没有相似性也没有分类。前两种条件至关重要。如果 Rokeach 的观点是正确的，人们会假设在第一种条件下出现歧视，而不是在第二种条件下。但如果分类确实存在独立的作用，人们就会假设在第二种条件下的歧视更多。表 3.6 总结了主要的结果，很明显，后一种解释得到了更多的支持：在出现了分类的两种条件下，奖励分配方面的内群体偏爱是可见的。相似性变量的主效应虽然在统计上是显著的，但明显弱于分类效应。其他使用最简群体范式的实验也得到了与观念一致性理论不一致的结果（Allen and Wilder, 1975; Diehl, 1988）。

表 3.6　　　　作为群际歧视[a]的原因：分类还是相似性

	无分类	分类
无相似性	-0.2	+2.0*
相似性	+1.0	+3.9*

注：[a]歧视的取值范围是 -12 ~ +12。正分表示内群体偏爱。星号表示得分显著大于零。
资料来源：Adapted from Figure 1 in Billig and Tajfel, 1973.

因此，看起来很明显的是，用 Rokeach（1960）理论假设的最初形式来解释偏见是站不住脚的。当群体成员身份在心理上凸显时（正如我在第一章所指出的，这恰恰是那些偏见的研究者最感兴趣的），观念差异比类别差异更有力的观点是根本无法维持的。但 Rokeach 的理论有一个较弱的版本可能与证据更一致。在这个版本中，内、外群体的划分是前提，然后再讨论不同程度的群际相似性的影响（Brown, 1984b）。和那些持有完全不同观念的外群体相比，面对那些同内群体的主流观点持相似态度的外群体，人们是否会通常表现出较少的偏见？这个问题的答案是有保留的"是"。但想要理解我是如何得出这个结论的，则需要考虑群体成员身份对一个人社会认同的影响。由于这个问题要到第六章才会谈到，所以我将推迟到那时再讨论 Rokeach 理论的另一种可能的形式。

❋ 小结

1. 人类认知的一个基本方面是人们对世界进行分类的需要和能力。这种需要的产生是由于我们所面对的信息的巨大数量和复杂性。社会世界和物质世界都是如此。与分类的简化功能相伴随的是一些偏向，这对于理解偏见以及如何减少偏见具有重要的意义。

2. 分类的一个直接结果是类别间差异的认知增强和类别内差异的减少。这些分化和同化的过程已被证明会影响群际知觉、态度和行为上的歧视。其中一些过程可能是在我们的意识之外进行的。

3. 两种或多种分类系统同时运行可能会减小与单一系统孤立运行相关的偏向。这在实验室情境中最为明显。在自然条件下，通常是一种分类比另一种（或几种）更占主导地位。

4. 一旦给定的分类开始起作用，群体内部的差异就会减弱。这通常不是一个对称的过程——外群体可能被视为是更加同质的——尽管在某些群际情境中，特别是在涉及少数群体或群体身份的核心价值时，会观察到相反的结果。

5. 在某一给定情境中会采用哪种特定的分类，这取决于该分类对个体的认知可及程度，以及该分类系统与情境中实际的人际异同之间的契合程度。影响可及性和契合度的因素包括个人的需求、目标和习惯性倾向，或是刺激的特征，如可见性、接近性和相互依赖性。

6. 有些人认为，与感知到的观念差异相比，类别差异并不是偏见形成的重要基础。这种说法只有在当群体成员身份在心理上并不凸显的情况下才站得住脚。否则，有证据表明，分类因素比人际观念差异更为重要。

❋ 注释

1. 这只是将人分配到群体中的多种方法中的一种。其他的方法包括：音乐偏好（Brown and Deschamps, 1981），点估计任务（Tajfel et al., 1971），甚至是最简单的抛硬币（Billig and Tajfel，1973）。

2. Bourhis 和同事们（1994）描述了对这些矩阵进行评分的技术以及由此可得的各种测量方法。

3. "英语母语者"和"法语母语者"分别指喜欢说英语和法语的人。

4. 当然，如果我在北爱尔兰上课，同样的二分法可能更有用！

5. 在一个实验中，通过让路人意识到他们正在被观察来消除这种差异。显然，新奇事物会"吸引注意力"这一特性很容易被社会期望效应所抵消。

6. 阈下之所以能够实现，是因为眼睛从中心注视点移动到刺激点需要几毫秒的时间，而此时刺激已经消失在掩蔽物后面。当人们接受了这样的启动时，除了无意义的字符串本身以外，他们通常无法报告他们所看到的。

❖ 扩展阅读

Crisp, R. J, Ensari, N., Hewstone, M., and Miller, N. (2002) A dual-route model of crossed categorization effects. *European Reveiw of Social Psychology* 13：35 – 74.

Diehl, M. (1990) The minimal group paradigm：Theoretical explanations and empirical findings. *European Review of Social Psychology* 1：263 – 92.

Oakes, P. (2001) The root of all evil in intergroup relations? Unearthing the categorization process. In R. Brown and S. Gaertner (eds), *The Blackwell Handbook of Social Psychology：Intergroup Processes*, 3 – 21. Oxford：Blackwell.

Tajfel, H. (1981a) *Human Groups and Social Categories*, chs 4 – 6. Cambridge：Cambridge University Press.

Voci, A. (2000) Perceived group variability and the salience of personal and social identity. *European Review of Social Psychology* 11：177 – 221.

Wilder, D. (1986) Social categorization：Implications for creation and reduction of intergroup bias. *Advances in Experimental Social Psychology* 19：291 – 355. New York：Academic Press.

第四章
刻板印象和偏见

上一章谈到了感知到的、同类别成员间的差异经常会变得模棱两可，这就自然而然地导致了**刻板印象化**（stereotyping），它是研究偏见的一个核心现象。对某人产生刻板印象就是赋予某人他/她的全部或大部分同伴群体成员所共享的一些特征。换言之，刻板印象是把一个人分配到特定的类别后产生的一种推论。尽管在日常生活和科学研究中非常流行，但"刻板印象"这个词有着一个不寻常的起源。它实际上源于印刷过程中的一个步骤，即人们制造模板来把花样和图案复制到纸张上。政治记者Lippman第一次发现了这个术语在形容人们使用认知模板在头脑中复制他人或者事件表象时的适用性——他称之为"我们头脑中的图画"（Lippman，1992，p.4）。

在任何有关刻板印象的讨论中，我们都会面临同样的三个问题：它们是从哪儿来的？它们是如何起作用的，会带来哪些影响？怎么能改变它们？相应地，我也围绕这三个主题编写了本章。由于我们对刻板印象过程如何影响偏见这个问题感兴趣，我会很自然地侧重于群体刻板印象的不利方面。但不利性绝不是群体刻板印象的普遍特征。正如分类本身并没有积极和消极之分，以此为基础的刻板印象很可能也具有积极、消极或是中立的意味。

❈ 刻板印象的起源

1992年在关于《马斯特里赫特条约》和欧盟设想的辩论达到高潮的时候，我的学生给了我一张从德国报纸上剪下来的卡通图画。围绕着十二颗星星（欧盟的标志）的是一段文字说明：'*Der perfekt Europäer ist…*' 然后是十二张图，每一张都抓住了精髓或是幽默地反驳了一些为人熟知的国家刻板印象：'*kocht…wie ein Engländer*'（像英国人那样会做饭），'*übt Selbstbeherrschung…wie ein Italiener*'

（像意大利人那样自控），'*humorvoll…wie ein Deutscher*'（像德国人那样充满幽默），等等（*Lippische Landeszeitung*, 28 October 1992）。几天以后，一家报纸报道了一项在六个欧洲国家开展的跨国调查的结果。它记载了被调查者认为德国人在"努力工作的""进取心强的""有志向的""成功的""自大的"几个特征上高于平均水平，而在"幽默的"和"不值得信任的"两个方面低于平均水平。与此同时，英国人被描述为"无趣的""自大的"，但"幽默的"，而在"志向"和"努力工作"方面不怎么行。后面这些缺点加上"不值得信任"也适用于对意大利人的感知，而"时髦"和"幽默"则提供了一些补偿（*The European*, 12–15 November 1992）。这些就是20世纪晚期有关欧洲人的一些"头脑中的形象"。这些形象是从哪儿来的呢？

社会文化起源

最简单的答案是它们根植于我们所生活和成长的文化，并以各种常见的社会文化方式传递和复制：通过家庭和学校的社会化，然后通过书本、电视和报纸的反复报道，正如我刚才所复制的那些形象。Allport（1954）坚信这些就是偏见性刻板印象的强大来源，并在他经典的著作里就社会的社会化和偏见的延续问题写了至少四章的内容。我会在下一章分析这些影响；但眼下我们可以注意到社会文化观点的最强大证据之一就是其长期的持续性（Katz and Braly, 1933）。早期的一些关于种族和国家刻板印象的研究说明了这一观点。Katz和Braly的技术极为简单，他们给被试（普林斯顿大学的学生）一个长列表，要求被试针对10个群体中每一个群体，分别从列表里选出有多少特征看起来是具有群体代表性的。他们发现，对于每一个群体来说，都会有三四个形容词被四分之一或更多的被试选择了。在一些情况下存在着很强的共识性。例如，分别有78%和65%的被试认为德国人是"有科学头脑的"和"勤劳的"，分别有84%和75%的人评价黑人是"迷信的"和"懒惰的"。二十年、然后四十年之后，研究者再次使用这个步骤研究了普林斯顿大学后来的学生们（Karlins et al., 1969; Gilbert, 1951; 另见Madon et al., 2001a）。随后的这些研究结果表明，同时存在着群体刻板印象的改变和稳定性的证据。在变化方面最明显的标志是，大多数明显是负面刻板印象的共识性以很快的速度下降了。例如，到了1967年，认为黑人是"迷信的"和"懒惰的"人数比例分别下降至13%和26%。刻板印象的内容和复杂性也发生了变化，过去占主导的一些形象被其他的形象所取代，且通常是每个群体的刻板印象都包括更多的特质。尽管存在这些变化，但值得注意的是，仍然有许多同样的、旧的特征重新出现在后续的研究中。例如对于德国人"科学/勤劳的"刻板印象在1967年的研究中仍然很高，两个特质分别占47%和59%。回想一下前文提到的1992年那项针对欧洲人的调查数据，其中显示了"努力工作"仍然被视为德国人的典型特征。这些跨越了几代人还存在的刻板印象似乎可以被归因于一些社会文化传递的过程。

但Gilbert（1951）和Karlins及同事们（1969）报告的变化又是怎么回事呢？正如我在本章后面和其他地方（参见第六章）要讲的那样，我们有充分的理由认为刻板印象会随着不同的群际情境或相悖的信息而变化。但对于普林斯顿那些研究中观察到的变化，另一个明显的简单解释就是：这些年来美国社会的规范性气候（normative climate）发生了改变。因此在战争前那些年可能为社会所接受的、公开表达的某些言论，比如"黑人是懒惰的"这种观点，在战后几十年里渐渐变得不那么能被接受了，表现为反歧视立法和取消种族隔离的社会政策。事实上，Gilbert和Karlins及同事们指出了一个有趣的现象：他们的一些被试不愿意把特质大范围地归属于单个群体。因此，我们必须承认存在着一种可能性，即通过使用这些相对简单的技术而发现的群体刻板印象的改变，其中至少有一部分可以被归因于社会赞许性因素而非内化了的态度改变。在第七章我还会回到这个问题上来。

"以偏概全？"

有关刻板印象的起源，一种解释是它源于社会现实的某些方面，尽管这一源头是很微弱的。这并不意味着针对外群体的、任何特定的刻板印象在某种程度上都是客观"真实的"，即准确地描述了该群体的实际特征。在某些情况下准确性是可以被测量的，我稍后还会谈到这个问题。但这里的意思是说：一个群体具有文化特殊性的行为模式，或是它所处的特定社会经济环境，为滋生出针对该群体的某种刻板化知觉提供了温床。这有时被称为刻板印象起源的"以偏概全"（grain of truth）理论（Allport，1954；Brewer and Campbell，1976）。

这种理论是如何运作的？让我们假设一个给定的种族群体在社会中处于经济弱势地位，它的收入水平低、失业率高、居住条件拥挤贫困、教育程度低，且在其他指标上也都表现出同样的偏态。这就不难理解，代表该群体社会地位的这些明显的和客观的指标，很容易被转化成将该群体知觉为"贫穷的""懒惰的""愚蠢的"。鉴于我们已经了解了由分类而引起的认知分化效应（参见第三章），这就使得这些特征被进一步夸大并充分发展成为构成偏见的刻板印象。

Brewer 和 Campbell（1976）对东非的 30 个种族群体开展了民族志研究，并获得了有关刻板印象的社会经济基础的一些证据。在这些群体中，有一个是来自肯尼亚的经济比较发达的基库尤部落，这个部落群体被该地区的其他部落群体一致地描述为"聪明的"和"进步的"，或是用不那么吹捧的语言将其描述为"强势的"和"骄傲的"。

相比于刻板印象是否真实，社会心理学家们以前一直对它们的效价、运作过程和可变性更感兴趣。这是因为刻板思维的结果（无论对于知觉者、知觉对象还是二者之间的关系）更有可能取决于相关群体的特定心理表征是积极的还是消极的，以及它是怎样影响社会判断和行为的，而不是取决于它有多准确。但仍有一些研究者关注刻板印象的准确性问题（Judd and Park，1993；Jussim，2005；Ryan，2002）。考察准确性的前提是存在着一些能够比较刻板印象的客观标准。正如我在第一章所指出的，这给许多当前盛行的刻板印象带来一个不可克服的困难：心理学根本没有可信的工具来测量"幽默""值得信任""时髦"（前面提到的关于欧洲国家的三个刻板印象）。虽然在一些情况下可能存在这样的标准，特别是涉及社会经济数据时（比如财富、教育程度），或是在特殊人为的实验室环境中。在这些情况下，刻板印象的准确性可以表示对群体集中趋势（如中位收入水平）或群体内部的差异性（如最富有的和最贫穷的成员之间的差距）的判断，或二者兼而有之，大概就是对应于群体财富的实际中位数和取值范围（Judd and Park，1993）。有趣的是，第三章讨论过的一种刻板印象现象（即感知到的相对群体同质性会因群体的不同规模和地位而发生变化）可能就具有一些现实的基础。

Guinote 和同事们（2002）在实验室里人为地设计了高、低权力组，比较了两个群体在实际行为方面的群际同质性知觉。结果表明，高权力组的成员不仅被看作是差别更大的，而且实际行为表现也更加不一致。这在"真实"世界里也有可能发生，因为权力更大的群体通常拥有更大的自主权（换言之，他们可能更少受到社会规范的限制），也有办法使他人整齐划一（因为他们通常控制着伴随服从和越轨而来的奖惩）。

尽管如此，刻板印象是不是"客观上"（不）准确，这个问题对于大多数研究偏见的学生来说仅能引起他们微不足道的兴趣。即使一些给定的群体刻板印象是准确的，比如"X 们"在学校的表现不如"Y 们"，但从社会和心理上来说，更重要的问题是什么原因导致了这种差异：是因为 X 们根本就笨，还是存在着一些情境因素导致了这种差别？基于这样的原因（以及其他原因），许多社会心理学家一直对"过分关注刻板印象准确性是否有价值"这个问题存在着质疑（Fiske，1998；Oakes and Reynolds，1997；Stangor，1995）。

"以偏概全"理论的另一种变体是将刻板印象的起源解释为人们基于某种社会规定的角色而夸大了不同群体的代表性。Eagly 和 Steffen（1984）相当有说服力地指出，一些性别刻板印象似乎更多地来自对履行传统女性"家庭主妇"和"照看者"角色的要求，而不是源于女性本身的任何固有属性。她们的研究表明，与男性相比，女性被认为是更"善良的""热心的""善解人意的"（但不是那么"主动的""自信的""有竞争力的"）；但如果女性也被描述为一个有工作的人，那么上述刻板印象就会消失甚至是发生逆转。同样，如果男性被描述为"家庭主夫"，则他们也会被视为和女性一样对人际关系"敏感"。在一个类似的研究中，Eagly 和 Wood（1982）表明，女性比男性更顺从的这种普遍观点源于人们将她们知觉为在就业环境中通常处于从属地位。与此同时，被描述为"经理"的女性被知觉为与男性是同样独立的。因此，人们似乎通过观察男性和女性的典型角色来推断他们的特点。还应注意到，这种角色的典型性本身并没错；在大多数工业化国家，女性确实比男性更多地负责照顾孩子和做其他家务，且如果在外面工作，她们也更可能从事一些需要听从男性命令的工作，比如秘书、护士等。

作为意识形态的刻板印象

群体在社会中占据非常不同的地位，其中一些群体明显比其他群体拥有更多的财富、权力和特权，这一事实表明了刻板印象的第三个来源。这种根源与一个事实有关，即刻板印象可以发挥意识形态的作用，来为现状辩护。因为将一个遭受剥削的少数群体描述为"懒惰的"或"愚蠢的"，可以使最先造成这种剥削的社会体制合理化，并同时为统治群体享有其特权地位背书（Devine and Sherman，1992）。

Hoffman 和 Hurst（1990）很好地说明了刻板印象的这种辩护功能。受 Eagly 和 Steffen（1984）社会角色假设的启发，Hoffman 和 Hurst 为他们的被试创造了一个虚拟的世界：一个由 Orinthians 和 Ackmians 两种人组成的世界。两位研究者向他们的被试呈现了针对每个群体里 15 名成员的个人描述。描述说明了每个人的群体成员身份及三种人格特质；更重要的是还提到每个人要么是城市工人，要么是儿童抚养者。只有在最后社会角色的描述上，各组之间才存在着系统性的差异：Orinthians 大多被描述为城市工人，而 Ackmians 被描述为儿童抚养者

（或在平衡顺序效应的条件下相反）。相反，人格特质在这 30 个人中是随机分布的，因此作为一个群体，Orinthians 的人格特质应该与 Ackmians 相当。在阅读了这 30 个描述后，被试需要对两个群体的 6 种主体性特质（agentic traits；通常是男性化的，例如果断的、好胜的）和 6 种共享性特质（communal traits；通常是女性化的，例如情绪化的、温柔的）进行"总体"评分。在这个刻板印象任务之前，一半被试需要针对"为什么 Orinthians 和 Ackmians 从事着他们各自的工作"这个问题想出一个原因，而另一半被试不需要这么做。Hoffman 和 Hurst（1990）推断，首先，尽管 15 个 Ackmians 和 15 个 Orinthians 实际等效，但被试会倾向于使两组的特质符合他们的主要社会角色（城市工人群体的主体性特质和儿童抚养者群体的共享性特质）。其次，对于那些首先需要思考社会角色分化原因的被试而言，这种（错误的）刻板化程度预计会更高。事实也是如此。主要由城市工人组成的群体比主要由儿童抚养者组成的群体被视为更具"男子气概"。再次，与刻板印象被用于为社会现状正名的观点相吻合，与控制组相比，那些开始需要尝试思考为什么两个群体会具有不同社会角色的被试表现出了更强的刻板化倾向。

刻板印象起源于群际关系并被用于为现存的群际关系正名这一观点，在 Alexander 和同事们（1999）的一些研究中也有所体现。从政治学的观点来看，各国对彼此的刻板印象反映了它们之间的政治关系。Alexander 和同事们推测，可能存在着四种基本的外群体形象："敌人""盟友""依附者""野蛮人"。这些形象的具体内容可能因情境而异，但从广义上讲，它应当反映了其名字所隐含的关系。也就是说，"敌人"通常会被视为敌对的和不值得信任的；"盟友"是和平的和可靠的，"依附者"是幼稚的和无能的，而"野蛮人"是残忍的和不讲理的。根据这一视角，这四种刻板的形象对于维持（或改善）群体与其他群体的关系是具有功能的。因此，如果一个内群体殖民了另一个群体（就像 18 和 19 世纪英国人成功的殖民统治一样），将其殖民地的人民视为弱小的依附者有助于提高该群体的利益，从而更好地为控制殖民地的人民和他们的资源进行辩护。Alexander 和同事们试图通过向他们的大学被试呈现不同的群际情境故事来说明这种视角的普遍性。这些故事里包括被试自己的大学或一所邻近的大学。在情境故事中，这些学校之间的关系被描述为竞争的（它们地位平等，且互相争夺资源和学生）、合作的（拥有平等的地位，但合作共享资源）、依附的（外群体较弱且依附于内群体），或公开敌对的（外群体较强且威胁到了内群体）。在阅读了情境故事后，被试通过使用一份包含四个群体形象不同成分的问卷，对这个外群体的大学形成一个印象。与假设一致，尽管"野蛮人"形象的证据并不明显，且在敌对的情境下被试也并不总是选择它，但被试对另一个群体的看法与呈现给他们的群际关系大致相符。这些研究结果表明，刻板印象根植于群际的社会关系网，而不是仅仅或很大程度上源于我们认知系统的作用（Tajfel，1981b）。Oakes 和同事们（1994）一直强烈支持这种观点，而我们也会在第六章再次回顾这一观点。

尽管不合情理，但至少有一些刻板印象可能存在着一些久远的现实基础，这一事实使得群际差异不应如此令人震惊。上一章反复出现的一个主题就是，人类的大脑非常善于简化和理解其所面对的大量复杂的社会信息。如果它允许我们得出与现实完全不符的推论，那将是十分令人吃惊的（而不只是有一点不适）。然而，它并不是一个完美的系统，在那些推理过程中，偏向和扭曲确实会发生。下面我将对它们进行详细的分类；但其中一个认知偏向很有趣，因为它指出了刻板印象的第四个起源。

你记住的并非你看到的：作为伪相关的刻板印象

这种偏向是指我们似乎对统计上不常发生的事件或特征具有一种特殊的敏感性。那些不那么常见的事情或者偶然发生的事情，似乎能吸引我们很大一部分注意力，且可能比平常发生的事情更容易被记住。Hamilton 和 Gifford（1976）的发现首先表明，低频率事件在心理层面的特殊性可以引起刻板印象。Chapman（1967）的早期研究发现，人们会高估那些很少成对出现的词语之间的联系。参考了上述研究，Hamilton 和 Gifford 给被试呈现了一些句子，在这些句子里，个体分别属于两个群体（"A"和"B"）中的一个，且个体被描述为表现出了期望的或不被期望的行为。在刺激中，A 组的人数总是 B 组的两倍，所以后者是少数群体。同样，期望的行为与不被期望的行为的比率是 2:1。表 4.1 上半部分显示，在刺激中，群体成员与行为之间不存在相关；一个 B 组人表现出不被期望行为的可能性与一个 A 组人相同。当被要求回忆两组成员发生不同行为的频率时，被试能比较准确地回忆出积极行为，但同时也表现出一种一致的倾向：将许多不常见的、不被期望的行为归于数量上较小的、因此是更独特的 B 组，并很少归于 A 组（见表 4.1 下半部分）。换言之，他们在群体成员和不被期望的行为之间形成了一种"伪相关"。如果我们在实验室以外对这种现象进行推测，那么它表示在一个以白人为主的国家里，人们将更容易记住由黑人（少数群体）做出的相对罕见的反社会行为（例如身体攻击），而不会记住白人犯下的相同恶行。这样就会产生一种不正确的刻板知觉，即认为攻击性和肤色之间存在相关。在第一个关于伪相关的例子中，不被期望的特征恰好是不常见的，因此对 B 组形成的刻板印象是消极的。当然，从统计学上讲不必非得如此，Hamilton 和 Gifford（1976）在随后的一项实验中证实了在积极的特征中也会发现同样的效应。

另一些研究也在不同的情境中发现了上述效应，表明这是一个相当普遍的现象（参见 Hamilton and Sherman，1989）。在我们以大学为背景开展的一项研究中，"女性"和"高级学术人员"是两个罕见的群体，我们同样发现人们总是高估女性高级学术人员的数量（Brown and Smith，1989）。

表 4.1   统计上的低频率作为伪相关的来源

	组	
	A	B
刺激中两组的行为分布		
期望的	18.0（67%）	9.0（33%）
不被期望的	8.0（67%）	4.0（33%）
被试感知到的两组的行为分布		
期望的	17.5（65%）	9.5（35%）
不被期望的	5.8（48%）	6.2（52%）

资料来源：Adapted from Table 1 in Hamilton and Gifford, 1976.

尽管这些例子说明了在积极和消极特质上都可以观察到伪相关效应，从而显示了信息加工过程中存在着一些情感中立的偏向，但这一现象可能没有那么简单。Schaller 和 Maass（1989）指出，在大多数现实生活情境中，人们在记录和回忆群体的信息时并不是置身事外的观察者；通常他们是属于其中一个群体的。Schaller 和 Maass 认为这样的群体归属关系会更可能驱动人们产生伪相关，如果这种伪相关会产生对于他们群体有利的刻板印象。但如果内群体刻板印象是不利的，他们对这一现象就不那么敏感了（例如，如果一个人是表 4.1 中 B 组的成员）。研究者通过一系列的实验表明确实如此：采用常见的实验范式将被试分配到两组之一，或是改变期望的和不被期望的特质的相对频率，通过这样简单的设计就可以预测感知到的相关增强或减弱（Schaller and Maass，1989；Schaller，1991）。

到目前为止，我对伪相关现象的解释是：对"独特的"刺激产生了心理上的偏爱而导致的结果，以及通过优化被试所属内群体的形象来提高身份认同的过程中产生的后果。但也可能这两个过程都没有发生，且感知上的"特异性"

甚至可能根本不是这种偏向的基础。例如，McGarty 和同事们（1993）发现，在不先向被试呈现刺激材料的情况下，也有可能得到伪相关效应。显然，需要做的只是要么告诉被试，关于 A 组的陈述将是 B 组的两倍；要么告诉被试，一半的陈述将描述 A 组做出的积极行为。然后，当要求将一些描述行为的句子归于 A 组和 B 组时，被试表现出的伪相关效应与那些采用传统回忆范式得到的效应至少是一样大的（如果不是更大的话）（McGarty et al., 1993, experiment 1）。鉴于对伪相关的一种公认的解释是注意和回忆的难度不同，这确实令人费解。McGarty 和同事们认为，造成这种伪相关效应的原因，实际上并不是 2×2 列联表中某个单元格的"特殊性"；伪相关效应其实是被试进行了分类活动的结果。他们认为实际情况是，被试使用"A"和"B"的群组标签来试图理解这些刺激。事实上，由于与 A 组相关的积极陈述的绝对数量更多，被试就形成了"A 组是好的"这一一般形式的初始假设。之后，通过优化 A 组和 B 组之间的元对比率（参见第三章）这一常见的过程，他们将这些陈述有偏向地归属于 A 和 B，从而使两组之间的差异更加明显。根据这一观点，群体和特征之间的刻板关联形成的原因是人们试图通过分类来给予刺激以某种秩序，而不是刺激本身的某一种属性得到了激活。

  Fiedler 和同事们（2007）对伪相关现象提出了另一种解释。他们指出，伪相关可以更令人信服地被归结为群体水平和个体水平之间的认知混淆。因此，借鉴之前讨论过的 Eagly 和 Wood（1982）有关社会角色的研究，这可能是由于大多数管理者确实是男性，且可能大多数管理者也确实是武断的。但从逻辑上讲，这两种（偏态的）基线比率不应使人们得出男性和武断存在相关的结论，虽然从心理层面看两者之间似乎存在着相关。Fiedler 和同事们（2007）通过巧妙地创建一个由 16 名（虚拟）学生组成的计算机模拟的教室情境证明了这一观点。这些学生被平均分成蓝色和红色两组。被试扮演"老师"向学生提问。之后，哪些虚拟学生举手回答问题是由计算机程序控制的，计算机程序同时也控制他们答案的（不）正确性。通过在班级成员间改变这两个因素的频率，该程序可以显示出学生的外显动机（举手）和能力（正确性）。在一项实验中，Fiedler 和同事们（2007）将蓝组的大多数学生设计为高动机和高能力，尽管在个体水平上动机和能力之间不存在实际的相关（表 4.2 说明了是如何做到这一点的。请注意，对于能力维度上的每个值，动机维度上高分值和低分值的数量是相同的）。模拟课堂结束后，"老师"需要记住（估计）每个学生正确答案的比例，以及他们举手回答问题的比例。严格地说，这两个估计值之间不应存在任何相关（表4.2）；但实际上，被试错误地感知到了这种相关（相关系数介于0.4和0.6之间）。他们错误地得出结论：仅仅是因为蓝组中包括大部分既高能力又高动机的学生，这两个特征一定是存在相关的。在后来的一项研究中，Fiedler和同事们（2007）说明了通过使用真实的群体（如性别），以同样的方式也可以获得这种伪相关。与Eagly（1987）一样，他们得出结论：许多社会刻板印象源于真实世界中的社会结构，在这些社会结构中，一个类别特征（种族、性别）的偏态基线比率与其他一些特征（犯罪、领导力）的偏态基线比率同时出现了。

表4.2　群体水平的相关是如何导致个体水平上感知到的伪相关的

学生	"能力"得分	"动机"得分
	蓝组[a]	
1	8	2
2	8	2
3	8	8
4	8	8
5	5	8
6	5	8
7	5	8
8	5	8
	红组	
9	5	2
10	5	2
11	5	2
12	5	2
13	2	2
14	2	2
15	2	8
16	2	8

注：[a]蓝组在"能力"和"动机"方面的平均得分都高于红组。然而，在个体水平上，"能力"和"动机"得分之间并不存在实际的相关，尽管观察者经常会错误地得出存在相关的结论。

资料来源：Adapted from Table 1 in Fiedler et al., 2007.

将个体视为一个群体：群体的实体性作为刻板印象的来源

刻板印象的最后一个潜在来源是群体自身的知觉特征。回顾第三章可知，任何特定人群被归类为一个群体的可能性在一定程度上取决于他们被感知到的实体性，即他们被视为一个单位的程度（Campbell，1958）。一些群体被认为具有相当高的实体性，例如家庭和小的工作群体；而另一些群体被认为实体性非常低，例如一群在医生的手术室外等候的人（Lickel et al., 2000）。像种族或性别这样的社会类别通常被认为具有中等程度的实体性，尽管根据类别和情境之间的"契合度"，实体性在不同的情境中会有所改变（Oakes et al., 1994；参见第三章）。

事实证明，感知到的实体性不仅会影响被归类为一个群体的可能性，也意味着群体成员将更容易被刻板化，并因此而被互相混淆。Crawford 和同事们（2002）证明了这一点。在研究中，他们向被试呈现简短的行为故事，每个小故事显然都是在描述 32 个人生活中的某个场景（为了增加真实性还附上了照片）。据称这 32 个人是来自两个群体的成员，每个群体的成员间彼此非常相似（或非常不同），从而使得这些群体分别具有高、低水平的实体性。控制条件下没有提到任何群体。这些行为描述使得两个群体看起来分别具有两种典型的基本特征：一种是积极的，另一种是消极的（例如"诚实的""攻击性的"）。在得到这些描述并完成一项中间过渡的填充任务后，被试需要完成一项关联记忆配对任务。在这项任务中，每张刺激照片都与一个特征词配对，这个特征词要么与最开始的行为故事相匹配，要么与其他的某个故事相关联。不管这种组合的性质如何，被试都要记住哪张照片对应哪一个特征词。几分钟后，在完成另一项填充任务后，研究者测量了被试对这些配对的回忆程度。研究者假设，这些最初呈现的故事加上实体性信息（或缺少实体性信息），会形成对每组成员的两种刻板印象（积极的和消极的）。有两个指标可以表明确实产生了刻板印象：一是被试正确回忆起哪个特征词与哪张照片配对的能力降低了（因为刻板印象意味着人们减少了对个人信息的关注），二是被试（错误地）把群体具有的刻板特征与属于这一群体的某个成员相关联的倾向增强了（因为刻板印象也促使人们将一个群体成员的特征泛化到另一个群体成员的身上）。事实确实如此。与其他两种条件相比，高实体性条件下的被试较少地做出正确的推论，且泛化程度更高。而其他两种条件下的被试间没有差别。

感知到的实体性可以促进刻板印象，这一事实很有趣，因为它表明了即使是对于具有高实体性的这种面对面的小群体，其成员也通常会被彼此（或他人）以刻板化的方式来看待，尽管成员间对于彼此掌握着大量个性化的信息。这一点值得注意，因为我们通常只将刻板印象与更大的社会类别联系起来，比如阶级、种族或性别。Spencer-Rodgers 和同事们（2007）发现，无论是大的社会类别还是小的任务群体，都会被人们以刻板化的方式看待。此外，这些不同群体的实体性是决定刻板化程度的一个至关重要的因素。

实体性导致刻板印象的一个原因可能是：当我们把一群人的集合作为一个实体（群体）时，我们往往会赋予这个实体一些潜在的本质属性，即大多数成员"拥有"的属性（Yzerbyt et al., 2001）。有时候，这种"本质"是一种后天习得的技能或特征（例如，水管工人可能都被认为是心灵手巧的，并掌握着关于水和气体神秘特性的知识）；另外一些时候，这种"本质"可能是某种不易变的，或是生物性的特征（比如种族主义者认为"血液中"存在着某些东西使得特定的种族群体低下或令人厌恶）。有关本质的后一种观念形式尤为恶劣，它可能与针对少数群体和外国人的公然偏见有关（Keller, 2005; Pehrson et al., 2009a; 但也有相反的证据，参见 Haslam et al., 2002）。

❖ 刻板印象的使用

一旦获得了刻板印象，它对于人们对社会世界的判断会产生哪些影响呢？更重要的是，它对于人们对他人的行为会产生什么影响呢？哪些因素可能会抑制或促进刻板印象的使用？为了回答这些问题，我想先介绍一些文献，这些文献是与刻板印象有关的**期望**（expectancies）和偏向方面的研究。这些期望和偏差既包括公开的判断和知觉，它们可能是在意识控制下做出的，也包括一些更微妙的影响，这些影响甚至可能在我们无意识的情况下发生。我还将考察我们如何使用不同的语言形式来描述我们自己的群体和其他群体的刻板印象。然后，我将讨论一些已被证明会增加或减少刻板印象的心理与情境因素。这些影响多数发生在人们的头脑中，以知觉、认知、记忆或归因偏向的形式出现，但重要的是要认识到它们也有着行为后果。我们将在本节的最后部分看到，在日常社会生活中，刻板印象的运作过程可以对其目标对象产生非常现实的影响。

刻板印象和对他人的判断

不管有无偏见，刻板印象都会将社会类别与某些特征进行一种认知上的关联。因此，最直接的是，我们可以预测，如果一个人对于某个群体存在刻板印象，那么他/她遇到这个群体中的某个特定个体时，就会把相对刻板化的特征归于这个对象。在这种归因偏向的基础上，我们可以进一步预期结果：对这个人可能会产生不同的评价（与刻板印象一致），进而将其判断为一个更加合适或者不合适的员工、房客或其他什么人。

但事实要比这复杂一些。当我们遇到一个真人时，我们不仅拥有关于其所属群体身份的一些先入之见，还拥有一些关于这个人的实际外貌、穿着和行为的信息，这些信息可能与群体刻板印象并不一致。我们如何把这些不同的信息片段整合起来呢？这是 Locksley 和同事们（1980）着手考察的问题之一。他们向被试呈现了两个人之间的通话记录，从其中一个人的话语中，被试可以看到他/她要么是坚决果断的，要么是缺乏自信的。研究者同时也对目标对象的性别进行了操纵。随后，被试被问及他们对目标对象人格的印象，并需要预测目标对象在其他假设场景中的行为。如果被试的性别刻板印象起作用的话，那么他们对目标对象的判断应当只会受到目标对象性别变化的影响（人们普遍的刻板印象是男性比女性更果断）。令人惊讶的是，改变目标对象的性别对于人们对他/她的判断几乎没有任何作用。最重要的因素是电话交谈中所暗示的目标对象的行为：不论性别，在"果断的"条件下，这个人随后都会被评价为更自信的和更男性化的；而在"被动的"条件下，这个人则都会被评价为更被动的和更女性化的。Locksley 和同事们乐观地得出结论：在真实情境下，当我们拥有了关于一个人的"个性化"信息后，"社会刻板印象可能不像传统上认为的那样对人们的社会判断发挥着强大的影响力"（Locksley et al., 1980, p. 830）。

然而，有几个理由怀疑这一结论的普遍有效性。首先，Locksley 和同事们在研究中没有发现刻板印象，这可能是由于他们所使用的判断情境具有特殊性。例如，Nelson 和同事们（1990）发现，人们对照片中男性和女性身高的估计总是受到照片中人物性别的影响，即使照片刺激本身并不存在任何身高上的性别差异。在另一个使用了相似范式的实验中，研究者也发现，Locksley 和同事们报告明显缺失刻板印象效应的原因可能是被试对男性和女性进行评价时采用了不同的标准（Biernat et al., 1991）。他们展示了如何消除性别刻板印象对身高判断的影响，即把客观的身高判断（以英尺和英寸为单位）替换为在指导语中说明要将照片中的人物与同性别的其他人相比较来进行估计。在 Locksley 和同事们的研究中，很有可能被试也采用了相似的、性别内的主观标准来评估果断性。

此外，正如 Kunda 和同事们（1997）所发现的那样，由于与之关联的群体不同，同一特质（比如"攻击性"）可能具有非常不同的、行为方面的意义。因此，两个人在面对会激起争端的社会情境时会做出何种反应？基于一些"个性化"的信息，我们可能会得出这样的结论，即不管他们的社会阶级如何（可能一个是建筑工人，另一个是律师），每个人都是同样具有"攻击性的"。但如果我们需要预测某些后续行为反应的可能性有多大，我们可能会推测建筑工人更有可能陷入肢体上的斗争，而律师可能会进行言语上的争论。相同的特质在两个职业群体中可能具有不同的刻板性含义，这会导致截然不同的行为表现（Kunda et al.，1997）。

其次，Krueger 和 Rothbart（1988）指出，Locksley 和同事们的研究中缺乏刻板印象效应的原因可能是他们让两种不同的信息相较量，其中个性化的、关于每个人的果断性的信息相对较强，而性别刻板印象所传达的、有关果断性的信息相对较弱。在形成对人的印象时，忽视关于人的一些非常明确的信息确实很奇怪。但如果个性化的刻板化信息和群体的刻板化信息之间的相对效力（Krueger 和 Rothbart 称之为"诊断性"）发生改变，我们就会发现刻板印象对判断的影响也会随之变化。通过采用简短的行为描述，研究者发现，对一个目标对象攻击性的估计不仅与描述的内容（即描述的行为攻击性程度大或小）高度相关，而且会随着应用的类别标签（如男性与女性）而发生改变，尤其是当个性化信息所隐含的攻击性较弱时。

最后，有几项研究清楚地表明，即使存在着关于被评判人的个性特征的信息，刻板印象也确实会影响判断。Grant 和 Holmes（1981）向加拿大被试呈现了一些简短的人物描述，其中包括人物的国籍（如中国、爱尔兰或索马里）。这些描述暗示一个人要么与中国人的刻板印象（"有科学头脑的""雄心勃勃的"）相似，要么与爱尔兰人的刻板印象（"无忧无虑的""健谈的"）相似。Grant 和 Holmes 发现，仅仅是改变人物的假定国籍，就会对人们的判断产生显著影响，虽然人物描述本身的独立作用更大（另见 Locksley et al.，1982）。Glick 和同事们（1988）在一个更为现实的人事选择情境中也发现了可靠的性别刻板印象效应。

也许最生动的例子是 Darley 和 Gross（1983）的研究发现，关于社会阶级的刻板印象会影响人们对儿童学习成绩的判断。在实验中，他们首先给被试看一段关于一名 9 岁女孩（名叫 Hannah）的录像。录像将她描述为要么来自贫困的工薪阶级背景，要么来自更为优越的中产阶级环境。这么设计是为了让被试对她的学业成绩分别产生消极和积极期望，因为阶级和教育成就之间存在着众所周知的相关。研究者在两种不同的条件下评估了这些刻板化期望的影响：一种条件下没有进一步的信息；另一种条件下呈现了第二段录像，其中 Hannah 正在参加一些考试，但这些都只是呈现了对她的能力的一些相当模糊和不一致的描述。在上述这些条件下，被试都需要预测 Hannah 未来在不同学业领域的表现。在第二种条件下，被试获得了更多潜在的个性化信息；因此，如果 Locksley 和同事们（1980）是正确的，那么我们应该期望会发现他们较少受到社会阶级刻板印象的影响。事实上，结果恰恰相反。与只看过第一段录像的被试相比，那些接触到第二段录像里额外信息的被试，会更强烈地把他们的阶级刻板印象投射到 Hannah 的未来表现上。第二组被试估计"中产阶级"Hannah 的成绩会比"工薪阶级"Hannah 的成绩高出整整一个绩点。

Darley 和 Gross（1983）从他们的实验中得出结论：我们不会不加区别或不加思考地使用刻板印象；相反，刻板印象是一种尝试性的假设，它让我们从中获得更多的信息。如果没有进一步的信息，就像实验中的"无信息"条件下一样，我们就不会坚决地使用这些刻板印象（另见 Leyens et al., 1992, 1994）。

刻板印象是关于世界的一些"假设"，这个观点很具有吸引力且它本身并不会引起人们的担忧。毕竟，科学领域的一些思想家长期以来提倡的观点是：对于科学家来说，最佳的策略就是从他们的理论中推导出假设，然后通过参考经验数据来试图证伪它们（Popper, 1963）。对于日常生活中的普通人来说，我们还能再要求更多吗？可不幸的是，无论是科学家还是普通人都不怎么遵循这种 Popper 式的想法。在过去有关逻辑推理的研究中，我们观察到人们通常会去寻找能够证实他们假设的信息，而不是试图去证伪他们的假设（Wason and Johnson-Laird, 1972）。事实上，这种证实性偏向在我们的社会推理中也是常态（Snyder, 1981; Stangor and Ford, 1992）。

Snyder 和 Swann（1978）针对这一现象给出了最具说服力的一个证据。研究者使被试相信他们将要面试的人是外向的或者是内向的。然后，在面试过程中，被试可以从一系列问题中选择一些问题，用以判断目标对象是否确实符合既定的人格类型。那些持有"外向"假设的被试系统地选择了更多可能揭示外向倾向的问题（例如："如果你想在派对上活跃起来，你会怎么做？"）；那些持备择假设的被试选择了更多暗示着内向的问题（例如："是什么因素让你难以真正向他人敞开心扉？"）。在另一项实验中，即使给予丰厚的奖励来鼓励被试做出最准确的判断，他们仍然存在着这种企图证实的倾向。也许最令人不安的是，在进一步的研究中，尽管每个人（包括面试官和被面试者）都是被随机分配到不同的期望条件下的，但在面试官被启动而表现出期望后，被面试者自己也开始表现出外向或是内向的倾向。我稍后还会回来讲述刻板印象的这种自我实现特性。

尽管刻板化的期望经常会误导我们寻找和接收信息，但它们也可能是很实用的。节约认知资源使我们专注于其他更迫切的问题，允许我们更便捷或同样有用地感知一些事物。Macrae 和他的同事们通过一系列巧妙的研究，突出了这种强调刻板印象在认知方面存在着益处的观点（Macrae et al., 1994a; Macrae et al., 1994b）。在一项实验中，被试面临的任务是识别单词，通过降低遮盖物的密度，使单词的清晰程度逐渐提高。这一组词包含与两类社会越轨者（分别是虐待儿童者和足球流氓）相关的刻板化特征（为了平衡，也包括非刻板化特征）。在进行词汇识别任务之前，研究者要求被试写出典型的虐待者或流氓所具有的一系列特征，以此来启动这两种类别中的一种。对于具有所启动类别刻板化特征的那些刺激词而言，这种预先的过程促进了被试对它们的后续识别（Macrae et al., 1994b）。已有的实验已经表明，在一项任务中出现被激活的刻板印象，可以提高个体在同时需完成的另一项任务中的表现（Macrae et al., 1994a）。经典的实验过程是要求被试完成一项有关印象形成的任务（即回忆出关于各种刺激人物尽可能多的特征），同时还要记住通过听觉呈现的一些实际地理信息。对于一半的被试而言，刺激人物都伴随着一个类别标签（当然，一些特征对于该类别来说是刻板化的）；其余的被试则没有被提供这个标签。Macrae 和同事们认为，类别标签的出现会激活一种刻板印象，这意味着相关的特质会更容易被接受。这种现象使得被试可以更好地将注意力集中于同期的另一项任务。事实似乎也确实如此。相比于没有标签的条件，"类别标签"条件下的被试回忆出了更多地理信息。在第二项研究中，即使当标签是阈下呈现时，也发生了同样的情况。

刻板印象的过程不仅具有认知功能，它们也可以服务于我们的目标动机，保护我们脆弱的自我不受批评，或是得到赞美。当存在多个类别刻板印象可供激活和使用时，上述情况就可能会出现。Sinclair 和 Kunda（1999）证明了这一观点。针对在一项人际交往技能任务中的表现，加拿大白人被试得到了消极的或积极的反馈。这个反馈是由一个自称是医生（一种高地位的职业）的人提供的，其刻板印象大多是积极的。在一半条件下这位医生是白人，在另一半条件下则是黑人。Sinclair 和 Kunda 推测，由于加拿大普遍存在着对黑人的负面刻板印象，当受到黑人医生的批评时，被试会非常难以接受。Sinclair 和 Kunda 认为，在这种情况下被试可能会激活黑人的刻板印象，并贬低评价者，从而试图忽视反馈（"谁在乎他说什么，他只是个黑人"）。相反，当受到黑人医生的表扬时，被试会产生激活医生刻板印象的动机（"如果他说我很好，我肯定确实就是很好，因为他是个医生，他肯定懂"），同时抑制黑人的刻板印象。这似乎确实发生了，因为被试在随后的词汇决策任务中反应时的差异很大。在这个任务中，他们需要判断给定的刺激是不是一个真词。相比于黑人医生的积极反馈条件，在黑人医生的消极反馈条件下，被试对带有黑人刻板印象意味的单词（"黑的""说唱的""攻击性的"）识别得更快（两种白人医生条件下几乎没有差异）。与此同时，与消极反馈条件相比，积极反馈条件下被试对与医生相关的单词（"医生""病人""医院"）识别得更快。[1]

刻板印象不仅影响我们对未来的预期，还会使我们对过去的回忆产生偏向。Hamilton 和 Rose（1980）的研究证实了这一点。他们给被试呈现一些幻灯片，这些幻灯片描述了一些职业群体（如空姐、销售人员等）以及它们的一些特质（如"有吸引力的""健谈的"）。在幻灯片里，每种特质与每种职业相伴出现的次数完全相同。然而，当回忆他们所看到的东西时，被试错误地记住了更多的刻板化联系（比如"有吸引力的空姐"），而不是非刻板化的组合（比如"有吸引力的销售人员"）。与职业刻板印象一致的信息比那些不一致的信息更容易被记住，甚至是被过度记住。尽管这一发现很符合"刻板印象是有待证实的假设"这一观点，但从某种意义上说这有点反常识。有人可能会争辩说，与刻板印象不一致的信息应该容易被回忆，因为它更特别，更有可能吸引我们的注意力（Wyer and Gordon，1982）。事实上，对于迄今为止有关个人记忆的大量文献的近期综述发现，一般来说与先前期望不一致的信息具有可靠的记忆优势（Rojahn and Pettigrew，1992；Stangor and McMillan，1992）。然而，更仔细地研究这些文献就会发现，对不一致信息更好的记忆通常涉及与个体及其属性更为相关的记忆；而当群体成为目标对象时，人们就会更容易地回忆起与刻板印象一致的信息（Stangor and McMillan，1992；稍微不同的结论可参照 Rojahn and Pettigrew，1992）。造成这种个体－群体差异的一个原因可能是：人们可能假定在群体里至少会存在着一些个体差异，因此"不一致"的信息更容易被忽视；与此同时，在单个人身上，我们可能假定存在着高度的一致性，所以任何的"不一致"都更加显眼（Fiske and Taylor，1991）。

即使在最简单的条件下，群体刻板印象对记忆的选择效应也会发生。Howard 和 Rothbart（1980）要求被试回忆关于行为的各种陈述，这些陈述之前与在两个实验室里创建的两个群体建立了关联。被试自己也被分配到这两组之一。要回忆的行为有好的也有不好的，且这两种类型在两组之间是完全平衡的。然而，被试的记忆却并不那么平衡。虽然他们同样都善于回忆好的行为的群体来源，但涉及不好的行为时，他们更善于回忆与外群体相关的不好的行为，而不是与内群体相关的行为（见图 4.1）。就像 Simon 和 Garfunkel 那首老歌里的那句歌词——"a man hears what he wants to hear and disregards the rest"（人们只听他们想听的，其余的都当作耳边风），似乎只要花上几分钟时间对一个群体进行最少量的心理投入，就足以让我们对它的记忆产生偏向。那如果是基于对某个宗教或种族的毕生认同，这种影响又会有多么强烈呢？

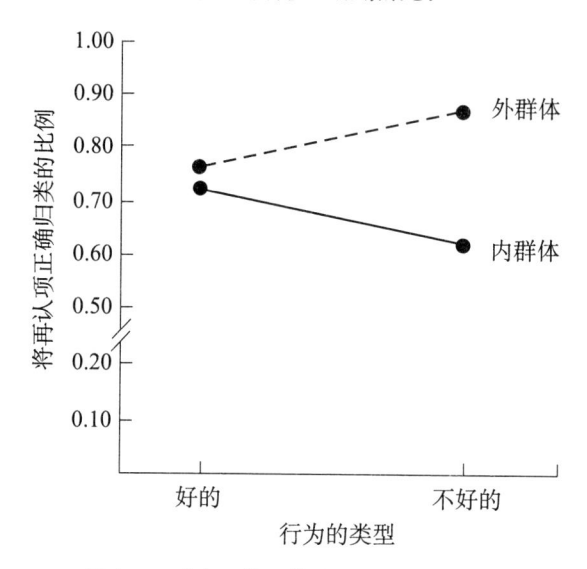

图 4.1　对内、外群体信息的选择性回忆

资料来源：Howard and Rothbart，1980，Figure 1.

表现出偏见却没有意识到：自动化水平上的刻板印象

Howard 和 Rothbart 的实验提醒我们，我们对于不同群体的刻板印象在评价上往往不是中立的，而是有着特定的偏向。事实上，对于研究偏见的学生来说，对刻板印象的主要兴趣恰恰就在于这一特征。现在有越来越多的证据表明，许多这样的偏向可能是自动产生的；毫不夸张地说，我们甚至不需要时间去思考就会对与群体相关的刺激表现出不同的反应。

Gaertner 和 McGlaughlin（1983）通过两个实验为上述观点提供了一点线索。他们测量了（白人）被试在判断屏幕上的两串字母是否为真词的反应时。有些词确实是无意义的音节（如 KUPOD、ZUMAP），而另一些则是真词（比如 BLACK［黑人］、WHITE［白人］）、三个积极的形容词（如 CLEAN［干净的］）和三个消极的形容词（如 STUPID［愚蠢的］）。关键的问题是，被试需要花费多长时间才能识别出 BLACK/WHITE 与这些消极和积极词语的配对。结果表明，不同的种族标签与消极词语配对后在反应时上没有差异。但是对于积极的真词而言，相比于与 BLACK 联系在一起的情况，当它们与 WHITE 联系在一起时，被试的反应总是更快。请注意这个任务非常简单：被试不需要说他们认可这些词语配对，他们只需要识别它们是否为真词。而且，当出现了熟悉的、可以引发心理舒适性的内群体和积极事物之间联系时，就更容易做出反应了（另见 Lalonde and Gardner, 1989）。

Devine（1989）有一个更惊人的发现。她使用了启动的办法（参见第三章）：先在阈下向被试呈现各种词，既有对非裔美国人的直接描述（如"黑人"），也有与他们相关的刻板印象，这些刻板印象有时以相当消极的方式表现出来（比如"懒惰的""黑鬼"）。实验条件下的那些被试接触了大量这样的词，而控制条件下的那些被试仅接触了很少量的词，但考虑到呈现的性质是阈下的，被试其实并不会意识到这种差异。不久之后，所有的被试都参加了一项看起来毫不相关的研究。在这项研究中，他们需要阅读一个小故事，其中描述了一个男人正在从事一些模糊的行为，然后被试通过对他的各种特征（"敌意的""讨厌的""不友好的"）进行程度上的打分来形成对他的印象。非常值得注意的是，相比于控制条件，在实验条件下的被试将这个目标对象评价为更加有敌意的；而在其他特征上，这两种条件下的评价几乎没有区别。Devine（1989）还发现，无论被试在研究前外显偏见的测量中得分高或低，这种阈下启动效应似乎对所有的被试都同样有效。

Devine 将阈下启动引发的自动刻板印象效应归因于成长经历和所生活的文化环境（在上述例子中是美国）。在这里，种族是一个非常凸显的类别，这就确保了每个人都能认识到一些与非裔美国人相关的刻板印象（主要是消极的）。Devine 认为，这种认识表现为在认知上将特定的类别（"非裔美国人"）与各种刻板化的特征（"攻击性的""懒惰的"等）相联系。因此，每当类别被激活时，例如通过与黑人会面或通过实验室的启动程序，这些潜在的刻板化的联系也被激活了。然而 Devine 认为，在日常生活中，我们通常会意识到这种激活，并有时间和动机去抑制消极的联系，或者用其他更能被社会所接受的联系来取代它们。对于低偏见的人来说尤为如此，他们对非裔美国人的外显看法在效价上可能是中立的甚至是积极的。但是在她的实验中，被试没有意识到被激活时，就无法进行抑制；因此不管偏见大小，每个人都显示出同样的自动化刻板印象效应，这是由那些深度嵌入的知识结构导致的。因此，Devine 得出结论：在这种简单的或自动化的水平上，偏见或多或少是不可避免的。

Devine（1989）的实验及其结论在该领域获得了广泛的认可。事实上，许多教科书经常不加批判地引用这些结论来说明不论我们喜欢与否，偏见总是在无意识水平伴随着我们。稍后我将讨论几个对这一结论提出挑战的研究；但在此之前，让我们关注另一些研究，这些研究表明，自动化的刻板印象效应不仅可以在人们的实际行为中发现，也可以在具有潜在致命后果的决策情境中发现。

Bargh 和同事们（1996）将 Devine（1989）的观点又向前推进了一步。他们认为，如果能够在阈下激活一种种族刻板印象，并进而影响人们对一个模棱两可的人物的后续判断，那么这种自动激活可能会扩散到与刻板印象相关的某些行为建构上。这些行为建构一旦被激活，就可能会触发人们类似的实际行为。基于这个原因，Bargh 和同事们（1996）要求他们的被试参加一个相当冗长的视觉判断实验，在每个试次中，被试的任务是估计在电脑屏幕上出现的圆圈的个数是奇数还是偶数。被试并不知情的是，在每次出现圆圈之前，都会闪现一张黑人或白人的面孔（视实验条件而定），呈现时间约为 20 毫秒[2]，并随即被一个棋盘图案掩蔽，之后呈现圆圈。这么快速地呈现面孔意味着被试看不到它们。经过 130 个试次后，电脑呈现了一个错误信息，提示被试必须从头开始。我们可以很容易地想象这时被试会有多生气，且 Bargh 和同事们用一个隐藏的摄像头记录下了他们的愤怒。随后，评分者给这些视频打分。结果表明，那些被黑人面孔启动的被试比那些被白人面孔启动的被试表现出了更多的敌意。显然，这种敌意并没有受到实验后使用种族主义量表测量得到的被试偏见水平的影响。因此，就如同 Devine（1989）的实验一样，自动激活的非裔美国人的类别也激活了相关的敌意刻板印象，并且这一次是直接表现在行为上。

阈下或悄悄启动各种其他的类别后，相似的自动化行为效应也能被观察到。因此，当被启动了"老年人"这一类别后，可以观察到人们走得更慢或在反应时任务中反应更慢（Bargh et al.，1996，Study 2；Dijksterhuis et al.，2001）；在启动了"教授"（或"足球流氓"）这一类别后，学生们在一般知识测试中表现得更好（或更差）（Dijksterhuis and van Knippenberg，1998）；在启动了"政治家"这个类别后，人们变得更啰唆（Dijksterhuis and van Knippenberg，2000）。

为了避免认为这些自动化的现象仅局限于不怎么重要的实验室任务里，现在我将转向讨论一些具有潜在的重要社会意义的研究。在此之前，请思考以下这则报纸新闻：

一名黑人 DIY 爱好者被武装警察逮捕并被拘留了 10 天，原因是邻居误把他的无绳电钻当成了枪［……］Sealy 先生，50 岁，一名前任警官，［……］听到包围他房子的武装警察用扩音器喊他的名字。他被命令走出大楼并躺在地上，警察搜查了他并给他铐上了手铐。虽然没有找到任何武器，但他被控持有枪支并意图危害他人生命［……］北威尔士警方称，他们从不止一个渠道得到消息说一名男子持枪在街上行走。(*Independent*，30 January 2001)

对 Sealy 先生的指控最终被撤销了，他也获得了被错误逮捕的经济补偿。家住纽约市的非裔男子 Diallo 先生就没那么幸运了。当被警察拦下时，他把手伸进口袋，然后被警察的一连串子弹击毙。但在他身上没有发现枪支 (*New York Times*，6 February 1999)。

我们可以大胆猜测，这样的事件在英国和美国这样的国家屡见不鲜，这些国家普遍存在着将黑人与暴力犯罪联系在一起的刻板印象，虽然我们希望通常的结果不会像 Diallo 先生那样悲惨。事实上，社会心理学的研究给我们提供了一些线索来解释这些错误是如何产生的。Payne (2001) 给他的被试设定了一个简单的任务：识别出每个试次中呈现时长为 200 毫秒的图片是工具（钳子、电钻）还是手枪。但在每个试次之前，主试还会呈现另一张图片——黑人或白人男子的面孔，并告诉被试忽略这张图片。Payne (2001) 测量了被试在识别任务中的反应时，并发现相比于先出现白人面孔的情况，当先出现了黑人的面孔后，被试对枪支的识别总是更快，而对工具的识别速度则恰好相反。在接下来的一项研究中，当他给被试施加更多的时间压力，让他们做出回应时，他发现了一个系统性的错误模式：相比于物体与白人面孔配对的情况，当物体与黑人面孔配对时，被试更容易把工具错误地识别为枪支，这正如 Sealy 先生在上述事件中所付出的代价一样。

Correll 和同事们 (2002) 随后的实验结果更加令人担忧。他们设计了一个视频游戏。游戏中在某个时刻出现了一个黑人或白人男子，手里拿着枪或其他一些威胁较小的物体（相机、手机之类的）。在游戏的每个试次中，被试必须对目标对象手里的物体做出快速决策。如果他们认为那是一把枪，就按下一个按钮（标记为"开枪"）；如果他们认为那是别的东西，就按下另一个按钮（标记为"不要开枪"）。当分析"正确"决策的反应时之后，Correll 和同事们发现被试存在着一致的、反黑人目标对象的偏向。从图 4.2 可以看出，当目标对象持有武器时，被试向黑人目标对象开枪的速度要快于白人目标对象；与此同时当目标对象没有持枪时，被试决定不向黑人目标对象开枪的时间要长于白人目标对象。并且，他们射杀未持枪黑人目标对象的概率是白人的两倍。在决定是否"开枪"时，这些种族偏向与被试的偏见水平无关，但与他们对于黑人"攻击性"刻板印象的普遍信念以及他们与非裔美国人的接触程度呈（弱）相关。

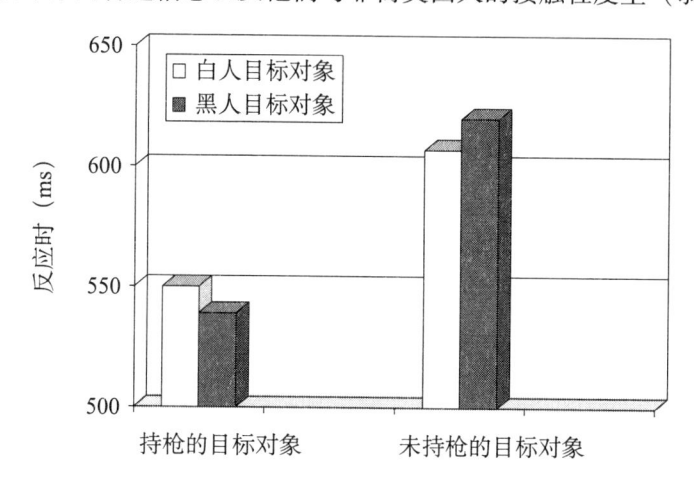

图 4.2 对目标任务进行"正确"反应的反应时

注：目标任务是射击有武力装备的靶向目标和避免射击无武力装备的靶向目标。

资料来源：Adapted from Table 1 in Correll et al., 2002.

在另一项研究中，Correll 和同事们（2002, Study 4）发现，非裔美国被试对黑人和白人目标对象的反应时也存在着差异。既不是被试的偏见水平也不是种族调节了决策偏向的大小，这一事实使 Correll 和同事们得出与 Devine 相同的结论（1989）：美国社会中的大多数人，不论是黑人还是白人，不论是否持有偏见，都表现出相似的、"黑人"类别和"敌意"特质之间自动刻板化的联系，并且在时间压力或模棱两可的情境下会表现出相应的行为。

这些决策偏向背后的确切机制仍不明确。是习得的刻板化联系导致了一种错觉，以至于黑人手中的钻头确实被"看成了"一把枪，还是他们控制（并纠正）针对实际知觉而产生错误反应的能力受到了干扰？虽然有一些证据支持后一种观点（Payne et al., 2005），但到目前为止我们对于这些问题还没有一个明确的答案。

现在让我回到 Devine（1989）那个具有挑衅意味的结论，即自动化的**刻板印象激活**（stereotype activation）及其影响在既定社会的成员中相当普遍，除非人们有足够时间、动机和认知资源来控制它们，否则不会表现出太大的不同。虽然我们从 Devine 和其他人的研究成果中似乎看到证据表明人们自身的偏见水平有时并不影响自动化的启动效应，但越来越多的文献表明实际正好与之相反：即使在自动化的水平上，持有高、低偏见的人们也会做出不同的反应。

最早的证据之一是我和 Lepore 开展的一项实验（Lepore and Brown, 1997）。这项研究的灵感来自 Lepore 对 Devine（1989）启动程序的仔细分析。她注意到 Devine 使用的启动词包括中性的类别词（例如"黑人"），也包括一些相当消极的名词和形容词（"黑鬼""懒惰的"）。因此实际上，Devine 同时启动了类别以及一系列消极的刻板印象。那也就不奇怪为什么这样的一种启动程序会让被试对于实验第二部分中的被评判对象产生一种普遍的消极印象。Lepore 认为，如果仅有中性类别的标签被启动，就有可能观察到这些类别与刻板印象之间的不同联系方式会随着人们日常生活中偏见习惯性水平的改变而发生变化。毕竟，相比于一个可能是正常地看待少数族裔，并以积极的方式与之互动的较为宽容的人而言，一个持有严重偏见的、经常贬低少数族裔的人很可能会对这些群体形成一种非常不同的认知表征。事实证明确实如此。我们修订了 Devine（1989）的启动程序，去掉了消极词，只保留了中性的类别标签（"黑人""西印度群岛人"）。我们还修改了随后的印象形成任务，使被试既可以做出刻板化的积极评价（"外向的""运动型的"）也可以做出刻板性化的消极评价（"攻击性的""懒惰的"）。当我们基于实验条件（启动或未启动）以及被试的偏见水平（高或低）来分析这些评价时，我们发现阈下启动对持有高、低偏见的人产生了不同的影响（见图 4.3）：启动条件下高偏见的被试将目标对象评价为更消极的和更不积极的；至关重要的是，启动条件下的低偏见被试将目标对象评价为具有更高水平的积极刻板印象特质，而在消极的特质上几乎没有表现出差异。因此，我们得到与 Devine（1989）相反的结论：一个少数族裔类别的自动激活并不会无可避免地或总是导致消极或偏见性反应；其结果取决于人们已有的或习惯性的个人信念。

还有几项研究也发现，人们的外显偏见水平对于各种自动刻板化的现象也存在类似的调节作用。因此随着表达出的偏见的水平不同，人们在受到单个词"黑人"或"白人"阈下启动后，对积极词和消极词的识别速度也会有所不同（Wittenbrink et al., 1997）；当积极词和消极词与相同的种族标签配对时，人们的词语发音速度也会有所不同，甚至是在他们完全无法控制自身反应的条件下也会发生这种情况（Kawakami et al., 1998）；在识别刻板性或非刻板性词语颜色的 Stroop 任务[3]中，澳大利亚原住民表现出了不同的被干扰模式，而这一任务通常被认为反映了**自动化过程**（automatic processes；Locke et al., 1994）；最

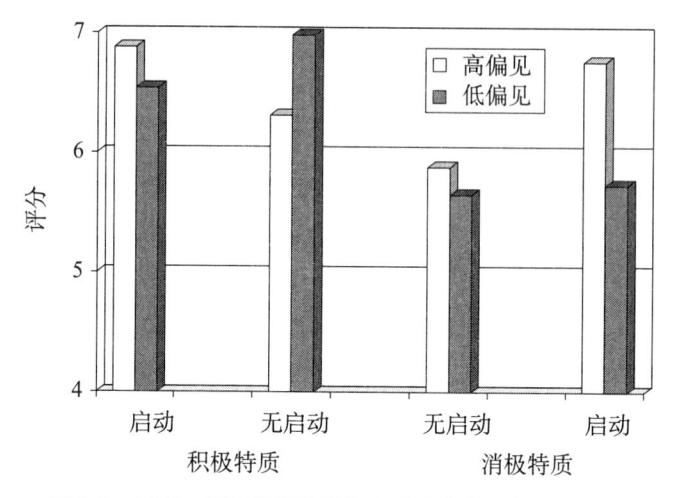

图 4.3　对高、低偏见群体进行自动分类激活的分化效应

资料来源：Lepore and Brown, 1997, Figure 1.

后，在"囚徒困境"游戏中，人们的偏见水平和他们被黑人或白人面孔的阈下启动都会稳定地影响人们的竞争行为——高偏见的人在被黑人启动后表现得更具竞争性，低偏见的人在被白人启动后表现得更具竞争性（Brown et al., 2003）。所有这些发现都与一种观点相一致，即高、低偏见的人对他们所关注的种族（或其他）群体具有相当不同的心理表征。在经过了许多的岁月后，对于总体上是宽容的人和总体上是有偏见的人而言，他们在相关类别与多种积极、消极特征之间建立起了不一样的认知关联模式。当前的几项研究都表明，即使是在自动化的水平上，这些不同的关联也可以体现出来。

他们为什么这么做？刻板印象和社会归因

我之前介绍过一种观点，即将刻板印象看作关于群体特征的假设（虽然是存在偏向和有待证实的假设）。这表明了刻板印象的另一个重要功能：影响人们对社会事件的解释（Tajfel, 1981b）。假设我看到一个黑人在街上推某人一把。我该如何解释这一行为呢？这是一个友好的推搡，还是有着更具攻击性的意图，即更加暴力的人际互动的前奏？此外，我是应该推断行为实施者总是这样，还是可能被一些暂时的情境因素所激发？当然，这些是**归因理论**（attribution theory）所关注的经典问题，尽管通常不是从群际偏见的角度来考虑的（存在一个例外情况，参见 Hewstone, 1989）。群体刻板印象在归因过程中可能扮演着什么样的角色？在上面的例子中存在着一种明显的可能性：如果这件事发生在英国或者美国，在那里对黑人的普遍刻板印象是他们具有攻击性，就更容易将行为解释为敌意的，这可能源于他们爱打架的人格特质（即内部的）倾向。

无论如何，这是 Duncan（1976）的假设。他准备了两部类似的录像，内容是两个男人激烈争吵并且激化到一个人推了另一个人。在一半的录像中推人者是黑人，在另一半中是白人。受害者的种族也被操纵了。认为这是一场真实互动的白人观察者被要求解释所发生的事情。在黑人推人者的版本中，超过 90% 的被试将行为判断为"暴力的"或"攻击性的"，并倾向于将其归因于某种内部因素；在白人推人者的版本中，不到 40% 的人将其判定为"暴力的"或"攻击性的"，且他们更倾向于相信行为是出于某些情境因素（另见 Sagar and Schofield，1980）。

在另一些群际情境中也观察到了刻板印象对归因判断的影响。Macrae 和 Shepherd（1989）发现，人们对两种犯罪行为（攻击和挪用公款）的解释会随着这些行为是工人还是会计干的而有所不同。在每一种情况下，如果罪犯的刻板印象与所犯的罪行匹配（例如挪用公款是会计干的），则被试将这种行为归因于内部因素；而如果两者不一致，那么这种归因就不那么明显。Furnham（1982）发现，有工作的人最容易相信那些失业者之所以失业是因为不够努力或不愿意找工作，这种内部归因与流行报纸和右翼政治家们所宣传的失业者懒惰的刻板印象相一致。这毫不奇怪，因为失业者自身更有可能将其困境归咎于外部因素（例如"大量移民的涌入"）。

Pettigrew（1979）注意到了这一事实：群体间持有不同立场的人往往会对同样的现象做出非常不同的解释。基于 Ross（1977）"基本归因偏误"的观点，即人们倾向于将他人的行为归于内因，而将自己的行为归于外因，Pettigrew 认为，群体成员容易产生**终极归因偏误**（ultimate attribution error）：认为外群体成员的行为是内因所致（"他们就是那样的"），而对于内群体成员做出的相同行为则利用外因将其合理化（"我们被煽动了"）。对于积极的行为，他们则倾向于用相反的方式来解释。

有几项研究支持了这一假设。Taylor 和 Jaggi（1974）向信奉印度教的办公室职员呈现了一些场景。在这些场景中，印度教徒或穆斯林表现出期望或不被期望的行为。当印度教徒的行为被描述为积极的时，被试通常将期望的行为主要归于内因；而当穆斯林表现同样的行为时则被归于外因。消极行为则正好相反。Hunter 和同事们（1991）研究了北爱尔兰的天主教徒和新教徒对该地区各种暴力事件的解释，结果观察到了类似的现象。不过，尽管这种"终极归因偏误"有其共性，但其影响并不是一直存在的。Hewstone 和同事们开展的一些研究表明，这种群际归因偏误可能主要存在于优势群体或多数群体中（Hewstone and Ward, 1985; Islam and Hewstone, 1993b）。例如，虽然孟加拉国的穆斯林（一个多数群体）总是把内群体的积极行为和外群体的消极行为主要归于内因，但作为少数群体的印度教徒却不是这样（Islam and Hewstone, 1993b）。

根据我们所解释的行为是积极的还是消极的，是内群体的还是外群体的，不仅是因果归因的内容会发生改变，连我们所使用的语言也会发生变化。Maass 和同事们（1989）要求一个意大利城市中互为赛马节（*palio*）竞争对手的堂区（*contrade*）成员描述一些漫画中正在发生的事，这些漫画描述了他们自己的成员和对手堂区的成员。这些研究是在一年一度的赛马节开始之前的几周内进行的，在赛马节上堂区之间会有激烈的竞争。当对这些描述进行语言学的分析时，可以很明显地发现，被试在对积极的内群体行为进行描述时使用了更能反映持久的人格状态的词汇，而在对外群体成员的相同行为进行描述时不是这样。对后者的描述往往使用了更为具体的和具有特定情境性的术语。对于消极的行为而言，情况正好相反。这种被 Maass 称为**语言的群际偏向**（linguistic intergroup bias）的现象已经在广泛的群际情境中被观察到了，包括涉及体育赛事和政治局势的新闻报道、多个国家间或种族间的情境，以及性别间的关系（Maass, 1999）。正如 Maass 所指出的，人们在群际解释方面存在的语言偏向可能会对刻板印象的维持和改变产生重要的影响。因为就其性质而言，比较抽象和概括的概念通常不太可能随着新信息的出现就被修正；而非常具体的那些表征则很可能被一个或几个相反的例子所否定。由于积极的内群体和消极的外群体刻板印象更抽象，而消极的内群体和积极的外群体表象通常是更加具体的，想要改变这种相互贬损的群际刻板印象，前景似乎不是太乐观。在本章的后面我会回到刻板印象的改变这个问题上来。

影响刻板印象激活和使用的因素

到目前为止，我们已经考虑了刻板印象在我们对社会情境的判断或回忆方面产生影响的各种方式。基于能观察到这种影响的容易程度和频率，我们不难得出这样的结论：在任何情境下，一旦社会类别具有心理上的可得性，刻板印象就会或多或少地自动发挥作用。虽然看似合理，但这样的结论或许未能展现人们社会认知的复杂性。现在我想探讨另一些因素，这些因素会抑制或促进对刻板化期望的依赖。

其中一个因素是除了当前的情境以外,我们在多大程度上还需要专注于其他问题。Gilbert 和 Hixon(1991)称之为"**认知繁忙**"(cognitive busyness)。刻板印象的一个主要功能是充当心理捷径,从而省去必须要调查和深入理解我们遇到的每个人所带来的麻烦。一个简单的假设是:我们越是被其他认知任务分心,我们做出判断时就越需要依赖于那些刻板印象的捷径。Macrae 和同事们(1993)也是这样预测的。他们给被试播放了一小段录像,录像中一个女人描述了她的生活方式和兴趣。一半的被试相信这位女士是名医生,另一半被告知她是个理发师。此外,一些人需要完成一项分心任务(练习然后回忆一个八位数),其他人则无须完成这个任务。当被要求尽可能多地记住这位女士说过的话时,需要完成额外心理任务的被试比没有额外任务的被试回忆出了更多的、与她的职业刻板印象相符的内容。他们还对她做出了更加刻板化的评价。那些没有分心任务的人表现得完全相反。

虽然这些数据完美地支持了刻板印象是"(心理)懒惰的最好朋友"这一观点(Gilbert and Hixon,1991,p.509),但这个故事还有更深的一层意思。Gilbert 和 Hixon 指出,只有某种适当的分类被实际使用后,认知繁忙才会导致更强的刻板印象;在此之前,比方说在互动的最初几分钟,这种认知干扰实际上可能会阻止刻板印象的激活。他们通过一个精巧的实验表明,情况可能确实如此。实验开始时,一名亚裔或一名白人女性(视实验条件而定)举着一些卡片,卡片上印有一些碎片化的单词(例如 POLI_E、N_P),被试有几秒钟的时间来想出尽可能多的单词把碎片补全。其中一半的人因需要记住一个八位数而分心。词语的完成情况揭示了一个有趣的模式:相比于由白人假被试呈现刺激,当由亚裔假被试呈现刺激时,没有分心的被试更有可能想出与亚裔刻板印象有关的单词(例如"polite""nip")。与此同时,分心的被试没有受到假被试种族的影响。之后在第二项任务中,两组被试听到同一名假被试谈论她的日常生活,同样,在这段独白中,两组各有一半人被其他任务所分心。在随后对假被试的评价中,只有一个亚群体被试认为亚裔假被试比白人假被试更具有刻板化的亚裔特征。这个亚群体就是那些在最初没有分心(因而允许了刻板印象的激活),但是在第二阶段分心(因而鼓励了刻板印象的使用)的人。

Stroessner 和同事们(1992)也得到了类似的结果。他们观察到情绪唤起通过干扰对伪相关的知觉,可以破坏刻板印象的形成。事实证明,情绪在刻板印象的使用中也扮演着相当重要的角色,它与认知繁忙的作用如出一辙。简而言之,当我们对某件事感到不安或焦虑时,我们更有可能仰仗于我们在社会认知中所熟悉的、因此也可及的刻板印象。Stephan 和 Stephan（1985）是最早提醒我们注意到这一事实的学者之一。他们指出，不同群体成员之间的互动有时可能会引发焦虑的事件，这或许是源于不同群体的拥护者之间既存的冲突，也可能仅仅是出于无知、尴尬或误解而产生的矛盾。已有研究成果表明，情绪会对信息处理能力产生破坏性的影响（Easterbrook，1959），基于这些研究成果，他们认为不同群体成员之间的接触可能会成为刻板化判断的温床。[4]

另一些关于种族间关系的研究也强调了情绪在群际情境中所起到的重要作用。Dijker（1987）在一个以荷兰被试为样本的研究中发现，与少数族裔见面的预期与焦虑及烦心的感受相关。同样，研究发现孟加拉国印度教徒和穆斯林之间的接触与焦虑感相关，而焦虑感又进一步与感知到的、更大的外群体同质性和消极的外群体态度相关（Islam and Hewstone，1993a）。这种担忧可能与群体间的接触有关，且对于想要减少偏见的尝试存在着重要的意义，我将在第九章回到这一点上来。实验室研究也证实了情绪的提升可以增加刻板化判断的可能性（Mackie et al.，1989；Wilder and Shapiro，1989a and b）。

在我们讨论刻板印象和情绪的相互作用时，我们有必要考虑一下刻板印象与行为之间的联系。到目前为止，我所呈现的许多研究都隐含着这样一种假设，即消极的刻板印象会导致偏见性行为。但是根据 Cuddy 和同事们（2007）的观点，刻板印象和行为之间的联系可能并不那么直接。他们的分析是基于这样一种观点，即世界上各种各样的群体刻板印象都可以被归纳为一个简单的二维分类系统：群体似乎会基于在两方面的不同程度而发生变化，即它们有（或没有）能力以及它们有多热情（或冷漠）（Fiske et al.，2002）。群体在这个分类系统中的位置既取决于它们的社会地位，例如高地位群体通常被知觉为更加有能力，同时也取决于与知觉者所属群体的功能性关系，例如相比于我们的竞争对手，那些与我们合作或者依赖于我们的群体通常看来更加温暖。这些不同类型的刻板化态度会产生各种群际情感（比如对"有能力的"和"热情的"群体会产生赞赏，对"无能的"和"冷漠的"群体会产生蔑视）；这些情绪，而非刻板印象，被认为是决定我们如何对待其他群体的主要因素。尽管 Cuddy 和同事们（2007）提供的证据都是基于人们对于他人会如何看待和回应外群体所做出的估计，因此这些证据只是初步的和间接的，但这一结果与另一些研究结果一致，它们都表明相比于刻板印象，情绪可能是预测歧视行为的更有力因素（参见 Dovidio et al.，1996；Schütz and Six，1996；Stangor et al.，1991；另见第八章和第九章）。

人们在认知或情绪上的专注程度是社会情境的一个附带特征。从这个意义上说，这些因素几乎无法从意识层面改变人们在判断时对偏见性刻板印象的依赖。然而，还存在着第三种可能会影响刻板印象使用的因素，即人们以及人们的判断对象之间相互依赖的程度。不那么正式地说，如果一个人依赖于另一个人来完成某件事，他就可能更倾向于寻找那个人的一些特殊信息，而不那么地依赖于群体的刻板印象。尽管尚未有结论，但 Neuberg 和 Fiske（1987）提供了一些初步的证据支持了这一说法。他们让人们相信，他们马上要与一位前精神分裂症患者互动。已有研究发现，这类精神疾病总体来说是不受欢迎的，也很容易引起学生们的焦虑。预期的互动被描述为：学生们将会依赖（或不依赖）这个被污名化的人来赢得一些金钱奖励。以这种方式来改变他们之间的相互依赖关系，似乎导致被试更加关注这个人的个人信息，且有时还会更喜欢他，尽管不得不说观察到的作用并不总是非常强且一致。此外，Pendry 和 Macrae（1994）随后的研究表明，相互依赖可能产生的个性化影响很容易被认知干扰所破坏。然而，正如我们将在后面的章节所看到的，这种合作性的群际接触还能带来其他的好处，这就与上述研究中发现的相互依赖会带来积极的结果大致一致（参见第九章）。

利用自身的表象来创造世界：刻板印象作为自我实现预言

到目前为止我只关注了刻板印象对我们每一个知觉者的影响，即它们如何以及何时会影响到我们对他人的知觉、回忆和评价。在结束本节之前，我想考虑一下它们对那些被刻板化的人的影响。我将表明刻板印象不仅仅是一些假设，使我们按照这些假设有选择地去寻找证实性的证据；它们自身可能正好创造了条件使得证实性的证据更容易产生（Darley and Fazio，1980；Snyder，1981）。这种动力学的观点将刻板印象视为**自我实现预言**（self-fulfilling prophecies），并已经得到了一些研究的支持。

例如在 Word 和同事们（1974）早期的实验中，白人被试需要扮演面试官的角色。一半的求职者是白人，一半是黑人。但无论哪种情况，他们都是主试的假被试，且主试仔细地训练过他们使其在整个面试过程中能够以标准化的方式做出反应。通过对面试官的行为进行仔细的观察发现，与白人求职者相比，他们对于黑人求职者的行为方式存在着微妙的不同：他们坐得离黑人求职者更远，而且倾向于在椅子上向后靠；面试时间也整整缩短了 25%（或 3 分钟），而且言语上更加不连贯（例如口吃、犹豫）。我们可以很容易地想象这些非言语行为上的差异对于一个真正的求职者可能产生什么样的影响；但 Word 和同事们并没有把这留给我们去想象。在第二个实验中，他们互换了角色。这一次，这些面试官（总是白人假被试）经过训练后表现出以下两种行为之一：要么坐得离求职者更近，较少犯言语错误，让面试的持续时间更长；要么正好相反。当然，这些恰好是第一个实验中由黑人和白人假被试引发的行为差异。这一次，独立的评估者仔细地监控和评价这些白人求职者的行为。令人震惊的发现是，求职者的行为似乎与面试官的行为相呼应：当他们坐得离面试官更近、面试官的表达更流利时，求职者的反应也是相同的，并且与另一种实验条件下有明显的差异。结果是，这些求职者被判断为更冷静，也更"适合"他们正在面试的工作。Snyder 和同事们（1977）也观察到了类似的自我延续效应。他们让男性相信，正在电话里与他们交谈的是一个有吸引力或没有吸引力的女性。男性对其同伴的印象似乎会引发她不同的行为：相比于"没有吸引力"的条件，在"有吸引力"的条件下，她的互动风格被独立的观察者在随后判断为更加友好的、更被喜欢的和更善于社交的（另见 Snyder, 1981）。

这些由预期引发的、对刻板印象目标对象的作用其实是相当微妙的，这一本质让我们怀疑作用的双方，无论是知觉者还是被知觉者，可能都没有完全意识到这些影响。Chen 和 Bargh（1997）开展的一项实验结果强化了这种疑虑。实验中，知觉者的刻板印象被阈下激活。采用与 Bargh 和同事们（1996）相同的阈下启动程序，Chen 和 Bargh 在另一项任务的伪装下，给他们的白人被试反复呈现黑人或白人的面孔。在启动阶段之后，这些同样的被试与另一个房间的被试一起玩猜字游戏（一对一互动）。他们之间的互动是通过一个语音对讲机来完成的。然后，独立的观察者对这些互动的录音进行编码，记录下每个被试表现出多少敌意。与假设一致，且与 Bargh 和同事们（1996）的研究结果一致，相比于看到白人面孔，当看到黑人面孔时，"知觉者"（就是那些被阈下启动的被试）在言语行为上表现出更多的敌意。但不仅是他们的行为发生了改变，他们在游戏中的同伴也表现出同样的作用：当他们与那些黑人面孔条件下的"知觉者"配对时，他们在言语上也比那些白人面孔条件下的同伴更具攻击性。这个实验突出的地方（方法上也很巧妙）在于：每个人，包括实验者、"知觉者"、"目标对象"和评估者，对于每个"知觉者"所处的实验条件都是"茫然不知的"。自我实现的预言效应确实发生在每个人的意识之外。人们日常互动中可以发现许多这样的预期证实现象，且我怀疑其中很多是在我们不知道的情况下发生的。不管我们喜欢与否，也不管我们是否意识到它们，我们的刻板印象似乎确实有助于利用它们自身的表象来创造出一个世界。

这些发现并不局限于实验室的虚拟环境,在自然环境中也观察到了刻板印象的自我实现性,并对相关的人产生了非常重要的影响。最令人信服的一些证据来自学校环境,Rosenthal 和 Jacobson(1968)在美国一所小学里开展的著名实验为一系列研究提供了灵感。和全国其他的学校一样,在这所学校里会定期对学生进行各种智力和成绩测试。在第一学年,Rosenthal 和 Jacobson 获得了许可,在一系列的测试中增加了一项新的测量:"哈佛变化性习得测试"。尽管它的名字很浮夸,但这实际上是一个非常普通和标准化的非语言智力测试。然而,只有 Rosenthal 和 Jacobson 知道这项测试真正的本质和结果。首次施测之后,研究者随机选择了每个年级约五分之一的孩子,并断言在未来一年或更短时间内,他们很可能"比剩下 80% 的孩子更可能在学习上表现出显著的变化或迸发"(Rosenthal and Jacobson,1968,p.66)。随后研究者将这些潜力"新星"的名字交给老师(且只给了老师),并附上一份简要的说明,列出研究者的(假的)预期。一年后,Rosenthal 和 Jacobson 用同样的"变化性习得测试"对所有孩子进行了重新测试。结果显示在图 4.4 中,并引起了当时和以后社会心理学家及教育学家的遐想。在一、二年级中,那些"实验组"孩子(被随意贴上有特殊

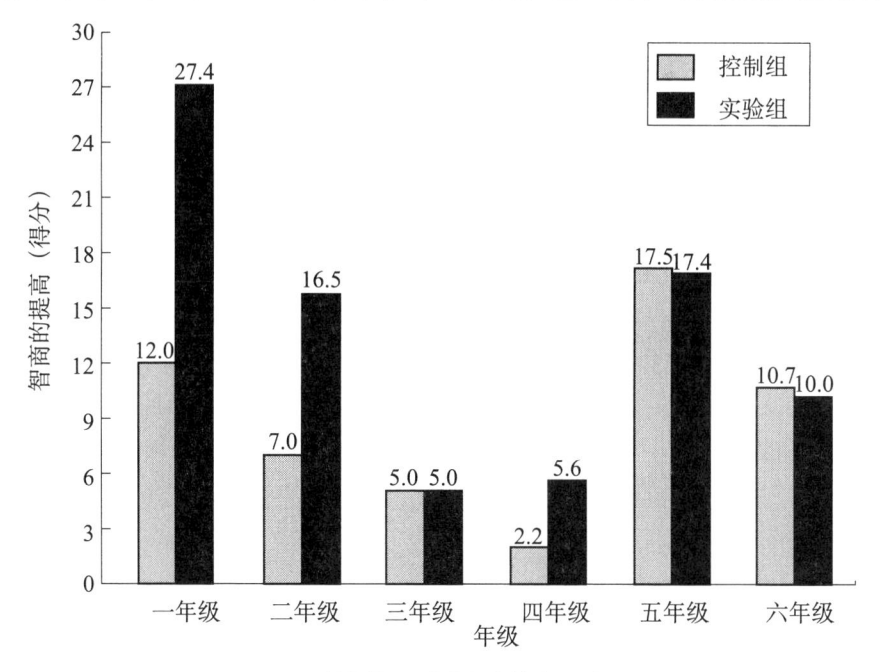

图 4.4　教师期望对学生成绩水平的影响

资料来源:Rosenthal and Jacobson,1968,Figure 7.1.

潜质标签的孩子），他们在智力测试中的分数确实显著提高了。[5] 在其他年级中，"实验组"和"控制组"孩子之间表现出很小的差异。这些增长引人注目的地方在于：它们只能被归因于老师的期望，因为他们是学校里唯一知道这些所谓"聪明"孩子身份的人；而孩子们自己并不知道他们的"超常"能力。

研究中涉及的儿童数量较少，在高年级中没有发现稳定的智商提高，以及研究中存在着各种方法上的困难，这些因素导致了 Rosenthal 和 Jacobson 的研究结果并不总是被普遍地接受（参见 Elashoff and Snow，1971；Jussim and Harber，2005；Thorndike，1968）。然而，自从那次开创性的努力以来，其他的研究也已经证实了教师的期望确实对学生的表现存在着持续的、可测量的影响。最令人信服的例子之一是 Crano 和 Mellon（1978）的研究，他们对包含 72 所英国初中、5 000 多名儿童的纵向数据进行了交叉滞后分析。

交叉滞后分析背后的逻辑很简单。假设我们有两个变量，在这个例子中是教师的期望（E）和学生的表现（P），我们发现它们存在着正相关。正如我们已经被灌输了上百次那样，相关并不意味着因果，因此我们不能推断 E 导致了 P；同样可能得到的结论是，学生的表现实际上导致了老师对他们的未来期望。但假设我们得到 E 和 P 在两个时间点（t_1，t_2）上的测量结果。如果 E 确实导致了 P 而不是相反的话，那么我们应当预期 E_1 和 P_2 之间的相关强于 P_1 和 E_2 之间的等效相关。这就是 Crano 和 Mellon 分析的基础。他们可以获得教师对学生们行为、动机和学业标准方面变化的评价；他们还得到了这些学生在各种标准化成绩测试中的分数。这两种数据都有两个时间点，彼此相隔一年。Crano 和 Mellon 得到的相关模式非常清楚。在 84 种可能的 E_1P_2 和 E_2P_1 相关系数的比较中，近四分之三的结果表明前者高于后者，这一明显的证据表明预期会对后续的表现产生因果作用（另见 Jussim，1989；Smith et al.，1999）。

尽管有时效应量不太大，但这些自我实现的预期效应对维持偏见性刻板印象有着潜在的重要意义。Eccles-Parsons 和她的同事们指出，即使考虑了孩子的实际能力，父母对孩子能力的期望也会受其性别的影响，且这些期望会进一步与孩子们对自身在不同领域能力的自我觉知有关（例如女孩认为自己擅长英语但不擅长数学；Eccles-Parsons et al.，1982；Eccles et al.，1990）。从而，儿童就很容易倾向于选择与这些自我概念相一致的专业和职业，而这一过程又进一步延续了男性和女性在相对的语言和技术能力（不足）方面的性别刻板印象。

自我实现预言效应的另一个有趣特征是其影响可能不是单向的。有一些证据表明，预期效应"目标对象"的自我概念会影响知觉者随后的预期。Madon

和同事们（2001b）通过一项为期一年的、针对学生和教师的交叉滞后研究表明了这一点。研究者同时引发了教师对学生数学能力的知觉，以及学生对自己能力的评估。与往常一样，教师在 t_1 阶段的知觉预测了学生在 t_2 阶段的自我概念（控制了先前的实际表现）。但有趣的是，学生在 t_1 阶段的自我概念也预测了教师在 t_2 阶段的知觉。这两个相关都不是很强，且后者比前者稍弱（虽然不显著）；但两者都是可靠的。换言之，教师和学生是彼此相互影响的。

学校里制度性的实践可能会将预期效应混合起来，甚至可能会产生一些它们自己的预期效应。例如在许多学校里存在着能力的分流。在这种情况下，处于社会经济地位劣势的学生，其中往往包括比例失调的少数族裔，他们通常在低能力群体中占有过高比例。因此，学业上的分类（"慢"班）和其他的类别标签（如"工人阶级"或"黑人"）之间就有了某种对应关系，这一现象加强了认为后者存在智力缺陷的消极刻板印象。Epstein（1985）对大量美国学校的研究很好地说明了这一问题。该研究发现，持有更多负面种族态度的教师也更有可能在课堂上使用某种"轨道跟踪"系统。这种做法将不可避免地把更多的黑人（和其他少数群体）置于"较慢的"轨道上，从而便捷地支撑起教师的偏见性信念。

作为把刻板印象当作自我实现预言的最后一个例子，让我们来看看 Levy 和 Langer（1994）的一项跨文化研究。Levy 和 Langer 对于老年人的认知能力很感兴趣。至少在许多西方文化中，有一种"常识性"观点认为，随着年龄的增长，我们的各种身体和智力能力会不可逆转地衰退：我们变得不那么活跃、更健忘等等。虽然接受了衰老会导致生物性变化的观点[6]，但他们推测这些缺陷中至少有一部分可以归因于文化上普遍存在的、对老年人的刻板印象。他们认为，也许社会期待着随年老而产生的退化，并且通过不允许老年人保持他们身体和精神上的活跃来促进这种退化。此外，老年人自己也可能将同样的刻板印象内化了，且有时会在行为上效仿自己眼中的群体原型（Turner et al., 1987）。为了测量社会对于随年龄而产生的认知消耗的促进作用，Levy 和 Langer（1994）比较了六个不同群体的表现：一个听力正常的美国成年人样本、一个听力严重受损的美国人样本，以及一个中国成年人样本。每个样本一半是"年轻人"（15～30岁），另一半是"老年人"（50～91岁）。此外，研究者还测量了被试对于老年人的刻板化态度。选择听力障碍者样本和中国人样本是很重要的，因为这两个群体在对于老年人的刻板印象方面存在着明显的差异。例如，相比于西方，老年人在中国更加受到尊敬，且人们认为老年人对社会和政治生活的贡献更大。失聪人群也持有独立的价值体系，与主流文化信仰相对隔离，并且他们倾向于更尊重老年人。Levy 和 Langer 的研究结果的确发现了这一点。与听力正常的美国人样本相比，上述两组人对于衰老的态度都更加积极。此外，在这两组中，老年人（但不是年轻人）在四项记忆任务上的表现均好于听力正常的美国老年人。最后，在刻板化态度和记忆的联系方面，相关系数在老年人中是正值（态度越好，记忆表现越好），而在年轻人中是负值。在后面的章节，当我讨论有关所谓"刻板印象威胁"的大量文献时，我会重新回到这个问题上来，即流行的文化刻板印象对被污名化群体任务表现的影响（Steele et al.，2002；参见第八章）。

❖ 刻板印象的改变

在这一章，我已经强调了刻板印象作为判断和行动指南的观点。我认为它们以及与之相关的类别，是理解、协调和构建我们社会世界不可或缺的认知工具。如果是这样的话，倘若它们是完全不可变的，不能对新的、可能是相互矛盾的信息做出反应的话，那么它们就是很糟糕的指南。在这最后一节，我想讨论会改变刻板印象的一些因素。但这不会是详尽的讨论，因为我想在第九章回到这个问题上来，并展开更详细的讨论，那时我将关注如何能够成功地减少偏见。到那时，重点将放在最可能减少消极刻板印象和群际歧视的情境变量和社会实践上。现在，我想集中讨论人们如何处理与他们刻板印象不一致的信息。这些信息在何时会导致那些信念的修正，或是在何时会被简单地忽视或同化，以便维持偏见性想法的完好无损？

20 世纪 90 年代中期，英国高尔夫公开赛在桑威奇举行，它距离我当时的办公室只有几英里[①]。皇家圣乔治球场正是比赛的场地，在当时是全英国为数不多的、女性仍然不被允许入会的高尔夫俱乐部之一。这座男性沙文主义的堡垒如此之近，以及在时间上恰巧遇到了一场全是男性的体育赛事（以名称中强调的"公开"性质为幌子），这让我觉得从高尔夫界的例子来开始这个讨论将会是一种合适的方式。Bill Raymond 是一名男性高尔夫球手，他对于男性和女性的比赛能力有着非常清晰的态度：

[①] 1 英里约合 1.6 千米。——译者注

女人不是打高尔夫，她们是玩高尔夫［……］一般水平的女人不需要14根球杆。100码①以外她们就什么鬼也打不着。一般水平的女人比一般水平的男人差多了。她们玩的是不同的游戏。她们既不快也不准。从头部装备到毛茸茸的高尔夫球套，一切都得恰到好处。（Independent，19 December 1990）

我想思考的问题是：需要什么样的有关女性高尔夫球能力的信息才能改变Raymond对于女性不擅长打高尔夫球的看法？

Gurwitz和Dodge（1977）提出了两种可能性。他们认为，一方面，他可能会遇到很多女性高尔夫球手，她们中的每一个人都无法在某些方面证实他的刻板印象。也许其中一个是一名了不起的击球手，另一个也许不关注她的外表且每一轮都能打出比标准杆少的成绩。与他对女性高尔夫球手的贬低性刻板印象相反的这些不一致信息通过积累，可能最终会导致他改变自己的观点。另一方面，另一种催生变化的力量可能是他遇到了一些与他的刻板印象截然相反的例子——三两个能把球打得又长又直、总是打破标准杆、击球速度快、穿着传统的高尔夫球冠军。也许这些明显的矛盾会迫使他修改自己的刻板印象。Gurwitz和Dodge发现的一些证据支持了后一种可能。在研究对大学女生联谊会成员的刻板印象的背景下，他们向被试呈现三名女生联谊会成员的信息，并要求被试预先判断她们的朋友，也就是第四个成员会是什么样的人。在我们最感兴趣的实验条件下，研究者呈现的是与传统女生联谊会的刻板印象截然不同的信息片段。这些信息要么"分散"在三个朋友身上，要么"集中"在其中一个朋友身上。在后一种情况下，被试对于第四名未知女性的刻板印象评分明显更低，这表明"显眼的特例"确实能引发群体的刻板印象的改变。

然而，正如Weber和Crocker（1983）随后开展的一些实验所表明的那样，情况并不总是如此。沿袭Rothbart（1981）的研究，他们把由少数明显的例外所引起的改变称为"皈依"（conversion），而把由许多离散的不一致所引起的改变称为"记账"（book-keeping；因为这意味着通过把不一致信息的数量简单相加来改变刻板印象）。在这两个模型之上，他们增加了第三个"亚类别"，他们认为这可以促进或抑制总体群体刻板印象的改变。为了说明这种效应，让我们回到被围攻的Raymond身上。假设他确实见证了两名女球员的一些高超技艺，

---

① 1码约合0.9米。——译者注

对于他来说，一种便捷的策略是把这两名女球员放入一个特殊的群体（或许是"职业女高尔夫球手"），这样他就可以在"普通女高尔夫球手"的一般刻板印象上保持不变。Allport（1954）将这一过程称为"**重新分割**"（refencing），并指出这是一种常见的认知手段，它允许人们在面对矛盾的证据时仍然维持自己的偏见性信念。但**亚型化**（sub-typing）对于刻板印象的改变也可能产生积极的影响。假设 Raymond 先生不断地遇到许多不符合他的刻板印象的女高尔夫球手。或许他将她们当中的一些人归为亚型"专业人士"，另一些人归为"低水平高尔夫球手"，还有一些人归为"还不错的新手"，甚至有些人归为"穿着得体的"。在他接触了大量的相反例子之后，亚型必然增多，这开始使他最初的"女高尔夫球手"（穿着不得体也不会打球）这一高等级的类别变得没那么有用了。结果是整体的和负面的刻板印象变得支离破碎且没有效力了。

Weber 和 Crocker（1983）修订了 Gurwitz 和 Dodge（1977）向被试提供不确定信息的程序。他们让这些信息要么"集中"在几个成员身上，要么"分散"在几个成员身上；这次的判断对象是两个职业群体。他们还操纵了每个群体里证据样本的大小：一个群体里有 6 名成员，另一个群体里有 30 名成员（注意这两个群体都比 Gurwitz 和 Dodge 使用的 3 人群体大）。在随后对职业群体的判断中，被试明显受到了样本大小的影响，因此就受到了不一致信息绝对数量的影响。但这不可能是一种简单的"记账"类型的改变，因为一个更显著的变量是：信息是如何在样本中分布的。尽管在每种情况下不一致的信息总量是相同的，但当不一致信息分散在许多成员中时，所产生的对于职业群体的刻板印象要比集中时更少（见图 4.5；另见 Johnston and Hewstone，1992）。Weber 和 Crocker 还发现，亚型化有助于解释他们观察到的这些改变。在随后的一项任务中，被试需要将"刺激者"分组。当所有的反例都集中在少数几个人身上时，被试通常只划分一个亚群体（由那些反例组成）；相反，在"分散"的条件下，他们划分了 2~4 个亚群体。

在另一个实验中，Weber 和 Crocker（1983）进一步阐明了亚型化过程在刻板印象改变中的角色。他们对与刻板印象不符的群体成员的代表性进行了操纵。一些人被视为群体的典型代表，尽管他们表现出了反刻板印象的特征；其他人被视为没有代表性。前者比后者更能产生刻板印象的改变，这一结果在另一些研究中也得到了证实（参见 Hewstone，1994）。我将在第九章回到这个问题上来，那时我们将会看到，与我们有过接触的、外群体成员的典型性在改变我们的群际态度方面扮演着重要的角色。

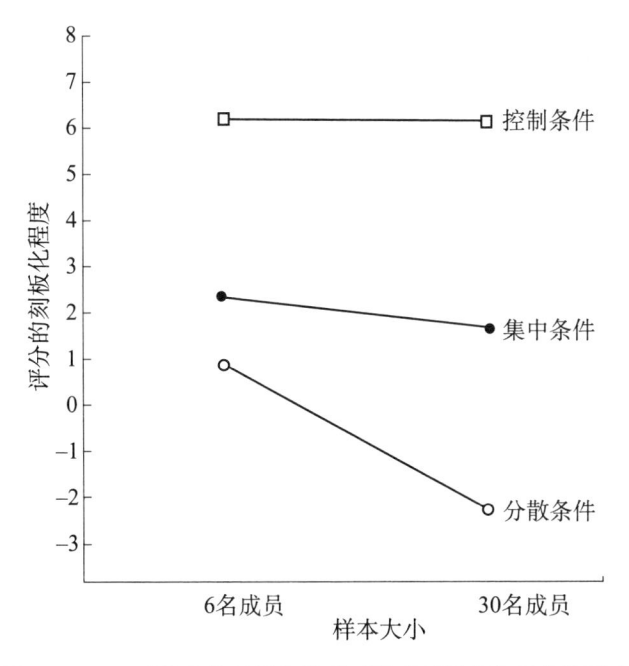

图 4.5　不一致信息的数量和模式对随后刻板印象评分的影响

注：低分表示更少的刻板印象判断和更多的刻板印象改变。

资料来源：Weber and Crocker, 1983, Figure 1.

Gurwitz 和 Dodge（1977）发现，将所有矛盾的信息集中到一个非常凸显的反例身上比将信息分散更有效；但 Weber 和 Crocker（1983）以及 Johnston 和 Hewstone（1992）得出了相反的结论。如何解释这种矛盾呢？一个明显的因素是得出一致和不一致的信息的样本的大小。Gurwitz 和 Dodge 的实验只包含 3 个样本，而其他研究中的样本数量在 6 到 30 之间。这样看来，刻板印象改变的"皈依"模式只可能发生在当仅有相对较少的例子可以帮我们做决定的时候（注意，在图 4.5 中，分散信息的"好处"在大样本中最为明显）。如果目标群体也是高度同质的（规模也很小），那么这种组合是有利于"皈依"过程的另一个因素。在这种情况下，一两个引人注目的反例似乎在诱发刻板印象改变方面尤其有效（Hewstone et al., 1992）。

到目前为止，我们只考虑了不一致信息的数量和模式是如何影响刻板印象修订的。作为结论，我们还应当注意到，一些刻板印象比另一些更容易改变。Rothbart 和 Park（1986）要求人们估计需要观察到多少次行为的实例，他们才能证实或证伪某人（或某些群体）拥有一个特质列表中的每一种特质。被试还必须对每种特质的受欢迎度进行评分。从他们的研究中得出的一个最清晰的结论是：一种特质越受欢迎，就需要越多的例子去证实它——相应地，证伪它所需的例子也就越少。对于不受欢迎的特质而言，情况正好相反。换言之，正如 Rothbart 和 Park（1986）所指出的："不受欢迎的特质比受欢迎的特质更容易获得，且更难失去。"（p.135）如果我们把上述观点与前面讨论过的 Maass（1999）对内、外群体描述的语言学分析结果相结合（回想一下她发现了在描述外群体的消极行为时，人们的语言往往是一般性的，所以不容易被证伪），那么我们就不得不面对一个令人警醒的结论：对于外群体的偏见性刻板印象很难改变。

至此，我已经讨论过如何通过让 Raymond 这样的人接触到与其观点相矛盾的人或信息，来改变他们的贬损性刻板印象。如前所见，我们不应该对此过于乐观。但也许另一种策略会更有效。就像开明的教育工作者和管理者可能会寻求遏制课堂里或工作场所中的种族主义或恐同观点一样，我们难道不能说服 Raymond 先生压抑他对于女高尔夫球手颇为沙文主义的观点吗？不幸的是，如果我们相信 Macrae 和同事们的一些研究结果的话，这种方法被证明可能会适得其反。

在第一个系列研究中，Macrae 和他的团队（1994c）要求被试描述照片中一名光头党典型的一天生活。其中一半被试（实验组）需要尽量避免思考或者写出他们对于光头党的刻板化成见，其余的被试（控制组）则没有被要求进行**刻板印象抑制**（stereotype suppression）。果然，实验组被试似乎可以遵守他们被给予的抑制指令，至少是暂时地。他们写出的关于光头党的短文中总是包括较少的刻板化描述。然而，这并不是故事（或实验）的结局。Macrae 和同事们（1994c）真正感兴趣的是，被试不再控制自己对于光头党的那些不想产生的刻板印象之后会发生什么。Wegner 和同事们（1987）的一些早期研究发现，当人们被特殊要求不要去思考某个想法时，他们随后会更执着于这个想法。[7]Macrae 和同事们据此假设，对于光头党的刻板印象也会产生类似的**反弹效应**（rebound effect）。他们的理由是，抑制这一心理过程需要一些持续性的内部监控（"我在写这篇短文时是不是正在思考对于光头党的刻板印象？"），而这种内部监控可能会使这些刻板化概念更可及。当（实验组）被试继续控制他们的想法和写作内容时，他们确实能够约束自己。但是一旦这种控制得到放松（比方说当他们认为实验已经结束时），那些现在极其可及的刻板印象可能会重新焕发活力。事实证明了这一点。在一项研究中，被试被带到一个相邻的房间，他们被告知将在那儿见到他们一直在写的那名光头党。一把椅子上放着一件夹克和一个袋子；

主试说这名光头党因需要暂时离开了房间一会儿，并邀请被试坐下（其他七把椅子排成了一排，远离那把"被占的"椅子）。值得注意的是，从平均值来看，相比于控制组被试，那些之前抑制了自己对于光头党刻板印象的被试选择坐得距离"被占的椅子"几乎远出将近一整把椅子。在另一项实验中，随后的活动是一项词语决策任务，被试必须从假词中识别出刻板化的和非刻板化的真词。相比于控制条件，那些抑制条件下的被试在识别与光头党刻板印象相关的真词时速度总是更快。显然，抑制的经历使得那些刻板化的词更容易进入他们的意识（另见 Macrae et al., 1998）。

幸运的是，对于那些试图刻意压制自己的（或他人的）、不那么令人愉快的刻板印象的人来说，这个消息并不全是坏的。Monteith 和同事们（1998a）指出，这种具有讽刺意味的反弹效应并非不可避免。首先，在 Macrae 和同事们的研究中，就作为刻板印象目标对象的那些外群体而言，并不存在着严格的社会规范来限制对其表达不利的偏见（例如光头党、发型师）。或许对于政治上更为敏感的群体（如黑人或同性恋者）来说，通过社会来规定的日常抑制就足以成为习惯，以防止反弹效应的发生（Monteith et al., 1998b；但可参照 Liberman and Förster, 2000）。对于这些外群体，可能只有人格上更具偏见性的那些人才会对他们表现出反弹效应，因为他们所关注的外群体总是更可及（Monteith et al., 1998b）。也有证据表明，只有当人们在认知上足够分心，会使无意的刻板印象"泄露"出去时，反弹效应才会发生（Wyer et al., 2000）。

Förster 和 Liberman（2004）的研究也支持了对于反弹效应的乐观态度。与 Macrae 和同事们（1994c）对现象的解释相反（即持续性的内部监控提高了可及性），Förster 和 Liberman 认为，如果把刻板印象抑制看作这些实验被试对他们自己的思维过程进行推论的结果，其讽刺效果则更加容易理解。根据 Förster 和 Liberman（2004）的观点，在实验中经典的"抑制"条件下，被试可能确实很难抑制他们不想产生的刻板化想法。但由此而产生的高可及性并非源于某些内部的自动化监控过程，而是来自被试自身更加深思熟虑的推论。两位研究者这样解释被试的推理过程：

> 写这个故事很难。我所能想到的一切，无论多么远，都在某种程度上与刻板印象有关。对于我来说写这个故事一定很难，因为我不能使用刻板印象。如果没有这个限制的话，对于我来说就会容易得多。一定是这样的，因此我真的需要使用刻板印象。（Förster and Liberman, 2004, p. 9）

这种对困难的归因会增强人们思考受压抑的刻板印象的动机，从而增加其在反弹阶段的可及性。[8] 在一个相当有说服力的理论论证研究中，Förster 和 Liberman（2001）发现，仅简单告之被试避免刻板印象是"困难"的，有一些刻板印象是"自然的"且并不表明一个人有偏见，就可以消除常见的反弹效应。在给实验中抑制阶段被试的体验提供了这种解释后，这些被试与无抑制控制条件下的被试表现出了非常相似的行为和态度反应，且与只收到了常规抑制指令的被试在反应上明显不同。

作为说服人们改变偏见可行性办法的最后一个例子，让我们看看 Kawakami 和她的同事们的一项研究（Kawakami et al.，2000；Kawakami et al.，2005）。研究者的想法是，可以训练人们改变他们在特定群体类别和各种负面刻板印象特质之间的自动化认知联系。训练的方法很简单：被试必须反复将一名外群体成员的照片（比如光头党）与一组反刻板化的特质（比如"瘦弱的""害怕的"）进行确定性的配对，而将同一张照片与刻板化的特质（比如"讨厌的""危险的"）进行消极的配对。通过让被试在数百个（准确地说是 480 个）试次中分别说"是"或"否"，Kawakami 和同事们（2000）希望能削弱旧的（坏的）刻板习惯，并取而代之为新的反刻板化联系。为了测量是否发生了这一情况，研究者使用了某个版本的 Stroop 任务。值得注意的是，刻板印象的拒绝训练条件下的那些人确实显著地减少了 Stroop 任务中的干扰反应，而控制条件下的那些人则没有。此外，在 24 小时后仍然可以观察到这种训练效应，从而证明这不仅仅是一种短暂的现象。在另一些研究中，Kawakami 和同事们将黑人作为刻板印象的目标对象群体，并观察到了类似的结果。在人事选拔任务的模拟情境中，研究者还减少了性别的歧视（Kawakami et al.，2000；Kawakami et al.，2005）。

关于这些开创性的研究，有两点尤其值得注意。一是训练过程似乎对人们自动化的刻板印象激活产生了影响。之前我们说过 Stroop 任务中的反应不易受到意识的控制。因此，这就为我们本章前面的讨论（即假定自动化偏见效应的必然性）提供了一个很好的补充。这种自动化的认知反应似乎远非一成不变，它可以通过密集的重新训练加以修正。并且持续的再教育干预，很可能会带来更夸张、更持久的变化。值得引起注意的第二点是，Kawakami 和同事们（2000）采用的程序与 Macrae 和同事们（1994c）研发的刻板印象抑制范式非常相似。通过仔细地阅读 Kawakami 和同事们（2000）的研究程序，可以清楚地发现，这实际上就是一种刻板印象抑制的指令：

光头党拒绝条件下的被试在看到光头党的照片时，被要求尽量不要思考其文化上的关联。因此，当他们看到光头党的照片及下面的与光头有关的一个词时，他们需要按下按钮框里的"否"。(Kawakami et al., 2000, p.873，楷体强调为原文所有）

因此，尽管抑制刻板印象的一次积极尝试可能是适得其反的，但许多相同的重复抑制行为似乎可以打破刻板印象的模式。就如同生活的其他方面一样，在这方面也可以做到熟能生（几乎能生）巧。

在本章我主要局限于在认知层面分析如何获取、加工、遗忘和回忆与群体相关的信息。在后面的章节，我还应当思考社会和动机过程如何影响群际关系，并进而改变了不同群体的成员对彼此的感觉和行为方式（参见第六章和第九章）。

❖ 小结

1. 刻板印象是一种知觉，即认为一个类别的大多数成员共享某些特征。刻板印象直接来自分类的过程，尤其是对群体内部差异的同化。

2. 刻板印象可以源自人们在社会化过程中所处的文化，也可以源自群体间真实的文化及社会经济的差异。由于历史、政治和社会结构的原因，不同群体的成员往往在社会中扮演着不同的社会角色。刻板印象可以是产生于人们针对这些角色表演所需要的心理特征而做出的推论。这样的刻板印象往往是作为意识形态来将社会现状合理化。

3. 刻板印象也可能源于认知偏向，它导致人们在少数群体和不常出现的特征之间感知到了一种伪相关。这种偏向最初被认为源于低频关联的"特殊性"（事物之间的关联不常见，因此人们更容易注意到并记住这些关联），但近期研究表明，它同样可能源于类别分化过程，或是源于在群体水平的真实相关与个体水平的相关之间所做出的错误的知觉对应。

4. 对于一个社会类别所感知到的实体性，或"群体性"，能够促进刻板印象，这可能是因为它导致了一种知觉，即群体里的成员都具有一些基本的"本质"。

5. 刻板印象可以影响人们对个体的判断，但这取决于个体化与群体化信息的相对凸显性。

6. 一个看待刻板印象的有用办法是将其看成为了寻找确认信息而建立的假

设。有很多证据支持了刻板化期望的这种寻求证实的本质。

7. 刻板印象过程的激活和运行可以发生在意识水平以下；这就是所谓的"自动化的"刻板印象。人们可以在阈下悄悄地被与类别相关的刺激启动，且这可以导致人们对他人的刻板化判断和行为。一些研究者得出结论：这意味着某些（无意识）形式的偏见是不可避免的。然而后续研究表明，自动化的刻板化现象取决于人们先前的和习惯性的偏见水平。

8. 刻板印象还会产生对内、外群体行为的归因判断。一个典型的发现是，内群体所做出的积极和消极行为分别被归于内因和外因，而外群体的行为则正好相反。

9. 人们如果在认知上或情绪上被其他事占据，就可能会更多地使用刻板印象。这种注意力分散会消耗他们的认知资源，从而为通过使用刻板印象来节省力量铺平了道路。

10. 刻板印象可以具有自我实现的属性，可以创造出其目标对象身上假定会存在的那些特征。这种自我实现的预言已经在教育情境中得到了深入的研究。

11. 在出现不一致信息时，刻板印象可能会改变，但这些信息的模式（可能是集中在几个例子上或者分散在许多例子里）以及需要修正的刻板印象的效价是决定改变程度的重要因素。

12. 具有讽刺意味的是，有意识地尝试抑制刻板印象会导致它们在随后再次出现时变得更强，这就是所谓的"反弹效应"。这可能是由于参与抑制的内部自我监控导致人们试图抑制的那些刻板印象被隐蔽地启动了。但长时间的、使类别与刻板印象分离的训练可以减少随后的刻板印象。

❖ 注释

1. 虽然这些结果很有趣，但也有一些值得注意的地方，因为在这个实验中，由于各种原因，在统计分析时不得不剔除超过20%的原始被试（Sinclair and Kunda，1999，p. 896）。

2. 注意，这一暴露时间比外周视野启动的时间要短得多。这是因为在这种情况下，刺激是在视野的中心区域呈现的，在这里我们的知觉系统能够更好地探测到物体。

3. 在一个典型的Stroop任务中，被试的任务是对一个呈现的刺激词进行颜色命名。当该词的语义与书写该词的墨水颜色一致时（例如"绿色"是用绿色墨水写的），或者当这个词对被试没有特殊含义时（例如"桌子"），颜色命名的速度相对较快。相反，当词的意思与墨水的颜色冲突时（例如"红色"是用绿色墨水写的），或者这个词对于被试来说特别重要时（例如，在 Locke 和同事们［1994］的例子中它是一个先前被指定的刻板印象群体——"原住民"），随后通常会观察到被试的反应变慢。第一类和第二类试次的差就是对 Stroop 干扰效应的通常测量（Stroop，1935）。

4. 这里的因果关系也可能是相互的，即那些刻板化地看待外群体的人很可能对于这种接触感到更加焦虑。感谢 Tom Pettigrew 为我指出了这一点。

5. 这些发现在我看来似乎总是特别令人信服。许多年前我在一所中学教书，那时我的教学科目是数学。在那所学校，第一年之后的数学课程就会以"能力"分流。那段经历给我留下了不能忍受的和仍然令人难过的记忆。我目睹了数学能力随着年级升高的系统性下降。第一年时，能力最差的学生们分散在混合能力的班级之中，他们总是在努力学习，总是相信自己最终会掌握这门课程。而那些四、五年级的"落后生"同伴们却闷闷不乐、百无聊赖，并对自己的无能深信不疑——这种对比确实令人震惊。"不擅长数学"的标签一直伴随着他们，也伴随着我们（他们的老师），并且我们所有人（学生和老师都是如此）都表现出了相应的行为。

6. 遗憾的是，我自己也越来越清楚地认识到这一点！

7. 我记得似乎是《老友记》（这是一部播了很长时间的电视剧）中很搞笑的一集就是基于这个现象。我记得 Chandler 开始做色情的梦，梦见他未来的岳母。他因此大为惊恐。但他越想阻止自己梦见她，梦就变得越生动、越令人不安。

8. 这种解释让人想起了 Bem（1972）采用自我觉知来解释被迫顺从的认知失调效应。

❖ 扩展阅读

Fiedler, K., and Walther, G. (2004) *Stereotyping as Inductive Hypothesis Testing*, chs 3, 4, 7. Hove: Psychology Press.

Förster, J., and Liberman, N. (2004) A motivational model of post-suppressional rebound. *European Review of Social Psychology* 15: 1–32.

Hewstone, M. (1994) Revision and change of stereotypic beliefs: In search of the elusive subtyping model. *European Review of Social Psychology* 5: 69 – 109.

107 Maass, A. (1999) Linguistic intergroup bias: Steretype-perpetuation through language. In M. Zanna (ed.), *Advances in Experimental Social Psychology*, Vol. 31, 79 – 121. New York: Academic Press.

Macrae, C. N., Stangor, C., and Hewstone, M. (eds) (1996) *Stereotypes and Stereotyping*, chs. 2, 4, 5, 6, 7, 9. New York: Guilford.

Spears, R., Oakes, P. J., Ellemers, N., and Haslam, S. A. (eds) (1997) *The Social Psychology of Stereotyping and Group Life*, chs 3, 7, 8. Oxford: Blackwell.

第五章
儿童偏见的发展

在前面的章节，我曾考察过一个理论，其内容是将成年人的偏见追溯到童年期的社会化经验（参见第二章）。正如我们所看到的，那种视角的重点在于识别家庭动态的某些模式，这些模式会导致专制型或教条式的人格。虽然这种视角具有一定的历史重要性，但从偏见的发展社会心理学角度来看，它存在着两大关键缺陷。第一，它本质上是一种越轨人格理论。只有那些很不幸地成长于特别严格的家庭中，由专横的和爱说教的父母抚养大的孩子，才有可能在后来的生活中倾向于发展成为有偏见的成年人。其余的人（应该是大多数的那些？）因为没有经历过痛苦，也就不在理论视野的范围里了。第二，尽管理论对于童年期偏见的起源感兴趣，但出乎意料的是，几乎没有什么受到理论启发而开展的研究真正地审视了儿童本身。除了Frenkel-Brunswik（1949，1953）和其他的一两个人之外，关注这一理论传统的大部分科研工作仅研究了成年人，且在很大程度上依赖于成年人对他们的童年的回顾性报告。无论这些研究多么有趣，它们都不能代替对儿童自身态度和行为的直接观察。

因此，在本章我想把焦点全部集中在儿童身上，尤其是他们生命的前十年。对于儿童的偏见我们已经了解了哪些内容？它可以告诉我们有关我们这些人（成年人）的偏见的哪些东西？儿童生于这样的社会中，就只能受到社会规范的限制而简单地复制种族主义者、性别主义者和年龄主义者的观念吗？就如同他们有偏见的父母一样？还是他们自己也贡献一些东西，通过分类的尝试来将他们所处的社会环境系统化并加以控制，从而形成他们自己的某些态度和刻板印象？这就是我在本章将要探求的一些问题。

受到Goodman（1952）的启发，我将本章划分为三个主要部分，分别介绍儿童对社会类别的觉察；相比于其他的类别，他们对于某些类别有着更多的认同和偏好；然后是他们成熟的群际态度和行为。在最后一节，我将讨论这些现象的起源，其原因在多大程度上应当被视为单向的（即从社会到儿童）；或是相反，应当被视为双向的，即儿童也在其中扮演了他们的角色。

❖ 对社会类别的觉察

一个大约10岁的小女孩看着在她面前摊开的十几张儿童照片，根据她所认为的相似性将照片分为三堆。当被问及为什么这样分类时，她回答道："她们是女孩，他们是男孩，他们是残疾人。"（Maras，1993，p. 140）对于她来说，给予这堆陌生面孔一些规则的方法就是用性别和残疾来分类。为了实现这个目的，很显然她肯定已经觉察到存在着这些特定的类别。

类别觉察（category awareness）的问题一直是对儿童和偏见感兴趣的研究者的关注点。正如在第三章所看到的，这其中一部分原因是任何类型的偏见性知觉、态度或行为都必然暗含着优先使用了某些类别上的区分。如果事先没有将人分为男性和女性就不会成为性别主义者（比方说）。这本身就使得偏见的研究者对觉察现象产生了兴趣。更重要的是，研究者发现了可靠的、第一次出现社会分类的年龄，以及保证社会分类的使用在童年期不断发展的能力。鉴于在生命早期就可以观察到这些类别，"成人的想法被写在一块白板上"这种观点是很难维系的。

有关类别觉察的早期研究尝试之一就是Clark和Clark（1947）的研究。他们设计了一种范式，这种范式被该领域后来几代的研究者所采用。它包括给儿童展示两个（或更多个）娃娃，其中一个是黄头发、"白"皮肤，另一个是黑头发、"棕"皮肤。研究者会向儿童询问一系列关于这些娃娃的问题，其中与他/她的种族觉察最相关的是简单地要求孩子把"看起来像白人［或有色人种］孩子"的那个娃娃拿给研究者。Clark和Clark向3~7岁的黑人儿童提出了这个问题，结果发现，即使对于年龄最小的儿童来说，也有超过75%的儿童正确地识别出了娃娃的种族。[1] 到5岁时，已经有超过90%的儿童可以这么做了。

有人可能很快会提出反对的意见，即让一个孩子在这两种预先确定的类别之间做出这样一个被迫的选择，这种方法并不能很敏锐地检测出他们对不同类别的自发觉察和使用。然而幸运的是，这种反对意见很快被其他研究所反驳，这些研究使用了不同的技术手段，但得出了大致相似的结果。例如，Horowitz和Horowitz（1938）给美国白人儿童展示了一系列五张为一组的图片，其中有三张在两个标准上相似，而其余两张在一个标准上不同。以三个白人男性、一个黑人男性和一个白人女性为例：哪一个是与众不同的？儿童的选择给了我们一个线索，让我们知道哪个类别对于他们来说是最凸显的。Horowitz 和 Horowitz 通过将种族、性别、年龄和社会经济地位以不同的方式组合，发现了占优势的类别。种族似乎在它出现的大多数组合中占优势地位。性别是第二强有力的类别，社会经济地位一般来说是最不重要的。Williams 和 Morland（1976）回顾了使用照片刺激的一些研究，其中不止一个黑人和一个白人被描绘出来；这些研究也证实了儿童在 4 岁时就出现了相当明显的种族觉察，尽管白人的这一比例比黑人稍高一些。

针对另一个主要的社会类别（性别）的研究，也得到了相似的结果。Thompson（1975）发现他所研究的 2 岁儿童中，超过 75% 的人可以准确地将照片分为男性和女性，且这一比例到 3 岁时上升至 90%。另一些研究者通过使用不同的技术手段也得到了类似的结果（参见 Duveen and Lloyd，1986；Slaby and Frey，1975；Yee and Brown，1994）。此外，在记忆任务中（例如回忆哪个孩子在先前的刺激呈现时说过什么），5 岁及 5 岁以上的孩子经常表现出与按照性别进行信息编码相一致的错误模式（Bennett and Sani，2003；Bennett et al.，2000）。

另一些研究检验了开放式任务中的类别觉察，并且也发现了明显的证据，表明种族和性别概念在早期就出现了。一种常见的技术是给儿童呈现一系列的照片，并要求他们按照它们"属于彼此"或"看起来很像"来将其分组。有时任务被限定为迫使儿童采用二分法进行分类；另一些任务允许儿童同时使用他/她想使用的多个类别。在刺激照片中通常存在着一些线索，儿童可以使用它们作为分类的标准，例如，可能有成人和儿童、男性和女性、不同种族的人群等等。在针对 7~10 岁英国儿童开展的研究中，Davey（1983）使用了性别、年龄、种族和着装风格（来传递社会经济地位信息）。到目前为止，最常见的分类标准是种族，近一半的儿童将其作为首选。其次常用的是性别，而着装风格几乎不被使用。

我们采用相似的技术研究了 3~9 岁的白人儿童（Yee and Brown，1988）。在这些照片中，我们系统地操纵了性别、种族（亚裔印度人和白人）和年龄，并且还存在着一些其他可能的分类标准（例如头发颜色）。年龄最小的儿童倾向于简单地把所有的照片归为一个单独的大类；但到 5 岁时种族显然已经成为一种标准（这一年龄组里有超过三分之一的人使用了这种标准），且在年龄最大的两个组里，种族标准已经占有绝对优势（三分之二的人使用了这种标准）。

在对这些年龄较大的儿童所使用的分类策略进行了更详细的分析后发现，种族确实是最主要的维度（儿童通常会把所有的印度人照片放在一起），然后在白人刺激中存在着一些细分（例如通过深色和浅色头发分类）。这很容易使人想起我在第三章讨论过的外群体同质现象：印度人这一外群体被知觉为单一类别，而白人内群体被视为存在着更多的差别。

在这两项研究中，虽然性别作为一种分类对于儿童来说也是明显可用的，但它却很少被使用。这也许表明，与种族相比，性别通常不是一个强有力的社会线索。但得出这样的结论或许为时尚早。改变研究的背景（例如分类任务的微观情境，或是研究所处的更广泛的文化环境）可以显著地影响不同类别被使用的可能性。例如，Davey（1983）在他的开放式任务中随后又设计出了一系列更为结构化的问题，其中儿童必须将两张照片"配对"后让他们"在一起玩"。面对这一任务，儿童使用性别而不是种族作为主要的类别：他们更有可能将两个女孩（或男孩）配对，而不是将来自同一种族的孩子放在一起（另见Verkuyten et al., 1995）。正如我们将在本章后面看到的，这种性别的隔离是儿童在游戏时非常普遍和早熟的一个特征。

在不同的情境中，类别可能会被假定存在着不同的重要性。Ferraresi（1988）在一项针对四五岁意大利儿童的研究中揭示了这一点，该研究使用了与 Yee 和 Brown（1988）相同的照片。在意大利儿童中，种族作为分类依据的使用频率远低于英国儿童。如果说有什么发现的话，那就是儿童倾向于先按头发的颜色，其次是性别来对照片进行分类。有趣的是，20 年后当我们使用同样的照片再次研究同一家幼儿园时，得到了非常相似的反应（Ferraresi and Brown，2008）。这很有趣，因为在过去的 20 年里，我们开展研究的这个城市的种族组成已经发生了巨大的变化。在 20 世纪 80 年代后期，那里几乎全是白人；现在大约有 20% 的移民，大部分来自北非。我们开展研究的幼儿园的种族组成映射出了相似的、人口学的变化。但尽管存在这些变化，儿童仍然不太使用种族作为分类标准。

Maras 和 Brown（1996）运用了一种相似的技术来探索儿童对残疾的觉察。这一次只使用了同种族者（白人）的照片，其中几个人存在着各种明显的身体和学习障碍。当被要求对这些照片进行分类时，儿童（8~10 岁）总是按性别和残疾来分类。尽管残疾人之间的区别在照片上是清晰可见的（如两个坐在轮椅上，两个戴着助听器，等等），但儿童对这些残疾的差异几乎不做区分。一些儿童随后参加了接触式干预训练，其中包括每周参观一次残疾儿童学校。经过

3个月的接触，这些儿童表现出了一种更加具有区分性的分类结构，即把不同类型的残疾划分为亚群体（这一干预方案的其他影响见第九章）。

鉴于所有这些研究关注的都是儿童对社会类别的觉察，以及他们使用和口头表达这种觉察的能力，研究中的年龄群体都不小于2岁半至3岁。然而，有一些证据表明，即使是几个月大的婴儿也能对人的刺激进行类别上的区分。Kelly和他的同事们（2005）采用了一种简单的注视偏好范式来检验从刚出生几天到三个月大的婴儿是否会花更多的时间观看相同种族群体的面孔，而不是不同种族群体的面孔。研究者将成年白人的面孔与中东、亚洲和非洲成年人的面孔配对。这些面孔在吸引力和任何特殊的特征方面都是对等的。新出生的白人婴儿观看每对中单张照片的频率相同，且时长也差不多，这表明他们无法区分各个种族，或不表现出对某个种族的偏好。然而，到三个月大时，婴儿就可以观察到明显的、对本种族的偏好。此时，白人婴儿在59%的时间里更喜欢看白人的面孔，这与50%的随机水平存在着可靠的差异。在白人和非洲人的组合中，这种偏好最为明显，但在其他两种组合中也有所体现。在随后对相同年龄的中国婴儿进行的研究中，研究者再一次观察到了明显的、对所属群体的偏好，总共有62%的婴儿偏好中国面孔（Kelly et al.，2007）。

这种内群体偏好在新生儿中不可见，而是在三个月左右时出现。这一事实似乎表明这是一种后天习得的偏好，或许是通过反复接触来自同一种族群体的抚养者而获得的。Bar-Haim和同事们（2006）的一项跨文化研究进一步提供的证据支持了这种解释。他们对比了三组三个月大的婴儿对非洲人和白人面孔的注视偏好。第一组由（白人）以色列婴儿组成；第二组由生活在埃塞俄比亚的埃塞俄比亚婴儿组成；第三组由埃塞俄比亚移民在以色列生的埃塞俄比亚婴儿组成，他们目前居住在移民"吸纳中心"，在这里，通过与中心的工作人员和其他白人移民的接触，他们与白人有着频繁的联系。从图5.1可以看出，这三组婴儿的注视模式是非常不同的。以色列婴儿和埃塞俄比亚本土婴儿都表现出明显的本种族偏好。然而，埃塞俄比亚移民的婴儿对于这两个种族都没有明显的偏好。显然，由于他们与两个种族群体都有更多的接触，这就足以消除通常情况下对本种族的注视偏好。

与不同的成年人的选择性接触是婴儿产生注视偏好的原因，这一观点被后续的性别偏好研究所证实。Quinn和同事们（2002）向三个月大的婴儿呈现了成对的男性和女性面孔。一般来说，婴儿似乎更喜欢看女性的照片。Quinn和他的同事们推断这可能是因为大多数婴儿仍然主要由女性来照看。当对一小群

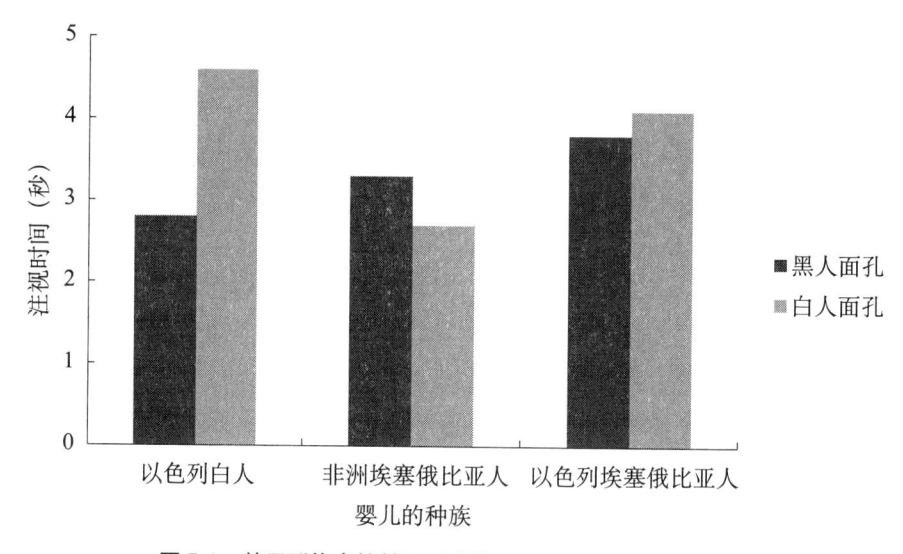

图 5.1　基于群体内接触而形成的婴儿对同种族面孔的偏好

资料来源：Bar-Haim et al., 2006, Figure 1.

主要由男性照顾的婴儿进行测量时，他们发现婴儿对女性面孔的偏好消失了。

这些熟悉效应似乎出现得很快。Sangrigoli 和 de Schonen（2004）采用**习惯化范式**（habituation paradigm）研究了年幼的白人婴儿，他们也是三个月大。在习惯化范式中，一个刺激面孔会反复出现，直到婴儿看上去感到有点无聊（或习惯了）。然后同一个面孔与一个新的"测试"面孔一起出现。如果婴儿注视测试面孔的时间长于初始的刺激，就可以假定婴儿看到了其中的新奇之处。在 Sangrigoli 和 de Schonen 的研究中，测试面孔与初始的刺激（白人或亚洲人）总是来自同一种族。在第一个实验中，婴儿只在"本种族"的试次中表现出对新的测试面孔的偏好；当习惯的面孔和测试的面孔都是亚洲人时，婴儿观看两张面孔的频率相同。鉴于这些白人婴儿似乎不（想）对不同的外群体面孔做出区分，这就成了外群体同质性的一个早期例子（参见第三章）。然而，这种外群体同质性效应可以通过一种简单的方法来快速消除，即在习惯和测试前让婴儿先熟悉几张亚洲人面孔。仅仅六次、每次 20 秒的熟悉性接触就足以改变习惯和测试的结果；现在，在无论是白人还是亚洲人的条件下，婴儿观看新面孔的时间都更长了。

综上所述，这些广泛的研究证据非常清楚地表明，儿童在很年幼时就对社会环境中当下存在的类别划分非常敏感，并且能够很熟练地使用这些分类。虽然研究结果并不是结论性的，但这种能力在儿童生命中这么早就存在了，这似乎说明这种区分不是成年人简单地或直接地强加给儿童的，而是由儿童自己习得的。此外，儿童的分类偏好随着任务和文化的改变而具有敏感性，这表明他们是以一种主动的和策略性的方式来进行分类的。这与我们之前有关"分类具有重要的社会心理功能"的讨论是一致的（参见第三章）。成年人使用类别来简化和理解他们所处的环境，儿童显然也是如此。

❖ 我是谁和我喜欢谁？类别认同和偏好

到目前为止，我们仅考虑了儿童对不同社会类别觉察的产生和发展。然而，觉察并不一定意味着认同或偏好某一类别而不是其他的类别。因此，在这一节，我将考察儿童**类别偏好**（category preferences）的发展情况，主要侧重于种族和性别方面，因为这一直是大多数研究所关注的焦点。正如我们将看到的，有大量的证据表明，儿童从3岁（甚至更小）就开始针对这些类别产生认同，并表达出对某一个类别而不是其他类别的、明确的评价性偏好。然而，这些偏好的性质和方向似乎也取决于他们的群体在更大范围的社会中所处的社会地位：来自优势或多数群体的儿童和属于从属或少数群体的儿童通常会做出非常不同的反应。

种族的、国籍的和其他的类别

一个4岁的英国白人女孩看着她面前的四个女孩的照片：一个加勒比黑人、一个南亚人、一个东亚人和一个白人。

> 采访者："你认为她们之中有谁是善良的吗？"
> 女孩指着白人女孩的照片。
> 采访者："你认为她们之中有谁是刻薄的吗？"
> 女孩指着少数族裔的那些照片。

在另一组镜头中，一个4岁的加勒比黑人男孩看着四张照片，这次是看其他男孩的照片。同样，三张照片里的人有少数族裔背景，一张照片里的人是白人。

> 采访者："你最喜欢哪一个？"
> 男孩指着白人男孩的照片。
> 采访者："你认为这些孩子中哪个会偷东西？"
> 男孩指着加勒比黑人的照片。（摘自 *A Child of Our Time*，BBC TV，4

114

May 2005）

这一组镜头是为一个大型电视纪录片录制的，其内容基于一个经典的研究范式，而这一研究范式 60 多年以来一直被用以考察种族认同。一般来说，儿童会看到一些被挑选出来代表不同种族群体的照片或是玩偶，并且他们需要回答哪个跟他们最像，他们想跟哪个玩，哪个看起来"好/坏"，等等。Clark 和 Clark（1947）以及 Goodman（1952）的早期研究为后来的数十项研究提供了灵感。与自我认同有关的问题显示，在被研究儿童的年龄组（3~7 岁）中，大多数儿童对自己所属种族群体的玩偶表示认同，即黑人儿童认同皮肤颜色较深的刺激，白人儿童认同皮肤颜色较浅的刺激。但在这一总体趋势之下存在着一些重要的差异。或许其中最为重要的一点是，少数族裔（黑人）儿童和占大多数的白人儿童在认同上似乎存在着不对称。Clark 和 Clark（1947）发现，只有大约三分之二的黑人儿童认同肤色深的玩偶。Goodman（1952）得出了相似的百分比，但白人儿童认同白皮肤刺激的比例要高得多（超过 95%）。除了这些种族差异之外，还存在着一些发展上的效应，尤其是在黑人儿童中。Clark 和 Clark（1947）观察到超过 60% 的 3 岁黑人儿童实际上认同肤色浅的玩偶，这与 87% 的 7 岁黑人儿童认同肤色深的玩偶形成了鲜明的对比。[2]

当涉及游戏偏好和评价性判断的问题时，一些更加明显的种族差异就使得上述关于认同的发现更为凸显。在早期的一项研究中，Horowitz（1936）发现在四个不同的白人儿童样本中，在针对"给我看你最喜欢的那个人"的问题做出反应时（儿童需要将一组 12 张黑人和白人儿童的照片排序），儿童对于白人照片存在着一致的偏好。这种在幼儿园的儿童中就已经很明显的偏好似乎会随着年龄的增长而增强，在 10 岁左右趋于稳定。然而，Horowitz 研究中的几个黑人儿童也更喜欢白人的照片。相比于白人儿童，黑人儿童亲白人偏好的百分比较低，但仍明显地高于随机水平（或无偏好水平）。这一发现得到了 Clark 和 Clark（1947）的证实。在他们所研究的黑人儿童群体的各个年龄段，大多数人表现出更喜欢同白皮肤玩偶一起玩的偏好，同时还表示白皮肤的玩偶"看起来很漂亮"。这些差异并不总是显著地不同于随机水平，但它们存在着高度的一致性，且鉴于这些差异是偏爱"外群体"的，这就与 Horowitz（1936）研究中白人儿童表现出的亲内群体偏好有着根本的不同。

在接下来的 30 年里，美国的许多研究也报告了类似的结果。采用各种不同的技术（例如用真实的照片而不是线条画，或者比二元选择更为复杂的任务）

都显现出了一致的模式：白人儿童对代表他们本种族群体的刺激表现出非常强烈而明确的偏好；而黑人儿童似乎比较模棱两可，经常表现出对外群体的偏好，并在某些条件下认同外群体，即认同白人（Brand et al.，1974；Milner，1983；Porter，1971；Williams and Morland，1976）。

黑人儿童中这种外群体偏好的普遍性和强度一直是一个有争议的话题，且在一些研究中，黑人儿童的选择确实没有明显偏离 50% 的随机水平（Banks，1976）。但在这些早期研究争论的背后，黑人与白人儿童在反应上确实存在着明显的差异。后者有着强烈的内群体偏好，而前者正相反，没有偏好，或存在着外群体偏好。Asher 和 Allen（1969）在 20 世纪 60 年代中期开展的一项研究很好地捕捉到了这一点。他们考察了大量年龄在 3 到 8 岁之间的黑人和白人儿童，使用黑人和白人研究员来控制任何可能存在的实验命令效应。采用类似于 Clark 和 Clark（1947）设计的"玩偶法"，他们发现白人儿童和黑人儿童都明显偏爱肤色浅的玩偶（见图 5.2）。除了这些总体上强烈的亲白人偏好，Asher 和 Allen 还观察到了一些年龄效应。在这两个群体中，亲白人的偏好似乎都从 3~4 岁开始增强，在 5~6 岁时到达峰值，然后在 7~8 岁时再次下降。稍后我们将会看到，这种曲线模式从发展上来说可能是相当重要的，其最大值出现在 6 岁左右。

到目前为止，我一直关注 20 世纪 30 年代至 60 年代针对美国黑人和白人儿童开展的研究。然而，在这些研究中观察到的儿童内群体和外群体偏好的模式绝不仅局限于那些种族群体、国家或那个时代。在另一些社会群体中，研究者也发现了一致的倾向，来自（优势的）多数群体的儿童表现出强烈的内群体认同和偏好，而来自（从属的）少数群体儿童的内群体认同要弱得多，且通常伴随着对象征多数群体的刺激符号的评价性偏好。Vaughan（1964a and b）发现新西兰白人儿童（4~12 岁）表现出强烈的内群体认同并做出明显的、偏爱内群体的特质归因，而毛利儿童倾向于偏爱外群体。与另一些研究的结果相同，亲白人偏好的峰值似乎出现在 6~8 岁的年龄段，并随着儿童年龄的增长而有所下降。

在英国的西印度群岛儿童和亚裔儿童中也发现了相似的模式，尽管前者比后者更加明显（Jahoda et al.，1972；Milner，1983；Richardson and Green，1971）。同样的趋势似乎一直持续到今天，就像我们在这小一节开始时看到的电视节目片段那样。我当时举的例子在被考察的 200 多个多数和少数种族群体的儿童中实际上是颇具代表性的。Aboud（1977）发现，绝大多数加拿大白人学龄前儿童给他们自己贴上了合适的种族标签，而只有一半的中国儿童和三分之

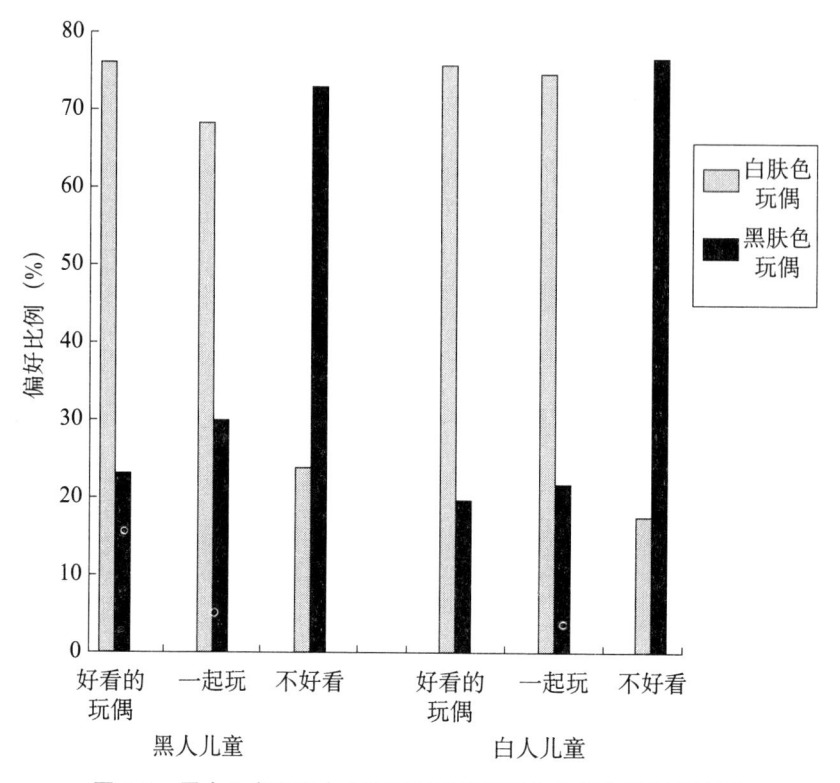

图 5.2　黑人儿童和白人儿童对黑肤色玩偶和白肤色玩偶的偏爱

资料来源：Adapted from Table 1 in Asher and Allen, 1969.

一的印度本土儿童会这么做。Griffiths 和 Nesdale（2006）发现，尽管盎格鲁裔澳大利亚儿童和太平洋岛国儿童都有着强烈的、反土著居民的偏向，但与太平洋岛国儿童相比，盎格鲁裔澳大利亚儿童表现出更强的内群体偏好。最后，Enesco 和同事们（2005）发现，西班牙儿童（7~11 岁）有着强烈的、反拉丁美洲移民的偏向，并且反吉卜赛人的偏向更为强烈。相反，拉丁美洲儿童把西班牙人当作他们自己的群体并表现出偏好（换言之，他们表现出外群体偏好），且同样持有反吉卜赛人的偏向。就后一目标对象群体而言，两组儿童都对其表现出了明显的否定。

至此，相当一致的一个发现是：白人儿童有着强烈的亲白人（或多数群体）的内群体偏好，而少数群体儿童的态度则更模棱两可一些。但后一种现象并非总能被观察到。在特定的历史背景下，尤其是当相关的种族群体间的关系处于不断变化时，有时发现即使是从属或少数群体的儿童也会表现出内群体偏好。因此，Hraba 和 Grant（1970）在美国黑人与白人十年关系动荡时期结束后开展了他们的研究,结果发现,在标准的玩偶选择范式中,黑人儿童和白人儿童都做出了亲内群体的选择。之后,在美国和其他地方开展的另一些研究也发现了少数群体儿童的亲内群体偏好(Aboud, 1980; Braha and Rutter, 1980; Epstein et al., 1976; Stephan and Rosenfield, 1978; Vaughan, 1978)。这些发现及时地提醒了我们:社会心理现象很少是一成不变的,会受到更广泛的社会发展的影响。

我已经回顾了关于种族类别的研究工作,正如我们所看到的,有充分的证据表明,儿童对这些类别的评价是不同的,这表明种族偏好在童年早期就出现了。那么对于民族主义来说,儿童是否会对自己的民族(国家)表现出类似的偏好呢?也是出现在童年早期吗?尽管偏好的程度在各个国家是不同的,但第一个问题的答案毫无疑问是"是的"。关于第二个问题,情况较难判断,因为大多数相关研究的研究对象都是年龄稍大的儿童(6岁及以上)。此外,尽管本民族偏好的程度确实呈现出发展性的变化,但这种变化模式本身是相当易变的,且取决于情境。

Lambert 和 Klineberg(1967)的一个跨国研究项目是该领域里程碑式的研究之一。这些研究者对来自11个国家的3 000多名年龄为6~14岁的儿童进行了调查。采访初期的问题之一是:"你是做什么的?"对这一开放性问题最普遍的回答提到了性别,而种族或国籍很少被提及。在这些自我定义中,社会类别的使用似乎在6~10岁时有一些增长趋势,然后趋于平稳。尽管自发地提及种族和国籍的频率很低——另一些研究也证实了这一结果(Jahoda, 1963; McGuire et al., 1978)——但当儿童被专门地问及他们自己的国家或是其他的国家群体时,即使是只有6岁的儿童也能很容易地给出答案。在绝大多数情况下,儿童使用积极的形容词来描述他们自己的国家(日本和南非黑人除外)。此外,当被问及除了自己的国籍之外,他们最想要和最不想要哪种国籍时,11个国家的儿童达成了惊人的共识:喜欢的国籍是美国、英国和法国(按照顺序)。唯一可见的差异来自南非的黑人儿童,他们通常把"白人"作为自己最喜欢的国籍的代名词。最不受欢迎的国籍是俄罗斯、非洲国家、中国和德国,尽管对于这些国籍的共识较少。南非的黑人儿童再次成为他们本种族群体的最显眼的抵制者;样本中35%~55%的儿童提到非洲国家的国籍是他们最不喜欢的选项。这些反应与之前讨论过的玩偶和图片偏好研究中从属群体儿童的反应之间存在的相似性是令人感到震惊的(另见 Tajfel et al., 1972)。

Barrett 和他的许多同事开展了一项同样耗时耗力的跨国比较研究(Barrett,

2007）。值得注意的是它的样本大小（超过 4 000 名儿童，年龄为 6~15 岁）、抽样的范围（7 个国家，包括西欧和东欧的一些国家）以及使用的复杂的测量工具（比如分别测量了积极和消极的群体评价），这些都使得这一研究为了解儿童的国家间态度的本质提供了许多重要而又复杂的见解。首先，所有国家的所有年龄段的儿童（包括 6 岁），都对自己的国家表现出明显的偏爱。其次，虽然儿童对其他国家的评价不如对自己国家的好，但总体上并非特别消极。也有一些明显的例外，例如阿塞拜疆儿童显然不太喜欢俄罗斯人，格鲁吉亚儿童不太喜欢阿塞拜疆人，而乌克兰儿童也不太喜欢格鲁吉亚人；但总的来说，儿童并没有表现出太多的外群体诋毁行为。

除了这两个结论以外，情况就变得更加模糊了。的确，随着年龄的增长，这些群际态度发生了许多可靠的改变。但令人沮丧的是，这些变化并不一致，有时呈线性增长，有时下降，还不止一次地出现了曲线模式（尤其是在内群体偏好的问题上）。然而，即使是后一发现（6 岁到 9 岁增长，然后下降）也并不是普遍现象，而且还可以看到其他的一些变化形式。此外，群际偏向表达的种类和方向也存在着相当大的差异。对于一些国家的儿童来说，似乎总是有一个特定的外群体不受欢迎；例如，在几个西欧国家的样本中，德国不太受欢迎。但在东欧国家的样本中，那些被选出来作为不受欢迎的外群体（们）之间则存在着较大的异质性或多样性（这儿的人不喜欢俄罗斯人，那儿的人不喜欢阿塞拜疆人）。Barrett（2007）认为，这种情况映射出不同国家之间历史的或当前的群际关系的痕迹。例如，德国卷入第二次世界大战可能仍然影响着儿童对它的态度。如果是这样的话，那就说明不同群体的形象在传播时（例如通过书籍、电视或电脑游戏）所涉及的许多社会-文化过程，对于儿童国家态度的发展存在着重要的影响，且它们与任何一般的社会心理动态所产生的影响是同样重要的。

最后，Barrett（2007）的研究发现还有一点值得评论。一般来说，儿童更倾向于在积极特征而非消极特征上对国家进行区分。我本人对 Barrett 研究中呈现的两个表格进行了再次分析，结果显示，平均而言，当儿童将积极特征词赋予最喜欢的国家（几乎总是儿童自己的国家）和最不喜欢的国家时，其最大和最小数目的范围要超过使用消极特征词时最大和最小数目范围的 50%。这其实是一个非常显著的差异，且不太受到年龄和国家的影响。在区分群体时，这种更愿意使用积极手段而非消极手段的倾向似乎是一个相当普遍的现象，且实际上与其自身的标签很贴切——"正负不对称效应"（Mummendey and Otten,

1998；参见第三章）。对于这种现象存在着各种可能的解释（Gardham and Brown，2001；Mummendey and Otten，1998）；但其中一种解释是，这似乎与它出现在童年期有关。这种不对称性或许反映了在对表达积极和消极情感的认可度上存在着规范性的差异。正如我们都能意识到的，说谁更喜欢这个或那个人（或群体）是（勉强）可被接受的。但要是说谁不喜欢某人（或群体）就非常不礼貌了。

虽然我在 Barrett（2007）的数据中发现正负不对称效应在年龄上似乎不存在任何差异，但这可能是由于年龄组之间的间隔（3 年）相对较大。在正负不对称效应中也可能会存在着一些显著的、发展性的变化，且这种变化出现在 7 岁左右。我们在一项关于英国儿童对德国的态度的研究中发现了上述结果（Rutland et al.，2007）。和往常一样，在所有年龄段都能观察到内群体偏好，尤其是在赋予英国和德国的积极特质的数量上。然而在消极特质上，8 岁儿童没有表现出明显的群际差异。但 7 岁儿童显然把更多的消极特质赋予德国而非英国。看起来年幼一点的儿童似乎还没有习得对另一个国家做出负面评价是具有社会不恰当性的（social inappropriateness）。这一结论在一项后续研究中得到了证实。我们发现，这种不对称效应的年龄差异存在着部分中介作用，中介变量是儿童在多大程度上认为把德国儿童从各种内群体活动中排除在外是恰当的（Rutland et al.，2007）。我们将会看到，儿童对社会规范的敏感性逐渐增强，这可能是在偏见中能观察到一些发展性趋势的基础。

至此，我们已经考虑了种族和国籍方面的偏向。在下一小节，我将详细地讨论性别偏向。然而，儿童用以区分他人的、重要的社会维度绝不仅限于这三种类别。体重这一特征的社会重要性似乎在逐渐增加，这一现象或许与以下两个因素的双重影响不无关系：一个是社会对理想的纤瘦身材形象的痴迷（Dittmar，2007），另一个是健康专家对全球普遍的肥胖问题的日益担忧（World Health Organization，2000）。毫无疑问，儿童从 3 岁或 5 岁开始，就表现出更喜欢"正常"体重的同龄人，而不是"超重"的同龄人（Cramer and Steinwert，1998；Penny and Haddock，2007；Powlishta et al.，1994）。Powlishta 和同事们（1994）的研究尤为有趣，因为它把儿童对身体尺寸的态度与他们对语言、种族（这项研究是在加拿大的魁北克开展的，考察了讲英语的儿童对讲法语的儿童的态度）和性别的态度进行了对比（见图 5.3）。

在上述三个方面偏向都很明显，且从总体上来说，在积极特质上比消极特质更加明显（这是正负不对称效应的另一个表现）。这种偏向随着年龄的增长

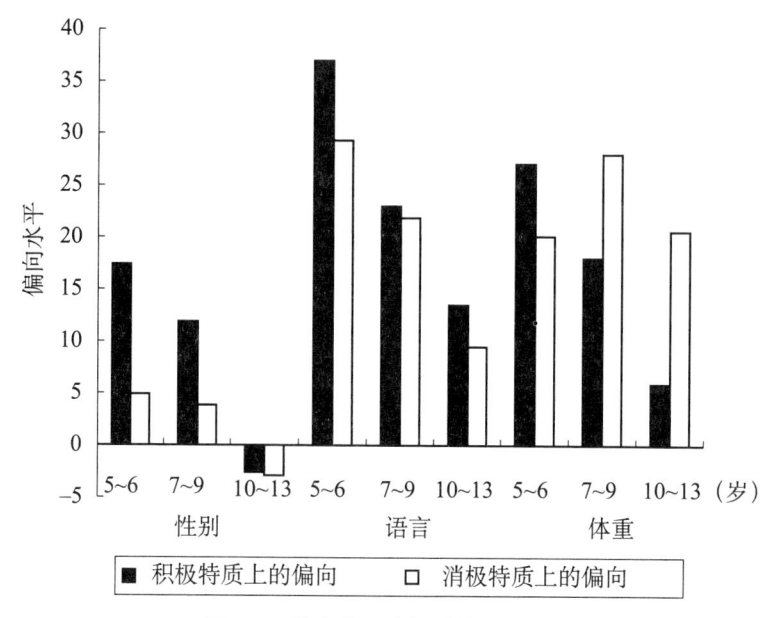

图 5.3　儿童在三个领域的群际偏向

注：偏向水平定义为归于内群体和归于外群体的特质在百分比上的差异（积极特质是内群体 – 外群体，消极特质是外群体 – 内群体）。x 轴显示的是年龄组。

资料来源：Adapted from Table 1 in Powlishta et al., 1994.

而减小，尤其是在积极特质方面。但值得注意的是，在体重方面，偏向的模式是相当不同的：在三个年龄组中，尽管积极特质上的偏向减小了，但消极特质上的偏向仍然很大。这或许表明，对超重者表达贬低的情绪和态度并不会带来太多的社会排斥。这一研究的另外两个结果（图 5.3 中未显示）也很有趣。首先，女孩明显比男孩有更多的性别偏向——我们将在下一小节看到，这是相当普遍的。其次，儿童在不同领域的偏向水平之间几乎没有对应关系；几乎所有的、不同领域的偏向测量值之间的相关系数都接近于零。这再次提醒我们，用人格来解释偏见是没有什么说服力的，因为它应当假设不同群际情境中的偏见是一种普遍的倾向（参见第二章）。

在结束本节之前，让我转向一个值得进一步探讨的问题。我们应该如何解释这些关于种族、国家和其他偏好的发现呢？对一个群体的一致偏好是否意味着对另一个群体的贬低？思考这一问题的明智办法应当是分别考虑来自多数群体（或较高地位）的儿童和来自少数群体（或较低地位）的儿童。

首先考虑多数群体。我们必须立即认识到，在二元选择的任务中（"你喜欢这些照片中的哪一张？"），我们不能推断对一种刺激的偏好就意味着对另一种刺激的主动排斥。因此，针对这些儿童在几乎所有的研究中都表现出明显的亲内群体偏好这一现象，有一种解读是他们只是对自己的群体感觉更积极，而对另一个群体的感觉要么没那么积极，要么在最坏的情况下保持中立。因此，这并不表示他们持有任何公开的偏见。近期的许多研究采用了分别评价内群体和外群体的积极和消极特质，或是使用定距的测量工具来测量喜欢－不喜欢。这些研究的确发现了一个普遍的结论：儿童对内群体的评价始终是积极的，且很少消极地评价外群体（例如 Aboud，2003；Barrett，2007；Black-Gutman and Hickson，1996；Chiesi and Primi，2006；Enesco et al.，2005；Griffiths and Nesdale，2006；Powlishta et al.，1994；Rutland et al.，2007）。

虽然我认为上述结论公平地描述了现有的证据，但重要的是，我们不能急于对大多数儿童群际态度的本质得出过于温和的结论。首先，即使是亲内群体的倾向（而不是反外群体倾向），但如果是表现在排他性的游戏中或友谊里，也可能造成社会分裂（Aboud and Sankar，2007；Aboud et al.，2003）。其次，正如我们所看到的，确实有一些证据发现，即使是非常年幼的儿童也会表现出对外群体的明确的否定，例如针对一些外群体的国家和超重的同龄人（Barrett，2007；Cramer and Steinwert，1998；Powlishta et al.，1994）。最后，一些日常的观察表明，游乐场里并非一切都是美好的。Goodman（1952）的研究指出，在她所采访的4岁儿童中，大约有四分之一的孩子做出过带有明显偏见的评价。近期，Katz（2003，p.897）报告了下面这段与一个3岁白人儿童的对话：

> 问：哪个孩子会被老师训斥？
> 答：那个黑人孩子。
> 问：哪个孩子把垃圾扔在地上了？
> 答：那个黑人孩子。
> 问：为什么？
> 答：因为他/她是黑人。

有趣的是（这与我将在后面的章节讨论的内容有关），这个孩子的母亲显然持有相当开明的跨种族态度，并对她女儿的回答感到相当震惊。

我最近读了一篇文章，描述了加沙地带宗教分歧的一些后果。以下是一位母亲的经历：

> 有一次我带着我正在上小学的女儿去公园，那里还有另一个小女孩。我女儿来到我旁边，说那个女孩一直在说哈马斯比法塔赫好。我叫她回去

和小女孩谈谈学校的事情，然后一起玩。但是那个女孩就一直在说那件事［……］这种仇恨破坏了一切。当这个 5 岁的孩子长到 18 岁时会发生什么？所有这些孩子都只会记得法塔赫和哈马斯是如何斗争的。这就是我担心未来的原因。(*Observer*, 10 February 2008)

当我们考虑到来自少数群体或地位较低群体的儿童时，我们必须首先记住他们的反应有着更大的差异——从强烈的内群体偏好到几乎是同样强烈的外群体偏好。后一种反应在心理学家和教育学家中引发了很大的争议，因为这似乎暗示了他们对种族群体的错误认同，甚至可能是某种"自我憎恨"。同样，采用二元选择任务得到的偏好方面的数据本身并不能支撑这一观点，尽管值得注意的是，少数群体儿童中表现出内群体偏好的人数比例总是远远小于多数群体。Stephan 和 Rosenfield (1978) 在研究白人、黑人和墨西哥裔美国小学生的种族间态度和自尊时，强调了这种"自我憎恨"论点所面临的困境。这三个群体都是具有种族中心主义的，且白人儿童的种族中心主义比其他两个群体（虽然不是很明显）更强。白人儿童和黑人儿童的自尊水平大致相当，而墨西哥裔美国儿童的自尊水平较低，这可能是社会阶级导致的结果。换言之，几乎没有迹象表明少数族裔群体的儿童存在着普遍的"自我拒绝"（参见第八章）。然而，在黑人儿童中，自尊和种族中心主义之间存在着相关：种族中心主义越弱（也就是说相比于白人，他们越不喜欢黑人），他们的自尊水平就越低。

一些日常的证据也表明，至少对于一些孩子来说，外群体偏好可能确实意味着内群体拒绝。以下是在 Clark 和 Clark (1947) 的研究中，一些黑人孩子不选择黑皮肤玩偶的一些原因："因为他长得丑""因为它看起来不漂亮""因为他是黑人"(p. 316)。在 Goodman (1952) 的研究中，甚至有一个 4 岁的黑人女孩使用了更强烈的语言"黑人——我恨他们"(p. 46)。也请回忆我在本节开始时提到的加勒比黑人儿童在电视节目片段中的评论。

著名的美国黑人作家 Maya Angelou（玛雅·安吉罗）回忆她最初的童年幻想之一就是"看起来像一个甜美的白人小女孩，这是每个人的梦想，是这个世上最美好的事"(Angelou, 1969, p. 4)。最让人难过的是，有报道称黑人儿童不时被观察到试图"洗干净"他们皮肤的颜色。我不止一次从那些亲自照顾过黑人儿童的人那里了解到这样的情况。同样的事情也在英国的流行杂志上一篇关于种族主义的文章里出现过，其中一位亚洲女性称："我 9 岁的女儿走进浴室并用刷子刷她的皮肤直到流血，因为邻居说她脏。"(*Living*, June 1992, p. 25)

如果从这些不完整的观察中得出结论——少数群体的儿童对于他们自己和他们的群体一直并将永远持有消极的看法，那么这种结论就是错误的；很明显，在这些自我觉知中存在着许多重要的文化和历史的差异。然而，少数和多数群体儿童群际偏好的差异被观察到存在着一致性，这确实表明作为从属或优势群体中的一员，其成长的经历和结果是不一样的，而我们有关偏见发展的理论应当留意到这一点。

性别认同与偏好

除了偶尔的例外，经典的种族认同研究仅给儿童呈现两个目标对象的刺激，并要求他们在两者之间做出选择。毫无疑问，大多数情况下刺激是相同的性别。因此按理来说，如果儿童想要做出任何区分，就或多或少地不得不从种族上来区别这些刺激。这种程序也妨碍了对另一个主要的（或许是所有类别当中最重要的）社会类别的研究：性别。刺激中包括性别信息的偏好研究是研究者尤为感兴趣的，因为它们使得衡量研究中特定的儿童样本如何看待性别和种族（或其他类别）相对重要性的问题成为可能。其中，Katz 和 Zalk（1974）的一项研究向四五岁的儿童提出了一个常见的问题，它是关于 4 个娃娃的：两个黑皮肤，两个白皮肤，每种性别各两个。与之前提过的研究相反，Katz 和 Zalk 在黑人和白人儿童中几乎没有发现种族中心主义的偏好。与此同时，存在着一些自身性别偏好的迹象，但仅限于女孩。

性别认同和相应的性别偏好对于年幼的儿童来说是很重要的，这一观点长期以来一直被质疑（Kohlberg, 1966；Mischel, 1970）。的确，正如 Maccoby（1988）所指出的，性别作为一种社会类别几乎存在于所有已知的语言和文化中，因此如果性别不被频繁地当作一种社会心理建构来加以使用，那就太奇怪了。实证研究的证据也确实支持了这一点，尽管这些证据主要来自西方社会。Thompson（1975）发现，虽然在 2 岁时儿童还仍旧无法确定自己的性别身份（只有约一半的儿童能正确地回答出他们是男孩还是女孩），但到了 2 岁半到 3 岁时，性别身份已经牢固地建立起来了（在这个年龄段超过 80% 的儿童能正确回答）。然而，在这个年纪，知道自己的性别并不意味着充分理解了性别的概念。Kohlberg（1966）认为，儿童对性别的思考与他们在其他领域的思考是平行的。就像五六岁以下的儿童很容易被事物的外表所误导（例如，他们会相信一个高且细的玻璃杯比一个矮且宽的玻璃杯所装的液体更多），所以他们对性别的感知可能是相当不稳定的。Slaby 和 Frey（1975）通过向 2~5 岁的儿童提出一系列问题，询问他们作为男孩或女孩的后果，证明了上述观点。与 Thompson （1975）一样，在确定了绝大多数（超过90%）儿童知道自己的性别之后，他们继续向儿童询问：如果他们穿的是异性通常穿的衣服，或者他们玩的是异性经常玩的游戏，会发生什么后果？Slaby 和 Frey 发现，在获得被称为"性别恒常性"的能力方面存在着一个明显的阶段性进展：年幼的孩子无法很容易地理解换衣服并不意味着性别的改变！直到5岁，才有相当数量的儿童表现出完整的恒常性（另见 Yee and Brown，1994）。

事实上，儿童在清楚地理解性别身份之前就会表现出对自身性别的偏好。任何在幼儿园或小学工作过的人都会告诉你，男孩喜欢和男孩一起玩，并且更明显的是，女孩喜欢和女孩一起玩。很多研究中观察到了这种早期的性别隔离。其中最深入的一项研究是在蒙特利尔的一个日托中心开展的。研究仔细地观察了18个月至5岁半儿童的亲和行为（La Freniere et al.，1984）。图 5.4 显示了同性别亲和行为的百分比随着年龄的增长而增长。最小的儿童几乎没有性别隔离，但仅仅是2岁多一点，女孩们就已经表现出明显的同性别偏好，她们与其他女孩的亲和行为是与男孩的两倍。到3岁时，男孩已经"赶上来"了，此后男孩和女孩都继续表现出明显的同性别偏好（另见 Jacklin and Maccoby，1978）。

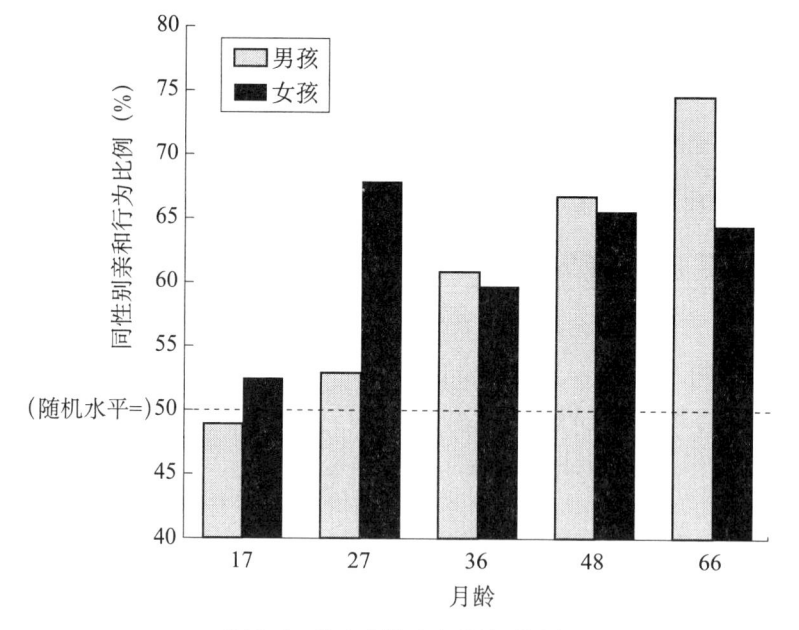

图 5.4 儿童在游戏中的性别隔离

资料来源：Adapted from Figure 1 in La Freniere et al.，1984.

然而，把 3~4 岁这个年龄段作为性别隔离的开端并不具有什么价值。在另一些具有不同的家庭生活模式和社会规范的文化中，这种现象可能开始于不同的年龄。例如，Harkness 和 Super（1985）发现，肯尼亚农村社区的性别隔离直到 6 岁或 9 岁后才会产生。研究者将这一迟滞现象归因于这些儿童的肩膀上承担着更多的家庭和经济责任：他们时常帮助照看孩子、放牛和做其他的家务，而这些活动通常是在男女混合的群体中进行的。一旦他们接近或到达成年期（通常以某种正式仪式为标志），按性别进行的劳动和社会交往的划分就会变得更加明显。

性别隔离也不是一成不变的。Serbin 和同事们（1978）的研究表明，幼儿园教师通过正强化可以改变 4~5 岁儿童参与跨性别合作游戏的频率。在为期两周的研究"干预"阶段，教师们系统地表扬了那些与异性成员一起合作游戏的孩子。这使得儿童与异性游戏的时间增加了。然而，在干预期结束后，他们会立即回到他们喜欢的同性活动中去。

Hayden-Thomson 和同事们（1987）使用了一种不同的方法。他们要求儿童根据他/她自己对同龄人的喜欢程度，把同班同学的照片"贴"在三个盒子里。在每个盒子上都有一张图片：一张高兴的面孔（放他们喜欢的同学的照片），一张中性面孔，一张悲伤的面孔（放他们不喜欢的同学的照片）。儿童经常把更多的同性同龄人照片贴在"高兴"的盒子里，并且至少在其中一项研究中，女孩比男孩更早地表现出这种性别偏向（在幼儿园时期）（另见 Powlishta et al.，1994）。我们将面孔照片的数量扩大到 7 张（见图 5.5），询问了 3~9 岁的儿童他们对男孩和女孩的看法（Yee and Brown，1994）。我们也让他们思考每种性别的"好"和"不怎么好"的方面。

从图 5.5 可以看出，到 5 岁时，男孩和女孩对自身性别都表现出极大的偏爱。请注意，对外群体的评分远低于该量表的理论中值（=4）。也请注意，女孩（尽管不是男孩）甚至在 3 岁时就表现出这种偏向。

因此，总而言之，有充分的证据表明了性别类别对于幼儿的心理重要性。幼儿很快就能习得自己属于哪种性别，尽管这种身份要到 5 岁或 6 岁时才能达到稳定（至少在西方儿童中是这样），并且他们在很小的时候就对同性别的同龄人表现出非常一致的偏好。这种性别偏见（如果我们想这么称呼它的话）似乎在 5 岁左右达到顶峰，并一直保持这一水平直到青春期。

图 5.5　自身性别偏向的发展

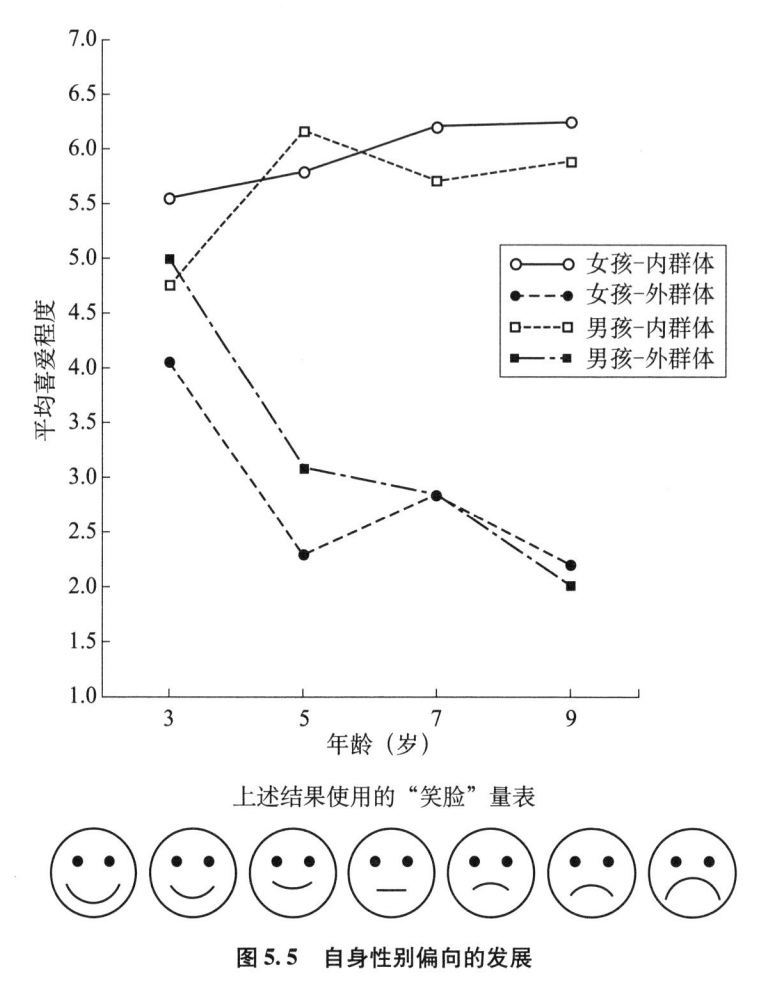

资料来源：Adapted from Table 1 in Yee and Brown, 1994.

❄ 儿童的群际歧视

在上一节我回顾了儿童对各种内群体类别的认同和偏好在个体发生学方面的证据。在意料之中的是，其中许多数据在本质上是相当的，即儿童对一个群体的态度比对另一个群体的态度更为积极。在本节，我想进一步探讨这一主题，并在更广泛的群际情境中考察儿童的态度；我尤其希望探索群体间行为歧视的发展过程。与上一节相同，我将重现两个主题：一个是在比较早的年龄就可以观察到儿童的偏向性态度和行为；另一个是在 5~8 岁的年龄段，儿童似乎尤其会以群体为中心并持有偏见，但随着年龄的增长，其程度会逐渐减弱。

还记得在第二章，Davey（1983）提供了一个尤为令人信服的证据，表明在儿童中普遍存在着歧视。当时我提到了一项关于 500 多名英国小学生的研究，其中超过一半的儿童在分糖给他们（不认识的）本种族和其他种族的儿童时，表现出了种族中心主义的迹象。

Avermaet 和 McLintock（1988）也提供了相似的证据，表明儿童存在着偏爱他们自己种族群体的倾向。这项研究是在一个不同的语言背景下（比利时）展开的。研究针对的是年龄为 6~10 岁讲佛兰芒语的儿童。首先，主试播放一段关于另一个班的儿童的短视频（没有声音），并声称这个班的儿童讲佛兰芒语或讲法语。这就在儿童给他们的同班同学和其他班同学分配奖品时（一些装着漂亮彩笔的罐子）提供了一个借口。在最初的群际评价阶段，儿童对于另一个班的态度相当积极，但当被告知另一个班的儿童和他们一样说佛兰芒语时，他们对这个班的评价无疑是更为积极的。这种内群体偏见在中等年龄组（8 岁儿童）中最为明显。在随后的奖励分配时，研究中的儿童表现出了对于另一个班级的偏见：他们为自己保留了 6 罐笔，而给另一个班级的笔仅稍微多于 2 罐。这种不平等的分配受到了两个班级在任务中的表现情况的影响：如果另一个班表现得更好，他们就会给得更多一些。但是，如果他们认为另一个班说法语，就不太会表现出这种公正的行为。

我们针对小女孩和小男孩开展的一项实验也发现了这种在公正和内群体偏好之间寻找平衡的特点（Yee and Brown，1994）。在一场用废弃材料制作拼贴画的比赛中，我们给儿童展示了两幅拼贴画，并引导他们对其中一幅产生偏好。根据实验条件，所喜欢的拼贴画是由一群女孩（或男孩）制作的；而另一幅（不太喜欢的）是由一群男孩（或女孩）制作的。换言之，与第一幅相反。然后，儿童把奖品（一些有吸引力的玩具）分配给两个团队。从图 5.6 可以看出，一方面，男孩子在分配时似乎使用了某种公正原则，把更多有吸引力的奖品给了"表现更好"的团队。另一方面，不管女孩团队的表现如何，女孩子总是把更好的奖品分给女孩团队。这项研究的另一个发现也很有趣。奖品分配中性别偏向的程度与性别恒常性的一个组成元素（稳定性）呈正相关，这正是上一节提到的他们在性别态度上的偏向（见图 5.5）。

一些模棱两可的社会环境中包含了不同种族的同龄人，在针对这些社会情境做出各种解释时，也可以观察到儿童持有偏向性观点。McGlothlin 和 Killen（2006）向 7~10 岁的白人小学生呈现各种各样的图片，这些图片可以被解释为一个孩子对另一个孩子做了坏事。例如，一张图片展示了一个孩子坐在秋千旁

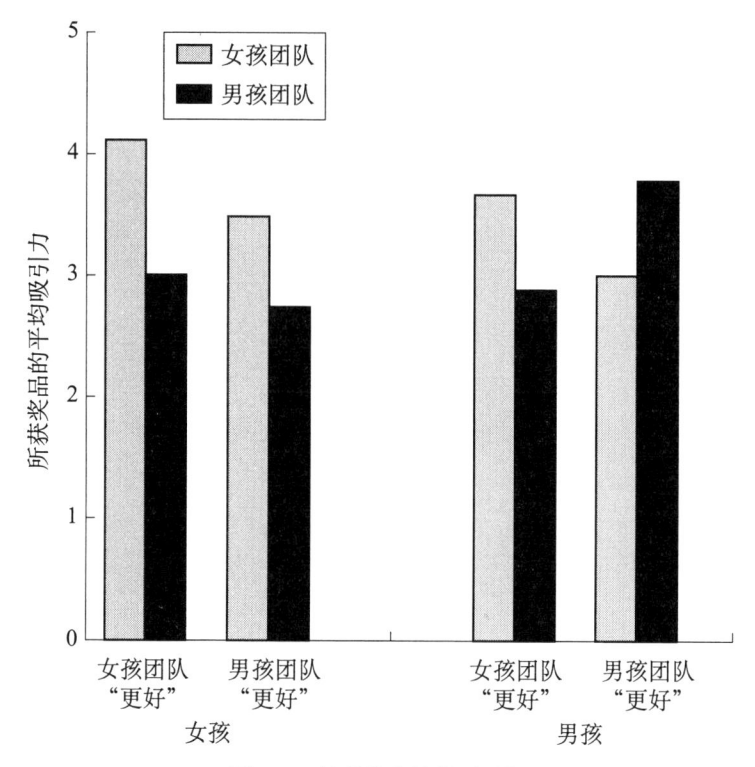

图 5.6 低龄儿童的性别歧视

资料来源：Adapted from Table 3 in Yee and Brown, 1994.

边的地上，她的脸上带着痛苦，而另一个孩子站在秋千后面。这两名儿童的种族被系统地改变了。McGlothlin 和 Killen 发现，在"作恶者"是黑人而"受害者"是白人的情境中，白人小学生更有可能将其解释为发生了不好的事情，且与白人"作恶者"相比，黑人"作恶者"被更消极地看待，并更容易被判断为有可能在未来表现出坏的行为。这些观察到的结果让我们联想起在第四章谈到的"终极归因偏误"和"语言的群际偏误"现象（另见 Maass, 1999; Pettigrew, 1979）。当"他们"当中的一员做出了一些潜在的坏事时，我们更有可能把行为的原因归为一些内在的特质。

在 McGlothlin 和 Killen（2006）的研究中，儿童是在种族同质化的学校里上学的，可能正是这个原因导致他们几乎没有非裔美国人的朋友。这种外群体接触的缺乏很可能在他们歧视态度的发展过程中起到一定的作用，因为 McGlothlin 和同事们（2005）在一个类似的研究中使用了相同的材料，针对相似或年龄稍小的儿童样本，这些儿童就读于种族混合学校，但结果没有发现这种偏见。我们将在第九章看到，多样化的社会团体提供了更多的群际接触机会，这就促进了跨群体友谊的发展，从而减少了偏见。

在上述大多数的研究中，态度是由对照片或图片刺激的反应所引发的。Harris 和同事们（1992）提供了一个更令人信服的证据来说明儿童的态度和行为会因为将同伴知觉为从属于被污名化的类别而改变。为了检验自我实现预言的假设（参见第四章），他们将小学男生和其他他们不认识的男生配对，并让他们完成两项任务。一半的男孩被引导去相信他们的同伴患有多动症，并被警告说他可能很难与别人玩到一起；其余的人则没有得到这种预期信息。事实上，被试并不知情的是，只有一半的同伴（在两种条件下都是一样的）被诊断出患有疾病；另一半的同伴都是"正常的"。这些预期对男孩们的态度和行为产生了很大的影响。与那些没有得到预期信息的儿童相比，那些被告知他们正在与一个多动的同伴（不管他们是否确实是）进行互动的儿童认为这项任务更难。他们也更不愿意因为同伴做得好而归功于同伴，并且从他们的实际行为中也能观察到，他们对于同伴的态度没那么友好。"目标对象"儿童的态度是上述待遇的镜像。那些被定义为多动的儿童（尤其是当他们实际上并不是的时候）比那些没有被污名化的儿童更不喜欢这种体验，这大概是在回应知觉者的不友好行为。我们再一次看到，社会刻板印象具有一种不良的倾向，即按照自身的表象来塑造世界。

到目前为止，我们讨论的所有群际现象都与诸如种族、性别和残疾等现实生活中的类别有关，所有这些类别都具有根深蒂固的文化价值和意义。这些偏见究竟有多普遍？尤其是有没有可能把它们与其产生的特定社会关系相分离？为了回答这些问题，有时候需要创建一些临时的（*ad hoc*）群体并观察其从属关系及行为。Vaughan 和同事们（1981）进行了一次尝试。他们将最简群体范式（参见第三章）用于 7 岁和 11 岁的儿童。在完成了正常的图片偏好任务后（但这次看的是儿童的画作，而不是 Klee 和 Kandinsky 组的画作），儿童被分成了两组。然后他们需要给这些小组分钱（但不是给他们个人）。在奖金的分配方面显示出了常见的群际歧视：儿童给他们本小组的钱要比给另一个组的更多，尤其是当这种分配方式可以在两个群体间建立起相对的差异时。研究结果没有发现一致的年龄效应。Wetherell（1982）采用了相似的最简群体范式，比较了新西兰的 8 岁儿童的反应，其中包括欧裔儿童、毛利儿童和波利尼西亚儿童。与 Vaughan 和同事们（1981）一样，她在三个群体中都观察到了群际歧视。然而，也存在着一些有趣的文化差异。与欧裔儿童相比，波利尼西亚儿童和毛利儿童对外群体的成员更加慷慨，且波利尼西亚儿童似乎特别喜欢两个群体都获益的分配办法，而不是内群体比外群体所得到的更多。

在这些非常朴素的最简群体情境中，7岁很有可能是表现出歧视行为的分水岭。Spielman（2000）为5~6岁的儿童创建了一个类似的最简群体范式。在标准情境中，当除了接受者的群体成员身份外，儿童没有其他可用的信息时，Spielman（2000）发现几乎没有任何证据表明在这个更年幼的群体中存在着群际歧视。然而，只要给被试提供一丁点竞争性暗示，比如实验主试给儿童讲了一个关于两个孩子赛跑的小故事，就足以再次引发歧视。

顾名思义，最简群体范式是一种非常简单的社会情境。人们除了被告知他们属于一个群体而不是另一个群体之外，没有被提供什么其他的信息。但在现实生活中，我们的群体成员身份带来的后果远比这重大：我们的肤色或宗教信仰的性质通常意味着其他人会以特定的方式看待和对待我们。用术语来说，我们与我们群体中的其他人经历着**共同命运**（common fate；Rabbie and Horwitz，1969）。有时，这种命运意味着享有其他群体没有享有的某些特权或遭受其他群体没有遭受的某些贫困，稍后我将讨论当儿童发现自己处于较高或较低地位的群体时会发生什么。不过在此之前，让我考虑一下共同命运本身的影响。创建一些最简群体，并赋予它们一些社会意义，比如让老师（或其他权威人物）使用这些群体来组织儿童的活动，通过上述方式可以检验这些影响。

Bigler和她的同事们在一系列的研究中采用了上述程序。这些研究不局限于心理学实验室，而是在儿童暑期学校项目的自然环境中开展的（Bigler et al.，1997；Brown and Bigler，2002；Patterson and Bigler，2006）。Bigler和同事们（1997）安排这些儿童（6~9岁）在暑期学校期间（通常是6周）穿着两种不同颜色T恤衫中的一种。在控制组的教室里，没有进一步提到或使用过T恤衫。然而，在第一个实验组教室里，教师们总是通过颜色分组来组织儿童的活动、安排座位等。由于这种条件下，T恤衫是随机分给孩子们的，所以研究者称之为随机条件。在第二个实验组教室里，这些T恤衫是根据一项生物学标准来分配的：深色头发的儿童得到一种颜色，浅色头发的儿童得到另一种颜色。在其他方面，教师的行为与随机条件下相同。结果发现，随机条件和生物条件之间几乎没有明显的差异。然而，这些儿童与控制组儿童确有不同，其中最明显的就是群际评价。他们比控制组儿童明显更加偏爱自己颜色的小组，而控制组儿童在群际评价时则十分公平。不过，当被问及他们是否愿意换组时，即使是控制组的儿童也表示不愿意，这说明他们存在一些基本的内群体偏好。Patterson

和 Bigler（2006）发现，即使是在 3 岁的儿童中，上述后果性的分类也存在一些相似的作用：实验条件下的儿童（这次仅有一个随机分类的程序）比控制条件下的儿童表现出更强的偏好，即与另一个颜色小组相比，儿童更希望与自己相同颜色小组的同龄人一起玩。有趣的是，在这些研究中，内群体偏爱和儿童的分类认知能力都不存在明显的相关。正如我们将在下一节看到的，这具有非常重要的理论意义。

上述研究的结果有两点值得引起注意。首先，仅有分类本身（控制条件）一般不足以引发太多的内群体偏见。与"真正的"最简群体范式受到了严格控制的情况不同（Tajfel et al., 1971），在日常喧嚣的学校教室里和操场上，不同的 T 恤衫就失去了它们的社会意义。直到教师开始使用和提到颜色组后（在实验条件下），儿童才开始产生歧视。其次，导致歧视的似乎是共同命运本身的经历（即在一个群体而不是另一个群体中可以被识别出来），而与固有的生物学特征没有关系。这再一次提醒我们：偏见可以沿着任何一条社会分化的界线来形成，而不仅仅是那些不变的、相貌差异上的划分。

与它们之前的那些最简群体实验一样，这些研究中的两组被试处于平等地位；但在现实世界中，这种平等是几乎不存在的。儿童针对处于"更好的"或"更差的"群体中会做出什么样的反应？这是我们在一个实验中所探讨的问题。这个实验利用了儿童露天游乐会和派对组织者最喜欢的游戏：勺子托鸡蛋赛跑（Yee and Brown，1992）。在勺子托鸡蛋赛跑前，每个孩子都会先进行练习，并得到一些关于表现的反馈（所有儿童得到的反馈都是一样的）。之后，他们被分配到性别相同但互不认识的两个团队之一。在实验条件下，每个儿童都被安排在一个明显全是勺子托鸡蛋专家的团队，因为其中的成员显然都做得和他/她自己一样好，或者比他/她自己更好，并且明显比竞争对手更好。或是，他们被安排在另一个不那么强的团队里。当被要求评估在即将到来的勺子托鸡蛋比赛中这些团队可能的表现情况时，儿童的评价受到团队分配的巨大影响：那些所谓的"快"队的儿童对自己团队的评价都比另一队更高。有趣的发现来自"慢"队。在"慢"队中，大多数的儿童做出了相反的评价，即对外群体的评价比对内群体更高。但其中有一个重要的例外。5 岁的儿童（实际上接近 5 岁半）保持着甚至是稍微增强了他们的内群体偏好，尽管他们得知自己在一个不太好的团队里！对团队士气的测量（"你想留在你的团队里还是换到另一个团队去？"）也显示了相似的情况："快"队中超过 80%的儿童很高兴留在他们的团队里；与此同时，"慢"队中 70%的儿童（5 岁的除外）想换组。但 5 岁的儿童不是这样：他们中有超过三分之二的人想要继续留在地位较低的团队里。

尽管设置了这个关于换团队的问题，但是在 Yee 和 Brown（1992）的研究中，团队的界线是固定的，且儿童并不相信他们可以更换团队。那么如果这种"社会流动性"真的存在的话，会发生什么呢？Nesdale 和 Flesser（2001）在一项针对澳大利亚 5~8 岁儿童的研究中探讨了这个问题。和我们的研究一样，儿童被分为地位高或不高的团队（"出色的"画家或只是"好的"画家）。他们中的一些人被告知，如果他们愿意的话或许可以更换到另一个团队；其他人则被告知这是不可能发生的。在这项研究中，研究者感兴趣的主要指标是儿童对自己和他人团队成员的喜欢程度。果不其然，儿童在这些评价中表现出常见的、强烈的内群体偏见。然而，偏见的表现程度取决于儿童的年龄、他们所处的群体地位，以及流动的可能性。5 岁儿童对于地位和流动性尤为敏感，当处于高地位群体且不可流动时，他们表现出了最多的偏见，而当流动性是可能的时候（此时低地位群体表现出了稍多的偏见），他们则表现出了相反的模式。相比之下，8 岁的儿童似乎只对地位有反应：当他们处于高地位的团队中时，不论流动的可能性如何，他们都表现出了更多的偏见。[3]

像这样的实验以及其他的一些实验（我稍后会讲到）是很有意义的，因为它们表明即使是很小的儿童（3 岁）显然也能够做出必要的社会比较，从而使自己能够运用他们所处群体的相对地位的信息。这在理论层面是很重要的，因为有些人认为这个年龄的儿童无法或不倾向于做这样的比较（Ruble et al.，1980；Suls and Mullen，1982）。正如我们之前在种族群体中以及现在在人造群体中所看到的，似乎有证据表明这些儿童对于群际地位的差异是敏感的。

当然，地位差异并不是制约现实世界中群际关系的唯一重要因素。Nesdale（2004）认为，与外群体的冲突程度或是受到外群体威胁的程度是儿童偏见的一个重要刺激。在下一章我们将看到，研究者在针对青少年和成年人的研究中已经获得了与这一观点一致的大量理论和证据（例如，参见 Sherif，1966；Stephan and Stephan，2000）。儿童和成年人一样，对于他们内群体的物质幸福感（material well-being）也是敏感的。Nesdale（2004）认为，是否出现真正的偏见（即对外群体的实际厌恶或诋毁），可能也取决于儿童对所属群体的认同程度，以及他们把哪些行为视为是恰当的（换言之，取决于他们对内群体规范的感知）。那些认为某个内群体特别重要的儿童更可能对具有竞争性的外群体做出更强烈的反应，尤其是当他们感觉到这些同龄人同样不友好时。

Nesdale 和他的同事们通过一些巧妙的研究检验了这些想法。在其中一个研究里，一大群 5~11 岁的澳大利亚白人儿童被分配到一个高地位群体（"出色的"画家）中；这个群体里还有另外两个相同年龄、相同种族但他们不认识的孩子（Nesdale et al.，2005a）。研究者使一半的儿童相信他们会在这个团队中很好地合作。这是为了提高认同感。然后儿童遇到了另一个团队，他们稍后要跟这个团队竞争，但这些人不如他们自己团队的成员画得那么好。在一些条件下，儿童被告知另一团队的人不喜欢他们，并认为在最初的评判中裁判是不公平的。这种设计是为了创建一个群际威胁的情境，尤其是相比于控制组没有得到关于外群体的任何信息。这个实验得到了几个惊人的发现。首先，正如预期的那样，尽管事实上他们都不喜欢外群体，但认同感强的儿童比认同感弱的儿童在他们的喜欢程度评分上表现出更大的偏向。其次，更明显的是，对威胁的感知也增大了偏向，现在只有那些处于高威胁条件下的儿童表现出对外群体的强烈厌恶；在低威胁条件下，对外群体的喜欢程度在量表的中值处徘徊。最后（从发展的视角来看是很重要的），随着年龄的增长，偏见明显减少了（见图 5.7）。年龄最小的、5~7 岁的那个团队是偏见最多的，他们不仅非常喜欢自己的群体，而且明显不喜欢外群体。7~9 岁的儿童稍微宽容一点，直到最年长的那个团队不再讨厌外群体。这并不是我们第一次注意到年龄和偏见之间的这种反向关系（可回顾 Clark and Clark，1947；Powlishta et al.，1994；Rutland et al.，2007）；这也不会是最后一次。

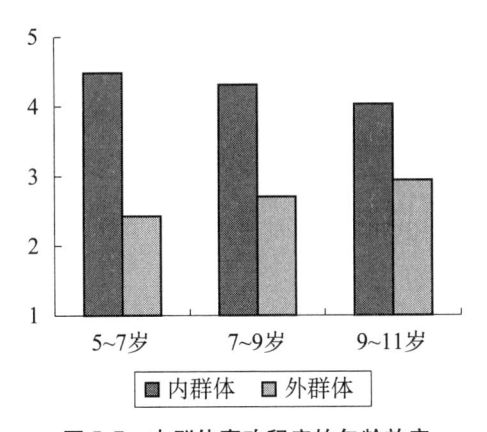

图 5.7　内群体喜欢程度的年龄效应

注：除了 9~11 岁组对外群体的喜欢程度外，其余所有均值都与量表中值（3.0）有差异。
资料来源：Adapted from Table 1 in Nesdale et al.，2005a.

Nesdale 和同事们（2005b）使用了相似的范式。然而，他们没有对群体认同进行操纵,而是改变了内群体规范(喜欢外群体的成员和与他们合作的恰当性)。结果同样发现,具有威胁性的外群体比不具有威胁性的外群体更不受欢迎。排斥外群体的规范也导致了更多的偏见,尤其是对于研究中年龄较小(7岁)的儿童来说;对于9岁的儿童而言,需要将排斥性规范与外群体威胁结合起来,才能观察到明显的外群体厌恶(有关儿童对于内群体规范敏感性的进一步证据,另见 Abrams et al., 2007)。

总而言之,现在应该很明显了,儿童早在五六岁时就能表现出群际歧视,且有时甚至更早。此外,这种歧视有时表现为对外群体的负面态度或行为,而不仅仅是一种对内群体的偏好。最后,有一个好消息是,虽然偏见不会完全消失,但在儿童到了 9~10 岁时似乎可以消散一些。在下一节,我将考量对这种发展轨迹的最合理解释。

❖ 理解儿童偏见的发展过程

"难道你不讨厌做一个女孩吗?"乔治问道。

"不,当然不。"安妮说,"你看,我喜欢漂亮的连衣裙,我有我的布娃娃,但如果你是个男孩,你就不能那么做。"

Enid Blyton, *Five on a Treasure Island*, 1942, 1989;
录自 EMI Records Ltd

关于儿童偏见的产生最公认的解释是,偏见是通过直接的社会化而获得的,包括从父母和其他渠道(例如通过同辈群体的影响以及文化传播的常见方式)获得。这可能是基于儿童发展的学习理论而提出的假设,而且也非常可能是许多普通人的想法(例如,参见 Bandura, 1977; Mischel, 1966; Sears et al., 1957)。从表面上看,这种解释有很多可取之处。虽然关于这种影响的确切性质及程度的争论仍然很激烈,但很少有人会否认家庭环境对儿童的发展存在着一定的影响(参见 Harris, 1995; Plomin, 1990)。到目前为止,有充分的证据表明在媒体和儿童文学中存在着对男性、女性和某些少数群体的刻板印象角色的描述(Durkin, 1985; Graves, 1999; Milner, 1983)。我敢肯定,我不是唯一一个在给自己的孩子读喜爱的睡前故事时,面对着那些似乎充斥于页面的、粗制滥造的传统刻板印象而皱眉的家长(参见之前 Enid Blyton 的那段摘录)。我们会很自然地得出结论:所有这些社会-文化的影响应当会直接决定我们的孩子们的社会态度。

不幸的是，事实并非如此简单。的确，上述结论得到了研究的支持，这些研究提供了证据表明受父母影响的社会化会对儿童的态度产生直接作用，并观察到了接触大众传播媒介与儿童的偏见及刻板化思维之间存在着相关。最早的这类研究之一就是 Horowitz 和 Horowitz（1938）的开创性研究。除了在种族觉察方面有一些发现之外，他们还对父母和孩子都进行了访谈。这些访谈的一些公开摘录，即使是逸事，也显示出在战前美国南部的一个州，父母在儿童种族主义态度的社会化方面有着直接的影响。这里有个例子，一个 7 岁的白人女孩在谈论她的玩伴时说："妈妈不让我和有色人种的孩子玩，因为他们是有色人种。如果你和他们玩可能会得肺炎。如果我和有色人种的孩子一起玩，妈妈就会打我。"（Horowitz and Horowitz，1938，p. 333）一些家长公开地承认了他们的这种直接控制："T 总是和其他孩子一起玩。是的，我曾经告诉她不要和他们中的一些人玩。只是告诉她，从来没有给过她任何理由。她从来不和黑人孩子一起玩，我没有必要告诉她。"（Horowitz and Horowitz，1938，p. 335）

然而，更加系统的研究并不总能证实这些早期的观察。Bird 和同事们（1952）以及 Mosher 和 Scodel（1960）的确发现，白人父母的种族中心主义与他们的子女对于种族群体的负面态度之间存在着相关，这一发现与代际直接传播的观点是一致的。但是，这种相关并不强。与此同时，Branh 和 Newcombe（1980）采用相似的方法研究了黑人家庭中父母和孩子态度的相关性，结果发现了一些令人吃惊的相反关系：对于 4~5 岁的儿童来说，父母的种族中心主义（即亲黑人的态度）与孩子在玩偶选择类型任务中的亲黑人选择之间存在着负相关。这种关系仅在 6~7 岁的儿童中是正向的，且相关很弱（不显著）。同样，在之前讨论过的研究中，Davey（1983）发现，没有证据表明父母的群际态度（表明上看起来是宽容的）和子女的群际态度（正如我们所看到的，是相当有偏见的）之间存在着强相关（另见 Aboud and Doyle，1996；Spencer，1983）。

在性别态度方面也存在着类似的模棱两可。当然，众所周知，从出生开始，男孩和女孩就会从他们的父母和抚养者那里得到不同的对待（Maccoby，1980）。但我们不太清楚的是，这些不同的经历是否导致了父母直接将不同的性别态度传递给子女。Repetti（1984）开展了一项研究并确实发现，父母的（性别角色）态度与儿童在玩具偏好和职业选择方面表现出性别刻板印象的倾向之间存在着相关。另一个有趣的发现是，虽然儿童看电视的总数量与他们的刻板化判断之间完全无关，但教育类节目的数量与他们的刻板现象之间呈负相关。稍后我将回到媒体可能存在的影响这个问题上来。

与 Repetti 的研究结果相反，另一些研究发现很少或没有证据表明父母对社会化存在着直接的影响。最系统性的工作可能是由 Maccoby 和 Jacklin（1974，1987）完成的。在有关行为方面性别差异的早期研究综述中，他们发现父母自身的性别定型（sex typing）与子女的性别定型之间几乎没有关系，这表明子女通过模仿父母来获得性别差异并不是一件简单明了的事（Maccoby and Jacklin，1974）。她们之后关于学龄前儿童性别隔离的研究进一步质疑了这种来自父母的影响。有两个发现尤其重要（Maccoby and Jacklin，1987）。第一个发现是，尽管同性别的游戏偏好很普遍，然而并不是对于每个孩子而言都具有跨时间的稳定性。但如果某些儿童受到了父母的强烈影响而接受了特定的性别态度，那么上述现象就不可能发生。第二个发现是，没有任何强有力的证据表明父母的行为与儿童对性别隔离游戏的偏好之间存在着关联。唯一相关的是父亲在游戏时对待女儿的粗暴程度和女儿对女性玩伴的偏好。诚然，Maccoby 和 Jacklin（1987）的这些发现是"不显著的结果"，因此从根本上来说是不可解释的；并且它们是基于很小的样本。然而，这些结果确实对"父母可以通过某些直接的方式将性别态度传递给他们的孩子"这一观点提出了一些质疑。

如果父母和孩子之间直接传递偏见的证据很微弱且不一致的话，那么近期的一些研究发现，父母和子女之间的态度可能确实存在着联系；但这种联系是微妙的且依赖于非言语的信息，并受到父母与子女关系性质的影响。Castelli 和他的同事们（2009）测量了 3~6 岁的儿童以及他们的父亲和母亲的外显跨种族态度。此外，他们还使用了**内隐联想测验**（implicit association test，IAT；Greenwald et al.，1998；参见第七章）来测量父母的内隐态度。使用 IAT 这样的测量方法意味着人们的态度不太受到意识的控制，因此不容易受到社会期望和自我呈现等顾虑的影响（Greenwald et al.，1998）。Castelli 和他的同事们感兴趣的问题是父母的偏见性态度，包括外显及 IAT 测量得到的内隐偏见，与他们的子女的外显跨种族间态度之间的关系。和往常一样，父母的外显态度与他们子女的外显态度不相关。但一个有趣的发现是，母亲的 IAT 得分（只是母亲的得分，父亲的得分是无法预测的）与他们子女的群际态度显著相关。由于相关是双向的，我们无法确定因果方向，但有一种合理的解释：儿童从母亲那里接收到了关于她们的感觉的各种无意识信号（在上述例子中是关于黑人外群体的）。父亲和子女之间缺乏类似的相关，这可能与母亲一直被认为是主要的抚养者有关，因此她们是儿童获得信息的更常见来源。

Castelli 和他的同事们（Castelli et al., 2008）的另一些研究也证实了这种猜测，即儿童对于成年人的微妙暗示是敏感的。在实验中，Castelli 和同事们向年幼的儿童（3～7 岁）呈现两个成年人之间跨种族互动的视频。这些视频的性质是由实验所控制的。在其中一半的视频中，白人主角 Gaspare 对他的同伴 Abdul 说黑人的好话；而在另一半的视频中，Gaspare 只是在谈论一个中性的话题（工作）。通过这种方式，研究者操纵了互动过程中的语言内容。与此同时，他们还安排 Gaspare 表现出不同的非言语行为。在一半的视频中，他热情地与 Abdul 打招呼，有力地与他握手，坐得离他很近，并经常与他进行眼神交流；在另一半的视频中，Gaspare 表现得不那么积极，不情愿地和他握手，坐得离他较远，并且避免眼神交流。看完这些视频后，儿童被询问关于 Gaspare 对 Abdul 的态度的各种问题，他会给他多少颗糖果，等等。在所有四个问题中，非言语的因素都存在着依稀可见的影响（在四分之三的数据分析中是显著的），即不管 Gaspare 实际上对 Abdul 说了什么，如果他的非言语行为表现出友善的态度，那么儿童就会察觉到这一点并在他们的回答中体现出来。相反，言语因素在改变儿童的看法方面通常是无效的（只有四分之一的数据分析是显著的）。在后续的研究中，Castelli 和同事们（2008）发现，这些积极的非言语行为的影响也会迁移到新的情境中去（即 Gaspare 遇到了另一个不同的黑人）。

另一个影响子女是否会成为跟父母一样的人的因素是他们对父母的认同程度。如果儿童想要像父母一样，并享受与他们在一起的时光，我们就会预期儿童与父母在代际态度上存在着更大的相似性。至少，这是 Sinclair 和同事们（2005）在试图将父母的外显跨种族态度和他们子女的外显及内隐态度相匹配时的一个假设（再次使用了 IAT）。在上述研究中，只有当研究者考虑了子女对父母的认同之后，明显的相关才会出现。后一因素明显调节了父母－子女之间的相关：在儿童的内隐态度方面，只有当他们认同父母时，他们的态度才与父母的外显态度呈正相关；在低认同条件下不存在任何相关。在儿童的外显态度方面，父母－子女之间的相关却是相反的：同样，对于高认同者而言是正相关，但对于低认同者而言却是负相关，即父母的偏见越少，他们子女的种族主义倾向就越高。

当然，父母并不是对孩子的生活产生影响的唯一因素。在世界上的许多地方，儿童从小就沉浸在从书本、漫画特别是电视上获得的观点和表象之中。不过，这些媒体使儿童产生偏见的证据也是模棱两可的（Graves, 1999）。最早的研究之一是由 Himmelweit 和同事们（1958）开展的，主要聚焦于 10～14 岁的群体。由于这项研究是在电视远没有现在这样普及的时代所进行的,所以有可能实现把"看电视"和"不看电视"的儿童进行很好的匹配,并在一些指标上对这两个群体进行比较。其中一些研究结果让我们很感兴趣,因为在那项实验中,研究者关注的是儿童对外国人和种族群体的看法。研究出现了三个稍微有点矛盾的结果。第一,与控制组相比,看电视者对外群体的判断更客观、更真实,并更少地承载着价值观。第二,研究的另一个部分存在着证据表明,看电视者用更加刻板的方式(例如,他们认为法国人是快乐的和诙谐的)看待一些外国人(尽管不是所有外国人)。第三,与控制组相比,更多的看电视者不同意"我的国家永远是正确的"这一仇外言论。也许这些结果相互矛盾的一个原因是,研究者将他们的样本限定在那些只能接收一个频道(即BBC)的家庭,当时这个频道播放了许多描述其他国家生活的纪录片。这种背景产生的影响可能是既提供了有关那些文化的一些基于事实的信息,又同时强化了某些流行的和刻板的表象。

后续关于电视对于儿童社会态度的影响的研究倾向于证实这一模棱两可的结论。Zuckerman和同事们(1980)将父母报告的、他们孩子看电视的情况与种族和性别偏见的测量进行了相关性的检验。尽管有迹象表明女孩比男孩更容易受到电视的影响,但就整个样本而言,几乎不存在可靠的相关(另见Morgan,1982)。

然而,Williams(1986)研究了初次把电视引进社区带来的影响,并发现两年后男孩和女孩的性别角色分化均显著地提高了。在一项干预研究中,Johnston和Ettema(1982)检验了为期13周的教育类电视节目带来的效果,该干预的明确目标是推动关于男性和女性的反刻板形象。这一系列的节目显著地改变了小学生的性别角色态度,使他们不再那么刻板,并且其中的一些改变持续了9个月之久。

但近期的研究在接触电视的问题上得到了更多模棱两可的结果。Cole和同事们(2003)研究了年幼的(4~5岁)巴勒斯坦和以色列儿童在观看根据《芝麻街》改编的节目(*Rechov Sumsum/Shar'a Simsim*)之前和之后的态度。这是一档展现以色列人和巴勒斯坦人之间相互宽容和理解的儿童电视节目。巴勒斯坦儿童对犹太人的态度比以色列儿童对阿拉伯人的态度要消极得多,并且在该系列节目开始播出四个月后又进一步恶化了。相反,以色列儿童的群际态度变得更好了。像这种自然研究,由于不能设置控制组,无法将这些变化明确地归因于电视节目;它们同样可能仅仅反映了一些近期事件给那个长期动乱的地区所带来的影响。

总而言之，正如 Durkin（1985）所总结的那样，大众媒体对儿童刻板印象的影响几乎都不一致，并且也不是单向的关系（即其中一个因素直接导致了另一个因素）。事实上，所有这一类的解释都假定某种社会主体对儿童的偏见存在着某种简单的决定作用，不管这些社会主体是家长还是更广泛的文化影响（如媒体）。但当我们在思考这一类的解释时，我相信我们也不得不得出 Durkin 这样的结论。至少有四个事实支持这一结论。

第一个事实是，社会类别觉察的出现时间以及儿童对它的使用都是很早的。回想一下，之前我们特别提到过，年龄为 2 岁半到 3 岁，有时甚至是更小的儿童，就能够觉察到性别差异（尤其是）和种族差异，并在行为上对其进行区分。虽然结论本身不是确定性的，但这些社会分化的早熟迹象表明儿童自身对这一过程也做出了某些贡献。

第二个事实是，儿童偏见的增长明显呈非线性的轨迹。正如我们之前看到的，有几项研究指出，在 5 岁到 7 岁这一时期，各种类型的内群体偏好似乎达到了顶峰，随后在青春期前的一段时间内会下降。近期的一项元分析涵盖了 100 多项研究，其结果也证实了这确实是一个普遍的趋势（Raabe and Beelman, 2009）。如果偏见的社会化仅仅是从儿童所处的社会环境中不断地获取理念和价值观，我们就不会预期在其发展过程中存在着这样一个倒 U 形的曲线。

第三个事实是，正如 Aboud（1988）所指出的，在过去四十年里，测量到的成年人的偏见水平有了显著的变化（参见第七章），但近期关于儿童跨种族态度的研究表明，10 岁以下的儿童仍然继续表现出各种形式的偏见。同样的观点也适用于性别，在这个问题上，成年人公开的性别歧视水平似乎有所下降（Kahn and Crosby, 1985; Sutton and Moore, 1985）；但显然，正如我们之前看到的，儿童并没有。正如后面（第七章）我将会讨论到的，成年人态度的这些变化可能并非表面现象；但是，代际上的这种不一致仍然是任何一种线性社会化模型所无法解释的。

第四个事实（与第三个事实相关）是，研究者观察到父母与子女的群际态度之间的相关普遍较低。如果传播过程如同简单社会化模型所假设的那样直接的话，我们希望能够解释 10% 左右的方差，而这意味着典型的相关系数在 0.3 左右。

面对这类问题，社会心理学家已经建立起了理论模型，将偏见的发展与更普遍的、发生在儿童生命头十年中的认知、社会和情感变化联系起来（Aboud,

1988；Cameron et al.，2001；Katz，1983；Maccoby and Jacklin，1987；Nesdale，2004）。虽然这些不同的理论在侧重点上无疑存在着差异，但相比于传统的社会化的解释，它们都有一个共同的假设，即儿童在发展过程中扮演着更加主动的角色。尤其是所有这些理论都把认知能力作为分类的首要因素：它既能帮助儿童理解他们所处的环境，又给他们提供了各种社会身份。

  Aboud（1988）的理论就是上述视角的一个很好的例子。她提出了一个三阶段模型，在这个模型中，年幼时期（5 岁之前）为知觉和情感过程所主导。儿童粗略地将世界划分为一些大类——男性和女性、熟悉的和陌生的——并将这些类别与不同的情绪反应联系起来，这些情绪反应可能来自他们自己的个人经历以及对他人经历的替代性观察。他们也很快学会将自己归属于某些类别而不是其他的类别。这个阶段的思维是以自我为中心的，并受到知觉线索（出现的人和事）的支配（Piaget，1954）。这些情感和认知过程的结合，可能为本种族（也可能是其他）群体偏好的早期出现奠定了基础。然而，在 5 岁到 7 岁之间，儿童的思维会随着**具体运算阶段**（concrete operational period）的进程而变得更加复杂（Piaget，1954）。关于群体的那些不成熟的概念，之前一直被生理特征所支配，比如服饰和皮肤颜色，并表现为对改变性别和种族可能性的不确定；但进入第二阶段后，让位于认知因素，包括更加抽象的和个体内部的特征。在这一时期，与在物理方面获得了守恒的概念相并行的是，儿童认识到许多重要的社会类别的成员身份是相对稳定的，且不会随着外表或年龄的表面变化而改变。大约在同一时期（5~7 岁），儿童的社会取向也经历了一个转变：从早期的以自我为中心转变为对群体的高度关注，对熟悉的和相似的群体（内群体）有着强烈的偏好，以及对不熟悉的和不一样的群体（外群体）产生怀疑和厌恶。因此，早期的内群体偏好演变为成熟的刻板印象，将不那么明显可见的属性和特质与特定的类别相关联，有时还伴随着对外群体的公开贬低。根据 Aboud 的理论，同时发生的这些社会和认知变化可能增强了 5~7 岁儿童的种族中心主义。最后，随着儿童获得了正确的运算思维，他们就会认识到群体内部可能存在着个体的差异，最初很死板的刻板印象就会变得更加灵活，并且能够对反刻板印象或个性化的信息做出反应，进而发生顺应性的改变。这被认为是儿童进入青春期后通常会观察到偏见有所减少的原因。

  虽然 Aboud（1988）特别关注种族偏见的问题，但似乎没有理由不认为相似的社会-认知过程可能也是性别（和其他类型）偏见形成的基础，尤其是考虑到它们之间存在着许多相似（Katz，1983）。

如果 Aboud 将儿童群际态度的变化与他们认知能力的发展联系起来的观点是正确的，那么我们应当预期会发现对**守恒**（conservation）的测量（即真实地感知到尽管外表发生了变化，但人和物具有某些不变的属性）和儿童的偏见性态度之间存在着可靠的相关。但这些相关的证据是混杂在一起的。Clark 和同事们（1980）发现，在 5~7 岁的儿童中，对守恒的测量和种族中心主义之间存在着负相关，且仅限于使用了一名黑人主试的情况下。Doyle 和同事们（1988）发现在相似年龄的儿童中，群际态度的灵活性与守恒之间呈正相关，但与种族恒常性不相关。在一项罕见的纵向研究中，Doyle 和 Aboud（1995）发现 6~9 岁儿童的守恒与种族偏向之间不存在相关，尽管他们的偏向水平在这个年龄段确实呈现出常见的下降趋势。此外，另一个重要的认知技能——分类能力，似乎与内群体偏好无关（Bigler et al.，1997；Patterson and Bigler，2006）。同时，Corenblum 和 Annis（1993）、Yee 和 Brown（1994）以及 Rutland 和同事们（2005a）均观察到认知发展的测量指标与群际偏向之间存在着正相关。

因此，某些认知能力的获得与偏见之间的联系似乎也不是直接的。对于这些研究结果间的不一致，有一种解释是它们所研究的年龄组不同。对于更年幼的儿童而言，特别是在到达具体运算阶段之前的那几年，如果儿童相信一个人的性别或种族可以通过换衣服和换发型来改变的话，那么很难想象他们会持有很明确的群际态度，因此我们可能确实会预见在**种族恒常性**（ethnic constancy）、守恒和偏见之间存在着正相关。对于年龄较大的儿童而言，他们处于正在获得更复杂的抽象思维的过程中，包括针对其他群体的成员可能会以不同的方式来看待世界这一现象的理解能力，因此认知技能和偏见之间更有可能呈现负相关。

对于 Aboud 的理论来说，另一个令人困扰的事实是儿童的偏见在整个发展期内都是非常多变的。正如我们所看到的，有大量研究（也许是大多数的研究）确实发现偏见在具体运算阶段（5~7 岁）达到了"顶峰"（参见 Asher and Allen，1969；Doyle et al.，1988；Doyle and Aboud，1995；Nesdale et al.，2005a；Powlishta et al.，1994；Rutland et al.，2007；Yee and Brown，1992）。然而，也有另一些研究没有发现这种曲线的趋势。例如在性别方面，偏见出现得更早，且似乎一直到青春期也没有减弱（Katz，1983；Maccoby and Jacklin，1987；Yee and Brown，1994）。少数群体的儿童似乎也总是表现出不同的偏好模式，从外群体偏好到"公正"再到内群体偏好，且对于他们来说，种族中心主义的顶点似乎要么是推迟了一两年，要么是根本不存在（参见 Asher and Allen，

1969；Brand et al.，1974；Clark and Clark，1947）。而且，正如 Barrett（2007）所发现的，儿童的国家态度表现出令人困惑的多种年龄趋势，而这取决于诱发这些态度的文化背景。

针对这些偏见发展的不同轨迹，研究者提出了另一些理论。这些理论不太强调社会认知发展的固定顺序，而是更多地强调儿童对其所处的各种内群体的认同，以及这些内群体所隐含的群际关系。这样的理论之一就是 Nesdale（2004）的社会认同发展理论（social identity development theory）。[4] 根据这一解释，在儿童的社会发展中存在着两个关键阶段：他们对社会类别（如种族或性别）的觉察，以及之后将其中一些类别纳入自己的社会认同之中。根据 Nesdale 的理论，第一个阶段出现得较早，通常是 3 岁左右，而第二阶段通常在七八岁时出现。重要的是，Nesdale 认为在这两个阶段的任何一个阶段，儿童都不可能表现出类似于对外群体的公开负面态度和行为这样的偏见。相反，他认为会发生的情况是：儿童对内群体形成了强烈的喜好，这反映出他们出现了对积极的社会认同的需求（Tajfel and Turner，1986；参见第六章）。因此，在童年早期，内群体比外群体更受欢迎，并得到了更好的评价；但实际上这些外群体仅仅是被中立地看待了，而并不是被讨厌或者被贬低（相似的观点参见 Cameron et al.，2001）。

那么，在 Nesdale 看来，是什么导致了年龄大一点的儿童产生了偏见呢？他认为有两个主要因素将决定儿童是否以消极的方式看待和对待外群体。第一个因素是儿童对某个特定内群体的认同强度，这个内群体在情境中是相关的或是凸显的。认同感越强，儿童就越有可能将内群体中盛行的那些规范和刻板印象融入他/她自己的思维和行为中。但有时不幸的是，如果这些规范和刻板印象是负面的，偏见就会产生。第二个因素是内群体和外群体之间群际关系的性质。如果是相互冲突的关系或是外群体威胁到了内群体，我们就会预见儿童做出消极的反应；这既是维护内群体的利益（Sherif，1966；参见第六章），又是受到外部威胁而导致内群体认同感增强所带来的结果。换言之，Nesdale 反对将儿童偏见的出现看成一个固定的时间进程，而是更加强调个人因素（认同）和情境变量（群际冲突）。正如他所指出的："在任何时候，儿童对于外种族群体成员的态度可能会变好、变差或保持不变，而这取决于他们普遍的社会群体认同。"（Nesdale，2004，p.233）

这一理论有很多可取之处。正如我们之前看到的，Nesdale 和他的同事们的研究已经表明群体认同、同辈群体规范和来自外群体的明确威胁都能激起儿童明显的偏见，无论是单独的还是联合起来共同产生作用。此外，该理论可以帮助解释为什么 Barrett（2007）能够在他所取样的各个国家中观察到不同的群际态度模式。也许这些差异可以被追溯到所研究的国家间既存的、各种积极和消极的群际关系。类似的分析也可以被应用到对少数种族群体儿童群际态度的研究中去。正如我们已经看到的，相比于多数种族群体儿童的态度，少数种族群体儿童通常不那么偏爱内群体。当下盛行的群际关系是支配还是从属、地位是高还是低，都反映在了儿童基于群际划分的不同立场而做出的社会比较当中。在 20 世纪六七十年代，随着美国黑人势力和新西兰棕色人种势力的崛起，Vaughan（1987）开展了相似的分析，研究了政治运动的出现对少数种族群体儿童态度的影响。最后，Nesdale（2004）的理论与 Maccoby 和 Jacklin（1987）对儿童性别偏见发展的解释是一致的。正如我在本章前面所提到的，这种偏见似乎不仅比其他的群体偏向出现得更早；它也似乎遵循着不同的时间进程，并表现出明显的性别差异（女孩通常比男孩更有偏见，至少在童年早期是这样）。Maccoby 和 Jacklin（1987）认为，这种性别隔离可以追溯到男孩和女孩不同的游戏风格，以及这些风格所导致的、男孩和女孩同辈群体的独特文化和身份。如果每个孩子都认为自己性别的游戏方式比另一种性别的游戏方式更合心意，这种行为上的分化也就会成为随后偏见性态度的基础。而女孩比男孩更早地表现出性别隔离，这一事实也许可以归因于女孩一方对她们男性同伴常见的那种更加吵闹的、冲撞性质的游戏做出了一种"防御"反应。

正如我所言，我认为 Nesdale（2004）的理论相当具有说服力。然而，这一理论也有其问题所在。第一个问题是，到目前为止，有充分的例子表明，在 5 岁甚至更小的儿童中就存在着明确的偏见。在我之前回顾的一项研究中，Nesdale 本人也已经提供了一些证据（Nesdale et al., 2005a）；其他一些研究者也是如此（Cramer and Steinwert, 1998; Powlishta et al., 1994; Yee and Brown, 1994）。事实上，个体在如此年幼的时候就能观察到这种否定性，这与 Nesdale 的主张并不相符。因为 Nesdale 认为，在那个时期，我们应该只能观察到对内群体的偏好，而非对外群体的贬损。第二个问题是，Nesdale 的理论——Aboud（1988）的理论强调的更少——没有充分地强调儿童在觉察社会规范方面的发展过程，这些规范禁止在言语或行为中明确地表达任何偏见。正如我在本章其他地方好几次提到的，现在有相当多的证据表明群际分化，无论是单纯的内群体偏好，还是罕见的、但仍然可观察到的外群体贬损现象，在 7 岁到 12 岁间会出现稳定的下降。就像 Aboud 认为的那样，这是因为儿童的认知能力变得足够成熟以至于能够将外群体成员个性化,并更加冷静地看待内群体成员吗?也许是的。又或是像 Nesdale 可能会说的那样,在正常情况下,大多数儿童要么没有表现出很强的群体认同,要么没有经历过来自外群体的、频繁的威胁?可能是的。但我发现,同样合理的假设是:青春期前这一阶段偏见的减少也与儿童逐渐认识到公开地表达偏见通常是不合适的有关。

近期的一些研究比较了随年龄而变化的群际偏见的外显测量指标和更不易察觉的偏见测量(如 IAT)指标,这可能提供了一些证据支持了上述观点。Rutland 和同事们(2005b)要求儿童和青少年(6~16 岁)提供一些有关种族群体或国家的外显判断。当被试在完成这些判断时,要么在被拍摄的情况下,显示器将他们的图像传回给被试,要么没有这种自我意识诱发的操纵(关闭录像机和显示器)。Rutland 和同事们推测,采用这种被拍摄的方式将会提高被试对"正确做法"的意识,并因此而降低他们的偏见水平。最后,被试完成了一项专门改编的 IAT 程序(参见第七章)。与以前的研究结果一样,外显的群际态度测量显示出偏见随着年龄的增长呈现出明显的下降。这在控制条件下(关闭录像机)尤为明显;而在高度自我关注的条件下,年龄最小的和最大的被试之间的差异减小了。这一结果模式与偏见的规范性解释相一致:年长的被试比年幼的儿童更能清楚地意识到表达偏见不具有社会赞许性。这种年龄差异可以在自我关注的条件下,通过情境诱发出的对于规范的敏感性来抵消;此时,即使是年纪较小的儿童也意识到他们不应该表现出偏见。对于这一规范性解释最关键的一点是,IAT 的结果显示出完全不存在年龄效应:所有被试都表现出明显的和大致相当的内隐偏见水平。Baron 和 Banaji(2006)发现了相同的结果。因此,在人们可以监控和控制自己反应的外显测量上,我们发现偏见会随着年龄的增长而下降;在内隐测量上,当假定一个人的反应不太容易被自我控制时,随着年龄的增长,偏见的水平保持不变。

因此,总而言之,关于童年期偏见我们能得到些什么结论呢?显然,还有许多事实需要被理解,但至少有一些是清楚的:不能把儿童看作一个空的容器,认为成年人社会中盛行的偏见可以不断地注入其中。这种过于简单的观点与一些事实不符,比如类别觉察和使用出现在很早的时期、偏见在童年期的成长过程中呈曲线发展的性质,以及群际态度在父母-子女或社会-儿童间单向传递的观点是缺乏说服力的。相反,在本章我所回顾的研究工作都指向一个更加动态的儿童发展过程。正如他们的父母一样,儿童会主动地使用他们所具备的(有时是有限的)认知手段去寻求理解、评价和控制他们的社交世界。由于这个世界本身就是按照具有社会意义的方式被划分的，例如按性别、种族或年龄，所以如果儿童的信念和行为按这些分界线形成了相应的模式，我们也不应当感到太吃惊。因此，我们很容易就观察到的偏见和偏好，并不是由于被动灌输了成人世界的结果，而是这个世界与我们孩子头脑中的分类、认同和比较的心理过程之间交互作用的自然结果。

❋ 小结

1. 偏见的前提是在知觉、判断和行为中觉察和使用社会类别。有证据表明，儿童从 3 岁起就意识到社会的两个主要类别：性别和种族。性别和种族方面初级形式的行为歧视甚至可能在 3 个月时就开始了。

2. 从 3 岁起，儿童也容易认同某些类别而不是其他类别，并在这些类别中表现出明显的、态度和行为方面的偏好。一般来说，比起从属于其他群体，他们更偏好本群体的成员身份。这一点在性别方面表现得最为明显，但也会表现在种族、国家和被污名化的群体（如超重的人）之中。

3. 这种对本群体的偏好存在着一些重要的差异。其中之一是少数种族群体成员表现出这种偏见的倾向要远低于占优势地位和大多数群体的成员。在大量的研究中，少数群体的成员表现出明显的外群体偏好。

4. 儿童有时也会对外群体表现出明显的负面态度和歧视行为。同样，性别和种族是这种偏见中最常被研究的类别，尽管后者在临时设立的群体中也有所体现。结果表明，女生可能比男生更早、更强烈地表现出对本性别的偏好。同时，研究中共同的发现是：偏见在大约 5 岁至 7 岁期间达到"顶峰"，之后出现下降。

5. 将儿童偏见的发展解释为他们发现并被动地吸收了成人社会里的偏见，这一观点很难与一些事实相符——包括童年早期就出现类别分化，偏见的发展呈非线性的性质，以及在父母和子女的态度之间，或是在接触大众媒体与偏见之间存在着很弱且不一致的相关。

6. 更有前景的解释可能是将偏见的形成与儿童社会和认知发展的其他方面联系起来。这些视角强调儿童在分类和理解世界方面的能力是会发生变化的，并因此而认同某些群体而非其他的群体；它们将偏见的获得看作一个更加动态的过程，即儿童社会-认知能力的发展与他们必须面对的社会结构环境会发生交互作用。

❖ 注释

1. 请注意，在这个任务中，就像本章提到的许多其他任务一样，当个体面对一个像这样的二分选择时，存在着50%的"机会"水平。然而基于 Clark 和 Clark（1947）使用的样本量，即使是年龄最小的儿童的77%的"正确"回答率也是显著高于这一随机水平的。

2. 值得注意的是，1954年美国最高法院宣布隔离学校是非法的，在这项裁决的脚注中，Clark 和 Clark（1947）的这些发现被直接地引述了（Clark et al., 2004）。这是社会心理学勉强能宣称自己对公共政策产生了影响的、为数不多的场合之一。

3. 这些结果与 Yee 和 Brown（1992）的研究结果截然不同，他们发现在喜欢程度上的内群体偏向几乎不受年龄和团体地位的影响。很可能是研究程序上的一些不同（不同的团队分配方法、对流动性的不同操纵）导致了这些差异。

4. Nesdale（2004）侧重于解释种族偏见的发展。我在这里冒昧地探讨了这项研究在其他类型偏见方面的效用。

❖ 扩展阅读

Aboud, F., and Amato, M. (2001) Developmental and socialization influences on intergroup bias. In R. Brown and S. Gaertner (eds), *Blackwell Handbook of Social Psychology: Intergroup Processes*, 65–85. Oxford: Blackwell.

Bennett, M., and Sani, F. (2004) *The Development of the Social Self*, esp. chs 4, 8 and 9. Hove: Psychology Press.

Maccoby, E. (1988) *The Two Sexes: Growing Up Apart, Coming Together*, esp. chs 1–7. Cambridge, MA: Harvard University Press.

第六章
偏见和群际关系

现在是2009年，距离我写完本书的第1版已经差不多15年了。在那一版里与本章相应的引言中，我当时把矛头指向了因群际冲突而四分五裂的世界，如卢旺达和波斯尼亚的种族屠杀，或是巴勒斯坦和北爱尔兰持续不断的流血事件，更不必说大量的其他暴力冲突事件，但因为不够血腥或是没有足够能引起西方兴趣的内容而无法吸引报纸和电视编辑的眼球。我们当下生活的世界也并不和谐。的确，通过盖卡卡法庭制度，卢旺达正在重建，并在实现群际和解方面取得了很大进展；在波斯尼亚和黑塞哥维那，出现了一个再次发挥作用的公民社会，尽管波斯尼亚的紧张局势还在继续酝酿并一触即发；经过了三十年的"麻烦"后，北爱尔兰也终于开始恢复正常。但是，约旦河西岸和加沙地带实际上仍然是战争地区；伊拉克和阿富汗现在仍然有外国军队驻扎；而在欧洲，寻求庇护者和其他移民群体每天都受到国家权力机关的歧视，普通公民也持有不少的偏见。所有这些群际状况的历史和动态多样而复杂，但它们至少存在着一个共同点：都可以被视为出于物质利益而利用了相关的群体。无论结果是和平还是战争、宽容还是偏执，通常来说都有可以将这一结果（至少是部分的）追溯到这些群体各自经济和政治上的考虑。

上述观点构成了本章的出发点，在这一章，我们将偏见视为源自群体间的社会关系。因此，第一节将侧重于客观目标的关系：有关群体的利益是什么？它们是相互冲突的还是重叠的？从这个视角出发，偏见在不同时期和不同地点的兴衰就变得更容易理解了。然而，正如我们将看到的，这种差异可能无法完全从考虑群体客观利益的角度来加以解释；我们可能还需要注意其社会心理层面的利益。这方面的一个重要因素是一个群体相对于其他群体的社会地位。这种群际比较可以在许多不同的维度上进行，既包括具体的维度（例如财富），也包括不那么具体的维度（例如社会的尊重）。这些群际关系很重要，因为它们影响到相关群体成员的社会认同。如果这些认同是安全的和积极的，通常是由于群体具有足够的地位特异性，相应的群际态度和行为就可能与认同不明确或者在某种程度上不令人满意时大相径庭。本章第二节的主题就是关于保持或者获得社会认同的这些过程。在第三节，我们将继续群际比较这一主题，思考群际比较对人们剥夺感的影响。这里的讨论又回到了收入水平和生活水平等物质问题上，但这些都是从相对而不是绝对的角度来看的。这一节关于相对剥夺的结论是：偏见既源于客观的压迫和劣势，也源于我们认为我们有多穷困。在最后一节，我把这三个线索放在一起，来说明偏见为何常常被认为是对群际威胁的一种反应，这些威胁包括：对内群体物质利益的威胁、对内群体认同的威胁，或是对内群体社会地位的威胁。

❖ 群体利益的冲突：当我们损失时，你们获益

可以通过识别群体目标的性质和兼容性来分析群际行为（在偏见中，我们肯定有一个群体行为的最佳例子），这一观点有着悠久而重要的历史。在一篇具有影响力的文章中，Campbell（1965）调查了大量社会学、人类学和社会心理学的理论，它们至少可以追溯到20世纪初（Sumner，1906），而这些理论都是基于这个前提的。值得注意的是，这些理论视角的一个共同点是认为某些群体冲突是"理性的"或者是"现实的"，即基于对稀缺资源的真实竞争。Campbell将这一观点称为"**现实群体冲突论**"（realistic group conflict theory）。这一理论的基本假设是，群际态度和行为将倾向于反映群体利益。当群体利益互不相容时，即一个群体的获益以牺牲另一个群体的利益为代价时，社会心理上的反应很可能是消极的：偏见性态度、偏向性判断、敌意行为。如果它们是相互兼容的（或者甚至更好，是相互补充的，即一个群体只能在另一个群体的帮助下获益），那么反应应该是更加积极的：宽容、公平、友善。Campbell的同事，人类学家LeVine据此总结道："给我描述一下群际经济状况，我就能预测（群际）刻板印象的内容。"（Tajfel的回忆，1981a，p. 224）

在社会心理学领域，Sherif（1966）是上述现实群体冲突论最有影响力的支持者。与Campbell一样，Sherif针对将偏见理解为主要是个体心理学的问题这一观点进行了反驳（参见第二章）。不一样的是，他把因果关系的重点直接放在群际目标关系的性质方面。在他看来，偏见的根源在于一个群体和另一个群体之间真实的或是感知到的利益冲突。为了证明这一观点，Sherif和他的同事们

开展了一系列非常著名的田野实验，这些实验被统称为"夏令营研究"（Sherif and Sherif，1953；Sherif et al.，1955，1961）。参加夏令营的是一些12岁的男孩，他们一开始就接受了筛查，以保证他们都来自稳定和非贫困的家庭背景，并且在来夏令营之前谁也不认识谁。这些相当复杂的程序旨在确保随后的行为不会被解释为是由男孩间任何既存的剥夺或人际关系造成的。

在这些实验的第一阶段，研究者将儿童分成两组，并注意尽可能地使他们匹配。在其中两个实验里，研究者还将每一个男孩的大部分朋友（就是那些在营地的第一天或者第二天里交到的朋友）安排到外群体中。在第三个实验里，两组男孩在最初实际上从未见过彼此，只是从一开始就待在他们自己的群体里，在彼此相距一定距离的地方露营，且并不知道另一个群体的存在。头几天，孩子们参加了这些群体的一些活动，但是这些群体本身却没有什么互动。尽管具有这种相互独立性，但观察者还是记录到了一些群际比较的情况。在这些比较中，按照Sherif（1966，p. 80）的说法，"优势被给予了自己的群体"。此外，在第三个研究中，当了解到还存在着另一个群体时，几个男孩自发地提议向其发起某些挑战。正如我们将看到的，重要的是，在引入明确的群际竞争之前这些群际对抗的情况就已发生。

研究者随后实施了研究的第二阶段。他们在两个组之间开展了一系列的比赛（例如垒球、拔河），并宣布这些比赛的总体获胜者将获得一个奖杯，且成功组的每个成员还将获得一把新的、有吸引力的折叠刀。失败者将一无所获。这样，研究者就引入了一种客观的**利益冲突**（conflict of interests），因为一个群体获得的东西是另一个群体失去的东西；这些群体已经从相互独立的状态转变为消极互依的状态。这一创新使男孩们的行为发生了戏剧性的变化。他们很快从最初相对和平的共处变成了两个敌对的派别，不断地相互指责，有时甚至是互相人身攻击。他们对两个群体的知觉和判断显示出明显的内群体偏向，友谊变得几乎是仅限于他们本群体的成员之间。之前说过，在其中的两个研究里，男孩们的朋友被安排到了另一个组，这就让这种偏向更加值得引起注意了。这是一个生动的例子，它说明了只需要一段群际关系就几乎足以在很短的时间内改变许多人际关系。

在轻易地就使群体间产生了敌意之后，Sherif和同事们又试图减少冲突。从与第二阶段实验设计相同的理论前提出发，他们推测，为了减少群体间的敌意，这些群体必须从消极互依转变为**积极互依**（positive interdependence）。因此，实验者创建了一系列的情境。在这些情境中，两个群体都有一个**超级目标**（superordinate goal）；对于这个目标两个群体都希望实现，但又无法独自实现（参见 Sherif, 1966）。例如，有一次营地卡车在离营地几英里的地方抛锚了。它太重了，所以无法靠一个群体的男孩独自"启动"；但是两个群体可以（并且确实做到了）一起启动它。经过一系列这样的场景（表面上看是自然发生的，但实际上是研究者精心策划的），这两个群体对彼此的攻击减少了，且他们的偏见性态度也减弱了。

从表面来看，夏令营研究似乎为用现实的群体冲突来解释偏见提供了一些有力的证据。仅仅是改变群际目标关系，这些普通儿童的行为就表现出可预测的变化。这些变化太普遍并且发生得太快，因此不可能被归因于某些人格变量（参见第二章）；这种偏见也无法用被试观念上的不同来解释（参见第三章）。为了使这些群体尽可能相似，它们在组成上是经过仔细考虑的。如果说有什么不同的话，那就是对于任何一个内群体的男孩来说，存在着一些比他的内群体同伴更加相似的外群体成员——因为，要记得，在其中的两项研究里，每个男孩的朋友（在露营的头两天里交到的那些）都被放到了另一个组。

在 Sherif 开创性研究之后的几十年里，群际关系的实验室研究大部分证实了他的基本发现。当群体间的相互依赖被实验控制为消极的、中立的或是积极的条件时，研究结果是非常一致的：相比于群体必须在某个共同目标上合作的情况，当群体客观地处于竞争中时，人们会观察到更多的内群体偏向、更少的群际喜爱和更强的群际歧视（Brown, 2000a；Doise, 1976；Turner, 1981）。

事实上，回忆或者想象一个小的竞争场景可能就足以增加偏见发生的可能，即使这个场景并不涉及来自外群体的某个人。Sassenberg 和同事们（2007）要求一些美国白人学生回忆或者想象他们曾经与某人合作或是竞争的情境。在随后的测试中，处于竞争条件下的人比处于合作条件下的人对于非裔美国人表现出更多的偏见。

实验室之外的几个不同情境下的研究结果也普遍支持现实群体冲突的视角。随着国际关系的发展，当新联盟建立或者爆发战争时，普遍存在的国家刻板印象往往会发生急剧的改变。Seago（1947）发现，在 1941 年日本袭击珍珠港后，美国大学生对日本人的刻板印象变得非常不友好了。

Brewer 和 Campbell（1976）在他们针对东非 30 个部落群体的民族志研究中发现，其中 27 个部落群体对本部落的评价要比其他任何部落都高，且对邻近部落的评价比更远的部落要低。这种相关与现实群体冲突论是一致的，因为相邻的群体更有可能卷入有关牧场、水和其他稀缺资源的争端中（参见 Brewer,

1986）。

也许，在揭示现实冲突引发偏见过程方面最好的情境就是有关移民的问题。如同近几十年来许多其他工业化国家一样，英国的边境经历了大量向内和向外的移民活动。当然，最令人担忧的似乎是移民迁入而非迁出的过程。在回答2003年英国社会态度调查中的一个问题时，74%的受访者表示，他们认为应该减少英国移民的数量（McLaren and Johnson, 2007）。这种反移民情绪的基础是什么？BBC最近进行的一项民意调查给了我们一些线索。在针对一些有关新移民的陈述做出回应时，19%的人声称新移民"危及我的工作"，29%的人认为他们"使我的工作更难得到公平的工资"，82%的人认为"他们给诸如学校、医院和公共住房等公共服务带来了压力"（Populus, 2008）。这些比例在工人阶级受访者中略高。他们当中或许可以以舍尔兰矿工福利俱乐部的Gary Unwin为代表。他写了以下的评论：

> 我们现在有太多的移民来到这个国家。如果他们想要一栋房子，并且已经有了五六个孩子，他们就能在英国人之前得到。人们付给移民的钱比给英国人的钱少得多，所以移民得到了工作而英国人找不到工作。（www.bbc.co.uk/newsnight, 6 March 2008）

换言之，从许多英国人的角度来看，他们自己与移民之间在工作、住房和公共服务等稀缺资源方面存在着直接的竞争，而这似乎助长了他们的反移民偏见。

冲突的群体利益与对移民的偏见之间的这种假定关联与一些调查研究的结果相一致。Quillian（1995）分析了1988年欧洲晴雨表调查（Eurobarometer Survey）的一些数据。该调查在12个欧洲国家收集了包含11 000多人的样本。他推测，随着一个国家移民比例的增加，以及该国经济气候的恶化，社会主体成员和移民之间的经济竞争将会加剧。根据现实群体冲突论，这两个因素都会导致偏见的增加。有一些证据表明，第一个因素（移民比例）确实与反移民偏见呈正相关。例如，德国、法国和比利时的移民比例最高，且偏见也最高；西班牙、爱尔兰和葡萄牙的移民最少，且偏见最低。经济气候因素被证明作用较小，尽管有指标表明它与移民的比例存在交互作用：在GDP较低的国家，高移民比例的作用相对更为明显。在美国，经济指标（失业）与反移民态度之间也存在类似的正相关（Espenshade and Hempstead, 1996；参见Deaux, 2006）。

当然，像这样的国家层面的调查结果只是现实冲突视角的间接证据，因为我们不知道这些国家的人实际上是如何感知群际关系的。事实上，正如我将在本章后面讨论的那样，一旦考虑了某些个体水平的变量，那么在"移民比例和偏见在国家水平上存在相关"这一结论的稳健性方面，使用类似数据库的另一些研究者就得到了相当不同的结论（McLaren，2003）。此外，数据是相关的，这总是使因果推断成为难题。Esses和她的同事在加拿大开展的一系列研究避免了这两个问题（Esses et al.，1998；Esses et al.，2001）。在其中的两项研究里，研究者给被试呈现了（假的）杂志文章，其中描述了一个虚构的移民群体——Sandirian。在一种条件下，文章强调了加拿大工作的稀缺和移民在劳动力市场的成功；在控制条件下，只给出中性信息。与假设一致，在"竞争"条件下，被试对Sandirian和移民的态度总体上不太好。

正如我们所见，现实群体冲突论为许多偏见的例子提供了有力的解释。此外，它还有一个优势，即能够解释偏见为何随时间或者不同的社会情境而涨落：这些往往可以被归因于有关群体之间不断变化的经济和政治关系。上述优势在一些理论中是明显缺乏的（参见第二章）。然而，尽管该理论的优点毋庸置疑，但它的视角显示出一些实证和理论上的困难。正如Turner（1981）指出的，这意味着该理论本身不可能给所有形式的偏见都提供完整的解释。

第一个问题是（尽管很明显），当群体在争夺某些稀缺资源时，他们可能持有比相互合作时更加消极和更具偏向性的群际态度；但在后一种情况下，这些偏向不会完全消失。许多研究表明，即使当群体基于物质利益而想要消除内群体偏好时，它也是非常难以根除的（参见Brown，1978，1984a；Ryen and Kahn，1975；Worchel et al.，1977）。

第二个问题是，外显的利益冲突可能不是引发内群体偏好的必要条件。很讽刺的是，Sherif自己提供了这方面的早期线索之一。回忆一下他在其中一项夏令营研究中所观察到的结果，甚至是在他们明确地引入实验中的竞争阶段之前，男孩们就表现出在各种活动中试图"胜过"其他群体的兴趣。这种明显不必要的群际竞争在第三章所描述的最简分类实验里就有了更确凿的证据（Rabbie and Horwitz，1969；Tajfel et al.，1971）。那些研究的主要发现（仅仅是分类就会使得人们很容易偏好他们自己群体的成员）给现实群体冲突论带来了一个严重的问题。因为这说明有证据表明，无论是直接的客观利益冲突，还是先前群际竞争的历史背景，事实上都不是唤起初级形式偏见所必需的。

现实群体冲突论的第三个问题是，它几乎没有考虑到群际权力和地位的差异在人们回应冲突或者合作性的群际关系方面的作用。这个问题已经在政治学中被一个名为**形象理论**（image theory）的理论分支提及（Alexander et al.，

1999；Hermann et al.，1997）。在这种解释中，现实群体冲突论的功能主义视角被拓展了，以便能发现与不同群际权力关系相关的刻板化形象、群际情感和行为反应的类型。借用国家之间的关系（Boulding，1959），形象理论确定了四种类型的关系："敌人"——在竞争中地位和权力平等的群体；"同盟"——在合作中地位和权力平等的群体；"依附者"——内群体的地位和权力高于外群体，如在殖民的情境中；"野蛮人"——内群体感知到自身具有道德优势，尽管外群体的权力要大得多。这些关系被认为导致对外群体产生了相应的形象和行为倾向。例如，人们可能会用敌对和攻击性的术语来看待一个"敌人"，并用那些刻板化的形象来合理化对其的攻击。与此同时，一个"野蛮人"虽然也可能被消极地看待，但可能会引发更多的绥靖行为，因为"野蛮人"有更大的权力，并因此可能对内群体造成潜在的伤害。在一系列使用精心构建的假设情景的研究中，这一理论得到了一些支持，尽管看起来似乎需要额外的情绪唤起因素才能使得某些假设的结果表现出来（Alexander et al.，1999；Hermann et al.，1997）。

这一理论的第四个问题在于，作为偏见基础的**消极互依**（negative interdependence）是否需要始终建立在诸如土地、金钱或者政治权力等具体形式的真实冲突之上？它或许也可以产生于感知到某种形式的利益冲突，或者甚至仅仅是对一些不那么具体的资产的竞争，比如威望或是"成为赢家"。Sherif 本人在这一点上就特意做了模糊处理，将群体利益定义为"对群体安全、经济利益、政治优势、军事考虑、声望或其他一些东西的真实的或是想象的威胁"（Sherif，1966，p. 15）。

允许感知到的冲突具有与实际冲突相似的因果地位有助于解释为什么一些种族主义（例如）是以"他们（移民）占据我们所有的工作/住房等"的形式表现出来的，尽管移民群体失业和无家可归的比例往往高于社会主体。认知观念有时可能比人口学的事实更重要。

然而，尽管利益冲突如此宽泛的解释可能是有道理的，但它确实给我们这些学习偏见的学生带来了一个理论难题。如果对竞争目标的知觉可能是偏见的基础，并且这种知觉并不总是与群体的实际关系相关，那么它们来自哪里？一个显而易见的解释是，这些观念源于强大利益群体的意识形态企图，他们企图制造社会分裂，而这大概是某些长期"分而治之"政治策略的一部分（Billig，1976；Reicher，1986）。虽然这样的论点有其道理，特别是在一些现实世界中，某些群际紧张似乎并不是建立在客观的冲突之上的，但很难找到确凿的实证支持。此外，即使是在实验室这种不太受意识形态影响的环境中也产生了这样"不现实的"、感知到的冲突，这表明这种主观的竞争取向可能存在着其他的来源。我们现在就要转向这些问题了。

❖ 社会认同

无论是独立地产生作用，还是与刚才提到的那些客观因素相结合一起产生影响，都有哪些社会心理过程会导致偏见呢？在第三章和第四章谈到的认知过程具有很大的可能性。正如我们看到的，有充分的理由认为社会分类及其副产品（分化和刻板印象）是偏见性思维和判断的基础。然而，尽管这些认知过程的重要性毋庸置疑，它们却不能很好地解释大多数群际现象所具有的一个特征：人们的态度和行为通常是不对称的，即对待内群体（而非外群体）的态度和行为是最好的。仅仅基于人的认知活动的理论模型可以解释为什么人们感知到的群际差异比实际的更大，以及为什么人们会使用粗糙的和过于简化的方式来看待这些群体。但这些理论模型不容易解释为什么人们在提到内群体时，知觉通常具有积极的意味；而当人们关注外群体时，则具有消极的或至少是不那么积极的意味。为了解这种无处不在的**内群体偏向**（ingroup bias），我们必须转而考虑一个更深入的概念，即社会认同。

我们所说的"**社会认同**"（social identity）是什么意思？按照理论的缔造者们所言（该理论因在群际关系领域首次使用而著称），社会认同"由个体自我形象的那些特征组成，而这些特征都源自他感知到的、自己所从属的社会类别"（Tajfel and Turner, 1986, p. 16）。换言之，每当我们想到自己属于某种性别/种族/阶级，而不是另一种性别/种族/阶级时，我们就会唤起我们社会认同的一部分。

Tajfel 和 Turner（1986）进一步假定，人们通常喜欢积极地而不是消极地看待自己。鉴于自我形象的一部分是由我们的群体成员身份所定义的，这就意味着相比于我们不属于的那些群体，我们更喜欢用积极的方式看待我们的内群体。人们会做出偏向性的群际比较，这种普遍的倾向正是 Tajfel 和 Turner 的理论在动机方面的核心内容。据此，他们提出了他们的关键性假设，即要获得或者维持一种令人满意的认同，就需要群体成员为他们的内群体寻找到多种形式的**积极特异性**（positive distinctiveness）。如果找不到，他们可能会在另一些群体成员身份中寻找，而这就为积极的自我评价提供了更大的空间。

因此，这些就构成了**社会认同论**（social identity theory，SIT）的基本内容。在我们更详细地研究并探索它对理解偏见的作用之前，让我们先看一些研究，它们证实了这些基本原则。首先，假定群体成员身份对人们的自我概念存在影响，尤其是当人们认为他们的群体比其他群体表现得更好（或者不好）的时候。Zander和同事们（1960）的一项早期研究很好地证明了这一点。他们在实验室创建了有凝聚力和没有凝聚力的群体，并让他们完成时尚设计任务。随后，一半的群体被告知他们相对于其他群体表现得更好，而其余的群体则被告之他们表现得不好。对于有凝聚力的群体（那些对于其成员来说很重要的群体）而言，群体表面上的成功或者失败导致了其成员自尊水平的提高或者降低。这种被称为跟着群体"沾光"的现象（basking in the reflected glory）在Cialdini和同事们（1976）开展的一项精巧的田野研究中也被证明了。他们在校际比赛后的几天里观察了大学足球队的那些支持者。相比于输了的情况，如果他们的学校赢了，那么校园里就会更加随处可见戴着学校围巾和徽章的学生们。学生们倾向于被识别为属于该群体的愿望似乎与群际互动时群体的命运有关。

在有关"人们主要通过群际比较的方式来评价他们的群体"这一命题方面又是怎样的情况呢？正如我们即将看到的，不少研究发现，当被要求进行比较时，人们很乐意这么做，且这些比较通常像理论预测的那样具有明显的偏向。但令人吃惊的是，很少有研究尝试检验自发式（即未被要求的）比较的普遍性。一个例外是我们在六个欧洲国家进行的国际态度调查（Brown and Haeger，1999）。在该调查的第一个问题里，我们邀请受访者写下他们想到他们自己的国家时，都有哪些想法会进入脑海。对这些自发产生的形象进行分析后发现，其中约20%的形象包含与其他国家的比较（例如，"与其他国家相比，人们是自由的，并且生活条件舒适""因为我们有世界上最好的厨房、最好的海滩和最腐败的政府"）。有趣的是，另有11%的受访者进行了另一种类型的比较——时间上的比较（要么是与过去的比较，要么是与未来的比较）："右翼激进主义在过去几年增加了很多""未来：看上去很严峻"。然而，对于不同种类群体之间的比较而言，其自发产生的频率似乎在很大程度上取决于情境。Smith和Leach（2004）在美国展开的两项日记研究发现，群际的比较相对较少（不到所有比较的8%），群体成员几乎从不进行时间上的比较（不到2%）。从社会认同论的观点来看，有趣的是，种族认同水平更高的人做出了更频繁的群际比较。稍后我还会回到"人们乐意做出不同种类的比较"这个问题上来；但就目前而言，这些发现提供了一些初步的证据，表明群际比较确实是囊括在人们关于本群体的概念中，即使不太像社会认同论最初认为的那样频繁（另见 Brown and Zagefka，2006）。

当然，一旦其他的群体清楚地出现在人们的心灵视野，偏向性的群际比较就很容易被观察到：在对群体属性的知觉方面、在对群体表现的评价方面、在喜好程度和行为上的待遇方面，人们几乎总是对内群体比对外群体更好（相关综述参见 Brewer，1979；Hewstone et al.，2002；Mullen et al.，1992；Turner，1981）。与其重述这些综述所涵盖的内容，不如让我举两个研究的例子，它们在研究场景的人造程度方面正好处于两极。

其中一项研究（到现在我们已经很熟悉了）就是 Tajfel 和同事们（1971；参见第三章）的最简群体范式。就算是在这种简易的社会情境中，人们也会表现出群际歧视的一贯倾向，而社会认同的概念是怎样有助于解释这一现象的呢？再次思考这种情境：被试被安排进入两个无关紧要的群体之一。他们对这些群体几乎一无所知，除了他们是在一个群体里，且其他成员（仅能通过代码数字来识别）也是类似地被归类了。考虑到这种匿名性，认同的唯一可能来源就是他们所处的群体（"Klee"组或者是"Kandinsky"组），虽然这可能是很简单的。然而，该群体不容易与其他群体区别开，因此关于其成员的自我概念没有什么积极作用。正是因为这个原因，群体特异性的压力就开始发挥作用了，群体成员试图通过给内群体同伴分配更多的钱或者点数来对他们的内群体与外群体做出积极的区分。

在这种解释中，歧视与表现出歧视的群体成员的认同之间存在着假定的关联。我要谈到的第二项研究则更直接地检验了内群体偏向与群体认同之间的联系。这是一项关于英国不同政党成员间群际态度的研究（Kelly，1988）。Kelly 对于两个方面的测量令人很感兴趣：他们对于每个党派政治观点有多理解（对整体评价的测量），以及他们对于与来自每个党派的一位支持者共度一晚的设想有多高兴（对喜爱程度的测量）。表 6.1 显示了这些成员在两个指标上将本党派与其他党派进行区别的强度。对内群体的评分几乎都在 5 分或者以上，而对外群体的评分都远低于 4 分（量表设定的态度"中立"值）。Kelly 随后将这些内群体偏向的指标（内群体减去外群体的差）与群体认同的测量，以及感知到的、党派间的目标不相容性的测量做了相关分析。与社会认同和现实群体冲突的视角一致，认同的水平和目标冲突的水平与受访者表现出的偏向大小之间存在着独立的正相关。因此，确实有一些证据把偏向性群际判断与社会认同联系起来。我在后文中还会再回来探讨这种关系，因为它可能并不适用于所有类型的群体；但这是一个复杂的问题，可以再等等。

表6.1　　　　　　　　英国政治背景下的偏向性群际评分

党派	对自己党派的平均评分		对其他党派的平均评分	
	评价	喜爱程度	评价	喜爱程度
保守党	5.6	4.9	2.2	3.0
工党	6.0	5.8	2.1	2.9
自由党	5.8	5.4	2.8	3.5
社会民主党	6.1	5.3	2.7	3.0
共产党	6.7	5.8	3.2	2.9

注：[a]所有的评分都采用1（消极）~7（积极）计分量表。
资料来源：Adapted from Table 1 in Kelly, 1988.

社会认同过程和偏见

因此，社会认同论（SIT）认为，群际态度和群际行为背后的一个重要动机就是建立或者维持令人满意的、具有特异性的（和积极的）认同。那么，对这种特异性的威胁就应该会导致个体在区别内群体和外群体方面做出更多的尝试。如果对特异性的威胁足够严重，这种分化就可能会发生演变：从典型实验室情境中可以观察到的、表达形式温和的偏向（即对内群体和外群体都做出积极的评价，但只是前者比后者更加积极），变为更加公开的贬低的态度，而这种态度就可以被恰当地称为偏见了。

当研究者们思考SIT对于我们理解偏见的主要影响时，三个主要的问题占据了他们的头脑。第一个问题涉及人们如何对群际相似性做出回应；第二个问题关注群体间的地位关系；第三个问题集中于认同过程本身，它或是靠自身力量成了一种前因变量，或者对其他变量的效应起到了调节作用。我现在将依次考虑每个问题。在本章的后面，我还将在更广泛的意义上讨论"威胁"这一概念。正如我们将要看到的，无论是认同、文化价值方面的威胁，还是群体利益方面的威胁，都是决定偏见的强有力的因素。

群际相似性

基于SIT可以做出一个直接的预测，即如果一个外群体变得与内群体过于相似，它就会威胁到后者的特异性，进而将引发更大的内群体偏向，并且也许会导致不喜欢那个外群体（Brown，1984b）。早在1921年，Freud（弗洛伊德）就已经将这种现象称为"微小差异的自恋"（Freud，1921）。他认为某些宗教或者文化群体存在着一种倾向，即投入大量的智力和情感精力来相互诋毁。尽管在事实上，对于一个外来的观察者而言，这些群体在他们的信条或者意识形态上似乎根本没有区别，但对于那些群体的成员来说，差异却总是极其重要的。

尽管不难想到一些例子来说明这种"微小差异的自恋"假设，比如政治群体的激烈派系斗争，但能证明这种假设的研究证据却相当模糊。例如，Brewer 和 Campbell（1976）发现，相比于在文化上被认为是更加不同的群体而言，被独立地判断为彼此相似的东非种族群体倾向于表现出更友好的群际态度。同样，Berry 和同事们（1977）在一项针对加拿大跨种族态度的大型调查中发现，受访者对九个种族群体的评价与感知到的这些群体与本种族群体的相似性之间存在着中等强度的正相关。其他的田野研究也发现群际差异和内群体偏向或者敌意之间存在着正相关（Henderson-King et al., 1997；Struch and Schwartz, 1989）。所有这些发现都与"群体越相近或者越相似，他们越想要找到自己与他人的区别"这样一种观点不一致。

与此同时，实验室研究产生了一系列更加复杂的结果（Jetten et al., 2004）。在许多年前，我展开了一系列关于群际相似性效应的实验（Brown, 1984a；Brown and Abrams, 1986）。在这些实验里，我们让学校的儿童相信他们正在和另一所学校的孩子一起承担一项任务。根据实验条件，另一所学校被描述为与被试学校的地位相似，因为学生们在学业上的表现似乎和被试一样好；或者是被描述为比被试表现得更好或者更糟。此外，这两所学校里学生对于不同学科的主流态度被描述为是相似的或者不同的。上述两个变量对儿童的群际态度都存在着影响。第一个发现是，相比于持有不同态度的外群体，儿童普遍地更加喜欢他们认为是持有相似态度的外群体（Brown, 1984a；Brown and Abrams, 1986；另见 Grant, 1993）。第二个发现是，当儿童相信他们将与另一所学校合作时，他们对地位相似的群体持有的内群体偏向水平要小于地位较高和地位较低群体的平均偏向水平（Brown, 1984a）。鉴于 SIT 认为相似性将引发对积极特异性的更多追求，上述两个发现再次与 SIT 的预测相矛盾。然而，存在着更符合这一假设的第三个发现。这个发现是，当外群体在态度和地位上与内群体都极为相似时，偏向水平就增大了（Brown and Abrams, 1986）。这就像是跨过了相似性的某个阈限，超过这个阈限后，内群体就会感受到外群体心理上接近的威胁（另见 Diehl, 1988；Roccas and Schwartz, 1993）。

为了调和在群际相似性效应方面相互矛盾的发现，Jetten 和 Spears（2003）认为有两个相互抵消的过程在起作用。一个过程是基于 SIT 的**反应式特异性**（reactive distinctiveness），即当群体成员感知到内群体与其他群体在定义上不够明确时做出的反应。另一个过程是**反射式特异性**（reflective distinctiveness），这是一种更真实的判断，即客观上不同的群体被视为确实不一样。Jetten 和 Spears 认为，这两个过程共同起作用，导致群际相似性和内群体偏向之间出现了曲线关系：在存在极端的相似性和差异性的情况下，这两个过程可能会相互抵消；在中等水平上，人们可能会期望发现一些中等水平的偏向（她的最优特异性理论有着相似的观点，参见 Brewer，1991）。

Jetten 和同事们（1998）的两项研究为这种倒 U 形关系提供了一些支持。研究者对相似性进行了巧妙的操纵，他们同时改变了两个群体的距离和分布。其中距离是通过告知被试他们的知觉风格或者信念来进行操纵的（以群体的均值作为指标），而分布是指每个群体的得分在均值周围的分布（这些得分要么是非常异质的，要么是相当同质的）。通过同时操纵这两个因素，实验者能够创建出两个极其相似的群体（均值相似且分布异质，因此两个群体是重叠的）、两个非常不同的群体（均值不同且同质的两个群体），或者是介于两者之间的群体（另外两种组合）。正如他们所预测的，Jetten 和同事们发现，在后两种情况下的偏向最大，而在两种极端情况下的偏向最小。

Jetten 和同事们（2004）注意到了另一个复杂的因素：群体成员对内群体的认同强度。对 39 项关于相似性假设的实验室检验进行了元分析后，他们得出结论：群体相似性和群际分化的各种指标之间总体的相关实际上等于零（它既没有揭示出"反射式"特异性，也没有揭示出"反应式"特异性）。但是，对于那些高度认同他们的群体，并因此应该是更关心自身区别于他人的独特性的人而言，可以观察到"反应式特异性"（即相似性导致更大的偏向）的明确迹象（另见 Jetten et al.，2001）。正如我们马上将看到的，这只是许多例子中的一个；在这些例子中，群体认同的强度被证明扮演着重要的调节角色。

这个关于群际相似性的讨论让我想起第三章提到的一次类似的争论。当时，我考察了分类与观念相似性的相对效应，即所谓的"种族－观念争议"（Rokeach，1960）。但请注意，我们在这里所谈到的研究有重要的区别：在这些实验中，我们关注的问题并不是"人际观念的相似性或者共享一种相同的类别成员身份是不是纠正偏见的方法"，而是说不同的类别成员身份已经是既定的了，问题在于两个相似的群体是否比两个不同的群体更愿意建立友好的关系。正如我们已经看到的，在该群际水平上，相似性的影响是非常不一致的：有时相似性似乎激起了更多的友好并减小了偏向，有时则相反。正如 Jetten 和同事们（2004）所言，群体认同的强度很可能是影响这种关系的一个关键性调节变量。也许在表现出相似性－吸引力关系的大多数研究里，被试并没有很强烈地卷入其成员身份之中，而强烈的卷入会导致他感觉距离另一群体太近而不适，从而体验到需要对其做出负面的反应。

群体地位关系和偏见

在上述的一些实验中，我注意到我们不仅对群体里普遍存在的态度相似性进行了操纵，还操纵了群体在某些社会地位维度上的紧密程度（Brown and Abrams, 1986）。从 SIT 的视角来看，地位关系的意义是显而易见的。由于群体的特异性（在某些方面的优越感）主要来源于群际比较，内群体在其直接的社会等级中的地位就应当会对其成员的认同以及群际态度产生重要的影响。无论是许多西方社会中的白人种族群体（相比于肤色较深的群体），还是有工作的人（相比于失业者），还是那些没有明显身体残疾或者学习障碍的人（相比于那些有残疾的人），我们可以很容易地找到一些群体的例子，这些群体在获得资源、权力以及（最重要的是）公众尊重方面有着非常不同的机会。从 SIT 的逻辑来看，这些群体的成员对于他们自己以及其他的群体应该有着不同的感受。著名社会学家 Park（1924）在许多年前就预见到了这一点："偏见［……］似乎不是在我们的经济利益受到威胁时出现，而是当我们的社会地位受到威胁时出现。"（p. 344）归属于一个占主导地位或者从属地位的群体对于社会认同有什么影响？更重要的是，就我们目前的讨论目的而言，这些后果对于人们的群际态度有什么影响？

让我们首先以特权群体为例。基于一大堆社会比较的标准，这些群体比社会中的其他群体显得更为优越。因此，如果我们遵循 SIT 的简单逻辑，这些群体的成员就几乎不存在认同问题。他们可以满意地认为他们的内群体正享受着由积极特异性所带来的理想状态，而这种知觉在他们对自身的看法方面也起到了令人愉快的作用。乍一看，我们可能会预见高地位或者高权力群体的成员不需要表现出大量的群际分化或者偏见。然而，虽然这与严谨的 SIT 的解释确实是一致的，但仍然存在着其他一些因素使得我们无法期望出现上述结果。

Scheepers 和同事们（2006）在他们的一项重要研究贡献中指出，内群体偏向可以发挥几种不同的功能。其中之一就其性质而言是具有工具性的：这种偏向的目的是帮助或者激励内群体实现某些特定的目标。正如我们在本章前面所看到的那样，这一观点是基于偏见的现实群体冲突视角的思想基础，我们稍后还会再次讨论这一看法。然而，内群体偏向的另一个重要功能是认同，这种功能本身可以细分为**表达性**（expressive）和**创造性**（creative）的模式（Scheepers et al., 2006）。内群体偏向通过表达性的模式来反映，进而确认或者证实社会现实。显然，较高地位群体的成员最有可能采用这种"表达性"偏向来展现对自身优越性的一种"幸灾乐祸"（Leach et al., 2002）："我们比你强，你可别忘了。"相比之下，"创造性"偏向，顾名思义，更多的是在创造一种不同的社会现实；在这种社会现实中，人们可能会以一种不那么有利的方式来看待内群体。这种形式的偏向可能更容易在处于相似或者从属地位的群体中找到，尽管，正如我们将看到的，在某些情况下，甚至是更高地位的群体成员也会如此。

通过这样的分析，人们很快就得出结论，即占主导地位的群体成员应该会表现出内群体偏向，以此来证明他们具有更高的社会地位；研究证据显然支持了这一点。在间隔十年进行的两项元分析中，其中第二项元分析包含了90多项研究，一个明确的结论是，高地位群体比低地位群体表现出明显更多的内群体偏向（Bettencourt et al., 2001；Mullen et al., 1992）。该结论在有些非常特殊的群际情境下并不成立（我稍后会讨论这些问题），但当下，让我用两项研究来说明这一总体趋势，其中一项是在最简群体范式的人造情境中进行的，另一项是在现实世界中的职业群体关系情境里开展的。

Sachdev和Bourhis（1987）修改了最简群体范式，使得两个群体在创造性的测量结果方面具有平等或者不平等的能力。之后，被试必须评价群体在另一项任务上的创造性。高地位群体和平等地位群体在评价中都表现出非常明显的内群体偏向，而低地位群体倾向于偏好外群体。群体成员对其内群体的满意度（大致相当于他们的认同强度）与地位之间也存在类似的关系（另见 Sachdev and Bourhis, 1991）。为什么平等地位群体和高地位群体表现出水平大致相似的内群体偏好呢？这很可能证明了Scheepers和同事们（2006）提出的两种不同的偏向。对于地位较高的群体来说，这可能是他们对由社会定义的优越性的一种表达和重申。相比之下，平等地位群体可能一直试图获得或者创造出一些积极的特异性。这种二分态还与Jetten和Spears（2003）在"反射式"和"反应式"特异性模式上的划分相呼应，我们在前文谈到过这种区别。

另一个例子是我的早期研究，我考察了三个工程师群体之间的关系（Brown, 1978）。由于培训时间较长和劳动力市场稀缺，其中一个群体（工具车间）一直被认为比另外两个群体（开发和生产）具有更高的地位。结果是，与我们先前的分析一致，这个更高地位的工具车间群体显示出了针对外群体的、最多的内群体偏向。

到目前为止，我已经思考了高地位和平等地位的群体。那么，处于从属地位的群体呢？乍一看，这类群体的成员似乎具有令人不快的消极社会认同。正如 SIT 主张的那样，如果他们试图通过与社会中的其他群体相比较来评价他们的群体的话，那么他们将会频繁地发现他们的收入更少（如果他们有工作的话），他们住的地方很差，他们享受的受教育机会更少，并可能在其他一些标准上也一样糟糕。因此，无论在物质上还是心理上，他们都将体验到劣势，并且这种不利的比较结果应当会导致他们具有令人不满意的认同。

Tajfel 和 Turner（1986）认为，对这种情况的一种反应就是这些群体的成员会放弃他们当前的社会认同。本着"如果你不能打败他们，就加入他们"的精神，他们可能会寻求离开他们的内群体，并加入另一个显然更有声望的群体。回想一下在 Sachdev 和 Bourhis（1987）的实验中，地位较低的群体成员对于他们的内群体表现出了较低水平的满意度。这种"劣等"群体的成员在心理上与他们的群体保持距离的现象，让人不禁想起我在第五章回顾过的、关于少数种族群体儿童的种族偏好的一些研究结果。在 Clark 和 Clark（1947）的许多研究中，少数种族群体（通常是黑人）儿童对占主导地位的群体（通常是白人）刺激表现出偏好。

但正如我们在第五章看到的，这种反应并不是不可避免的。从属群体的成员可能并不总是那么愿意（或者能够）拒绝他们的身份。例如，如果类别之间的边界是固定的和不可渗透的，比如许多群体成员身份是与生俱来的（如性别和种族），那么离开从属群体就可能不是一个选项。[1]

在这种情况下，Tajfel 和 Turner（1986）认为个体可能会采取其他的策略。一种策略是限制自己去与其他类似的从属地位群体进行比较，以使得这些比较的结果可能更有利于内群体。例如，Rosenberg 和 Simmons（1972）发现，与其他黑人做比较的黑人，其自尊要高于那些把自己与白人做比较的黑人。在种族划分的另一边，经常有报告说，来自较穷社会经济背景的白人受访者比中产阶级的样本表现出更公开的偏见（Brown，1965；Vollebergh，1991）。这种所谓的"穷白人种族主义"，其动机也可能是避免与较富裕的社会阶级进行有损于认同的比较，并在与相似的贫困群体互动时寻找到积极的特异性。

另一种策略是避开从属群体被认为具有劣势的那些比较的维度，并寻找新的维度或者旧维度的新价值，从而使群体可以获得一些声望。Lemaine（1966）在一项与 Sherif 类似的、在儿童夏令营时开展的研究中发现，在一次建房比赛中，潜在的失败者发现了并强调了一些额外的属性（例如小屋周围的花园）。

Jackson 和同事们（1996）在一系列的实验室研究中观察到了同样的现象。例如，吸烟者被引导相信他们在口唇期发生了固着，并且可能具有一些消极的人格特征。相比于没有得到这种认同威胁信息的控制组而言，这些被试认为自己更加有能力，且更讨人喜欢。这是我之前讨论过的"创造性"偏向的另一个例子（Scheepers et al., 2006）；吸烟者可能在试图弥补"口唇期固着"这一标签所暗含的对他们群体的贬低。重要的是，Jackson 和同事们（1996）发现，这种补偿策略更明显地体现在具有不可渗透边界的群体中；在这些群体中，个体的逃离路线未向群体成员开放。不同文化亚群体的价值观和生活方式，例如 20 世纪 70 年代的"嬉皮士"、20 世纪 80 年代的"朋克"，以及近几十年来的"哥特"和"Chavs"，所有这些都可能带有拒绝主流社会文化和道德规范的特点，这些可能都是上述现象的另一些例子。

这些应对策略中，除了最后一种有可能之外，其他的策略没有一个能让地位较低的群体成员完全满意，因为它们使自己与优势群体之间的不平等关系基本上保持不变。因此，与该群体进行不利比较的可能性仍然存在，并可能给社会认同带来一切可能的后果。那么，为什么这些群体不直接与占主导地位的群体的优势进行对抗呢，不论是通过煽动社会和经济变革，还是拒绝接受对其群体价值的共识性定义？从 SIT 的前提来看，这种直接竞争性的群际取向将是最明显的、可预测的反应，即人们通常会追求积极的认同，并避免消极的认同。事实证明，从属群体有时确实选择该策略；例如 20 世纪 60 年代的各种民权运动，由美国黑人首先发起，紧跟其后的是新西兰的毛利人与澳大利亚、加拿大和南美洲的土著，以及最引人注目的、由南非非洲民族议会在 20 世纪 90 年代发起的南非种族隔离制度的废除运动。然而，要使这一现象发生，可能需要那些地位较低的群体成员设想出一些取代当前状况的方法（Tajfel and Turner, 1986）。在他们能够想象到旧秩序既不公平也并非不可避免之前，这些群体不太可能会冒险与"优势"群体进行心理上的比较。

哪些情境会鼓励人们产生这些"认知取代"？可能存在着几种因素。但到目前为止，研究者发现的三个最强有力的情境如下：第一，群际的边界是相对**不可渗透的**（impermeable）；第二，它们之间的地位差异有些**不稳定**（unstable）并可能会改变；第三，这些差异被知觉为是**非法的**（illegitimate），是建立在不公正和随机原则的基础上的。在这些情况下，高地位群体比低地位群体表现出更大偏向的"通常"结果就消失了，且人们观察到两个群体的偏向都增大了（Bettencourt et al., 2001; Brown and Ross, 1982; Caddick, 1982; Turner and Brown，1978）。这些效应经常被观察到在"优势"群体和"劣势"群体里是一样强烈的，这表明不稳定的和非法的地位关系也对高地位群体的认同构成了威胁，而其成员将做出更大的努力以捍卫他们当前脆弱的优势。

这些发现可以帮助我们理解第五章提到的、少数种族群体儿童的种族偏好在历史上的变化。大多数少数群体在各自的社会中处于从属位置。在北美（与其他地区一样），就这些群体的地位而言，20世纪60年代之前的三四十年可以算是停滞时期。的确，第二次世界大战造成了巨大的社会和经济动荡，但必须记得的是，在美国南方的许多州，黑人-白人的隔离在生活的各个领域都很普遍且得到了官方的认可。从理论上讲，我们可以把这种情况描述为黑人与白人之间的地位关系是合法的和稳定的，并且两个群体之间几乎没有流动的机会（边界是不可渗透的）。与这一分析一致，这一时期的多数种族偏好研究都发现，少数种族群体儿童通常会做出偏好外群体的选择和判断。这种局面可与20世纪60年代末和70年代初的动荡时期进行对比。民权运动在挑战过分的制度化歧视方面取得了瞩目的成功；洛杉矶、底特律和纽瓦克等相距甚远的城市里发生了几起社会动荡事件。所有这一切都是以一种清晰的黑人意识形态为基础的，这种意识形态总是拒绝白人多数群体的价值观和合法性。尽管仍然具有社会边界相对不可渗透的特点，但这种情况可以说是不稳定和不合法的。也许这就是为什么在这一时期有几项被发表的研究里都报告黑人儿童做出了有利于内群体的选择和偏好（另见 Vaughan，1978）。

因此，我们似乎可以通过考虑不同群体成员的认同过程来理解地位较高和地位较低的群体对于彼此的态度。然而，尽管这样的社会认同分析可能是有用的，但从更好的理解偏见的角度来看，它所启发的那些研究通常存在着一个相当重要的缺陷。在研究中，主要的焦点通常是内群体偏向的各种测量方法，无论是评价性的判断还是奖励分配。这么做有一个很好的理由：既然理论假定需要有一个积极的和独特的认同，那么从研究的角度来看，可以选择的、明显的指标就是那些反映了受访者的一些积极的群际分化的指标。但问题是：这些常用的、内群体偏向的测量是否真的代表了偏见，即不管有多么不精确，这些测量是否与本书中正在使用的偏见这一术语一致？在第一章，我将偏见定义为对于一个群体成员的任何态度、情绪或者行为，这直接或者间接地意味着指向该群体的一些消极性或者反感。我们在本章反复讨论的这种内群体偏向与这一定义的对应程度如何？

首先，我们应该注意到，"内群体偏向"字面上是指对内群体比对外群体有更好的评价或者待遇；换言之，它是一个相对偏好的指标，而不是对外群体的绝对贬低的指标。事实上，在许多研究中，内群体和外群体都得到了积极的评价（或者待遇），只是前者得到的比后者更多（Brewer，1979）。其次，对内群体和外群体的评分实际上可能是正相关而不是负相关的（Turner，1978）。有的研究发现还进一步增加了复杂性，那就是评价性判断中的内群体偏向通常与情感的测量无关，也就是说，与喜欢或者不喜欢外群体的感受无关（Brewer，1979；Brown，1984b；Turner，1981）。总之，正如 Brewer（1999）所明智地指出的那样，我们不能假设对内群体的爱（内群体偏好）等同于，甚至导致了对外群体的仇恨（偏见）。因此，接下来，我将更多地关注群际态度和情绪，它们有着更加明显的消极性质。

群体认同的作用

SIT 对我们理解偏见的第三个、也许是最持久的贡献，就是将群体认同的构念推到研究者的研究前沿。我们在本章的总结部分会看到，其方式之一就是强调认同过程本身的重要性。SIT 及其后裔——**自我分类理论**（self-categorization theory）的核心是，一旦某人认同了一个群体，该群体的命运、特征和行动就成为这个人的命运、特征和行动的一部分（Tajfel and Turner，1986；Turner et al.，1987）。但是，这种认同过程显然很少是全或者无的事情：人们对内群体的认同程度是不同的。因此，群体及其结果对其成员的作用取决于成员对群体的依恋或认同程度。根据这一可能的假设，可以提出两类问题：认同感更强的人会普遍表现出更多的内群体偏好和/或偏见吗？对于认同感更强的人来说，那些会影响群体成员心理的因素起到的作用更大吗？用更精确的（或者也许仅仅是更专业的）研究者的术语来说，这些问题意味着群体认同的强度与偏见之间存在着直接的因果关系（问题1）；或者是调节作用，即对于高认同者和低认同者而言，影响偏见的其他一些因素分别有着不同的作用——增强的或者是削弱的（问题2）。在本节，我想思考一下我们可以对这些问题做出怎样的回答。

首先，我们最好先考察一下社会心理学家试图测量**群体认同**（group identification）强度的各种方法。一种早期的工具是由 Driedger（1976）设计的，旨在测量人们对其种族的认同强度。我们改编并缩短了这个量表，使它可以方便地用于任何种类的群体（Brown et al.，1986）。在给我们的十项量表选择题目时，我们考虑了 Tajfel（1978b）在构念的定义中提到的社会认同的不同方面：群体成员身份对于一个人的觉察、评价和情感意义。因此，我们把"我认为自己属于 X 群体""我认为 X 群体很重要""我很高兴属于 X 群体"这类项目囊括其中。我们必须得承认这是个相当粗糙和现成的量表，但它在接下来的十年里被修订成了各种形式并被加以使用，且似乎与其他构念之间的相关性还不错（Jackson and Smith，1999；Smith et al.，1999）。之后，研究者开发了更精细的多成分工具（Ellemers et al.，1999a；Leach et al.，2009）。在这些工具中，通常发现情感投入或者承诺子量表与群际态度的测量之间存在着最可靠的相关。

这些测量方法与内群体偏向和偏见水平的相关性如何？在多大程度上可以预测它们（从因果的意义上来说）？简单的答案就是：差异是相当大的。有的时候，正如我们在本章前面提到的，与 SIT 所预测的一样，认同的强度与内群体偏向之间存在着相当强的正相关（Kelly，1988）。[2] 在另一些情境中，这种相关要弱很多，有时与零没区别，而有时甚至是负相关（Hinkle and Brown，1990）。能帮助确定因果关系方向的纵向研究也很少；换句话说，强烈的内群体认同是否真的会导致对于外群体更加消极的态度呢？Duckitt 和 Mphuthing（1998）的研究算是一个罕见的例外了。他们在 1994 年的议会选举前后对南非的黑人学校和大学的学生展开了研究。他们在上述两个时间点都测量了群体认同和各种群际态度（例如对于南非白人群体的态度）。如果高认同导致了消极的群际态度，那么我们可以预期选举前的认同水平会预测之后的态度。但事实上这些相关都是不显著的。[3] 相反，选举前的态度预测了选举后的认同，这与 SIT 主张的因果方向正相反！因此，总之，一个内群体对于其成员的重要性与他们对于外群体的偏见之间存在直接关联的证据既不是很强也不是很一致。

面对这种不一致，研究者试图找到更多的因素，这些因素可能决定了什么时候认同确实会导致偏见以及什么时候不会导致偏见。我们提出的一个主张是，SIT 提到的心理过程可能并不适用于所有群体。相反，它们可能取决于该群体或者其成员中个体主义或者集体主义的一般水平，以及群体成员进行群际比较（或者缺乏比较）的倾向（Hinkle and Brown，1990）。我们假设，并随后在三项实证研究中证实了，群体认同和内群体偏好之间的强烈联系只存在于同时具有"集体主义"（即强调群体内部合作和群体成就）和"关系主义"（即关注内群体相对于其他群体的地位）这两种特征的群体中（Brown et al.，1992）。

公平地说，集体主义和关系主义的组合并非总会使认同和偏向之间产生正相关（例如，参见 Brown et al.，1996；Capozza et al.，2000）。然而，只有当情境鼓励群际比较时，认同才会与偏见有很强的联系，这一观点似乎很能站得住脚。在四个独立的研究里，我们要求人们在填写包含测量民族认同和仇外主义的问卷之前完成三件事情中的一件（Mummendey et al.，2001a）。在第一种条件下，我们要求他们写出他们的国家在哪些方面比其他国家更适合居住（社会比较条件）。在第二种条件下，我们要求他们写出他们的国家在哪些方面比过去更适合居住了（时间比较条件）。在第三种条件下，我们只是简单地要求他们写出为什么他们的国家是一个值得居住的好地方（控制条件）。我们推测，通过让被试以这些不同的方式来看待自己的国家，他们可以暂时地形成不同的民族认同，进而对仇外主义分别产生不同的影响。事实证明确实如此。在社会比较的条件下，民族认同与仇外主义在总体上是正相关的，并显著高于相关接近于零的其他两种情况（见表6.2）。甚至有证据表明，同样的实验操纵会影响认同与内隐群际态度的关系（Calitri，2005）。

表6.2　　　　　　　民族认同和仇外主义取决于比较的背景

实验条件		
社会比较	时间比较	控制条件
0.44 *** a	0.05	0.11

注：本表显示了民族认同和仇外主义之间的相关（取了四个研究的均值）。a ***$p < 0.001$。
资料来源：Adapted from Table 3 in Mummendey et al.，2001a。

这些实验结果支持了一些政治心理学家将**爱国主义**（patriotism）和**民族主义**（nationalism）进行区分的观点（Kosterman and Feshbach，1989；Schatz et al.，1999）。它们都是民族认同的形式。第一种形式由对国家及其文化或者自然地理的强烈依恋所构成，但这种依恋并非不加批判的。第二种形式的民族认同对于自己的国家同样是积极的，也许甚至是更积极的，因为它几乎是以一种"我的国家非对即错"的态度呈现出来的，但此时它所基于的观念是相信本国比所有其他国家都优越。换言之，民族主义包含了一种强烈的、社会比较的元素，这有点类似于我们在上述研究中所操纵的东西。

由于爱国主义和民族主义有着同样的内群体亲和性，它们之间通常存在着中等程度的相关。但不同之处在于，它们和对于外国人的偏见之间的关系不同：民族主义倾向于与仇外主义有明显的正相关；而爱国主义，如果说确实有的话，也只是有微弱的相关（Blank and Schmidt，2003；Calitri，2005；另见Roccas et al.，2006）。

当然，人们对本民族的依恋可以采取不同的意识形态形式，并相应地会对指向外群体的态度产生不同的影响，上述想法千年以来一直为政治精英所理解并加以利用（例如，参见 Reicher and Hopkins，2001）。对于如何界定国籍本身也存在着类似的争议。特定国籍的所有权是否应当仅限于那些具有"生物性的"或其他相对固定的文化联系的人（即拥有属于那个群体的一些"本质"的人）？还是说，一个国家的身份应当开放给任何一个人，只要这个人确认并赞同某些具有共识性的社会习俗（比如尊重民事程序和遵守法律）？在政治科学中，这两种国籍概念有时被称为"种族"和"公民"民族主义，且似乎各国采用的正式的国籍名称中都包含了不同的种族和公民的混合成分（Smith，2001）。

用不同方式来定义国籍时的这种社会–法律上的区分与通常的群体知觉方式之间存在着心理上的对应关系。有时，我们倾向于把特定群体的成员看作共享着一些内在的"本质"（即能将他们定义为归属于这个群体的各种相对固定的属性）；另一些群体可能也被同样知觉为群体，但不是以那么"本质主义"的方式——也许是因为它们暂时具有了一些共同的属性，或者仅仅是因为他们在同一时间和地点表现出的行为（关于类别知觉和实体性的进一步讨论，参见Haslam et al.，2000；另见第三章）。因此，种族、性别和残障群体通常是以本质主义的方式被感知的，而职业和政治群体则可能是以不那么本质主义的方式被感知的（Haslam et al.，2000）。

我们想知道，一个群体的这些不同的建构方式是否会影响认同强度与偏见之间的关系（Pehrson et al.，2009a）。我们认为，也许对于那些以更加"种族性的"或者"本质主义"的方式来思考自己的（民族）内群体的人来说，民族认同与对于寻求庇护者和潜在新成员的消极排斥态度之间存在着明显的正相关。对于以更加"公民的"和不那么"本质主义"的方式来看待自己民族的人来说，相似水平的民族认同不会转化为偏见。我们的结果证实了我们的猜想：认同与偏见之间的关系在第一个群体中明显是正相关的，而在第二个群体中可以忽略不计（Pehrson et al.，2009a）。我们在更宏观的国家分析水平上发现了相似的模式（Pehrson et al.，2009b）。在这项研究中，我们使用了来自31个国家的调查数据。在这些数据中，研究者测量了民族认同、感知到的对国籍的"种族性"或者"公民性"定义，以及反移民偏见。在个体水平上，认同和偏见之间呈整体较弱的正相关，即使这是由于大样本（超过37 000名被试）而导致的统计显著。但真正有趣的发现是，在我们考虑了一个国家对"公民性"国籍概念的平均认可程度后，这种相关就变得更弱了。相反，在我们考虑了在国家层面对语言性（类似于"种族性"）国籍定义的平均认可程度后，相关就变得更强了。换言之，国家范围内普遍存在的、如何界定国籍的意识形态观点，显著地影响了个体水平上民族认同和偏见之间的相关。

总之，很明显，一个人对内群体的依恋强度与他们轻视外群体的倾向之间不存在简单的关系。相反，我们还需要考虑群体认同的性质或者内容，以及其表达过程中所处的情境。如果在个人对其认同的看法方面以及在给定的情境中，群际比较非常凸显；或者如果认同是以一种强烈的、本质主义的方式构建的，那么我们确实可以预见认同和偏见之间会有很强的相关。但也会存在另一些情境、另一些看待内群体的方式；在这些情况下，认同的强度可能也不低，但人们却很少或者不会产生对"不归属"他人进行诋毁的倾向。

然而，群体认同的强度并不仅仅是通过直接的方式决定偏见的。也许更常见的情况是，它以一种更为间接的方式运行着，以便增加其他前因变量的影响。其原因很简单。如果某一特定因素会影响对于外群体的态度（例如通过提供一些工具性的原因来诋毁外群体或者提升"内群体"），那么该因素对认同感较强的群体成员的影响应该更大，因为对于这些人来说，内群体的利益最接近他们的内心。不难找到认同作为调节变量的例子。Struch 和 Schwartz（1989）调查了耶路撒冷的两个社区，这些地方曾经涌入许多极端正统派的犹太人，他们对于住在这里的人来说是一个有威胁的外群体。测量的内容包括他们的群体与极端正统派的犹太人之间感知到的冲突的一个指标、对后者的攻击性意图的测量，以及内群体认同情况。与现实冲突理论一致，感知到的冲突与攻击性之间存在着强相关，但对于那些认同感较强的内群体成员来说，上述相关更强（见图6.1）。

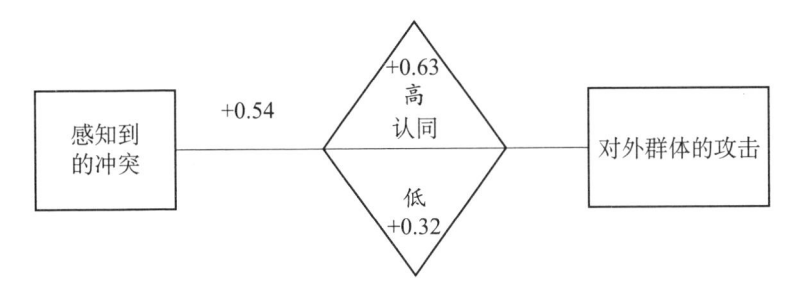

图 6.1 认同对感知到的群际冲突与外群体攻击行为之间的关系起调节作用

注：该图显示的是感知到的冲突、认同和两者的交互作用对攻击行为进行回归分析后得到的标准回归系数。

资料来源：Struch and Schwartz, 1989.

Struch 和 Schwartz（1989）测量的是感知到的群际冲突的变化。在几年后开展的一项田野研究中，我们还观察到认同能够同样调节实际群际冲突的影响（Brown et al.，2001）。这项研究是针对前往法国的一艘渡轮上的英国乘客进行的。在收集数据的第一天，正好发生了法国渔民的罢工事件，他们封锁了法国海峡的港口；这就意味着英国乘客当天不能旅行。这被我们命名为"高冲突"组，我们能够将其与"低冲突"组进行比较，而"低冲突"组是由几天的罢工结束之后我们调查的那些人所组成的。这场自然发生的冲突对英国被试对于法国人的消极刻板印象的影响再一次被民族认同的强度所调节。如图 6.2 所示，罢工导致的后果在高度和中等认同者中最明显，而在低认同组中实际上并不严重（另见 Jackson，2002；Livingstone and Haslam，2008；Morrison and Ybarra，2008）。

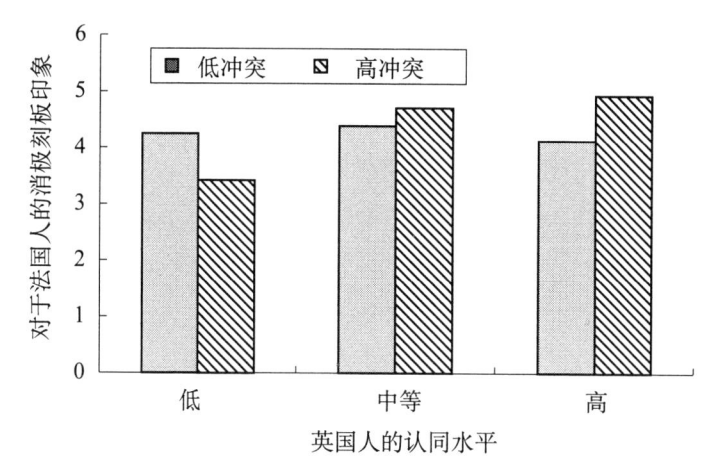

图 6.2　认同对实际的群际冲突与消极外群体刻板印象之间的关系起调节作用

注：消极刻板印象包括"自以为是的""不可靠的""傲慢的""粗鲁的"（1～7 计分量表）。

资料来源：Adapted from Table 2 in Brown et al.，2001.

群体认同的调节效应并不仅局限于冲突，它们也改变了群体成员在"如何对待外群体"这一内群体规范方面的反应（Jetten et al.，1997）。Jetten 和同事们对认同进行了实验操纵，引导心理学专业的学生对他们的群体产生更多或者更少的偏好态度。他们还使这些学生相信，他们的内群体成员在与其他专业的学生打交道时，通常是公平的或者通常是偏好心理学专业的学生。通过这种方式改变感知到的内群体规范，研究者希望阻止被试在资源分配任务中表现出对内群体的偏好，或者是鼓励他们将其表现出来。结果发现，只有那些在高认同条件下的学生才会遵守内群体规范。在"偏好规范"的条件下，被试持有的、反商学院学生的偏向几乎是"公平规范"条件下的两倍。权威主义水平较高的人可能已经把对外群体的偏见内化成了一种普遍的规范（参见第二章）；当他们特别强烈地认同自己的内群体时，他们更会这么做（Duckitt，1989；Stellmacher and Petzel，2005）。

最后，当人们认识到他们内群体的其他成员在以往有过不公平地对待外群体的行为时，群体认同很可能会影响他们的反应方式。一种可能的、但绝非必然的反应是，当觉察到过去的群际不当行为后，个体会产生某种集体性的内疚感，并进而寻求对外群体做出赔偿，或者至少是对其表现出更少的偏见（Branscombe and Doosje，2004）。确实有证据表明这种情况经常发生（Brown et al.，2008；Brown and Cehajic，2008；McGarty et al.，2005；Pederson et al.，2004；Swim and Miller，1999）。然而，代表群体感到内疚并非没有心理代价，因为这意味着承认了道德失败，并进而损害了内群体积极的公众形象。对于那些强烈认同内群体的人来说，这可能是一片特别难以下咽的苦药。这正是 Doosje 和同事们（1998）在对荷兰被试开展的一项研究中的推测。研究者提醒这些被试回想荷兰在殖民时期对印度尼西亚犯下的一些历史暴行。只要这些提醒有一些含混不清，以至于有关暴行的信息被一些所谓的殖民利益削弱了，那么，相比于那些认同感不那么强的被试而言，具有更强烈的民族主义的荷兰被试就会表现出更少的内疚，并且提供更少的物质赔偿。似乎那些认同感较强的人试图通过专注于他们国家历史上更有利的一面而非更黑暗的一面，来使自己免受内疚感带来的、不舒服的心理后果（另见 Doosje et al.，2006）。

因此，总之，有几个方面的研究表明，人们对群体的依恋程度极大地影响了他们对不同群际因素的反应。如果一个特定的变量很可能会导致人们产生偏见，那么可以合理地推测认同感强的群体成员的偏见将更大。因此，社会认同过程在决定偏见时扮演的角色与最初版本的 SIT 设想有所不同（Tajfel and Turner，1986）。SIT 更多强调的是，当群体成员为他们的群体寻找一些积极的特异性时，不同的社会结构安排的影响。通常，研究者关注的是这种寻找如何在不同形式的内群体偏向中表现为不同的形式，而很少关注外显消极的，或者是带有感情色彩的群际态度（这些态度毕竟是偏见的关键组成部分）。然而，SIT 中还有一个被证明具有长期影响的概念：对认同的"威胁"。事实上，"群际威胁"的整个概念对于理解偏见来说是非常重要的，因此值得用单独的一节来论述。在我们谈这一点之前，我需要考察另一个决定偏见的、强有力的群际因素：相对剥夺。

❖ 相对剥夺

1882 年至 1930 年期间，美国共报道了 4 761 起私刑案件。其中 70% 以上是对黑人实施的私刑，且大多数发生在南方各州，这些州长期以来一直是美国奴隶制的核心地带。这样的统计数据严峻地提醒人们：偏见有时会达到可怕的极端状态。Hovland 和 Sears（1940）的研究使这些可怕的事实引起了社会科学领域的关注。他们注意到，每年杀人事件的数量有着相当大的差异：从最高的 155 起（1892/1893 年）到最低的 7 起（1929 年）。他们还观察到，这种变化与不同的农业经济指标（农业是南方各州的主要产业）之间存在着明显的对应关系：在经济衰退和困难时期，私刑的数量也增加了（但可参照 Hepworth and West，1988；Green et al.，1998）。

如何解释经济衰退与反黑人暴力之间这种明显的共变关系呢？Hovland 和 Sears（1940）认为，这是由挫折造成的。根据 Dollard 和同事们（1939）的**挫折-攻击理论**（frustration–aggression theory），研究者假设经济不景气带来的困难会提升人们的挫折水平，进而产生了更多的攻击。与 10 年后（参见第二章）Adorno 和同事们（1950）所用的概念一样，Hovland 和 Sears 也使用了精神分析的**移置**（displacement）这一概念，认为攻击不会指向经济挫折的真正根源（即产生经济挫折的资本主义制度），而是转向更易受伤害和更可及的目标，例如"越轨者"和少数群体成员（这一论点的详细扩展可参见 Billig，1976；Brown，2000a）。

另一些研究者在试图证实这种所谓偏见的"替罪羊"理论[4]时却得到了好坏参半的结果。Miller 和 Bugelski（1948）在露营地针对一群美国的年轻男性开展了一项实验。一天晚上，当他们热切地期待在城里度过一个夜晚时，主试突然宣布取消晚上的外出活动，并且要求这些人去完成一些乏味的任务。在这一令人沮丧的事件发生之前，研究者测量了人们对墨西哥人和日本人的种族态度，并在事后又测了一次。对这些态度的分析表明，被试在遇到挫折后的喜欢程度显著地降低了，而没有经历挫折的控制组则没有表现出这种变化。鉴于这两个少数群体不可能对这些人的困境负有任何可想到的责任，这就很好地证实了"移置"假设。

但另一些实验的结果却很模糊。例如，Stagner 和 Congdon（1955）发现在学校考试失败后，学生的偏见没有增加。Cowen 和同事们（1958）使用了相似的方法，却发现针对黑人的消极情感确实增加了，但这并不能泛化到普遍的、针对其他少数群体的种族中心主义。对于挫折－攻击理论来说更麻烦的是，Burnstein 和 McRae（1962）发现，在任务失败之后，人们对黑人群体成员的评价变得更好了，尤其是那些存有高度偏见的被试，而他们本该是最想诋毁黑人群体的人。

正是这些不一致，以及其他一些概念上和实证上的困难（Berkowitz，1962；Billig，1976），使得挫折－攻击理论作为对偏见的一种解释，其受欢迎程度和效用都下降了。在很大程度上受到挫折－攻击理论一些中心思想的影响（Gurr，1970），出现了一种取而代之的理论，它不太强调困难和挫折的绝对水平，而是**强调相对剥夺**（relative deprivation）的重要性。这种新视角被称为相对剥夺理论（relative deprivation theory，RDT），其灵感来自在对美国军队士气和社会态度进行大规模的社会心理学研究时得到的一些偶然的观察结果（Stouffer et al.，1949）。研究者发现，对于某些职业发展前景更好的军事部门（如空军）来说，其成员不满意的程度比那些晋升机会较少的部门（如宪兵）要高。怎么会这样呢？这当然不是因为挫折的绝对水平，因为如果是这样，那么宪兵应该比空军更不开心。Stouffer 和同事们认为，答案可能在于相对挫折（或者剥夺）的不同水平：空军人员虽然在客观条件上更好，但存在着一个现成而又优越的比较标准（他们已经被晋升了的同事），因此，他们对自己的地位感到更委屈；而对于宪兵来说，这样的比较不可及，因此他们并不觉得其剥夺如此严重。一个当代例子是，在英超联赛的一些顶级球员身上也可以看到同样的现象。据传言，Frank Lampard（弗兰克·兰帕德）在 2008 年时最不满意，因为他发现他在切尔西队的一名队友每周比他多赚 3 万英镑。事实上，他自己每周的收入已经超过了 10 万英镑，这已经是大多数英国人一年收入的四倍了。但这显然对于他来说并不是什么安慰。正如我们将要看到的，这种观点是 RDT 的一个重要见解，即与处于较为劣势地位的人或群体一样，处于优势地位的人或群体也容易受到相对剥夺的影响。

剥夺总是相对于某些标准而言的，这一观点构成了 RDT 的核心（Crosby，1976；Davies，1969；Davis，1959；Gurr，1970；Runciman，1966；Walker and Smith，2002）。Gurr（1970）在对这个理论的形成和实证检验方面做了很多工作。他指出，当人们感知到他们目前的生活标准和他们认为应该享受的生活标准之间存在差距时，他们就会产生相对剥夺感。正是这种"得到"和"期望"之间的差距被认为是社会不满和偏见背后的原因。

在我们考察这一概念如何被用来解释偏见之前，必须先澄清一个重要的区别。在某些版本的 RDT 中——尤其是像 Gurr（1970）的版本，它直接源于早期的挫折 - 攻击理论——强调的是个体直接体验到的相对剥夺：我所享受/遭受的，相对于我所期望的。但还有另一种剥夺，来自人们对群体命运的感知，相对于他们对群体的期望。Runciman（1966）将其称为"**群体（或兄弟式的）剥夺**"（group deprivation/fraternalistic deprivation），以区别于另一种形式的剥夺，即"**个体**"（individual；或"以自我为中心的"）剥夺。Caplan（1970）提供了一个很好的例子。他注意到，20 世纪 60 年代在美国支持黑人权利运动的许多黑人都来自中等和上层收入阶级，而非来自贫穷的（和多数被个体剥夺的）群体。与其他黑人相比，他们自己的个人优势并不妨碍他们知觉到黑人作为一个群体，与白人相比存在着相对的劣势。正如 Walker 和 Pettigrew（1984）所指出的，群体相对剥夺如此牢固地建立在群体结果而非个体结果的基础上，这就使得在分析诸如偏见这样的群际现象时，群体剥夺是比个体剥夺更合适的一个构念。回想上一节，同样重要的是，如果没有对内群体的某种事先的认同，群体剥夺感就不可能产生。想要感觉到我们的群体过得不（够）好，我们就必须首先充分地认同这个群体，进而它的命运对于我们来说才是很重要的。

是什么引起了相对剥夺？正如刚才所指出的，在最一般的水平上，相对剥夺是由期望与成就之间的差距造成的。在底特律发生了一些骚乱后不久，Crawford 和 Naditch（1970）在对那里的黑人居民进行调查时直接测量了这一差距。受访者被要求在一个垂直的 11 级阶梯上指出他们目前的生活状况与他们"理想的生活"（阶梯顶端）之间的关系。这两点之间的差异被视为对剥夺水平的一种测量。从表 6.3 可以看出，剥夺的水平与他们对暴乱和黑人激进运动的态度之间有着明显的关系。相对于低度被剥夺者（在第 5 级或以上），那些高度被剥夺者（在第 4 级或以下）对于黑人激进分子的暴乱目的表现出更多的共情。

表 6.3　　　　　　　　　　　　黑人激进运动和相对剥夺

态度项		相对剥夺[a]（%）	
		低	高
你认为骚乱是有助于还是会伤害到黑人？	帮助	28	54
	伤害	60	38
你支持还是反对黑人权利运动？	支持	38	64
	反对	36	22
要改变白人的态度，需要使用武力还是说服？	武力	40	51
	说服	52	35

注：[a] 感知到的"实际"和"理想"生活之间的差距。
资料来源：Crawford and Naditch, 1970, Table 1（删除了"不知道"这一选项）。

下一个问题是：是什么决定了人们对理想生活的渴望？RDT 认为这些渴望来自两种比较（或其中一种）。其中一种是时间上的，关系到一个人近期的过去。Davies（1969）假设，人们从以前自己的（或群体的）富裕或者贫穷经历来推断并期望未来是相似的。如果生活标准在一段时间内稳步提高，这将产生"未来会变好"的期望。Davies 由此提出了他著名的 **J 形曲线假设**（J-curve hypothesis）。该假设认为，最有可能产生不满的情况，并不是发生在一段长时间的贫困之后，而是发生在人们的生活水平在几年内提高后又突然地下降之时。正是这一急剧下降造成实际的与期望的生活标准之间产生了差距，而这正是唤起剥夺所必需的。[5] 期望的第二种来源是与其他群体的比较。当我们感觉到另一个群体过得比我们自己的群体好或者差时，尤其是当该群体与内群体很相似，或在某种程度上与内群体有关时，这个群体的命运就可能会引发关于"我们认为我们的群体应该过得有多好"的期望。进而，我们就会相应地感到被剥夺或者满足（Runciman，1966）。同样，内群体的绝对地位并不重要，重要的是相对因素。

最近的一项有关英国收入分布的研究形象地说明了这两类剥夺（Jones et al.，2008）。这项研究将 30 年间英国不同收入群体的周收入水平绘制成图。图 6.3 显示了结果。所有群体（包括最贫穷的）的收入都增加了。然而，值得注意的是，最有钱的和最穷的人之间的差距也逐年稳步扩大了。这种情况正是滋生穷人群体相对剥夺感的温床。收入的变化也揭示了较富裕群体潜在的时间性剥夺。从图中可以看到，较富裕群体的收入在 1984 年到 1990 年之间急剧增长，然后在 1995/1996 年之前经历了一次实际的衰退。这是 Davies（1969）J 形曲线的一个例子；但事实上它并没有引起英国中产阶级的普遍不满，这可能是由于他们的财富在 20 世纪 90 年代末恢复了（Brewer et al.，2008）。

时间性相对剥夺（temporal relative deprivation）和群体相对剥夺对偏见会产生什么影响呢？对前者的研究甚少。Hepworth 和 West（1988）重新分析了 Hovland 和 Sears（1940）使用过的数据并发现，在某一年对黑人实施的私刑数量增多与前一年的经济下滑之间存在相关。然而，Green 和同事们（1998）却发现，仅仅再加上八年的数据（1930—1938 年），即纳入大萧条时期的数据之后，就极大地降低了经济指数与反黑人暴力之间的相关。此外，当他们试图将纽约四个行政区的失业率与九年间（1987—1995 年）仇恨犯罪（hate crime）的发生率联系起来时，不论时间间隔是长还是短，他们几乎都找不到可靠的关联。

其他试图将群际事件与群体生活水平的时间变化联系起来的尝试也存在争

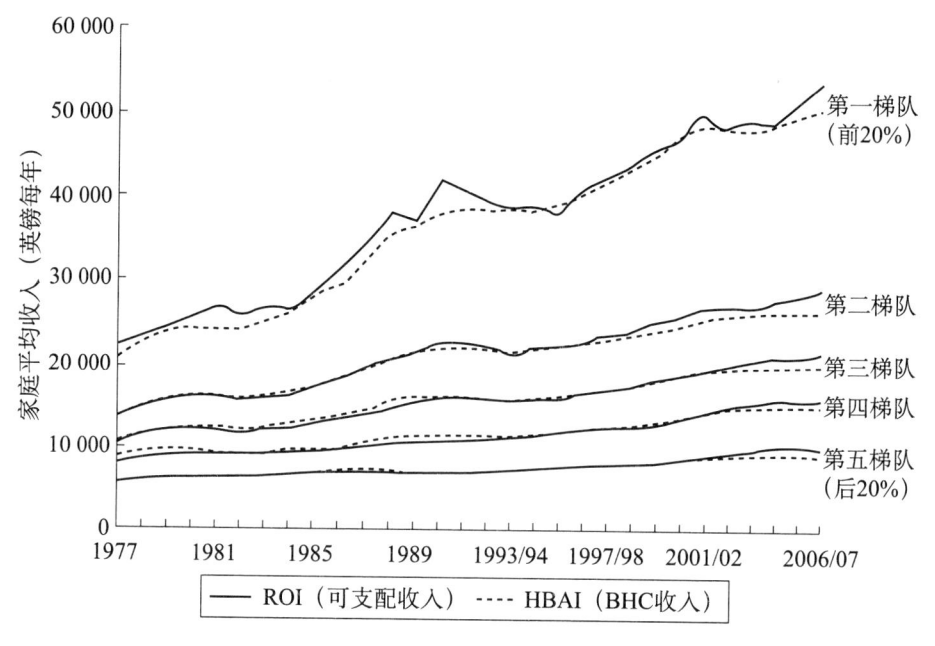

图 6.3　1977—2007 年英国收入分布的变化（五分位数）

注：该图显示的是英国家庭年平均可支配收入（根据 2006/2007 年物价进行调整后）。

资料来源：Jones et al., 2008, Figure 2.

议。J 形曲线假设的提出者 Davies（1969）试图用 20 世纪 40 年代美国黑人生活标准的起伏来解释 20 世纪 60 年代黑人城市发生的骚乱。但另一些研究者对他的分析提出了质疑，认为经济变化的时间进程和黑人生活标准的差异都不能很好地与其拟合（Crosby, 1979; Davies, 1978, 1979; Miller et al., 1977; Miller and Bolce, 1979）。简而言之，时间性相对剥夺与群际偏见之间的联系已被证明是相当难以捉摸的。

研究者更多地关注基于不利的社会比较而产生的相对剥夺（RD）的影响。Vanneman 和 Pettigrew（1972）进行的一项经典研究证明了相对剥夺和偏见之间的联系。他们对美国四个城市的超过 1 000 名白人选民进行了调查，询问这些受访者觉得他们的经济状况与其他像他们这样的白人工人（个体相对剥夺）相比是更好还是更差，以及白人的经济状况与黑人相比如何（群体相对剥夺）。在这两个问题的基础上，Vanneman 和 Pettigrew 将他们的样本分成四组，分组的依据是这些受访者可以被划分为"被满足者"（比其他人过得更好）还是"被剥夺者"（在个体层面、群体层面或者两方面都感到被剥夺了）（见表 6.4）。在他们所使用的偏见的主要测量指标上，那些感到遭受群体剥夺或双重剥夺的人表现出最强烈的反黑人情绪。

表 6.4　　　　　　　　　群体和个体剥夺与偏见

剥夺的类型	偏见的测量[a]
双重满足（自己和群体都过得好）	-20.9
个体剥夺（自己过得差但群体过得好）	-13.9
群体剥夺（自己过得好但群体过得差）	+14.3
双重剥夺（自己和群体都过得差）	+29.1

注：[a]常见的偏见条目包括："如果家庭成员想带一位黑人朋友回家吃饭，会反对""如果同样收入和教育水平的黑人家庭搬到隔壁，会介意""认为黑人和白人学生应该上不同的学校"。得分越高，偏见越多。

资料来源：Adapted from Table 9 in Vanneman and Pettigrew, 1972.

这些发现随后被其他几项研究所证实。Tripathi 和 Srivastava（1981）研究了印度穆斯林对印度教徒的态度。尽管在印巴分治之前（1947 年）穆斯林实际上是统治群体，但现在他们是印度处于劣势地位的少数群体。可以预见他们地位上的这种变化可能会导致强烈的被剥夺感。事实上，另一项研究发现他们确实比印度教徒表现出更多的被剥夺感（Ghosh et al., 1992）。Tripathi 和 Srivastava（1981）发现，群体剥夺与排斥印度教徒的内群体偏向之间存在着明显的相关。在南非（Appelgryn and Nieuwoudt, 1988）和欧洲的几个国家（Pettigrew and Meertens, 1995），群体剥夺与偏见之间也存在相似的相关。的确，所发现的相关并不总是很强，这可能是由于所使用的相对剥夺测量往往只关注对差异的知觉，而非与该差异有关的（消极）感受。如果采用更具情感取向的相对剥夺测量，则群体剥夺与偏见的相关会更强一些（Smith and Ortiz, 2002；Taylor, 2002；Walker and Pettigrew, 1984）。

所有这些研究都采用了横断相关性设计，因此它们所提供的证据遭遇了在类似研究中通常都存在的、因果解释上的困难：是剥夺导致了偏见的增加，还是高偏见导致了被剥夺的感受？幸运的是，也有一些纵向调查和实验证据确凿地指出了剥夺会导致偏见。Duckitt 和 Mphuthing（2002）测量了南非黑人在 1994 年南非换届选举前后对剥夺的知觉和感受，以及对于南非白人的偏见性态度。他们发现，选举前的情感性（或者情绪性）相对剥夺水平与选举后的偏见水平显著相关，但反之不成立。这说明是黑人被剥夺的感受决定了他们随后的偏见水平。

实验研究也支持了群体相对剥夺和偏见之间的因果关系（Grant and Brown, 1995）。我们要求一群女性完成一项头脑风暴任务，之后她们每个人都能得到大约 10 美元，但她们被告知是否能得到这笔钱将取决于另一组人的评价。当然，这一评价构成了我们对剥夺的实验操纵：一半的人得知另一组对她们的评价很差，并认为她们只应得到 4 美元；其余的人得知她们得到了积极的评价，并被告知她们将得到她们期望的 10 美元。被试对这种操纵反应强烈。与那些得到期望钱数的人相比，被剥夺组表现出明显更高水平的、排斥另一组人的内群体偏向，对另一组人表达出一致的较高水平的厌恶。在仔细地观察了后来她们反馈时的互动录像后，研究者也发现她们对另一组人表达了更具贬低性的言论。

现在，我想回到之前 Vanneman 和 Pettigrew（1972）提出的一个议题：个体剥夺和群体剥夺在偏见的起源上各自所扮演的角色。从他们的数据中我们发现，个体剥夺似乎与偏见的增加无关。另一些研究也发现，似乎只有群体剥夺与群际态度和行为有系统的联系，而个体剥夺似乎更多地与个体的结果相关，例如个人的不幸、压力和抑郁（Guimond and Dube-Simard, 1983; Koomen and Fränkel, 1992; Walker and Mann, 1987）。我们很容易得出这样的结论：个体感受到的或多或少的剥夺对一个人的偏见水平几乎没有什么影响。虽然这样的结论很诱人，但它是错的。一方面，研究发现个体剥夺有时与偏见存在着相关。Ellemers 和 Bos（1998）在其对荷兰的店铺经营者的研究中发现，个体和群体剥夺彼此独立地预测了他们对于持有移民身份的店铺经营者的消极态度。虽然这样的结果可能不是典型的，但遭受个体剥夺可能是导致集体不满感受的第一步（Tougas and Beaton, 2002）。想必，要想做到这一点，就需要有一种足够强烈的群体认同感，才能将"我"和"我们"联系起来。如果这一前提条件得到满足，那么该论点认为，如果个体剥夺对偏见存在任何影响的话，需要通过群体剥夺才能实现。Pettigrew 和同事们（2008）在几次欧洲反移民偏见的大型调查中发现了这一中介过程的证据。个体相对剥夺与偏见呈较弱的相关，但一旦控制了群体相对剥夺，这种相关就完全消失了。与此同时，群体相对剥夺与偏见的相关更强，即使控制了个体相对剥夺，这种相关仍然存在。这种相关模式与上述观点一致，即个体相对剥夺和偏见的相关是由群体相对剥夺中介的，但反之不成立。

在我总结关于相对剥夺和偏见的讨论之前，还有最后一个问题要思考。1973 年，就在 Vanneman 和 Pettigrew 发表了他们关于个体和群体剥夺与满足的经典论文一年之后，出现了另一篇由 Grofman 和 Muller 发表的论文。它的题目很吸引人：《**相对满足**（relative gratification）和潜在的政治暴力之间奇怪的关系：**V 形曲线假设**（V-curve hypothesis）》。该文章报告了在美国中西部一个小镇上进行的一项调查结果。该镇三年前曾经历过一些严重的市民骚乱。研究者除了询问一些标准问题——关于他们现在、过去和未来预期的生活条件（与理想状况相比）[6]，还询问了他们对于各种形式的公民不服从及暴力的支持态度。总的来说，Grofman 和 Muller 发现，剥夺感与他们的政治暴力倾向之间没有直接的关系。然而，当他们将样本分成三组后（受访者随着时间的推移分别感受到生活条件降低、无变化、提升）就出现了一致的模式：与时间性剥夺（例如 J 形曲线假设）的理论假设一致，那些经历了消极变化的人比那些知觉到无变化的人更倾向于政治暴力。然而，那些感觉到积极变化的人（时间上的相对满足）同样赞同政治暴力（见图 6.4）。基于图 6.4 所示的形状，Grofman 和 Muller 将其称为"V 形曲线"。

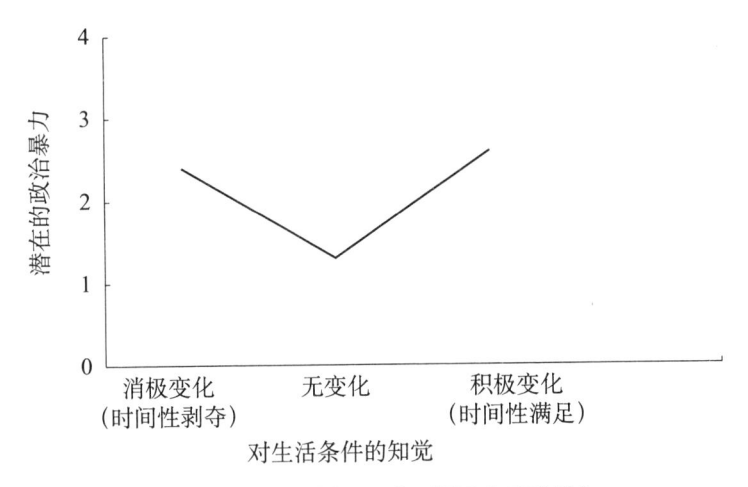

图 6.4　V 形曲线假设：相对满意与政治暴力

资料来源：Adapted from Table 7 in Grofman and Muller, 1973.

这一相当令人惊讶的发现三十年来几乎没有人注意到，直到 Guimond 和 Dambrun（2002）决定看看它是否可以被实验重复并用于偏见。他们让心理学专业的学生相信，未来心理学家的就业前景可能比经济学和法学专业的学生更好（或者更糟）。然后，他们测量了这些学生对于各种移民群体的偏见水平。与 V 形曲线假设一致，他们发现，与没有得到关于心理学家未来状况信息的控制组相比，在剥夺和满足条件下的被试持有更多的偏见。事实上，那些处于满足条件的被试似乎比剥夺条件的被试表现出了稍微更多一点的偏见。随后，Dambrun 和同事们（2006）在南非进行的一项调查再次发现，无论是对于那些感觉生活变得越来越糟的人而言，还是对于那些感觉生活变得越来越好的人而言，偏见都有增加的趋势（另见 Guimond et al., 2002）。

如何解释这种看似自相矛盾的现象呢？Leach 和同事们（2002）对归属于优势群体的现象学进行了反思。他们推测人们的情绪反应和随后的行为反应可能取决于几个因素。其中与相对满足效应最相关的一个因素是：Leach 和同事们认为，当知觉到内群体的优势地位是暂时的或者不稳定的时候，该群体的成员可能会表现出更强的自豪感和/或对外群体的鄙视。这些反应被认为是针对内群体地位最终会下降而做出的一些心理防御（见我之前关于"归属于地位较高群体的社会认同含义"的讨论）。在这方面值得注意的是，发现 V 形曲线效应的大多数研究在操纵或者测量满足时暗示性地指出，尽管最初内群体有优势，但这些优势存在着某些时间上的不稳定性（Dambrun et al.，2006；Grofman and Muller，1973；Guimond and Dambrun，2002）。Leach 和同事们（2002）的观点是，这些自豪和鄙视的情绪有可能导致对外群体的消极态度和行为反应（对这些假设的部分检验参见 Harth et al.，2008）。

虽然这些想法很吸引人，但 V 形曲线效应仍然缺乏一个完全令人信服的解释。一方面，尚不清楚相对满足的影响是会泛化到所有的外群体，还是主要针对那些可能对内群体地位构成长远威胁的外群体。Dambrun 和同事们（2006）的发现支持了后者，也就是对于社会经济地位较高的南非人来说，满足的效应似乎主要是针对欧洲（而不是非洲）移民的，因为这一群体可能被视为对他们具有更大的潜在经济威胁。另一方面，Guimond 和 Dambrun（2002）却发现，心理学家相对于律师和经济学家的满足导致他们对北非移民的偏见增加，而这个群体几乎不可能成为职业心理学家的竞争对手。

最后，很明确的一点是，相对满足对偏见的消极影响并不总是会发生。正如我们先前看到的，Vanneman 和 Pettigrew（1972）观察到，在所有的人中，最少的偏见来自那些得到相对满足的亚群体受访者（见表6.4）。但请注意，他们的满足感是用社会性而不是时间性来定义的，因此，也许少了一个关键因素，即对群际地位关系不稳定性的知觉（但可参照 Guimond et al.，2002）。

❈ 威胁作为偏见的一个原因

如果回顾前三节讨论过的偏见的决定因素，就有可能在我所提出的理论和研究中找出一个共同的线索。这种相互关联的观点是，偏见似乎是威胁的结果：对群体物质利益的威胁（现实冲突理论）、对群体特异性或者整合性的威胁（社会认同论），以及对群体社会地位的威胁（相对剥夺理论）。因此在本节，我想直接关注威胁的概念，并进一步说明作为偏见的一个原因，威胁所涉及的范围有多么广泛。首先，我会回顾几项直接考察这一问题的研究。这些研究通过实验对不同类型的威胁进行操纵，然后检验它们对人们态度或行为的影响。其次，我会探讨对不同类型威胁的知觉如何影响我们的情绪，并进而影响我们对外群体可能产生的行为反应。最后，我会讨论一种关于威胁和偏见的、很有影响力的模型，它试图整合我们在本节和本书前面所提到的一些不同视角。

首先，作为引入，这里有两篇报纸文章，它们报道了存在于两种非常不同的情境中的一些群际紧张关系。第一篇文章报道了瑞士万根（Wangen）镇的当地居民反对该镇土耳其社区修建一座清真寺的计划。一位名叫 Roland Kissling 的万根镇居民直言不讳地反对建造清真寺："就是那些噪声，还有那些汽车。你应该在星期五晚上来看看。我不反对建宣礼塔。但要建在城里。不能建在这个村子里。这就是不对的。会有麻烦的。"（*Guardian*，11 October 2007）第二篇文章报道了更极端的群际暴力事件。标题上写着"被帮派追捕，移民逃离火焰"。这篇文章记录了在约翰内斯堡、开普敦和其他城市，来自津巴布韦的移民是如何成为南非人恶意袭击的目标的（*Guardian*，24 May 2008）。激起这种反移民情绪的原因似乎在很大程度上是南非人担心津巴布韦移民工人会在劳动力市场上不公平竞争。正如一位南非人所言："把工作机会给津巴布韦人是因为他们以低廉的工资工作。我们是南非人。我们知道我们的权利并且要求获得适当的报酬。"（*Guardian*，24 May 2008）

社会心理学研究证实，在这两个例子中描述的威胁类型（一个聚焦于感知到的伊斯兰象征符号对瑞士文化可能的威胁，另一个强调经济威胁感的后果）对群际态度产生了强有力的影响。Duckitt 和 Fisher（2003）使一些新西兰被试相信他们国家的前途相当暗淡（失业率高、犯罪率上升、内乱）。而另一些人则被告知未来是美好的（经济繁荣、犯罪率低以及公民和谐）。前一组对威胁性信息的反应是表现出显著更高水平的权威主义，而权威主义通常与偏见高度相关（参见第二章）。顺便说一句，值得注意的是，那些处于低威胁条件组的人表现出相对较低水平的权威主义，并且与控制组没有区别。附带着说一句，我们还可以注意到，这一结果与 V 形曲线假设不一致。

但威胁不一定是针对有形事物的，例如生活标准或者人身安全；正如一系列研究表明的那样，对认同的威胁也可能是偏见的强大来源。许多文化群体认同的一个关键方面就是他们所讲的语言。当这种语言认同受到威胁时（例如受到外群体成员的嘲笑），人们可能会做出剧烈的反应，进一步强调自己的语言，并与外群体相互侮辱（Bourhis and Giles，1977；Bourhis et al.，1978）。Breakwell（1978）研究了球迷中的认同威胁。她让一些被试（十几岁的男孩）认识到他们不是真正的支持者，因为他们只观看了很少的几场比赛。为了使其看起来可信，她制造了一些著名足球经理发表的一些官方声明。然后，她将这一组被试与另一组认为自己是真正粉丝的男孩进行了比较。Breakwell 认为，前一组会做出消极的反应，因为他们作为真正的足球爱好者的认同受到了质疑。随后在回答自己球队的支持者和另一支球队的支持者有哪些相对优势时，他们的反应似乎证实了这一点：与后一组相比，他们表现出更多的内群体偏向（另见 Breakwell，1988）。

即使是实验室里的人造群体也可能会因为对内群体的威胁而表现出对外群体的贬低态度。我们让群体成员收到来自另一个群体的反馈：公开贬低诬蔑内群体的智力，仅是稍微有点负面，或仅有一点正面（Brown and Ross，1982）。对这些不同水平威胁的反应是相当一致的：在高度和中度的威胁条件下，对外群体的愤怒显著地增加了；在低威胁条件下的被试对外群体的愤怒减少了。在男性－女性关系的情境下，Grant（1992）在具有认同威胁性的交流中也发现了相似的反应。Voci（2006）在北部和南部意大利人的关系的情境里也发现了类似的反应。

有时，认同威胁只需要暗示而非公开表达出来。Branscombe 和 Wann（1994）要求他们的美国被试观看一场拳击比赛的短片，其中一名拳击手击败了另一名拳击手（这段视频实际上取自电影《洛奇4》）。其中一半人认为失败者是俄罗斯人，另一半人认为失败者是美国人。对国家自豪感的打击使后一群体对俄罗斯人更加轻蔑，但这只发生在那些认为民族认同很重要的被试身上。

认同也能调节针对性别身份进行威胁的结果。Maass 和同事们（2003）在关于男性对女性骚扰问题的创新性研究中证明了这一点。Maass 和她的同事们认为，男性对女性具有攻击性的性行为，其动机往往是攻击者感到自己的性别认同受到了威胁。为了证明这个论点，Maass 和同事们（2003）设计了一个实验室范式，其中男性被试与他们认为是女性被试的人（她实际上是一个实验假被试）在一个关于"视觉记忆"的实验中进行互动。这项实验要求每个被试从多个计算机文件夹中选择图片，并将这些图片发送给另一个被试，此人需要记住这些图片，以便为之后的回忆任务所用。文件夹被标记为"自然""动物""模型""色情"。最后一个文件夹尤其令人感兴趣，因为它包含明显与性有关的图片，这些图片之前被一些独立的裁判认定为具有攻击性。对性骚扰的测量是指从"色情"文件夹中挑选出并发给女性假被试的图片数量和攻击性。顺便说一句，这位女性假被试（通过聊天）清楚地表达了她对收到色情图片的不满。Maass 和同事们是如何让男性被试感到被威胁的呢？在一项研究中是通过简单地让女性假被试表明自己是一个女权主义者（或是一位具有传统性别角色态度的女性）来实现的。研究者认为这位"女权主义"假被试会对男性被试构成更大的威胁，因为她挑战了传统的性别不平等。结果表明，相比于"传统"的假被试，"女权主义"假被试收到了更多（并且更具有攻击性）的色情图片。威胁的这种作用对于那些有着更强烈性别认同的男性来说更为明显。[7]在另一项研究中，对威胁进行操纵的方法是暗示男性被试他在先前的性别角色调查中的得分处于女性得分的分布中（并且是在男性的分布之外），或者是（以一种更加基于群体的方式）暗示男性和女性的分布变得越来越相似。这两种形式的威胁分别被称为"原型性威胁"（因为第一种形式表明被试不属于男性原型）和"特异性威胁"（因为第二种形式表明这个群体中的男性与女性不再有明显的区别）。研究者将这两种条件与控制组进行比较，控制组被试被告知其得分是正常的。这些操纵对发送给女性的色情图片的数量和攻击性产生了可预测的影响：两种威胁条件下的被试，特别是原型性威胁条件下的被试比控制组的被试发送了更多的攻击性图片（见图 6.5）。同样，这些差异在那些性别认同程度更高的男性中更明显。

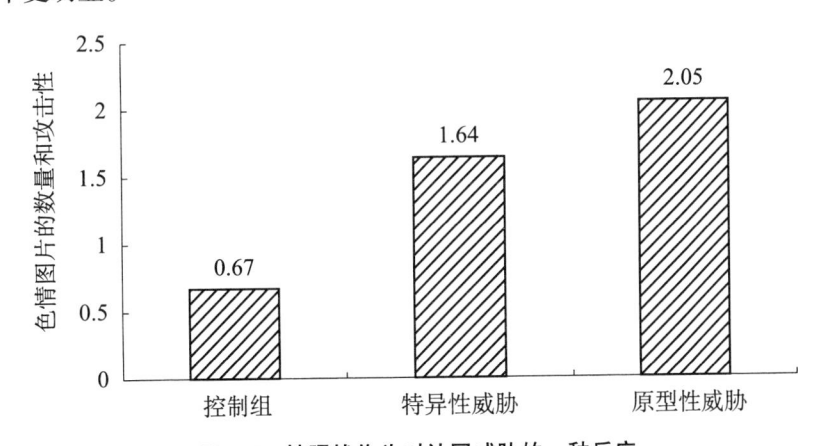

图 6.5 性骚扰作为对认同威胁的一种反应

资料来源：Maass et al., 2003.

到目前为止，我们认为偏见是对威胁的一种未分化的消极群际反应。事实上，这可能会将事物过于简化。两个群体相同水平的偏见可能掩盖了非常不同的潜在情绪。这正是针对**群际情绪**（intergroup emotions）的一些理论分析所得出的结论（Cottrell and Neuberg, 2005; Iyer and Leach, 2008; Mackie and Smith, 2002; Smith, 1993）。虽然侧重点有所不同，但这些群际情绪理论存在着一些共同的前提假设。第一个共同的假设是，一个人可以通过他/她所归属的群体来替代性地体验到情绪。换言之，人们不必直接经历某个事件（例如威胁）才能感受到某种情绪；如果他们感知到自己所属的群体处于特定的情境，那么他们很可能替该群体感觉到情绪。要做到这一点，需要一个最起码的前提条件：他们如此认同该群体，以至于该群体的命运对于他们来说很重要。当然，本章前面讨论过社会认同论了，因此现在我们已经很熟悉这一观点了（Tajfel and Turner, 1986）。群际情绪理论的第二个共同假设是，群体成员在任何情况下所感受到的情绪都取决于一个因素，即相对于某个（些）外群体，他们是如何感知内群体的：外群体是比内群体更强大还是更弱小？是外群体真正威胁到内群体的经济资源，还是有害的流行疾病或内在的"外来"价值观使得外群体被视为一种"污染"源？例如，如果内群体被认为比外群体更强大，那么愤怒可能是一种比恐惧更有可能产生的情绪（Smith, 1993）。如果外群体被视为污染源而非经济威胁，厌恶就更有可能产生（Cottrell and Neuberg, 2005）。第三个共同的假设是，不同的情绪会导致不同的群际行为，这对于我们这些学习偏见的学生来说是至关重要的。因此，愤怒和蔑视被认为会产生敌意，而恐惧和厌恶更有可能导致回避（Cottrell and Neuberg, 2005; Smith, 1993）。

这种群际情绪视角已经启发了很多令人印象深刻的研究（参见 Branscombe and Doosje, 2004; Iyer and Leach, 2008; Mackie and Smith, 2002）。基于我们当前对威胁和偏见的关注，让我举两个例子来说明它是如何启发对相关问题的研究的。Mackie 和同事们（2000）让被试阅读了一系列关于提高同性恋人群公民权利问题的报纸标题。根据实验条件，大多数的标题支持或是反对提高同性恋者的公民权，从而向这些学生被试（他们都持有支持态度）传递了这样的信息，即他们的群体在国家层面的地位或强或弱。之后，被试表达了对外群体（同性恋权利的反对者）的各种情绪，并说明他们是想积极地对抗外群体，还是想回避他们。回忆一下群际情绪理论，处于一个强大的内群体（相比于一个强大的外群体）应该会导致愤怒和对抗，而处于一个弱小的内群体则应该会导致恐惧和逃避。研究结果仅部分地证实了这些预测。那些处于"强大"内群体条件下的被试确实比那些处于"弱小"条件下的人表现出更多的愤怒。然而，对于恐惧和回避反应与 Mackie 和同事们（2000）的假设不太一致。这些情绪在不同的条件下并没有什么不同，而且事实上，处于"强大"条件下的被试比那些处于"弱小"条件下的被试表现出更多的回避（另见 Dumont et al., 2003）。

Cottrell 和 Neuberg（2005）采取了不同的方法。他们要求他们的美国白人被试报告他们对于9个外群体（非裔美国人、亚裔美国人、男同性恋者、基本教义派基督徒等）有多么不喜欢，以及对他们的评价有多消极。研究者也诱使被试回答他们对每一个群体的情绪反应（愤怒、厌恶、恐惧），以及他们认为该群体在多大程度上以不同的方式（在健康、人身安全、社会价值观方面）对内群体造成了威胁。就一般的偏见（或者不喜欢）的测量而言，不出所料，外群体间存在着一些实质性的差异：基本教义派基督徒、女权主义活动家和男同性恋者受到的偏见最多；美国印第安人、亚裔美国人和非裔美国人诱发的偏见最少。但有趣的是，偏见分数相似的外群体却对应着非常不同的情绪反应和对威胁的知觉。例如，对亚裔和非裔美国人的偏见水平难以区分。但非裔美国人却比亚裔美国人引发了更多的恐惧和焦虑，而这一事实与人身和财产安全受到威胁的知觉有关。男同性恋者和基本教义派基督徒同样不受欢迎，但前者引发了更多的厌恶，这也许是因为他们被知觉为对健康具有更大的威胁。由于相似水平的偏见掩盖了这些不同的情绪和对威胁的不同知觉，似乎也可以认为人们针对不同群体的行为也可能存在着差异，但 Cottrell 和 Neuberg（2005）没有研究这方面的问题。

为了总结有关威胁的这一节，让我回到开头的两篇新闻报纸节选：瑞士的伊斯兰恐惧症和南非的仇外主义。这两种反感背后的威胁有些不同。在第一种情况下，让许多瑞士人担忧的是伊斯兰教思想和价值观会潜在地影响到瑞士人的生活方式，以及作为一个西方犹太-基督教国家的文化认同。在第二种情况下，问题更加具体并且是经济上的：来自津巴布韦的移民被认为抢走了南非人的工作或是拉低了南非人的工资。Stephan 和 Stephan（2000）将两种类型的威胁都纳入了**整合威胁论**（integrated threat theory；另见 Stephan and Renfro, 2003）。研究者将第一类威胁称为"**象征性威胁**"（symbolic threats），其中包括在内群体选择自身定义的方式上知觉到的威胁和在认同的象征化方面知觉到的威胁。这些威胁涉及不同的宗教、世界观、文化价值观或者语言。第二类威胁被称为"**现实性威胁**"（realistic threats），它借用了我们之前提到过的现实群体冲突论的名字。这些威胁涉及经济竞争、在土地或者其他稀缺资源方面的冲突，以及对内群体人身安全或者生存的威胁。除了这两类威胁之外，Stephan 和 Stephan（2000）还增加了**群际焦虑**（intergroup anxiety），即对将要接触外群体成员的一种恐惧，它是由不确定该如何表现和对自己将要遭到的待遇感到恐惧导致的（Stephan and Stephan，1985），以及针对外群体的消极刻板印象。[8] 上述四个变量都被认为是朝着同一方向发展的，即导致更多的偏见性态度和更多的群际歧视。

　　这种整合威胁论已经在各种不同的群际情境中得到了检验，并在总体上取得了支持性的结果（Curseu et al.，2007；Meeus et al.，2008；Stephan et al.，1998，1999，2000，2002，2005）。有的时候，象征性威胁被证明是预测偏见时更有力的因素；有的时候现实性威胁占据主导地位；偶尔情况下，需要同时出现这两类威胁才能发现偏见（Stephan et al.，2005）。如果群际焦虑被考虑在内，则它几乎总是和消极刻板印象一样，与偏见存在着可靠的相关。即使是那些在整合威胁框架之外开展的研究工作，也为象征性威胁和现实性威胁的作用提供了可靠的支持（McLaren，2003；McLaren and Johnson，2007）。McLaren（2003）的研究特别有趣，因为它涉及一个非常大的（超过6 000名受访者）、代表17个欧洲国家的样本。在这个例子中，研究者通过反移民情绪来测量偏见，以将移民遣送回国的愿望作为指标。研究者同时测量了少数族裔群体构成的现实性威胁和象征性威胁，以及其他许多可能重要的变量（如少数族裔朋友的数量）和该国移民的比例（另一个潜在的威胁来源）。结果发现，与偏见相关的三个最稳健的变量分别是现实性威胁和象征性威胁（都是正相关）以及接触（负相关）。一旦控制了这三个变量，每个国家移民的比例就与偏见无关了（参见 Quillian，1995）。此外，一旦这三个强有力的因素发挥了作用，个体水平上潜在的威胁来源（失业风险、收入水平风险）就基本与偏见无关了。最后，为了发现是什么原因导致了威胁感（结合了象征性威胁和现实性威胁），McLaren（2003）进行了进一步的分析。这一次，每个国家移民的比例与威胁知觉之间存在着可靠的相关（更高的比例与更多的威胁相关）。但关键的是，这种关系受到接触这一变量的限制：仅对于那些没有少数族裔朋友的人而言，移民的比例与感知到的威胁之间才存在着明显的相关；对于那些有很多少数族裔朋友的人来说，移民比例与威胁完全不相关。那么，从这里就可以看出，群际接触为潜在的、可能具有威胁性的人口学变量（例如移民比例）提供了一个重要的"缓冲"。在第九章，我将有机会提供许多其他的例子来说明群际接触的积极作用。

在总结本章之前，整合威胁论还有一个方面值得更密切的关注。之前 Stephan 和 Stephan（2000）提到过，还有一种威胁是针对外群体的消极刻板印象。我必须说，我对此一直感到相当困惑。许多人认为针对外群体的消极刻板印象是偏见本身的一个组成部分，因此，在我看来，把这一变量当作可以预测偏见的一个假定因素是有点奇怪的。有趣的是，消极刻板印象在模型中的地位并没有逃脱研究者的视野。Stephan 和同事们（2002）自己在一项或许是针对模型最全面的检验中发现，从实证角度来看，将这一变量作为威胁的前因比作为威胁本身的一种表现形式显得更加合适。Curseu 和同事们（2007）提出了一种更合理的建议。在一项关于荷兰员工对待移民工人态度的研究中，他们几乎没有发现任何证据支持 Stephan 和 Stephan（2000）的假设，即消极的刻板印象与其他威胁（象征性威胁、现实性威胁、群际焦虑）一样也是一种威胁。相反，他们的数据表明，消极的刻板印象观念应被视为一种干预变量，它能部分地调节其他威胁对偏见的影响。

在本章，我一直在关注偏见的起源问题，它存在于群体间的关系之中。正如我们所看到的，群际关系对于群体的物质幸福和人身安全、对于其成员的社会认同、对于他们对群体的社会地位感到满意或者不满意，以及对于他们感到有多安全或是受到威胁这些方面都有影响。如果有人要求我，就像有时我确实会被要求的一样，找出造成偏见的最重要的那些因素，我就会指出本章的这些内容。偏见首先是一种群际现象，因此，如果群际变量在其因果关系中占有超越性的地位，我们不应对此感到惊讶。

❖ 小结

1. 偏见可被视为相互冲突的群体目标的结果。研究表明，相互竞争稀缺资源的群体通常比为了实现共同期望的目标而合作的群体表现出更多的偏向性态度和相互间更大的敌意。

2. 然而，利益冲突并不是唤起温和形式的偏见所必需的。在最简群体的情境中，群体也会表现出群际歧视的倾向。对这种自发的内群体偏好的一种解释是基于对积极的社会认同的需要。社会认同被认为是通过进行积极的、偏向性的群际比较来维持的，目的是获得内群体的一些特异性。

3. 在理解偏见时，社会认同过程在两个主要方面与之有关。彼此非常相似的群体可能产生更大的偏向水平，以增强他们相互的特异性，但这只出现在当群体成员的认同足够强烈的情况下。地位不平等的群体并不会表现出相同水平的内群体偏好；通常情况下，高地位群体比低地位群体的偏向水平更大——除非有一些不稳定的或者是非法的因素在起作用，它们可能会破坏地位等级。

4. 群体认同的强度在解释偏见时起着重要的作用，但并不是以显而易见的方式，而是通过主张更高的认同水平会导致更多的偏见。但只有当群际比较凸显时，或者内群体以本质主义的方式被定义时（换言之，只有当它的定义暗示内群体存在着一些固定的本质时），这种说法才是正确的。更重要的是，群体认同可以调节其他变量的影响：那些对他们的内群体依恋更强的人通常对其他已知的、会激起偏见的因素做出更强烈的反应。

5. 对外群体的偏见也可能是由一种相对剥夺感引起的，即知觉到自己的群体过得不如自己预期的那么好。这样的期望可能来源于一个人对内群体近期得失的记忆，或者，更多的情况下，来源于对内群体和外群体地位的比较。许多研究证实了相对剥夺在决定偏见时的重要性，尽管偶尔也观察到了"相对满足"对于偏见的反常作用：期望在未来做得好的群体有时比那些预期没有什么改变的群体持有更多的偏见。

6. 造成偏见的首要原因是威胁。威胁可以是物质形式的（例如对经济状况或人身安全的威胁），也可以是更具象征意义的（例如对文化价值观或者认同的威胁）。特定的威胁往往会在群体成员中激起特定的情绪反应，而这些情绪反应进而又会导致针对外群体的不同行为。

❖ 注释

1. 除了一些相对罕见的情况，如选择做变性手术或者人为地改变皮肤颜色。无论如何，这种极端的"瞒混"策略都可能充满困难（参见 Breakwell，1988）。

2. 这是一个有争议的问题。SIT 的一位创建者认为，该理论从未阐明或者暗示过这一假设（Turner，1999）。虽然我并不希望与我曾经的合作者、仍然备受尊敬的同事进行一场旷日持久的文字论战，但我认为，公平地说，并不是每个人都赞同他的观点（关于进一步的讨论可参见 Brown，2000b；Mummendey et

al., 2001b)。

3. 事实上，数据的分析要比这复杂一些。在分析纵向数据以检验因果假设时，需要控制因变量在前一时间点上的测量——在这个研究中的因变量是态度。因此，在控制了选举前的态度后，选举前的认同与选举后的态度之间关键性的、不显著的关系实际上是存在着偏相关的（参见 Finkel，1995）。

4. 我认为这个词起源于犹太教习俗。一位大祭司象征性地把人们的罪恶归咎于一只山羊，然后允许山羊逃入荒野（*Chambers 20th Century Dictionary*，1979）。因此，想到犹太人自己常常成为人类历史上种族主义社会"罪恶"的替罪羊，这是多么讽刺啊！

5. J形曲线假设中的"J"源于该曲线中标准的上升和下降的形态。它看起来像字母"J"在某个角度上被"倒置"了。

6. 测量主要侧重于受访者的个人生活条件，而非其群体的状况。因此，剥夺和满足的测量是在个体层面进行的，这使得这些测量所取得的结果更加令人吃惊。

7. 被试的社会支配倾向也放大了实验条件的影响。

8. 虽然群际焦虑和消极刻板印象在最初的模型（Stephan and Stephan，2000）和许多实证检验中占有突出的地位，但修订后的模型对它们的重视稍微地减少了一些（Stephan and Renfro，2002）。

❖ 扩展阅读

Ellemers, N., Spears, R., and Doosje, B. (eds) (1999) *Social Identity: Context Commitment, Content.* Oxford: Blackwell.

Mackie, D. M., and Smith, E. R. (eds) (2002) *From Prejudice to Intergroup Emotions: Differentiated Reactions to Social Groups.* Hove: Psychology Press.

Scheepers, D., Spears, R., Doosje, B., and Manstead, A. S. R. (2006) The social functions of ingroup bias: Creating, confirming or changing social reality. *European Review of Social Psychology* 17: 359–96.

Sherif, M. (1966) *Group Conflict and Cooperation: Their Social Psychology*, chs 1, 2, 5, 6. London: Routledge.

Tajfel, H. (1981a) *Human Groups and Social Categories*, chs 11 – 15. Cambridge: Cambridge University Press.

Walker, I., and Smith, H. (eds) (2002) *Relative Deprivation: Specification, Development and Integration.* Cambridge: Cambridge University Press.

第七章
新旧形式的偏见

在这一章，我想选出三个在本书已经反复出现的主题。第一个主题是，偏见并非一种静止不变的现象。正如我在第四章和第五章提到的，大量的研究证据表明，五十年前常见的、针对少数族裔群体明目张胆的贬低性刻板印象现在已经很少见了。无论是从系统化的研究结果来看，还是从对人们日常对话的偶然观察来看，这个结论都是很明显的。第二个主题是，偏见不是一个大一统的概念。这一点从本书各章的标题中就可以明显地看出来，它们囊括了偏见的特征、认知和社会维度。但这一主题在上一章尤为突出，当时我谈到了偏见的不同测量方法之间（如内群体偏向、外群体厌恶等）通常存在着很弱的相关。第三个主题是，也许还存在着一些我们难以发现的偏见：它们的某些方面存在于我们的意识之外，或是不受我们的控制。我在本书的第三章及第四章曾经提到过这些问题，当时我讨论了具有自动化或无意识特征的几种现象。

在本章我将同时讨论这三个主题。首先我要思考的问题是偏见是否真的在减少。正如我要指出的，有许多证据表明确实如此，至少在西欧和北美，大量深入的研究发现，人们公开表达出来的偏见性态度确实是减少了。但同时另一些证据表明，偏见现象仍然广泛存在。非介入性的测量仍然表明，人们指向外群体成员的行为与指向内群体成员的行为之间总是存在着差异。在本章的第二节，我将讨论各种理论及与之相关的偏见的测量方法；研究者提出了这些理论和测量，并通过偏见自我彰显的方式来解释上述变化。虽然其中一些理论和测量在本质上是不同的，但却有着一个相同的前提假设：新的社会规范，以及变化中的群际政治、经济和社会关系，都为新形式偏见的繁盛创造了环境。所有这些新类型的偏见都与一些残留的、针对外群体的负面情绪有关。在本章的最后一节，我将对引发很多社会心理学家争议的一个问题进行说明：偏见的外显测量（纸笔测量）和更加内隐的测量（通常依赖于人们完成各种快速决策任务时的不同反应时）之间的关系。相比于其他的方法，是否存在着某一种方法是测量偏见的"更真实"和更有效的指标呢？

❖ 偏见在减少吗？

现在，至少在我所生活的地方，已经很难在公众场合听到带有偏见的观点了。大体而言，人们之间的沟通和交往总是能够体现出方方面面的包容与理解。过去几十年间的调查表明，这并非一个完全主观的印象。研究表明，群际态度和刻板印象确实变得更加积极了。表 7.1 呈现了美国的一些研究结果。可以看出，随着时间的流逝，人们的包容性似乎逐渐地提高了。在性别领域，人们对于女性的态度也发生了相似的改变；研究表明，在工作环境中，人们的性别主义明显变少了，并且更多地支持性别平等（Eagly and Mladinic, 1994; Kahn and Crosby, 1985; Sutton and Moore, 1985; Twenge, 1997）。

表 7.1　　美国白人的种族刻板印象和态度的历史变化

	1933[a]	1969[b]	2001[c]
（A）选择消极特质词来描述美国黑人的被试百分比（学生样本）			
迷信的	84	13	2
懒惰的	75	26	12
无知的	38	11	10
愚蠢的	22	4	2
外表邋遢的	17	3	0
不可靠的	12	6	5
	1963	1977/1978	1990	1996/1997
（B）对带有偏见性态度的陈述表示赞同的被试百分比（全国调查）[d]				
如果黑人搬到你的隔壁，你会搬家吗？	45	14	5	2
应当制定法律禁止黑人与白人结婚	62	29	21	13
黑人和白人应该在不同的学校分开就读	35	14	—	4 (1995)

注：[a] Katz 和 Braly (1933)，[b] Karlins 等 (1969)，[c] Madon 等 (2001a)，[d] Schuman 等 (1997)。

这些在我看来确实是进步。无论这些改变的原因是什么，也无论我们对这些改变的真实性抱有多大的怀疑（稍后我们会谈到这个问题），这都是 60 年的反种族主义和反性别主义运动以及社会改革所取得的巨大成就，人们确实是比以前更少地公开表现出偏执和歧视了。如果我们将这些态度的变化与近年来妇女和少数族裔在荧幕上扮演的、非刻板印象角色的增加（Gaertner and Dovidio, 1986），以及他们加入职业岗位和管理职位中这些鼓舞人心的趋势相结合（Bureau of Labor, 2005; EOC, 2006; Morgan, 1988; Pettigrew, 1985; Ministry of Industry, 2005），那么确实有理由不对群际关系问题感到彻底悲观，至少在种族和性别领域是这样的。

然而，仅因为这些改变就自满是很愚蠢的。另一些研究表明，并非一切都像看上去那么美好。首先，虽然一些弱势群体在住房、教育和就业等领域的境遇确实得到了实质性的改善，但更进一步的分析表明，就相对状况而言（即与其他群体相比，参见第六章），不平等现象仍然存在，甚至可能在某些方面变本加厉（Pettigrew, 1985; US Department of Labor, 1992）。其次，对少数族裔群体和女性偏见的减少并不能说明针对其他群体的包容性也有着相似的提高。在20世纪90年代针对12个欧洲国家长达12年的一系列调查显示，仇外情绪明显上升了（Semyonov et al., 2006）。换言之，在对某些群体的接纳方面取得的成绩似乎伴随着对另一些群体更多的偏见。此外，即使近年来那些有志于加入高级管理层的女性遭遇到的所谓"玻璃天花板"问题得到了缓解，但可能取而代之的是，女性开始面对"玻璃悬崖"问题——用来比喻在企业或组织面临特别具有挑战性的情况时，任命女性担任最高行政职位的明显倾向（Ryan and Haslam, 2007）。这可能会导致当随后企业表现不佳时，大量的女性遭到指责，这种情况刻意造成了她们的失败（Ryan and Haslam, 2007）。

还存在着另一些令人担忧的原因。面对一些调查显示偏见在日渐减少的证据，有些评论者认为其中很大一部分只是表面上的而不是真实的（Crosby et al., 1980; Dovidio and Fazio, 1992）。他们指出，许多国家社会规范的变化和反歧视立法的存在使得人们越来越难以接受公开地表达偏见。因此，这种观点认为，人们可能只是口头上表现出更大的宽容，实则和以前一样坚持着他们的偏见。有几方面的证据支持了这个观点。

第一个方面的证据来自一些研究，它们采用了一种旨在减少社会赞许效应的实验范式。在当需要对社会敏感态度或刻板印象的测量做出反应时，这种社会赞许效应可能会出现（Sigall and Page, 1971）。这一范式被称为**假通道**（bogus pipeline），它通过皮肤电极将被试连接到一个精心设计的仪器上，并声称这个仪器可以检测到被试"真实的"感受。主试花费很长时间使被试相信这台设备的真实性，但实际上它只是一个幌子。之后，主试装作想要检验仪器性能的样子,给被试呈现关键性的测量指标,并要求他/她预测机器会给出的读数。随后,研究者将人们在这种"通道"条件下的反应与其他未受到技术欺骗的被试(控制条件)的反应进行比较。这一范式的前提假设是,相比于控制组被试,处于"通道"条件下的被试在"预测"仪器的读数时会更可能与自己真实的态度保持一致。为了说明这种效应,可以看一下表7.1中用于描述黑人的六个消极形容词。Sigall和Page使用这些词(以及几个其他的词)来获取被试在"通道"和控制条件下对"黑人"和"美国人"的刻板化判断。图7.1仅提供了这六个特征上的平均得分,它显示出美国白人被试认为"黑人"和"美国人"这两个群体具有上述特征的程度。值得注意的是,在正常的控制条件下,这些被试对"美国人"的消极评价略高于"黑人"。但在"假通道"的条件下,均值戏剧性地逆转了:"黑人"被认为是比"美国人"更"无知的""愚蠢的""懒惰的"等。另一些研究也得到了相似的结果(Roese and Jamieson, 1993)。

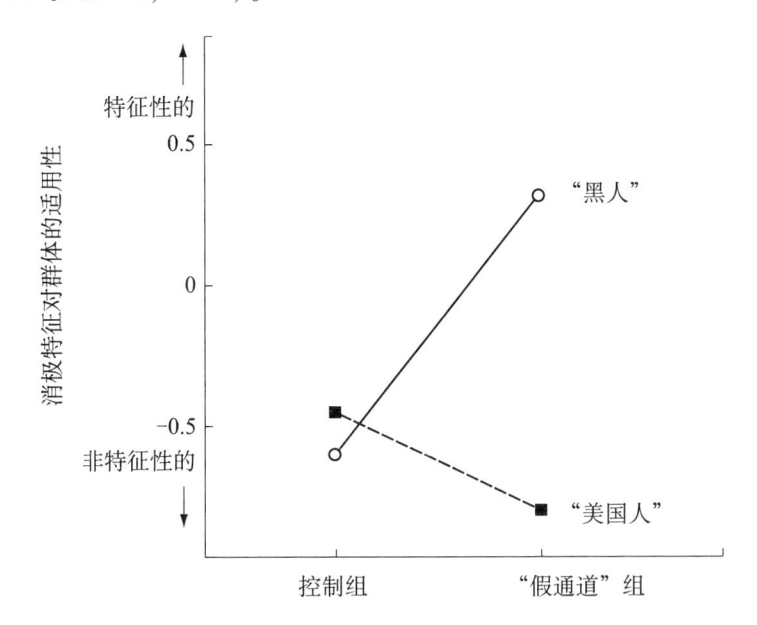

图 7.1　通过减少社会赞许效应的方法测量消极刻板印象

注:该图显示的是表7.1中的六种消极特质的均值(-3~+3计分量表)。

资料来源:Adapted from Table 1 in Sigall and Page, 1971.

第二个方面的研究认为,用传统方法测量的群际态度可能并非真实情况,因此,它们使用非介入性的方法来观察人们对外群体成员的实际行为。Crosby和同事们(1980)整理了一系列研究,它们观察了在跨种族情境中的助人行为。其中许多研究采用的都是自然研究法,即被试并不知道他们正在参与一个实验。在差不多一半的研究中,捐赠者将更多的帮助给予了与自己同种族的人,而非外群体成员(黑人和白人捐赠者都是如此)。因此,无论这些被试在态度上怎么看待黑人和白人群体,到了紧要关头,在面对"需要帮助的"内群体成员和"需要帮助的"外群体成员时,他们中的多数人在行为上都表现出明显的差别。

Crosby 和同事们(1980)发现了另一个有趣的事实。当仅考虑那些使用白人被试的研究时,他们发现,当无须直接地、面对面地与潜在的黑人受助者接触时,高水平群际歧视的倾向更加明显。在这种情况下,四分之三的研究发现指向白人同胞的帮助更多。相反,当研究情境中白人捐赠者和黑人受助者之间存在更多的直接接触时(此时拒绝帮助会很公开明显),只有大约三分之一的研究发现在助人行为上存在"亲白人"的偏向。正如我们将要看到的,在直接接触的和远距离的情境下,人们的行为存在差异,而这可能具有重要的理论价值。

与这一问题有关的第三个方面的研究工作关注人们在态度量表上和非言语行为之间的差异。其中前者是公开的,并因此应当是更受控制的反应;而后者更隐蔽,且可能是更加自发的反应。Weitz(1972)首次尝试了在一个跨种族情境中研究这种差异。Weitz 要求她的白人大学生为随后的一位研究参与者录制一段简短的语音信息,并提供了关于这位参与者的简要描述。这一描述包含有关目标人物的种族(黑人或白人)以及他的职业(法律系学生或加油站服务员)的信息。研究者获取了被试对这个人预期喜欢程度的评分,以及一系列不太直接的社会测量指标(例如选择与这个人互动的任务,而这些任务在亲密程度上是不同的)。Weitz 分析了录音中的声调里所包含的诸如热情和钦佩等特征,并将这些辅助性语言线索的出现与其他"友好程度"的测量进行了相关分析。其中一些相关关系很有趣。对于那些预见自己将与黑人互动的被试而言,友好程度的口头评分与其他的指标(如声音的温暖和钦佩、任务的选择)之间存在着负相关。他们越是声称自己感受到了友好,其非言语行为的友好程度就越低。

Hendricks 和 Bootzin(1976)也观察到了介入式和非介入式的跨种族亲密性的测量之间存在着类似的差异。在他们的实验中,白人女性被试来到实验室并被邀请在房间中随意就座。其中一个座位已经被一位黑人或白人假被试占了。第一个(也是介入程度最低的)测量就是看被试会选择剩下八把空椅子中的哪一把。之后，研究者对亲密性进行了更直接的测量。被试和假被试需要不断缩短彼此间的距离，并评价他们感受到的不适程度。在后一种测量中，社会赞许规范可能是非常凸显的，因此假被试的种族没有产生影响。然而，较为隐蔽的、座位距离测量的结果表明，相比于白人假被试，当假被试是黑人时，被试选择的座位大约要远出一把椅子——这是一个显著的差异。回顾一下我在第四章讲过的 Word 和同事们（1974）的实验。在那项实验中，相比于黑人求职者，白人被试坐在与白人求职者更近的位置，与他/她交谈得更久，并更少地出现语言错误（另见 Heinmann et al., 1981; Kleck et al., 1966）。

近期，Dovidio 和他的同事们提供了进一步的见解，对群际接触情况下人们的言语和行为不匹配（Dovidio et al., 2002）做出了说明。白人被试在实验前先填写一份关于偏见的标准调查问卷。实验中，他们首先需要完成一项计算机任务，即对积极和消极词语做出快速的反应；但在此之前通过阈下呈现白人和黑人面孔图片（参见第四章讲到的如何测量自动化刻板印象的技术）。依据做出决策的反应时，Dovidio 和同事们创建了内隐偏见的测量方法，之所以这么命名是因为被试很难意识到黑人和白人面孔的潜在影响。在这项任务之后，被试先后与一名黑人和一名白人假被试（或顺序相反）会面，并同他们进行简短的交谈，这些谈话过程被录了下来。每次交谈结束后，被试都需要报告他们对自己和对方行为的印象。最后，一些独立的观察员对被试在每次交谈中表现出来的言语和非言语行为进行编码（两类行为由不同的观察员来编码）。从互动中收集到的这组测量数据里，研究者计算出一系列偏向分数，每个分数代表与黑人和白人假被试对话之间的差异：被试言语行为方面的差异、非言语行为方面的差异、自我感知方面的差异、对假被试的感知差异，以及最后一项即独立观察员的整体印象。然后，将这些偏向分数与之前收集到的外显和内隐偏见测量的得分进行相关分析。

这些相关的模式十分清楚。在被试意识控制内的所有测量值之间都显著相关（见表 7.2 左上角部分），在他们意识控制范围之外的所有测量值之间也都显著相关（见表 7.2 右下角部分）；但这两类测量之间基本无关。这些发现提出了两个有趣的问题：究竟哪一类测量提供了"更真实"或更有效的偏见指标呢？我们如何理解这两类测量之间存在的明显分离？这些问题的答案引发了近年来社会心理学家的极大兴趣，它们值得我们用单独的一节来展开讨论。因此我在本章的后面还会回到这些问题上来，但在此之前让我先思考一下另一些理论和方法，它们试图理解当代偏见的新形式是如何发生变化的，以及如何为其提供新的测量方法。

表 7.2　　　　　　　　　被试可控和不可控测量之间的相关

	言语的	自我	内隐的	非言语的	假被试	观察员
外显偏见	0.40*	0.33*	-0.09	0.02	-0.14	-0.12
言语行为		0.36*	0.04	0.08	-0.17	-0.15
自我感知			0.05	-0.07	0.11	0.12
内隐偏见				0.41*	0.40*	0.43*
非言语行为					0.34*	0.32*
假被试的感知						0.52*

注：* 显著相关（$p<0.05$），其余的不显著。
资料来源：Adapted from Table 1 in Dovidio et al., 2002.

❖ 新形式的偏见

在过去三十年里，公开偏见的水平有所下降，但其他形式的歧视仍然存在，这一现象引发了大量有关偏见新的概念化的研究。新形式的偏见有很多种伪装：**象征性**（symbolic）、**现代**（modern）、**厌恶性**（aversive）和**矛盾性**（ambivalent）**种族主义**，微妙的偏见（subtle prejudice），**现代**和**矛盾性性别主义**，**新性别主义**（neo-sexism）。尽管这些不同的构念之间有着重要的差异，但它们也有很多共同之处，因此我把它们中的一些放在相同的标题之下是合理的。简单起见，我选择保留了三个标题。

第一个标题下的那些理论视角认为，"传统形式的"或"红脖子式的"偏见正逐渐被"现代"形式的偏见所取代，它们通过象征性的或间接的方式来表达对外群体的厌恶。尽管这些新形式偏见的理论支持者对其内容或起源几乎没有达成什么共识，但他们都关注个体差异，即想要找到可靠的方法来区分在某个心理测量量表上得分高和低的人，然后检验与这一划分相关的因素。第二个标题下的理论视角更强调情境因素。其中的一个主题就是认为如今的偏见通常以"厌恶"反应的形式出现，有时是人们针对引发焦虑的情境做出的一种反应。因此，只要没有非常明确的规范来限制我们应该说什么和做什么，人们就可能会通过互动的方式来表现出偏见，这些互动方式微妙地保持了自己与外群体之间的距离。第三个标题下的理论视角认为，偏见已经由一种简单的消极态度或反感转变为一种既有消极成分又有积极成分的矛盾态度，尽管积极的方面可能只是表面现象。

现代偏见

一项关于 1969 年洛杉矶市长选举中投票行为的研究使得研究者们开始怀疑可能存在着某种新型偏见（Sears and Kinder, 1971）。这场选举主要是在保守党的白人现任市长和自由党的黑人市议员之间展开的。出人意料的是，Sears 和 Kinder 发现，人们对前者候选人的偏好与他们的偏见水平（传统的态度测量）之间不存在可靠的相关——其中传统态度的测量涉及黑人智力低下、反对学校融合等类似的问题（典型题项见表 7.3）。与此同时，对另一些问题的关注，比如所谓的少数族裔群体取得的经济和社会进步，以及旨在纠正过去不平等状况的社会政策等，则能预测人们投票给保守党政客的偏好。

类似的这些结果使得 Sears 和他的同事们认为存在着一种新形式的种族主义，而它已经取代了 20 世纪三四十年代常见的那种古老形式的、明目张胆的偏执（Henry and Sears, 2002；McConahay, 1986；Sears, 1988）。这些研究者认为，产生这种现象的原因包括如下几个方面。正如我们已经指出的那样，处于变化中的社会规范意味着公开表达偏见在当前社会已经不被认可了。因此，由于这些社会赞许因素的影响，传统偏见测量方法的预测力降低了。尽管如此，鉴于美国和其他地方种族主义的悠久历史，可以假定在大多数白人的社会化过程之中仍然包含着一些残留的反黑人情绪。此外，随着少数族裔群体的政治主张以及一些政策的出台，如义务校车制和积极歧视等，它们威胁到了基于精英原则的传统西方价值观，如个人选择自由和机会平等。因此，个体对这些抽象价值观遭到破坏的感知就被视为新形式偏见的一个重要组成部分，尤其是当它结合了被文化社会化了的、针对黑人的消极情绪之后。McConahay（1986）总结了现代种族主义者关于世界的看法：歧视不再存在，因为所有群体都享有相同的公民和经济权利；黑人提出了太多要求；这些要求是不公平的；因此，他们所得到的任何利益都不是应得的。

表 7.3　　　　　　　用于测量现代和传统种族主义的部分题项

现代种族主义
1. 过去的几年里，黑人在经济上得到的好处超过了他们应得的。
2. 过去的几年里，政府和新闻媒体对黑人的尊重超过了他们应得的。
3. 黑人在推动他们的平等权利方面要求得太多了。
4. 在美国，歧视黑人已经不再是一个问题了。

续前表

传统种族主义

1. 如果一个与你有着大致相同收入和教育程度的黑人家庭搬到你的隔壁，你会非常介意、有一点介意，还是一点也不介意？
2. 如果你的家庭成员与黑人建立了友谊，你会在多大程度上反对这种友谊？非常、有一些、有一点，还是一点也不？
3. 总体而言，你觉得黑人比白人聪明、不如白人聪明，还是差不多和白人一样聪明？
4. 总体而言，我支持彻底的种族融合（反向计分项）。

资料来源：Adapted from Tables 2 and 4 in McConahay, 1986.

在我们考察如何测量这种构念之前，还需要提到该视角的另外三个特征。第一，要想将现代种族主义者与"传统"种族主义者相区别，主要得看他们在"黑人作为一个群体所具有的特征"这个问题上持有怎样的观点。虽然他们的**确与传统种族主义者**（old-fashioned racists）共享一些对于黑人的负面情绪，但研究者假定他们并不认可关于黑人的一些传统消极刻板印象，比如"愚蠢的"和"懒惰的"；他们也不一定赞同美国深南州（Deep South）种族隔离主义者在隔离学校、跨种族婚姻等方面的观点。第二个特征在于"违背了根深蒂固的西方价值观"这件事对于个体而言的重要性。这种重要性是驱动现代种族主义者态度的原因之一。事实上，正是这种价值观的冲突，而不是任何直接感知到的对个人利益的威胁，构成了意识形态的核心组成部分。因此，该视角认为，令现代种族主义者感到不安的并不是黑人的孩子可能会和他们的孩子上同一所学校，而是在于"强制性校车"的教育政策否认了父母为子女择校的"权利"或是与之相冲突，虽然实行这一政策是为了在城市学校之间更好地实现种族平衡。第三，用于测量现代种族主义的技术被认为在反应性上低于传统工具，这是因为它们关注的是偏见本身微妙而间接的那些方面，而不是其更为明显的特征。这让人感觉它们不太容易能测量出我在上一节谈到的、与社会赞许效应相关的偏向。

表7.3 呈现了一些用于测量现代种族主义的题项，并与传统种族主义的题项形成了对比。如果对这些题项进行因素分析，会发现这两组题项倾向于负载在不同的因素上，这就支持了现代种族主义理论支持者对两种偏见进行区分的观点（McConahay，1986）。然而，现代种族主义与传统种族主义并非完全不同，它们之间通常存在着显著的相关（McConahay，1986；Henry and Sears，2002）。这种相关可以用两种方式来解读。它可能意味着这两个构念之间并不像理论假设的那么不同，或者它也可能支持了这一观点，即两种偏见具有"针对

黑人的消极情绪"这一共同的起源。要判断这两种解释中哪一种更为合理，有一种方法就是，看一看不同的量表在预测另一些针对黑人的态度和行为（这些态度和行为可以被合理地解释为偏见，或至少是非自由主义的）时，其预测的准确性如何。

McConahay（1982）开展了一项研究来考察上述问题。他使用这两种测量方法来尝试预测人们对于美国肯塔基州的强制性校车制度的态度。此外，他还试图评估受访者在校车问题上存在直接的个人利益的程度，例如自己家里就有学龄期儿童。结果很明确。与在校车问题上的消极态度相关度最大的一个因素就是现代种族主义。传统种族主义也是一个可靠的预测因素，此外还有一个"体温计"指标用来测量对于黑人的情绪态度，它同样具有可靠性。但这两种测量得到的相关都比使用现代种族主义量表获得的相关要弱得多。自我利益没有任何相关性（另见 Jacobson，1985；Kinder and Sears，1981；Kluegel and Smith，1983；McConahay，1986）。随后在加利福尼亚开展的三项大型调查证实了这些新的偏见量表能够预测人们对于政府种族融合政策的态度。这些调查使用了简版象征性种族主义量表，它与现代种族主义量表非常相似（Henry and Sears，2002）。象征性种族主义与反对种族融合政策有关，而这一作用独立于传统种族主义和保守的政治信仰两个因素（另见 Sears and Henry，2005；Tarman and Sears，2005）。

"偏见可能已经形成了新的伪装"这一观点并不局限于美国或是黑人-白人背景这些偏见的起源之处。其他地理区域和社会领域的研究者也发现，测量现代偏见的这些量表能有效地预测人们的群际判断。在澳大利亚，Augoustinos 和同事们（1994）改编了 McConahay（1986）的量表，主要关注白人对于澳大利亚土著的态度。他们发现，这一测量与对土著的积极和消极特征的认可程度相关。我们也编制了一种用于英国背景的现代种族主义测量方法，并发现它与群际偏向的各种非反应性指标相关（Lepore and Brown，1997）。研究者采用修订后的现代种族主义量表来测量对于阿拉伯人的偏见，并发现它与人们加入反伊斯兰组织的意愿相关（Echebarria-Echabe and Guede，2007）。

对于各种研究背景的社会心理学家而言，现代（或象征性）种族主义测量已被证明是非常经久实用的工具。研究者通常将它们当作自变量，试图检验它们能否预测人们在群际情境中的反应。在第四章我们已经提到过这种用法，研究中使用这一测量来看它是否能够区分人们自动化的刻板化反应（Devine，1989；Lepore and Brown，1997；Wittenbrink et al.，1997）。一个更具应用性的例子是 Brief 和同事们（2000）的研究。这些研究者推论，典型的现代种族主义者不会以明显的方式表现出歧视，他们只会在能找到"合法的"借口来符合其传统价值观时才会这样做。因此，Brief 和同事们给被试呈现一种假想的雇人决策情景，要求他们的被试（此前已测量了现代种族主义）从十位候选人当中选择三位：这三位将进入营销部职位的推荐名单。其中五个人（三名黑人及两名白人）看起来条件很符合，另外五个人（全部是白人）则显然是不符合的。在其中一个实验条件下，被试阅读公司 CEO 的备忘录，里面指出公司很少有少数族裔的客户，因此最好选择白人来担当这一销售职位；而在另一个条件下则不存在这样的备忘录。Brief 和同事们（2000）认为，出现这样一个来自合法权威的直接指令就为现代种族主义者表现出歧视提供了一个"借口"；没有这样的借口，表现出歧视就是站不住脚的。结果证实了这一假设。从理论上来说，被试最多可以选择三名黑人候选者，且实际上他们至少也应该选择一名黑人候选者，因为有五名白人候选者明显是不符合条件的。结果发现，被试平均选择了一名（1.4 名）黑人，但这取决于实验条件以及被试现代种族主义得分的影响。从图 7.2 我们可以看到，高、低现代种族主义者仅在"有借口"的条件下表现出差异：高现代种族主义者的平均选择远不足一位黑人候选者。

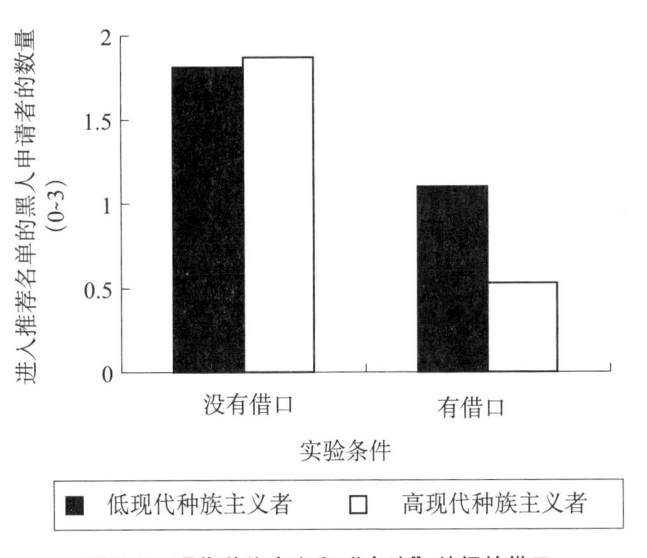

图 7.2 现代种族主义和"合法"歧视的借口

资料来源：Adapted from Table 1 in Brief et al., 2000.

但是，既然各种现代种族主义量表都可以作为测量偏见的指标，那么有许多研究者将它们作为因变量的测量，以检验其他变量对它们的影响，这也就不足为奇了。Branscombe 和同事们（2007）要求白人被试思考他们作为自己的种族群体成员受益（或是受损）的所有方面。这项指令的目的是提高这些被试对不合理特权的感受——正如我们在第六章所讲的，这可能会构成一种对他们社会认同的威胁。为了防御这种威胁，他们可能会增加对诸如"歧视黑人已经不再是一个问题了"，或是"过去的几年里，黑人在经济上得到的好处超过了他们应得的"这类观点的认可——这些正是现代种族主义量表的核心组成部分（见表7.3）。事实证明确实如此：那些处于"受益"条件下的被试比处于"受损"条件下的被试表现出更多的现代种族主义，并且对于那些高度认同自己种族群体的被试而言尤为如此（Branscombe et al., 2007）。

由于测量现代种族主义的这些量表旨在捕捉一种象征性的而不是直接的偏见，人们可能会预期它们对于一个国家里种族关系的象征性事件做出反应。其中一个值得关注的事件是 1995 年对 O. J. Simpson（辛普森）谋杀案的审判。Simpson 是一位杰出的非裔美国运动员，他被指控谋杀了他的妻子。该审判连续数周成为美国（以及世界各地）新闻媒体的焦点，且最终的判决结果（无罪）引发了举国上下的深入讨论。三位社会心理学家颇有远见地意识到人们对判决的反应可能反映了他们对现代种族主义的态度，或是作用关系反向（Nier et al., 2000）。因此，研究者在审判的一周之前、一周后及陪审团做出裁决的九周后分别测量了白人学生的现代种族主义得分。在第二次测量时，研究者将样本分成三组：学生们同意无罪判决（约 17%），认为 Simpson 应该被判有罪（55%），或者不确定（28%）。是否有可能通过两周前（也就是判决前一周）他们的现代种族主义分数来预测这些学生属于哪个阵营呢？根本不能！三组的现代种族主义得分在判决前几乎一模一样。那么他们的现代种族主义得分在判决后是否发生了变化呢？确实如此！就在判决结果出来之后，那些处在"有罪"或"不确定"组里的学生，他们的现代种族主义得分马上就出现了明显的增长，并且这种增长持续了两个月。而"无罪"组学生的得分则几乎没有什么明显的改变（Nier et al., 2000）。

Pettigrew 和 Meertens（1995）也做出了类似于现代和传统之间区别的假设（另见 Meertens and Pettigrew, 1997）。他们将其称为**微妙的**（subtle）和**公然的种族主义**。后者对应于传统偏见。微妙的种族主义与现代种族主义有许多共同之处，因为它既包含对传统个人主义价值观的捍卫，也认为少数族裔群体得到了不应得的好处。然而，Pettigrew 和 Meertens 也提出，微妙的种族主义还包括一种对多数族裔群体和少数族裔群体之间文化差异的夸大知觉（"你认为在英国生活的西印度群岛人与你这样的英国人之间有多么不同或相似？"——不同是指价值观上的，比如性别价值观和习惯、宗教信仰和习俗，以及语言），以及否认对外群体成员的任何积极的情绪反应（"你是否曾对生活在这里的西印度群岛人表示同情/钦佩"）。与公然的种族主义者不同，微妙的种族主义者并没有公开表达针对少数族裔群体的消极情感；他们仅仅是拒绝表达任何积极的情感。在一项在四个欧洲国家开展的大型调查里，Pettigrew 和 Meertens 发现了可以支持这种差异假设的证据（参见 Meertens and Pettigrew，1997；Pettigrew and Meertens，1995）。同之前的研究一样，他们发现公然的和微妙的种族主义量表之间相关程度很高，但**因素分析**（factor analysis）的结果发现它们似乎确实是负载于两个不同的因子[1]之上。这两个量表都与普遍的种族中心主义、对种族主义政治团体的支持，以及兄弟式的相对剥夺呈正相关（虽然后两种测量与微妙的种族主义的相关较弱），并且与群际接触呈负相关（Pettigrew，1998；Voci and Hewstone，2003）。还有一些证据表明，微妙的和公然的种族主义者对于各种移民和驱逐政策持有不同的看法：公然的种族主义者很高兴地支持"大规模地强迫少数族裔群体移民到国外"的政策，而微妙的种族主义者只支持将那些没有移民文件或犯下罪行的人驱逐出境。

到目前为止，我只考虑了针对种族群体的现代偏见。然而有些研究者认为，在另一些群际背景下也出现了类似的象征性偏见的形式。例如，Benokraitis 和 Feagin（1986）认为，女性也常常是隐蔽形式歧视的受害者，研究者们称之为"现代性别主义"。为了测量这种新的性别偏见，我们编制了一种新性别主义量表（Tougas et al.，1995）。这个量表的题项来自一些现成的现代种族主义量表（见表 7.3），我们把它们按照性别领域进行了改编，同时也加入了一些自己的项目。我们用这个量表、一个传统性别主义量表（Rombough and Ventimiglia，1981）和一个测量就业领域男性集体利益的量表，来预测男学生对于女性平权法案的态度。我们发现，虽然传统性别主义和新性别主义存在正相关，但只有后者才能可靠地预测对于平权法案的态度：性别主义得分越高，态度越不积极。与之前回顾的一些关于现代种族主义的研究不同，集体利益的测量[2]也是一个重要因素，它与两种性别主义均呈正相关，但与平权法案政策呈负相关。一项后续研究考察了男性雇员对于近期公司中实施的平权法案的态度，也得到了基本相同的结果（Tougas et al.，1995）。同时期，Swim 和同事们（1995）也编制了一个现代性别主义量表。这一测量的基本原理与新性别主义量表非常相似，并且它们确实倾向于发生共变关系，并与另一些指标存在着类似的相关（Campbell et al., 1997)。

目前针对被污名化群体的一些态度也可以被理解为现代偏见。比如美国的肥胖者群体，他们是社会、教育和就业歧视的对象，还成立了属于自己的"全国肥胖者接纳协会"（National Association to Advance Fat Acceptance）（Crandall，1994；*Independent*，13 June 1994）。Crandall（1994）编制了一种测量反肥胖者偏见的量表，认为这种量表在概念上与现代种族主义量表相似。与后者一样，他的量表有两个相关的组成部分：一个指标测量反肥胖者的情绪，一个指标测量将超重归因于肥胖者缺乏意志力的倾向。Crandall 还发现，他的反肥胖者偏见量表的两个主要子量表与个体主义和保守的价值取向相关，但与受访者自身的肥胖无关；显然，这对应着之前提到的低水平个人利益与现代种族主义之间的相关。Cowan 和同事们（2005）编制了传统和现代异性恋主义量表，这与上面讨论的测量当代偏见的其他量表之间保持了一致的步调。随着社会心理学家研究范围的扩大，类似的模式很可能也将出现在针对老人、艾滋病患者和残障人士等群体的偏见研究之中。

现代偏见这一议题的各种版本都未能免遭批判。大多数批评集中在现代种族主义问题上，但我会试图将这些争论也应用于其他新形式的偏见上。这些争论主要围绕着三个问题。

第一个问题是：这些新形式的偏见与传统偏见究竟有什么区别？正如我在前面提到的，两种偏见——现代的（或象征性的）和传统的、微妙的和公然的——通常在大约 0.6 的水平发生共变。那么现在来看，虽然这与现代偏见理论的预测是一致的，因为从理论上来说，这两种测量都存在着共同的、反对外群体的组成部分，但一些研究者认为，这两种测量应该被视为在挖掘同一个构念[3]（Sniderman and Tetlock，1986）。这种论点主要是技术上的，围绕着"既然它们旨在测量两种不同类型的偏见，那么研究者应当如何针对这些题项进行因素分析并解释结果？"这个问题而展开（Coenders et al.，2001；Meertens and Pettigrew，1997；Pettigrew and Meertens，2001；Sniderman et al.，1991；Tarman and Sears，2005）。Coenders 和同事们（2001）与 Pettigrew 和 Meertens（2001）之间针锋相对的辩论正说明了问题的症结所在。Coenders 和同事们（2001）使用一些稍微不同的前提假设和分析技术，重新分析了与 Pettigrew 和 Meertens（1995）相同的数据。他们得出结论：所谓的"微妙的"和"公然的"题项并没有像 Pettigrew 和 Meertens（1995）声称的那样，负载在两个很明确的因子上；相反，除了四个用于测量"感知到的文化差异"的题项（我对此本来有更多要说的),大多数"微妙的"题项似乎与"公然的"题项混在了一起。此外,与偏见题项相关的因素(例如教育水平、相对剥夺、保守主义)和与文化差异题项相关的因素通常是不一样的。作为回应,Pettigrew 和 Meertens(2001)质疑 Coenders 和同事们的数据分析没有理论基础,并提供了多种深入的、统计上的论证来为他们的初始观点进行辩护。但于我而言,比这些统计争论更重要的是,事实上这两种类型的偏见确实具有可靠的、不同的预测用途。现代偏见的测量与针对校车制度、平权法案、移民和恐同仇恨言论的危害等议题的态度相关,而传统的测量根本就不相关,或是与这些态度之间有相关,但相关不那么强或方向不一样(Cowan et al.,2005;Henry and Sears,2002;Meertens and Pettigrew,1997;Tougas et al.,1995)。归根结底,现代偏见测量的这种**区分效度**(discriminant validity)才是最有力的论据。

　　第二个问题是:这些测量偏见的新方法到底有多么微妙或者间接呢?相比于传统的测量,新的方法确实会更少地受到社会赞许的影响吗?如果仅考虑量表中题项的表面内容,这一点似乎令人怀疑。量表里"被社会认可的正确"答案通常是很明显的。此外,样本均值总是倾向于偏态地指向量表"无偏见"的一端(Augoustinos et al.,1994;Cowan et al.,2005;Devine et al.,1991;Lepore and Brown,1997;Tougas et al.,1995;Locke et al.,1994)。然而,对于量表的支持者而言,令人鼓舞的是,Ratazzi 和 Volpato(2003)发现,无论是公然的还是微妙的偏见,它们与个体按照他人期望的方式表达自己的倾向之间都不存在可靠的相关,并且当研究中的"评判员"评价每个题项的社会赞许性时,他们认为"公然的"题项确实有一点(但具有统计显著性)不如"微妙的"题项那么能够被社会所接受。无论如何,如果这些现代偏见的测量确实是间接的或微妙的,那么个体在这些题项上的得分就不应当受到主试种族的影响,或是受到被试私下(匿名)或公开回答的影响。McConahay 和同事们(1981)进行了两项实验。在实验中他们对主试的种族进行了操纵,结果发现只有传统种族主义受到了黑人(而非白人)主试的影响,现代种族主义得分没有出现差异。

　　不幸的是,随着时间的推移,其他研究者发现,现代种族主义量表实际上要更具反应性一些。Fazio 和同事们(1995)重复了 McConahay 及同事们(1981)操纵主试种族的实验。被试首先在匿名的和集体的测量阶段填写现代种族主义量表。然后在两到三个月后,他们再次填写,但这次是当着白人或黑人主试的面独立完成的。在第二次测量时,每个人的得分都有所下降,但是在黑人主试条件下出现了更大幅度的下降（下降了整整 4 分，而白人主试组只下降了 1 分）。此外，黑人主试条件下初测/重测之间的相关也低得多，这表明不仅总体均值下降了，同时该条件下被试的排序也发生了改变。在随后的实验中，Fazio 和同事们（1995）还发现，只有对于那些之前表示过"他们不太想控制自己在公共场合表达偏见的意愿"的被试而言，现代种族主义得分与内隐偏见的测量之间才存在着对应关系。Lambert 和同事们（1996）发现了进一步的证据，表明现代种族主义量表对于社会赞许是存在敏感性的。他们要求被试对一段简短描述中的一位假想的黑人形成一些判断。一半的被试被告知他们将要与一些同辈群体讨论他们的判断（公开组），其余的人被告知他们的判断将被保密（私下组）。在后一种条件下，被试的现代种族主义得分与他们对这个黑人的判断之间几乎不存在对应关系；实际上如果有的话，也是负相关。然而，在公开的条件下，现代种族主义得分与个体判断呈正相关。这令人强烈怀疑其原因是，在回答现代种族主义题项时，被试试图让自己表现得没有偏见，就像他们在"公开"场合做判断任务时表现的那样。

　　第三个问题涉及如何解释被试对现代偏见量表中某些项目的反应。Sniderman 和 Tetlock（1986）尤其关注象征性种族主义的构念，并指出类似于"设置配额以允许不符合通常标准的黑人学生上大学是错误的"（Kinder and Sears，1981）这样的题项，虽然是代表象征性种族主义的指标，但实际上也可以被看作非种族主义者的反应指标。例如，可以想象某些自由主义者会反对种族配额和平权行动，理由是这些举措是在以高人一等的姿态照顾着少数族裔群体，进而破坏了他们此后的学业或职业成就。同样，在 Pettigrew 和 Meertens（1995）的微妙的种族主义量表中，有四个题项测量的是感知到的文化差异（差异大代表着种族主义）。但对于许多关注多元文化意识发展问题的少数族裔和先进的政策制定者而言，他们的立场正是强调了"承认和尊重群际差异是化解同化主义哲学所指向的文化毁灭的办法"这一观点的重要性。一些研究发现，文化差异子量表通常与其他在理论上相关的偏见预测因素（相对剥夺、接触、教育水平）（参见 Coenders et al., 2001；Pettigrew, 1997）存在着较弱的相关（如果有相关的话），我认为这些发现是具有重要性的。

　　Sniderman 和同事们（1991）也提出了类似的批评。这些研究者拓展了他们关于现代种族主义量表解释力的论点，认为这些量表实际上可能是在测量一种原则性的保守主义。这是一种与捍卫传统价值观（现代种族主义量表的一个组成部分）密切相关的意识形态立场，但不一定就是种族主义的观点。我认为这种说法不是很有说服力。原因很简单，近期的一些研究检验了与现代偏见相关的因素，它们通常都控制了政治态度，但结果发现偏见仍然与另一些研究者感兴趣的变量之间存在很可靠的相关（Meertens and Pettigrew，1997；Sears and Henry，2005；Tarman and Sears，2005）。

矛盾性偏见

正如我们所看到的，现代偏见理论指出，当代偏见的表达是由混合因素决定的，包括强烈的个体主义意识形态、不被他人视为持有明显偏见的愿望，以及潜在的反对外群体的情绪。这些有时候相互矛盾的动机通常是以一种消极的或歧视性的形式驱动人们产生群际态度和行为。接下来要讨论的第二类理论也认为，当前的群际态度来自相互冲突的过程，但个体同时持有对于外群体的积极和消极态度。鉴于它们着眼于同时出现的积极性和消极性，这些理论被称为矛盾性偏见理论。我将讨论两个这种类型的理论：种族矛盾心理（Katz et al.，1986）和矛盾性性别主义（Glick and Fiske，1996）。正如我们将要发现的，虽然它们在名称上类似，但在分析偏见的心理基础及可能导致的结果方面，这两种理论存在着很大的不同。

Myrdal（1944）首先提出，美国白人的群际态度可能反映了北美文化中的两种核心价值观之间的冲突：平等主义（法律之下所有人都应该是平等的，每个人在生活中都应该享有平等的机会）和个体主义（人应该只得到自己应得的）。研究者预测第一种价值观可能会引起对弱势群体（例如少数族裔）的关注，并希望看到更大的社会平等；第二种价值观可能导致对"受害者"或弱势群体的谴责或贬低态度：有些人很穷、没有受过教育等，这只是因为他们自身缺乏努力。Katz 和同事们（1986）采纳了这一观点，认为有很多的多数群体成员对于少数族裔同时持有积极和消极的态度，并且为了解决这两类态度所构成的矛盾，往往会以不稳定的和极端的方式对待外群体：非常喜欢或是非常贬低。[4] 受到矛盾的影响，这种反应将指向哪个方向取决于以下几个因素：一些是特定的情境因素（例如可能会导致对外群成员的行为进行某种归因的线索），一些是与感知者自身的行为和自我形象有关的因素（例如，防止产生"他/她应当对外群成员的困境负责"这种会威胁到自我概念的推断）。这种种族矛盾心理理论有两个核心观点：第一，个体对于外群体的积极态度是真实的，而不是像"现代偏见"理论认为的只是"嘴上说说"而已；第二，当矛盾凸显时，人们会体验到情感上的不适，并会努力减少这种不适。同样，这与"现代偏见"理论形成了对比，因为现代偏见理论假设，持有现代偏见性态度的人要么没有意识到任何潜在的、冲突的价值观，要么已经以歧视的方式解决了这些冲突。

几项早期的实验研究为这种矛盾心理提供了很好的例证。Gergen 和 Jones（1963）安排被试与据称是"精神病患者"（或非精神病患者）的人进行互动。这一社会范畴是许多人可能会抱有矛盾态度的典型例子——同情，但又恐惧或排斥。研究者对这名假被试的行为进行了操纵，使其看起来是可预测的或是不可预测的。当假被试的行为对被试产生了影响时，这些被试随后对假被试的评价正如矛盾理论所预测的，出现了**反应放大效应**（response amplification）：在可预测的（积极结果）条件下，他们对"精神病患者"（与"正常"人相比）更加友善；而在不可预测的（消极结果）条件下，则不那么友善（同样是与"正常"人相比）。Gibbons 和同事们（1980）观察到了完全相同的现象，而这次实验中用到的是有明显身体残疾的假被试。行为放大的现象又一次被观察到了。Katz 和同事们（1979）试图让被试相信他们在无意中使一位被污名化的群体成员（黑人或残疾人）产生了不安的感觉，或给其造成了不便。当随后有机会帮助"受害者"时，他们的助人程度比"受害者"是白人或非残疾人时更高。

在这些研究中，人们的矛盾态度被假定是造成极端反应的原因，但实际上研究者并没有证明这一点。因此，下一步需要直接地测量人们的矛盾心理。为此，Katz 和 Hass（1988）使用了几种不同的、亲黑人和反黑人的态度量表对数个白人被试样本实施了测量，同时还测量了人道主义-平等主义以及白人新教的种族（个体主义者的）价值观。他们发现，亲黑人和反黑人的量表之间仅存在着非常弱的相关（负相关），这说明它们分别地测量了对于黑人的积极和消极倾向。此外，亲黑人的量表与人道主义-平等主义价值观呈正相关，而反黑人的量表则与个体主义相关。随后，Hass 和同事们（1991）通过将亲黑人和反黑人量表的得分相乘（统计转变之后），创建了一个矛盾心理量表。这个量表提供了一个很好的指标，代表人们在两个量表上的得分既相似又极端的程度，这就是矛盾心理的操作性定义。Hass 和同事们（1991）发现，这种矛盾心理的测量与在"成功"条件下对黑人合作者的评价呈正相关，而与在"失败"条件下对黑人合作者的评价呈负相关（另见 Hass et al., 1992）。此外，与概念背后的理论基础一致，种族矛盾心理量表（由 Hass 及其团队设计，1991）似乎与情绪上的不适有关，而现代种族主义则不存在这种相关性（Monteith, 1996）。这两种测量之间也完全不相关（Monteith, 1996），这就支持了"矛盾性偏见和现代偏见截然不同"的观点。

与现代的、象征性的或微妙的种族主义量表不同，种族矛盾心理量表并不是一种流行的研究工具；但在我看来，它确实捕捉到了关于群际态度的一些有价值的东西，即它们并不总是同质的并且是消极的，有时，它们是喜欢与不喜欢两种元素的混合物。矛盾心理理论的一个弱点是，它没有非常明确地指出极端反应的方向。正如我们所看到的那样，矛盾心理既可能导致对被污名化的群体成员更多的诋毁，也可能导致更高的亲社会性，而我们很难预测出哪一种情况更有可能发生。

在 Katz 和同事们（1986）的表述中，我们感受到的那些针对外群体的矛盾心理是真实的，这是因为任何积极的群际态度都被认为是真诚的，且任何对外群体的同情都被假定为真情实感。在矛盾心理的问题上，Jackman（1994）提出了一个非常不同且更具腹黑意味的解释。与 Katz 和同事们一样，她的出发点是，优势群体对于从属群体的当前态度往往包含明显的积极因素：白人可能会对优秀的黑人运动员或技术精湛的音乐家表示钦佩；男人们常常会对女人表达喜欢，甚至是爱慕，颂扬她们所谓的温暖和体贴的美德。但在 Jackman 的分析中，这些看似是喜欢的态度实际上是一种意识形态的伪装；其真正的目的是维持和强化群体之间既有的权力不平等。虽然乍一看这似乎有点自相矛盾，但 Jackman 认为，在大多数现代社会中，通过暴力和胁迫来获得支配地位要么根本不可行（由于法律的原因），要么成本过高（尤其是从属群体会强烈地抗拒）。故而，一个更聪明的策略就是说服，向较低地位的群体提供必要的恭维进而让他们接受从属关系。换言之，利用甜言蜜语让他们屈服。[5]

Glick 和 Fiske（1996）在编制矛盾性性别主义量表时运用了类似的推理方式。他们认为，与上一小节讨论过的传统性别主义和现代性别主义不同，还存在着一种善意的性别主义（benevolent sexism）；这种偏见在表面上看起来非常积极，但在深层次反映了"认为女性不如男性"的观点。在这一理论观点中，善意的性别主义有三个方面：父权主义，即女性不那么强大，也不像男性那么有权威，因此她们应该受到男性的保护；性别分化，即我们现在已经熟悉的一种现象，被认为是分类的结果（参见第三章），即认为男性和女性存在着巨大的不同，女性拥有更多的某些积极特征（温暖、情感上的敏感性），只要这些特征不会威胁到男性"优越感"的根基；异性恋亲密关系，即在大多数（即使可能不是全部的）人类社会中，存在着"男性主动寻求与女性建立浪漫关系和性关系"的强烈规范倾向。鉴于这种关系往往需要女性的最基本的配合（近期出现的性暴力案件除外），善意的性别主义态度往往会强调女性的性魅力和美。

考虑到上述问题，Glick 和 Fiske（1996）设计了一系列题项，其中一半旨在捕捉传统性别主义，他们称之为**敌意的性别主义**（hostile sexism，HS），其余的则是测量这种看似更积极的善意的性别主义（BS）。一些题项的例子如表 7.4 所示，从表中可以看出 HS 的题项明显是消极的，类似于用于测量现代性别主义或新性别主义的题目（Tougas et al.，1995；Swim et al.，1995）。与此同时，BS 题项在语气上更积极，且表面上似乎表达了对于女性的喜欢态度。

表 7.4　　　　　　　　矛盾性性别主义量表的一些题项

敌意的性别主义
1. 女人太容易得罪了。
2. 女性会夸大在工作中的问题。
3. 女权主义者向男性提出的要求是完全合理的（反向计分项）。

善意的性别主义
1. 在灾难中，女人不一定要比男人先获救（反向计分项）。
2. 与男性相比，女性有着更高的道德敏感性。
3. 每个男人都应该有一个他爱的女人。

资料来源：From Glick and Fiske（1996），Appendix.

在一些关于心理测量的深入研究工作中，Glick 和 Fiske（1996）发现 HS 的 11 个题项之间的相关很好，并形成了一个整体的量表。与此同时，BS 的 11 个题项虽然彼此的相关也很好，但可以细分为父权主义、性别分化和亲密关系三个子量表。但总的看来，BS 量表的内部信度是很好的。这项初步研究的另一些结果也很值得注意。第一，虽然男性的得分倾向于高于女性，但男性和女性对于量表都表现出相似的反应模式，即都能识别出 HS 和 BS 两个因子。第二，HS 和 BS 倾向于表现出中等程度的正相关（相关系数范围为 0.30～0.50）。[6] 第三，HS 与现代性别主义相关，但 BS 与现代性别主义无关，至少是当控制了人们的 HS 水平之后。第四，HS 与对女性的总体评价呈负相关，而 BS 则与之呈正相关。后面这两点对于 Glick 和 Fiske 认为"HS 和 BS 实际上是在测量不同种类的偏见"这一主张而言是很重要的，即一种偏见明显是消极的，而另一种看起来是积极的，但实际上是含蓄的贬低。这些实证研究结果在很大程度上得到了其他人的证实（参见 Conn et al.，1999；Masser and Abrams，1999）。

矛盾性性别主义量表发表后，在当代性别主义的运作方式和后果的研究问题上引起了研究者们兴趣的迸发，这在很大程度上归功于 Glick 和同事们的刻苦和聪明才智。我将首先关注在个体层面使用该量表的那些研究，然后讨论在社会层面的一些相关研究发现。

回顾一下之前提到的，矛盾性性别主义同时具有对于女性的积极和消极的看法，这反映出男性[7]总体态度上善意和敌意的两个方面。如果是这样的话，就像 Katz 和同事们（1986）的种族矛盾心理理论一样，人们会期望矛盾性性别主义者表现出更多的对女性的两极化评价，即十分积极的和十分消极的。Glick 和同事们（1997）发现确实如此。他们要求男性被试写出十种"类型"的女性（"职业女性""女权主义者""家庭主妇"等），并在积极和消极量表上给这些亚型打分。正如假设的那样，男性的矛盾性别主义得分与这些评分的方差呈正相关，这表明性别主义更强的男性，其评分范围也更广（在两个方向上都是）。

更令人担忧的是，研究发现 HS 和 BS 与对于女性的冷漠态度有关，特别是当涉及与性有关的领域时。在男性对于强奸和强奸案受害者的看法上，这一点尤为明显。已经有证据表明，大多数强奸犯认识他们的受害者，无论是作为男友还是偶然相识（Temkin and Krahe，2008）。这与"黑巷子里的陌生人"的传统刻板印象形成了鲜明对比。目前，虽然就法律而言，"熟人"和"陌生人"的强奸之间不存在区别（法律的关键点在于当事人是否认可性行为），但在许多人心里，尤其是在性别主义者的心目中，这两种类型的攻击之间存在着天壤之别。Viki 和他的同事们通过一系列的研究证实了这一点。他们向被试呈现了两种假想的强奸事件情境（Abrams et al.，2003；Viki and Abrams，2002；Viki et al.，2004）。在一种情境中，一个女人在一次聚会时遇到了一个男人，聚会结束后他们回到她的公寓，他强奸了她。这是熟人强奸的场景。在另一种情境中，一个女人在一条黑暗的街道上被一个完全陌生的人强奸了。总体而言，被试在后一种情境下对受害者的指责比前者要小得多（Abrams et al.，2003）。然而，对受害者的这种指责在善意的性别主义者中尤为明显，特别是在"熟人强奸"的情况下（见图 7.3）；在"陌生人强奸"的情境中，没有人指责受害者。另一项研究发现了对于受害者相似的看法：同样是在"熟人"的场景中，善意的性别主义者较少地指责罪犯并建议更宽容的量刑（Viki et al.，2004）。对此的一种解释是，只有当女性表现出"恰当的"行为时，善意的性别主义者表面上偏爱女性的态度才会展示出来。如果她们偏离了善意的性别主义者定义的传统角色（"端庄""贞洁""天真"），那么这些善意就会迅速变成指责。

敌意的性别主义者如何呢？这些人确实也倾向于指责受害者，但这是一种普遍的指责且不受强奸情境的影响。此外，为了与自身所表现出的对于女性更具攻击性的态度保持一致，他们似乎会表现出更高水平的强奸倾向，但同样是

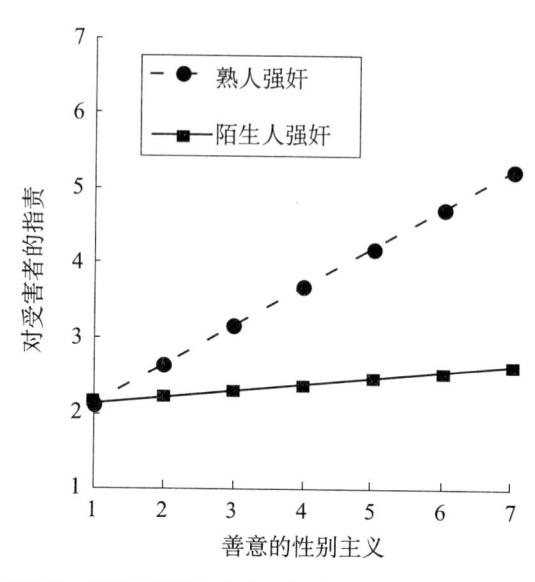

图7.3 善意的性别主义和强奸案件中对受害者的指责

资料来源：From Abrams et al., 2003, Figure 1.

仅限于"熟人"情境（Abrams et al., 2003）。也就是说，他们更有可能赞成"他们自己可能也会表现出与犯罪者相似的行为"这一观点。他们也更有可能容忍虐待妻子的行为，至少在那些对女性持有"大男子主义"的社会中是这样的（Glick et al., 2002）。在职场中也是如此，由于职场中的女性可能看起来会直接威胁到他们的优越性，敌意的性别主义者更有可能表现出公开的歧视。Masser 和 Abrams（2004）发现，敌意的性别主义者倾向于认为女性候选人不那么适合担任管理职位。Wiener 和 Hurt（2000）发现，敌意的性别主义者认为工作中的性骚扰行为并非什么严重的事。这些研究没有发现它们与 BS 存在着可靠的相关，至少是在控制 HS 的影响之后。

除了个体层面的这些影响外，Glick 和 Fiske（1996）推测性别主义还会通过合理化和延续社会中的性别不平等来发挥其意识形态的功能。此外，尽管程度上有所不同，但由于性别不平等似乎在全世界广泛存在，我们不但应该可以在跨文化的背景下识别出矛盾性性别主义，而且应该可以观察到一个国家普遍的 HS 和 BS 水平与该国性别不平等的水平之间存在着关联。这正是 Glick 和他的许多国际合作者（共 25 个国家）所发现的（Glick et al., 2000, 2004）。在除了秘鲁之外的所有国家，对矛盾性性别主义量表的分析都呈现出明显的 HS-BS 结构。与最初 Glick 和 Fiske（1996）的研究结果一样，在大多数的国家里，

HS 和 BS 是呈正相关的。HS 和 BS 的平均水平存在着一些明显的国家差异，均值在三分及以上的高分（男性）国家包括古巴、南非、尼日利亚和博茨瓦纳；均值在两分左右的低分国家包括澳大利亚、英国和荷兰。[8] 值得注意的是，HS 和 BS 上的这些国家差异与联合国编制的性别不平等的客观指标上的国家差异之间存在着相关。这些指标包括在管理岗位、议会和不同教育水平方面男女比例的差异。由于涉及的国家数量相对较少，相关并不总是显著的，但研究中能够观察到相关且相关程度较高（相关系数全部大于 0.40）这一事实本身就是值得关注的。

总之，关于矛盾性偏见我们能得出哪些结论呢？首先，我们应当注意到，矛盾的种族主义（Katz and Hass，1988）和矛盾性性别主义（Glick and Fiske，1996）在概念建构上十分不同，并且在测量上也存在着很大的差异。对亲黑人和反黑人矛盾心理的测量是根据它们的表面意思来的，反映了对于外群体的真实的积极或消极情绪，并且两者之间呈微弱的负相关。相反，Glick 和 Fiske（1996）的矛盾性性别主义量表（ASI）中的 HS 和 BS 两个子量表虽然看起来在效价上不同，但都试图测量"打压女性的愿望"，并且通常呈中等程度的正相关。也许在 Glick 和 Fiske 的理论中最具争议性的部分就是他们关于"善意的性别主义所包含的积极情绪实际上掩盖了一种潜在的贬低"这一论点，因此传统上将偏见定义为反感这一观点现在已经不够充分了（参见第一章）。

我觉得下面这个问题有点难处理。一方面，善意的性别主义的累积得分与针对女性的某些消极结果之间存在着相关，这一事实是无可非议的（如指责强奸案的受害者、社会性别不平等）。这为 Glick 和 Fiske 主张 "BS 是一种伪装的偏见形式"这一观点提供了支持。但我觉得 BS 里一些题项的表面效度似乎是有问题的。我认为，人们对性别分化和异性恋亲密关系的一些题项表示认可，这有可能是出于真实的、非性别主义的原因。例如，我可以想象一个男人真诚地相信女性具有"高的道德敏感性"和"优雅的文化感和品位"（两个 BS 的题项），而同时并不认为女性因此就应当被给予较低的抚养者地位或家庭角色。同样，渴望拥有并爱慕一个伴侣（另两个 BS 题项）本身也并不一定意味着对于女性的父权主义态度。某些 BS 题项意义上的模棱两可说明研究者或许需要进一步把善意的性别主义的三个成分区分开来。Chapleau 和同事们（2007）的一项研究表明，这种区分可能是必要的。研究者考察了与人们"对强奸迷思的接受"（一系列将某些情境下的强奸合理化的信念；Burt，1980）相关的因素。Chapleau 和同事们（2007）并没有把 BS 的三个子量表合成一个指标，而是与

HS 一样，把它们作为单独的预测因子。不出所料，敌意的性别主义与对强奸迷思的接受呈正相关。然而，BS 的三个子量表呈现出非常不同的相关：异性恋亲密关系呈零相关，性别分化呈正相关，父权主义呈负相关。这些研究结果至少表明，善意的性别主义并非如研究者所通常主张的那样是单一的偏见形式。

厌恶性偏见

在本章前面，我们回顾了许多研究证据，这些证据表明，当没有非常明确的社会规范来界定什么是恰当的行为时，最有可能出现针对白人和黑人的不同反应，例如是否向他们提供帮助。当时我们还谈到了一些研究发现：当互动涉及黑人而不是白人被试时，白人所表现出来的非言语的和相对自发的行为存在着微妙的差异。正是这些研究结果促使 Gaertner 和 Dovidio (1986) 重新审视了 Kovel (1970) "厌恶性种族主义"的概念。这是偏见的一种形式，研究者认为它是当代许多白人（美国人）对待少数族裔成员行为的产生基础（另见 Dovidio and Gaertner, 2004）。

同现代种族主义理论家一样，Gaertner 和 Dovidio 相信公开的和明目张胆的偏见已经开始减少。他们认为，许多白人发自内心地支持宽容和种族平等的原则，甚至是支持先进的公共政策。但与此同时，与自由主义态度并存的是在与少数族裔群体成员打交道时的一些残余的焦虑，这种不适来自文化社会化过程中产生的关于少数族裔群体的消极形象。正是这种焦虑让白人在与黑人（和其他外群体）互动时戴上了有色眼镜，并体现在某些回避和冷漠的行为指标上。然而，只有当存在模糊的或冲突的规范时这种情况才会出现，因为此时人们更可能将厌恶反应合理化为不带有偏见。如果反歧视的规范凸显，那么即使是厌恶性种族主义者也会遵守这些规范。

请注意这种视角与我在前几节谈到的一些理论之间的异同之处。与 Katz 和 Hass (1988) 谈到的"矛盾性"种族主义者有点像，"厌恶性"种族主义者也可能是真的想在校车和平权法案等问题上支持一些进步的群际态度。这种取向与"现代"种族主义者形成了对比。Sears (1988) 和 McConahay (1986) 认为，对于"现代"种族主义者而言，这些问题由于与传统的个体主义价值观不符而成了关键性的问题。Gaertner 和 Dovidio 相信，厌恶性种族主义的表达是无意识的，并且仅在没有明显规范限制的情况下才会表达出来。因此，使用问卷等反应性工具来测量就存在着固有的困难。此外，Gaertner 和 Dovidio 的模型几乎不强调厌恶性种族主义中稳定的个体差异；相反，它假设大多数人会在规范模糊的情境中表现出厌恶反应。相反，正如我们所看到的，所有其他的理论视角都假设这些"新"形式的偏见是人们有意识的意识形态的一部分，它可以通过传统的态度量表来测量并将个体按照等级排序。最后，正如 Pettigrew 和 Meertens（1995）微妙的种族主义的构念一样，厌恶性种族主义的主要情绪是恐惧、不适及缺乏温暖；而在其他一些理论视角中，尤其是现代种族主义，潜在的情绪仍然是敌意和反感。

为了支持他们的理论，Dovidio 和 Gaertner（2004）收集了大量的证据。其中一些来自自然环境中的观察：白人被试接到一个假的"打错了的"电话，请求他们帮忙解决汽车故障，研究者倾听了被试的反应。求助者的种族被系统地操纵了。如果"黑人"求助者得到的回应不如"白人"那么有帮助，就说明发生了歧视。在一些研究中，这正是研究者所观察到的（参见 Gaertner, 1973; Gaertner and Bickman, 1971）。请注意，在这种"远距离的遭难者"情境下，并不存在强有力的规范表明被试应该给予帮助。

这些"打错电话"的研究还有另一个有趣的发现。通过有针对性地打电话给那些公开注册为民主党（自由派）或共和党（保守派）选民的人，Gaertner（1973）就能够对受访者针对虚假电话的政治态度进行大胆的猜测。保守的受访者会更多地帮助白人"打电话者"，而自由主义者则没有表现出明显的区别，这或许在意料之内。然而，对数据进行更仔细的分析后，研究者发现，在那些过早挂断电话的受访者中（在知晓求助者的种族之后，尚不确定求助者需要什么帮助之前就挂断电话的受访者），自由主义者表现出对黑人而不是白人求助者的歧视，即更多地挂断了黑人求助者的电话。在这一测量上，保守主义者没有表现出歧视。这一相当偶然的发现为形成厌恶性种族主义的理论铺平了道路。虽然如果直接问这些自由主义者的话，他们肯定会极力地否认持有偏见，但是在没有明确行为规范的情境中，这些人却表现出明显的歧视。请记住，这些电话过早被挂断发生在求助请求之前，也就是发生在社会责任的规范起作用之前。

在实验室研究中也观察到了类似的效应。在一项研究中，Gaertner 和 Dovidio（1977）创建了一个假的超感官知觉实验，被试需要尝试接收来自一名"发送者"（黑人或白人）的心灵感应消息。一半的被试认为实验中只有自己和一名信息"发送者"，另一半被试则认为此外还有另两名信息"接收者"。在实验中途，被试听到一堆椅子掉下来的声音，伴随着"发送者"痛苦的声音。那些认为只有"自己一个人"听到这一突发事件的被试，或许是知觉到了强大的社会规范，从而认为自己需要介入此事，并且实际上无论受害者是白人还是黑人，确实有很高比例（大约90%）的被试实施了帮助。但与此同时，正如我们从 Latane 和 Darley（1970）关于旁观者介入的开创性研究中所知道的那样，当他人在场时，社会责任规范的感受度要低得多。与此一致的是，在"大家一起"的情境中，被试提供帮助的水平较低，且对白人和黑人受害者进行了区分：后者获得帮助的可能性是前者的一半（见图7.4）。此外，无论被试先前测量到的偏见水平如何，同样的效应都会发生。因此，与被试先前的偏见特质相比，由规范凸显所带来的情境事件及遭难者的种族在预测歧视时更加重要（另见 Dovidio and Gaertner，1981，1983；Frey and Gaertner，1986；Snyder et al.，1979）。

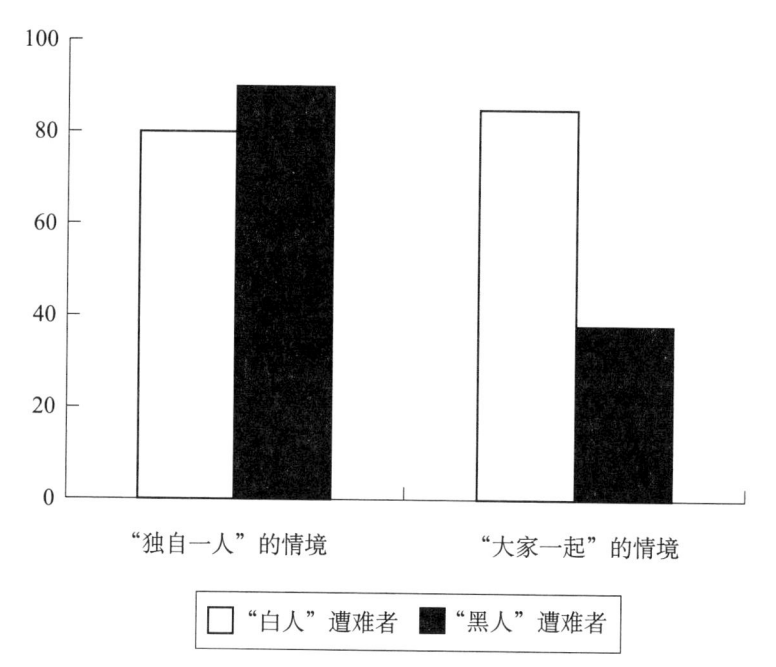

图7.4　以厌恶性种族主义作为指标预测给予"白人"和"黑人"遭难者的帮助

资料来源：Adapted from Table 1 in Gaertner and Dovidio, 1977.

因此，厌恶性偏见往往只会在模棱两可的情况下冒头。研究者可以在假定的就业情境或司法决策的情境中观察到它在发挥作用。Dovidio 和 Gaertner（2000）向白人被试呈现了一份申请表，申请人想要申请一个朋辈咨询的职位。主试操纵了表格上的具体信息，使得申请人要么看起来明显是强有力的候选人，要么显然是能力很弱的，要么是资质模棱两可的。从表格上的其他信息可以推断出申请人是白人或黑人。被试必须在多个量表上对申请人进行评估，并最终推荐（或不推荐）申请人获得这一职位。这些评估和建议或多或少与申请人的自身素质一致：与资质模棱两可的申请人相比，能力很强的申请人得到的评分更高，也更多地被推荐获得职位，而资质模棱两可的申请人又比能力很弱的申请人得分更高。在候选人能力极强或极弱的情境下，被试对黑人和白人候选人的推荐没有表现出差别；很明显，被试知道此时做出什么决策是恰当的，否则任何种族偏向都会立即显现出来。然而，对于那些资质模棱两可的候选人而言，什么是正确的决策不那么明显，此时就出现了明显的白人偏向。此外，这种偏向无法通过被试外显偏见测量的得分来预测。更具吸引力的是十年后完全重复这项研究的结果发现：几乎没有什么变化。

Hebl 和同事们（2002）设计了一种更现实的、关于就业歧视的测验，并使用同性恋申请人作为目标对象群体。被精心培训过的男性和女性访问了数十家商店，询问其职位空缺情况。在其中一半的情况下，他们戴的帽子在显眼的位置上写着"同性恋并为此自豪"的字样；在另一半情况下，帽子上写着"得克萨斯人并为此自豪"的字样（研究是在美国得克萨斯州的一个镇上开展的）。在每次访问商店之前，研究者才会把帽子递给这些假被试，通过这种方式来保证他们并不知道戴的是哪一顶；这么做可以确保他们自己不会影响到他人的行为。在每家商店，他们有四个可能遭到歧视的机会：他们会被告知职位有空缺吗？他们可以填写申请表吗？商店之后会给他们打电话并与他们讨论申请的事情吗？"顺便问一句，我能用一下厕所吗？"店员对这些问题的反应，以及"申请者"对于他们被对待的方式、互动所持续的时间等方面的印象被认真地记录了下来。此外，一些独立的观察员见证了每次互动，并对互动的温暖程度、有帮助的程度等进行了评分。在正式测试中，当对同性恋申请者的歧视很明显时，戴哪一顶帽子没有什么差别。但在一些更微妙的指标上存在着差别。当假被试戴着"同性恋并自豪"的帽子时，互动的时间短了两分多钟，店员的语调更加消极（申请者自己和观察员的评分都得到了一样的结果）。同样，在间接的、不那么容易被证实的指标上，可以观察到厌恶性的恐同。

在准法律的情境中也观察到了类似的厌恶性偏见，但表现形式并非针对少数族裔被告的公然歧视，而是在具有法律不确定性的情境中持有系统性的、反他们的偏向。法庭类电视剧的爱好者应该很熟悉一些律师的把戏，即试图在审判时呈现"不可被采纳的证据"（inadmissible evidence）。"反对！"辩方律师会大喊，或许法官就会告知陪审团忽略他们刚听到的证据。就好像他们真的能忽略似的！Hodson 和同事们（2005）在一项实验中就利用了这种可疑的法律策略。他们向被试呈现了黑人和白人被告的审判记录,并要求他们对其是否有罪、对刑期长度的建议以及再犯的可能性做出自己的判断。在一半的审判记录里,一些指向被告有罪的关键证据被声称是"不可被采纳的",因此应予以忽视;余下的情境中,证据似乎完全可以被采纳。在后一种条件下,被告的罪行显而易见,因此被试对黑人和白人被告的"判决"没有表现出任何差异。然而,在前一种条件下,当关键的、需要被忽略的证据带来了大量的模糊因素时,虽然都存在着大量不利的证据,但相比于白人被告,黑人被告更有可能被判有罪、刑期更长,并被认为更有可能再犯。重要的是,被试的现代种族主义得分并不能预测这种反黑人的偏向(另见 Johnson et al., 1995)。

厌恶性种族主义者的偏见是自身无法控制的。这可能会体现在各种不受控制的自发反应中,比如当出现了少数族裔成员时,或是当实际接触了少数族裔成员时就更明显了。Rankin 和 Campbell(1955)在早期的研究中首次观察到这一点。他们发现,相比于白人主试,当白人被试被黑人主试触碰时,他们会表现出更大的皮电反应(通常被用于测量唤起程度)。虽然相同和不同种族互动者的这种皮电反应差异并不总是会出现(Guglielmi,1999),但另一些自发反应的指标上呈现出更加一致的结果。例如,Vrana 和 Rollock(1998)发现,即便黑人助手只是进入房间(为了测量脉搏),白人被试的心率也会增加,并且会在实际测量脉搏的过程中进一步上升。Vrana 和 Rollock 还观察到同样情境中的一些肌电图(EMG)变化(面部,尤其是"微笑区"皮下肌肉的活动)。在实验助手进入房间后的前十秒,被试对白人助手比对黑人助手的"微笑"反应更大;随后,黑人助手才引发了更大的"笑容"。Vrana 和 Rollock 将此解释为被试最初出现了自发的歧视(厌恶性偏见),随后才是更受控制的符合社会赞许的表现。最后,Gaertner(1973)的结果引发了一系列的研究,而与之形成很好呼应的是 Nail 和同事们(2003)的研究。他们使用了与 Vrana 和 Rollock(1998)相同的范式并发现,相比于"中立的"或是"保守主义的"白人,只有"自由主义的"白人被试在被黑人助手触碰后,才表现出皮电反应和心率的增加。尽管他们声称自己的态度是积极的,但显然他们无法控制在触碰了黑人后自己的生理反应。正如 Allport(1954)令人难忘的那句话:"理智上战胜了偏见,情感上却还在徘徊着。"(p. 311)

把近期的偏见类型进行整合

在上面关于厌恶性偏见的讨论中,我主要聚焦于可能会允许人们在内群体和外群体之间产生隐蔽歧视的那些情境因素。这也是 Dovidio 和 Gaertner（2004）作为概念主要创始人的主要研究方向。实际上如前所述，他们特意避免使用调查问卷这种工具来区分厌恶性种族主义的高低得分者。然而，他们对情境的强调或许能够与现代偏见模型支持者偏爱个体差异的视角相调和。Monteith 和她的同事们的一些工作可能提供了一些启示（参见 Devine et al., 1991；Monteith, 1993；Monteith et al., 1993）。基于 Allport（1954）首次提出的想法，这些研究者认为，持有高、低偏见（现代偏见）的个体之间的区别在于他们对自己"应该怎么做"和他们认为自己实际"将会怎么做"之间的差异的反应。这些研究使用的技术之一是向人们呈现一些迷你场景（例如一名黑人或同性恋者上了公共汽车，并坐在被试旁边），并让被试在"应当"以及"将会"如何反应两个方面进行评分。下一步是针对两个评分间存在的差异引发被试的情绪反应，其中最重要的是内疚、尴尬和自我批评。Monteith 和她的同事发现，持有高、低偏见（由之前填写的现代种族主义或恐同量表测量而得）的人的区别就在于他们对这种"将会"/"应当"之间差异的反应：低水平和中等水平偏见的人比高水平偏见的人会感受到更多的自责，或是 Allport（1954）所称的"内疚"情绪。正如 Monteith（1993）实验中的一位被试所言：

> 在我小时候［……］我的哥哥是我的偶像，他侮辱性地把同性恋叫作"麻烦"（fag）。我跟着他学会了，但随着年龄的增长，我慢慢地开始同化有关同性恋的知识［……］我开始觉得这很不好。我感觉这并不是我想要对少数群体做出的反应。（Monteith, 1993, p. 84）

在上述观点中，人们对个别的、取决于情境的"将会"/"应当"之间的差异的感受可能与厌恶性偏见相对应；而他们在多个类似情境下习惯性的内疚水平则更多地与现代形式的偏见有关。

Kleinpenning 和 Hagendoorn（1993）提供了关于厌恶性种族主义和现代种族主义之间存在相关的进一步证据。他们编制了包括传统（生物性）种族主义、种族中心主义（包括对少数族裔的文化同化和轻微的本民族偏向）、象征性种族主义和厌恶性种族主义问卷，以供研究荷兰学校的儿童之用。此外，他们用量表调查了被试对少数族裔群体成员的各种可能的行为意图（例如和他们约会，或回避那些讲种族主义笑话的人）、他们对于平权法案的态度，以及他们对一些传统种族刻板印象的认可程度。Kleinpenning 和 Hagendoorn 发现，尽管他们的各种种族主义量表都是相关的，但进一步的分析显示可以按严重程度将不同的种族主义排序。具体而言，传统（生物性）种族主义包含所有其他形式的种族主义，象征性种族主义包含种族中心主义和厌恶性种族主义，而厌恶性种族主义是这四种形式中最温和的。与这一等级顺序相一致，Kleinpenning 和 Hagendoorn 发现，在四种类型的受访者中，人们在行为意图、平权法案和刻板印象测量上的得分存在着系统的差异："厌恶性"种族主义者通常是歧视反应最少的，而"传统"（生物性）种族主义者则是歧视反应最多的。研究者的结论是，偏见可以被视为一个累加的概念：最初是在私下情境中谨慎地避开少数族裔（厌恶性偏见），然后是对于本群体优越性的信念，以及认为少数族裔群体得到了比他们应得的更多的社会和经济利益（现代偏见），最终以成熟的种族主义意识形态而结束，这种意识形态认为某些群体具有基因上的劣势，并要求将其遣返或隔离（传统偏见）。

❖ 偏见的内隐测量

正如我们在本章前面所看到的，大规模的调查和实验研究发现偏见明显减少了，但研究者怀疑这实际上掩盖了一个事实，即当代偏见的性质产生了变化，或是人们公开表达偏执观点的意愿发生了改变。这成了"新"偏见理论发展的一个重要刺激。这种怀疑促使研究者设计出新的测量方法和技术，由于它们在应用时不那么直接且更加微妙，研究者声称它们将成为测量偏见时更有效的指标。但是由于它们不够微妙以及仍然很容易受到社会赞许效应的影响，这些新的测量方法本身也受到了批评。当然，从表面上看，其中的许多题目都涉及社会敏感问题，因而很难想象受访者不会意识到这一点，并相应地调整他们的反应。回顾之前 Fazio 和同事们（1995）的研究结果，他们发现现代种族主义量表的得分受到了施测者种族的影响。

对上述问题的思考推动了用**内隐**（implicit）方法来测量**偏见**（prejudice）的技术的发展。它们被称为"内隐"是因为研究者假定被试的表现很少会（或在某些情况下，完全没有）受到意识的控制。如果这个前提假设是正确的，那么它应当意味着从这些测量中得到的任何分数都不易受到自我呈现或政治正确的影响，也因此应该是偏见更"真实"的指标。在本节，我将回顾一些较为流行的、对偏见的内隐测量方法。在此过程中，会出现几个问题：这些内隐测量与外显测量的关系是怎样的？不同的内隐测量之间的相关性如何？尤其是在面对社会赞许的压力或不同的背景线索时，它们真的是不变的吗？作为最关键性的检验，它们的结构效度如何？它们与已知的偏见性态度、情绪或行为指标的相关性如何？

有一类内隐测量以各种生理反应作为偏见的指标。其中有些是已经为我们所熟悉的方法：利用心率或皮肤电阻的变化来推断消极的群际态度（参见 Kleck et al., 1966; Nail et al., 2003; Rankin and Campbell, 1955; Vrana and Rollock, 1998）。类似的还有一种使用肌电图的技术。它记录了面部不同肌肉群的电活动。根据 Cacioppo 和同事们（1986）的理论，不同的面部肌肉活动提供了微妙的信号，表明了人们对各种刺激的喜爱和厌恶。面部有两个特别重要的区域——皱眉时眼睛上方的皱眉肌和微笑时用到的颧骨肌，它们分别表示消极和积极的情绪。Vanman 和同事们（1997）在要求白人被试观看黑人和白人的照片并想象与他们进行互动时，记录了被试的这两个肌群的活动。观看每张照片之后，被试还需要在各种量表上给刺激人物打分，包括对他们的喜欢程度。这些自陈式的评分显示出亲黑人的偏向：他们自称更喜欢黑人。但肌电图数据却讲述了一个不同的故事。与对白人照片的反应水平相比，每当出现黑人照片时，白人被试的"皱眉"肌的活动都要比"微笑"肌的活动更多。有趣的是，在研究者报告的第三个实验中，这种肌电图上的亲白人（或反黑人）偏向仅出现在现代种族主义量表得分高于中位数的被试当中。如果后面这个结果可以在更大的样本中被复制（本研究中只有 25 个被试），那么它就表明这种特殊的生理测量可以部分地对应于人们更持久和外显的社会态度。此外，这一结果也与我在第四章讨论自动化刻板印象激活时所讲到的发现是一致的。我当时指出，激活的性质似乎也取决于人们先前的偏见水平（Brown et al., 2003; Lepore and Brown, 1997; Locke et al., 1994; Wittenbrink et al., 1997）。

像这样的生理测量似乎是在检测"皮肤下面"（字面意思）的某种偏见：这些反应是我们无法控制的，且实际上也是没有意识到的。然而，这些测量存在着一个关键性的、解释上的麻烦，这个麻烦在后面讲到其他内隐指标时也会遇到：它们到底在测量什么？是正如他们的支持者所声称的那样，它们测量了对于外群体目标对象的一些消极情绪，还是说它们可能只是测量了不那么积极的情绪，但不存在着明显的反感？或者，更大的问题在于：从效度的角度来看，这些测量是否只是检测了出于内疚或认知不确定而产生的顾虑，而不是敌意的情绪或消极的评价？如果没有更可靠的验证（在理想情况下需要借助一个以上的标准进行交叉测量），这些问题的答案仍然是模糊不清的。

肌电图测量需要在被试的脸上放置几个电极并记录与各种刺激相关的电活

动，在这个过程中被试需要保持头部完全静止。因此，这是一个耗时且烦琐的过程，对于大多数类型的实验来说不是很实用。第二类内隐测量则较少受到这些缺点的影响。这些测量的共同之处是都依赖于对成对刺激的反应时（RTs，以毫秒为单位），这些刺激可以同时出现或是以非常短的间隔依次呈现。这些技术背后的逻辑是：相比于语义上或情感上更远的刺激，人们对与个体认知系统密切相关的刺激的反应速度更快。通过比较对不同的配对刺激的反应时，例如内群体符号和正（或负）效价的刺激配对，外群体符号也与同样的刺激配对，就可以推断出内群体和外群体的内部表征分别是怎样的。此外，由于刺激是以非常快的速度呈现的，并且被试需要尽快做出反应，所以研究者假设被试无法有意识地监督或控制他们的行为。因此，研究者声称从这些程序中获得的偏见测量可以被视为内隐的。

210　　Fazio 和同事们（1995）设计了一种被称为**联想启动**（associative priming）的技术。在这种技术中，被试首先必须对各种词进行快速分类，将它们分成积极词或消极词。这些判断任务的反应时将作为检验后续任务反应时的基线水平。在关键的"启动"阶段，在呈现单词之前，研究者先呈现黑人或白人的面孔，时间大约为 300 毫秒。被试需要忽略这些面孔，而仅专注于对每个单词进行正、负分类。Fazio 和同事们（1995）发现，当黑人面孔（而不是白人面孔）出现在词语前时，白人被试对积极词的分类速度明显变慢（与基线反应时相比）。据此，Fazio 和同事们得出结论：被试对于白人存在着自动的联结偏爱。该研究的其他三个结果同样令人感兴趣。第一，个体自动偏向的大小与他们随后与黑人互动时行为上的友好程度呈负相关。第二，在所有被试中，自动的偏见（如果它是一种偏见的话）与外显测量（如现代种族主义）之间几乎完全不相关。第三，当按照被试是否愿意控制他们的偏见性想法或感受来进一步分组时，对于那些没有动机去控制偏见的被试而言，内隐和外显的偏见水平之间确实呈现出明显的相关。

　　在 Fazio 和同事们的研究程序中，启动词和目标词的呈现时间足够长，以保证被试能够看清楚。虽然面孔消失和单词出现之间的时间差很短（135 毫秒），短到足以防止运用任何有意识的控制策略，但事实是在这种阈上启动中被试仍然有可能已经猜到实验的目的。为了避免这个问题，Wittenbrink 和同事们（1997）用非常短的时间（仅 15 毫秒）呈现启动刺激，使其在阈下被启动。这次的启动刺激是词（"黑人"或"白人"），后续任务仅仅是判断各种词语和无意义的字符串是否为真词。同此前一样，关键点在于判断积极词和消极词是否为真词的速度。Wittenbrink 和同事们发现，当消极词出现在"黑人"之后，或者积极词出现在"白人"之后时，被试的反应速度加快了。与 Fazio 和同事们（1995）的研究结果不同，他们还观察到这种自动偏向的程度与现代种族主义明显相关。虽然相关系数的大小只是"中等"程度（约为 0.40），但与以往实验研究中常见的结果相比已经非常高了。

或许最流行的内隐偏见的测量就是由 Greenwald 和同事们（1998）发明的内隐联想测验（IAT）。[9] IAT 的精髓就是简明。在进行了各种练习试次之后，第一个关键任务是：被试需要用一个反应键进行两种分类操作，例如一类是内群体成员的名字/面孔或积极词，而另一类是外群体成员的名字/面孔或消极词。基于"内群体－积极和外群体－消极是大多数人默认的认知联结"这一假设，这些试次被称为"相容的"。在几个这样的相容试次之后，研究者会引入一个变化：其中一个原则被反转并跟随着另几个练习试次。第二个反转任务的关键在于，被试需要用一个反应键来对内群体或消极的刺激做出反应，而用另一个键来对外群体或积极的刺激做出反应。[10] 这即是所谓的"不相容"试次。在整个过程中，人们应当尽可能快速而准确地做出反应。IAT 的核心观点在于不相容试次的反应时将大于相容试次的反应时，这是由于研究者假定后者比前者具有更紧密的心理联结（mental association）。因此，不相容试次和相容试次区块之间的时间差就可以作为针对某个特定外群体的偏见的内隐测量。

在大量使用各种不同目标对象群体的研究中都发现了上述差异的可靠性（Nosek et al., 2007）。在最初的一项实验中，Greenwald 和同事们（1998）发现，白人被试对相容试次（白人－积极，黑人－消极）的反应速度比不相容试次（白人－消极，黑人－积极）快 100~200 毫秒，而且这些似乎是相当典型的 IAT 结果。此外，这种反黑人（或亲白人）的偏向似乎与外显测量的偏见之间不存在对应关系。同一位被试在语义差异测量上显示出的偏向很小甚至是没有，并且在情绪测量上的偏向更小（虽然是显著的）。虽然小样本意味着检验缺少足够的统计效力，但研究发现 IAT 和外显测量之间的相关几乎都可以被忽略。Hofmann 和同事们（2005）总结了另一些研究的结果，发现 IAT 测量到的内隐偏见与各种纸笔测验得到的外显偏见之间的相关系数平均约为 0.20。换言之，尽管两种测量方法之间存在某种联系，但足够低的相关表明它们测量的是不同的构念。当**外显测量**（explicit measures）无法检测到偏向时，IAT 却总是能够做到这一点，这一事实使得 Greenwald 和同事们相信，相比于许多外显测量，

IAT 可以很好地避免社会赞许因素带来的影响。

自首次发表以来，IAT 吸引了大量支持者和批评者的关注。研究者关注的第一个问题就是该技术是不是一种恰当的心理测量方法，尤其是在信度方面。与常规报告内部一致性的外显偏见量表不同，许多与 IAT 有关的文献都没有报告其信度。Cunningham 和同事们（2001）开展的一项关于心理测量方法的研究是一个例外。他们细致地检验了 IAT、联想启动和外显偏见测量（现代种族主义量表），采用这三种方法在六周之内对同一组被试进行了四次测量。结果表明，与现代种族主义测量一样，IAT 事实上有着足够高的内部信度。只有联想启动测量的信度存在着一些问题（<0.70）。但是与此同时，内隐测量的时间稳定性（即一个时间点的得分与另一个时间点得分相关的程度）相当低（<0.30），且明显低于外显测量的稳定性（>0.80）。虽然 Cunningham 和同事们（2001）试图通过一些复杂的统计分析来挽救内隐测量的重测信度，但测量误差似乎还是太大了，以至于仍然难以用个体前一个时间点的得分来预测后一个时间点的得分。作为一种旨在测量人们稳定的群际态度的测验，这至少是研究者不想看到的结果。

第二个问题是人们 IAT 的得分与他们歧视行为之间的关系。如果 IAT 确实是在测量偏见，那么我们理应能够利用它来预测人们对于外群体成员的行为。在本章的前面，我提到过 Dovidio 和同事们（2002）发现，偏见的联想启动测量与偏见的非言语指标相关，而且与独立的观察员对群际互动的评分相关，但与更受个体控制的言语行为无关。IAT 可能也是如此。McConnell 和 Liebold（2001）发现，IAT 与跨种族互动中的各种辅助性语言特征（例如交谈时长、微笑、语言错误和犹豫）相关，而外显偏见测量则与之无关。再结合 Dovidio 和同事们（1997a，2002）的一些早期工作，这些结果都表明，由于人们难以控制对内隐测量的反应，我们可以利用它来洞察人们自发的群际行为。

但是请注意，这并不意味着相比于外显态度测量，IAT 或任何其他的内隐测量是一种"更真实的"偏见指标。毕竟，人们有时会故意地表达偏见，尤其是当他们相信可以避免被责难时（Dovidio and Gaertner，2004）。我稍后会谈到"内隐测量究竟在测什么"的问题，但让我先思考一下 Karpinski 和 Hilton（2001）一个有趣的实验结果。虽然与偏见领域的关系不大，但它确实提出了"IAT 在多大程度上可以预测人们的有意行为"这一问题。Karpinski 和 Hilton 利用 IAT 测量了人们对于苹果或糖果的内隐态度。他们发现，人们对苹果的内隐偏好是很明显的。他们还测量了其中一半被试对于苹果和糖果的外显态度。这些结果也表明了人们对苹果的轻度偏好，但比 IAT 结果所示的程度要轻得多。然后，在离开实验室的路上，研究者邀请被试选择苹果或糖果；结果却只有不到一半的人选择了苹果，剩下的人选择了糖果。但关键问题在于他们先前的态度与行为选择之间的相关：外显态度显著地预测了选择苹果或糖果，而 IAT 完全无法预测。即使是在没有外显态度来创造行为意图的条件下，IAT 偏好与实际选择之间的相关也是零。

第三个问题涉及 IAT 测量的稳定性或可塑性。在 IAT 出现的早些年，研究者普遍假设 IAT 能够检测到在人们对于不同群体的内隐态度方面稳定的个体差异。事实上，其支持者所强调的、该技术的一个优点正在于：IAT 比外显偏见测量更少受到直接情境因素的影响。近年来，研究者逐渐认识到，强调 IAT（以及其他内隐测量）的得分具有相对不变性是错的（Blair, 2002）。我已经提到过，至少在传统意义上，IAT 不具有很高的重测信度。此外，IAT 还易受一系列情境干预的影响。Dasgupta 和 Greenwald（2001）以一般知识测验为幌子，让被试观看一系列著名的、具有正面形象的黑人（如马丁·路德·金或丹泽尔·华盛顿）照片，结果表明这种操纵就可以减少被试对于黑人的内隐偏见。同样的变化也可以通过展示积极的老年人榜样的照片来实现；这一次的发现是年龄偏向减小了。Gawronski 和 LeBel（2008）将内群体-消极词和外群体-积极词的配对在阈下反复地呈现给被试，结果发现 IAT 得分发生了类似的变化（另见 Karpinski and Hilton, 2001；Olson and Fazio, 2006）。让被试事先接触一些反刻板印象的心理表象，似乎就能够减少 IAT 测量到的内隐偏向（Blair et al., 2001）。

事实上，IAT 对于上述各种"重新建立条件反射"（reconditioning）的干预非常敏感，但这可能并不太会影响到其背后的心理过程。某些干预可能会暂时改变对于目标对象的态度（某些社会类别）和积极/消极属性之间的心理关联。而这些改变正好被 IAT 测到了。然而，还有其他一些因素会可靠地影响 IAT，它们为"声称 IAT 能够测量人们的核心态度（即不受社会赞许因素的污染）"这一观点带来了更大的麻烦。Lowery 和同事们（2001）报告了其中一个比较严重的影响因素。他们采用了纸笔版本的 IAT，通过简单地把主试的种族从白人变为黑人，就发现白人被试的 IAT 得分（使用黑人和白人作为分类对象）显著地降低了（见图 7.5）。有趣的是，亚裔被试并未受到主试种族的影响，这可能是因为他们不常卷入黑人-白人的群际关系。在另一项实验中，Lowery 和同事们（2001）发现，可以通过事先要求被试尽量减少偏见的方法来降低亚裔和白人的 IAT 得分。换言之，IAT 可能不像其支持者认为的那样不受自我表现和"控制"策略的影响（对 IAT 详细而引人瞩目的批评，参见 Fiedler，2006；对被试可以通过努力来伪造 IAT 得分的进一步证明，参见 De Houwer et al.，2007）。

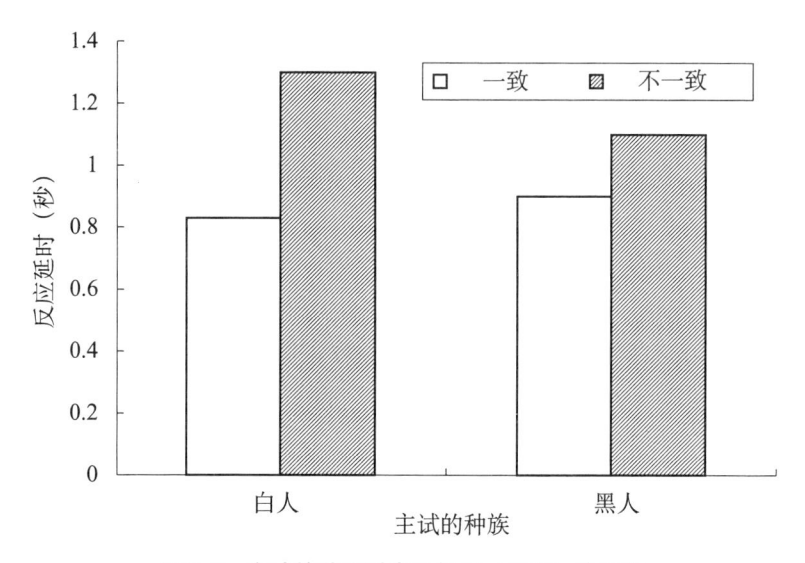

图 7.5 主试的种族对内隐偏见（IAT）的影响

注：实验采用的是修订版的 IAT 纸笔测验。被试需要对分类样例（典型的白人或黑人名字）和积极词/消极词同时进行分类。他们必须在 20 秒的任务中快速而准确地进行分类。用 20 除以正确分类的次数得到反应延时。

资料来源：Adapted from Figure 1 in Lowery et al.，2001.

此外，被试控制自身偏见的倾向也可能会影响 IAT 的结果。Plant 和 Devine（1998）设计了一种方法来测量人们无偏见作答的动机在多大程度上是出于内部的个人原因（"我试图以无偏见的方式对待黑人，因为这对于我个人而言非常重要"）或是出于外部的社会影响因素（"我试图对黑人不表现出偏见，以避免被他人非难"）。Devine 和同事们（2002）发现，相比于其他的情况（两种动机都低、两种动机都高，或者内部动机低而外部动机高），第一种动机（内部）得分较高而第二种动机（外部）得分较低的人在 IAT 上的反黑人偏向最小。这再次说明，IAT 似乎受到人们是否想要控制偏见的影响，这就对其理论所声称的"在偏见测量上是真正的自动化内隐指标"这一观点造成了损害。

那么我们究竟该如何看待这些不同类型的内隐偏见的测量方法呢？在最后这几段，我想就它们的结构效度（他们真正测量的是什么？）及其实际效用

（何时以及如何有效地使用它们？）做最后的评论。

由于人们怀疑内隐测量是否确实抓住了偏见的常规定义，即一个人对于外群体的消极倾向，这些测量方法经常遭到批评（参见第一章；Arkes and Tetlock，2004；Brendl et al.，2001；Fiedler，2006）。首先，我们应该注意的是，任何一种内隐测量都依赖于得分上的差异。无论这种差异来自将不同效价的刺激与内群体和外群体配对后测量的反应延迟，还是来自对各种刺激的自动化反应上的不同，其本身都具有模糊性。正如研究者通常假设的那样，它可能表明外群体和某些消极的东西之间存在着关联，并伴随着内群体－积极的关联。这种关联或许可以被合理地称为"偏见"。但是，同样的分数上的差异也可能仅仅是因为外群体－积极比内群体－积极的关联稍微地弱了一点。我们可能不想轻易地就给这种差别贴上偏见的标签。同样，正如我前面提到过的，对内群体和外群体成员的自发行为上的差异（眼睛注视，言语不流畅）可能确实反映了一些外群体厌恶或群际焦虑，但它们也可能只是内疚或尴尬，而这些不一定就代表着偏见（Arkes and Tetlock，2004）。

其他的顾虑集中在内隐测量是反映了人们的个人态度，还是仅仅反映了不同群体与积极和消极属性的文化联系（Arkes and Tetlock，2004；Karpinski and Hilton，2001；Olson and Fazio，2004）。换言之，这些测量无法区分人们在外群体消极刻板印象方面的知识（knowledge）和他们对这些刻板印象的认可（endorsement），而这种知识－认可的划分是为研究者所熟知的（Devine，1989）。有几项实验的证据引发了研究者的这种顾虑。回顾 Karpinski 和 Hilton（2001）的研究结果，尽管人们内隐的（文化上的？）偏好是苹果而不是糖果，但其外显偏好却是模糊的，且更好地预测了人们实际上会选择什么。为了说明这一点，Olson 和 Fazio（2004）对传统的 IAT 程序进行了一个微妙但重要的修改。在双分类阶段，传统的办法是用令人愉快的或令人不愉快的词与内群体和外群体同时分类，但研究者把"令人愉快的/令人不愉快的"改成了"我喜欢"的东西和"我不喜欢"的东西。通过这种方式，Olson 和 Fazio 将 IAT "个性化"，声称这能更好地反映出人们私下的认可态度。结果发现，在四个实验中，个性化程序产生的 IAT 得分显著地低于传统 IAT 得分，也与人们的外显态度更一致。

内隐测量的偏见得分也被认为易受到背景的影响，我的意思是，相同的刺激呈现于一种背景之前可能会与呈现于另一种背景之前产生非常不同的结果（Barden et al.，2004；Wittenbrink et al.，2001）。Barden 和同事们（2004）戏剧性地展示了这一点。他们使用 Fazio 和同事们（1995）的联想启动程序，把黑人和白人的启动面孔与随后的效价目标词分别呈现在以工厂、教堂或监狱为背景的图片之前。他们的假设是，黑人的面孔（尤为如此）将分别与这三种背景呈正、中等或负相关，而这些刻板化的联结将导致非常不同的反应时向。结果确实如此。在"工厂"条件下观察到了亲黑人偏向，在"教堂"条件下没有发现偏向，而在"监狱"条件下发现了反黑人的偏向。如果内隐测量旨在准确地表明某人对于某一群体的一般化态度，那么这就确实很奇怪了，因为这种态度能如此彻底地被刺激呈现背景这种微不足道的东西所影响。

因此看起来很明显的是，内隐的偏见测量撑不起某些"奢华"的观点。它们不能免于情境的影响，无论是社会情境还是刺激呈现的特征方式；内隐的偏见测量似乎也受到被试深思熟虑的策略的影响；而且它们确切的含义通常不明。不过，尽管它们并不是态度测量的"宝物"，但也绝非毫无价值。正如我们所看到的，它们通常与人们自发的或较少受到控制的行为存在着可靠的相关，并与同伴互动者和观察者获得的印象相关。从这个意义上讲，我们可以将其视为有用的研究工具，特别是鉴于收集观察数据需要大量的人力，可以把它们作为行为指标的代替。

当然，内隐测量本身并不总是最简便的测量方法。它们通常包括让个体在计算机前长时间地测试或其他技术。因此，当时间有限时，很难成组地收集数据。这时就需要外显的测量方法了：这些方法简单易行，且允许多人同时进行测试。不过，即使外显测量的预测效度也不错（它们与其他的外显测量及深思熟虑的行为之间都存在着中等程度的相关），它们也不是没有自身的缺点。由于其内容比内隐测量更加透明，即使研究者尝试减少社会赞许效应（例如在大型群体条件下匿名回答），结果仍然可能会受到被试"装好人"行为的影响。

最后，在外显和内隐测量之间通常可以观察到弱相关而不是零相关，这表明在同一研究中把它们结合起来作为相互独立的偏见测量可能是一个不错的办法。Son Hing 和同事们（2008）就是这样想的。他们认为，在外显和内隐测量上得分都高的人可以被视为绝对的偏执者，那些在外显测量上得分低但在内隐测量上得分高于平均水平的人可能对应于 Dovidio 和 Gaertner（2004）所说的"厌恶性"种族主义者。而两者得分都低的人可能是真正的无偏见者。最后一种组合，外显测量分数高而内隐测量分数低的人可能是 Sniderman 和同事们（1991）所描述的"有原则的保守派"。Son Hing 和同事们（2008）使用了这种分类法并发现，无论是在各种政治价值观的支持态度上，还是在就业歧视任务的反应上，都能可靠地把这四个群体区分开来。总而言之，无论是内隐还是外显测量都不是偏见的"真正"指标；但它们各自都可以为这一现象的不同侧面提供部分的见解（Dovidio et al., 2001; Fazio and Olson, 2003）。

❖ 小结

1. 关于种族和性别态度及刻板印象的调查显示，偏见在过去的四十年里稳步地减少了。然而，一些不那么明显的反应性行为测量表明，这种减少可以部分归因于社会赞许规范的变化，而不是个体内化了无偏见的观念。

2. 研究者提出"现代偏见理论"来解释偏见的这些新的表现形式。这些理论强调现代偏见以间接的符号象征形式存在，取代了传统偏见公然的群际敌意和"外群体劣等"的观念。研究者认为，这种现代偏见起源于个体消极的情绪再加上对（少数族裔）违背了传统个体主义价值观的感知。

3. 另一种理论视角认为，当代形式的偏见通常具有矛盾性，人们对于外群体同时持有消极和积极态度。然而，这种偏爱程度可能只是表面的而不是真实的。它可能只是"面子"工程，其目的是强化既存的群际地位不平等。

4. 还有一些关于新的偏见的概念化理论更多地强调情境因素，这些情境因素允许优势群体成员避免与外群体密切接触。这种厌恶性偏见被认为源于群际焦虑而非敌意。这些不同形式的偏见或许可以按照严重程度的等级排序。

5. 近年来内隐的偏见测量已变得非常流行。这些测量是基于个体对内群体和外群体目标对象自动化反应上的差异，或是基于个体对各种刺激配对的反应时上的差异。内隐测量与不太受控制的社会行为存在着中等程度的相关，但与传统的外显测量仅存在微弱的相关。尽管很受欢迎，但它们仍然未能避免在理论基础和方法上遭到批评。

❖ 注释

1. 不过正如作者们所承认的那样，最优解（optimal solution）真的是两个独立的因子，还是说其实是一个更高等级的偏见构念的两个子维度，这是值得讨论的。

2. 这一测量类似于群体相对剥夺，因为它评估了男性对"平权法案使得男性相对于女性处于劣势"这一观点的知觉（参见第六章）。但请注意，它测量的是集体利益而非个人利益，这可能可以解释为什么它与我们的研究中个体对于平权法案的态度之间存在着相关（参见 Jacobson，1985；Kluegel and Smith，1983）。

3. Leach（2005）针对新的偏见形式提出了很不一样的观点。在历史证据的基础上，他声称所谓的"现代"偏见在较早时期就已经出现，并且"传统"偏见在今天仍然存在。虽然这有一定的道理，但这些偏见形式的相对流行程度才是问题的关键。我认为毫无疑问的是，在 20 世纪后半叶，虽然并没有灭绝，但贬低外群体的一些极端的和外显的形式显然不那么常见了。同样，象征性的表达形式在早期也不是那么明显，虽然人们偶尔也能找到历史事例。

4. 在精神分析理论中也可以找到矛盾心理会产生内心冲突并导致反应扩大的观点（参见 Freud，1915）。

5. 这正是莎士比亚描述的理查三世与敌人联姻的策略。Jackman（1994）在她的书的序言里用《伊索寓言》中"风和太阳"的故事来类比她的论点。我在此把这一段摘录下来：

风和太阳

  风和太阳在"谁的力量更大"这个问题上产生了争执。看起来似乎无法解决这个问题。这时它们突然看到一个旅行者沿着马路走过来了。

  "我们的机会来了，"太阳说，"来证明谁是对的。我们当中谁能让那个男人脱掉外套谁就更强大。为了说明我的实力，我让你先来。"

  太阳躲在云层后面，狂风吹了起来。但是它吹得越厉害，旅行者就把大衣裹得越紧。最后，风不得不放弃。太阳从云层后面出来了，开始用尽全力照耀旅行者。旅行者感受到了太阳的亲切与温暖，随着越来越暖和，他开始松开他的外套。最后，他不得不完全脱掉外套并坐在树荫下扇风。所以太阳终究是对的！

  应用：说服比武力有用。

Aesop's Fables，1947（转自 Jackman，1994，p.1）

Jackman 这本书的标题就用了一个同样有说服力的比喻：《天鹅绒手套》（隐去了其中的铁拳）。

6. 最初的研究中有两个男性样本，都是"非学生"，其结果并未表明 HS 和 BS 之间存在正相关（Glick and Fiske，1996）。但这似乎是一个异常的结果，因为其他非学生样本的研究结果通常都发现 HS 和 BS 之间存在中等程度的正相关（Glick et al.，2002；Moya et al.，2007；Masser and Abrams，1999，2004；Wie-

ner and Hurt, 2000)。

7. 实际上，在这里使用男性代名词可能会产生误导。Glick 和 Fiske 理论中一个具有讽刺意味的特征是，女性对于自己的性别也可以持有善意的和敌意的性别主义，虽然通常低于男性的水平（Glick et al., 2000）。但是，本书的重点在于偏见的群际方面，因此我将暂时忽略这种由于女性对自身的性别主义所产生的明显的"内群体贬低"现象。不过我会在下一章谈到这个问题。

8. 矛盾性性别主义量表使用 0~5 级评分标准，中值（中立点）是 2.5。因此多数样本的均值聚集在这一中立点上，这说明 HS 和 BS 量表上几乎都没有出现极端值（Petrocelli, 2002）。

9. 在文章发表后的头十年间，PsychInfo 数据库搜索的结果显示，有超过 250 篇已经发表的文章在其标题或摘要中提到了 IAT。由于具有在线可访问性（网址：www.yale.edu/implicit），Nosek 和同事们（2007）估计有超过 250 万的人参与了 IAT 的测量。无论按何种标准而言，这都是一系列令人叹为观止的研究，它们表明 Greenwald 和他的同事们在不懈地推广和捍卫这项技术。

10. 当然，完整的程序包括相容试次和不相容试次区块在顺序上的抵消平衡以及对左右反应键的各种控制。

❖ 扩展阅读

Dovidio, J. F., and Gaertner, S. L. (2004) Aversive racism. *Advances in Experimental Social Psychology* 36: 1–52.

Glick, P., and Fiske, S. T. (2001) Ambivalent sexism. *Advances in Experimental Social Psychology* 33: 115–88.

Henry, P. J., and Sears, R. R. (2005) Over thirty years later: A contemporary look at symbolic racism. *Advances in Experimental Social Psychology* 35: 95–150.

Fazio, R. H., and Olson, M. A. (2003) Implicit measures in social cognition research: Their meaning and use. *Annual Review of Psychology* 54: 297–327.

第八章
从接收者的视角看偏见

到目前为止我主要关注的问题是，有哪些过程和因素会影响人们对于各种外群体所表现出的偏见的类型及数量。这种对偏见施予者的关注是非常合理的，因为我们想了解偏见在什么时候最有可能发生、偏见是如何产生作用的，以及我们如何才能减少偏见。然而凡事都有两面性，因此偏见也存在着另一面。作为一名时常成为偏见性思维、反感和歧视行为目标对象的群体成员是什么样的感觉呢？在本章我将着眼于受害者的视角。

我首先会回顾一些主要研究的结果，这些研究记载了因为从属于被社会轻视的群体而遭遇麻烦、不适或直接身体伤害的那些人的经历。一个通常用以描述这类群体的词就是"被污名化的"，因为群体成员可能感觉自身携带着一些会招致虐待的物理的或是隐喻的标志。其次，我会探讨被污名化的群体成员如何应对这种情境。再次，我会探讨为何被污名化群体的成员经常表现出某些行为，这些行为似乎能够证实关于他们的消极刻板印象。这让我们回想起我在第四章讨论过的"自我实现预言"现象。事实证明，在完成智力任务方面，这些预言尤其会让人感到困惑，并且会造成社会问题。在这类任务中，对消极社会刻板印象的一点点暗示或提醒就足以导致被试的成绩变差。最后，我的目光会指向另一个看似矛盾的现象：相比于制度的受益者，弱势群体成员明显更倾向于成为压迫他们的制度的狂热支持者。

❖ 经历偏见

在我们开始分析作为偏见和歧视的接收方所隐含的一系列复杂过程之前，也许有必要提醒我们自己去看看那些即使不是遭到完全的敌视，但也总是会成为被蔑视对象的群体成员，看看他们的日常生活是什么样的。我在这里可以展示的研究成果包括大量的传闻逸事、自传体式以及更系统的证据，但遗憾的是篇幅有限，那么就让我集中讲几个有说服力的例子吧。这些例子的范围从少数群体成员在日常社会生活中遭遇的普通的和微妙的（或偶尔也不是那么微妙）偏见到更加极端的、有时甚至是致命的情况，比如暴力的仇恨犯罪的受害者。

针对女性、少数族裔成员和一些边缘化群体开展的日记研究、访谈和问卷调查发现，有证据表明其他群体的成员对于上述群体存在一系列程度较低的贬低性评论和行为。其中包括被凝视、被开性别或种族玩笑、在谈话中或在街头被陌生人评头论足、不恰当的身体接触、在社会和娱乐活动中被排斥，以及言语上或身体上的虐待（幸运的是这两种情况并不多见）。例如，Swim 和同事们（1998）发现，非裔美国学生平均每两周至少经历一次种族主义事件，女性每两周经历的性别主义事件是男性的两倍。此外，有非常高比例（超过90%）的女性感觉她们至少有一次成为令人不快的性别主义评论或行为的对象。或许并不令人惊讶的是，经历性别主义事件的次数似乎与各种社会情绪后果相关：一项研究表明，经历过更多性别主义困扰的女性变得更加愤怒和焦虑，并且社会自尊更低（Swim et al.，2001）。

这种日常偏见不仅限于美国的大学生。在最近的一项研究中，我们调查了英国 5~11 岁的少数族裔儿童，25%~40% 的儿童报告说至少有过一次由自身少数族裔身份所带来的消极经历（Brown et al.，2007a）。这些经历可能是在操场做游戏时被孤立，或是成为言语中伤的受害者，就像下面这个孩子所回忆的："他们会说'我比你有脑子'或'你是从别的国家来的，你们的食物好奇怪'等等。在我小时候，有个男孩在操场上当着我朋友的面说：'你的肤色和我们不一样。'"（Brown et al.，2007a）

有趣的是，在种族更加多样化的学校里，关于这种歧视的报道明显更少见，这可能是因为这些学校提供了更多的群际接触的机会（参见第九章）。

在大多数西方国家，失业人群是一个普遍存在并不断增长的群体，他们在日常生活中也遭遇了很多偏见（Herman，2007）。无论是来自卫生机构或福利机构官员的随口评论，还是在劳动力或住房市场上受到的明显歧视，这些人总是时刻被提醒他们属于一个被社会轻视的群体。一个 50 岁出头被解雇的男人，他的女儿描述了失业对她父亲的影响：

> 他几乎吃不下东西，并且瘦了很多，绝望似乎把他吞噬了。他开始强迫性地吸烟，丢掉了刮胡刀而任由花白的胡子疯长。他接受的是北方人要

自力更生的教育，因此他责怪自己辜负了家庭。让我感到羞愧的是，当时我也责怪他。（Ruth Sutherland, *Observer*, 16 November 2008）

体重超过正常水平，即"超重"或被临床诊断为"肥胖"的人也经常受到一些令人不快的负面关注或社会排斥（Miller and Myers, 1998; Neumark-Sztainer and Haines, 2004）。他们可能会遭到来自孩子的难听的评论，可能会在学校或工作中被嘲笑或欺负，并且有时会发现自己很难找到对象。下面是一个女孩的经历：

> 让我想想，因为我是个大块头我是如何遭到区别对待的。嗯，有一种说法是所有大块头的人身上都有一股臭味［……］这是我最不喜欢的，因为我知道我没有臭味［……］这种想法是每个人都有的，他们自然而然地认为我身上会有味道［……］。（引自 Neumark-Sztainer and Haines, 2004, p.351）

暴露在偏见中有时会给人带来更直接的伤害，即使这种伤害不是致命的。2006年至2007年，英格兰和威尔士报告了超过41 000起由种族和宗教原因导致的犯罪事件（Home Office, 2008）。这是由英国内政部整理出来的官方数据；可以肯定的是这类犯罪的实际数量要更多，因为还有很多案件没有被报告（Chakraborti and Garland, 2003; Virdee, 1997）。以下是住在英格兰东部乡下的两个巴基斯坦裔家庭的经历，从中我们可以体会到一些少数族裔成员不得不忍受的、被虐待的滋味：

> 他们往我们的门上扔狗屎，往窗户上扔石头，然后有一天晚上你站在门口，对吧，他们朝你扔了一个鸡蛋。我就去追他们，然后他们朝我喊，说我是应该被枪毙的"巴基斯坦臭婊子"。

> 我们的房子上出现了很多涂鸦［……］"东方黑鬼佬去死""巴基斯坦佬滚出去""犹太人臭死了""人渣""烧了这里"。第二次是十天之后吧，有人泼了一桶油漆。第三次我们看到的是"美国杀手""死亡""巴基斯坦佬滚出去"。（采访记录摘自 Chakraborti and Garland, 2003, p.7）

这些都是**仇恨犯罪**（hate crime）的例子[1]，其官方定义是"任何出于对某人的种族、肤色、种族起源、国籍或民族起源、宗教信仰、性别或性别认同、性取向或身体残疾而产生的仇恨，并因此而对其人身或财产实施的犯罪行为"（Home Office, 2008）。仇恨犯罪绝不是英国独有的问题。近年来还有几个欧洲国家也出现了与种族相关的犯罪率的上升（Bleich, 2007）。仇恨犯罪从定义上来说是一种群际现象，因此研究者预期会观察到它们的频率随着时间而发生变化，这种变化取决于更大范围内群际关系的改变。这种历史性变化的一个生动的例子就是 2001 年美国 "9·11" 事件之后 "伊斯兰恐惧症" 的增多。Kaplan（2006）从 FBI 官方数据库中提取了 2000 年至 2002 年犯罪事件的统计数据。图 8.1 显示了那三年间针对四个不同群体的犯罪事件的数量。图中最显眼的就是在 2000—2001 年，针对穆斯林的犯罪事件数量增加了 17 倍。这种仇恨犯罪率的突然激增，与针对其他三个群体的、稳定的犯罪率形成了鲜明对比。

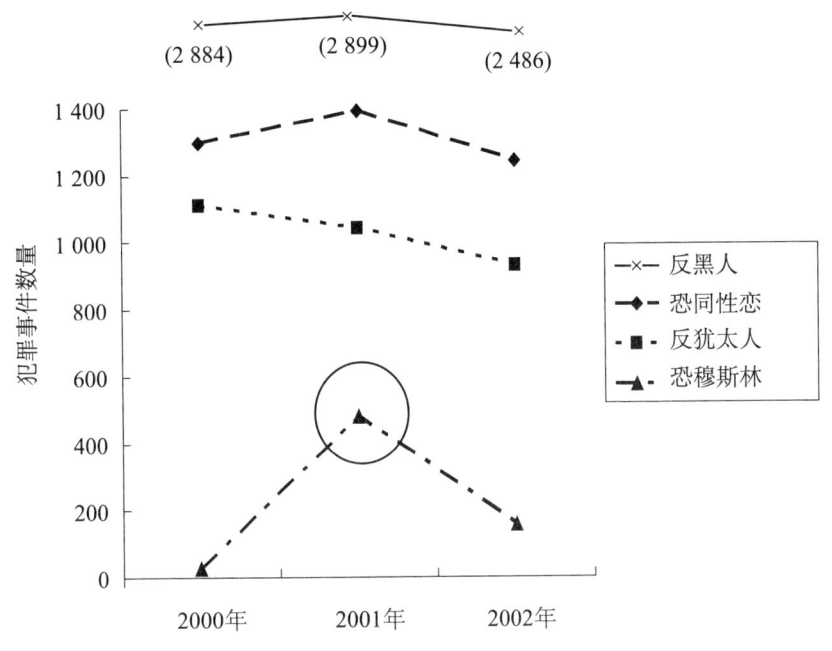

图 8.1　2001 年 9 月 11 日之前和之后美国的"仇恨犯罪"

资料来源：Adapted from Tables 1, 3 and 6 in Kaplan, 2006.

图 8.1 还显示出，在美国，**恐同**（homophobic）犯罪是排在反黑人犯罪之后第二常见的仇恨犯罪形式。有证据显示，相比于类似的但没有仇恨元素的犯罪行为的受害者，性取向仇恨犯罪的受害者会产生更严重的心理问题。Herek 和同事们（1999）发现，相比于那些在过去五年中经历了非仇恨犯罪的男女同性恋者，经历了仇恨犯罪的同性恋者报告了更高水平的抑郁、压力、焦虑、愤怒以及知觉自己未来再次成为受害者的可能性（另见 McDevitt et al., 2001）。并且，基于性取向而导致的受伤程度越高，其心理受到的伤害也就越大（Hershberger and D'Augelli, 1995）。尽管这些变量间的关联都来自横向的相关研究，

因此通常都存在解释上的模糊性，但它们确实表明，基于群体成员身份而成为受害者可能会带来其他的不利后果，而不仅仅是简单的作为受害者本身（这已经足够痛苦了）。此外，仇恨犯罪是以群体为基础的，因此它的负面影响有可能超越直接的受害者本身，而延伸到受害者群体的其他成员。但到目前为止这方面的研究还很少（Craig，1999）。

最极端的仇恨犯罪形式是种族灭绝，即一个群体企图系统性地消灭另一个群体。在1994年的几个月间，卢旺达发生了可怕的种族灭绝，超过100万的图西族人被胡图族人杀害。在经历了那几个月的创伤之后，卢旺达人民一直到现在都在尝试重建他们的家园。作为重建进程的一部分，他们正在使用被称为"盖卡卡法庭"的传统司法形式。在这些法庭中，当地社区的成员、种族灭绝的幸存者及被指控的肇事者聚集在一起，讨论特定的事件并听取来自事件受害者或其家属以及被指控施暴的人双方的证词。如果被告认罪并请求社区的原谅，他们可以得到较轻的判刑。在一项非常了不起的研究中，Kanyangara和同事们（2007）分别在50名幸存者和50名被指控的罪犯参加盖卡卡法庭之前和之后接触到了他们。在问卷中，研究者询问被试的情绪和他们对外群体的刻板印象。或许并不令人感到惊讶的是，那些被指控施暴的人在参加了盖卡卡法庭后内疚的情绪有所增加。他们也减少了愤怒的情绪。就我们当前的研究目的而言，更有趣的是受害者群体的情绪变化：在上庭之后，他们明显感受到更多的悲伤、恐惧、厌恶、焦虑，以及最奇怪的羞愧（见图8.2）。

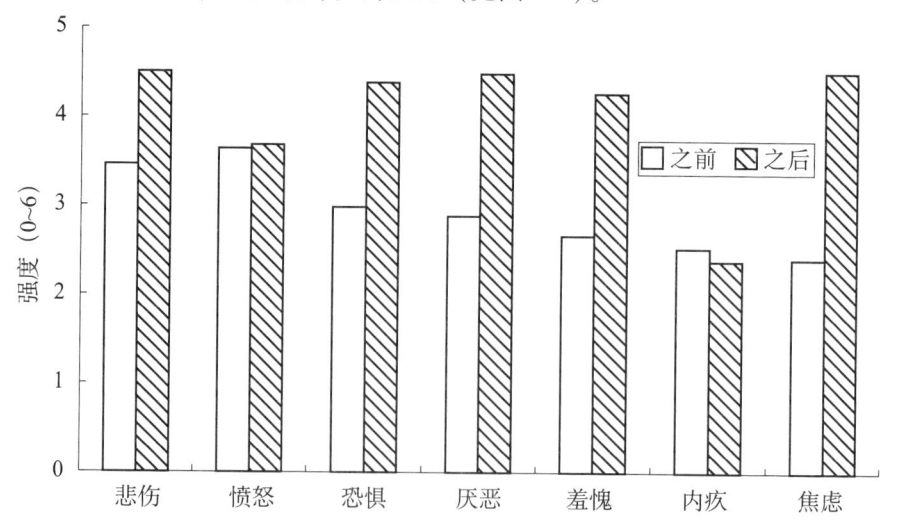

图 8.2 出席盖卡卡法庭前后大屠杀幸存者情绪的变化

资料来源：Adapted from Table 1 in Kanyangara et al.，2007.

这些情绪上的变化大多是很直观的。种族灭绝的幸存者在面对那些可能屠杀了他们的朋友和家人的人时，表现出更多的恐惧、厌恶和焦虑的情绪是完全可以理解的。羞愧感的增加也许不那么容易理解，这是一种觉得自己没有价值和道德上自卑的情绪（Tangney，1991）。尽管野蛮行为的受害者有这种感觉似乎很奇怪，但这显然不是一种罕见的幸存者反应，例如在强奸受害者身上也会有这种情绪（Janoff-Bulman，1979；Páez et al.，2006）。看来，遭受极端的伤害可能导致受害者失去对其生活的控制感，并几乎完全丧失自己的人性。

盖卡卡法庭似乎使幸存者发生了普遍消极的情绪变化。有趣的是，这些情绪变化与群际态度的改善有关。审判结束后，幸存者以一种不那么消极和同质的方式看待囚犯，并且事实上羞愧和恐惧两种消极情绪的变化与群际知觉的改变之间存在可靠的相关（另见 Rimé et al.，2008）。根据 Kanyangara 和同事们（2007）的解释，在盖卡卡法庭上进行情感分享有助于鼓励受害者和罪犯之间产生对共同人性的感知，进而促进社会凝聚力的发展。

把所有上述偏见和歧视的不同经历看作**社会污名**（social stigma）的例子是很有必要的。社会心理学认为，污名是指会使一个人受到社会轻视的任何特征。正如它与宗教相关的以及词源学所表明的意思（这个词来源于古希腊的 *stigma*，意思是"斑点""文身""标记"，通常是伤口愈合留下的）那样，污名可能是疤痕或身体缺陷，但更多的是指使一个人被置于社会轻视或压迫群体中的任何属性（Crocker and Major，1989；Crocker et al.，1998；Jones et al.，1984；Major and O'Brien，2005）。关于污名明显的例子涉及肤色和宗教信仰。这些耻辱化的属性可以通过各种方式把人加以区分，而这些区别可能会对被污名化群体的成员产生严重的后果。

污名要么是可隐藏的，要么是随时可见的，这是其第一个因素。可隐藏的例子包括 HIV 感染或性取向；可见的污名涉及肤色、年龄和身体残疾。人们可能认为，可隐藏的污名对于其拥有者而言具有较少的负面影响，因为这些人可以选择是否透露他们属于该群体的成员身份，从而保护自己不受社会指责（Jones et al.，1984）。然而，选择隐匿自己被污名化的群体成员身份也可能意味着拒绝了一些潜在的自我保护途径，比如来自朋友和群体中其他成员的社会支持（Crocker and Major，1989）。污名自何时而获得是第二个重要因素。有的污名是在生命后期意外出现的，比如由意外事故或感染而得；相比之下那些由遗传或在生命早期就获得的污名，如唐氏综合征，它的携带者会有更多的时间来形成应对策略。此外，迟发的污名可能存在一个人成为他/她以前鄙视过的群体成员的情况（Crocker and Major，1989）。第三个因素是对拥有或维持污名的责任的感知。在蒙受污名化群体之外的人，甚至某些情况下也包括身处其中的人，可能会认为这个群体的成员对他们的困境是负有责任的：超重者或失业者经常有这种知觉。相比于那些被认为污名化是不受控制的情况（如肤色：Crocker and Major，1989），上述情况下的被污名化群体通常会招致更多的不满。当然，这并不意味着"不可控"的被污名化群体成员可以完全免遭偏见。事实远非如此，正如前面的例子所显示的那样。只是在污名"可控"的情况下，社会规范在抑制偏见表达方面就不那么严格了。

在下一节，我将更详细地讨论从属于一个被污名化群体的一些后果。在此之前，还有一个现象值得审视。这个现象就是一些被污名化群体成员具有一个共同的倾向，即实际上无法知觉到针对他们的歧视。Crosby（1982）的研究为这方面提供了一个早期的例子。在调查职业妇女对性别不平等的知觉和反应时，她惊讶地发现，虽然大多数被试认为女性的薪酬和工作条件等普遍比男性差，但很少有人亲身体验到这种不公平。另一些研究者在另外一些群际情境中观察到了类似的现象，这种现象被称为**个体-群体差异**（person–group discrepancy）（Kessler et al.，2000；Moghaddam et al.，1997；Operario and Fiske，2001；Taylor et al.，1990），即一般来说，人们似乎不愿意承认自己受到了不公平的对待，即使他们认识到他们的群体是制度性歧视的对象。

或许 Ruggiero 和 Taylor（1997）为这一现象提供了最生动的说明。他们安排被试（在一项研究中被试是女性，另一项研究中被试是东亚人和西印度群岛人）完成一项任务，随后这些被试从一个由八名"裁判"组成的评审组那里得到非常消极的反馈。根据实验条件，被试分别被告知，这些"裁判"中的所有人/大多数/一半/很少或没有人对他们所处的群体持有偏见。然后他们需要将自己的不良表现归因于他们在任务中的实际表现或是"裁判"的偏见。令人惊讶的是，只有当面对的评审组里全部都是持有偏见的"裁判"时，被试才会将消极的反馈归因于"裁判"的歧视；在所有其他的条件下，包括其中一半或四分之三的"裁判"都持偏见的情况，被试坚决地将他们的低分数归因于他们自己的任务失败。[2] 正如我们将要看到的，"被试无法将消极结果归因于可能的外部原因"这一现象对于解释"被污名化群体成员如何应对他们的处境"这一问题有着有趣的理论意义。

能注意到歧视是一回事，对歧视本身会说些或做些什么则是另外一回事。正如我们刚才所见，被污名化群体的成员似乎并不倾向于把他们的不幸归咎于他人的偏见。他们即使可能私底下会这样做，也不愿意公开地对歧视说些什么，无论是抱怨还是正面对抗。Swim 和 Hyers（1999）在一项实验中展示了这一点。研究者让女性与其他三个人（假被试）并肩参与一项团体决策任务。在任务期间，其中一个男性假被试说了几句十分无礼的话。在一半的情况下，说的话明显是具有性别歧视意味的；而另一半情况下则不是。群体的性别组成也被操纵。在一半情况下假被试全部都是男性，所以只有被试自己是女性；在另一半情况下，有两个假被试是女性。实验的主要目的是观察被试对攻击性言论的反应，并记录他们随后的私下反应。总体而言，只有少数人（不到30%）对这些评论做出了回应。虽然那些处于性别歧视评论情境中的人更有可能说点什么，但仍只有不到一半的人选择这样做。或许有些出人意料的是，有迹象表明，相比于有另两名女性作为道德支持的时候，当群体中只有被试一个女性时，她们更有可能表达出自己的不满。然而，公开场合下对假被试性别主义态度的表面沉默并不意味着被试没有注意到这种歧视。当被要求回忆在这个群体中的经历时，绝大多数被试对这位无礼的男性假被试做出了负面的评论，即使她们在实验过程中什么也没说。

　　被污名化的群体成员可能会感觉受到了限制，从而不能公开地对抗他们所受到的偏见，这或许是因为害怕被视为一个"爱抱怨的人"（Kaiser and Miller, 2001；Kowalski, 1996）。在其他外群体成员在场的情况下，这种限制感可能尤为强烈。Stangor 和同事们（2002）安排被试参加了一个创造力测试并让他们不及格，他们的失败似乎可以被归因于主试的偏见，因为测试的反馈里有一句贬低的评论（例如："就像许多非裔美国人一样，你在需要创造性思维的时候使用了传统性思维"）。随后，被试需要给"测试的失败在多大程度上应当被归因于自己的能力、努力或是主试的歧视"这类问题打分。根据实验条件，被试独自或是在另一个人在场的情况下完成整个实验，而这另外一人要么是内群体成员，要么是来自外群体的人。在后两种条件下，研究者还额外地告知被试他们需要大声地读出他们的评分，从而使他们的观点变得非常公开。这项研究有两个值得注意的结果。首先，总的来说，被试显然并没有表现出"将失败归因于主试的歧视"这种倾向。在所有条件下，"歧视归因"的最高均值仅略高于量表的中值。考虑到实验者偏向，这一结果本身十分令人惊讶；但它很好地对应了几年前 Ruggiero 和 Taylor（1997）的研究发现。然而，被污名化的群体成员确实更多地将他们的失败归因于歧视而不是他们自己的无能，外群体成员在场的情况除外。在后一种条件下，他们的评分发生了彻底的逆转：此时他们明显地把自己的糟糕表现归因于自身，而不是主试。

这些实验室研究的发现可能有助于我们理解为什么人们往往不愿意报告工作场所的骚扰和霸凌（Magley et al., 1999），以及仇恨犯罪的经历（Herek et al., 2002）。公开对抗偏见可能会付出高昂的社会代价，因为它有可能会破坏与同事之间的社会关系，因为它可能是出于对导致他人的轻视的恐惧，或者因为它可能会激起来自抱怨对象的进一步歧视和伤害。

❈ 污名化的后果

幸福感

被污名化的人的处境可不是幸福的。人们可能会认为，与未被污名化的群体成员相比，那些被污名化的群体成员每天都在被提醒着他们低下的社会地位，因此他们的自尊和幸福感会更低。这确实是一种长期且极具代表性的观点。许多心理学家，从 Mead（1934）开始，就假设人们的自我概念主要来源于别人看待他们的方式（参见 Jones et al., 1984）。Allport（1954）对此深信不疑：

> 问问你自己，当你一遍又一遍地听到别人说你懒、天生有缺陷、会偷东西，而且有低劣的血统时，你的人格会发生怎样的改变？想象一下这个观点是你的大多数同胞强加给你的。假设无论你做什么都不会改变这种看法——因为你碰巧有黑色的皮肤［……］一个人的名誉，无论是真的还是假的，在一次又一次地被深深烙印在脑海里之后，它不可能不对一个人的性格产生影响。(p. 142)

尽管这种观点符合常识，但事实上它在很大程度上是不正确的。当对被污名化和未被污名化的群体成员进行仔细比较时，研究者发现，总体上前者在自尊和幸福感等指标上与后者并不存在稳定的差异（Crocker and Major, 1989；Diener and Diener, 1996）。被研究得最多的群体可能就是美国和西方其他一些国家的少数族裔群体（例如，参见 Gray-Little and Hafdahl, 2000；Twenge and Crocker, 2002；Verkuyten, 1994）。Twenge 和 Crocker（2002）进行了一项涉及数百项研究的综合性**元分析**（meta-analysis），这项研究比较了不同年龄的黑人、白人、亚裔、拉美裔和美国印第安人的自尊水平。大多数的受访者居住在美国。如果"少数族裔群体会内化其社会污名地位"这种传统观点是正确的话，那么我们会期望看到所有四个少数族裔群体都应该表现出比白人多数群体更低的自尊；

而亚裔群体，一个比黑人或拉美裔更少遭受污名化的群体，他们自尊的减少程度应该低于其他少数族裔群体。事实上，总体情况与这种预测完全不同（见图 8.3）。可以看出，总体而言黑人实际上比白人有着更高的自尊；在剩下的三个少数族裔群体中，相比于白人，亚裔群体的自尊降低得最多。

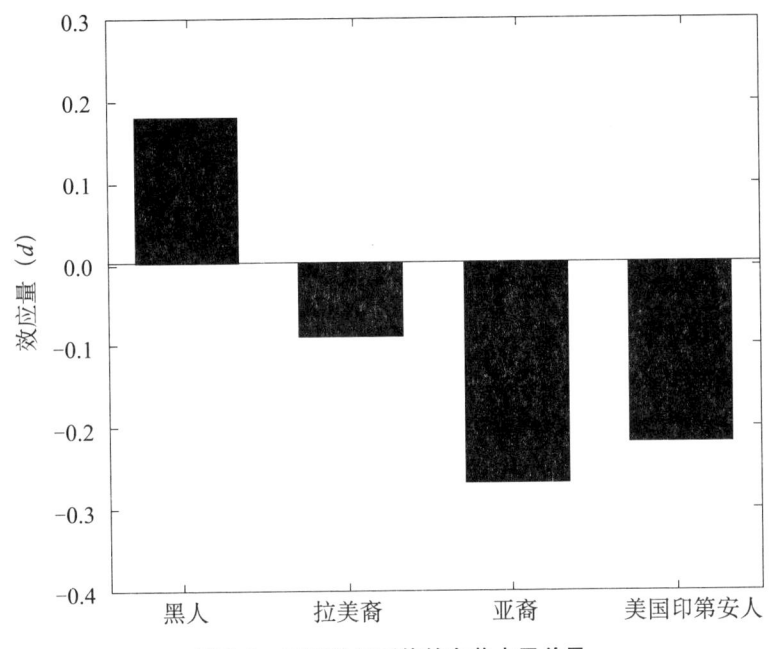

图 8.3　不同种族群体的自尊水平差异

注：该图显示的是白人和其他四个种族群体的差异。正效应量表示该种族比白人的自尊水平更高。数据结果从一项超过 700 个样本的研究中获得。

资料来源：From Twenge and Crocker, 2002, Figure 1.

Twenge 和 Crocker（2002）的元分析的另一些结果也很有趣。首先，年龄起了作用。例如，黑人直到 10 岁以后才出现相对较高的自尊水平，并且有趣的是，在年龄较大（60 岁以上）的黑人身上，这种自尊实际上发生了逆转。后一个群体在第二次世界大战之前就已经出生，那时美国的反黑人种族主义比 20 世纪 60 年代民权运动之后更加普遍和制度化。可以想象，这就是 Horowitz（1936）以及 Clark 和 Clark（1947）研究中用到的那一代黑人儿童，我在第五章曾讨论过他们的研究工作。与这一历史变迁观点一致的是，Twenge 和 Crocker（2002）还发现，1970 年之前开展的研究几乎都没有发现黑人 - 白人的差异，而后来的研究则发现了差异，而且这种差异在之后的每十年都会增加。

从"污名内化"的角度来看，这些发现确实令人费解。不仅一个少数族裔比多数族裔表现出更高的自尊，而且最不受歧视的群体（亚裔美国人）有着最低的自尊水平。Twenge 和 Crocker（2002）推测，这种群体间的差异是在自我的建构和表达上存在着文化差异所致。在那些更偏好个体主义的群体中，人们总是强调自我表达和自我提升，因此自尊很可能会被提高。在更强调集体主义或相互依存观点的文化中，更常见的是自我贬低和关注群体的成就。亚裔、拉美裔和美国印第安人可能比黑人和白人更具有集体主义倾向，这就对他们在自尊量表上的得分产生了影响（Oyserman et al., 2002）。

但这种基于文化价值观的视角并不能解释全部。它不能解释黑人在自尊上的优势及其所引发的历史变迁，也不能解释在其他特定被污名化群体中观察到的自尊下降。超重女性，特别是处于青春期或表现出饮食失调的那些人，往往长期具有低自尊（Friedman and Brownwell, 1995; Miller and Downey, 1999）。作为一种污名，超重往往被认为可以受污名化个体所控制，因此会比其他一些情况遭到更多的指责和嘲笑。回顾第五章，有研究证据表明，超重儿童在很小的时候就可能会成为偏见的受害者（Powlishta et al., 1994）。

然而，正如我在本节开头所指出的，这种被污名化群体的自尊缺陷是个例而不是必然。这表明这些群体的成员通常会制定应对策略，以保护自己免受充满敌意的社会环境的伤害，虽然很不幸的是他们每天都不得不面对这种环境。Crocker 和 Major（1989）设想存在三种这样的策略。第一种策略是，这些人把他们的消极后果（成绩差、工资低、不受欢迎）归因于他人的偏见而非自身的不足。以这种方式将自己的困境归咎于外部环境，被污名化的人们可以继续相信自己的自我价值。第二种策略是限制自我比较，即仅把自己与被污名化群体中的其他成员做比较。通过限制他们的参照点，他们自己和别人之间的差距可能会缩小。第三种策略是，他们可能会看轻或避免某些评价维度（如学业成就），这样他们自己的不良表现对自尊的损伤力就不那么强了。

在这些策略中，第一种策略引发了最多的争议，而且由于这也是一种涉及外群体偏见的应对机制，它可能是与本章重点最为相关的一种策略。为了对"成为偏见的目标对象"这一研究问题进行现象学的考察，Dion 和 Earn（1975）开展了一项早期的实验研究。他们安排一些犹太被试做游戏，并告知被试游戏是和另外三个人一起玩的。游戏包括与同伴交换"奖励"和"惩罚"代币，目标是积累尽可能多的"奖励"。实际上，主试对游戏进行了操纵，使得被试在游戏结束时总是失败，并让被试认为这应该是由其他玩家的行为导致的。Dion 和 Earn 引入的重要操纵是改变其他玩家的宗教信仰：其中一半的情况下，另外三个人是基督徒，而另一半的情况下则没有提到另外三人的宗教信仰（记住，所有的被试都是犹太人）。仅仅是引入宗教外群体成员的身份就对被试对其糟糕的游戏结果的解释和反应都产生了巨大的影响：在"另外三人是基督徒"的条件下，超过70%的被试提到自己是犹太教徒可能是他们失败的原因；在"无信息"的条件下，没有一个被试提到这个原因。此外，在"另外三人是基督徒"的条件下，被试报告了更高水平的攻击性、悲伤和焦虑，证实了我在这一章前面提到的，成为歧视的受害者是很糟糕的体验。然而，对于Crocker和Major的假设至关重要的一点是，这些被试的总体自尊都没有受到消极影响。事实上，在"你有多好/有多坏？"这个题项上，那些处于"另外三人是基督徒"条件下的被试的分数甚至明显高于那些处于"无信息"条件下的被试。可以想象，他们通过将失败归因于其他玩家的偏见从而保护了自己的自尊，正如Crocker和Major（1989）所假设的那样。

当被污名化的人不能做出上述那样的外归因时，他们的自尊就可能会受到损害。Crocker和同事们（1993）招募了一些"超重"的女性参加一项"约会关系"的研究。在这项研究中，她们必须与隔壁房间里的一名男子交换一些个人信息，包括体重和身高。信息交换之后，被试就可以知道该男子是否有兴趣与她们来一场浪漫的约会。她们对对方积极或消极反馈的反应是很有趣的。在积极反馈条件下，超重女性与体重正常的女性在归因或情绪反应上没有区别。然而，在消极反馈条件下，超重女性比体重正常的女性更有可能将男子的拒绝归因于自己的体重（内部因素），而且她们几乎没有表现出将其归因于男子本身（外部因素）的倾向。结果是那些被拒绝的超重女性表现出更多的负面情绪，包括抑郁和焦虑。

这两项研究支持了Crocker和Major的假设，但另一些研究发现则有些模棱两可，还有一些研究结果则直接与之相反（Major et al.，2002a；Schmitt and Branscombe，2002）。Crocker和同事们（1991）只能找到微弱的证据证明，一个人将失败归因于外群体偏见这种外归因的方式与个人自尊的保护之间存在着关联。上述这两项研究中被污名化的群体是非裔美国人和女性。Dion（1975）也针对女性被试进行了研究并发现，与那些经历了较轻程度失败的女性相比，那些在与男性对手进行比赛时遭受了严重失败的女性表现出更低的自尊。只有在通过内部分析之后，即将男性对手分为"高偏见水平"或"低偏见水平"后，才有迹象（但不显著）表明，失败后的自尊可以通过将失败归咎于男性对手的偏见来加以"缓冲"。

另一些研究提供的证据似乎与 Crocker 和 Major 的观点不一致。之前我提到了 Ruggiero 和 Taylor（1997）的一项研究，研究发现被污名化的群体成员似乎不愿意将其不良表现归因于评价者对于他们的偏见。在同一项研究中，对自尊的测量并没有明确地支持 Crocker 和 Major 的观点。虽然正如 Crocker 和 Major 所假设的那样，与任务表现相关的自尊和将不良表现归因于他人偏见的倾向之间存在着稳定的正相关，但"社会"自尊（例如"我并不担心别人对我的看法"）与偏见归因之间存在着负相关。Ruggiero 和 Taylor（1997）推测，被试不愿意将自己的失败归咎于他人，这可能与他们希望保持某种控制感的愿望有关。事实上，在被试完全拒绝做出外归因的所有条件下，控制感的得分都确实升高了；而在他们的确做出了外归因的条件下（当他们的失败毫无疑问由"裁判"的偏向造成时），控制感分数明显降低了。来自其他领域的证据也表明，维持一个人对生活的控制感与各种幸福感指标之间呈正相关（Langer，1975；Thompson and Spacapan，1991）。

虽然轻易地就把这种实验室情境的研究结果推广到一般情境中是不明智的，但 Ruggiero 和 Taylor 发现，即使面对相反的证据，弱势群体的成员有时也会为自己的困境而自责，上述结果在其他针对被污名化群体的研究中也得到了呼应。回想一下我之前提到的所谓的"个人－群体差异"现象（Crosby，1982）。这边研究者发现了低地位的群体成员在承认其群体遭受普遍歧视的同时，却坚决否认他们自己是任何歧视的受害者。那边研究者又发现了一些看似矛盾的结果，即强奸和种族灭绝的受害者有时会感到羞愧———一种指向内部的、自我贬低的情绪（Janoff-Bulman，1979；Kanyangara et al.，2007；Páez et al.，2006）。但所有这些发现都不符合一个观点，即人们需要通过指责别人来保护自己免受负面生活事件的影响。

Branscombe 和她的同事们向 Crocker 和 Major 的理论提出了进一步的挑战（Branscombe et al.，1999；Schmitt and Branscombe，2002a and 2002b）。Branscombe 认为，相信自己是歧视的目标对象不但不能进行自我保护，而且实际上会损害一个人的自尊。她认为歧视意味着别人贬低了一个人的内群体，因此推而广之，他们也贬低了这个群体中的个人。这种信念并不总是会对被污名化的群体成员造成不可挽回的损害，这可以通过第二个过程来解释，即增强认同（Branscombe et al.，1999）。经历过外部威胁和歧视的群体通常会表现出凝聚力和认同的提高，如第六章所述。这种认同的增强可以使自尊恢复到先前的水平。因此，这种解释被称为"**拒绝－认同模型**"（rejection–identification model；

Schmitt and Branscombe，2002b）。有几项研究，大多数是相关研究，支持了这一模型（Schmitt and Branscombe，2002b）。或许其中最著名的就是 Branscombe 和同事们（1999）对一个非裔美国学生的小样本进行的调查。被试被问及基于种族原因而使他们遭受偏见的频率有多高。正如拒绝 – 认同模型所预期的那样，该指标与他们的幸福感呈负相关。但它也与他们对自己非裔美国人身份的认同程度呈正相关。而且，一旦这种高度认同作为影响因素被纳入分析，遭受偏见的频率与自尊的负相关就会消失。用术语来说，认同起到了中介变量的作用，抑制了先前归因于歧视和自尊之间的负相关。

我们从这场争论中能得到什么启示？幸运的是，Major 和同事们（2002a）对文献进行了仔细的重新分析，并提供了一些有用的见解，表明其中的一些混乱只是表面现象而不是真实的。在他们的分析中，一个反复出现的主题就是不同的情境以及个体差异的重要性，这些变量可能会影响歧视经历和知觉对幸福感的作用。在关于污名化和自尊的早期研究中，研究者很少考察这些调节因素。

其中第一个因素就是群体认同本身，鉴于它在 Branscombe 和同事们（1999）模型里扮演的中介角色，这可能有点讽刺意味。可以合理地假设：对于那些被污名化群体身份对其自我定义更为核心或更重要的人而言，他们将更加警惕那些针对他们的、可能具有多种形式的歧视，也可能会更敏锐地感受到社会排斥带来的痛苦。有证据表明确实如此。认同感更强烈的群体成员似乎能感知到更多的针对他们的偏见，特别是在对于"是否出现了偏见"这个问题存在着模棱两可的解释的情况下尤为如此（McCoy and Major，2003；Operario and Fiske，2001）。此外，暴露在偏见之中与高认同个体的情绪恶化有关（McCoy and Major，2003）。

不同的意识形态观念也会影响人们对群体层面的歧视的反应。对于一些人而言，其观念系统的核心在于"个人进步的可能性应当是基于能力的（based on merit）"，这些人会更少地感知到歧视，但当的确出现了歧视而无法否认时，他们也更容易受到影响（Major et al.，2002a，2007）。并且一些人格变量可能会导致某些个体对污名化行为更加敏感（Mendoza-Denton et al.，2002；Pinel，1999）。

这些调节变量是如何调解在一些问题上（包括将消极的结果归因于歧视的可能性以及这样做的心理后果）看似矛盾的理论和证据的呢？让我们来看经常被引用的 Branscombe 和同事们（1999）的论文，它显示了非裔美国人对歧视的感知与自尊之间存在着负相关。根据 Major 和同事们（2002a）对潜在调节变量的分析，我们可以推断这项研究里的被试要么具有极高的种族认同，要么强烈地支持精英主义观念；要么两者兼而有之。同样，Ruggiero 和 Taylor（1997）研究中的被试之所以不愿意看到他们眼皮子底下的歧视，这很可能是由于最初的群体认同程度相对较低。考虑到实验室实验的性质，群体认同在实验室里不可能非常凸显，因此这样的假设是足够合理的。

总之，Allport（1954）等人认为"个体隶属于一个被污名化群体而不可避免地会承受有害的后果"这一担心似乎是不对的。认同的保护性（和敏感性）机制的数量和复杂性意味着简单地将污名和低幸福感对等是基本不成立的。

任务表现

在许多国家都经常可以看到，不同族裔群体在学校的表现是有很大不同的。比如在英国，当我们统计至少通过了五门 GCSE 考试科目并取得 A～C 分数的学生的人数时，表现最好的和最差的群体之间就出现了明显的差异（见图 8.4）。吉卜赛人和爱尔兰游牧民族的表现最差：他们中只有大约五分之一的儿童获得了 5 张 GCSE 证书。在排行榜的另一端，印度裔和华裔学生的表现明显优于同龄人，分别有 70% 和 81% 的学生达到同样的标准。这些群体平均数掩盖了另一些差距。在每一个群体中，女孩的表现都优于男孩；而那些来自最贫困家庭的（得到学校免费午餐福利的）孩子表现得最差——在这一类别中，英国白人男孩的整体表现比爱尔兰游牧民族差。

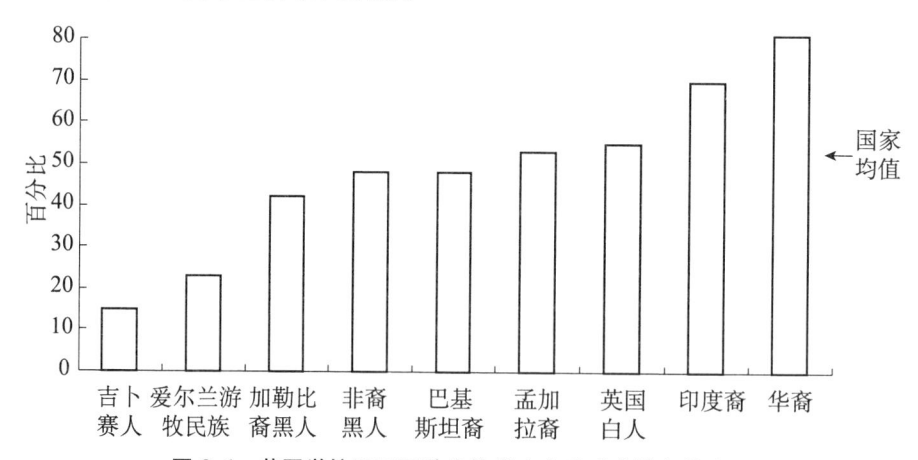

图 8.4　英国学校里不同种族的学生在考试成绩上的差异

注：该图显示的是每个种族群体通过五门 GCSE 考试（成绩为 A～C）的百分比。

资料来源：Adapted from Table 8 in Department for Education and Skills, 2006.

很明显，造成这些差异的原因是多方面的。研究者推测，社会－经济的匮乏造成了负面影响，但这肯定不是全部的原因，因为经济地位很相似的群体（印度裔和巴基斯坦裔）的表现也非常不同。不同文化群体对教育的重视程度不同很可能是另一个原因，这或许可以解释为什么印度裔和华裔的成绩这么好。但 Steele 和 Aronson（1995）认为，学业成就中出现种族群体差异可能还有另一个原因。他们推测，当某些种族群体意识到外界对他们普遍持有一种"缺乏智力能力"的文化刻板印象时，这就可能足以导致他们表现不佳。为了检验这一有争议的假设，Steele 和 Aronson（1995）邀请黑人和白人学生（他们恰好来自美国极负盛名的高校斯坦福大学）完成一个有难度的语言推理测试。主试向其中一半的被试声称，这个测验是一项"影响语言问题解决的心理因素研究"的一部分。Steele 和 Aronson 把这种情况称为"非诊断性的"，因为在被试看来，这项测试只不过是一项标准科学研究的一部分。其余的被试则得到有点不同的关于实验的描述。这项测试被描述为"对你的语言能力和局限性的一项真实检验"。Steele 和 Aronson 将这种条件称为"诊断性的"，因为这时测试的结果似乎确实反映了推理的能力。这一简单的指导语的变化对黑人被试的任务表现有着巨大的影响，如图 8.5 所示。平均而言，那些处于"诊断性"条件下的黑人被试比处于"非诊断性"条件下的黑人被试少解决了四个问题。在"诊断性"条件下，黑人被试的表现也比白人差。这一研究结果的另外两个特点也值得引起注意：首先，被试的分数是在其真实学业能力（通过一项标准学业能力测试测得）基础上修正的。另外，被试是被随机分配到实验条件中去的，因此在"诊断性"和"非诊断性"条件下，应该不存在个人能力的差异。其次，正如我前面提到的，被试都是斯坦福大学的学生，而斯坦福大学又是以录取门槛高而著称的。换言之，这些被试都是才华横溢且成绩优秀的学生。但这个精英群体中的黑人学生（并且只有黑人学生）在面对简单的指导语变化时，仍然做出了负面的反应。

Steele 和 Aronson（1995）将这种任务表现变差归因于**刻板印象威胁**（stereotype threat），即在美国社会中，人们普遍持有和相信"黑人智力低下"的刻板印象。出于某些原因，在"诊断性"条件下提醒黑人被试注意这些消极的文化刻板印象，会使得他们的表现与这些偏见一致。Steele 和 Aronson（1995）进行的另一些研究的结果也表明，这些刻板印象与较差的表现有关。在一个实验中，研究者执行了标准的刻板印象威胁程序（"诊断性"和"非诊断性"测试指导语），只是被试并未真的参加测试。相反，他们在接受诊断性/非诊断性指导语

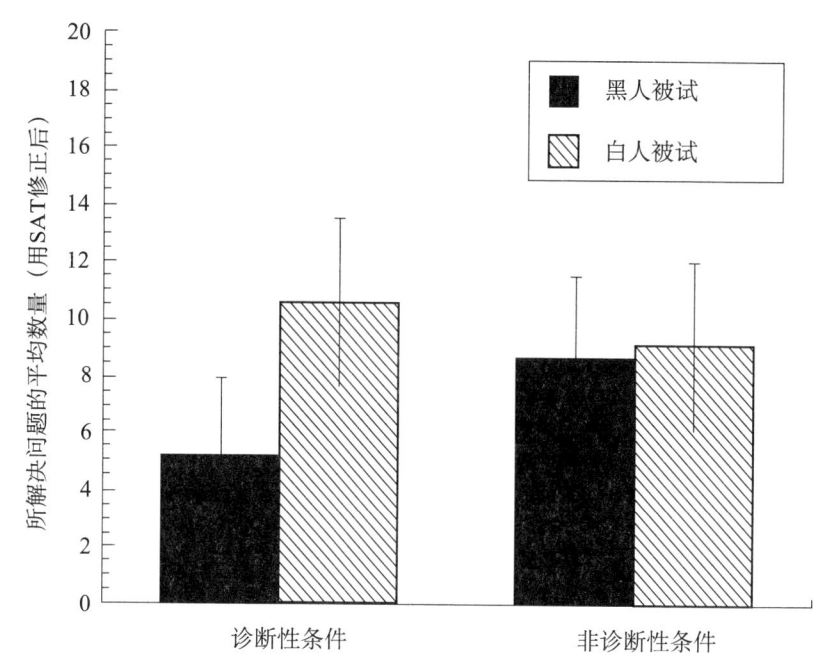

图 8.5 "刻板印象威胁"对白人和黑人学生考试成绩的影响

资料来源：From Steele and Aronson，1995，Figure 2.

后，直接完成一项内隐刻板印象激活的测量。其中包括将许多可以形成不同单词的词语片段补全，例如"_ _ CE"（RACE 或 FACE）或"_ _ ACK"（BLACK 或 SLACK）。诊断性条件下的黑人被试比非诊断性条件下的黑人被试更有可能以刻板印象的或是相关分类的方式补全词语片段，从而表明他们的种族及与之相关的刻板印象对于他们来说更为凸显。在另一项研究中，Steele 和 Aronson（1995）使用种族类别启动的操纵来取代诊断性/非诊断性程序。在进行语言推理测试之前，被试需要提供一些人口学的信息（例如年龄、专业、父母的学历）。仅在种族启动的条件下，在人口学相关的题目里才询问他们的种族。结果同样发现，这一额外的问题就足以使他们在测试中的表现变差。

Steele 和 Aronson（1995）的实验在社会心理学家和教育学家中激起了一场小小的兴趣风暴。在 2009 年最近的一次统计中，我发现超过 300 篇学术文章在标题上或摘要里出现了"刻板印象威胁"的字样。刻板印象威胁效应（即改变指导语来明示或暗示成员注意其所在被污名化群体的负面刻板印象，会导致任务表现变差）已经在各种群体情境中都有所发现：女性数学能力的测验（Cadinu et al.，2005；Spencer et al.，1999）、老年人智力和记忆的测验（Abrams et al.，2006；Levy，1996；Rahhal et al.，2001）、男性社会敏感性的测验（Leyens et al.，2000）、工人家庭学生的言语能力测验（Croizet and Claire，1998）、失业者文本理解能力任务（Herman，2007），以及黑人和白人的运动能力（如高尔夫）任务（Stone et al.，1999）。女性在现实的教育测验中的表现也受到看似微不足道的事情的影响，比如测试前后从她们那里获得一些社会人口学信息（包括她们的性别；Danaher and Crandall，2008）。Maass 和 Cadinu（2003）、Steele 和同事们（2002）以及 Shapiro 和 Neuberg（2007）也对上述研究和许多其他的研究进行了细致的综述。

刻板印象威胁现象让我们马上想到了第四章讨论过的自我实现预言效应。我们可能记得，刻板印象的一个潜在后果就是它们会使遭受刻板印象的人表现出与刻板印象本身一致的、行为上的改变。因此，刻板印象又得到强化，而人们所生活的世界的形象也被重塑。但是，自我实现预言的作用和刻板印象威胁的影响之间存在着重要的区别。我们持有的刻板印象会使他人产生基于"期望－确认"的变化，这可能是由于我们的行为。我们以不同的方式对待这些人，无论是出于群际焦虑、无知还是彻头彻尾的敌意，他们都会做出相应的反应。然而，刻板印象威胁效应的来源似乎更多的是在刻板印象的目标对象身上。当情境中的某些事情使得被污名化的群体成员意识到针对他们群体的、普遍存在的刻板印象时，他们的行为会变得更加符合这种刻板印象。如何、为什么以及何时会发生这种情况是我接下来要思考的问题。

但在此之前，还有一个相关的现象需要注意，即**刻板印象提升**（stereotype lift）。之所以这样称呼，是因为在许多相同的情况下，当研究者发现遭受负面刻板印象的群体的表现变差时，同时也可能会观察到另一个群体的表现有所提升。回顾图 8.5 可知，白人被试的成绩在"诊断性"条件下略微（但是是非显著的）提高。在许多刻板印象威胁的实验里也都发现了这一结果。根据 Walton 和 Cohen（2003）针对刻板印象威胁研究展开的元分析，在他们考察的所有研究中，有超过 80% 的研究显示，非刻板印象组出现了类似的、非显著的"提升"效应。Walton 和 Cohen 得出结论：这些效应间的一致性不可能是巧合。可以肯定的是，刻板印象"提升"的作用明显弱于刻板印象"威胁"（强度不足一半），但它似乎确实是真实存在的。

早期对刻板印象威胁现象进行解释的尝试结果是令人沮丧的（Steele et al.，2002）。没有证据表明，被污名化群体的成员在更具"威胁性"的条件下就不再努力了；如果说有什么的话，也正好是相反的情况。另一种解释是，当人们的社会身份凸显时，比如在"诊断性"条件下，人们会感到更加焦虑。但实际上，在 Steele 和 Aronson（1995）的早期研究中，自我报告的压力和焦虑中几乎没有提供这方面的证据；其他的研究也没有发现焦虑会导致刻板印象威胁任务的失败（Steele et al., 2002）。不过，也可能是人们自我报告的焦虑感受程度并不能完全准确地代表他们身体唤醒的实际状态。一些测量了生理指标的研究发现，在刻板印象威胁范式中，被试的心率和血压发生了变化，这表明正如 Steele（1997）所言，当人们意识到"空气中"弥漫着针对自己群体的刻板印象时，他们确实会做出不良的反应（Blascovich et al., 2001; Croizet et al., 2004; Murphy et al., 2007）。

无论如何，用焦虑水平的提高或是任何单一的因素来解释所有刻板印象威胁效应，这种做法可能过于简单了。似乎有很多种情境条件都会导致任务表现变差，并且在多种不同的任务中（如智力的、社会的、感觉运动的任务中）都发现了这一结果，这些现象都表明它们的背后存在着一套相当复杂的因果过程。Schmader 和同事们（2008）提出了一个有趣的模型，该模型在很大程度上有助于理解这种复杂性。他们认为，暴露在刻板印象威胁的情境下会启动情绪和认知过程，这些过程结合起来会以不同的方式影响任务表现。首先来看认知能力任务，因为此类任务已被用于大多数对刻板印象威胁的研究，Schmader 和同事们相信，在这些任务上表现不佳的主要原因是人们工作记忆的效率被破坏了。这种破坏可能来自几个方面。它可能来自面对威胁情境的生理唤醒或压力反应的提高。这本身就可能构成某种心理负荷，导致处理当前任务的认知资源变少。

此外，在评估情境中逐渐或更清楚地意识到自己的群体成员身份可能会触发更多的认知导向过程。其中一个过程可能是为了避免出错而提高了自我监控的倾向。在刻板印象威胁实验使用的许多任务中，想要避免犯错误而格外小心可能反而会导致表现变差。Seibt 和 Förster（2004）发现在刻板印象威胁的情境中，人们开始变得专注于如何不出错（他们将其称为**预防聚焦**［prevention focus］），而不是最大限度地提高他们的成绩（即**促进聚焦**［promotion focus］）。

但是，对工作记忆的破坏似乎不能很好地解释在体能任务中的不佳表现。从表面上看，比如说能准确地推杆进球这种任务，虽然也表现出刻板印象威胁效应（Stone et al., 1999），但它似乎并不太依赖于工作记忆的容量！事实上，人们可以提出这样的论点，正如 Schmader 和同事们（2008）所指出的：对于这样一项熟练的感觉运动任务，通常来说，缺乏认知活动才是成功的必要条件。关于如何打到高尔夫球或踢到足球这些事情，一旦我们开始想得太多，我们的表现就可能会受到影响。因此，Schmader 和同事们认为，在感觉运动任务中，刻板印象威胁之所以导致不良后果很可能是因为激活刻板印象的那些情境线索导致个体进行了过度的思考。Beilock 和同事们（2006）的研究支持了这一观点。研究者发现，如果专业高尔夫球手在打球的同时还执行着一项文字追踪任务，那么他们在刻板印象威胁的情况下实际上表现得更好。通过这种方式消耗他们的认知资源，可以使他们已经习得的熟练动作更加自动化，从而表现得更好，因为此时没有太多的自我意识可以束缚他们。[3]

Schmader 和同事们（2008）的模型或许能帮助我们理解为什么那些被污名化的群体成员在任务情境中经常表现不佳，但它不太容易解释"对立面"群体轻微的但明显是稳定的"提升"效应。Schmader 和同事们认为，这种"提升"效应可能是非目标群体的、积极的刻板印象被激活所致。这种积极刻板印象可能抵消诸如唤醒、过度监控和抑制等会束缚表现的过程。但是，正如 Walton 和 Cohen（2003）所指出的，这种假设（即刻板印象威胁通常同时涉及对于非目标群体的积极刻板印象，以及对于被污名化群体的消极刻板印象）可能是没有道理的。通常情况下并不存在对于"对立面"群体的特定刻板印象（Aronson et al., 1999）。相反，Walton 和 Cohen（2003）认为，这些很小的刻板印象提升效应可能来自某种向下比较的过程，即白人（或男性、中产阶级）被试意识到，被污名化的群体（黑人、女性或工人阶级）通常会对当前的任务无能为力。一些研究表明，向下的比较会使人们自我感觉更好，并可能因此而发挥得更好（Tesser et al., 1988；Wills, 1981）。

让我们回到讨论的焦点：刻板印象威胁导致表现变差。由于这种影响在社会和教育机会方面可能会对特定群体的生活产生严重的影响，研究者极大地关注于挖掘可以减少这种影响的方法，这也就不足为奇了。减少对污名类别的认同可能是一个好的方法。正如污名对幸福感的作用似乎主要集中于那些有着强烈认同的群体成员一样，刻板印象威胁效应对于这些人而言也可能更强烈（Schmader, 2002）。然而，鼓励少数群体成员减少对其群体的认同可能既不实际也不可取，因此另外一些方法可能更有效。

其中一种技术被称为**自我肯定**（self-affirmation）(Sherman and Cohen, 2006；Steele, 1988)。人们通过思考并写下自己最重要的价值来重新确认他们的自我整合。研究者发现这一简单的练习在很多领域都产生了可测量的有益影响，这些领域包括健康行为、压力、态度改变和减少自我服务归因以及群体服务归因的倾向（Sherman and Cohen, 2006）。Cohen 和同事们（2006）对美国一所中学的白人和黑人学生实施了自我肯定干预。研究者在实际的课堂情境中采用**随机双盲设计**（randomized double-blind design）实施干预，教师并不知道哪些学生被分配到何种条件下。这一次简短的干预（自我肯定练习只需要 15 分钟就能完成）显然足以改变黑人学生在随后测验中的绩点（提高了 0.25 ~ 0.35 个绩点）。白人学生的表现没有受到影响。值得注意的是，干预组与控制组黑人学生的成绩差异在完成自我肯定练习的几周之后仍明显可见。

另一种方法是改变被污名化群体成员关于任务相关能力性质的一般想法。在智力任务方面（这是观察到最多刻板印象威胁效应的任务类型），这种方法可能包括说服人们相信智力不像他们原先认为的那么稳定，而是更具可塑性的。一般来说，持有这种智力观念的人似乎不那么焦虑、更加努力，并且在各种认知任务上表现得更好（Dweck，1999）。Aronson 和同事们（2002）试着改变一些斯坦福大学的学生对于智力的看法。研究者让这些大学生给贫困的中学生写一些鼓励他们的信，并告诉他们这是一项名为"学校笔友"的教育计划的一部分。在其中一种条件下（"可塑性"条件下），研究者要求斯坦福大学的学生在信中强调智力的可塑性及其能够不断变化的性质，并告诉他们这对于他们的小笔友尤其有帮助。在另一种条件下（"多面性"条件下），研究者要求被试写下智力的几个不同组成部分。研究者还使用现实的和具有科学论据的视频来支持这些不同的智力"理论"。当然，还有一个控制条件，即被试没有写信。利用写信这一程序的灵感可能来自**认知失调论**（cognitive dissonance theory）中的一些经典的态度改变技巧（Festinger，1957）。根据 Festinger 的观点，我们往往会改变态度和信念，使之与我们的行为相一致，而不是改变行为去迎合态度。通过要求被试给那些处于劣势的年轻人写一封说服的信，Aronson 和同事们（2002）希望（并确实做到了）能够改变这些斯坦福大学的学生对于智力本质的看法。最关键的是，这些学生的成绩在接下来的几个月里都有所提高（见图 8.6）！对于那些最容易受到刻板印象威胁影响的黑人学生来说，这种改善是最明显的，而且是统计上显著的。但即使是白人学生，在"可塑性"条件下也有所改善。

到目前为止，我重点关注于那些试图给被污名化群体成员带来改变的干预措施，包括他们对于自己的看法或是对于智力本质的看法。但是，"改变他们与未被污名化群体的关系"也可能是减少刻板印象威胁导致的表现下降的有效方法。之前我提到 Abrams 和同事们（2006）观察到老年人在各种认知任务中会出现刻板印象威胁效应。这项研究的另一个有趣发现是，对于那些习惯于与年轻

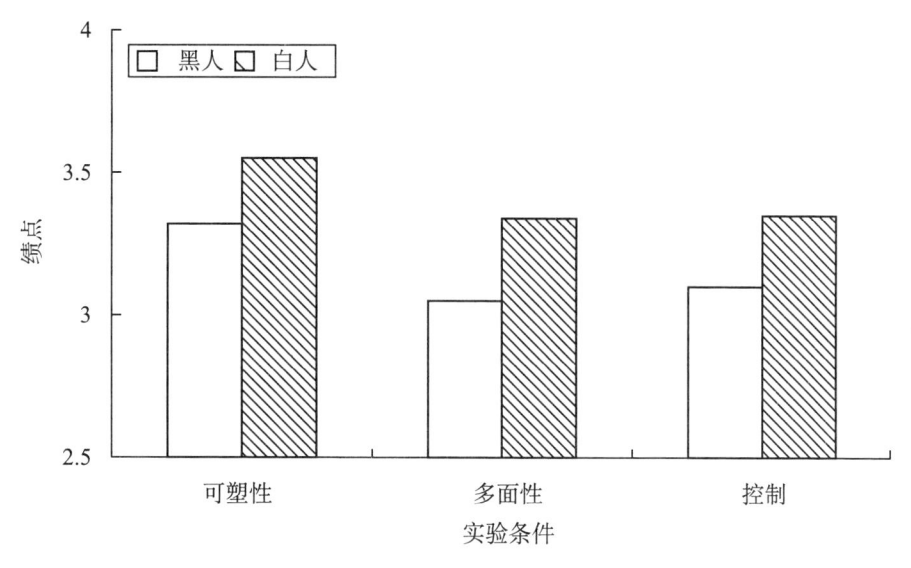

图 8.6　改变对于智力本质的看法和学业成绩的提高

资料来源：Adapted from Table 1 in Aronson et al., 2002.

人进行大量愉快互动的被试来说，这些不良表现大大地减少了，甚至几乎消失了。这一点在后来的一项研究中也得到了证实。研究考察了老年人与孙辈接触的数量和质量（Abrams et al., in press）。事实上甚至有迹象显示，仅仅是让老年人想象代际接触事件，可能就足以缓冲刻板印象威胁的消极影响（Abrams et al., in press）。这里可能的原因是，增加接触可能会减少人们的焦虑；而正如我们前面所看到的，减轻焦虑可能有助于抵消刻板印象威胁效应。目前有很多证据表明，良好的群际接触确实会减少群际焦虑（Brown and Hewstone, 2005）。我将在下一章更详细地讨论这个问题。

对现状的辩护、接受或挑战

本章反复出现的一个主题就是，"知道自己所处的群体被社会中的大多数人轻视"这一事实对被污名化群体成员产生的影响。在最后这一部分，我想讨论一些人提出的一项主张，即属于这些被社会轻视群体的人们不仅接受了其低下的地位，而且积极地支持造成这种状况的制度。这一思想构成了**体制合理化理论**（system justification theory）的核心。这一理论由 Jost 和 Banaji（1994）首次提出，并随后被 Jost 和他的同事们大力推广（参见 Jost et al., 2004；Jost and Hunyady, 2002）。

体制合理化理论的最初假设是，意识形态、信仰系统、群体刻板印象等

(无论叫什么名字）其实都起到了为某种社会安排（social arrangement）或虐待他人的行为进行辩护的作用。在本书的其他地方，我们已经看到数十个这种现象的例子：认为少数族裔是"愚蠢的"，认为失业者是"懒惰的"，或将移民视为"会威胁我们的生活方式的"群体，这些知觉的目的都是使针对相关群体的、各种形式的歧视合理化（参见第四章、第六章和第七章）。在考量歧视的施予者时（这些人通常是占多数的或更强大的群体的成员，他们大体上是偏见和歧视的主要推动者），研究者基本上没有什么异议。从马克思和恩格斯（1965［1846］）开始，人们就普遍接受这样一种观点，即人们对社会和组成社会的群体的看法倾向于反映他们的利益，并因此将能够使这些利益永久化的社会关系都视为是正当合理的（LeVine and Campbell，1972；Tajfel，1981b）。而相对不太容易理解的是，Jost 和同事们（2004）声称，被污名化的群体成员也往往会赞同同样的那些针对自己的消极刻板印象，并且比优势群体成员更倾向于热心地支持这一现状。

有哪些论据可以支持这个看似自相矛盾的假设呢？有好几个（Jost and Banaji，1994；Jost et al.，2003b；Jost and Hunyady，2002）。其中一个观点受到传统马克思主义**虚假意识**（false consciousness）概念的启发（Jost and Banaji，1994）。如果统治精英有足够的力量拥有和控制国有和私营部门的所有机构，包括大众媒体，那么他们就可以做很多事，以确保人们在关于"世界是什么样的"以及"世界应该是什么样的"这些观点上达成共识。正如 Jost 和 Banaji（1994）所言，"统治者的观点将成为被统治者的观点"（p. 10）。或者更残酷地说，被污名化的群体会被洗脑，从而相信所有关于他们的负面新闻报道。

体制合理化理论的另一些论点在本质上更多的是心理学性质的。Jost 及同事们（2003b）认为，认知和动机过程的混合将使得弱势群体成员比系统中的高层成员更有可能想要证明系统的合理性。这些过程包括对减少不确定性的需要、对结构和控制的需要，以及减少失调的强烈愿望。Jost 和同事们认为，生活在一个稳定而有序的体系中，即使是一个明显对你毫无益处的系统，也比处在一个社会动荡的情境中要舒服得多，因为后者的未来可能是不可预测的，因此会让人感到不安。认知失调可能也在起作用。就如同新的群体成员如果在加入群体伊始就经受了一个痛苦的过程，那么相比于那些没有不适体验的人，他们往往会说自己更喜欢这个群体（Aronson and Mills，1959；Gerard and Mathewson，1966），因此被污名化群体的成员将比那些制度的实际受益者更想要为压迫他们的制度做辩护（Aronson and Mills，1959；Gerard and Mathewson，1966）。

Jost 和同事们（2003b）承认，这种在制度层面减少失调与在个体层面减少失调（包括态度概念和决策；Festinger，1957）的过程肯定是不一样的。这是因为，在经典的失调-诱发效应中，失调公式里的一个关键要素始终是个人（感知到）对失调的认知具有选择自由："我选择加入这个群体；我刚刚经历了极其痛苦/尴尬的经历才加入这个群体；因此，这个群体对于我来说一定真的有吸引力。"（Cooper and Fazio，1984）但是，对于社会上大多数的劣势群体来说，这种意愿或选择似乎是不存在的。尽管如此，Jost 和同事们（2003b）仍然相信："遭受痛苦最多的那些人也必定有最多的理由来对其进行解释、辩解和合理化。"（p. 16）正如他们所说的那样，体制合理化"在意识形态上相当于吃了蚱蜢，然后说这是因为自己爱吃"（Jost et al.，2003b，p. 16；参照 Zimbardo et al.，1965）。

论点有很多，那么证据呢？体制合理化理论的出发点就是一个已经被反复验证了的现象，即从属群体的成员在群际判断时往往表现出**外群体偏向**（out-group bias）（Hinkle and Brown，1990；Mullen et al.，1992；Tajfel and Turner，1986；参见第六章）。在 IAT 等准内隐指标上也可以观察到这种外群体偏好（Jost et al.，2004；Jost et al.，2002；Rudman et al.，2002；参见第七章）。体制合理化理论的支持者正是从这些发现的表面价值出发，认为弱势群体的成员实际上相信了自己的劣势，并潜在地赞同这种制度（Jost et al.，2004）。

支持这一理论的第二条证据线索来自在美国展开的一系列调查，这些调查似乎表明，穷人比高收入者对政府的批评更少而支持更多（Jost et al.，2004）。例如，在一项早期研究中，年收入低于 6 000 美元的受访者想要"限制个人或媒体批评政府的权利"的可能性是年收入超过 16 000 美元的人的两倍。随后的一项包括拉美裔受访者（既有的被剥夺群体）的研究发现，那些收入低于 9 000 美元的人似乎比那些收入超过 40 000 美元的人更加相信政府是为了所有人的利益而运作的。在一些（但不是全部的）调查中，在控制了教育水平后，低收入群体的这种顺从态度就消失了。

总之，体制合理化理论是一种功能主义的解释，在这种解释中，研究者认为现行的、继续存在的社会秩序促使从属群体成员以不利于自身的视角来看待自己的群体，并赞同那些看起来似乎违背其群体利益的政治立场。借用所有那些匿名的涂鸦艺术家的话来说："体制说了算，行吧！"

这一理论的合理性如何？首先，我们可以看到，与所有的功能主义理论一样，体制合理化理论在解释社会变革，特别是自下而上的改革或革命方面存在着一些困难。这方面的例子包括：20世纪四五十年代印度和肯尼亚等前英国殖民地大规模兴起并取得成功的独立运动；第二次世界大战后英国的福利国家制度；非裔美国人在20世纪60年代提出的、对更多的公民权利和平等机会的要求；20世纪80年代末苏联解体和东欧剧变；20世纪90年代南非对种族隔离制度的废除。如果人们总是如此沉迷于现状，这些改变又怎么会发生呢？

一些用以支持体制合理化理论的证据也可能存在着其他的解释。这一点尤其适用于讨论"外群体偏爱"的研究数据。正如Spears和同事们（2001）、Rubin和Hewstone（2004）所指出的那样，仅仅看到从属群体的成员对其群体的评价往往低于较高地位的群体，这并不意味着他们已经内化了他们的自卑感。[4] 相反，他们可能只是不得不承认当前的、也许只是暂时的社会现实而已。[5] Rubin和Hewstone（2004）引用了体育竞赛中的例子。当我怀着沮丧的心情回顾2009年的英超联赛时，我也不得不承认今年曼联队的积分比我心爱的利物浦队要高。但是，"勉强承认球队在联赛中的现实位置"和"我认为曼联队天生比我们强"这两种观念是相去甚远的！此外，绝大多数发现了从属群体偏爱外群体这一结果的研究都使用了诸如"感知到的能力"等这种评价维度，这些维度与"群体各自地位的定义方式"之间密切相关。然而，正如Leach和同事们（2007）所指出的，这样的评价维度忽略了可能是最重要的属性，即内群体对道德的感知。Leach和同事们认为，群际问题的研究者如果能更广泛地使用道德评价的话，很可能就会较少地发现所谓的"人们为了将体制合理化而表现出外群体偏爱"，而这一现象对于理论的有效性来说是至关重要的。

体制合理化理论的另一个问题是无法解释幸灾乐祸（schadenfreude）现象的存在，它是指从属群体有时因目睹特权群体在他人那里受挫或失败而获得的、不怀好意的快感（Leach et al., 2007）。如果每个人都对自己的命运感到满意，并渴望维持现有的社会秩序，那当在制度中"有权有势的家伙们"遭遇不幸时，他们为什么会感到如此开心呢？

如何解释调查数据中发现的"贫穷的群体似乎比生活较好的群体更能成为政府的支持者"这一结果呢（Jost et al., 2004）？乍一看这样的结果确实令人费解。而且他们也没有为体制合理化理论提供明确的支持。实际上，"在控制了教育水平后，收入水平与顺从态度之间的关系被大大削弱了"这一事实并不那么容易用体制合理化理论来解释。此外，实际上很少有研究对认知失调进行测量——这一过程被认为是体制合理化理论的基础。最后，我们应该注意到，体制合理化理论的中心原则（即被污名化的群体相信他们的相对劣势，也信赖产生这种劣势的系统）与我在本章前面讨论过的污名应对策略的其中一个理论不符（Crocker and Major，1989；Major et al.，2002a）。正如我们当时看到的，对于那些处在社会秩序中不利位置的群体成员来说，一种强有力的策略就是为他们的困境寻找外部原因（例如遭到他人歧视），这与体制合理化理论想要让我们相信的观点正好相反。

❊ 小结

1. 许多已有的研究记录了成为偏见的接收者这一方所带来的日常的和令人不快的现实。从街上的言语骚扰到仇恨犯罪和种族灭绝，毫无疑问，成为偏见的受害者具有令人厌恶的后果。

2. 在污名这一整体概念之下来思考受害者的这些经验是有帮助的。污名是指任何一种可以将一个人置于被社会轻视的群体中的属性。污名可以是可见的，例如肤色；也可以是能够被隐瞒的，例如患有艾滋病。它还可以被知觉为某人需要（或不需要）为它的存在而负责。污名的这些不同方面可能会给其所有者带来不同的后果。

3. 从属于一个被污名化群体曾被认为会对幸福感产生主要的负面影响。然而，被污名化的群体成员在自尊水平上往往与其他群体成员一样高。这是因为被污名化群体的成员可以采取各种应对策略来进行自我保护。

4. 被污名化群体的成员往往在各种学业领域表现不佳。其中一个原因可能是"刻板印象威胁"，它是指个体更清楚地意识到一种普遍存在的、针对内群体完成相关任务能力的消极刻板印象。刻板印象威胁效应是自我实现预言的一种形式。研究者将它们解释为情绪和认知过程的混合结果，这些过程干扰了人们在任务上的最佳表现。

5. 地位较低的群体成员有时可能会赞成一些观点，这些观点似乎会使将他们置于劣势地位的制度得到强化和合理化。但在"这是不是一个真实存在的现象"这一问题上仍存在着争议。

❊ 注释

1. 在美国，仇恨犯罪也被称为"偏向性犯罪"（Herek et al.，2002）。
2. 值得注意的是，重复这些结果并不总是很容易（Inman，2001；Kaiser

and Miller，2001）。此外，一些人对 Ruggiero 的研究总体上持怀疑态度，因为她曾因数据造假而公开撤回了另一些论文（Major et al.，2002a）。撤回的内容不包括 Ruggiero 和 Taylor（1997）以及更早的 Ruggiero 和 Taylor（1995）的文章，并可以在 Ruggiero 和 Major（2002）、Ruggiero 和 Marx（2001）、Ruggeiro 和同事们（2002）、Ruggiero 和同事们（2001）的这些文章中找到。

3. 我觉得英格兰足球运动员很可能想在下一次点球大战中尝试这种技术。在一系列国际比赛中（比如 1990 年和 1998 年的世界杯、1996 年和 2004 年的欧洲杯），他们因为极其糟糕的罚点球表现而获得了一个应得的名声，即他们在点球这方面毫无希望。或许当每个英国球员站出来罚点球的时候，这种消极的刻板印象意识太明显了，以至于自我怀疑的想法过度地干扰了他，结果就把球踢过了横梁。我甚至可以说，英国的社会心理学家们也不能免于这种刻板印象。2005 年在德国维尔茨堡，欧洲实验社会心理学协会的大会还举办了一场传统的国际足球赛，英国球队在点球大战时输给了荷兰球队。不好意思地说，我当时也是罚丢点球的罪魁祸首之一。

4. 在这里，我想起了 Leonard Cohen 的讽刺歌曲《每个人都知道》（'Everybody Knows'）中的一些歌词：

> 每个人都知道那些骰子灌了铅，
> 每个人都把手指蜷成交叉状，
> 每个人都知道战争已经结束，
> 每个人都知道好人成了输者，
> 每个人都知道战斗受了操纵，
> 贫穷的依然贫穷，而富有的更加富有，
> 每个人都知道。

（Leonard Cohen and Sharon Robinson，1988；取自 *I'm Your Man*）

5. 许多使用了 IAT 的研究也发现了外群体偏爱，但这也不能作为自卑感内化的证据。正如我们在第七章所看到的，作为构成偏见的 IAT 指标，反应时上的差异是否确实意味着个体赞同对于某一外群体的特定态度，这仍是一个尚未解决的争论。

❖ 扩展阅读

Jost, J. T., and Hunyady, O. (2002) The psychology of system justification and the palliative function of ideology. *European Review of Social Psychology* 13: 111 – 53.

Major, B., Quinton, W. J., and McCoy, S. (2002a) Antecedents and consequences of attributions to discrimination: Theoretical and empirical advances. *Advances in Experimental Social Psychology* 34: 251 – 330.

Steele, C. M., Spencer, S. J., and Aronson, J. (2002) Contending with group image: The psychology of stereotype and social identity threat. *Advances in Experimental Social Psychology* 34: 379 – 440.

第九章
减少偏见

我写这本书是为了向 Allport 的《偏见的本质》(1954)一书致敬。到此刻我开始写本书的最后一章时（2009 年），《偏见的本质》这部里程碑式的伟大作品已经出版五十余年了。同时，距离"美国最高法院宣布种族隔离学校违宪"（布朗诉托皮卡教育委员会案，堪萨斯州 [1954]）这一事件也已经超过五十年了。Allport 本人作为贡献者之一，为此项法律裁决提供了专家证词，这份证词是由社会科学领域的一群学者针对"种族隔离教育给社会和教育带来的危害"这一问题所精心准备的辩词（Clark et al., 2004）。因此，我觉得本章应当主要关注于 Allport 为社会心理学做出的最持久的贡献：**接触假设**（contact hypothesis）。在 Allport 的书中反复出现的一个主题，也是贯穿本书的一个主题就是偏见的日常性和普遍性。鉴于有限的认知能力以及作为不同的群体成员所固有的重要社会动机，我们的偏见性思维和行为倾向永远不会消失。但是，承认人们具有偏见的潜在倾向是否意味着我们就要接受偏见的必然性呢？Allport 本人，以及被他激励的、一代又一代的社会心理学家坚定地相信，事实并非如此。他认为，存在着强大的社会干预办法，这些干预既能降低偏见的强度，也能抵消其最坏的影响。

在本章的第一节，我将详细讨论的一个问题是：为了保证群际接触能够产生我们想要的积极效果，都有哪些社会条件被研究者们证明是非常重要的？在第二节，我尤其关注教育环境中的接触，探讨为什么某些废除种族隔离的尝试没有成功，以及有哪些技巧被证明可能是更加成功的。第三节试图依据近五十年来由接触假设引发的新理论和研究而对接触假设本身重新做出评价。在这个重新评估的过程中，我将思考以下问题：与素未谋面的外群体成员接触后，哪些因素会促进（以及哪些因素会抑制）我们对其态度上的泛化？接触如何产生影响以及为什么会产生影响？为什么它对一些群体起到的效果要好于另一些群体？事实上有没有必要与外群体进行直接的接触？还是说我们的一些朋友与他们接触就足够了？

❖ 接触假设

接触假设是社会心理学历史上最长久、最成功的观点之一。从它的名字就可以看出，它的核心前提是，减少群体间紧张和敌对状态的最好办法就是让他们相互接触。但"接触假设"这个说法其实有些用词不当，因为它暗示仅仅是接触本身就足以解决问题。Allport（1954）很快意识到，事实远非如此。在讨论群际接触的影响时，Allport 引用了一些没有公开发表的数据，这些数据反映了芝加哥的黑人和白人之间的居住距离与白人受访者反黑人态度之间的关系。数据显示，居住距离和反黑人情绪之间存在着非常明确的相关：白人受访者居住的位置越接近黑人社区，他们对于黑人的偏见就越多。我敢说，现如今世界上许多其他的城市里也有同样的情况。

除了这些逸事性的例子外，我们还可以再加上一些在本书的其他章节已经讲过的许多研究的例子，这些研究发现当两个群体相遇时很容易就会产生群际偏向，而且之后再减小这些偏向也是很困难的（参见第三、五、六章）。最值得一提的就是 Sherif（1966）和他的同事们的夏令营研究（参见第六章）。虽然研究者最后通过引入更高一级目标成功地减少了由于群际竞争而产生的冲突，但在这之前，这些研究者还曾试图通过"安排男孩们置身于一些本该是令人感到愉快的情境里"的办法来减轻群际摩擦。例如，今天举办一场盛大的宴会，明天举行一场烟花表演。但是这些"最简单的接触"并没能消除敌意。实际上，正如 Sherif（1966）所指出的："冲突非但没能减少，这些情境反而为敌对的群体创造了相互斥责和攻击对方的机会。"（p.88）

因此，仅有接触是不够的。Allport（1954）设定了一些条件，并认为只有满足这些条件之后，我们才能期望通过接触减少偏见。随后的一些研究（Amir, 1969; Cook, 1962, 1978; Pettigrew, 1998）对这些条件进行了补充和完善。让我们来看看其中最重要的四个条件。

社会和制度的支持：让权威们支持融合

第一个条件是，应当为旨在促进更多接触的那些举措建立起社会和制度层面的支持框架体系。这就意味着当权者（学校的校长及其员工、制定新法律的政治家们，以及监督政策实施的法官们）都应该明确地支持一系列的融合政策。至少有三个原因能说明这一点很重要。

第一原因是，当权者通常能够对阻碍（或促进）预期目标实现的行动实施制裁（或奖励）。鉴于企业、学校董事会等类似的机构往往乐于接受那些会影响其物质利益的政策，可以预期它们至少会愿意遵守已经达成协议的政策。这对于打破许多少数群体所经历的社会剥夺和偏见这一恶性循环而言，可能是有助益的第一步：学业成绩不佳和失业强化了优势群体认为少数群体是"愚蠢的"和"懒惰的"等消极的刻板印象，而这些刻板印象又进一步将教育和职业上的歧视合理化。

提供制度支持（尤其是新的反歧视法）的第二个原因是，"迫使人们在行为上减少偏见"这样的举措可能最终会让人们将这些行为内化为自己的态度。Festinger（1957）认为，多数人需要使自己的观点和行为保持一致以避免经历失调。偏见也是这样。被迫与少数族裔群体一起工作或与不同宗教信仰的人一起上学，最终可能会让有偏见的人改变自己内心的想法："我们一起成功地工作过/学习过，因此他们可能没有我想的那么糟。"

为一系列接触的措施提供制度支持的第三个原因（也是最重要的一个原因）就是，它能帮助创建一个新的社会氛围，在这种氛围中更容易出现宽容的规范。1954年美国最高法院的重要判决，或是1965年和1975年的英国反种族和性别歧视法案，以及20世纪90年代末英国的反仇恨犯罪立法，这些法案的意义不在于它们本身能够有效地禁止歧视。事实上，许多立法机构和大雇主们多少年来都在最大限度地避免实施这些举措（Pettigrew，2004）。但是，这些法案确实对公众的态度产生了深远的影响：公开歧视少数族裔群体和妇女变得越来越不被接受，而公开地诋毁他们就更加不被接受了（参见第七章）。

关于"提供制度支持来影响融合进而减少偏见"的研究并不多，这主要是因为在研究方法上存在着一些无法克服的困难。当一个国家开始一项新的立法时，去哪儿能找到一个可以做比较的对照组来检验这一立法的效果呢？在更微观的层面确实有一些研究，虽然它们没有得出确凿的结论，但至少指出了制度支持在建立新规范方面的重要性。例如，有两项关于"种族融合住宅计划"的早期研究发现，在种族融合的实验项目条件下，人们认为社会期望中包括宽容和种族间的混合。相反，在种族隔离的地区，白人在回答与黑人合住的问题时会说"这根本不可能"或"人们会认为你疯了"（Deutsch and Collins，1951；Wilner et al.，1952）。与这些不同的规范相一致，融合住宅项目中白人的群际态度明显更加宽容。正如我们将在本章后面看到的，改变社会规范被证明是减少偏见的一个重要手段。

熟悉度：跨群体友谊的力量

成功接触的第二个条件是需要有足够频率、持久性和亲密性的接触，这样才能使群体成员间发展出有意义的关系。用 Cook 的话来说，它应该具有"**高熟悉度**"（high acquaintance potential；Cook，1978，p. 97）。可以将这种理想的接触条件与低频、短暂和随意的接触相对比。后者不但不会产生更友好的态度，甚至可能导致更糟的后果。同样，这种条件也存在着三个方面的根本原因，虽然关于这三个方面的相对重要性，研究"接触"问题的学者们仍持有不同的意见。

其中的第一个原因是，人们相信"群际关系得到了发展"这本身就是一种积极的回报。因此这里的逻辑是，由这些关系而产生的积极情绪将会"弥漫"到整个外群体（Cook，1962）。伴随这种情感反应的还有关于外群体的、新的和更准确的信息的获得，这是需要"高熟悉度"接触条件的第二个原因。一些理论家认为，这将导致在内群体和外群体之间发现许多迄今未知的相似性。因此，根据相似性-吸引力假设（Byrne，1971），这会使人们对外群体产生更多的好感（Pettigrew，1971；Stephan and Stephan，1984）。稍后我们就会看到，关于这第二种说法多少有些争议。"高熟悉度的接触非常重要"的第三个原因是，它们可以为证伪某些外群体的消极刻板印象提供基础。同样，也许"接触"可以通过提供新的信息来做到这一点，但这并不意味着这些信息必然会导致人们感知到更大的群际相似性，而可能只是对刻板印象的观点进行修正（Brown and Hewstone，2005；参见第四章）。

很容易找到一些验证过高熟悉度重要性的研究证据。早期关于融合住宅项目的研究就为我们指明了方向（Deutsch and Collins，1951；Wilner et al.，1952）。这些研究发现，黑人和白人家庭之间的相对邻近性与积极的态度改变之间存在着重要的相关。同样，对于上述两个种族群体而言，更近的距离也通常与更频繁和更亲密的接触有关。Stephan 和 Rosenfield（1978）通过一项纵向研究（为期两年多）考察了美国白人小学生对于墨西哥裔美国人的态度，证实了接触的亲密程度与偏见改变之间的关系。积极态度改变的最大预测因素就是种族间接触频率的增加，比如孩子们去彼此家里玩的频率。Stephan 和 Rosenfield 还证明，是接触导致了态度的改变，而不是相反的作用关系：第一个测量时间点（t_1）的接触与第二个测量时间点（t_2）的态度呈正相关；但 t_1 的态度和 t_2 的接触无关。这种非对称的模式表明了"接触决定态度"这一因果关系。

然而，尽管有以上这些研究结果，我们仍应该保持谨慎而不能在"接触/偏见减少"这一过程中过分强调直接熟悉度起到的作用（Hewstone and Brown, 1986）。持谨慎态度的原因我稍后会加以说明，现在让我们停下来先思考一下 Hamilton 和 Bishop（1976）关于住宅融合这一纵向研究的结果。Hamilton 和 Bishop 采访了大约 200 名白人居民，他们中的一些人最近刚结识新的黑人邻居。一年后，有黑人邻居的这组人在现代种族主义量表上的得分明显低于其他人，尽管两组人一开始的得分近似。若非 Hamilton 和 Bishop 有先见之明地收集了一些额外的信息，上述结果似乎支持了最简熟悉度/偏见减少这一模型。这些额外信息检验了许多关于"熟悉度"的测量指标，比如这些居民是否知道他们的邻居的名字。结果发现，互动的测量与现代种族主义有关，但两者相关的方式令人惊讶。具体而言，这种影响仅在新邻居刚搬进来的前三个月起作用，并且这种影响对于新邻居是白人和新邻居是黑人的人来说是同样强的：那些有互动的人比没有互动的人在种族主义上的得分更低。而一年之后这个变量就不再起作用了，并且正如 Hamilton 和 Bishop 所指出的，无论如何它都很难解释最终在种族主义方面黑人与白人邻居之间的差异。造成这种情况的原因是人们对黑人邻居的了解要比白人邻居少得多。Hamilton 和 Bishop 认为，导致种族主义减少的原因可能是人们发现黑人邻居与其刻板印象不符，而不是因为通过实际地去了解邻居而发生了改变。

平等的地位

成功接触的第三个必要条件是尽可能地使接触在地位平等的被试之间展开。这个要求的原因很简单。许多针对外群体的偏见性刻板印象都包含一种观念，即认为他们完成各种任务的能力不足。因此，如果在接触的情境中内群体和外群体成员之间的地位不平等，即外群体成员处于从属地位，那么既有的刻板印象就很可能会加强而不是削弱。这就是为什么在美国南部各州对黑人的偏见如此顽固不化。不少白人与黑人有很多的接触，但黑人总是处于服从的地位，如保姆、厨师、门卫等。与此同时，如果可以安排他们在平等的位置上（同一间教室的同学或同一个工厂里的同事）接触，那么当你在日常生活中看到外群体成员显然能够胜任他们的工作时，偏见就会变得难以维系。

有很多证据表明地位平等的接触有利于减少偏见（Amir, 1976）。例如，

Harding 和 Hogrefe（1952）以及 Minard（1952）的研究发现，当黑人和白人一起工作时，他们之间的关系往往是和谐的。这两项研究都很有趣，因为尽管它们是在非常不同的环境里（一个是城市里的百货商店，一个是西弗吉尼亚州的煤矿）展开的，但它们都揭示了由接触引起的、具有情境特殊性的改变是什么样的。在工作中产生的积极态度似乎并没有迈出工厂的大门。Minard 采访的一位矿工给出了一个很好的例子：

> 你看见那辆公共汽车了吗？［指向一辆载着他们进出矿井的矿车］。坐在那辆公共汽车上的人都混坐在一起，也没人关心这事。一个白人和一个黑人坐在一起，或者无论怎么坐，只要方便就行。没有人关心或在意。但是当那个白人下了那辆汽车又上了州际公共汽车后，他就不会坐在一个黑人旁边了。（Minard, 1952, p. 31）

在讨论群际接触的影响时，这种"泛化"现象绝对是一个核心问题，我将在后面的章节详细地展开讨论。

实验研究的证据也证实了地位平等的接触的价值。在第六章我讲过我自己的一个研究。这项研究发现，相比于同比自己好或差的学校展开合作，当学生们期待与一所地位平等的学校合作时，他们表现出更小的偏向以及稍微多一点的喜爱（Brown, 1984a）。基于 Sherif（1966）的研究，Clore 和同事们（1978）也展开了一系列的夏令营实验并发现，将 8～12 岁的孩子在夏令营期间分成小的、种族分布均衡的组可以改善群际态度的几个指标。例如，在不同的游戏中选择伙伴时，一开始，五个营地中的四个都表现出显著的内群体偏好（即对本种族的偏好）；但在夏令营结束时，这些偏好在不同种族群体间更加均衡了，而只有一个营地里仍有明显的偏向。

Blanchard 和同事们（1975）的研究或许为平等地位接触的作用提供了最有利的证据。他们安排一些美国白人空军飞行员与两名假被试（一名白人和一名黑人）进行一场管理训练的游戏。研究者操纵这些假被试被感知到的能力，让他们看起来与被试的能力相似、更弱或更强。比赛结束时，主试会宣布这个三人小组表现得很好或很差。白人被试对黑人合作者的喜欢程度取决于他感知到的黑人的能力以及团队的胜负（见图 9.1）。相比于黑人假被试能力不足的情况，当白人被试与黑人假被试的能力一样，或黑人假被试表现得更好时，白人被试会更喜欢他；成功团队的成员比失败团队的成员更喜欢他们的黑人队友。

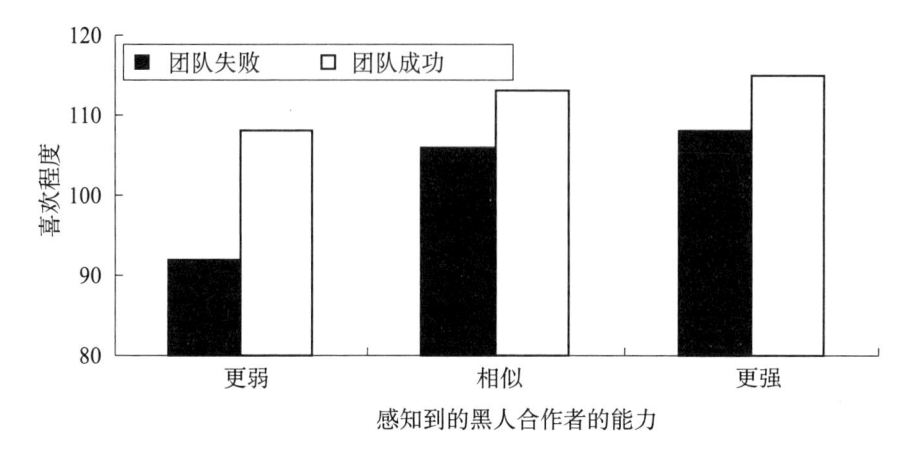

图 9.1 相对地位和团队成败影响对黑人合作者的喜欢程度

资料来源：Adapted from Table 1 in Blanchard et al., 1975.

与他人合作而不是竞争

所有关于平等地位接触的研究都囊括另一个元素：合作。这正是 Allport 提出的成功地减少偏见所必备的第四个条件。这一论点直接来源于现实群体冲突论（参见第六章）。只要不同群体的成员为了实现某一共同目标而彼此依赖，那么他们就具备了形成彼此友好关系的工具理性。这一共同目标通常是具体的和小规模的，可以通过完成共同的任务来实现。我们稍后会举一些例子来说明这样的合作任务。但在更高的级别上，共同的目标也可能源于某些群体经历的大规模威胁。1993 年 10 月印度中部的情况就是这样，当时该地区遭到一场大地震的破坏，估计有 3 万人在地震中丧生。面对如此大规模的灾难，印度教徒和穆斯林之间的芥蒂在大家齐心协力救援的过程中被掩盖了。正如一位年轻人所说："这所房子是属于印度教徒还是穆斯林对于我来说并不重要。不论是谁，他们都需要我们的帮助。"（*Independent*, 3 October 1993）

已有研究明确地支持了这种合作条件。从 Sherif（1966）开始，田野和实验室研究都表明，群际合作比竞争更有利于促进友好关系并减少内群体偏向（Brown，2000a）。在这个阶段，我们需要注意的唯一条件是，只有在合作努力取得成功的情况下才能最大限度地促进积极的态度转变。正如我们之前在 Blanchard 和同事们的研究（1975）中所看到的，无论黑人合作者的个人能力如何，只要团队表现得好而不是差，那么这名黑人就会更被喜欢。事实上，Worchel 和同事们（1977）的研究表明，如果失败之前曾有过群体竞争的历史，那么内群体成员对与其合作过的外群体成员的好感在失败之后就会有所减弱。在这种情况下，我们发现人们很容易把集体的缺点归咎于外群体成员。

为了对最佳接触情境的这四个额外条件进行总结，让我以两项研究来结束本节，一项是实验室研究，另一项是田野研究——它们都试图将这些条件纳入其研究设计之中。第一项是 Cook（1978）的研究，它涉及在一些持有相当程度偏见的白人被试和黑人假被试之间开展一系列长期的合作活动。这些活动本身持续了 20 天，并在几个月后进行了隐匿的跟踪检验。与接触假设一致，研究者分配给黑人和白人被试的任务角色在地位上是平等的。他们在合作完成任务期间以及午餐休息时间都有机会相互了解。在这期间，黑人假被试特别努力地与真被试互动。为了凸显支持平等主义和种族容忍的社会规范，研究使用了不同种族的管理人员并让一名白人假被试公开表达支持融合的观点。结果表明，在整个实验期间，白人被试对于黑人假被试的态度和行为都变得越来越积极了。其中一些积极的变化反映在后续种族态度的测量中。与没有参与接触干预的控制组相比，他们的偏见得分显著地下降了，尽管并不是在所有的测量上都得到了一致的结果。Cook（1978）在随后的研究中证实，因为接触而对群体里某些人产生的态度改变与对于整个群体的态度之间并不是完全对应的关系。我稍后会谈到这个问题。

第二项研究是在加纳的一个难民营里开展的。这个营地的大多数居民是利比里亚人，他们是从 20 世纪 90 年代的残酷内战中逃出来的。营地里住着几个不同的利比里亚部落，而其中一些部落在冲突中是对立的。在由利比里亚难民组成的当地非政府组织的支持下，营地里开展了一项和平教育计划。该项目要求不同群体的成员共同开展一系列地位平等的合作活动，所有这些活动都旨在增进群际信任和理解。对该项目的评估显示，它起到了许多积极的效果（Feuchte et al., 2008）。与控制组（想要加入项目但由于各种原因而无法加入的那些人）相比，参与者对种族和部落差异的重视程度明显减少了，而群际接触的愿望、对和解的渴望、对外群体的信任和积极评价增多了。考虑到许多参与者几年前刚刚在对立群体那里经历的创伤，这些变化可以说是很显著了。

❖ 学校里的接触

在 2008 年底和 2009 年初的短短几周内，加沙城和加沙地带其他地区的居民遭受了以色列武装部队的空袭及地面入侵。数百名巴勒斯坦人丧生，许多人受伤或失去了家园。不幸的是，这一悲剧在过去六十多年的、漫长而血腥的巴以关系历史中太常见了。相比之下不常见的是，几年前在耶路撒冷这个世界上最动乱的地区之一开办了一所融合学校。学生和教师都来自以色列和巴勒斯坦的社区。课程是以希伯来语和阿拉伯语讲授的，学校会庆祝基督教、犹太教和伊斯兰教的主要节日。在这样的环境中接受教育对学生造成的影响，通过犹太女孩 Aviv Pek 和阿拉伯男孩 Yazid Ershed 的讲述可见一斑：

> Aviv：我有很多阿拉伯朋友。我最好的朋友之一是一个阿拉伯女孩，她当然会来我家。
>
> Yazid：我也有犹太朋友。我们会去彼此家做客。我们踢足球、一起玩电脑或者只是聊天。

(*Independent*, 18 October 2007)

不幸的是，在以色列和巴勒斯坦，这样的融合学校很少见，就像在北爱尔兰一样，那里90%以上的儿童仍然就读于宗教隔离学校（Smith，1994），也正如1954年最高法院做出重大裁决之前的美国南部一样。如果认为只要世界上的这些"问题地区"通过取消教育隔离就能马上解决其背后盘根错节的矛盾，那将是愚蠢的想法。与此同时，认为促进更多的学校融合毫无价值同样是愚蠢的和缺乏社会责任的。正如我们所看到的，接触假设的核心主张是，除非不同群体的成员发现自己所处的情境挑战了彼此的负面刻板印象，或是促进了他们之间更加积极的情感联系，否则偏见很可能势头不减。继续在相互隔离的学校里教育那些不同信仰或种族的儿童与这一主张完全相悖。有什么证据能表明**反隔离的学校教育**（desegregated schooling）能促进群际态度的改善呢？

在学校里反隔离的结果

不幸的是，来自以色列和巴勒斯坦的证据非常少。这主要是由于反隔离的学校极其稀少：现有的那些不足以作为客观评价的依据。一项对以色列两所双语学校的定性研究（跟之前讨论过的学校很像）确实表明，这些学校在维持阿拉伯和犹太儿童的文化认同方面获得了一些成功，而这是以对学校的强烈认同为共同基础的（Bekerman and Horenczyk，2004）。不过有趣的是，尽管老师们一直努力在教室里建立混合学习小组，但研究者还是发现："在课间休息时会观察到一个反复出现的模式，即犹太儿童和阿拉伯儿童会分开玩。犹太儿童玩捉人游戏，而阿拉伯儿童大多踢足球。"（Bekerman and Horenczyk，2004，p.399）跨种族去别人家做客显然也相当罕见。正如我们将看到的，这种自发的重新隔离现象即使在融合学校也并不罕见。

如果在以色列和北爱尔兰等分裂的社会中反学校隔离非常少见，那么在另一些环境中，这种现象则更为普遍，因而社会科学家能够系统地研究其影响。美国就是这样一个社会，在过去的五十年里，研究者进行了大量的研究，旨在评估融合教育对偏见水平和跨种族友谊选择的影响。

关于"反隔离是否会减少偏见"这一问题的研究回顾得出了相当模糊的结论。例如，Stephan（1978）找到了 18 项关于反隔离影响偏见的研究，并得出结论：其中大约一半的研究表明，反隔离实际上增加了白人对于黑人的偏见；只有少数（13%）研究表明偏见减少了。如果考虑反隔离影响黑人对于白人的偏见，则结果稍微令人鼓舞但同样模糊：大约一半的研究表明偏见有所减少，而略少于一半的研究发现偏见有所增加。几年后，Schofield 和 Eurich-Fulcer（2001）得出了类似的结论：反隔离对群际态度的影响往往是无法被证明的，并且肯定不总是有益的。

稍后我会谈到为什么会出现这样的现象，以及为什么这样的结论不应当使我们对过去五十年反隔离的政策感到过分悲观。在此之前，请允许我介绍三项研究的结果，它们说明了我刚才总结过的结论。第一项是 Gerard 和 Miller（1975）的研究。这是一项大规模的纵向研究（历时五年），考察了加利福尼亚州河滨市的小学实施反隔离政策的影响。研究大部分集中于考察学校成绩，因此这不是我们直接的关注点。然而，研究者能够在反隔离项目实施之前和之后从 6 000 多名儿童中获得一些社会指标的数据。其中两项社会指标的测量表明反隔离的效果似乎不是非常好。例如，在反隔离后，"不受欢迎"的墨西哥裔美国儿童的比例实际上增加了。同样，在跨种族友谊方面，黑人儿童和墨西哥裔美国儿童被提名的次数在反隔离后有所下降，而白人（盎格鲁裔）儿童的受欢迎程度没有变化。反隔离三年之后，这些情况也没有发生多大的变化。因此，尽管河滨市的这些融合学校增加了更多的群际接触机会，但它们对于跨群体友谊的益处却微乎其微。

第二项研究是在美国东北部某城市的一所学校里开展的（Schofield, 1979, 1982; Schofield and Sagar, 1977）。这所学校的不寻常之处在于，它是在明确的种族融合意识形态指导下创建的，例如：黑人和白人学生的数量平衡，有不同种族的教师任教，学校权威明确支持反隔离，竞争最小化。然而，尽管存在这些有利的条件，Schofield 对儿童行为的仔细观察显示，在他们的非正式互动中仍存在着相当多的种族重新隔离的证据。例如，黑人和白人儿童通常喜欢坐在同种族的同龄人旁边（或对面），而不愿意坐在不同种族的人的旁边和对面（Schofield and Sagar, 1977）。尽管存在着这样的种族鸿沟，但对儿童"选座位"数据的分析也发现了一些正面的迹象。其中之一来自七年级（12 岁）和八年级（13 岁）儿童的对比。七年级的班级是混合能力型的，而对于八年级的儿童来说，尽管学校提倡平等主义的思想，他们仍然被按照学业能力"分流"了。这导致"快班"的白人比例过高，而"普通班"的黑人比例更高。在四个月的观察期间，Schofield 和 Sagar 发现，跨种族选座位的模式在七年级显著地增加了，但在八年级完全没有增加，如果有什么的话，也是跨种族互动变少。这说明了保持平等地位对于改善群际关系的重要性。另一个令人鼓舞的发现是，学校的融合政策所带来的变化具有持续性。Schofield（1979）比较了相隔一年的两组八年级儿童选座位时种族聚集的指数。这一比较的意义在于，时间上靠后的那届学生（1976—1977 届）经历了两年的融合学校教育，而 1975—1976 届学生只有一年这样的经历。之前八年级的孩子在种族上倾向于更加隔离，或许是因为八年级开始了成绩分流。但尽管存在着这些不利条件，1976—1977 届学生的种族聚集性仍然明显低于 1975—1976 届学生。这就给我们带来了一些希望，即长期暴露在有利的群际接触条件下可以对行为产生持久的变化。

作为对比，可以思考一下我们在一些英国的小学里开展的那项研究的结果（Brown et al., 2007a）。这些学校的种族组成从"几乎全是白人"到"含有 50% 以上的少数族裔儿童"（主要是南亚血统）不等。将种族多样化程度较高的学校（含有 20% 以上的少数族裔学生）和程度较低的学校（含有 20% 或更低比例的少数族裔学生）的社会生活进行比较，可以揭示一些问题。在种族更多样化的学校里，多数族裔和少数族裔的孩子都具有更高水平的自尊，其自我报告的歧视的例子更少，老师认为他们的同龄人问题更少且更具亲社会性。参与我们研究的一个孩子很好地解释了这种混合学校是如何让她有机会获得几段跨种族友谊的。

> 因为我们跟我们的朋友们坐在一起。有时在学校进餐时我跟两个朋友 Ellie 和 Tyler 坐在一起［……］我还有一个朋友 Ramandeep，我也和她坐在一起。所以，因为我们都是朋友，并且我们都混在一起，所以坐座位的时候英国人和印度人也都坐在一起。

虽然有最近这一系列令人鼓舞的研究结果，但美国早期研究的一些发现还是给我们这些一贯支持融合学校理念的人带来了相当令人悲观的解读。尽管如此，这些发现并不应当使我们放弃反隔离的教育原则，之所以这样说的原因有好几个。

首先（也是最重要的），我们需要认识到，在学校里发生的事，即使是为了达到最佳效果而安排的，那也只是孩子群际关系经历的一部分。因此，无论课程和教学活动的设计多么精心，一旦不同群体的孩子走出学校大门返回到日常生活的世界（在很大程度上仍是以种族隔离和偏见性价值观为主导的），就很难发现他们群际态度的一般性改变了（Dixon et al., 2005）。回想一下我之前讨论过的那些研究所表明的，工作场所中态度的改变在向其他的社会情境过渡时并非总能得以幸存（Harding and Hogrefe, 1952; Minard, 1952）。

其次，试图评价反隔离影响的研究往往很少或没能记录到儿童态度的变化，这有其方法上的多种原因。其中一些是技术性的困难，这是因为很难测量到该领域态度的变化（参见 Schofield and Eurich-Fulcer, 2001）。

再次，某些评价性的研究想要在相当短的时间内发现变化，或许因为时间太短以致反隔离的预期效果还没开始产生。指望通过几个月甚至是一年的融合学校教育经历就能纠正多年来的种族隔离和（可能存在的）相互猜疑是不现实的。还有一种可能性是，一些融合方案在忽视活动里和教材中存在的类别差异方面过于专注，这实际上不利于在一般的层面产生群际态度改变。正如我将在后面一节要指出的，这种"色盲"方案存在着风险，即虽然它会带来社会关系方面的积极变化，但这种变化可能仅限于那些与某人有过直接接触的外群体成员。

最后，我们对美国学校反隔离政策的明显结果不应感到太沮丧还因为，人们意识到实际上几乎没有哪项措施的实施条件能够接近我们在第一节确定的那些"理想条件"。美国许多学区只是在法律制裁的威胁下不情愿地放弃了种族隔离。此外，一些法院明确地或是默认地为那些希望抵制反隔离政策的人开了后门（Pettigrew, 2004）。因此，几乎不存在任何"制度支持"，而这正是 Allport（1954）认为至关重要的。此外，作为反隔离方案的一个固有组成部分，关于校车制度的法律争议带来了对彼此的愤怒，而这并非推行新社会政策的理想氛围。

学校开展融合业务的其他方式也时常远远达不到最佳的接触条件。许多学校里典型的课堂活动很少涉及学生之间的合作。事实上，情况可能往往相反，学生们为了奖励而互相竞争，或者经常是为了得到老师的注意或认可而竞争（Aronson et al., 1978）。此外，来自不同群体的儿童可能没有在平等的地位基础上进行互动。一些少数群体经历了社会和经济的剥夺,这将使其成员在课堂上相对于优势或特权群体成员处于潜在的不利位置,除非精心设计课程来避免这种情况。让这些问题更加复杂的是,教师本身甚至可能赞成在融合学校内进行成绩分流,尤其是如果他们自己一开始就不十分支持融合的话(Epstein,1985)。这种分流将不可避免地与种族有关,从而进一步加剧各群体之间既有的地位不平等。

简而言之,许多学校的反隔离制度是在不太理想的情况下实行的,而且很少将成功的群际接触所必需的一些特征包含其中。事实上,如果纳入这些特征的话,那么现在就有足够的证据表明,偏见干预方案可以在减少偏见方面获得一些成功。最近针对60多个此类研究的一项元分析得出结论:这些项目确实可以产生高度可靠的效果(Beelmann and Heinemann,2008)。接下来就让我们来考察一套干预措施,这些措施旨在通过使用性别、种族和其他相关类别的混合学习小组,有意地围绕合作来开展学生的活动,从而最大限度地提高反隔离的成功机会。

合作学习小组

在学校中使用**合作学习小组**(co-operative learning groups)的方式有很多种(Aronson et al.,1978;Johnson and Johnson,1975;Slavin,1983)。然而,从接触假设的角度来看,所有这些技术都具有四个基本特征。第一个也是最重要的特征是,它们通过安排学生的学习经历,使他们在一个小的群体中相互合作、彼此依赖。这可以通过设计学习任务来实现,这些学习任务需要在学生之间进行分工,使得每个人都需要依赖其他人才能成功地完成小组任务。因此,在一个项目中,比如关于某个特定的历史事件,每个学生可能会被给予不同的研究内容:一个人必须找到一些人口学信息,另一个人必须找到一些经济数据,还有一个人必须找到当时的政治形势信息,等等。其目的是让他们将彼此的结果汇集起来,进而创建一个小组报告。另一种方法是,根据团队的整体表现把奖励分配给整个团队,这样就能创建一种相互依赖的关系。无论采用哪种方式,关键一点是让学生们为了实现自己的目标而互相依赖。合作学习活动的第二个特征在于,它们经常需要高度的、学生与学生之间的互动,而不是典型的学生与教师的互动模式,后者是大多数课堂教学的常用方法。不同背景的学生之间有更多的社交活动当然就可能会增加"熟悉度",而这对于成功的接触来说是非常重要的。第三个特征是,有一些合作学习的技巧可以使小组成员之间建立起平等的地位关系。这可以通过角色划分来实现，也可以通过强调每个成员的贡献对于整个团队成果（或某项测验的得分）的重要性来实现。第四个特征是，合作性学习是由教师引入和管理的，因此在学生眼中，合作性学习得到了隐性的制度支持。可见，它满足接触假设的所有关键条件。

到目前为止，有大量的证据清楚地表明，合作学习小组可以有效地提高不同社会类别成员之间的吸引力。Slavin（1983）找到了14项研究，这些研究都是在美国的种族混合教室环境中开展的。它们比较了合作学习方案和"正常"教学方法对跨种族友谊的影响。其中11项研究显示，合作小组干预在统计上具有显著优势；其余的3项研究则显示没有区别（另见 Johnson et al., 1984）。几年后，Miller 和 Davidson-Podgorny（1987）又找到了11项研究，并对累加的数据进行了元分析。整体效果是非常显著的，并且与"控制组"相比，合作的学习小组产生了可靠的、更高水平的种族间吸引力。通过元分析提供的统计精确计算，Miller 和 Davidson-Podgorny 发现，与任务相关的相互依赖而不是与奖励相关的相互依赖对吸引力的影响最强，并且"分配特定的任务角色"和"在团体中确保不同种族的分布大致相等"都具有有利的影响。为了对这些综述中所包含的一些研究有个大致印象，现在让我介绍两项独立研究的结果，它们评估了合作学习的效果。一项研究是在种族关系领域开展的，另一项研究涉及对于残疾学生的态度。

Slavin（1979）评估了一项为期10周的合作学习计划的效果，这一计划是在一个美国城市的两所反隔离中学的英语课堂上实施的。班上有一半的学生组成了少数族裔混合的小组，共同研究语法和标点符号等问题。他们定期接受测验，并将团队成员的得分汇总成一个团队得分；然后教师向全班宣布团队的分数。其余的"控制组"以传统的方式授课，他们的测验结果分别返给个人。需要注意的是，干预只发生在英语课上，学校里的其他课程照常进行。对结果的关键测量仅仅是每位学生在回答"谁是你在这门课上的朋友？"这一问题时跨种族朋友的比例。图9.2显示了 Slavin（1979）的研究结果。需要注意的是，在干预开始时，控制组和实验组的跨种族友谊选择比例大致相同。在干预结束时，实验组的这一数字略有上升，但控制组实际上还有所下降。Slavin（1979）在大约9个月后进行了一项跟踪研究。尽管不幸的是数据大量流失（这是纵向研究中普遍存在的问题），但长期的结果相当显著。在实验组的学生中，跨种族友谊的水平保持稳定，略低于40%；而在控制组学生中，这一比例进一步下降，降至10%以下。

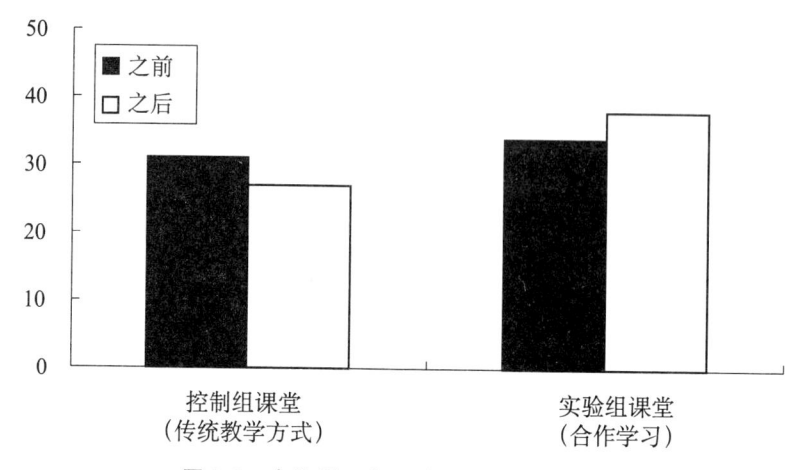

```
50
40
30
20
10
 0
```
■ 之前   □ 之后

控制组课堂　　　　　　实验组课堂
（传统教学方式）　　　　（合作学习）

图 9.2　合作学习小组对跨种族友谊的影响

资料来源：Adapted from Table 1 in Slavin, 1979.

随后，我们在一项研究中证实了这些发现，这一研究涉及一所为患有严重学习障碍的儿童开设的学校（Maras and Brown, 1996）。由于遗传、先天或其他的意外事故，这些儿童存在着广泛的身体和认知障碍。一些人有很少的或完全缺乏身体灵活性；另一些人只有非常有限的语言能力；大多数人都表现出一些行为障碍。在一项开创性的实验中，这所学校与附近的一所普通小学开展了交换项目。研究者每年都会随机选择一些普通儿童，让他们每周抽出一部分时间与残疾儿童配对合作，开展一些精心策划的合作活动。在交换计划的前三个月，我们对参与交换项目和不参与交换项目的学生进行了一系列的态度测试。在许多评价维度上，"交换"组儿童在残疾儿童和非残疾儿童能力差异的评价方面呈现出逐步下降的趋势，控制组儿童对这些群体的感知在同一时期几乎没有变化。当我们呈现一些不同残疾儿童的标准照片时（被试不认识这些孩子），交换组儿童认为他们是越来越具有吸引力的玩伴，而控制组儿童的评分保持不变（见图9.3）。这些游戏偏好是针对不认识的儿童的，因此它们表明该计划对普通儿童的态度产生了一些普遍性的影响——不仅局限于那些与他们发生过互动的残疾儿童（另见 Armstrong et al., 1981）。

总而言之，有足够的证据表明，当学校融合产生的方式与接触假设的原则一致时，尤其是如果它包含改变教学法而将合作的学习小组纳入其中时，群际关系就很有可能得到改善。在课堂上进行更多合作的额外好处是，优势学生和劣势学生的学业成绩也都会提高（Johnson et al., 1981; Slavin, 1983）。对于这一乐观的结论，我想再加上一点警告。绝大多数报告了合作学习积极影响的

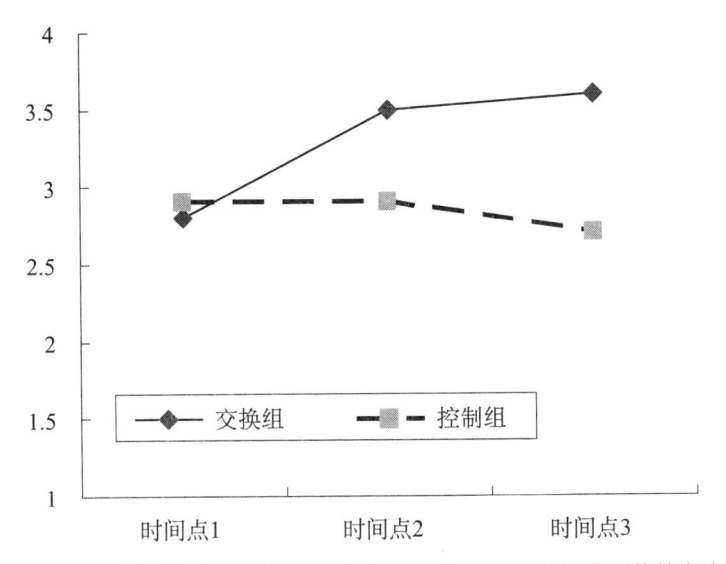

图 9.3　通过有组织的接触项目来改变儿童对有残疾的同辈群体的态度

资料来源：Adapted from Table 6 in Maras and Brown, 1996.

评价性研究都是通过观察学生对已知同伴的社会指标偏好来测量这些影响的。而对于那些试图评估更普遍的态度变化的少数研究来说，它们通常报告的结果都是不显著的（参见 DeVries et al., 1979；Weigel et al., 1975）。

有几个因素可以解释这一点。涉及合作学习方案的干预往往只持续几周的时间，而这段时间可能太短以致根本无法改变根深蒂固的态度。此外，这些干预措施通常只是学生在校经历的一部分，而且往往只是一小部分。通常而言，它们只存在于单一的学科里，或是每周只花费几个小时的时间。因此，学生的大部分时间是在传统的教室环境中度过的，正如我前面所指出的，这种环境可能与反隔离的目标背道而驰。除了这两个限制之外，第三个限制因素是，接触的经验在多大程度上能够允许或抑制对"针对某一特定合作学习小组成员产生的积极态度"进行认知上的泛化？多年来这个问题一直困扰着研究群际接触的学者，我将在下一节详细讨论这个问题。

❖ 重新思考接触假设

自构成接触假设的观点首次在社会科学领域、立法者和决策者的头脑中流行起来已经过去半个多世纪了。Pettigrew 和 Tropp（2006）保守地估计，在这段时间内已经有 500 多篇文章被发表，它们考察了关于接触假设的不同事实，而且作为一个研究主题，接触假设的受欢迎程度仍然没有减弱的迹象（Brown and Hewstone，2005）。因此，现在可能是对接触假设进行评估的时候了：思考研究者是如何根据众多的研究结果对其进行修订的，并推测在它作为一种政策工具而暴露了自身局限性后，该如何进一步地进行理论完善。

　　Pettigrew 和 Tropp（2006）对这 500 项研究进行了一次令人印象深刻的元分析。他们的第一个结论是，接触和偏见之间确实存在着可靠的关系。诚然，这不是一个非常强的相关（平均而言，相关系数在 -0.22 左右），但考虑到研究数量之大和被试之多（超过 25 万），它在统计上是无可争议的。Pettigrew 和 Tropp（2006）的进一步分析表明，正如 Allport 预测的那样，如果他所主张的那些最佳接触条件也存在的话，那么这种相关将上升到近 -0.29。此外，如果这种接触涉及跨群体的友谊，那么相关会更强。最后，Pettigrew 和 Tropp 还观察到，绝大多数的接触研究关注多数群体或高地位群体成员的态度（和行为）改变。当他们从少数群体的视角提取少部分的研究结果时，他们发现，接触在减少针对多数群体的偏见时效果稍弱；这时平均相关系数为 -0.18（Tropp and Pettigrew，2005）。

　　这些元分析在对大量具有异质性的研究文献进行整合方面发挥了宝贵的作用。它们还提出了几个新问题。第一个问题涉及这些相关背后的因果关系的方向：是否如 Allport（1954）所设想的那样，是接触导致了偏见的减少，还是说偏见越多的人会避免过多地与外群体成员接触呢？第二，接触在何时何地会产生最强烈的影响，尤其是在促使个体产生一般性的态度改变方面？换言之，接触效应的关键性**调节变量**（moderators）有哪些？第三，接触如何以及为什么会对偏见产生影响？这需要找到接触－偏见关系背后的心理过程或**中介变量**（mediators）。第四个问题涉及在多数群体和少数群体之间观察到的不对称性。为什么接触对于后者的效果不如对于前者好？第五，我想思考直接的接触对于减少偏见是否确实是必需的。我将指出，有时候我们只要认识一个有过这种接触的人，就足以消除偏见。

　　因果关系的方向：接触效应还是偏见效应？

　　接触假设和大多数受此启发的研究者认为，我们与外群体成员关系的数量和质量对于减少我们的偏见起到了因果作用。当然，Pettigrew 和 Tropp（2006）虽然承认反方向的作用（偏见较少的人寻找更多的群际接触）也是有道理的，但却倾向于支持传统观点。他们的这种观点部分地基于一些关于接触的实验室研究，在这些研究中，研究者对接触进行了操纵并发现它对偏见有预测作用（参见 Brown et al., 1999; Wolsko et al., 2003）。他们的这种观点还部分地来自对研究中的不同统计模型进行检验的结果，这些模型考察了接触和偏见之间的相互关系模式。通常，当模型指定的路径是从接触到偏见时，数据的拟合程度比其他的模型更好（Pettigrew, 1997; Powers and Ellison, 1995）。尽管如此，事实上关于群际接触的绝大多数研究还是采用了横向相关研究设计，因此不可能得出强有力的因果推断。幸运的是，有一些纵向研究可以帮助我们确定因果关系的箭头是从接触指向减少偏见（"接触效应"），还是从偏见指向避免接触（"偏见效应"），或者也许它指向两个方向（"双向因果关系"）。可以回顾在这一章的前面，我提到的两项纵向研究，它们清楚地表明了接触效应（Maras and Brown, 1996; Stephan and Rosenfield, 1978; 另见 Brown et al., 2007b）。然而，随后对更大样本的研究发现了不同的结果。Levin 和同事们（2003）对大学生的跨群体友谊和群际态度进行了为期五年的追踪研究，发现了接触和偏见的双向影响：第一年不太喜欢外群体的学生在第二年和第三年有更少的外群体朋友；然而，那些在第二年和第三年拥有更多外群体朋友的学生在第五年时的偏见更少。同样，在一项针对比利时、英国和德国学生的大型跨国研究中，我们发现多数族裔-少数族裔的接触能预测六个月后偏见的减少，并且反之亦然（Binder et al., 2009）。如果说有什么不同的话，那就是偏见效应比接触效应稍强一点（另见 Eller and Abrams, 2003, 2004）。因此，似乎可以有把握地得出这样的结论：在许多情况下，特别是在可以选择与谁交往的情况下，双向因果关系在起作用。

"何时"以及"何地"的接触：泛化的问题

接触假设的支持者从一开始就意识到一个特别棘手的问题：让不同群体的成员在课堂上或工作场所中更喜欢和尊重彼此是一回事，找到办法让这些积极的人际关系使人们对于整个外群体都持有更少的偏见则是另一回事（Allport, 1954, pp. 262-3; Chein et al., 1948, p. 49）。这就是**泛化**（generalization）的问题，而研究接触的学者们几十年来一直在关注这个问题。基于人们日常群际接触的特殊性，有哪些条件能更好地促使人们产生更广泛的态度及刻板印象的改变呢？或者，正如本节标题所言，接触在何时以及何地会导致最大的变化？更正式一点地说，这个问题实际上关注的是"哪些变量会调节接触对一般性偏见减少的影响"。

Brewer 和 Miller（1984）给出了这个问题的一个答案。作为起点，他们在研究中观察到，当社会类别在心理上凸显时常常会引发较强的群际歧视和消极的刻板印象（参见第三、四和六章）。随后他们指出，在接触时应该让群体间的边界不那么严格，而最终边界会被完全消解。这样，情境就会变得**去类别化**（decategorized），而所有的互动都会发生在人际层面。在这种"个性化"的接触形式中，参与者应当更有可能关注每个人的特殊信息，而相应地就不太关注基于群体的（也就是刻板印象的）信息了。研究者认为，通过重复这种人际接触可以证伪既有的、关于外群体的（消极）刻板印象，而这一过程最终会

> 更有可能泛化到新的情境中去，因为在互动中扩展性地和频繁地使用可替代的信息特性，会打破"用类别身份作为未来互动基础"这一方法的可用性和有效性。因此，人们与外群体成员发生社会互动的认知和动机都会发生永久性的改变。（Brewer and Miller, 1984, pp. 288–9）

为了支持这一模型，Brewer 和 Miller 使用类似的范式进行了一系列研究（Bettencourt et al., 1992, 1997; Miller et al., 1985）。通常，研究者会创建两个人造的类别（例如"高估者"和"低估者"）。然后让这两个类别的成员一起合作，因此每组都包含高估者和低估者。被试得到不同的小组任务指令：一些人被鼓励相互关注，以便发现"团队成员实际上应该是怎样的人"（Bettencourt et al., 1992, pp. 305–6）；其他人则被告知要特别专注于手头的任务。研究者希望通过这种方式可以将接触情境分为"个性化的"和"去个性化的"。完成任务后，被试需要将奖励分配给自己团队的成员，同时也要分配给他们不认识的另一个团队的成员，并通过一个短视频对其进行描述。在这些实验中，关键的因变量是在高估者和低估者之间分配的偏向程度，包括针对已知的团队成员以及视频中的"陌生人"。一个稳定的发现是，那些接受"个性化"指令的人要比那些专注于任务的人表现出更小的偏向，尽管有迹象表明这种影响可能仅限于多数群体的成员（Bettencourt et al., 1997）。我们稍后会看到，这种多数群体和少数群体在接触效果上的不对称是文献中反复出现的一个主题。

尽管这一去类别化模型得到了实证的支持（Miller, 2002），但在我们看来，"试图消除接触情境中所有类别差异的痕迹"这一做法存在着一个根本问题（Hewstone and Brown, 1986; Brown and Hewstone, 2005）。假设我与一个外群体的人在彻底去类别化的条件下互动，这些条件在某种程度上成功地阻止了我将其感知为外群体的一员（或实际上根本不属于任何团体），但我无法把与这个

人的接触经验所带来的态度改变推广到他/她所属群体的其他那些我没见过的人身上。因此，我的一般性群际态度可能保持不变，而并未受到接触情境的影响。正是出于这种考虑，Hewstone 和我提出了一种非常不同的群际接触模型（Brown and Hewstone，2005；Hewstone and Brown，1986）。我们建议，与其试图消除既存的内群体-外群体区别，还不如保持它的凸显，至少是最低程度的凸显，这可能是有价值的，并同时优化 Allport（1954）提出的成功接触的各种条件。通过这种方式，接触将会发生在群际层面而非人际层面，使人们在某种程度上作为自己所属群体的代表，而不是独立的个体（参见第一章）。如果能够成功地做到这一点，那么在接触过程中产生的任何积极改变都能很容易地泛化到外群体的其他成员身上，这是因为接触对象会被视为该群体的某个典型（类似论点参见 Rothbart and John，1985）。

从某些角度看，这似乎是一种有点自相矛盾的策略。为了减少对于外群体的偏见，我们认为保持群际差异的心理凸显是有利的，这一建议似乎与 Brewer 和 Miller（1984）的"去类别化"假设背道而驰。然而，我们将会看到，这两种视角是可以被调和的。事实上，如果想要避免在接触情境中因为过分强调**群体凸显**（group salience）而带来潜在风险的话（即这一因素可能会加剧而不是减少群际紧张），那么将这两种策略结合可能是最好的办法。在讨论这样的一个解决方案之前，让我先回顾一些支持这种反直觉观点的研究证据，即创造一些条件来维持群体凸显，并引导人们把与自己互动的人感知为其所属群体的典型，这实际上有助于减少偏见。

Wilder（1984b）以一项早期实验为背景开展了研究。在实验中，他对"一次合作中竞争对手大学一名学生的群体成员典型性"这一条件进行了操纵。此外，这名外群体成员还表现得令人感到愉快或不愉快。只有与"典型的"外群体成员进行愉快的接触才会显著地改善被试对整个外群体成员的评价。不愉快的互动，或与非典型的人接触，则几乎不会产生态度改变。之后，10 多项实验室实验和田野研究都得到了同样的基本发现，这些研究涉及各种不同的背景，比如对于移民、外国人、同性恋者、老年人和精神疾病患者的态度（对这些研究的综述可以参见 Brown and Hewstone，2005）。让我们选出其中的三项研究来举例。

Van Oudenhoven 和同事们（1996）安排荷兰某学校的学生在一个合作学习小组中与一名土耳其同伴（研究者安排的假被试）进行互动。在群体凸显的条件下，被试和假被试通过明确地提及各自的种族来相互介绍自己。在控制组中没有提到种族。与假被试进行了两小时的合作后,荷兰被试对"假被试本身"和"土耳其人作为一个整体"这两方面进行了评价。结果表明,被试对单个假被试的评价没有随着条件而改变(对他的评价总是相当积极的),但是相对于控制组而言,在群体凸显条件下[1],被试对于土耳其人的总体态度要更好(见图9.4)。

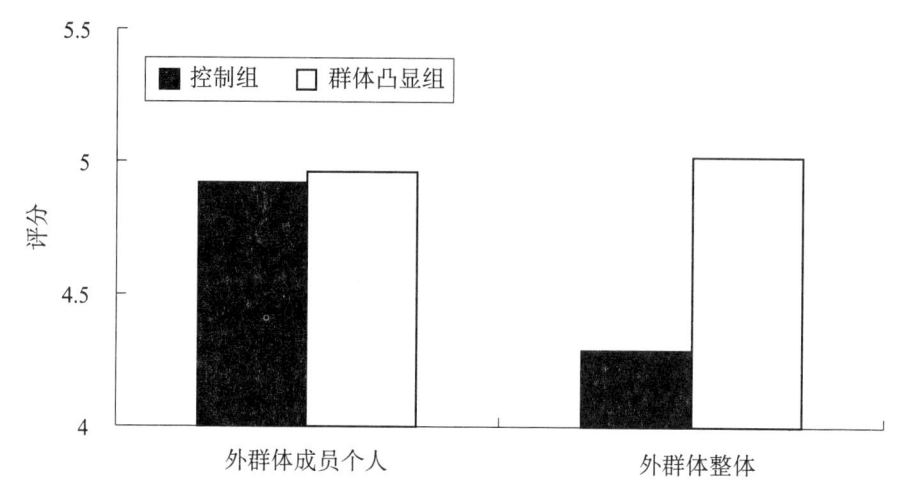

图9.4 在群际互动时,群体凸显对外群体评价的影响

资料来源:Adapted from Table 1 in Van Oudenhoven et al., 1996.

在针对欧洲少数族裔群体-多数族裔群体关系的纵向研究中,我们要求受访者不仅要评估他们与外群体朋友(们)关系的质量,还要评价他们认为这些朋友在整个群体中的典型程度(Binder et al., 2009)。正如我们所假设的那样,那些认为自己的朋友更典型的人比认为自己的朋友不那么典型的人表现出更强的接触效应。事实上,后者几乎没有出现接触效应(见图9.5)。最重要的是,这种**典型性**(typicality)对接触-偏见关系的调节既适用于多数群体,也适用于少数群体。

在上述研究中,态度泛化的证据是间接的。我们推断一定是发生了泛化,因为在凸显或典型的条件下,人们对于整个外群体的态度变好了。关于个体-群体泛化过程的、更直接的证据来自我们在欧洲和智利开展的两项大型调查(González et al., 2009)。在这两项研究中,我们都要求受访者在一系列量表上评价他们所认识的外群体的人(在欧洲的研究中,外群体被定义为另一个国家;在智利的研究中,外群体被定义为另一个政党)。我们还让受访者说出这些人在他们的群体中有多典型。最后,我们让他们利用相同的量表对外群体进行整体

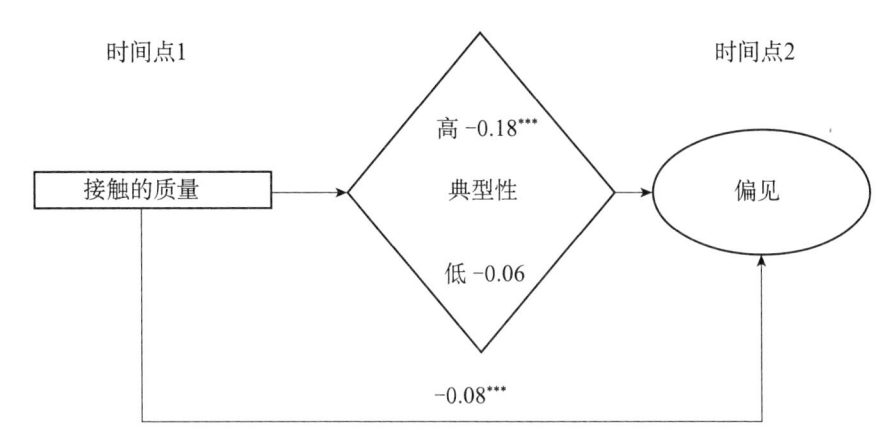

```
                  时间点1                                                    时间点2

                                              高 -0.18***
                ┌─────────────┐              ╱╲
                │  接触的质量  │─────────→   ╱典型╲  ─────────→  ╱  偏见  ╲
                └─────────────┘              ╲ 性 ╱              ╲       ╱
                                              ╲╱
                                              低 -0.06
                       │                                                ↑
                       └──────────────── -0.08*** ──────────────────────┘
```

图9.5 "接触"对"偏见"的影响及"典型性"的调节作用

注：该图显示的是标准回归系数。第一个时间点1的偏见水平得到了控制；*** $p < 0.001$。

资料来源：From Binder et al., 2009.

的评分。为了检验泛化的程度，我们简单地将个体和群体评分做相关。它们对应得越紧密，出现泛化的程度就必然越大。与Hewstone和Brown的假设完全一致，相比于认为外群体不具典型性的人，那些认为外群体更具典型性的人总是表现出更强的个人－群体相关。这种效应是高度一致的，并且在几个不同的外群体中都存在。

虽然Hewstone和Brown的模型似乎为解决泛化问题提供了一个有希望的出路，但是这种视角也有其自身的问题。其中一个问题正是来自最初为模型提供逻辑依据的那些同样的论点。相对于**人际接触**（interpersonal contact）而言，如果**群际接触**（intergroup contact）能够通过接触使态度更加泛化，那么原则上来说，积极态度和消极态度都可能被泛化。事实上，如果合作互动出了问题（可能是因为未能实现共同目标，或者因为合作变成了竞争），那么让合作更多基于群际层面很可能会使情况变得更糟。它不仅会使互动伙伴遭到蔑视，而且会因为这些人被视为外群体的典型而带来另一种风险，即关于外群体的负面刻板印象被强化（例如，参见Maras and Brown，2000）。第二个问题更加剧了上述危险：群际接触可能比人际接触更容易引发焦虑。我将在下一小节谈到，这种焦虑不利于社会关系和谐。在研究孟加拉国的穆斯林与印度教徒的接触时，Islam和Hewstone（1993a）发现，"群际"关系的特征往往与焦虑的增加有关，而焦虑的增加又进一步与对于外群体的不友好态度相关（另见Greenland and Brown，1999）。最后，一种旨在提升个体感知到的"典型性"和"类别凸显"的策略怎么才能与我之前回顾的 Brewer 和 Miller 模型的证据相兼容呢？他们的模型采用了完全相反的视角却带来了看似有益的结果。

关于最后一个问题存在着几种答案。首先很重要的一点是要认识到，支持 Brewer 和 Miller 模型的那些研究包含一些实验程序方面的特点，它们使得即使是在"去类别化"的条件下，某些群体凸显或许也得以维持。例如，在 Bettencourt 和同事们（1992）的实验里，整个研究期间团队成员的脖子上都戴着大胸牌，从而宣告了他们最初的群体从属关系。同样，视频中看到的"陌生人"也戴着胸牌。

其次，现在越来越多的研究者认识到，为了减少偏见，最有效的接触形式是从内群体和外群体成员之间的人际友谊开始（Brown and Hewstone, 2005; Hewstone, 1996; Miller, 2002; Pettigrew, 1998）。事实上，Pettigrew（1998）已经正式地提出了一种接触的阶段模型，即在 Hewstone 和 Brown 的类别凸显之前先采用 Brewer 和 Miller 的去类别化。支持这种顺序的观点认为，在更加个性化（去类别）的环境中，群际焦虑水平可能会降低，从而为创造有利于泛化的条件铺平了道路。在这个框架中，Brewer 和 Miller 与 Hewstone 和 Brown 的模型被视为互补而不是彼此竞争的。

Ensari 和 Miller（2002）进一步认识到了这种互补性。在两个实验里（一个实验关于土耳其无神论者和有宗教信仰者，另一个实验关于美国不同政治党派的成员），研究者同时对情境中的"人际"变量（通过鼓励或抑制被试的自我表露水平）和"群际"变量（例如外群体成员的典型性、群体凸显）进行了操纵。有趣的是，他们发现自我表露行为与凸显和典型性相结合，会产生最好的外群体泛化态度。换言之，将接触情境中的人际和群际特征相结合似乎是产生积极态度的最佳方法（Miller, 2002）。

接触"如何"以及"为何"会起作用：中介过程

上一小节我们集中于讨论为了让接触或多或少地起到减少偏见的作用，都有哪些调节因素会影响接触的效果。现在，我想把注意力转移到接触-偏见关系背后的过程：接触如何以及为何会产生这样的影响？为了便于说明问题，我把这些中介变量分成了"主要在认知领域起作用的"和"情感本质的"两大类。

关于接触如何导致偏见减少的最早想法之一（甚至早于 Allport 关于接触假设的正式声明）就是它消除了人们对于外群体的无知（Williams, 1947）。其论点是，当人们与其他群体的成员接触时，不可避免地会对这些成员和他们的文化产生更多的了解，而这种知识的增长将有助于削弱既存的刻板印象，并有助于产生更友善的态度（Stephan and Stephan, 1984）。正如我之前提到的，一些研究者认为，获得关于外群体的新信息也会使人们发现群际相似性，并由此产生更大的吸引力（Pettigrew, 1971; Stephan and Stephan, 1984）。Stephan 和 Stephan 未能找到足够多的研究以提供明确的证据来支持"知识"能够作为中介机制这一主张。然而，他们确实报告了他们自己的一项小的横向研究结果，该研究是在美国的白人中学生里开展的；研究发现，与拉美裔学生接触的增加与拉美文化知识的增长以及对于拉美裔总体上更友好的态度相关。随后 Pettigrew 和 Tropp（2008）追踪到了 17 项研究，它们尝试检验了"知识"作为中介变量的作用。研究者得出结论：确实存在统计上可靠的证据支持这一中介效应，虽然这一效应只有中等大小，且与其他两个情绪相关中介变量相比要弱得多——稍后我们就会谈到这一点。

尽管有这个元分析的结论，但有两个原因提醒我们不要过于关注"知识"作为中介变量的重要性。首先，群体间的接触有时会导致人们发现与文化相似性一样多的文化差异。这在多元文化社会中尤其可能发生，因为那里共存着各种各样的种族和宗教群体。因此在这种背景下，知识增长带来的任何积极作用都源于人们更加重视多样性（diversity），而不是简单的相似性 - 吸引力过程。其次，有时候知识的增长可能会让知识拥有者感到不安。如果知识的增长使我们意识到另一个群体对于我们的看法不是太好，那么上述情况就会发生（Vorauer et al., 2009）；稍后我会回到这个问题上来。外群体相关知识增长的另一个具有讽刺意味的作用是，它可能会让我们意识到，如果我们恰好属于一个特权群体，那么有可能正是我们这些人在无意中导致了外群体的弱势地位。这种意识可能会引发负罪感，并因此可能会在"我们现在该如何对待这些外群体成员"这一问题上引发焦虑。我们在调查智利的非土著学生对于该国土著马普切人的态度时发现了这一点（Zagefka et al., 2008）。他们与马普切人接触得越多，就越是声称了解他们。如果只是这样还好。但是这种额外的知识也与更多的集体负罪感相关（人们意识到这么多年来马普切人是如何遭受虐待的），而这种负罪感似乎导致了更多的焦虑，并最终导致了对马普切人稍多（而不是少）的偏见。

另一个认知上的中介变量在作为有效的偏见机制方面看起来更靠谱。它就是重新分类（recategorization）。这个想法最初由 Gaertner 和同事们（1989）提出，之后被 Gaertner 和 Dovidio（2000）进行了系统的扩展。与 Brewer 和 Miller（1984）的模型支持"通过更个性化的互动来消除类别界线"的主张不同，与 Hewstone 和 Brown（1986）的模型"主张保留一些类别凸显"的观点也不同，Gaertner 和 Dovidio 建议重新划分类别界线，使得之前内群体 - 外群体的划分被归入一个新的高等级的类别。他们相信，通过这种方式，之前的内群体成员（"我们"）和外群体成员（"他们"）现在就都被视为内群体成员（一个新的"我们"），这样会使相应的群际偏见减少。鉴于这种方法强调创造一些更大的、包容性更强的类别，Gaertner 和 Dovidio 把他们的模型称为**共同内群体认同模型**（common ingroup identity model）。

为了验证他们的模型，Gaertner 和 Dovidio 进行了大量令人印象深刻的实验室实验和田野研究，在这些研究中，他们探索了那些能够促进共同内群体认同知觉的条件及其衍生结果（关于这项工作的清晰总结可参见 Gaertner and Dovidio，2000）。在第三章，我曾简要地描述了他们的一项典型实验（Gaertner et al.，1989）；在这里我将展示另一项实验，它清楚地显示出合作接触是如何通过改变人们对所处环境的认知表征进而减小群际偏向的（Gaertner et al.，1990）。与之前的研究范式一样，Gaertner 和他的同事们首先创建了两个人造小组，并给他们几分钟时间让他们自己互动，以培养一些内群体的凝聚力。然后研究者让这些群体进行接触，而这些接触要么发生在很少或没有合作的情境中（只是听其他两组讨论当前任务），要么是以平等地位的伙伴身份积极地展开彼此间的合作，从而满足了 Allport（1954）提出的理想接触的两个条件。随后，被试根据喜欢程度、诚实性等给在场的每一个人打分，并对群体的印象进行判断，即他们在多大程度上感觉存在着两个不同的小组、只有一个小组，或者仅仅是几个单独的个人在完成任务。并不令人感到吃惊的是，群际偏向的程度在合作的条件下明显较低。更有意思的是，Gaertner 和同事们的后续分析阐明了偏向减小是如何发生的。在合作 - 非合作的实验操纵对被试对所处情境的看法的影响方面，Gaertner 和同事们发现，处于合作条件会使人把群际情境更多地看成是一个单独的群体，而不是两个群体或是离散的个体。这些感知进而又与内群体偏向有着系统的关联（见图 9.6）。用术语来说就是，情境的认知表征对于合作接触对偏向的影响起到了中介作用。就减小偏向而言，可以看出最有效的中介显然是"一个组"的表征：合作增加了这种感知，并引起了更小的偏向。将情境看成是由个体所组成的也能减小偏向，但这种感知本身多少受到合作经历的抑制。而"两个组"的表征只能起到消极的作用：主要受到合作的抑

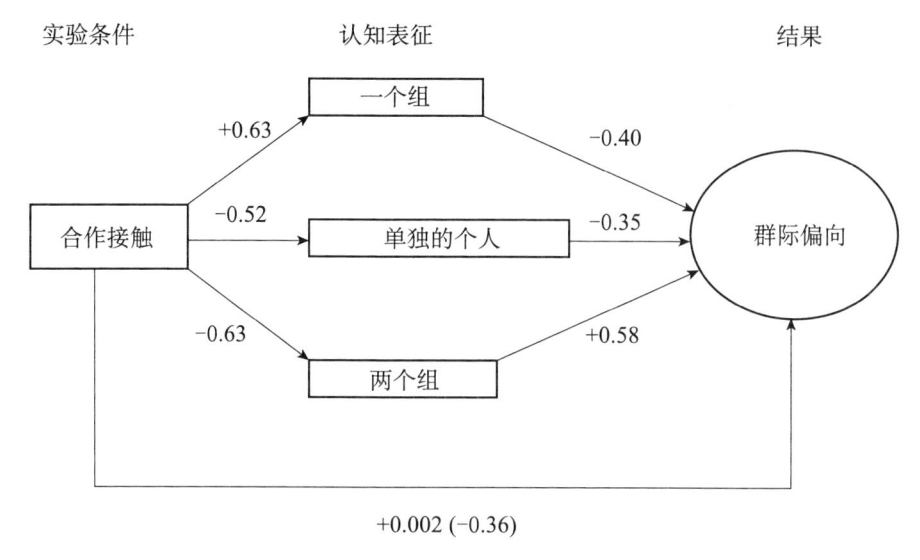

制，但任何的残余部分都倾向于增大而不是减小偏向。

```
实验条件              认知表征              结果

                  ┌─────────┐
              +0.63│  一个组  │-0.40
              ┌───→└─────────┘───┐
              │                   ↓
        ┌────────┐  -0.52  ┌──────────┐  -0.35  ┌────────┐
        │ 合作接触 │────────→│ 单独的个人 │────────→│ 群际偏向 │
        └────────┘         └──────────┘         └────────┘
              │   -0.63  ┌─────────┐  +0.58     ↑
              └─────────→│  两个组  │────────────┘
                         └─────────┘
              │                                   ↑
              └───────────────────────────────────┘
                        +0.002 (−0.36)
```

图 9.6　合作接触对群际偏向之影响的认知中介变量

资料来源：Adapted from Figure 1 in Gaertner et al., 1990.

共同内群体认同模型已被证明在多种实验室环境中都是有用的，大多数实验使用了专门为此目的而创造的人造群体。在这种情境下，将情境重新归类为一个单独的高等级群体可以可靠地减小偏向，而且似乎还能激发自我表露和助人等积极行为（Dovidio et al., 1997b；Gaertner and Dovidio，2000）。此外，在一些涉及现实生活群体的田野情境中，比如在多种族的学校、再婚家庭和公司合并的情境中，研究者发现对共同内群体的感知与更和谐的社会关系有关（Dovidio et al., 1997b；Gaertner and Dovidio，2000）。然而，尽管重新归类作为接触的中介变量有着无可置疑的效力，但它作为减少偏见的策略仍然是有其自身问题的。

首先我们可以注意到，用以支持它的许多研究都使用了对于其成员而言不具有重要意义的人造群体。相比于说服某个特定少数种族的成员放弃种族认同，让人们放弃这种人造群体认同而转向一种更高等级的认同可能更容易。我们将在下一小节看到，以最纯粹的共同内群体认同形式来减少偏见是一种同化策略，因此它可能对于多数群体比对于少数群体来说更具有吸引力。

其次，尚不清楚这种方法如何（或者是否）能解决泛化的问题。在某种程度上，一些干预在接触的情境中完全能够成功地消除亚群体（sub-group）间先前存在的界线，但它很难使这些特定的亚群体成员与那些没有遇到过的人之间建立起联系（Brown and Hewstone，2005）。

再次，重新分类存在着一个风险，即它只是简单地把冲突置换到了一个更高的水平上。假设有一个国家非正式地或在制度上被划分为两个区域。德国就是一个很好的例子。尽管在 1989 年 11 月，民主德国和联邦德国之间的"墙"被拆除了，但东－西的划分仍然存在于许多德国人的头脑中，这或许与两个区域实际仍然存在的社会经济差异不无关系（参见 news. BBC. co. uk/3 October 2005）。这些心理上的创伤能通过培养一致的德国人认同而愈合吗？也许能；但这可能是以增加对所有非德国人的仇外主义为代价的。Kessler 和 Mummendey（2001）在 20 世纪 90 年代末对德国东部民众态度进行的纵向研究中发现了证据。这些受访者越是认同自己是德国人，他们就越仇外。

尝试将世界重新归类为一个更大的高等级类别可能存在的最后一个困难或许来自一种被称为**内群体投射**（ingroup projection）的现象（Wenzel et al.，2007）。它是指人们倾向于假设那些更好地定义了高等级类别的特征恰好也是定义了自己所属的亚群体的那些特征。因此，如果某人来自德国西部，他/她会倾向于认为德国人是由他们西部民众认同中所有最好的方面组成的，并且可能会很容易忽略任何典型的东部民众特征（Waldzus et al.，2004）。进而他们很可能就会贬低东部民众，因为他们未能与一个"好的"德国人这一种族中心主义概念充分匹配。在几个不同的群际环境中，似乎确实存在着这样一种一致的倾向：人们越认为他们的内群体是高等级群体的原型，那么他们对其他亚群体的评价就越不好（Wenzel et al.，2007）。

但我仍然相信这些困难并不是无法克服的。避免其中某些问题的一个方法可能就是遵循 Pettigrew（1998）的建议：以时间先后的方式安排接触。就如同把 Brewer 和 Miller 的模型和 Hewstone 和 Brown 的想法结合起来可能会带来好处一样，Pettigrew 认为，先采取其他两种干预之后再使用 Gaertner 和 Dovidio 的共同群体策略可能是最有效的。他认为通过这种方式，我们可以收获跨群体友谊的好处、实现泛化，并通过建立起共享的集体认同这一桥梁来达到最佳效果。实际上这种方法意味着，无论是维持亚群体的凸显（Hewstone 和 Brown），还是创建一个单一的高等级认同（Gaertner 和 Dovidio），它们本身都是不够的。相反，找到方法建立起**双重**（dual）或**双文化认同**（bicultural identities）可能是更有益的，这时亚群体和高等级群体都保留了一些心理重要性（Gaertner and Dovidio，2000；González and Brown，2006）。我将在下一小节回到这个问题上来。

现在让我来谈一下在情绪领域发挥作用的、接触-偏见关系的中介变量。Pettigrew 和 Tropp（2008）从他们的元分析中得出结论：情绪中介变量明显比"增加关于外群体的知识"能产生更强的效果。在这些情绪中介变量中，被研究最多的就是群际焦虑。Stephan 和 Stephan（1985）最先创造了这个术语，它指的是一种混合情绪，包括对在外群体成员面前行为不当的恐惧、害怕被外群体成员拒绝或利用，以及一些残留的和习得的关于外群体成员的消极情绪。恐惧的产生可能是因为我们可能在相关外群体的文化敏感性问题上感到无知，并因此担心自己会说出冒犯性的话或做出一些冒犯性的事。对被拒绝或利用的恐惧可能来自我们意识到一个群体和另一个群体之间存在着历史上的冲突或压迫关系。这可能会使我们预测（有时是有充分理由的），与我们交往的人可能不太喜欢我们，或者可能试图利用我们。正如我们在第四章和第七章看到的，在与某些群体互动时，我们可能会持有一些轻度的（或不那么轻度的）反感，而这仅仅是因为在一个特定的种族主义社会中我们已经被社会化了。

或许我可以插入一个自己的逸事。一两年前，一个患有脑瘫的学生选修了我的一门课，并被分配和我一起做项目。他有残疾（他只能坐在轮椅上）；不能说话；由于缺乏身体协调性，他有时会发出很大的声音或失控摔倒（这显然不符合正常的社交规范）。我得承认，教授和指导这名学生是一个相当大的挑战。每件事都是通过他极其能干的助手们来完成的。助手们通过一块有机玻璃板为他做翻译，而他需要在板子上吃力地拼写单词和句子。由于对这种特殊情况非常不熟悉，我发现自己一直在担心我对待他的方式是否得体：我是否对他的残疾给予了足够的体谅？我有没有表现出令人无法忍受的、高人一等的姿态？我怎么知道他是感激我提供的建议，还是失望地认为我只不过是另一个无知的（虽然是出于好意的）、身体健全的人？这成了一个非常生动的个人例子，它说明了群际焦虑是如何破坏正常社会关系的。

Stephan 和 Stephan（1985）假设群际焦虑会给我们对于外群体的态度和行为带来负面影响。由于在遇到他们时会感到不舒服，我们很可能会避开他们。如果无法避免，我们对外群体成员的行为可能会变得生硬和过于保守，因而他们对我们的行为也就会产生可预见的后果。如果在外群体成员周围我们习惯性地感到不舒服，我们就可能会把这种不舒服归因于外群体成员本身，这将导致我们产生一种消极的群际态度。最后，所有这些情感上的专注会消耗我们的认知资源。正如我们在第四章看到的，认知资源的耗竭通常会使我们对那些正在与我们互动的人做出熟悉的（很可能是消极的）刻板化判断。简而言之，群际焦虑会导致偏见。

不过，好消息是，群际焦虑并非不可避免。Stephan 和 Stephan（1985）认为，提升群际接触质量是一个行之有效的解决办法。接触可以减少焦虑，其部分原因是它可以消除人们对外群体习俗和行为规范的某些无知。如果接触是根据 Allport 的条件来构建的，那么它也会减少焦虑，因为此时接触会使人产生积极的情绪以抵消焦虑。基于这些原因，群际焦虑似乎是接触影响偏见过程的一个主要候选中介变量：接触越多焦虑越少，而焦虑越少就意味着偏见越少。

Stephan 和 Stephan（1985）借助于一个拉美裔学生的小样本，为这种机制提供了一些初步证据。正如他们假设的那样，接触与群际焦虑呈负相关，而群际焦虑又进一步与刻板印象呈正相关，但令人惊讶的是它与种族中心主义无关。自这项早期研究以来，许多研究都发现群际焦虑是接触-偏见减少关系的中介因素（Brown and Hewstone，2005；Pettigrew and Tropp，2008）。在众多不同背景的研究中都发现了接触的增加与焦虑的减少有关，而焦虑的减少又与偏见的减少有关。这些研究涉及孟加拉国的印度教徒和穆斯林的关系（Islam and Hewstone，1993a）、英国学生和日本学生的关系（Greenland and Brown，1999）、意大利人对移民的态度（Voci and Hewstone，2003）、北爱尔兰新教徒和天主教徒的关系（Paolini et al.，2004）、异性恋者对同性恋者的态度（Vonofakou et al.，2007）、欧洲多数群体成员对少数族裔的态度（Binder et al.，2009），以及智利的秘鲁人-智利人之间的关系（González et al.，in press）。

我在此选出其中一项研究进行详细的讨论，因为它揭示了另一个有趣的发现，这可以追溯到上一小节中有关调节变量的内容。Voci 和 Hewstone（2003）调查了一些意大利医院的工作人员对于来自非欧盟（意大利语 *extracommunitari*）的同事的态度，以及对于移民的一般态度。与我刚才描述的普遍趋势一致，这些工人与他们的移民同事接触得越多，他们对与之互动的焦虑就越少，对于同事的态度和对于移民的一般态度就越好（见图 9.7）。更重要的是，对于那些在与外国同事互动时群体成员身份得分高于平均值的受访者而言，变量间的相关明显更强。因此，我在上一小节提到的群体凸显调节了接触的效应，使之产生更大程度的态度泛化，而它同时似乎也放大了接触在减少群际焦虑方面的有利影响（类似的结果另见 Harwood et al.，2005；Vonofakou et al.，2007）。

影响接触效应的另一个情绪中介变量是**共情**（empathy）。Batson 和同事们（1997）认为，我们越是能够（或想要）站在外群体成员的角度来看待这个世界，我们就越有可能从他们的角度来看待这个世界，并体验到他们可能感受到

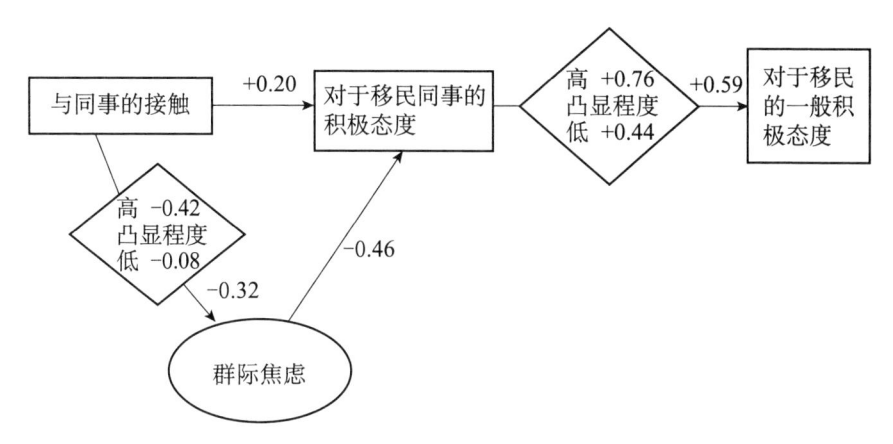

图 9.7 "接触"对"偏见"的影响、"群际焦虑"的中介作用和"类别凸显"的调节作用

资料来源：Adapted from Figure 2 in Voci and Hewstone, 2003.

的东西。当这个外群体是一个被污名化的群体时，这种共情取向应该会唤起同情，从而对他们产生更友好、更少偏见的态度。由于共情涉及从一个人的视角到另一个人视角的转变，它通常等同于**观点采择**（perspective-taking），尽管后者更多地意味着一个认知驱动的过程（Galinsky and Moskowitz, 2000）。

Batson 和同事们（1997）的一项经典研究说明了共情对于改变群际态度的效力。他们邀请被试听一段电台采访，采访对象是一名女性艾滋病患者。被试必须在两种条件中的其中一种条件下完成这项任务：要么想象艾滋病患者的感受，要么采用更客观的观点。正如假设的那样，研究者发现在前一种观点采择的条件下，人们对艾滋病患者普遍表现出更友好的态度。在以无家可归的人和被定罪的杀人犯作为被污名化群体的研究中也发现了同样的结果。一些田野研究也清楚地说明了接触、共情和减少偏见之间的关联（Pettigrew and Tropp, 2008）。共情似乎也提高了接触在促进冲突后群际宽恕方面的效果。我们在波斯尼亚的研究中发现了这一点。我们研究了 20 世纪 90 年代波斯尼亚战争后，波斯尼亚人对塞尔维亚人的态度（Cehajic et al., 2008）。波斯尼亚人与塞尔维亚人的接触越多，他们就越同情塞尔维亚人，且越倾向于原谅他们。这种宽恕反过来又减少了偏见。与 Gaertner 和 Dovidio 的共同内群体认同模型一致，受访者对"波斯尼亚人"这一更高等级类别的认同也会产生更多的宽恕和更少的偏见。研究发现，接触的另一个重要中介变量是波斯尼亚人对塞尔维亚人的信任程度（另见 Hewstone et al., 2004）。

在结束关于观点采择的积极影响的讨论之前，我应该加一个限定条件。在某些情境下，从他人的角度考虑问题可能会破坏群际接触，尤其是当参与互动的一方有充分的理由认为外群体可能会带着怀疑的眼光看待他们时。Vorauer 和她的同事在研究加拿大白人与加拿大土著的互动时发现了这个问题（Vorauer et al.，2009）。Vorauer 和同事们推测，成功的观点采择会使加拿大白人意识到土著居民对于他们的态度可能有些消极。Vorauer 和她的同事们认为，与直觉相反，这种意识在高偏见的人群中会更强烈，因为高偏见的人可能会把这些消极态度视为土著人遭受偏见后的反应；相反，对于偏见较少的人而言，由于他们自己的态度更友好，他们或许更难以想象外群体不喜欢他们。这个推理使 Vorauer 和同事们得到了一个讽刺性的结论：如果强迫人们进行观点采择，那么高偏见的人可能会努力地表现出对外群体成员的友好，而低偏见的人则会沾沾自喜地认为他们之间的关系很和谐，因此不会为此做出什么努力。Vorauer 和同事们（2009）通过四项研究，使用各种认知和情感测量方法，发现了这一自相矛盾现象的可靠证据。其中一个最有说服力的发现来自一项涉及与加拿大土著实际展开互动的研究。这项研究与之前描述过的 Batson 和同事们（1997）的研究非常相似：白人被试要么接到"观点采择"的指令，要么接到"保持客观性"的指令。参与互动的土著同伴们报告说，当他们与一个偏见较少的加拿大白人互动时，相比于中立的客观性指令条件，在观点采择的指令下他们感到更不快乐。而对于偏见水平较高的加拿大白人来说，这一趋势正好相反：观点采择边缘显著地提高了土著同伴的满意度。

我不太愿意把这个结果推广到所有的群际情境中，因为我认为，高偏见的个体通常情况下可能不太关心外群体对他们的看法。尽管如此，这一结果确实凸显出许多群际接触的一个重要特征：它们并不总是由社会地位平等的群体成员组成的。现在我就要谈谈这种接触（多数群体与少数群体之间）的性质和结果了。

多数群体-少数群体的接触：不同的关注点，不同的结果

在之前描述过的跨国研究中（Binder et al.，2009），我们既调查了多数群体成员（比利时本地人、不列颠人和德国人），也调查了少数群体成员（北非人、几个英国少数族裔和土耳其人）。我们发现，前者的接触效应是明显的（中等程度），但令人惊讶的是，接触效应在少数群体中几乎不存在。这是一个极端的例子，但绝不是唯一的。针对少数群体的接触这一研究问题，Tropp 和 Pettigrew（2005）展开了元分析并发现了这一普遍趋势（另见 Lopez，2004；

Molina and Wittig, 2006)。正如我之前提到的，Tropp 和 Pettigrew（2005）得出结论：少数群体确实会表现出接触效应，但比多数群体要弱一些。那么，在以接触作为一种减少偏见的干预时，少数群体－多数群体的效果差异是由什么原因导致的呢？

要回答这个问题，我们首先必须认识到，**多数**（majority）和**少数群体**（minority group）成员在群际接触时地位是不平等的，而他们的经历和期望也是不一样的。在接触情境中，无论如何努力地使他们的地位保持平等，并且优化他们的互动质量，事实都仍然是，在教室或工作场所以外，这两个群体在腐朽恶劣的世界里享有着不同的权力或地位。一般来说，多数（或占支配地位）群体的成员拥有更高的威望，且更有可能获得权力和影响力——老板、政策制定者、教师等等。这些情境之外的不平等意味着多数群体成员在日常生活中，在说服或胁迫少数群体成员遵守某些规范标准方面可能有着更多的经验。相反，少数群体成员更熟悉的情境可能是听取权威意见，或可能试图与权威进行谈判。

根据 Vorauer（2006）的观点，这些权力上的差异会导致多数和少数群体成员对群际交往的关注点不同。一方面，实际上，少数群体成员可能往往比多数群体成员更重视"他们的互动伙伴（们）如何看待和评价他们"这一问题。另一方面，多数群体成员可能更关心如何对互动进行"管理"，以尽可能使之平稳和无冲突。

区别多数群体和少数群体的不仅仅是地位上的差距。由于数量上的差异，少数群体成员可能有过更多的、与多数群体成员接触的先前经验，而后者则没有什么机会接触到前者。其中一些接触（至少我们希望）可能是相对良性的；但考虑到许多社会中存在的种族主义本质，大部分的接触肯定没那么积极。正如我们在前一章所看到的，少数群体的成员比多数群体的成员更容易经历偏见和歧视。无论如何，就如同 Vorauer（2006）指出的，两个群体对于群际接触有着不同的生活经验，因此在关于"互动的过程会是怎样的"这个问题上的期望也就不同。从多数群体的角度来看，出于不熟悉以及为了避免表现出歧视，人们可能会产生不安。正如我在第七章讨论厌恶性种族主义（参见 Dovidio and Gaertner, 2004）时所指出的，许多善意的多数群体成员可能会表现出这种倾向。从少数群体的角度来看，缺乏熟悉性不是问题；事实上，也许过于熟悉才是大问题！他们可能首先看看外群体的偏见大概有多少，然后观察各种偏见的迹象，无论是微妙的还是公然的。

另一组问题是少数群体所特有的，它们涉及与从属于被污名化群体有关的一些现象。正如我们在第八章看到的，反复被歧视的经历可能会导致采取自我保护策略。此外，当人们意识到关于自己群体的某些负面刻板印象时，为了避免证实那些刻板印象，人们往往会因为抑制刻板印象威胁效应而影响到其表现（Steele et al.，2002）。当少数群体成员第一次与多数群体成员见面时，其中的一些或所有这些过程都可能会发挥作用。

我们现在需要理解为什么接触在减少偏见的有效性上存在着多数群体和少数群体的差异。之前我提到群际焦虑似乎是接触-偏见减少关系的一个重要中介变量。一般来说，与外群体接触得越多，我们与其互动的焦虑就越少，因而我们的偏见也就越少。但或许这个过程只适用于多数群体的成员。由于他们对少数群体更不熟悉，我们可以假设他们的群际焦虑水平会更高，因此接触－焦虑－偏见的关系链就比少数群体更强。

关于上述观点的证据有些模糊。在欧洲开展的接触研究中，我们确实发现青少年多数群体的群际焦虑比少数群体更严重（Binder et al.，2009）。虽然由于研究的大样本而使得差异非常显著，但它的效应量并不大。尽管如此，研究发现仅对于多数群体而言出现了接触－偏见的中介效应。而另一些研究并没有观察到同样的少数群体－多数群体焦虑的差异（Hyers and Swim，1998；Shelton，2003），并且至少有两项研究（孟加拉国的印度教徒研究：Islam and Hewstone，1993a；英国的日本留学生研究：Greenland and Brown，2005；参照 Greenland and Brown，1999）发现少数族裔群体存在着更多的群际焦虑。造成这些不一致的一个原因可能是，在这些研究中，研究者测量群际焦虑的典型做法是使用 Stephan 和 Stephan（1985）量表的修订版，但这么做可能无法捕捉到两个群体体验到的不同焦虑的性质。[2] Stephan 和 Stephan 的测量方法是邀请被试记录下在预期或回忆与外群体的互动时，他们体验到的"焦虑""紧张""尴尬"等感觉。如果与我之前的假设一样，多数群体成员的焦虑主要来自他们不想表现出偏见（换言之，关于他们的自我形象），而少数群体成员更关心对方将如何看待或对待他们（换言之，关于对方会给自己带来怎样的困难），那么这种广义上测量情绪的题项可能就不够精确了。

另一些研究的结果支持用不同的接触经历来解释少数群体－多数群体的接触效果差异。Hyers 和 Swim（1998）邀请非裔美国人和欧裔美国人一起完成一项问题解决任务。任务完成后的测量显示，两组之间最大的差异在于人们对情境和同伴的关注程度：非裔美国人得分更高。Shelton 和同事们（2005）在一项关于室友关系的日记研究中研究了美国少数族裔群体成员。对于那些室友是白人的人来说，他们越是认为自己会成为偏见的目标对象，所体验到的负面情绪就越大。有趣的是，在同一组受访者中，他们越是认为自己会成为偏见的目标对象，他们向室友做出的自我表露就越多；这也许是一种策略，用以避免遭受他们所预期的偏见。然后我们来看看多数群体，Vorauer 和同事们（2000）发现，仅仅警告加拿大白人被试他们很快就会与加拿大土著进行互动，就足以引发关于加拿大白人内群体的消极**元刻板印象**（meta-stereotypes；比如"有偏见的""傲慢的"）。元刻板印象是指一个人认为另一个群体对于其所属内群体持有的看法。换言之，对群体互动的预期会导致多数群体成员开始担心自己被认为是有偏见的（另见 Vorauer and Kumhyr, 2001）。

在上一小节我谈到过提高共同的内群体认同有助于减少偏见。当我们从多数和少数群体成员的不同立场来考虑这种共同内群体策略时，就会出现一个麻烦。回顾第六章，在群际关系中起作用的一个强大动力就是创造、维持或增强内群体的特异性（Tajfel and Turner, 1986）。因此，向任何亚群体施加某一种高等级认同的尝试都与其特异性的需求背道而驰，因为此时这些亚群体有被更大群体吞噬的风险。这种风险对于少数群体来说尤为严重；多数群体可能不那么害怕，因为他们可能会按照自己的形象来塑造高等级的类别（Wenzel et al., 2007）。特异性威胁的一个后果可能就是群体为了保留自己独特的认同而增大群际偏向。几项实验室研究和至少一项田野研究的结果似乎支持了这一推论：只有在可以同时维持高等级的认同和亚群体的认同的条件下，少数群体似乎才会表现出最小的偏向（Dovidio et al., 2007; González and Brown, 2006; Hornsey and Hogg, 2000, 2002；相反的结果可参照 Guerra et al., in press）。

一些研究考察了不同文化传统中的少数群体（和移民）以及多数群体如何彼此适应的问题，它们都强调了双重认同策略的有效性。研究通常会区分这些群体可能面临的两类问题：群体成员希望彼此间有多少接触？他们在多大程度上希望保持（或放弃）自己的文化传承？Berry（1997）认为，任何一个特定群体对这两个问题的回答都代表了其偏爱的**文化适应倾向**（acculturation orientation），而这种文化适应倾向对于其成员的幸福感以及他们的群际态度都有着重要的影响。基于人们对这两个问题的肯定或否定回答，Berry（1997）提出了一个文化适应策略的简单四重分类模型（见表 9.1）。如果人们渴望群际接触并同时渴望保持自己的文化，这就是所谓的**融合**（integration）策略，有时也被称为**多元文化主义**（multiculturalism）。也许他们对维护自己的文化不那么感兴趣，但仍然希望与其他群体有很多互动。这一策略被称为**同化**（assimilation），尤其是在应用于少数群体时。与此同时，人们对外群体成员可能没有什么兴趣（或者人们可能觉得被排斥在外），并且他们强烈地不希望失去他们的文化传统。这被称为"**分离**"（separation）。最后，如果人们对接触或保留文化都不感兴趣，他们就被称为"**被边缘化的**"（marginalized）。Hutnik（1991）也提出了类似的方案，但其划分方法更强调人们认同的着眼点：亚群体的认同（高或低）以及高等级群体的认同（高或低）。在这一模型中，高–高组合对应的是融合或双重认同倾向。

表9.1　　　　　　　　　　　　　　四种文化适应倾向

对保留文化的渴望	对群际接触的渴望	
	高	低
高	融合	分离
低	同化	边缘化

资料来源：Adapted from Figure 1 in Berry, 1997.

现在有大量的研究明确地指出，少数群体成员持有融合倾向会带来心理–社会方面的益处（Berry, 1997; Liebkind, 2001）。这种倾向似乎也与少数和多数群体成员和谐的群际态度有关，尤其是与其他三种倾向相比较而言（Pfafferott and Brown, 2006; Zagefka and Brown, 2002; Zagefka et al., 2009）。

然而，无论不同文化倾向的心理和社会成本及收益如何，重要的是需要确定多数和少数群体一般来说偏好何种倾向（Arends-Toth and van de Vijver, 2003; Pfafferott and Brown, 2006; Verkuyten, 2006; Zagefka and Brown, 2002）。当回顾这几项研究的结果时，一个一致的模式出现了，即少数群体与多数群体的接触存在着一个潜在问题：总的来说，我们发现融合（或双重认同）倾向在少数群体中明显比在多数群体中更受欢迎。研究者发现，通常有67%~90%的少数群体成员选择融合，而只有50%的多数群体成员做出这种选择。至于同化，情况正好相反：同化只被一小部分少数群体成员采用，而且肯定比多数群体成员使用的频率要低得多。更复杂的是，少数群体成员偏爱何种文化适应倾向似乎在很大程度上取决于所处的情境。在家庭这种私人领域，他们可能会倾向于"分离"（说自己的传统语言，从事特定的文化实践活动）；而在工作和社区这样的公共领域，他们将变成更加坚定的融合主义者。相反，多数群体成员似乎在公共和私人情境中表现出较少的差异（Arends-Toth and van de Vijver, 2003）。

基于上述结果，现在让我们想象一下少数群体和多数群体成员之间的典型接触情境。前者在接触的情境中可能想要并期望"融合";而对于后者来说,他们很有可能持有与"同化"相关的一系列期望。正如 Dovidio 和同事们(2007)所指出的,这些存在分歧的文化适应倾向可能会给双方在一系列问题上达成社会共识带来麻烦,比如如何管理社会互动、什么话题适合讨论和谈判等(另见 Johnson et al., 2009)。

观察或想象跨群体友谊:间接接触的作用

正如我们所看到的,当允许人们与外群体成员发展有意义的关系时,尤其是当这些关系仍然保留了一些群体的凸显时,群际接触的效果是最好的。但这种跨群体的友谊也可以间接地向其他内群体成员发出信号,来说明与外群体成员做朋友是可能的并且是恰当的。通过这种方式改变社会规范,这种友谊或许可以减少偏见。

Wright 和他的同事们(1997)将这个过程称为扩展接触(extended contact),以将其从 Allport(1954)所描述的直接接触中分离出来。在扩展接触中,我的态度发生变化并不是因为我自己有外群体朋友,而是因为我知道一些内群体成员有外群体的朋友。根据 Wright 和同事们(1997)的观点,扩展接触可以从四个方面减少偏见。第一,与直接接触一样,扩展接触可能有助于消除人们在认识了解外群体成员以及与外群体成员互动时的焦虑。如果我知道或观察到其他内群体成员很容易与外群体成员和谐相处,这可能会让我也想拥有类似的关系。第二,扩展接触可以改变人们的自我概念。我们从社会认同论(Tajfel and Turner, 1986;参见第六章)可知,人们很容易将内群体成员纳入他们的认同和他们关于自我的概念中(Smith and Henry, 1996)。意识到一些内群体成员与另一个群体中的人有着密切的关系,这可能会扩大自我概念的范围,从而将后者也包含其中。Wright 和同事们(1997)将这一过程称为"**将他人包含在自我中**"(inclusion of other in the self, IOS)。第三,观察到人们可以与另一个群体的人做朋友也可以使这种行为看起来是被允许的。换言之,扩展接触有可能改变我们对于群体规范的看法,即拥有多样化的友谊网络是可取的。第四,它可能会改变人们对外群体规范(即外群体是否愿意接受跨群体友谊)的感知。在关于个体感知到的文化适应偏好的研究中(即一个群体认为另一个群体持有何种文化适应倾向),研究者发现,多数群体成员夸大了他们认为少数群体成员不希望与他们接触的程度,以及少数群体成员想要将自己与社会其他部分"分离"的想法(Pfafferott and Brown, 2006;Zagefka and Brown, 2002)。当一个人见证了他人的跨群体友谊时,这种误解可能就会发生改变,而人们也可能就会相信外群体中普遍存在的规范其实并不是那么仇外的。

Wright 和同事们(1997)提供了一些初步证据来支持扩展接触假设。他们发现,与没有朋友有过跨种族友谊的那些美国大学生相比,如果这些大学生的朋友中至少有一个有过跨种族友谊的话,那么他们对于该种族群体的偏见水平就较低。即使在控制了学生自己直接的跨群体接触后也是如此。此外,扩展接触效应甚至对于实验室里的人造群体也有效。仅仅是观察到一个内群体成员(来自蓝色/绿色组)与一个外群体成员(来自绿色/蓝色组)热情的互动,就足以改变被试对该外群体的评价。

自此之后,在其他几个国家展开的研究也证实了上述结果。无论是在德国、英国还是挪威,无论是对于大样本调查中的成年人,还是对于大学、中学和小学的学生而言,当人们的内群体朋友拥有外群体的朋友时,这似乎与人们更少的偏见有关,至少在横向的相关研究中是这样的(Feddes et al., 2009; De Tezanos Pinto et al., 2009; Paolini et al., 2004; Pettigrew et al., 2007; Turner et al., 2007b, 2008)。Turner 和同事们的研究(2008)尤为引人注目,因为他们把 Wright 和同事们(1997)最初提出的四个中介变量(群际焦虑、将他人包含在自我中、内群体规范和外群体规范)都考虑在内了。其中每一个都被证明是扩展接触与更友好的群际态度之间可靠而独立的中介变量。

还存在着另一种形式的间接接触,它甚至比扩展接触更单薄:仅仅是幻想一种积极的群际互动,就可能使某种态度发生改变。Crisp 和 Turner(2009)称之为"**想象接触**"(imagined contact),并进行了几项研究来证明其效果。在一个典型的实验范式中,被试需要"花几分钟想象自己第一次见到一位年长的陌生人":想象他们的外表、之后的对话,并根据所知道的不同方式把他们分成不同的组(Turner et al., 2007a, p. 481)。在控制条件下,被试必须想象一个没有群际互动的自然场景。通过使用这种简单的心理意象指令,或是对它稍微做出一点改动,Turner 和她的同事们发现,人们对于外群体的态度或行为意图变得更加积极一点了。到目前为止,他们已经将这种技术应用于针对老年人、同性恋者、墨西哥混血人种以及英国国际留学生的偏见中了(Stathi and Crisp, 2008; Turner et al., 2007a; Turner and Crisp, in press)。甚至有证据表明,想象接触可以影响人们对诸如 IAT 这种内隐偏见测量的反应(Turner and Crisp, in press)。

想象接触是如何发生作用的?Turner 和同事们(2007a)认为心理意象的过

程可能会让人们为实际的跨群体接触做好准备，从而减轻了他们的群际焦虑，这与直接接触的作用方式是一样的（参见之前接触"如何"以及"为何"会起作用那一小节）。

这是一个有吸引力的技术。的确，这简直好得令人难以置信！只要让人们在脑海中创造出积极的群际场景，他们的偏见就会消失。但要说这个想法会对减少偏见做出什么真正的贡献还为时尚早，而 Crisp 和 Turner（2009）也确实非常明智地没有夸大其词。我怀疑一些实验室的结果可以部分地归因于主试的要求特征（demand characteristics），但 Turner 和 Crisp（in press）的研究结果中包括一项内隐测量，这就使得我们无法用方法论上的原因来解释想象接触效应。我还怀疑想象接触在一些特别激烈的冲突情境中会有多大的可行性，在这些情境中，人们可能难以完成必要的心理活动。Crisp 和 Turner（2009）认为，想象接触最好与其他形式的接触结合使用，而不是单独作为一种干预手段。而且，在缺少实际接触机会的情况下，它至少可能比什么都不做要好一点。

与直接接触相比，间接接触的效果如何？如果仅是比较直接接触和间接接触与偏见之间的相关就会发现两者之间几乎没有差别（De Tezanos Pinto et al., 2009; Pettigrew et al., 2007; Turner et al., 2007b, 2008）。但正如 Turner 和同事们（2007b）所指出的，一旦控制了其他变量，直接接触似乎与减少偏见有更强的关联。以 Feddes 和同事们（2009）的研究为例。这是为数不多的有关扩展接触的纵向研究之一，研究对象是德国三所种族混合小学里的德国本土和土耳其裔儿童。它的纵向研究设计意味着我们可以从数据中推断出一些因果关系，而这在横向研究中是不可能的。结果表明，最初的直接接触与 7 个月后的积极群际态度相关，至少对于德国的多数族裔儿童来说是这样的（对土耳其裔儿童没有相同的效果，这与我们在另一项纵向研究中观察到的结果一致；参见 Binder et al., 2009）。然而，无论是对于德国本土儿童还是土耳其裔儿童而言，在扩展接触中都无法观察到这种纵向的影响。

不过，这并不是说间接接触总是不如直接接触有效。在某些情况下，不同群体成员之间的接触频率可能相当低。这可能是由于制度上的隔离使得形成跨群体友谊的机会几乎完全被消除了。北爱尔兰所实行的几乎是彻底种族隔离的学校制度就是一个很好的例子。即使在正式废除种族隔离之后，非正式的或自发的重新隔离也会限制实际接触的可能性。Dixon 和 Durrheim（2003）在南非度假胜地的海滩上观察到了这种重新隔离。尽管种族隔离制度在几年前就已经被废除，但黑人、白人和印度人的家庭在这个海滩上自发地按照不同的种族聚集在一起。此外，在任何特定的文化中，同一外群体的绝对数量可能相当少，从统计上来看这就意味着多数群体不太可能有机会遇到他们。在这样的情境中，日常生活中常见的群际直接接触的机会就非常有限了。通过社会政策干预来创造接触的机会也可能是很难实现的。这时就该让扩展接触和想象接触发挥作用了。可以根据间接接触原则来设计一些有效的和经济上的干预措施，以此启动减少偏见的过程。

其中一项干预是由 Liebkind 和 McAlister（1999）设计的。研究者将这项干预措施用于芬兰的六所中学（在做这项研究时该国是非常仇外的）。在一半的学校里，研究者给学生们分发了一些故事书，这些故事讲述了一个芬兰男孩或女孩与外国人（比如伊朗人或索马里人）之间的亲密友谊。由年纪稍大一些的芬兰学生在教室里主持讨论这些故事，他们抓住每一个机会来对这些跨群体的友谊做出积极的评价，并鼓励其他人也做出积极的评价。通过这种方式，故事本身以及主持讨论的学生充当了支持扩展接触的同辈群体榜样。在其余的（控制组）学校里则没有这样的干预。干预效果很明显：在 7 个月的时间里，实验组学校学生的群际态度保持了稳定或有所改善；而在控制组学校里，大部分情况下群际态度恶化了。

我们效仿上述方法，在英国的一些小学里设计了一项"故事书干预"方案（Cameron et al.，2006）。我们想看看间接接触的有效性是否可以通过结合我在前面"多数群体－少数群体的接触"小节中讨论过的双重认同策略而得到提高。在我们的这些故事中，外群体的主角是一个难民儿童，他与一个英国白人儿童交上了朋友。在故事的双重认同版本中，孩子们各自的文化认同被不断提及，但同时也强调他们作为同一所学校学生的共同身份。另一些故事则只关注于共同学校认同（"共同"条件），或是突出孩子们的个人特征（"去类别化"条件）。当然，还有一个控制组，这组儿童没有听到任何故事。所有这些故事以及随后的讨论每周进行一次，一共持续了六周。一两周后，我们评估了孩子们对于难民的态度。从图 9.8 可以看出，三个实验组的群际态度都好于无故事的控制组。但引人注目的是，那些在双重认同条件下的人态度最好（并且显著好于其他两个实验组）。类似的技术也已经被成功地用于改变儿童对于残疾人的态度了（Cameron and Rutland，2006）。

Paluck（2009）提供了一个更加引人注目的例子，它说明了媒体干预可以通过扩展接触来改变最根深蒂固的那些态度。她对卢旺达的一个广播节目的影响进行了评估。这个国家在 1994 年经历了种族灭绝，几十万图西族人在数月内

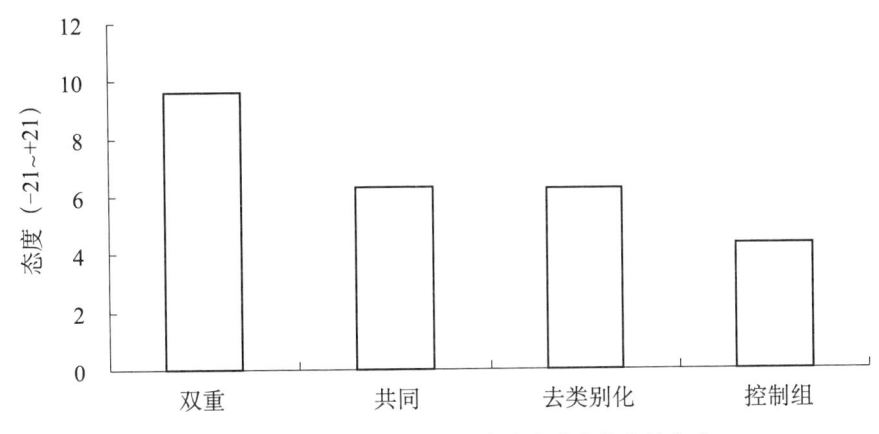

图9.8　采用扩展接触干预的方法来改变儿童的态度

注：该图显示的是对于难民的积极态度。

资料来源：Adapted from Table 1 in Cameron et al., 2006.

被残忍地屠杀了。此后，甚至是一直到现在，人们还在努力地重建家园。这个名为《新黎明》（Musekeweya）的广播节目以肥皂剧为特色，其中涉及胡图族和图西族社区的人们。当然，（作为肥皂剧）里面还有一条感情线，讲述了来自不同种族的一个男孩和一个女孩的爱情故事。Paluck 安排四期 20 分钟的广播节目在若干村落社区的收音机里播放。其他社区则收听另一部肥皂剧，主要内容是关于改变人们对于艾滋病毒和艾滋病的态度的。一年后，这些社区的成员接受了采访，以便让 Paluck 评估人们对于群体暴力的起源和解决办法的观念，以及他们在信任和跨种族婚姻方面对社会规范的认可程度。[3] Paluck 发现，与那些收听关于健康问题的肥皂剧的人相比，尽管人们的观念似乎很少受到《新黎明》节目的影响，但是他们对跨种族婚姻、信任的可能性，以及对卢旺达人的同情这些方面的规范都变得更加认可。Paluck 发现这些研究结果中存在一个令人欣喜的对称性：虽然无线电广播因把图西族人描绘成蟑螂和其他害虫而在 1994 年的种族灭绝中发挥了不小的作用，但将其作为一种群际和解的工具同样是可行的。

❖ 结束语

我选择以 Paluck 的研究作为这一章的结尾（也是本书的结尾）是因为我发现这是一个特别鼓舞人心的例子，它说明了社会心理学能做出哪些贡献。我们既可以通过理论观点来设计一种有效的干预，也可以通过方法论的工具来评价它的效果。让我立马再打压一下这个相当乐观的结论，以提醒大家注意到社会心理学在理解和最终消除偏见这一社会问题上存在的局限。正如我在第一章所指出的，在揭示一种像偏见这么复杂且根植于历史、经济和政治背景中的现象时，如果我们认为某一门学科是绝对权威的话，这是非常愚蠢的。的确，我认为要解决世界上长期存在的冲突及与之相关的偏见，很可能首先需要进行一些彻底的社会－政治改革，然后才有可能展开群际接触，不论是以直接的还是扩展的方式。然而，还是那句俗话："条条大路通罗马。"就算社会心理学的道路是狭窄的，其方向也是不确定的，但如果我们真的想为当今这个充满冲突的世界做些什么以减少偏见的话，我们就必须踏上这条道路。我非常不谦虚地希望本书能够为那些想从事这项事业的人提供一些指导。

❖ 小结

1. 大量的研究表明，群体之间的接触可以减少偏见，但有一些前提条件。这些条件是：旨在促进接触的措施需要得到社会和制度的支持；接触需要有足够的频率、持续时间和密切程度，以便在相关的群体成员之间建立起有意义的关系；接触情境中的参与者应尽可能具有平等的身份；接触中应当包含合作性的活动。

2. 接触研究的一个主要焦点是种族融合学校。其中一些研究，特别是关于美国学校反种族隔离的影响的研究表明，在种族关系方面，融合并不总能产生人们所期待的效果。造成这种情况的原因是，反种族隔离很少能够满足成功接触所需的四个最佳条件。但一些具体的干预方案，尤其是那些涉及合作学习小组的方案，在增加不同社会类别成员之间的吸引力方面获得了非常大的成功。

3. 近年来，接触假设经历了许多修订和扩展。现在很明确的是，这种因果关系是双向的：接触减少偏见，偏见也会减少接触。

4. 为了促进接触效应最大限度地泛化，在群际接触时保留某些类别的凸显是很重要的。接触达到其效果的方式似乎包括：减少群际焦虑，促进共同群体认同，以及允许共情的发展。然而这些中介过程的作用方式可能是不一样的，或是对多数群体的作用不如对少数群体那么有效。

5. 最后，与外群体没有任何直接的接触也可以减少偏见；仅仅是知道其他人有外群体的朋友，或者想象自己有这样的朋友，可能就足以改善群际态度。

❖ 注释

1. 实际上有两个群体凸显的条件，取决于在互动中提及种族而使其凸显的时间点。两个条件之间没有差别，因此我在这儿把它们当成一个了。

2. 我非常感谢在 2009 年国际研究生院的暑期学校中，Jack Dovidio 和我课题组里的其他成员所提供的这些见解。

3. 由于卢旺达群际关系的极端敏感性，有研究者认为无法直接地测量到种族间的态度。

❖ 扩展阅读

Brown，R.，and Hewstone，M.（2005）An integrative theory of intergroup contact. *Advances in Experimental Social Psychology* 37：255 – 343.

Gaertner，S.，and Dovidio，J.（2000）*Reducing Intergroup Bias：The Common In-group Identity Model.* Hove：Psychology Press.

Oskamp，S.（2000）*Reducing Prejudice and Discrimination*，esp. Part Ⅲ. Mahwah，NJ：Erlbaum.

Turner，R. N.，Hewstone，M.，Voci，A.，Paolini，S.，and Christ，O.（2007c）Reducing prejudice via direct and extended cross-group friendship. *European Review of Social Psychology* 18：212 – 55.

术语表

Accessibility 可及性 一个给定的认知构念出现在一个人头脑当中的难易程度。

Acculturation orientation 文化适应倾向 在移民的背景下，群体成员在与其他群体建立联系时所采用的策略。传统上，文化适应倾向被视为源于人们对维持（或放弃）自己本文化的偏好，以及与另一个群体互动和接纳（或不接纳）他们的文化的偏好。

Acquaintance potential 熟悉度 一种能够促进跨群体友谊形成的社会情境。

Acquiescence response set 默认反应定势 一种倾向。不管问卷题目的内容如何，在回答时都倾向于"同意"。

Aetiological 原因论的 关于一种现象的起源或原因。

Ageism 年龄主义/年龄歧视 偏见的一种特殊形式，目标对象由年龄定义，通常是老年人。

Ambivalent prejudice (racism/sexism) 矛盾性偏见（种族主义/性别主义） 偏见的一种形式，包含对于外群体积极的和消极的态度的混合物。

Anti-Semitism 反犹主义 偏见的一种特殊形式，目标对象是犹太人。

Assimilation 同化 一种文化适应倾向或社会政策，偏向于将少数文化纳入多数文化中。

Associative priming 联想启动 一种测量内隐偏见的技术。以群体标签或刺激作为任务中的启动，人们必须判断各种词为积极词还是消极词。启动任务的反应时可以与没有启动的基线反应时相比较，这些反应时的差异可以作为一种内隐偏见的测量。

Attribution theory 归因理论 一种理论，关注人们对于人类行为原因的信念。

Authoritarian personality (authoritarianism) 权威主义人格（权威主义） 源自一种理论，认为偏见主要可以用一种人格特质（权威主义）来解释，这种特质来自一种特定的家庭环境类型，在这种家庭环境中，儿童接受了非常严格的和道德审查式的教养方式。

Automatic process/behaviour 自动化过程/行为 不需要努力或意志就会发生的事情，通常不会被意识到。

Aversive racism 厌恶性种族主义 偏见的一

种形式。人们真诚地认同"容忍"的原则，但仍然表现出对群际接触的回避或恐惧，尤其是当情境中缺乏明显的规范来指导人们的行为时。

Belief (in) congruence 观念（不）一致 两个（或多个）人的观念（不）相同。在一种理论中（观念一致理论），这被认为会决定人们的偏见。

Benevolent sexism 善意的性别主义 一种性别主义，由对于女性看似友好的态度组成，但其背后掩藏了想要维持性别不平等的愿望。

Bogus pipeline 假通道 一种实验范式。被试相信他们真实的感情能够被一台机器检测到。研究者认为，人们在这种范式里与正常条件下的反应差异揭示了人们在作答时的社会赞许倾向。

Categorization 分类 一种认知过程，将（社会）世界分割成单独的单元。

Category awareness 类别觉察 认识到人们中间既存的类别差异。

Category identification 类别认同 一个人利用某些类别的成员身份来进行自我定义。

Category preference 类别偏好 一个人偏好某一个类别而不是另一个类别。

Civic nationalism 公民民族主义 民族认同的一种形式。民族由公民身份来定义，而公民身份体现为人们做出承诺，表示尊重制度的和法律的框架并参与其中。

Cognitive busyness 认知繁忙 一种心理状态。一个人当前的认知资源被一些正在进行的、"繁忙的"心理活动所占用。

Cognitive closure (need for) 认知闭合（需求） 一种强烈的渴望，需要对问题得出确定的答案而无法容忍解决方案存在一定的模糊性。

Cognitive dissonance theory 认知失调论 一种理论，假设人类行为的主要动机是需要避免持有两种或更多的矛盾态度。这种持有矛盾态度的状态是令人感到厌恶的，被称为认知失调。

Common fate 共同命运 一种知觉，即感知到不同的人们享有相似的经历，尤其是在他们如何被他人对待方面。

Common ingroup identity model 共同内群体认同模型 一种理论，认为最成功的接触是重新划分类别边界，使得内群体的成员和外群体的成员同属于一个更高等级的类别。

Concrete operational period 具体运算阶段 儿童认知发展的一个阶段。根据 Piaget（皮亚杰）的理论，在这一阶段，儿童对人和物的知觉及认知主要由这些人和物的外表所决定。

Conflict of interests 利益冲突 一种情境，其中一个群体寻求或渴望与另一个群体发生目标冲突，并以牺牲另一个群体的目标为代价。

Conservation 守恒 儿童有能力理解：虽然一个人或物的外表发生了变化，其背后的属性仍然不变。一个经典的守恒任务就是把液体从一个又高又细的瓶子倒进一个又矮又宽的瓶子里，然后询问儿童液体的总量是否发生了变化。

Contact hypothesis 接触假设 一种观点，认为可以通过让不同群体的成员聚到一起来减少偏见，前提条件是平等地位的合作与友谊的建立，以及针对融合存在着制度上的支持。

Co-operative learning groups 合作学习小组

学生们以小组的形式一起学习；作为教学法的一个部分，这些小组的组织方式是通过让学生们积极地彼此相互依赖来完成他们的学习任务。

Creative ingroup bias 创造性内群体偏向 通过使人们注意到内群体具有的一些可能被忽视的积极特征来为其寻求积极特异性的一种方式。

Cross-cutting categorization 交叉分类 一种分类方式，即两个或多个分类系统重叠，使得人们可以被视为同时从属于一个以上的群体（例如性别和种族）。

Decategorization 去类别化 将对社会类别的强调去除，使之变得不那么凸显的过程。

Desegregated schooling 反隔离的学校教育 培养种族或宗教多样性的学校制度体系。

Discriminant validity 区分效度 一项测验或测量的效度。该测验或测量与有关标准上的变量（们）之间存在着相关，而与无关标准上的变量之间不存在相关。

Displacement 移置 心理动力理论中描述的一个过程，即对于一个有权力的目标对象的攻击或是偏见被重新指向另一个可替代的、不那么具有权力的目标对象。

Dogmatism 教条主义 与权威主义相似的一种人格特质，但被认为同样适用于持强烈左翼或右翼政治观点的人。

Dual (or bicultural) identities 双重（或双文化）认同 一种认同形式。人们同时认同两个或多个类别。

Empathy 共情 一种能力。通过观点采择来体验到另一个人的情绪。

Entitativity 实体性 一系列刺激被视为形成了一个单一的整体或群体的程度。

Ethnic constancy 种族恒常性 有能力理解"定义人们种族的一些外表特征（如肤色）不可能随着年龄而改变"这个问题。

Ethnic nationalism 种族民族主义 一种民族认同的形式，认为民族由一些共享的祖先的、语言的或文化的特异性来定义。

Ethnocentrism 种族中心主义 严格来说，是指一种"一切从内群体视角出发"的观点。它经常被用以表示一种总体上针对外群体的偏见性态度。

Explicit prejudice 外显偏见 偏见的一种直接形式，通常受到一个人的控制。

Expressive ingroup bias 表达性内群体偏向 通过强调内群体已经被广泛认可的一些积极特征来为其寻求积极特异性的一种方式。

Extended contact 扩展接触 一种非直接的群际接触，源于一个人得知内群体的其他成员拥有外群体的朋友。

Factor analysis 因素分析 一种统计分析方法，旨在寻找一系列彼此相关的变量背后的结构。

False consciousness 虚假意识 一个马克思主义的概念，描述了一种情境，在这种情境中，从属群体成员愿意相信既有的社会秩序，即使这些社会秩序与现实有出入且与他们的物质利益相悖。

Fit 契合度 在任何一个给定情境中，类别与刺激间的真实差异之间存在着功能性关联的程度。

Frustration–aggression theory 挫折－攻击理论 一种理论，认为偏见是由人们无法满足他们的基本需求或是无法实现渴望的目标而导致的。

Generalization 泛化 把针对一个人的态度

改变迁移到这个人所属的群体或群体中其他成员的身上。

Group（or fraternalistic）**deprivation 群体（或兄弟式的）剥夺**　一种情绪，产生于当人们知觉到他们群体的当前社会地位与他们感觉群体应得的社会地位之间出现差异时。

Group essence/essentialism 群体本质/本质主义　一种特征。由于群体部分是由这一特征来定义的，可以推测所有的或多数的群体成员都具有这一特征。在一些情况下，"本质"可能被知觉为群体与生俱来的。

Group identification（strength of）**群体认同（强度）**　人们视自己从属于一个群体的程度，他们对那个群体的评价，以及他们对其的情感承诺。

Group salience 群体凸显　一个或多个群体在人们的头脑中变得非常可及的一种状态。

Habituation paradigm 习惯化范式　一种实验技术，被用于研究非常小的儿童。研究者向儿童反复呈现一个给定的刺激，直到孩子看起来失去了兴趣。在测试阶段，同样的刺激与一个新的刺激一同被呈现出来，儿童观看新刺激和最初刺激的时间被记录下来。在两个刺激观看时间上的差异表明儿童看出了测试刺激中的不同之处。

Hate crime 仇恨犯罪　任何以憎恨受害者的群体成员身份（例如种族、宗教和性别倾向）为动机的刑事犯罪。

Homophobia 恐同　偏见的一种特殊形式，目标对象是一个群体，该群体由其成员的性别取向定义（如男同性恋者、女同性恋者、跨性别者）。

Homophobic 恐同的　针对同性恋人群的偏见。

Hostile sexism 敌意的性别主义/性别歧视　一种性别主义。对于女性的消极态度被直接地表达出来。

Illegitimate status differences 非法的地位差异　一种情境，此时群体在等级制度中的地位被认为是基于一些随意的标准或是不公平的习惯。

Illusory correlation 伪相关　一种错误的观念，认为少数群体成员比多数群体成员更可能具有某些不常见的特征。

Image theory 形象理论　政治科学的一种理论视角，认为对于一个外群体的、普遍的刻板化形象源于内群体与该外群体的功能性关系是"同盟""敌人""依附者"，还是"野蛮人"。

Imagined contact 想象接触　一种技术，即人们被要求想象与外群体的成员有一次愉快的互动。

Impermeable group boundaries 不可渗透的群体边界　当定义群体的方式使得个体无法选择性地离开或进入它们时，这些群体具有不可渗透的边界。

Implicit association test 内隐联想测验　一种测量偏见的间接方法，基于人们对各种类别以及积极/消极特征的不同组合进行分类的速度。

Implicit prejudice 内隐偏见　偏见的一种间接形式，通常不（怎么）受到一个人的控制。

Inclusion of other in the self（IOS）**将他人包含在自我中**　他人（尤其是来自外群体的人）被纳入一个人的自我概念之中的过程。

Individual（or egoistic）deprivation 个体（或以自我为中心的）剥夺　一种情绪，产生于当人们知觉到他们本身个人的当前社会地位与他们感觉应得的社会地位之间出现差异时。

Ingroup bias 内群体偏向　在知觉、判断或行为方面偏爱内群体而不是外群体的一种倾向。

Ingroup over-exclusion effect 内群体过度排斥效应　一种倾向，即将某人归类为属于一个外群体而不是内群体。

Ingroup homogeneity 内群体同质性　内群体的成员被视为彼此相似的程度。

Ingroup projection 内群体投射　一种认知过程，即内群体的特征被知觉为同样属于另一个、通常是更高等级的类别。

Integrated threat theory 整合威胁论　一种理论，认为偏见主要产生于对内群体的不同种类的威胁，如象征性的或现实性的。

Integration 融合　一种社会政策，偏向于积极的群际关系和种族多样性。当被应用于个人的文化适应倾向时，是指希望在保持个体本身文化的同时，也积极参与到另一个群体的文化中去。

Integrative complexity 整合复杂性　一种认知方式。个体能认识到存在许多种视角并假设它们之间可能相互联系。

Intercategory differentiation 类别间分化　一种倾向，即将不同的类别成员视为比实际上更加不同。

Intergroup anxiety 群际焦虑　当期待与外群体成员发生互动时可能会经历的一种恐惧情绪。

Intergroup contact 群际接触　在群体凸显条件下发生的接触，互动者被视为他们所属群体的代表。

Intergroup discrimination 群际歧视　区别对待两个（或多个）群体成员的行为，通常是偏向其中一个群体。

Intergroup emotions 群际情绪　由于内群体发生了一些事或可能会发生的一些事而体验到的情绪，但这些事不一定是某一个单独的内群体成员直接经历的。

Internal reliability 内部信度　一种测量的子成分之间彼此紧密相关的程度，通常使用的一个指标就是科隆巴赫 α 系数。

Interpersonal contact 人际接触　在低群体凸显的条件下发生的接触，互动者被视为个体并且对于他们所属的群体来说不是特别具有代表性。

Intolerance of ambiguity 模糊不耐受　与权威主义有关的一种认知方式。个体偏好用清晰定义的方式来看待这个世界并讨厌模棱两可。

Intracategory assimilation 类别内同化　一种倾向，即将同一类别的成员视为比实际上更加相似。

J-curve hypothesis J 形曲线假设　一种论点。当一个群体的财富在逐渐增加的繁盛之后，紧接着出现一个急转弯时，相对剥夺的水平最高。

Linguistic intergroup bias 语言的群际偏向　一种倾向，用抽象概括的术语来描述积极的内群体行为和消极的外群体行为，而用更为具体的方式来描述消极的内群体行为和积极的外群体行为（参见终极归因偏误）。

Majority group 多数群体　字面意思是指社会情境中，两个（或多个）群体里较大的那一个；但通常是指拥有更高地位和更多权力的那个群体。

Marginalization 边缘化 一种文化适应倾向或社会政策，偏向于既不加入少数群体也不维护自身的文化传统。

Maximizing difference 差异最大化 一种评价或行为上的策略，寻求在内群体和外群体之间建立起积极的差异。

Mediator 中介变量 一种变量，可以帮助解释自变量对因变量的影响。

Meta-analysis 元分析 将一些独立研究的结果合并起来的一种统计方法。

Meta-contrast ratio 元对比率 某种分类使得感知到的不同群体成员的差异最大化，并同时使得同一群体成员的差异最小化。

Meta-stereotype 元刻板印象 关于"另一个群体对于内群体持有何种刻板印象"这一问题的知觉。

Minimal group paradigm 最简群体范式 一种实验情境。创建两个（或多个）人造的群体，被试与他们自己的群体成员或另一个（几个）群体的成员都不认识也没过互动，然后研究者要求他们给不同的匿名群体成员分配资源（通常是钱）。

Minority group 少数群体 字面意思是指社会情境中，两个（或多个）群体里较小的那一个；但通常是指拥有更低地位和更少权力的那个群体。

Moderator 调节变量 一种变量，可以改变（调节）自变量对因变量的影响。

Multiculturalism 多元文化主义 一种意识形态或社会政策，偏向于将融合作为文化适应倾向，尤其是要促进对文化多样性的尊重。

Nationalism 民族主义 民族认同的一种形式，强调一个人对自己祖国的积极依恋，同时也包括对其他国家的贬低。

Negative interdependence 消极互依 一种情境，即一个群体目标的实现阻碍了另一个群体实现其目标。

Old-fashioned/blatant prejudice（racism/sexism）传统的/公然的偏见（种族主义/性别主义） 偏见的一种形式。对于外群体的消极态度往往是以公开诋毁的方式被直接地表达出来。

Outgroup bias 外群体偏向 一种情境，即外群体比内群体得到了更好的评价和待遇。

Outgroup homogeneity effect 外群体同质性效应 一种知觉，即相比于内群体的成员，外群体的成员间彼此更加相似。

Patriotism 爱国主义 民族认同的一种形式，强调一个人对自己祖国的积极依恋但并不伴随对其他国家的贬低。

Perceived intragroup homogeneity 感知到的群体内同质性 一个群体的成员被视为彼此相似的程度。

Person–group discrepancy 个体–群体差异 认为群体中的其他成员比自己遭受了更多歧视的一种倾向。

Perspective-taking 观点采择 站在另一个人的角度来看问题。

Positive distinctiveness 积极特异性 以某种方式看待和对待内群体，使之与外群体不一样或比它更好。

Positive interdependence 积极互依 一种情境，即一个群体的目标实现依赖于另一个群体做出的积极贡献。

Positive–negative asymmetry effect 正–负不对称效应 一种现象。行为或态度上的歧视是不同的，并且通常相比于消极的价值维度，这些行为或态度上的歧视在积极的价值维度上更加强烈。

Prejudice 偏见 对于一个群体的成员的态度、情绪或行为，直接或间接地包含对那个群体的一些否定或是反感。

Prevention focus 预防聚焦 一种认知倾向，关注于如何在某项任务中不出错。

Priming 启动 一种程序，即呈现一个刺激使之对随后刺激的加工过程产生影响。

Promotion focus 促进聚焦 一种认知倾向，关注于试图在某项任务中发挥出最佳的水平。

Racism 种族主义 偏见的一种特殊形式，目标对象是一个种族群体。

Randomized double-blind design 随机双盲设计 一种研究设计。被试和收集数据的研究者都不知道被试处于实验条件下。被试被随机地安排进入实验组。

Reactive distinctiveness 反应式特异性 一种偏向性的判断或行为模式，试图为一个具有模糊定义的内群体建立起积极的特异性。

Realistic group conflict theory 现实群体冲突论 一种理论，认为偏见源于为了获得稀缺物质资源而展开的各种群体竞争。相应地，这种视角也认为，使群体间的现实利益相互看齐应该是减少偏见的最好办法。

Realistic threats 现实性威胁 在内群体的物质利益或人身安全方面产生的任何威胁。

Rebound effects 反弹效应 一种情境，试图避免将某人刻板化，结果却导致了比以前更大的刻板印象激活或使用。

Refencing 重新分割 重新定义一个类别及其相关特征使得（明显的）对其信度或适用性的抵赖行为能够被接受或得以解释。

Reflective distinctiveness 反射式特异性 一种偏向性的判断或行为模式，试图为一个已经具有明确定义的内群体重新建立起积极的特异性。

Rejection–identification model 拒绝–认同模型 一种理论，预测了被污名化群体的成员通常在幸福感上会遭受消极的影响，除非这种现象能够被提升了的群体认同所缓解，而这种群体认同的提升是由于歧视是指向他们所属的群体而导致的。

Relative deprivation 相对剥夺 一种情绪，产生于当人们知觉到他们当前的生活标准与他们感到应得的生活标准之间出现差异时。

Relative gratification 相对满足 与相对剥夺相反。即一种情境，此时人们知觉到他们当前的生活标准比他们感到应得的生活标准高。

Response amplification 反应放大效应 由于某个变量而导致反应被提升或被夸大。

Right-wing authoritarianism 右翼权威主义 对传统权威主义人格特质的一种现代修订，包括对权威的服从、对越轨者或"局外人"的攻击，以及对传统道德规范的遵循。

***schadenfreude* 幸灾乐祸** 当得知高地位群体遭受不幸后，低地位群体的成员可能会感到开心。

Self-affirmation 自我肯定 一种实验的诱发方法，即请人们思考对于他们而言最重要的那些价值。

Self-categorization theory 自我分类理论 一种理论视角，认为人们的群体和群际行为的主要决定因素是他们把自己归类于某个群体成员的方式和程度。

Self-fulfilling prophecy 自我实现预言 一种情境，即对一个目标对象的刻板化期望导致了与其一致的变化，进而强化了这些期望。

Separation 分离 一种文化适应倾向或社会政策，偏向于将少数文化从多数文化中分离出来。

Sexism 性别主义/性别歧视 偏见的一种特殊形式，目标对象是性别；通常指向女性。

Social dominance theory 社会支配论 一种理论，声称偏见和歧视是人类一种普遍倾向的体现。这种倾向就是形成基于群体的、不平等的结构，使得一些群体成员拥有权力来让另一些群体的成员屈服。

Social dominance orientation（SDO）社会支配倾向 一种测量，即测量个体在多大程度上赞同一种意识形态观点，这种观点偏向于不平等的社会关系，尤其是群体间的不平等关系。

Social identity 社会认同 人们自我概念的一些特征，来源于他们所属的各种社会类别的成员身份。

Social identity theory 社会认同论 一种视角，声称偏见和群际行为的一个主要决定因素是人们认同的建构和定义方式，以及这些认同可能会受到特定社会情境影响的方式。

Social stigma 社会污名 使一个人遭受社会轻视的任何特征。

Stereotype activation 刻板印象激活 引发并使得针对一个群体的一些刻板化的特征或期望起作用。

Stereotype lift 刻板印象提升 高地位群体的成员感知到另一个群体可能会由于关于其所属群体的一些消极刻板印象而遭到他人的妄加评判——这种知觉会导致高地位群体更好的任务表现。

Stereotype suppression 刻板印象抑制 在进行社会判断时，主动尝试不使用特定的群体刻板印象。

Stereotype threat 刻板印象威胁 被污名化群体的成员感知到他们可能会由于关于其所属群体的一些消极刻板印象而遭到他人的妄加评判——这种知觉会导致他们较差的任务表现。

(Stereotypical) expectancies （刻板印象）期望 一些观念，即关于一个群体成员是什么样的或是对他们通常的行为表现的期望。

Stereotyping/stereotypes 刻板印象化/刻板印象 基于人们特殊的群体成员身份而把各种特征归属于他们。

Subliminal 阈下的 在意识水平之下。

Subtle prejudice（racism/sexism）微妙的偏见（种族主义/性别主义） 偏见的一种形式，其特征是为传统的个体主义价值观辩护、夸大文化上的群际差异，以及否认对于外群体的积极情绪。

Sub-typing 亚型化 在一个类别中创建亚群体，使得不那么容易被归为这个类别的成员可以被一个更加宽泛的类别定义所包含。

Superordinate goals 超级目标 一些目标，无法靠一个群体自身或是通过与另一个群体竞争来实现，而是需要依赖于另一个群体才能成功地实现。

**Symbolic/modern prejudice, neo-prejudice（racism/sexism）象征性/现代偏见，新

偏见（种族主义/性别主义） 偏见的一种形式，其特征是反对一些社会政策。这些社会政策被认为偏向于劣势群体或是与传统的个人自由选择或精英主义的价值观不一致。

Symbolic threats 象征性威胁 向内群体定义自己的方式以及象征这种认同的文化实践活动发起挑战。

System justification theory 体制合理化理论 一种理论，认为群际态度的一个来源是人们需要相信既存社会结构的合法性和稳定性。

Temporal relative deprivation 时间性相对剥夺 相对剥夺的一种形式，源自当人们将当前的状况与过去或可能的将来进行不利的对比时。

Test/re-test reliability 重测信度 一种测量在两个独立的情境中得到相似结果的程度；通常用从不同时间点得到的分数之间的相关来衡量。

Typicality 典型性 一个人被知觉为他/她所属群体的代表的程度。

Ultimate attribution error 终极归因误差 一种倾向，把内群体成员积极的行为归于内因而把消极的行为归于外因。相应地，积极的外群体行为被归为外因，而消极的外群体行为则被视为具有内部起源。

Unstable status differences 不稳定的地位差异 一种情境，此时改变群体在等级制度中的相对地位是可能的，或甚至是即将发生的。

V-curve hypothesis V形曲线假设 一种论点，认为偏见既可能源于相对剥夺也可能源于相对满足。

Validity 效度 如果一种测量为其想要测量的构念提供了很好的指标或估计，那么它就被认为是有效的。

Xenophobia 仇外主义 偏见的一种特殊形式，以外国人为目标对象群体。

参考文献

Aboud, F. E. (1977) Interest in ethnic information: A cross-cultural developmental study. *Canadian Journal of Behavioral Science* 9: 134–46.
Aboud, F. E. (1980) A test of ethnocentrism with young children. *Canadian Journal of Behavioral Science* 12: 195–209.
Aboud, F. E. (1988) *Children and Prejudice*. Oxford: Basil Blackwell.
Aboud, F. E. (2003) The formation of in-group favoritism and out-group prejudice in young children: Are they distinct attitudes? *Developmental Psychology* 39(1): 48–60.
Aboud, F. E., and Doyle, A.-B. (1996) Parental and peer influences on children's racial attitudes. *International Journal of Intercultural Relations* 20: 371–83.
Aboud, F., and Amato, M. (2001) Developmental and socialization influences on intergroup bias. In R. Brown and S. Gaertner (eds), *Blackwell Handbook of Social Psychology: Intergroup Processes*, pp. 65–85. Oxford: Blackwell.
Aboud, F. E., and Sankar, J. (2007) Friendship and identity in a language-integrated school. *International Journal of Behavioral Development* 31: 445–53.
Aboud, F. E., Mendelson, M. J., and Purdy, K. T. (2003) Cross-race relations and friendship quality. *International Journal of Behavioral Development* 27: 165–73.
Abrams, D., Eller, A., and Bryant, J. (2006) An age apart: The effects of intergenerational contact and stereotype threat on performance and intergroup bias. *Psychology and Aging* 21: 691–702.
Abrams, D., Viki, G. T., Masser, B., and Bohner, G. (2003) Perceptions of stranger and acquaintance rape: The role of benevolent and hostile sexism in victim blame and rape proclivity. *Journal of Personality and Social Psychology* 84: 111–125.
Abrams, D., Rutland, A., Cameron, L., and Ferrell, J. (2007) Older but wilier: Ingroup accountability and the development of subjective group dynamics. *Developmental Psychology* 43: 134–148.
Abrams, D., Crisp, R. J., Marques, S., Fagg, E., Bedford, L., and Provias, D. (2008) Threat inoculation: Experienced and imagined intergenerational contact prevent stereotype threat effects on older people's math performance. *Psychology and Aging* 23: 934–9.
Ackerman, N. W., and Jahoda, M. (1950) *Anti-Semitism and Emotional Disorder*. New York: Harper.
Adorno, T. W., Frenkel-Brunswik, E., Levinson, D. J., and Sanford, R. M. (1950) *The Authoritarian Personality*. New York: Harper.
Alexander, M. G., Brewer, M. B., and Hermann, R. K. (1999) Images and affect: A functional analysis of out-group stereotypes. *Journal of Personality and Social Psychology* 77: 78–93.

Allen, V. L., and Wilder, D. A. (1975) Group categorization, belief similarity and group discrimination. *Journal of Personality and Social Psychology* 32: 971–7.

Allen, V. L., and Wilder, D. A. (1979) Group categorization and attribution of belief similarity. *Small Group Behavior* 10: 73–80.

Allport, G. W. (1954) *The Nature of Prejudice*. Reading, MA: Addison-Wesley.

Allport, G. W., and Kramer, B. B. (1946) Some roots of prejudice. *Journal of Psychology* 22: 9–39.

Altemeyer, B. (1988) *Enemies of Freedom: Understanding Right-Wing Authoritarianism*. San Francisco: Jossey-Bass.

Altemeyer, B. (1996) *The Authoritarian Specter*. Cambridge, MA: Harvard University Press.

Altemeyer, B. (1998) The other 'authoritarian personality'. *Advances in Experimental Social Psychology* 30: 47–92.

Amir, Y. (1969) Contact hypothesis in ethnic relations. *Psychological Bulletin* 71: 319–342.

Amir, Y. (1976) The role of intergroup contact in change of prejudice and ethnic relations. In P. A. Katz (ed.), *Towards the Elimination of Racism*, pp. 245–308. New York: Pergamon.

Angelou, M. (1969) *I Know Why a Caged Bird Sings*. London: Hutchinson.

Appelgryn, A. E., and Nieuwoudt, J. M. (1988) Relative deprivation and the ethnic attitudes of blacks and Afrikaans-speaking whites in South Africa. *Journal of Social Psychology* 128: 311–23.

Arends-Toth, J., and van de Vijver, F. J. R. (2003) Multiculturalism and acculturation: Views of Dutch and Turkish–Dutch. *European Journal of Social Psychology* 33: 249–66.

Arkes, H. R., and Tetlock, P. E. (2004) Attributions of implicit prejudice, or 'Would Jesse Jackson "fail" the implicit association test?' *Psychological Inquiry* 15: 257–78.

Armstrong, B., Johnson, D. W., and Balour, B. (1981) Effects of co-operative versus individualistic learning experiences on interpersonal attraction between learning disabled and normal progress elementary school students. *Contemporary Educational Psychology* 15: 604–16.

Aronson, E., and Mills, J. (1959) The effect of severity of initiation on liking for a group. *Journal of Abnormal and Social Psychology* 59: 177–81.

Aronson, J., Fried, C. B., and Good, C. (2002) Reducing the effects of stereotype threat on African American college students by shaping theories of intelligence. *Journal of Experimental Social Psychology* 38: 113–25.

Aronson, E., Blaney, N., Stephan, C., Sikes, J., and Snapp, M. (1978) *The Jig-Saw Classroom*. London: Sage.

Aronson, J., Lustina, M. J., Good, C., Keogh, K., Steele, C. M., and Brown, J. (1999) Whe white men can't do math: Necessary and sufficient factors in stereotype threat. *Journal of Experimental Social Psychology* 35: 29–46.

Asch, S. E. (1952) *Social Psychology*. New Jersey: Prentice Hall.

Asher, S. R., and Allen, V. L. (1969) Racial preference and social comparison processes. *Journal of Social Issues* 25: 157–66.

Augoustinos, M., Ahrens, C., and Innes, M. (1994) Stereotypes and prejudice: The Australian experience. *British Journal of Social Psychology* 33: 125–41.

Bandura, A. (1977) *Social Learning Theory*. Englewood Cliffs, NJ: Prentice-Hall.

Banks, W. C. (1976) White preference in blacks: A paradigm in search of a phenomenon. *Psychological Bulletin* 83: 1179–86.

Banton, M. (1983) *Racial and Ethnic Competition*. Cambridge: Cambridge University Press.

Bar-Haim, Y., Ziv, T., Lamy, D., and Hodes, R. M. (2006) Nature and nurture in own-race face processing. *Psychological Science* 17: 159–63.

Barden, J., Maddux, W. W., Petty, C. R., and Brewer, M. B. (2004) Contextual moderation of racial bias: The impact of social roles on controlled and automatically activated attitudes. *Journal of Personality and Social Psychology* 87: 5–22.

Bargh, J., Chen, M., and Burrows, L. (1996) Automaticity of social behavior: Direct effects of trait construct and stereotype activation on action. *Journal of Personality and Social Psychology* 71: 230–44.

Baron, A. S., and Banaji, M. R. (2006) The development of implicit attitudes. *Psychological Science* 17: 53–8.

Barrett, M. (2007) *Children's Knowledge, Beliefs and Feelings about Nations and National Groups.* Hove: Psychology Press.

Bartsch, R. A., and Judd, C. M. (1993) Majority–minority status and perceived ingroup variability revisited. *European Journal of Social Psychology* 23: 471–83.

Bass, B. M. (1955) Authoritarianism or acquiescence? *Journal of Abnormal and Social Psychology* 51: 616–23.

Batson, C. D., Polycarpou, M. P., Harmond-Jones, E., Imhoff, H. J., Mitchener, E. C., Bednar, L. L., Klein, T. R., and Highberger, L. (1997) Empathy and attitudes: Can feeling for a member of a group improve feelings towards the group? *Journal of Personality and Social Psychology* 72(1): 105–18.

BBC Radio 4 (2004) 'Shocking' racism in jobs market. Monday 12 July, 13:46 GMT. Available at: http://news.bbc.co.uk/1/hi/business/3885213.stm.

Beauvois, C., and Spence, J. T. (1987) Gender, prejudice and categorization. *Sex Roles* 16: 89–100.

Beelmann, A., and Heinemann, K. S. (2008) Effects of educational and psychological prevention programs in childhood and adolescence: A meta-analysis. Paper presented at the International Workshop on Developmental Psychology.

Beilock, S. L., Jellison, W. A., Rydell, R. J., McConnell, A. R. and Carr, T. H. (2006) On the causal mechanisms of stereotype threat: Can skills that don't rely heavily on working memory still be threatened? *Personality and Social Psychology Bulletin* 32: 1059–71.

Bekerman, Z., and Horenczyk, G. (2004) Arab–Jewish bilingual co-education in Israel: A long-term approach to intergroup conflict resolution. *Journal of Social Issues* 60: 389–404.

Bem, D. (1972) Self-perception theory. In L. Berkowitz (ed.), *Advances in Experimental Social Psychology*, Vol. 6, pp. 1–62. New York: Academic Press.

Bennett, M., and Sani, F. (2003) The role of target gender and race in children's encoding of category-neutral person information. *British Journal of Developmental Psychology* 21: 99–112.

Bennett, M., and Sani, F. (2004) *The Development of the Social Self.* Hove: Psychology Press.

Bennett, M., Sani, F., Hopkins, N., Agostini, L., and L, M. (2000) Children's gender categorization: An investigation of automatic processing. *British Journal of Developmental Psychology* 18: 97–102.

Benokraitis, N. V., and Feagin, J. R. (1986) *Modern Sexism: Blatant, Subtle and Covert Discrimination.* Englewood Cliffs, NJ: Prentice-Hall.

Berkowitz, L. (1962) *Aggression: A Social Psychological Analysis.* New York: McGraw Hill.

Berry, J. W. (1984) Cultural relations in plural societies: Alternatives to segregation and their sociopsychological implications. In N. Miller and M. B. Brewer (eds), *Groups in Contact: The Psychology of Desegregation*, pp. 11–12. New York: Academic Press.

Berry, J. W. (1997) Immigration, acculturation, and adaptation. *Applied Psychology: An International Review* 46(1): 5–68.

Berry, J. W., Kalin, R., and Taylor, D. M. (1977) *Multiculturalism and Ethnic Attitudes in Canada.* Ottawa: Minister of Supply and Services Canada.

Bertrand, M., and Mullainathan, S. (2004) Are Emily and Greg more employable than Lakisha and Jamal? A field experiment on labor market discrimination. *The American Economic Review* 94: 991–1013.

Bettencourt, B. A., Brewer, M. B., Croak, M. R., and Miller, N. (1992) Cooperation and the reduction of intergroup bias: The role of reward structure and social orientation. *Journal of Experimental Social Psychology* 28: 301–9.

Bettencourt, B. A., Charlton, K., and Kernaham, C. (1997) Numerical representation of groups in co-operative settings: Social orientation effects on ingroup bias. *Journal of Experimental Social Psychology* 33: 630–59.

Bettencourt, B. A., Charlton, K., Dorr, N., and Hume, D. L. (2001) Status differences and in-group bias: A meta-analytic examination of the effects of status stability, status legitimacy, and group permeability. *Psychological Bulletin* 127: 520–42.

Biernat, M., and Vescio, T. K. (1993) Categorization and stereotyping: Effects of group context on memory and social judgement. *Journal of Experimental Social Psychology* 29: 166–202.

Biernat, M., and Vescio, T. K. (1994) Still another look at the effects of fit and novelty on the salience of social catagories. *Experimental Social Psychology* 30: 399–406.

Biernat, M., Manis, M., and Nelson, T. E. (1991) Stereotypes and standards of judgement. *Journal of Personality and Social Psychology* 60: 485–99.

Bigler, R., Jones, L. C., and Lobliner, D. B. (1997) Social categorization and the formation of intergroup attitudes in children. *Child Development* 68: 530–43.

Billig, M. G. (1976) *Social Psychology and Intergroup Relations*. London: Academic Press.

Billig, M. G. (1978) *Fascists: A Social Psychological View of the National Front*. London: Harcourt Brace Jovanovich.

Billig, M. G., and Tajfel, H. (1973) Social categorization and similarity in intergroup behaviour. *European Journal of Social Psychology* 3: 27–52.

Billig, M. G., and Cochrane, R. (1979) Values of political extremists and potential extremists: A discriminant analysis. *European Journal of Social Psychology* 9: 205–22.

Binder, J., Zagefka, H., Brown, R., Funke, F., Kessler, T., Mummendey, A., Maquil, A., Demoulin, S., and Leyens, J.-P. (2009) Does contact reduce prejudice or does prejudice reduce contact? A longitudinal test of the contact hypothesis amongst majority and minority groups in three European countries. *Journal of Personality and Social Psychology* 96: 843–56.

Bird, C., Monachesi, E. D., and Burdick, H. (1952) Infiltration and the attitudes of white and negro parents and children. *Journal of Abnormal and Social Psychology* 47: 688–99.

Black-Gutman, D., and Hickson, F. (1996) The relationship between racial attitudes and social–cognitive development in children: An Australian study. *Developmental Psychology* 32: 448–56.

Blair, I. (2002) The malleability of automatic stereotypes and prejudice. *Personality and Social Psychology Review* 6: 242–61.

Blair, I., Ma, J., and Lenton, A. (2001) Imagining stereotypes away: The moderation of automatic stereotypes through mental imagery. *Journal of Personality and Social Psychology* 81: 828–41.

Blanchard, F. A., Weigel, R. H., and Cook, S. W. (1975) The effect of relative competence of group members upon interpersonal attraction in cooperating interracial groups. *Journal of Personality and Social Psychology* 32: 519–30.

Blank, T., and Schmidt, P. (2003) National identity in a united Germany: Patriotism or nationalism? An empirical test with representative data. *Political Psychology* 24: 289–312.

Blascovich, J., Wyer, N., Swart, L. A., and Kibler, J. L. (1997) Racism and racial categorization. *Journal of Personality and Social Psychology* 72: 1364–72.

Blascovich, J., Spencer, S. J., Quinn, D., and Steele, C. M. (2001) African Americans and high blood pressure: The role of stereotype threat. *Psychological Science* 12: 225–9.

Bleich, E. (2007) Hate crime policy in western Europe: Responding to racist violence in Britain, Germany and France. *American Behavioral Scientist* 51: 149–65.

Boulding, K. (1959) National images and international systems. *Journal of Conflict Resolution* 3: 120–31.
Bourhis, R. Y., and Giles, H. (1977) The language of intergroup distinctiveness. In Giles, H. (ed.), *Language, Ethnicity and Intergroup Relations*, pp. 119–36. London: Academic Press.
Bourhis, R. Y, Sachdev, I., and Gagnon, A. (1994) Intergroup research with the Tajfel matrices: Methodological notes. In M. Zanna and J. M. Olson (eds), *The Psychology of Prejudice: The Ontario Symposium*, Vol. 7, pp. 209–32. Hillsdale, NJ: Erlbaum.
Bourhis, R. Y., Giles, H., Leyens, J. P., and Tajfel, H. (1978) Psycholinguistic distinctiveness: Language divergence in Belgium. In H. Giles and R. St Clair (eds), *Language and Social Psychology*, pp. 158–85. Oxford: Blackwell.
Braha, V., and Rutter, D. R. (1980) Friendship choice in a mixed-race primary school. *Educational Studies* 6: 217–23.
Branch, C. W., and Newcombe, N. (1980) Racial attitudes of black pre-schoolers as related to parental civil rights activism. *Merrill–Palmer Quarterly* 26: 425–8.
Brand, E. S., Ruiz, R. A., and Padilla, A. (1974) Ethnic identification and preference. *Psychological Bulletin* 81: 860–90.
Branscombe, N. R., and Wann, D. L. (1994) Collective self-esteem consequences of outgroup derogation when a valued social identity is on trial. *European Journal of Social Psychology* 24: 641–57.
Branscombe, N. R., and Doosje, B. (2004) *Collective Guilt: International Perspectives*. New York: Cambridge University Press.
Branscombe, N. R., Schmitt, M. T, and Harvey, R. D. (1999) Perceiving pervasive discrimination among African Americans: Implications for group identification and well-being. *Journal of Personality and Social Psychology* 77: 135–49.
Branscombe, N. R., Schmitt, M. T., and Schiffhauer, K. (2007) Racial attitudes in response to thoughts of white privilege. *European Journal of Social Psychology* 37: 203–15.
Branthwaite, A., Doyle, S., and Lightbown, N. (1979) The balance between fairness and discrimination. *European Journal of Social Psychology* 9: 149–63.
Breakwell, G. (1978) Some effects of marginal social identity. In H. Tajfel (ed.), *Differentiation between Social Groups*, pp. 301–36. London: Academic Press.
Breakwell, G. (1988) Strategies adopted when identity is threatened. *Revue internationale de psychologie sociale* 1: 189–203.
Brendl, C. M., Markman, A. B., and Messner, C. (2001) How do indirect measures of evaluation work? Evaluating the inference of prejudice in the implicit association test. *Journal of Personality and Social Psychology* 81: 760–73.
Brewer, M. B. (1979) Ingroup bias in the minimal intergroup situation: A cognitive–motivational analysis. *Psychological Bulletin* 86: 307–24.
Brewer, M. B. (1986) The role of ethnocentrism in intergroup conflict. In S. Worchel and W. G. Austin (eds), *Psychology of Intergroup Relations*, 2nd edn, pp. 88–102. Chicago: Nelson Hall.
Brewer, M. B. (1991) The social self: On being the same and different at the same time. *Personality and Social Psychology Bulletin* 17: 475–82.
Brewer, M. B. (1999) The psychology of prejudice: Ingroup love or outgroup hate? *Journal of Social Issues* 55: 429–44.
Brewer, M. B., and Campbell, D. T. (1976) *Ethnocentrism and Intergroup Attitudes: East African Evidence*. New York: Sage.
Brewer, M. B., and Miller, N. (1984) Beyond the contact hypothesis: Theoretical perspectives on desegregation. In N. Miller and M. B. Brewer (eds), *Groups in Contact: The Psychology of Desegregation*, pp. 281–302. Orlando, FL: Academic Press.

Brewer, M. B., Dull, V., and Lui, L. (1981) Perceptions of the elderly: Stereotypes as prototypes. *Journal of Personality and Social Psychology* 41: 656–70.

Brewer, M. Sibieta, L., and Wren-Lewis, L. (2008) *Racing Away? Income Inequality and the Evolution of High Incomes*. London: Institute for Fiscal Studies, Briefing Note No. 76.

Brewer, M. B., Ho, H.-K., Lee, J.-Y., and Miller, N. (1987) Social identity and social distance among Hong Kong schoolchildren. *Personality and Social Psychology Bulletin* 13: 156–65.

Brief, A. P., Dietz, J., Cohen, R. R., Pugh, S. D., and Vaslow, J. B. (2000) Just doing business: Modern racism and obedience to authority as explanations for employment discrimination. *Organizational Behavior and Human Decision Processes* 81: 72–97.

Brown, C. S., and Bigler, R. (2002) Effects of minority status in the classroom on children's intergroup attitudes. *Journal of Experimental Child Psychology* 83: 77–110.

Brown, Roger (1953) A determinant of the relationship between rigidity and authoritarianism. *Journal of Abnormal and Social Psychology* 48: 469–76.

Brown, Roger (1965) *Social Psychology*. New York: Macmillan.

Brown, R. J. (1978) Divided we fall: An analysis of relations between sections of a factory workforce. In H. Tajfel (ed.), *Differentiation between Social Groups: Studies in the Social Psychology of Intergroup Relations*. London: Academic Press.

Brown, R. J. (1984a) The effects of intergroup similarity and cooperative vs. competitive orientation on intergroup discrimination. *British Journal of Social Psychology* 23: 21–33.

Brown, R. J. (1984b) The role of similarity in intergroup relations. In H. Tajfel (ed.), *The Social Dimension: European Developments in Social Psychology*, pp. 395–429. Cambridge: Cambridge University Press.

Brown, R. J. (1995) *Prejudice: Its Social Psychology*. Oxford: Blackwell.

Brown, R. J. (2000a) *Group Processes: Dynamics within and between Groups*, 2nd edn. Oxford: Blackwell.

Brown, R. J. (2000b) Social identity theory: Past achievements, current problems and future challenges. *European Journal of Social Psychology* 30(6): 745–78.

Brown, R. J., and Turner, J. C. (1979) The criss-cross categorization effect in intergroup discrimination. *British Journal of Social and Clinical Psychology* 18: 371–83.

Brown, R. J., and Deschamps, J. C. (1981) Discrimination entre individus et entre groupes. *Bulletin de psychologie* 34: 185–95.

Brown, R. J., and Turner, J. C. (1981) Interpersonal and intergroup behaviour. In J. C. Turner and H. Giles (eds), *Intergroup Behaviour*, pp. 33–65. Oxford: Blackwell.

Brown, R. J., and Ross, G. F. (1982) The battle for acceptance: An investigation into the dynamics of intergroup behaviour. In H. Tajfel (ed.), *Social Identity and Intergroup Relations*, pp. 155–78. Cambridge: Cambridge University Press.

Brown, R. J., and Abrams, D. (1986) The effects of intergroup similarity and goal interdependence on intergroup attitudes and task performance. *Experimental Social Psychology* 22: 78–92.

Brown, R. J., and Smith, A. (1989) Perceptions of and by minority groups: The case of women in academia. *European Journal of Social Psychology* 19: 61–75.

Brown, R. J., and Wootton-Millward, L. (1993) Perceptions of group homogeneity during group formation and change. *Social Cognition* 11: 126–49.

Brown, R. J., and Haeger, G. (1999) 'Compared to what?' Comparison choice in an internation context. *European Journal of Social Psychology* 29: 31–42.

Brown, R. J., and Hewstone, M. (2005) An integrative theory of intergroup contact. *Advances in Experimental Social Psychology* 37: 255–343.

Brown, R. J., and Zagefka, H. (2006) Choice of comparisons in intergroup settings: The role of temporal information and comparison motives. *European Journal of Social Psychology* 36: 649–71.

Brown, R. J., and Cehajic, S. (2008) Dealing with the past and facing the future: Mediators of the effects of collective guilt and shame in Bosnia and Herzegovina. *European Journal of Social Psychology* 38: 669–84.

Brown, R. J., Vivian, J., and Hewstone, M. (1999) Changing attitudes through intergroup contact: The effects of group membership salience. *European Journal of Social Psychology* 29: 741–64.

Brown, R. J., Rutland, A., and Watters, C. (2007a) *Identities in Transition: A Longitudinal Study of Immigrant Children. Final Report.* Swindon: Economic and Social Research Council.

Brown, R. J., Capozza, D., Paladino, M.-P., and Volpato, C. (1996) Identificazione e favoritismo per il proprio gruppo: Verifica del modello di Hinkle e Brown. In P. Boscolo, F. Cristante, A. Dellantinio, and S. Soresi (eds), *Aspetti qualitativi e quantitativi nella ricerca psicologica*, pp. 307–18. Padova: Il Poligrafo.

Brown, R. J., Eller, A., Leeds, S., and Stace, K. (2007b) Intergroup contact, perceived typicality and intergroup attitudes: A longitudinal study. *European Journal of Social Psychology* 37: 692–703.

Brown, R. J., Condor, S., Matthews, A., Wade, G., Williams, J. A. (1986) Explaining intergroup differentiation in an industrial organisation. *Journal of Occupational Psychology* 59: 273–86.

Brown, R. J., Maras, P., Masser, B., Vivian, J., and Hewstone, M. (2001) Life on the ocean wave: Testing some intergroup hypotheses in a naturalistic setting. *Group Processes and Intergroup Relations* 4(2): 81–97.

Brown, R. J., Croizet, J.-C., Bohner, G., Fournet, M., and Payne, A. (2003) Automatic category activation and social behavior: The moderating role of prejudiced beliefs. *Social Cognition* 21: 167–93.

Brown, R. J., González, R., Zagefka, H., Manzi, J., and Cehajic, S. (2008) *Nuestra culpa*: Collective guilt and shame as predictors of reparation for historical wrong-doing. *Jounal of Personality and Social Psychology* 94: 75–90.

Brown, R. J., Hinkle, S., Ely, P., Fox-Cardamone, L., Maras, P., and Taylor, L. A. (1992) Recognising group diversity: Individualist–collectivist and autonomous–relational social orientations and their implications for intergroup processes. *British Journal of Social Psychology* 31: 327–42.

Bruner, J. S. (1957) On perceptual readiness. *Psychological Review* 64: 123–51.

Buhl, T. (1999) Positive–negative asymmetry in social discrimination: Meta-analytic evidence. *Group Processes and Intergroup Relations* 2: 51–8.

Bureau of Labor and Statistics (2005) *Women in the Labor Force: A Data Book.* Washington: Department of Labor.

Burnstein, E., and McRae, A. V. (1962) Some effects of shared threat and prejudice in racially mixed groups. *Journal of Abnormal and Social Psychology* 64: 257–63.

Burt, M. R. (1980) Cultural myths and supports for rape. *Journal of Personality and Social Psychology* 38: 217–30.

Byrne, D. (1971) *The Attraction Paradigm.* New York: Academic Press.

Byrne, D., and Wong, T. J. (1962) Racial prejudice, interpersonal attraction and assumed dissimilarity of attitudes. *Journal of Abnormal and Social Psychology* 65: 246–53.

Cacioppo, J. T., Petty, R. E., Losch, M. E., and Kim, H. S. (1986) Electromyographic activity over facial muscle regions can differentiate the valence and intensity of affective reactions. *Journal of Personality and Social Psychology* 50: 260–8.

Caddick, B. (1982) Perceived illegitimacy and intergroup relations. In H. Tajfel (ed.), *Social Identity and Intergroup Relations*, pp. 137–54. Cambridge: Cambridge University Press.

Cadinu, M., Maass, A., Rosabianca, A., and Kiesner, J. (2005) Why do women underperform under stereotype threat? Evidence for the role of negative thinking. *Psychological Science* 16: 572–8.

Calitri, R. (2005) *Nationalism and Patriotism: The Effects of National Identification on Implicit and Explicit Ingroup Bias*. Unpublished PhD, University of Kent.

Cameron, J. A., Alvarez, J. M., Ruble, D. N., and Fuligni, A. J. (2001) Children's lay theories about ingroups and outgroups: Reconceptualizing research on prejudice. *Personality and Social Psychology Review* 5: 118–28.

Cameron, L., and Rutland, A. (2006) Extended contact through story reading in school: Reducing children's prejudice towards the disabled. *Journal of Social Issues* 62: 469–88.

Cameron, L., Rutland, A., Brown, R., and Douch, R. (2006) Changing children's attitudes towards refugees: Testing different models of extended contact. *Child Development* 77: 1208–19.

Campbell, B., Schellenberg, E. G., and Senn, C. Y. (1997) Evaluating measures of contemporary sexism. *Psychology of Women Quarterly* 21: 89–102.

Campbell, D. T. (1956) Enhancement of contrast as a composite habit. *Journal of Abnormal and Social Psychology* 53: 350–5.

Campbell, D. T. (1958) Common fate, similarity and other indices of the status of aggregates as social entities. *Behavioral Science* 3: 14–25.

Campbell, D. T. (1965) Ethnocentric and other altruistic motives. *Nebraska Symposium on Motivation* 13, 283–311. Lincoln: Universtiy of Nebraska.

Campbell, D. T., and McCandless, B. R. (1951) Ethnocentrism, xenophobia, and personality. *Human Relations* 4: 185–92.

Caplan, N. (1970) The new ghetto man: A review of recent empirical studies. *Journal of Social Issues* 26: 59–73.

Capozza, D., Voci, A., and Licciardello, O. (2000) Individualism, collectivism and social identity theory. In D. Capozza and R. Brown (eds), *Social Identity Processes*, pp. 62–80. London: Sage.

Castano, E., Yzerbyt, V. Y., Bourguignon, D., and Seron, E. (2002) Who may enter? The impact of in-group identification on in-group/out-group categorization. *Journal of Experimental Social Psychology* 38: 315–22.

Castelli, L., De Dea, C., and Nesdale, D. (2008) Learning social attitudes: Children's sensitivity to the nonverbal behaviors of adult models during interracial interactions. *Personality and Social Psychology Bulletin* 34: 1504–13.

Castelli, L., Zogmaister, C., and Tomelleri, S. (2009) The transmission of racial attitudes within the family. *Developmental Psychology* 45: 586–91.

Cehajic, S., Brown, R., and Castano, E. (2008) Forgive and forget? Antecedents, mediators and consequences of intergroup forgiveness in Bosnia and Herzegovina. *Political Psychology* 29: 351–68.

Chakraborti, N., and Garland, J. (2003) An 'invisible' problem: Uncovering the nature of racist victimisation in rural Suffolk. *International Review of Victimology* 10: 1–17.

Chambers 20th Century Dictionary (1979) Edinburgh: W. and R. Chambers Ltd.

Chapleau, K. M., Oswald, D. L., and Russell, B. L. (2007) How ambivalent sexism toward women and men supports rape myth acceptance. *Sex Roles* 57: 131–6.

Chapman, L. J. (1967) Illusory correlation in observational report. *Journal of Verbal Learning and Verbal Behavior* 6: 151–5.

Chein, I., Cook, S. W., and Harding, J. (1948) The field of action research. *American Psychologist* 3: 43–50.

Chen, M., and Bargh, J. (1997) Nonconscious behavioral confirmation processes: The self-fulfilling consequences of automatic stereotype activation. *Journal of Experimental Social Psychology* 33: 541–560.

Chiesi, F., and Primi, C. (2006) Italian children's ethnic stereotyping: Age differences among 4–10 year-olds. *Review of Psychology* 13: 3–7.

Christie, R. (1954) Authoritarianism re-examined. In R. Christie and M. Jahoda (eds), *Studies in the Scope and Method of 'The Authoritarian Personality'*, pp. 123–96. Glencoe, IL: Free Press.

Christie, R., and Cook, P. (1958) A guide to published literature relating to the authoritarian personality through 1956. *Journal of Psychology* 45: 191–9.

Christie, R., and Jahoda, M. (eds) (1954) *Studies in the Scope and Method of 'The Authoritarian Personality'*. Glencoe, IL: The Free Press.

Cialdini, R. B., Borden, R. J., Thorne, A., Walker, M. R., Freeman, S., and Sloan, L. R. (1976) Basking in reflected glory: Three (football) field studies. *Journal of Personality and Social Psychology* 34: 366–74.

Clark, K. B., and Clark, M. P. (1947) Racial identification and preference in negro children. In H. Proshansky and B. Seidenberg (eds), *Basic Studies in Social Psychology*, pp. 308–17. New York: Holt Rinehart and Winston.

Clark, A., Hocevar, D., and Dembo, M. H. (1980) The role of cognitive development in children's explanations and preferences for skin color. *Developmental Psychology* 16: 332–9.

Clark, K. B., Chein, I., and Cook, S. W. (2004) The effects of segregation and the consequences of desegregation: A (September 1952) social science statement in the *Brown* v. *Board of Education of Topeka Supreme Court* case. *American Psychologist* 59: 495–501.

Clore, G. L., Bray, R. M., Itkin, S. M., and Murphy, J. (1978) Interracial attitudes and behaviour at a summer camp. *Journal of Personality and Social Psychology* 36: 107–16.

Coenders, M., Scheepers, P., Sniderman, P. M., and Verberk, G. (2001) Blatant and subtle prejudice: Dimensions, determinants and consequences; Some comments on Pettigrew and Meertens. *European Journal of Social Psychology* 31: 281–97.

Cohen, G. L., Garcia, J., Apfel, N., and Master, A. (2006) Reducing the racial achievement gap: A social–psychological intervention. *Science* 313: 1307–10.

Cohen, J., and Streuning, E. L. (1962) Opinions about mental illness. *Journal of Abnormal and Social Psychology* 64: 349–60.

Cole, C. F., Arafat, C., Tidhar, C., Tafesh, W. Z., Fox, N. A., Killen, M., Ardila-Rey, A., Leavitt, L. A., Lesser, G., Richman, B. A., and Yung, F. (2003) The educational impact of Rechov Sumsum/Shara'a Simsim: A Sesame Street television series to promote respect and understanding among children living in Israel, the West Bank, and Gaza. *International Journal of Behavioral Development* 27: 409–22.

Colman, A., and Lambley, P. (1970) Authoritarianism and race attitudes in South Africa. *Journal of Social Psychology* 82: 161–4.

Conn, A. B., Hanges, P. J., William, P. S., and Salvaggio, A. M. (1999) The search for ambivalent sexism: A comparison of two measures. *Educational and Psychological Measurement* 59: 898–909.

Cook, S. W. (1962) The systematic analysis of socially signifircant events: A strageny for social research. *Journal of Social Issues* 18: 66–84.

Cook, S. W. (1978) Interpersonal and attitudinal outcomes in cooperating interracial groups. *Journal of Research and Development in Education* 12: 97–113.

Cooper, J., and Fazio, R. H. (1984) A new look at dissonance theory. *Advances in Experimental Social Psychology* 17: 229–65.

Corenblum, B., and Annis, R. C. (1993) Development of racial identity in minority and majority children: An affect discrepancy model. *Canadian Journal of Behavioral Science* 25: 499–521.

Correll, J., Park, B., Wittenbrink, B., and Judd, C. M. (2002) The police officer's dilemma: Using ethnicity to disambiguate potentially threatening individuals. *Journal of Personality and Social Psychology* 83: 1314–29.

Cottrell, C. A., and Neuberg, S. L. (2005) Different emotional reactions to different groups: A sociofunctional threat-based approach to 'prejudice'. *Journal of Personality and Social Psychology* 88: 770–89.

Cowan, G., Heiple, B., Marquez, C., Khatchadourian, D., and McNevin, M. (2005) Heterosexuals' attitudes toward hate crimes and hate speech against gays and lesbians: Old-fashioned and modern heterosexism. *Journal of Homosexuality* 49: 67–82.

Cowen, E. L., Landes, J., and Sachet, D. E. (1958) The effects of mild frustration on the expression of prejudiced attitudes. *Journal of Abnormal and Social Psychology* 58: 33–8.

Craig, K. M. (1999) Retaliation, fear, or rage: An investigation of African American and white reactions to racist hate crimes. *Journal of Interpersonal Violence* 14: 138–51.

Cramer, P., and Steinwert, T. (1998) Thin is good, fat is bad: How early does it begin? *Journal of Applied Developmental Psychology* 19: 429–51.

Crandall, C. S. (1994) Prejudice against fat people: Ideology and self-interest. *Journal of Personality and Social Psychology* 66: 882–94.

Crano, W. D., and Mellon, P. M. (1978) Causal influence of teachers' expectations on children's academic performance: A cross-lagged panel analysis. *Journal of Educational Psychology* 70(1): 39–49.

Crawford, M. T., Sherman, S. J., and Hamilton, D. L. (2002) Perceived entitativity, stereotype formation, and the interechangeability of group members. *Journal of Personality and Social Psychology* 83: 1076–94.

Crawford, T. J., and Naditch, M. (1970) Relative deprivation, powerlessness, and militancy: The psychology of social protest. *Psychiatry: Journal for the Study of Interpersonal Processes* 33: 208–23.

CRE (1990) *'Sorry It's Gone': Testing for Racial Discrimination in the Private Rented Housing Sector*. London: Commission for Racial Equality.

Crisp, R. J., and Hewstone, M. (2000) Crossed categorization and intergroup bias: The moderating roles of intergroup and affective context. *Journal of Experimental Social Psychology* 36: 357–83.

Crisp, R. J., and Hewstone, M. (2001) Multiple categorization and implicit intergroup bias: Differential category dominance and the positive–negative asymmetry effect. *European Journal of Social Psychology* 31: 45–62.

Crisp, R. J., and Turner, R. N. (2009) Can imagined interactions produce positive perceptions? Reducing prejudice through simulated social contact. *American Psychologist* 64: 231–40.

Crisp, R. J., Hewstone, M., and Rubin, M. (2001) Does multiple categorization reduce intergroup bias? *Personality and Social Psychology Bulletin* 27: 76–89.

Crisp, R. J., Ensari, N., Hewstone, M., and Miller, N. (2002) A dual-route model of crossed categorization effects. *European Review of Social Psychology* 13: 35–74.

Crocker, J., and Major, B. (1989) Social stigma and self-esteem: The self-protective properties of stigma. *Psychological Review* 96(4), 608–30.

Crocker, J., Cornwell, B., and Major, B. (1993) The stigma of overweight: Affective consequences of attributional ambiguity. *Journal of Personality and Social Psychology* 64: 60–70.

Crocker, J., Major, B., and Steele, C. (1998) Social stigma. In D. T. Gilbert, S. T. Fiske and G. Lindzey (eds), *The Handbook of Social Psychology*, 4th edn, Vol. 2, pp. 504–53. Boston: McGraw Hill.

Crocker, J., Voelkl, K., Testa, M., and Major, B. (1991) Social stigma: Affective consequences for attributional ambiguity. *Journal of Personality and Social Psychology*, 60: 218–28.

Croizet, J.-C., and Claire, T. (1998) Extending the concept of stereotype threat to social class: The intellectual underperformance of students from low socioeconomic background. *Personality and Social Psychology Bulletin* 24: 588–94.

Croizet, J.-C., Despres, G., Gauzins, M., Huguet, P., and Leyens, J. P. (2004) Stereotype threat undermines performance by triggering a disruptive mental load. *Personality and Social Psychology Bulletin* 30: 721–31.

Crosby, F. (1976) A model of egoistical relative deprivation. *Psychological Review* 83: 85–113.

Crosby, F. (1979) Relative deprivation revisited: A response to Miller, Bolce and Halligan. *American Political Science Review* 73: 103–12.

Crosby, F. (1982) *Relative Deprivation and Working Women*. New York: Oxford University Press.

Crosby, F., Bromley, S., and Saxe, L. (1980) Recent unobtrusive studies of black and white discrimination and prejudice. *Psychological Bulletin* 87: 546–63.

Cuddy, A. J. C., Fiske, S. T., and Glick, P. (2007) The BIAS map: Behaviors from intergroup affect and stereotypes. *Journal of Personality and Social Psychology* 92: 631–48.

Cunningham, W. A., Preacher, K. J., and Banaji, M. R. (2001) Implicit attitude measures: Consistency, stability, and convergent validity. *Psychological Science* 12: 163–70.

Curseu, P. L., Stoop, R., and Schalk, R. (2007) Prejudice towards immigrant workers among Dutch employees: Integrated threat theory revisited. *European Journal of Social Psychology* 37: 125–40.

Dambrun, M., Taylor, D. M., McDonald, D. A., Crush, J., and Meot, A. (2006) The relative deprivation–gratification continuum and the attitudes of South Africans towards immigrants: A test of the V-curve hypothesis. *Journal of Personality and Social Psychology* 91: 1032–44.

Danaher, K., and Crandall, C. S. (2008) Sterotype threat in applied settings re-examined. *Journal of Applied Social Psychology* 38: 1639–55.

Daniels, W. W. (1968) *Racial Discrimination in England*. Harmondsworth: Penguin.

Darley, J. M., and Fazio, R. H. (1980) Expectancy confirmation processes arising in the social interaction sequence. *American Psychologist* 35: 867–81.

Darley, J. M., and Gross, P. H. (1983) A hypothesis-confirming bias in labeling effects. *Journal of Personality and Social Psychology* 44: 20–33.

Dasgupta, N., and Greenwald, A. G. (2001) On the malleability of automatic attitudes: Combating automatic prejudice with images of admired and disliked individuals. *Journal of Personality and Social Psychology* 81: 800–14.

Davey, A. (1983) *Learning to Be Prejudiced*. London: Edward Arnold.

Davies, J. C. (1969) The J-curve of rising and declining satisfactions as a cause of some great revolutions and a contained rebellion. In H. D. Graham and T. R. Gurr (eds), *The History of Violence in America: Historical and Comparative Perspectives*, pp. 670–730. New York: Praeger.

Davies, J. C. (1978) Communication. *American Political Science Review* 72: 1357–8.

Davies, J. C. (1979) Comment. *American Political Science Review* 73: 825–6.

Davis, J. A. (1959) A formal interpretation of the theory of relative deprivation. *Sociometry* 20: 280–96.

De Houwer, J., Beckers, T., and Moors, A. (2007) Novel attitudes can be faked on the implicit association test. *Journal of Experimental Social Psychology* 43: 972–8.

De Tezanos Pinto, P., Bratt, C., and Brown, R. (2009) What will the others think? Ingroup norms as a mediator of the effects of intergroup contact. *British Journal of Social Psychology*.

Deaux, K. (2006) *To Be an Immigrant*. New York: Russell Sage Foundation.

DES [Department for Education and Skills] (2003) *The Future of Higher Education*. Norwich: Her Majesty's Stationery Office.

Deschamps, J. C., and Doise, W. (1978) Crossed category memberships in intergroup relations. In H. Tajfel (ed.), *Differentiation between Social Groups*. London: Academic Press.

Deutsch, M., and Collins, M. E. (1951) *Interracial Housing.* Minneapolis: University of Minneapolis Press.

Deutscher, I. (1959) *The Prophet Unarmed: Trotsky 1921–1929.* London: Oxford University Press.

Devine, P. G. (1989) Stereotypes and prejudice: Their automatic and controlled components. *Journal of Personality and Social Psychology* 56: 5–18.

Devine, P. G., and Sherman, S. J. (1992) Intuitive versus rational judgement and the role of stereotyping in the human condition: Kirk or Spock? *Psychological Inquiry* 3: 153–9.

Devine, P. G., Monteith, M. J., Zuwerink, J. R., and Elliot, A. J. (1991) Prejudice with and without compunction. *Journal of Personality and Social Psychology* 60: 817–30.

Devine, P. G., Plant, E. A., Amodio, D. M., Harmon-Jones, E., and Vance, S. L. (2002) The regulation of explicit and implicit race bias: The role of motivations to respond without prejudice. *Journal of Personality and Social Psychology* 82: 835–48.

DeVries, D. L., Edwards, K. J., and Slavin, R. E. (1979) Biracial learning teams and race relations in the classroom: Four field experiments on Teams–Games-Tournament. *Journal of Educational Psychology* 70: 356–62.

Diehl, M. (1988) Social identity and minimal groups: The effects of interpersonal and intergroup attitudinal similarity on intergroup discrimination. *British Journal of Social Psychology* 27: 289–300.

Diehl, M. (1990) The minimal group paradigm: Theoretical explanations and empirical findings. *European Review of Social Psychology* 1: 263–92.

Diener, E., and Diener, C. (1996) Most people are happy. *Psychological Science* 7: 181–5.

Dijker, A. J. M. (1987) Emotional reactions to ethnic minorities. *European Journal of Social Psychology* 17: 305–25.

Dijksterhuis, A., and van Knippenberg, A. (1998) The relation between perception and behavior or how to win a game of trivial pursuit. *Journal of Personality and Social Psychology* 74: 865–77.

Dijksterhuis, A., and van Knippenberg, A. (2000) Behavioral indecision: Effects of self-focus on automatic behavior. *Social Cognition* 18: 55–74.

Dijksterhuis, A., Spears, R., and Lepinasse, V. (2001) Reflecting and deflecting stereotypes: Assimilation and contrast in automatic behavior. *Journal of Experimental Social Psychology* 37: 286–99.

Dion, K. L. (1973) Dogmatism and intergroup bias. *Representative Research in Social Psychology* 4: 1–10.

Dion, K. L. (1975) Women's reactions to discrimination from members of the same or opposite sex. *Journal of Research in Personality* 9: 294–306.

Dion, K. L., and Earn, B. M. (1975) The phenomenology of being a target of prejudice. *Journal of Personality and Social Psychology* 32: 944–50.

Dittmar, H. (2007) *Consumer Culture, Identity and Well-Being.* Hove: Psychology Press.

Dixon, J., and Durrheim, K. (2003) Contact and the ecology of racial division: Some varieties of informal segregation. *British Journal of Social Psychology* 42: 1–23.

Dixon, J., Durrheim, K., and Tredoux, C. (2005) Beyond the optimal contact strategy: A reality check for the contact hypothesis. *American Psychologist* 60: 697–711.

Doise, W. (1976) *L'Articulation psychosociologique et les relations entre groupes/ Groups and Individuals: Explanations in Social Psychology.* Brussels/Cambridge: De Boeck/Cambridge University Press.

Doise, W., Deschamps, J. C., and Meyer, G. (1978) The accentuation of intracategory similarities. In H. Tajfel (ed.), *Differentiation between Social Groups: Studies in the Social Psychology of Integroup Relations*, pp. 159–68. London: Academic Press.

Dollard, J., Doob, L., Miller, N. E., Mowrer, O. H., and Sears, R. R. (1939) *Frustration and Aggression.* New Haven: Yale University Press.

Doosje, B., Branscombe, N. R., Spears, R., and Manstead, A. S. R. (1998) Guilty by association: When one's group has a negative history. *Journal of Personality and Social Psychology* 75: 872–86.
Doosje, B., Branscombe, N. R., Spears, R., and Manstead, A. S. R. (2006) Antecedents and consequences of group-based guilt: The effects of ingroup identification. *Group Processes and Intergroup Relations* 9: 325–38.
Doty, R. M., Peterson, B. E. A., and Winter, D. G. (1991) Threat and authoritarianism in the United States, 1978–1987. *Journal of Personality and Social Psychology* 61: 629–40.
Dovidio, J. F., and Fazio, R. H. (1992) New technologies for the direct and indirect assessment of attitudes. In J. M. Tanur (ed.), *Questions about Questions: Inquiries into the Cognitive Bases of Surveys*, pp. 204–37. New York: Russell Sage Foundation.
Dovidio, J. F., and Gaertner, S. L. (1981) The effects of race, status, and ability on helping behavior. *Social Psychology Quarterly* 44: 192–203.
Dovidio, J. F., and Gaertner, S. L. (1983) The effects of sex, status, and ability on helping behavior. *Journal of Applied Social Psychology* 13: 191–205.
Dovidio, J. F., and Gaertner, S. L. (2000) Aversive racism and selection decisions: 1989 and 1999. *Psychological Science* 11: 315–19.
Dovidio, J. F., and Gaertner, S. L. (2004) Aversive racism. *Advances in Experimental Social Psychology* 36: 1–52.
Dovidio, J. F., Kawakami, K., and Beach, K. R. (2001) Implicit and explicit attitudes: Examination of the relationship between measures of intergroup bias. In R. Brown and S. L. Gaertner (eds), *Blackwell Handbook of Social Psychology: Intergroup Processes*, pp. 175–97. Oxford: Blackwell.
Dovidio, J. F., Kawakami, K., and Gaertner, S. L. (2002) Implicit and explicit prejudice and interracial interaction. *Journal of Personality and Social Psychology* 82: 62–68.
Dovidio, J. F., Gaertner, S. L., and Saguy, T. (2007) Another view of 'we': Majority and minority group perspectives on a common ingroup identity. *European Review of Social Psychology* 18: 296–330.
Dovidio, J. F., Brigham, J. C., Johnson, B. T., and Gaertner, S. L. (1996) Stereotyping, prejudice and discrimination: Another look. In C. N. Macrae, C. Stangor and M. Hewstone (eds), *Stereotypes and Stereotyping*, pp. 276–319. New York: Guilford Press.
Dovidio, J. F., Kawakami, K., Johnson, C., Johnson, B., and Howard, A. (1997a) On the nature of prejudice: Automatic and controlled processes. *Journal of Experimental Social Psychology* 33: 510–40.
Dovidio, J. F., Gaertner, S. L., Validzic, A., Matoka, K., Johnson, B., and Frazier, S. (1997b) Extending the benefits of re-categorization: Evaluations, self-disclosure and helping. *Journal of Experimental Social Psychology* 33: 401–20.
Doyle, A.-B., and Aboud, F. E. (1995) A longitudinal study of white children's racial prejudice as a social–cognitive development. *Merrill–Palmer Quarterly* 41: 209–28.
Doyle, A.-B., Beaudet, J., and Aboud, F. (1988) Developmental patterns in the flexibility of children's ethnic attitudes. *Journal of Cross-Cultural Psychology* 19: 3–18.
Driedger, L. (1976) Ethnic self-identity. *Sociometry* 39: 131–41.
Duckitt, J. (1988) Normative conformity and racial prejudice in South Africa. *Genetic, Social and General Psychology Monographs* 114: 413–37.
Duckitt, J. (1989) Authoritarianism and group identification: A new look at an old construct. *Political Psychology* 10: 63–84.
Duckitt, J. (2001) A dual-process cognitive–motivational theory of idelogy and prejudice. *Advances in Experimental Social Psychology* 33: 41–113.
Duckitt, J., and Mphuthing, T. (1998) Group identification and intergroup attitudes: A longitudinal analysis in South Africa. *Journal of Personality and Social Psychology* 74: 80–85.

Duckitt, J., and Mphuthing, T. (2002) Relative deprivation and intergroup attitudes: South Africa before and after the Transition. In I. Walker and H. Smith (eds), *Relative Deprivation: Specification, Development and Integration*, pp. 69–90. Cambridge: Cambridge University Press.

Duckitt, J., and Fisher, K. (2003) The impact of social threat on worldview and ideological attitudes. *Political Psychology* 24: 199–222.

Dumont, M., Yzerbyt, V., Wigboldus, D., and Gordijn, E. (2003) Social categorization and fear reactions to the September 11th terrorist attacks. *Personality and Social Psychology Bulletin* 29: 1509–20.

Duncan, B. L. (1976) Differential social perception and attribution of intergroup violence: Testing the lower limits of stereotyping of blacks. *Journal of Personality and Social Psychology* 34: 590–8.

Duriez, B., Van Hiel, A., and Kossowska, M. (2005) Authoritarianism and social dominance in western and eastern Europe: The importance of the socio-political context and of political interest and involvement. *Political Psychology* 26: 299–320.

Durkin, K. (1985) *Television, Sex roles, and Children*. Milton Keynes: Open University Press.

Duveen, G., and Lloyd, B. (1986) The significance of social identities. *British Journal of Social Psychology* 46: 219–30.

Dweck, C. S. (1999) *Self-Theories: Their Role in Motivation, Personality and Development*. Philadelphia: Taylor and Francis.

DWP [Department for Work and Pensions] (2009) *A Test for Racial Discrimination in Recruitment Practice in British Cities* Norwich: Her Majesty's Stationery Office.

Eagly, A. (1987) *Sex Differences in Social Behavior: A Social Role Interpretation*. Hillsdale, NJ: Erlbaum.

Eagly, A., and Wood, W. (1982) Inferred sex differences in status as a determinant of gender stereotypes about social influence. *Journal of Personality and Social Psychology* 43: 915–28.

Eagly, A., and Steffen, V. J. (1984) Gender stereotypes stem from the distribution of women and men into social roles. *Journal of Personality and Social Psychology* 46: 735–54.

Eagly, A., and Mladinic, A. (1994) Are people prejudiced against women? Some answers from research on attitudes, gender stereotypes, and judgements of competence. *European Review of Social Psychology* 5: 1–35.

Easterbrook, J. A. (1959) The effect of emotion on cue utilization and the organization of behavior. *Psychological Review* 66: 183–201.

Eccles-Parsons, J., Adler, T., and Kaczala, C. (1982) Socialization of achievement attitudes and beliefs: Parental influences. *Child Development* 53: 310–21.

Eccles, J. S., Jacobs, J. E., and Harold, R. D. (1990) Gender role stereotypes, expectancy effects, and parents' socialization of gender differences. *Journal of Social Issues* 46: 183–201.

Echebarria-Echabe, A., and Guede, E. F. (2007) A new measure of anti-Arab prejudice: Reliability and validity evidence. *Journal of Applied Social Psychology* 37: 1077–91.

Eiser, J. R. (1971) Enhancement of contrast in the absolute judgement of attitude statements. *Journal of Personality and Social Psychology* 17: 1–10.

Eiser, J. R., and Stroebe, W. (1972) *Categorisation and Social Judgement*. London: Academic Press.

Elashoff, J., and Snow, R. (1971) *Pygmalion Reconsidered*. Worthington, OH: C. A. Jones.

Ellemers, N., and Bos, A. E. R. (1998) Social identity, relative deprivation, and coping with the threat of position loss: A field study among native shopkeepers in Amsterdam. *Journal of Applied Social Psychology* 28(21): 1987–2006.

Ellemers, N., Kortekaas, P., and Ouwerkerk, J. K. (1999a) Self-categorisation, commitment to the group and group self-esteem as related but distinct aspects of social identity. *European Journal of Social Psychology* 29: 371–89.

Ellemers, N., Spears, R., and Doosje, B. (eds) (1999b) *Social Identity: Context Commitment, Content.* Oxford: Blackwell.

Eller, A., and Abrams, D. (2003) 'Gringos' in Mexico: Cross-sectional and longitudinal effects of language school-promoted contact on intergroup bias. *Group Processes and Intergroup Relations* 6: 55–75.

Eller, A., and Abrams, D. (2004) Come together: Longitudinal comparisons of Pettigrew's reformulated intergroup contact model and the common ingroup identity model in Anglo-French and Mexican–American Contexts. *European Journal of Social Psychology* 34: 1–28.

Enesco, I., Navarro, A., Paradela, I., and Guerrero, S. (2005) Stereotypes and beliefs about different ethnic groups in Spain. A study with Spanish and Latin American children living in Madrid. *Applied Developmental Psychology* 26: 638–59.

Ensari, N., and Miller, N. (2001) Decategorization and the reduction of bias in the crossed categorization paradigm. *European Journal of Social Psychology* 31: 193–216.

Ensari, N., and Miller, N. (2002) The out-group must not be so bad after all: The effects of disclosure, typicality, and salience on intergroup bias. *Journal of Personality and Social Psychology* 83: 313–29.

Equal Opportunities Commission (2006) *Facts about Women and Men, 2006.* London: Equal Opportunities Commission.

Epstein, I. M., Krupat, E., and Obudho, C. (1976) Clean is beautiful: Identification and preference as a function of race and cleanliness. *Journal of Social Issues* 32: 109–18.

Epstein, J. L. (1985) After the bus arrives: Resegregation in desegregated schools. *Journal of Social Issues* 41: 23–43.

Esmail, A., and Everington, S. (1993) Racial discrimination against doctors from ethnic minorities. *British Medical Journal* 306: 691–2.

Espenshade, T. J., and Hempstead, K. (1996) Contemporary American attitudes towards US immigration. *International Migration Review* 30 535–70.

Esses, V. M., Jackson, L. M., and Armstrong, T. L. (1998) Intergroup competition and attitudes toward immigrants and immigration: An instrumental model of group conflict. *Journal of Social Issues* 54(4): 699–724.

Esses, V. M., Dovidio, J., Jackson, L. M., and Armstrong, T. L. (2001) The immigration dilemma: The role of perceived group competition, ethnic prejudice, and national identity. *Journal of Social Issues* 57: 389–412.

Eysenck, H. J. (1954) *The Psychology of Politics.* London: Routledge Kegan Paul.

Fazio, R. H., and Olson, J. M. (2003) Implicit measures in social cognition. *Annual Review of Psychology* 54: 297–327.

Fazio, R. H., Jackson, J. R., Dunton, B. C., and Williams, C. J. (1995) Variability in automatic activation as an unobtrusive measure of racial attitudes: A *bona fide* pipeline? *Journal of Personality and Social Psychology* 69: 1013–27.

Feddes, A. R., Noack, P., and Rutland, A. (2009) Direct and indirect friendship effects on minority and majority children's interethnic attitudes: A longitudinal study. *Child Development* 80: 377–90.

Ferraresi, L. (1988) *Identità sociale, categorizzazione e pregiudizio.* Unpublished thesis. Bologna: University of Bologna.

Ferraresi, L., and Brown, R. (2008) Spontaneous categorisation in 4–9 year old Italian children. Unpublished MS, Sussex University.

Festinger, L. (1954) A theory of social comparison processes. *Human Relations* 7: 117–40.

Festinger, L. (1957) *A Theory of Cognitive Dissonance.* Evanston, IL: Row, Peterson and Co.

Feuchte, F., Beelmann, A., and Brown, R. (2008) Evaluation of a peace education programme in a Liberian refugee camp in Ghana. Paper presented at the Understanding Conflicts: Cross-Cultural Perspectives. Aarhus University, Denmark, 19–22 August 2008.

Fiedler, K. (2006) Unresolved problems with the 'I', the 'A' and the 'T'. *European Review of Social Psychology* 17: 74–147.

Fiedler, K., and Walther, G. (2004) *Stereotyping as Inductive Hypothesis Testing*, Hove: Psychology Press.

Fiedler, K., Freytag, P., and Unkelbach, C. (2007) Pseudocontingencies in a simulated classroom. *Journal of Personality and Social Psychology* 92: 655–77.

Finkel, S. E. (1995) *Causal Analysis with Panel Data*. Thousand Oaks: Sage.

Fiske, S. T. (1998) Stereotyping, prejudice and discrimination. In D. T. Gilbert, S. T. Fiske, and G. Lindzey (eds), *The Handbook of Social Psychology*, 4th ed., Vol. 2, pp. 357–411. New York: McGraw-Hill.

Fiske, S. T., and Taylor, S. E. (1991) *Social Cognition*, 2nd edn. New York: McGraw Hill.

Fiske, S. T., Cuddy, A. J. C., Glick, P., and Xu, J. (2002) A model of (often mixed) stereotype content: Competence and warmth respectively follow from perceived status and competition. *Journal of Personality and Social Psychology* 82: 878–902.

Förster, J., and Liberman, N. (2001) The role of attribution of motivation in producing post-suppressional rebound. *Journal of Personality and Social Psychology* 81: 377–90.

Förster, J., and Liberman, N. (2004) A motivational model of post-suppressional rebound. *European Review of Social Psychology* 15: 1–32.

Forbes, H. D. (1985) *Nationalism, Ethnocentrism, and Personality*. Chicago: University of Chicago Press.

Frable, D. E. S., and Bem, S. L. (1985) If you are gender schematic, all members of the opposite sex look alike. *Journal of Personality and Social Psychology* 49: 459–68.

Frenkel-Brunswik, E. (1949) Intolerance of ambiguity as an emotional and perceptual personality variable. *Journal of Personality* 18: 108–43.

Frenkel-Brunswik, E. (1953) Prejudice in the interviews of children: Attitudes towards minority groups. *Journal of Genetic Psychology* 82: 91–136.

Freud, S. (1915) Thoughts for the times on war and death. In S. Freud (ed.), *The Complete Psychological Works of Sigmund Freud: Standard Edition*, Vol. 4, pp. 273–300. London: Hogarth Press.

Freud, S. (1921) *Group Psychology and the Analysis of the Ego*. London: Hogarth Press.

Frey, D., and Gaertner, S. L. (1986) Helping and the avoidance of inappropriate interracial behavior: A strategy that can perpetuate a non-prejudiced self-image. *Journal of Personality and Social Psychology* 50: 1083–90.

Friedman, M. A., and Brownell, K. D. (1995) Psychological correlates of obesity: Moving to the next research generation. *Psychological Bulletin* 117: 3–20.

Funke, F. (2005) The dimensionality of right-wing authoritarianism: Lessons from the dilemma between theory and measurement. *Political Psychology* 26: 195–218.

Furnham, A. (1982) Explanations for unemployment in Britain. *European Journal of Social Psychology* 12: 335–52.

Gaertner, S. L. (1973) Helping behavior and discrimination among liberals and conservatives. *Journal of Personality and Social Psychology* 25: 335–52.

Gaertner, S. L., and Bickman, L. (1971) Effects of race on the elicitation of helping behavior: The wrong number technique. *Journal of Personality and Social Psychology* 20: 218–22.

Gaertner, S. L., and Dovidio, J. F. (1977) The subtlety of white racism, arousal and helping behavior. *Journal of Personality and Social Psychology* 35: 691–707.

Gaertner, S. L., and McGlaughlin, J. P. (1983) Racial stereotypes: Associations and ascriptions of positive and negative characteristics. *Social Psychology Quarterly* 46: 23–30.

Gaertner, S. L., and Dovidio, J. F. (1986) The aversive form of racism. In J. F. Dovidio and S. L. Gaertner (eds), *Prejudice, Discrimination, and Racism*, pp. 61–86. Orlando: Academic Press.

Gaertner, S. L., and Dovidio, J. (2000) *Reducing Intergroup Bias: The Common Ingroup Identity Model.* Hove: Psychology Press.

Gaertner, S. L., Mann, J., Murrell, A., and Dovidio, J. (1989) Reducing intergroup bias: The benefits of recategorization. *Journal of Personality and Social Psychology* 57: 239–49.

Gaertner, S. L., Mann, J. A., Dovidio, J., Murrell, A. J., and Pomare, M. (1990) How does cooperation reduce intergroup bias? *Journal of Personality and Social Psychology* 59: 692–704.

Galinsky, A. D., and Moskowitz, G. B. (2000) Perspective-taking: Decreasing stereotype expression, stereotype accessibility, and in-group favoritism. *Journal of Personality and Social Psychology* 78: 708–24.

Gardham, K., and Brown, R. (2001) Two forms of intergroup discrimination with positive and negative outcomes: Explaining the positive–negative asymmetry effect. *British Journal of Social Psychology* 40: 23–34.

Gawronski, B., and LeBel, E. P. (2008) Understanding patterns of attitude change: When implicit measures show change, but explicit measures do not. *Journal of Experimental Social Psychology* 44: 1355–61.

Gerard, H. B., and Mathewson, G. C. (1966) The effects of severity of initiation on liking for a group: A replication. *Journal of Experimental Social Psychology* 2|: 278–87.

Gerard, H. B., and Miller, N. (1975) *School Desegregation.* New York: Plenum.

Gergen, K. J., and Jones, E. E. (1963) Mental illness, predictability, and affective consequences as stimulus factors in person perception. *Journal of Abnormal and Social Psychology* 67: 95–104.

Ghosh, E. S. K., Kumar, R., and Tripathi, R. C. (1992) The communal cauldron: Relations between Hindus and Muslims in India and their reactions to norm violations. In R. DeRidder and R. C. Tripathi (eds), *Norm Violation and Intergroup Relations*, pp. 70–89. New York: Clarendon Press.

Gibbons, F. X., Stephan, W. G., Stephenson, B., and Petty, C. R. (1980) Reactions to stigmatized others: Response amplification vs sympathy. *Journal of Experimental Social Psychology* 16, 591–605.

Gilbert, D. T., and Hixon, J. G. (1991) The trouble of thinking: Activation and application of stereotypic beliefs. *Journal of Personality and Social Psychology* 60: 509–17.

Gilbert, G. M. (1951) Stereotype persistence and change among college students. *Journal of Abnormal and Social Psychology* 46, 245–54.

Glick, P., and Fiske, S. T. (1996) The ambivalent sexism inventory: Differentiating hostile and benevolent sexism. *Journal of Personality and Social Psychology* 70: 491–512.

Glick, P., and Fiske, S. T. (2001) An ambivalent alliance: Hostile and benevolent sexism as complementary justifications for gender inequality. *American Psychologist* 56: 109–18.

Glick, P., Zion, C., and Nelson, C. (1988) What mediates sex discrimination in hiring decisions? *Journal of Personality and Social Psychology* 55: 178–86.

Glick, P., Diebold, J., Bailey-Werner, B., and Zhu, L. (1997) The two faces of Adam: Ambivalent sexism and polarized attitudes toward women. *Personality and Social Psychology Bulletin* 23: 1323–34.

Glick, P., Sakalli-Ugurlu, N., Ferreira, M. C., and de Souza, M. A. (2002) Ambivalent sexism and attitudes toward wife abuse in Turkey and Brazil. *Psychology of Women Quarterly* 26: 292–7.

Glick, P., Fiske, S. T., et al. (2000) Beyond prejudice as simple antipathy: Hostile and benevolent sexism across cultures. *Journal of Personality and Social Psychology* 79: 763–75.

Glick, P., Lameiras, M., Fiske, S. T., Eckes, T., Masser, B., Volpato, C., et al. (2004) Bad but bold: Ambivalent attitudes toward men predict gender inequality in 16 nations. *Journal of Personality and Social Psychology* 86: 713–28.

Gluckman, M. (1956) *Custom and Conflict in Africa*. Oxford: Blackwell.

González, R., and Brown, R. (2006) Dual identities in intergroup contact: Group status and size moderate the generalization of positive attitude change. *Journal of Experimental Social Psychology* 42: 753–67.

González, R., Brown, R., and Christ, O. (2009) *Intergroup Contact and Individual–Group Generalization: The Role of Group Membership Salience*. Santiago, Chile: Pontificia Universidad Católica de Chile.

González, R., Sirlopú, D., and Kessler, T. (in press) Prejudice among Peruvians and Chileans as a function of identity, intergroup contact, acculturation preferences and intergroup emotions. *Journal of Social Issues*.

Goodman, M. E. (1952) *Race Awareness in Young Children*. New York: Collier Macmillan.

Grant, P. R. (1992) Ethnocentrism between groups of unequal power in response to perceived threat to social identity and valued resources. *Canadian Journal of Behavioural Science* 24: 348–70.

Grant, P. R. (1993) Reactions to intergroup similarity: Examination of the similarity–differentiation and the similarity–attraction hypotheses. *Canadian Journal of Behavioural Science* 25: 28–44.

Grant, P. R., and Brown, R. (1995) From ethnocentrism to collective protest: Responses to relative deprivation and threats to social identity. *Social Psychology Quarterly* 58(3): 195–211.

Grant, P. R., and Holmes, J. G. (1981) The integration of implicit personality theory schemes and stereotypic images. *Social Psychology Quarterly* 44: 107–15.

Graves, S. B. (1999) Television and prejudice reduction: When does television as a vicarious experience make a difference? *Journal of Social Issues* 55: 707–25.

Gray-Little, B., and Hafdahl, A. R. (2000) Factors influencing racial comparisons of self-esteem: A quantitative review. *Psychological Bulletin* 126: 26–54.

Green, D. P., Glaser, J., and Rich, A. (1998) From lynching to gay bashing: The elusive connection between economic conditions and hate crime. *Journal of Personality and Social Psychology* 75: 82–92.

Greenland, K., and Brown, R. (1999) Categorization and intergroup anxiety in contact between British and Japanese nationals. *European Journal of Social Psychology* 29: 503–22.

Greenland, K., and Brown, R. (2005) Acculturation and contact in Japanese students studying in the United Kingdom. *Journal of Social Psychology* 145: 373–89.

Greenwald, A. G., McGhee, D. E., and Schwartz, J. L. K. (1998) Measuring individual differences in implicit cognition:The implicit association test. *Journal of Personality and Social Psychology* 74: 1464–80.

Griffiths, J. A., and Nesdale, D. (2006) In-group and out-group attitudes of ethnic majority and minority children. *International Journal of Intercultural Relations* 30: 735–49.

Grofman, B. N., and Muller, E. N. (1973) The strange case of relative gratification and potential for political violence: The V-curve hypothesis. *American Political Science Review* 67: 514–39.

Guerra, R., Rebelo, Monteiro, M. B., Riek, B. M., Mania, E. W., Gaertner, S. L., and Dovidio, J. F. (in press) How should intergroup contact be structured to reduce bias among majority and minority children? *Group Processes and Intergroup Relations*.

Guglielmi, R. S. (1999) Psychophysiological assessment of prejudice: Past research, current status, and future directions. *Personality and Social Psychology Review* 3: 123–57.

Guimond, S., and Dube-Simard, L. (1983) Relative deprivation theory and the Quebec nationalist movement: The cognition–emotion distinction and the personal–group deprivation issue. *Journal of Personality and Social Psychology* 44: 527–35.

Guimond, S. and Dambrun, M. (2002) When prosperity breeds intergroup hostility: The effects of relative deprivation and relative gratification on prejudice. *Personality and Social Psychology Bulletin* 28: 900–12.

Guimond, S., Dif, S., and Aupy, A. (2002) Social identity, relative group status and integroup attitudes: When favourable outcomes change intergroup relations ... for the worse. *European Journal of Social Psychology* 32: 739–60.

Guimond, S., Dambrun, M., Michinov, N., and Duarte, S. (2003) Does social dominance generate prejudice? Integrating individual and contextual determinants of intergroup cognitions. *Journal of Personality and Social Psychology* 84: 697–721.

Guinote, A., Judd, C. M., and Brauer, M. (2002) Effects of power on perceived and objective group variability: Evidence that more powerful groups are more variable. *Journal of Personality and Social Psychology* 82: 708–21.

Gurr, T. (1970) *Why Men Rebel*. Princeton, NJ: Princeton University Press.

Gurwitz, S. B., and Dodge, K. A. (1977) Effects of confirmations and disconfirmations on stereotype-based attributions. *Journal of Personality and Social Psychology* 35: 495–500.

Hagendoorn, L., and Henke, R. (1991) The effect of multiple category membership on intergroup evaluations in a north-Indian context: Class, caste and religion. *British Journal of Social Psychology* 30: 247–60.

Hall, N. R., and Crisp, R. J. (2005) Considering multiple criteria for social categorization can reduce intergroup bias. *Personality and Social Psychology Bulletin* 31: 1435–44.

Hamilton, D. L. (ed.) (1981) *Cognitive Processes in Stereotyping and Intergroup Behavior*. Hillsdale, NJ: Erlbaum.

Hamilton, D. L., and Bishop, G. D. (1976) Attitudinal and behavioral effects of inital integration of white suburban neighbourhoods. *Journal of Social Issues* 32: 47–67.

Hamilton, D. L., and Gifford, R. K. (1976) Illusory correlation in interpersonal perception. *Journal of Experimental Social Psychology* 12: 392–407.

Hamilton, D. L., and Rose, T. L. (1980) Illusory correlation and the maintenance of stereotypic beliefs. *Journal of Personality and Social Psychology* 39: 832–45.

Hamilton, D. L., and Sherman, S. J. (1989) Illusory correlations: Implications for stereotype theory and research. In D. Bar-Tal, C. F. Graumann, A. W. Kruglanski, and W. Stroebe (eds), *Stereotypes and Prejudice: Changing Conceptions*. New York: Springer.

Hanson, D. J., and Blohm, E. R. (1974) Authoritarianism and attitudes towards mental patients. *International Behavioural Scientist* 6: 57–60.

Harding, J., and Hogrefe, R. (1952) Attitudes of white departmental store employees toward negro co-workers. *Journal of Social Issues* 8: 18–28.

Harkness, S., and Super, C. M. (1985) The cultural context of gender segregation in children's peer groups. *Child Development* 56: 219–24.

Harris, J. R. (1995) *Where is the Child's Environment: A Study of Small Groups and Policy Failure*. Amsterdam: Swets and Zeitlinger.

Harris, M. J., Milich, R., Corbitt, E. M., Hoover, D. W., and Brady, M. (1992) Self-fulfilling prophecy effects of stigmatizing information on children's social interactions. *Journal of Personality and Social Psychology* 63: 41–50.

Harth, N. S., Kessler, T., and Leach, C. W. (2008) Advantaged group's emotional reactions to intergroup inequality: The dynamics of pride, guilt, and sympathy. *Personality and Social Psychology Bulletin* 34: 115–29.

Hartstone, M., and Augoustinos, M. (1995) The minimal group paradigm: Categorization into two versus three groups. *European Journal of Social Psychology* 25: 179–93.

Harwood, J., Hewstone, M., Paolini, S., and Voci, A. (2005) Grandparent–grandchild contact and attitudes towards older adults: Moderator and mediator effects. *Personality and Social Psychology Bulletin* 31: 393–406.

Haslam, N., Rothschild, L., and Ernst, D. (2000) Essentialist beliefs about social categories. *British Journal of Social Psychology* 39: 113–27.

Haslam, N., Rothschild, L., and Ernst, D. (2002) Are essentialist beliefs associated with prejudice? *British Journal of Social Psychology* 41: 87–100.

Hass, R. G., Katz, I., Rizzo, N., Bailey, J., and Eisenstadt, D. (1991) Cross-racial appraisal as related to attitude ambivalence and cognitive complexity. *Personality and Social Psychology Bulletin* 17: 83–92.

Hass, R. G., Katz, I., Rizzo, N., Bailey, J., and Moore, L. (1992) When racial ambivalence evokes negative affect, using a disguised measure of mood. *Personality and Social Psychology Bulletin* 18: 787–97.

Hayden-Thomson, L., Rubin, K. H., and Hymel, S. (1987) Sex preferences in sociometric choices. *Developmental Psychology* 23: 558–62.

Heaven, P. C. L. (1983) Individual versus intergroup explanations of prejudice amongst Afrikaners. *Journal of Social Psychology* 121: 201–10.

Hebl, M. R., Foster, J. B., Mannix, L. M., and Dovidio, J. F. (2002) Formal and interpersonal discrimination: A field study of bias toward homosexual applicants. *Personality and Social Psychology Bulletin* 28: 815–25.

Heinmann, W., Pellander, F., Vogelbusch, A., and Wojtek, B. (1981) Meeting a deviant person: Subjective norms and affective reactions. *European Journal of Social Psychology* 11: 1–25.

Henderson-King, E., Henderson-King, D., Zhermer, N., Posokhova, S., and Chiker, V. (1997) In-group favoritism and perceived similarity: A look at Russians' perceptions in post-Soviet era. *Personality and Social Psychology Bulletin* 23: 1013–21.

Hendrick, C., Bixenstine, V. E., and Hawkins, G. (1971) Race vs belief similarity as determinants of attraction: A search for a fair test. *Journal of Personality and Social Psychology* 17: 250–8.

Hendricks, M., and Bootzin, R. (1976) Race and sex as stimuli for negative affect and physical avoidance. *Journal of Social Psychology* 98: 111–20.

Henry, P. J., and Sears, R. R. (2002) The symbolic racism 2000 scale. *Political Psychology* 23: 253–83.

Henry, P. J., and Sears, R. R. (2005) Over thirty years later: A contemporary look at symbolic racism. *Advances in Experimental Social Psychology* 35: 95–150.

Hepworth, J. T., and West, S. G. (1988) Lynchings and the economy: A time-series reanalysis of Hoyland and Sears (1940). *Journal of Personality and Social Psychology* 55: 239–46.

Herek, G. M., Cogan, J. C., and Gillis, J. R. (2002) Victim experiences of hate crimes based on sexual orientation. *Journal of Social Issues* 58, 319–39.

Herek, G. M., Gillis, J. R., and Cogan, J. C. (1999) Psychological sequelae of hate-crime victimization among lesbian, gay and bisexual adults. *Journal of Consulting and Clinical Psychology* 67, 945–51.

Herman, G. (2007) *Travail, chomage et stigmatisation*. Brussels: De Boeck and Larcier.

Hermann, R. K., Voss, J., Schooler, T., and Ciarrochi, J. (1997) Images in international relations: An experimental test of cognitive schemata. *International Studies Quarterly* 41, 403–33.

Hershberger, S. L., and D'Augelli, A. R. (1995) The impact of victimization on the mental health and suicidality of lesbain, gay and bisexual youth. *Developmental Psychology* 31: 65–74.

Hewstone, M. (1989) *Causal Attribution*. Oxford: Blackwell.

Hewstone, M. (1994) Revision and change of stereotypic beliefs: In search of the elusive subtyping model. *European Review of Social Psychology* 5: 69–109.

Hewstone, M. (1996) Contact and categorization: Social psychological interventions to change intergroup relations. In N. Macrae, C. Stangor and M. Hewstone (eds), *Stereotypes and Stereotyping*, pp. 323–68. New York: Guildford.

Hewstone, M., and Ward, C. (1985) Ethnocentrism and causal attribution in southeast Asia. *Journal of Personality and Social Psychology* 48: 614–23.

Hewstone, M., and Brown, R. (1986) Contact is not enough: An intergroup perspective on the 'contact hypothesis'. In M. Hewstone and R. Brown (eds), *Contact and Conflict in Intergroup Encounters*, pp. 1–44. Oxford: Blackwell.

Hewstone, M., Johnston, L., and Aird, P. (1992) Cognitive models of stereotype change 2: Perceptions of homogeneous and heterogeneous groups. *European Journal of Social Psychology* 22: 235–50.

Hewstone, M., Islam, M. R., and Judd, C. M. (1993) Models of crossed categorization and intergroup relations. *Journal of Personality and Social Psychology* 64: 779–93.

Hewstone, M., Rubin, M., and Willis, H. (2002) Intergroup bias. *Annual Review of Psychology* 53: 575–604.

Hewstone, M., Cairns, E., Voci, A., McLernon, F., Niens, U., and Noor, M. (2004) Intergroup forgiveness and guilt in Northern Ireland: Social psychological dimensions of 'the Troubles'. In N. Branscombe and B. Doosje (eds), *Collective Guilt: International Perspectives*, pp. 193–215. Cambridge: Cambridge University Press.

Hewstone, M., Crisp, R. J., Contarello, A., Voci, A., Conway, L., Marletta, G., and Willis, H. (2006) Tokens in the tower: Perceptual processes and interaction dynamics in academic settings with 'skewed', 'tilted' and 'balanced' sex ratios. *Group Processes and Intergroup Relations* 9: 509–32.

Higgins, E. T. (1989) Knowledge accessibility and activation: Subjectivity and suffering from unconscious sources. In J. S. Uleman and J. A. Bargh (eds), *Unintended Thought*, pp. 75–123 New York: Guildford.

Himmelweit, H. T., Oppenheim, A. N., and Vince, P. (1958) *Television and the Child: An Empirical Study of the Effect of Television on the Young*. Oxford: Oxford University Press.

Hinkle, S., and Brown, R. (1990) Intergroup comparisons and social identity: Some links and lacunae. In D. Abrams and M. A. Hogg (eds), *Social Identity Theory. Constructive and Critical Advances*, pp. 48–70. London: Harvester-Wheatsheaf.

Hodson, G., Hooper, H., Dovidio, J. F., and Gaertner, S. L. (2005) Aversive racism in Britain: The use of inadmissable evidence in legal decisions. *European Journal of Social Psychology* 35: 437–48.

Hoffman, C., and Hurst, N. (1990) Gender stereotypes: Perception or rationalization? *Journal of Personality and Social Psychology* 58: 197–208.

Hofmann, W., Gawronski, B., Gschwendner, T., Le, H., and Schmitt, M. (2005) A meta-analysis on the correlation between the implicit association test and explicit self-report measures. *Personality and Social Psychology Bulletin* 31: 1369–85.

Hoge, D. R., and Carroll, J. W. (1973) Religiosity and prejudice in Northern and Southern churches. *Journal of Scientific Study of Religion* 12: 181–97.

Home Office (2008) Hate crime. from www.homeoffice.gov.uk/crime-victims/reducing-crime/hate-crime.

Hornsey, M. J., and Hogg, M. A. (2000) Subgroup relations: A comparison of mutual intergroup differentiation and common ingroup identity models of prejudice reduction. *Personality and Social Psychology Bulletin* 26: 242–56.

Hornsey, M. J., and Hogg, M. A. (2002) The effects of group status on subgroup relations. *British Journal of Social Psychology* 41: 203–18.

Horowitz, E. L. (1936) The development of attitude towards the negro. *Archives of Psychology* 194: 5–47.

Horowitz, E. L., and Horowitz, R. E. (1938) Development of social attitudes in children. *Sociometry* 1: 301–38.

Horwitz, M., and Rabbie, J. M. (1982) Individuality and membership in the intergroup system. In H. Tajfel (ed.), *Social Identity and Intergroup Relations*, pp. 241–74. Cambridge: Cambridge University Press.

Hovland, C., and Sears, R. R. (1940) Minor studies in aggression: VI. Correlation of lynchings with economic indices. *Journal of Psychology* 9: 301–10.

Howard, J. W., and Rothbart, M. (1980) Social categorization and memory for ingroup and outgroup behaviour. *Journal of Personality and Social Psychology* 38: 301–10.

Hraba, J., and Grant, G. (1970) Black is beautiful: A re-examination of racial preference and identification. *Journal of Personality and Social Psychology* 16: 398–402.

Hunter, J. A., Stringer, M., and Watson, R. P. (1991) Intergroup violence and intergroup attributions. *British Journal of Social Psychology* 30: 261–6.

Hutnik, N. (1991) *Ethnic Minority Identity. A Social Psychological Perspective*. Oxford: Clarendon Press.

Hyers, L. L., and Swim, J. K. (1998) A comparison of the experiences of dominant and minority group members during an intergroup encounter. *Group Processes and Intergroup Relations* 1: 143–63.

Hyman, H., and Sheatsley, P. B. (1954) 'The authoritarian personality': A methodological critique. In R. Christie and M. Jahoda (eds), *Studies in the Scope and Method of 'The Authoritarian Personality'*, pp. 50–112. Glencoe, IL: Free Press.

Inman, M. L. (2001) Do you see what I see? Similarities and differences in victims' and observers' perceptions of discrimination. *Social Cognition* 19, 521–46.

Insko, C. A., Nacoste, R. W., and Moe, J. L. (1983) Belief congruence and racial discrimination: Review of the evidence and critical evaluation. *European Journal of Social Psychology* 13: 153–74.

The Irish News (2004) Racist attacks result in vetting of tenants. 24 October, p. 1.

Islam, M. R., and Hewstone, M. (1993a) Dimensions of contact as predictors of intergroup anxiety, perceived outgroup variability, and outgroup attitude: An integrative model. *Personality and Social Psychology Bulletin* 19(6): 700–710.

Islam, M. R., and Hewstone, M. (1993b) Intergroup atributions and affective consequences in majority and minority groups. *Journal of Personality and Social Psychology* 64: 936–50.

Iyer, A., and Leach, C. W. (2008) Emotion in inter-group relations. *European Review of Social Psychology* 19: 86–125.

Jacklin, C. N., and Maccoby, E. (1978) Social behavior at thirty-three months in same-sex and mixed-sex dyads. *Child Development* 49: 557–69.

Jackman, M. (1994) *The Velvet Glove: Paternalism and Conflict in Gender, Class and Race Relations*. Berkeley, CA: University of California Press.

Jackson, J. W. (2002) Intergroup attitudes as a function of different dimensions of group identification and perceived intergroup conflict. *Self and Identity* 1: 11–33.

Jackson, J. W., and Smith, E. R. (1999) Conceptualizing social identity: A new framework and evidence for the impact of different dimensions. *Personality and Social Psychology Bulletin* 25, 120–35.

Jackson, L. A., Sullivan, L. A., Harmish, R. and Hodge, C. N. (1996) Achieving positive social identity: Social mobility, social creativity, and permeability of group boundaries. *Journal of Personality and Social Psychology* 70: 241–54.

Jacobson, C. K. (1985) Resistance to affirmative action: Self-interest or racism? *Journal of Conflict Resolution* 29: 306–29.

Jahoda, G. (1963) The development of children's ideas about country and nationality. *British Journal of Educational Psychology* 33: 47–60.

Jahoda, G., Thomson, S. S., and Bhatt, S. (1972) Ethnic identity and preferences among Asian immigrant children in Glasgow: A replicated study. *European Journal of Social Psychology* 2: 19–32.

Janoff-Bulman, R. (1979) Characterological versus behavioral self-blame: Inquiries into depression and rape. *Journal of Personality and Social Psychology* 37: 1798–809.

Jetten, J., and Spears, R. (2003) The divisive potential of differences and similarities: The role of intergroup distinctiveness in intergroup differentiation. *European Review of Social Psychology* 14: 203–41.

Jetten, J., Spears, R., and Manstead, A. S. R. (1997) Strength of identification and intergroup differentiation: The influence of group norms. *European Journal of Social Psychology* 27: 603–9.

Jetten, J., Spears, R., and Manstead, A. S. R. (1998) Defining dimensions of distinctiveness: Group variability makes a difference to differentiation. *Journal of Personality and Social Psychology* 74: 1481–92.

Jetten, J., Spears, R., and Manstead, A. S. R. (2001) Similarity as a source of differentiation: The role of group identification. *European Journal of Social Psychology* 31: 621–40.

Jetten, J., Spears, R., and Postmes, T. (2004) Intergroup distinctiveness and differentiation: A meta-analytic integration. *Journal of Personality and Social Psychology* 86: 862–79.

Johnson, C. S., Olson, M. A., and Fazio, R. H. (2009) Getting acquainted in interracial interactions: Avoiding intimacy but approaching race. *Personality and Social Psychology Bulletin* 35: 557–71.

Johnson, D. W., and Johnson, R. T. (1975) *Learning Together or Alone*. Englewood Cliffs, NJ: Prentice Hall.

Johnson, D. W., Johnson, R. T., and Maruyana, G. (1984) Group interdependence and interpersonal attraction in heterogeneous classrooms: A meta-analysis. In N. Miller and M. Brewer (eds), *Groups in Contact: The Psychology of Desegregation*. Orlando: Academic Press.

Johnson, D. W., Maruyama, G., Johnson, R. T., Nelson, D., and Skon, L. (1981) Effects of cooperative, competitive, and individualistic goal structures on achievement: A meta-analysis. *Psychological Bulletin* 89: 47–62.

Johnston, J., D., and Ettema, J. S. (1982) *Positive Images: Breaking Stereotypes with Children's Television*. Beverly Hills, CA: Sage.

Johnson, J. D., Whitestone, E., Jackson, L. A., and Gatto, L. (1995) Justice is still not colorblind: Differential racial effects of exposure to inadmissable evidence. *Personality and Social Psychology Bulletin* 21: 893–8.

Johnston, L. and Hewstone, M. (1992) Cognitive models of stereotype change: III. Subtyping and the perceived typicality of disconfirming group members. *Journal of Experimental Social Psychology* 28: 360–86.

Joly, S., Tougas, F., and Brown, R. (1993) L'Effet de la catégorisation croisée sur la discrimination intergroupe en milieu universitaire. Unpublished manuscript, Unpublished MS, University of Ottawa.

Jones, E. E., Wood, G. C., and Quattrone, G. A. (1981) Perceived variability of personal characteristics in ingroups and outgroups: The role of knowledge and evaluation. *Personality and Social Psychology Bulletin* 7: 523–8.

Jones, E. E., Farina, A., Hastorf, A. H., Markus, H., Miller, D. T., and Scott, R. A. (1984) *Social Stigma: The Psychology of Marked Relationships*. New York: Freeman.

Jones, F., Annan, D., and Shah, S. (2008) The distribution of household income 1977 to 2006/07. *Economic and Labour Market Review* 2: 18–31.

Jones, J. M. (1972) *Prejudice and Racism*. Reading, MA: Addison-Wesley.

Jones, J. M. (1997) *Prejudice and Racism*, 2nd edn. New York: McGraw Hill.

Jost, J. T., and Banaji, M. R. (1994) The role of stereotyping in system justification and the production of false consciousness. *British Journal of Social Psychology* 33: 1–27.

Jost, J. T., and Hunyady, O. (2002) The psychology of system justification and the palliative function of ideology. *European Review of Social Psychology* 13: 111–53.

Jost, J. T., Pelham, B. W., and Carvallo, M. (2002) Non-conscious forms of system justification: Cognitive, affective and behavioral preferences for higher status groups. *Journal of Experimental Social Psychology* 38: 586–602.

Jost, J. T., Banaji, M. R., and Nosek, B. A. (2004) A decade of system justification theory: Accumulated evidence of conscious and unconscious bolstering of the status quo. *Political Psychology* 25: 881–919.

Jost, J. T., Glaser, J., Kruglanski, A. W., and Sulloway, F. J. (2003a) Political conservatism as motivated social cognition. *Psychological Bulletin* 129: 339–75.

Jost, J. T., Pelham, B. W., Sheldon, O., and Sullivan, B. N. (2003b) Social inequality and the reduction of ideological dissonance on behalf of the system: Evidence of enhanced system justification among the disadvantaged. *European Journal of Social Psychology* 33: 13–36.

Judd, C. M., and Park, B. (1993) Definition and assessment of accuracy in social stereotypes. *Psychological Review* 100, 109–28.

Jussim, L. (1989) Teacher expectations: Self-fulfilling prophecies, perceptual biases and accuracy. *Journal of Personality and Social Psychology* 57: 469–80.

Jussim, L. (2005) Accuracy in social perception: Criticisms, controversies, criteria, components, and cognitive processes. *Advances in Experimental Social Psychology* 37: 1–93.

Jussim, L., and Harber, K. D. (2005) Teacher expectations and self-fulfilling prophecies: Knowns and unknowns, resolved and unresolved controversies. *Personality and Social Psychology Review* 9: 131–55.

Kahn, W., and Crosby, F. (1985) Change and stasis: Discriminating between attitudes and discriminating behaviour. In L. Larwood, B. A. Gutek and A. H. Stromberg (eds), *Women and Work: An Annual Review*, Vol. 1, pp. 215–38. Beverly Hills, CA: Sage.

Kaiser, C. R., and Miller, C. T. (2001) Reacting to impending discrimination: Compensation for prejudice and attributions to discrimination. *Personality and Social Psychology Bulletin* 27: 1357–67.

Kanter, R. M. (1977) Some effects of proportions on group life: Skewed sex ratios and responses to token women. *American Journal of Sociology* 82: 965–90.

Kanyangara, P., Rimé, B., Philippot, P., and Yzerbyt, V. Y. (2007) Collective rituals, emotional climate and intergroup perception: Participation in 'Gacaca' Tribunals and assimilation of the Rwandan genocide. *Journal of Social Issues* 63: 387–403.

Kaplan, J. (2006) Islamophobia in America? September 11 and islamophobic hate crime. *Terrorism and Political Violence* 18: 1–33.

Karlins, M., Coffman, T. L., and Walters, G. (1969) On the fading of social stereotypes: Studies in three generations of college students. *Journal of Personality and Social Psychology* 13: 1–16.

Karpinski, A., and Hilton, J. L. (2001) Attitudes and the implicit association test. *Journal of Personality and Social Psychology* 81: 774–88.

Katz, D., and Braly, K. (1933) Racial stereotypes of one hundred college students. *Journal of Abnormal and Social Psychology* 28: 280–90.

Katz, I., and Hass, R. G. (1988) Racial ambivalence and American value conflict: Correlational and priming studies of dual cognitive structures. *Journal of Personality and Social Psychology* 55: 893–905.

Katz, I., Hass, R. G., and Wackenhut, J. (1986) Racial ambivalence, value duality, and behavior. In J. F. Dovidio and S. L. Gaertner (eds), *Prejudice, Discrimination and Racism*, pp. 35–59. New York: Academic Press.

Katz, I., Glass, D. C., Lucido, D., and Farber, J. (1979) Harm-doing and victim's racial or orthopedic stigma as determinants of helping. *Journal of Personality* 47: 340–64.

Katz, P. A. (1983) Developmental foundations of gender and racial attitudes. In R. Leahy (ed.), *The Child's Construction of Social Inequality*, pp. 41–77. New York: Academic Press.

Katz, P. A. (2003) Racists or tolerant multiculturalists? How do they begin? *American Psychologist* 58: 897–909.

Katz, P. A., and Zalk, S. R. (1974) Doll preferences: An index of racial attitudes? *Journal of Educational Psychology* 66: 663–8.

Kawakami, K., Dion, K. L., and Dovidio, J. F. (1998) Racial prejudice and stereotype activation. *Personality and Social Psychology Bulletin* 24: 407–16.

Kawakami, K., Dovidio, J. F., and van Kamp, S. (2005) Kicking the habit: Effects of nonstereotypic association training and correction processes on hiring decisions. *Journal of Experimental Social Psychology* 41: 68–75.

Kawakami, K., Dovidio, J. F., Moll, J., Hermson, S., and Russin, A. (2000) Just say no (to stereotyping): Effects of training in the negation of stereotypic associations on stereotype activation. *Journal of Personality and Social Psychology* 78: 871–88.

Kedem, P., Bihu, A., and Cohen, Z. (1987) Dogmatism, ideology and right-wing radical activity. *Political Psychology* 8: 35–47.

Keller, J. (2005) In genes we trust: The biological component of psychological essentialism and its relationship to mechanisms of motivated social cognition. *Journal of Personality and Social Psychology* 88: 686–702.

Kelly, C. (1988) Intergroup differentiation in a political context. *British Journal of Social Psychology* 27: 319–32.

Kelly, C. (1989) Political identity and perceived intragroup homogeneity. *British Journal of Social Psychology* 28: 239–50.

Kelly, D. J., Quinn, P. C., Slater, A. M., Lee, K., Gibson, A., Smith, M., Ge, L., and Pascalis, O. (2005) Three-month olds, but not newborns, prefer own-race faces. *Developmental Science* 8: 31–6.

Kelly, D. J., Liu, S., Ge, L., Quinn, P. C., Slater, A. M., Lee, K., Liu, Q., and Pascalis, O. (2007) Cross-race preferences for same-race faces extends beyond the African versus Caucasian contrast in 3-month-old infants. *Infancy* 11: 87–95.

Kessler, T., and Mummendey, A. (2001) Is there any scapegoat around? Determinants of intergroup conflict at different categorization levels. *Journal of Personality and Social Psychology* 81: 1090–102.

Kessler, T., Mummendey, A., and Leisse, U.-K. (2000) The personal/group discrepancy: Is there a common information basis for personal and group judgment? *Journal of Personality and Social Psychology* 79(1): 95–109.

Kinder, D. R., and Sears, R. R. (1981) Prejudice and politics: Symbolic racism versus racial threats to the good life. *Journal of Personality and Social Psychology* 40: 414–31.

Kleck, R., Ono, H., and Hastorf, A. H. (1966) The effects of physical deviance upon face to face interaction. *Human Relations* 19: 425–36.

Kleinpenning, G., and Hagendoorn, L. (1993) Forms of racism and the cumulative dimension of ethnic attitudes. *Social Psychology Quarterly* 56: 21–36.

Kluegel, J. R., and Smith, E. R. (1983) Affirmative action attitudes: Effects of self-interest, racial affect and stratification on whites' views. *Social Forces* 61: 797–824.

Kohlberg, L. (1966) A cognitive developmental analysis of children's sex-role concepts and attitudes. In E. Maccoby (ed.), *The Development of Sex Differences*, pp. 82–173. Stanford, CA: Stanford University Press.

Koomen, W., and Fränkel, E. G. (1992) Effects of experienced discrimination and different forms of relative deprivation among Surinamese, a Dutch ethnic minority group. *Journal of Community and Applied Social Psychology* 2: 63–71.

Kosterman, R., and Feshbach, S. (1989) Towards a measure of patriotic and nationalistic attitudes. *Political Psychology* 10: 257–74.

Kovel, J. (1970) *White Racism: A Psychohistory*. London: Allen Lane.

Kowalski, R. M. (1996) Complaints and complaining: Functions, antecedents and consequences. *Psychological Bulletin* 119: 179–96.

Krueger, J., and Clement, R. W. (1994) Memory-based judgements about multiple categories: A revision and extension of Tajfel's accentuation theory. *Journal of Personality and Social Psychology* 67: 35–47.

Krueger, J., and Rothbart, M. (1988) Use of categorical and individuating information in making inferences about personality. *Journal of Personality and Social Psychology* 55: 187–95.

Kunda, Z., Sinclair, L., and Griffin, D. (1997) Equal ratings but separate meanings: Stereotypes and the construal of traits. *Journal of Personality and Social Psychology* 72: 720–34.

La Freniere, P., Strayer, F. F., and Gauthier, R. (1984) The emergence of same-sex affiliative preferences among pre-school peers: A developmental/ethological perspective. *Child Development* 55, 1958–65.

Lalonde, R. N., and Gardner, R. C. (1989) An intergroup perspective on stereotype organization and processing. *British Journal of Social Psychology* 28: 289–303.

Lambert, A. J., Cronen, S., Chasteen, A. L., and Lickel, B. (1996) Private vs public expressions of racial prejudice. *Journal of Experimental Social Psychology* 32: 437–59.

Lambert, W. E., and Klineberg, O. (1967) *Children's Views of Foreign Peoples*. New York: Appleton Century Crofts.

Langer, E. J. (1975) The illusion of control. *Journal of Personality and Social Psychology* 32: 311–28.

Langer, E. J., Fiske, S., Taylor, S. E., and Chanowitz, B. (1976) Stigma, staring, and discomfort: A novel-stimulus hypothesis. *Journal of Experimental Social Psychology* 12: 451–63.

Latane, B., and Darley, J. M. (1970) *The Unresponsive Bystander: Why Doesn't He Help?* New York: Appleton-Crofts.

Leach, C. W. (2005) Against the notion of a 'new racism'. *Journal of Community and Applied Social Psychology* 15: 432–45.

Leach, C. W., Ellemers, N., and Barreto, M. (2007) Group virtue: The importance of morality (vs. competence and sociability) in the positive evaluation of in-groups. *Journal of Personality and Social Psychology* 93, 234–49.

Leach, C. W., Snider, N., and Iyer, A. (2002) 'Poisoning the consciences of the fortunate': The experience of relative advantage and support for social equality. In I. Walker and H. Smith (eds), *Relative Deprivation: Specification, Development and Integration*, pp. 136–63. Cambridge: Cambridge University Press.

Leach, C. W., van Zomeren, M., Zebel, S., Vliek, M. L. W., Pennekamp, S. F., Doosje, B., Oewerkerk, J. W., and Spears, R. (2008) Group-level self-definition and self-investment: A hierarchical (multi-component) model of in-group identification. *Journal of Personality and Social Psychology* 95: 144–65.

Lee, R. E., and Warr, P. (1969) The development and standardization of a balanced F-scale. *Journal of General Psychology* 18: 109–29.

Lee, Y.-T., Jussim, L. J., and McCauley, C. R. (eds) (1995) *Stereotype Accuracy: Toward Appreciating Group Differences*. Washington, DC: American Psychological Association.

Lemaine, G. (1966) Inégalité, comparaison et incomparabilité: Esquisse d'une théorie de l'originalité sociale. *Bulletin de Psychologie* 20: 1–9.

Lepore, L., and Brown, R. (1997) Category activation and stereotype accessibility: Is prejudice inevitable? *Journal of Personality and Social Psychology* 72: 275–87.

Lepore, L., and Brown, R. (2000) Exploring automatic stereotype activation: A challenge to the inevitability of prejudice. In D. Abrams and M. A. Hogg (eds), *Social Identity and Social Cognition*, pp. 140–163. Oxford: Blackwell.

Levin, S., van Laar, C., and Sidanius, J. (2003) The effects of ingroup and outgroup friendships on ethnic attitudes in college: A longitudinal study. *Group Processes and Intergroup Relations* 6: 76–92.

LeVine, R. A., and Campbell, D. T. (1972) *Ethnocentrism: Theories of Conflict, Ethnic Atttitudes and Group Behaviour*. New York: Wiley.

Levy, B. R. (1996) Improving memory in old age by implicit self-stereotyping. *Journal of Personality and Social Psychology* 71: 1092–107.

Levy, B. R., and Langer, E. (1994) Aging free from negative stereotypes: Successful memory in China and among the American deaf. *Journal of Personality and Social Psychology* 66: 989–97.

Leyens, J. P., and Yzerbyt, V. Y. (1992) The ingroup overexclusion effect: Impact of varaince and confirmation on stereotypical information search. *European Journal of Social Psychology* 22: 549–69.

Leyens, J.-P., Yzerbyt, V. Y., and Schadron, G. (1992) The social judgeability approach to stereotypes. *European Review of Social Psychology* 3: 91–120.

Leyens, J.-P., Yzerbyt, V. Y., and Schadron, G. (1994) *Stereotypes and Social Cognition*. London: Sage.

Leyens, J. P., Desert, M., Croizet, J.-C., and Darcis, C. (2000) Stereotype threat: Are lower status and history of stigmatization preconditions of stereotype threat? *Personality and Social Psychology Bulletin* 26: 1189–99.

Liberman, N., and Förster, J. (2000) Expression after suppression: A motivational explanation of post-suppressional rebound. *Journal of Personality and Social Psychology* 79: 190–203.

Lickel, B., Hamilton, D., Wieczorkowska, G., Lewis, A., Sherman, S. J., and Uhles, A. N. (2000) Varieties of groups and the perception of group entitativity. *Journal of Personality and Social Psychology* 78: 223–46.

Liebkind, K. (2001) Acculturation. In R. Brown and S. Gaertner (eds), *Blackwell Handbook of Social Psychology*, Vol. 4, pp. 387–405. Oxford: Blackwell.

Liebkind, K., and McAlister, A. (1999) Extended contact through peer modelling to promote tolerance in Finland. *European Journal of Social Psychology* 29: 765–80.

Linville, P. W., Fischer, F. W., and Salovey, P. (1989) Perceived distributions of characteristics of ingroup and outgroup members: Empirical evidence and a computer simulation. *Journal of Personality and Social Psychology* 42: 193–211.

Lippman, W. (1922) *Public Opinion*. New York: Harcourt Brace.

Livingstone, A., and Haslam, S. A. (2008) The importance of identity content in a setting of chronic social conflict: Understanding intergroup relations in Northern Ireland. *British Journal of Social Psychology* 47, 1–21.

Locke, V., Macleod, C. and Walker, I. (1994) Automatic and controlled activation of stereotypes: Individual differences associated with prejudice. *British Journal of Social Psychology* 33: 29–46.

Locksley, A., Hepburn, C. and Ortiz, V. (1982) On the effects of social stereotypes on judgments of individuals: A comment on Grant and Holmes' 'The integration of implicit personality theory schemes and stereotypic images'. *Social Psychology Quarterly* 45: 270–3.

Locksley, A., Borgida, E., Brekke, N., and Hepburn, C. (1980) Sex stereotypes and social judgement. *Journal of Personality and Social Psychology* 39: 821–31.

Lopez, G. E. (2004) Interethnic contact, curriculum, and attitudes in the first year of college. *Journal of Social Issues* 60: 75–94.

Lowery, B. S., Hardin, C. D., and Sinclair, S. (2001) Social influence effects on automatic racial prejudice. *Journal of Personality and Social Psychology* 81: 842–55.

Maass, A. (1999) Linguistic intergroup bias: Stereotype-perpetuation through language. In M. Zanna (ed.), *Advances in Experimental Social Psychology*, Vol. 31, 79–121. New York: Academic Press.

Maass, A., and Cadinu, M. (2003) Stereotype threat: When minority members underperform. *European Review of Social Psychology* 14: 243–75.

Maass, A., Salvi, D., Arcuri, L. and Swim, G.R. (1989) Language use in intergroup contexts: The linguistic intergroup bias. *Journal of Personality and Social Psychology* 57, 981–93.

Maass, A., Cadinu, M., Guarnieri, G., and Grasselli, A. (2003) Sexual harassment under social identity threat: The computer harassment paradigm. *Journal of Personality and Social Psychology* 85: 853–70.

Maccoby, E. (1980) *Social Development*. New York: Harcourt Brace Jovanovich.

Maccoby, E. (1988) Gender as a social category. *Developmental Psychology* 24: 755–65.

Maccoby, E. (1998) *The Two Sexes: Growing Up Apart, Coming Together*. Cambridge, MA: Harvard University Press.

Maccoby, E., and Jacklin, C. N. (1974) *The Psychology of Sex Differences*. Stanford: Stanford University Press.

Maccoby, E., and Jacklin, C. N. (1987) Gender segregation in childhood. *Advances in Child Development and Behaviour* 20: 239–87.

Macdonald, A. M. (1988) (ed.) *Chambers Twentieth Century Dictionary*. Edinburgh: W. and R. Chambers.

Mackie, D. M., and Smith, E. R. (2002) *From Prejudice to Intergroup Emotions: Differentiated Reactions to Social Groups*. Hove: Psychology Press.

Mackie, D. M., Devos, T., and Smith, E. (2000) Intergroup emotions: Explaining offensive action tendencies in an intergroup context. *Journal of Personality and Social Psychology* 79(4): 602–16.

Mackie, D. M., Hamilton, D. L., Schroth, H. H., Carlisle, L. J., Gersho, B. F., Meneses, L. M., Nedler, B. F., and Reichel, L. D. (1989) The effects of induced mood on expectancy-based illusory correlations. *Journal of Experimental Social Psychology* 25: 524–44.

Mackie, D. M., and Hamilton, D. L. (eds) (1993) *Affect, Cognition and Stereotyping: Interactive Processes in Group Perception*. San Diego: Academic Press.

Macrae, C. N., and Shepherd, J. W. (1989) Stereotypes and social judgements. *British Journal of Social Psychology* 28: 319–25.

Macrae, C. N., Hewstone, M., and Griffiths, R. J. (1993) Processing load and memory for stereotype-based information. *European Journal of Social Psychology* 23: 77–87.

Macrae, C. N., Milne, A., and Bodenhausen, G. V. (1994a) Stereotypes as energy-saving devices: A peek inside the cognitive toolbox. *Journal of Personality and Social Psychology* 66: 37–47.

Macrae, C. N., Stangor, C., and Milne, A. (1994b) Activating stereotypes: A functional analysis. *Journal of Experimental Social Psychology* 30: 370–89.

Macrae, C. N., Bodenhausen, G. V., and Milne, A. (1995) The dissection of selection in person perception: Inhibitory processes in social stereotyping. *Journal of Personality and Social Psychology* 69: 397–407.

Macrae, C. N., Bodenhausen, G. V., and Milne, A. (1998) Saying no to unwanted thoughts: Self-focus and the regulation of mental life. *Journal of Personality and Social Psychology* 74: 578–89.

Macrae, C. N., Bodenhausen, G. V., Milne, A., and Jetten, J. (1994c) Out of mind but back in sight: Stereoytpes on the rebound. *Journal of Personality and Social Psychology* 67: 808–17.

Macrae, C. N., Stangor, C., and Hewstone, M. (eds) (1996) *Stereotypes and Stereotyping*. New York: Guilford.

Madon, S., Guyll, M., Aboufadel, K., Motiel, E., Smith, A., Palumbo, P., and Jussim, L. (2001a) Ethnic and national stereotypes: The Princeton trilogy revisited. *Personality and Social Psychology Bulletin* 27: 996–1010.

Madon, S., Smith, A., Jussim, L., Russell, D. W., Eccles, J., Palumbo, P., and Walkiewicz, M. (2001b) Am I as you see me or do you see me as I am? Self-fulfilling prophecies and self-verification. *Personality and Social Psychology Bulletin* 27: 1214–24.

Magee, J. C., and Tiedens, L. Z. (2006) Emotional ties that bind: The roles of valence and consistency of group emotion in inferences of cohesiveness and common fate. *Personality and Social Psychology Bulletin* 32: 1703–15.

Magley, V. J. Hulin, C. L., Fitzgerald, L. F., DeNardo, M. (1999) Outcomes of self-labeling sexual harassment. *Journal of Applied Psychology* 84: 390–402.

Major, B., and O'Brien, L. T. (2005) The social psychology of social stigma. *Annual Review of Psychology* 56: 393–421.

Major, B., Quinton, W. J., and McCoy, S. (2002a) Antecedents and consequences of attributions to discrimination: Theoretical and empirical advances. *Advances in Experimental Social Psychology* 34: 251–330.

Major, B., Kaiser, C. R., O'Brien, L. T., and McCoy, S. K. (2007) Perceived discrimination as world-view threat or world-view confirmation: Implications for self-esteem. *Journal of Personality and Social Psychology* 92: 1068–86.

Major, B., Gramzow, R. H., McCoy, S., Levin, S., Schmader, T., and Sidanius, J. (2002b) Perceiving personal discrimination: The role of group status and legitimising ideology. *Journal of Personality and Social Psychology* 82(3): 269–82.

Maras, P. (1993) *The Integration of Children with Disabilities into the Mainstream.* Unpublished PhD, University of Kent, Canterbury.

Maras, P., and Brown, R. (1996) Effects of contact on children's attitudes toward disability: A longitudinal study. *Journal of Applied Social Psychology* 26: 2113–34.

Maras, P., and Brown, R. (2000) Effects of different forms of school contact on childrens attitudes towards disabled and non-disabled peers. *British Journal of Educational Psychology* 70: 337–51.

Marx, K., and Engels, F. (1965) *The German Ideology* [1846] London: Lawrence Wishart.

Masser, B., and Abrams, D. (1999) Contemporary sexism: The relationship among hostility, benevolence, and neosexism. *Psychology of Women Quarterly* 23: 503–17.

Masser, B., and Abrams, D. (2004) Reinforcing the glass ceiling: The consequences of hostile sexism for female managerial candidates. *Sex Roles* 51: 609–15.

Maykovich, M. K. (1975) Correlates of racial prejudice. *Journal of Personality and Social Psychology* 32: 1014–20.

McConahay, J. B. (1982) Self-interest versus racial attitudes as correlates of anti-busing attitudes in Louisville: Is it the buses or the blacks? *Journal of Politics* 44: 692–720.

McConahay, J. B. (1986) Modern racism, ambivalence and the modern racism scale. In J. F. Dovidio and S. L. Gaertner (eds), *Prejudice, Discrimination and Racism*, pp. 91–126. Orlando: Academic Press.

McConahay, J. B., Hardee, B. B., and Batts, V. (1981) Has racism declined in America? It depends on who is asking and what is asked. *Journal of Conflict Resolution* 25: 563–79.

McConnell, A. R., and Liebold, J. M. (2001) Relations among the implicit association test, discriminatory behavior, and explicit measures of racial attitudes. *Journal of Experimental Social Psychology* 37: 435–42.

McCoy, S., and Major, B. (2003) Group identification moderates emotional responses to perceived prejudice. *Personality and Social Psychology Bulletin* 29: 1005–17.

McDevitt, J., Balboni, J., Garcia, L., and Gu, J. (2001) Consequences for victims: A comparison of bias and non-bias motivated assaults. *American Behavioral Scientist* 45: 697–713.

McFarland, S. G., Agehev, V. S., and Abalakina-Paap, M. A. (1992) Authoritarianism in the former Soviet Union. *Journal of Personality and Social Psychology* 63: 1004–10.

McGarty, C., Haslam, S. A., Turner, J. C., and Oakes, P. J. (1993) Illusory correlation as accentuation of actual intercategory difference: Evidence for the effect with minimal stimulus information. *European Journal of Social Psychology* 23: 391–410.

McGarty, C., Pederson, A., Leach, C. W., Mansell, T., Waller, J., and Bliuc, A.-M. (2005) Group-based guilt as a predictor of commitment to apology. *British Journal of Social Psychology* 44: 659–80.

McGarty, C., and Penny, R. E. C. (1988) Categorization, accentuation and social judgement. *British Journal of Social Psychology* 27: 147–57.

McGlothlin, H., and Killen, M. (2006) Intergroup attitudes of European American children attending ethnically homogeneous schools. *Child Development* 77: 1375–86.

McGlothlin, H., Killen, M., and Edmonds, C. (2005) European–American children's intergroup attitudes about peer relationships. *British Journal of Developmental Psychology* 23: 227–49.

McGuire, W. J., McGuire, C. V., Child, P., and Fujioka, T. (1978) Salience of ethnicity in the spontaneous self concept as a function of one's ethnic distinctiveness in the social environment. *Journal of Personality and Social Psychology* 36: 511–20.

McLaren, L. (2003) Anti-immigrant prejudice in Europe: Contact, threat perception, and preferences for the exclusion of migrants. *Social Forces* 81: 909–36.

McLaren, L., and Johnson, M. (2007) Resources, group conflict and symbols: Explaining anti-immigration hostility in Britain. *Political Studies* 55: 709–32.

Mead, G. H. (1934) *On Social Psychology*. Chicago: University of Chicago Press.

Meertens, R. W., and Pettigrew, T. F. (1997) Is subtle prejudice really prejudice? *Public Opinion Quarterly* 61: 54–71.

Meeus, J., Duriez, B., Vanbeselaere, N., Phalet, K., and Kuppens, P. (2008) Where do negative outgroup attitudes come from? Combining an individual differences and an intergroup relations perspective. Paper presented at the General Meeting of the European Association of Social Psychology, Optajia, Croatia, July.

Meleon, J. D., Hagendoorn, L., Raaijmakers, Q., and Visser, L. (1988) Authoritarianism and the revival of political racism: Reassessments in the Netherlands of the reliability and validity of the concept of authoritarianism by Adorno et al. *Political Psychology* 9(3): 413–29.

Mendoza-Denton, R., Downey, G., Purdie, V. J., Davis, A., and Pietrzak, J. (2002) Sensitivity to status-based rejection: Implications for African American students' college experience. *Journal of Personality and Social Psychology* 83: 896–918.

Migdal, M., Hewstone, M., and Mullen, B. (1998) The effects of crossed categorization on intergroup evaluations: A meta-analysis. *British Journal of Social Psychology* 37: 303–24.

Miles, R. (1989) *Racism*. London: Routledge.

Miller, A., and Bolce, L. (1979) Reply to Cosby. *American Political Science Review* 73: 818–22.

Miller, A., Bolce, L. and Halligan, M. (1977) The J-curve theory and the black urban riots: An empirical test of progressive relative deprivation theory. *American Political Science Review* 71: 964–82.

Miller, C. T., and Myers, A. M. (1998) Compensating for prejudice: How heavyweight people (and others) control outcomes despite prejudice. In J. K. Swim and C. Stangor (eds), *Prejudice: The Target's Perspective*, pp. 191–218. San Diego: Academic Press.

Miller, C. T., and Downey, K. T. (1999) A meta-analysis of heavyweight and self-esteem. *Personality and Social Psychology Review* 3: 68–84.

Miller, N. (2002) Personalization and the promise of contact theory. *Journal of Social Issues* 58: 387–410.

Miller, N., and Davidson-Podgorny, F. (1987) Theoretical models of intergroup relations and the use of co-operative teams as an intervention for desegregated settings. In C. Hendrick (ed.), *Group Processes and Intergroup Relations: Review of Personality and Psychology*, Vol. 9, pp. 41–67. Beverley Hills: Sage.

Miller, N., Brewer, M. B., and Edwards, K. (1985) Cooperative interaction in desegregated settings: A laboratory analogue. *Journal of Social Issues* 41: 63–79.

Miller, N. E., and Bugelski, R. (1948) Minor studies in aggression: The influence of frustrations imposed by the ingroup on attitudes toward out-groups. *Journal of Psychology* 25: 437–42.

Milner, D. (1983) *Children and Race: Ten Years On*. London: Ward Lock.

Minard, R. D. (1952) Race relationships in the Pocahontas coal field. *Journal of Social Issues* 8: 29–44.

Ministry of Industry (2005) *Women in Canada: A Gender Based Statistical Report*, 5th edn. Ottawa: Statistics Canada.

Mischel, W. (1966) A social learning view of sex differences in behavior. In E. Maccoby (ed.), *The Development of Sex Differences*. Stanford, CA: Stanford University Press.

Mischel, W. (1970) Sex typing and socialization. In P. H. Mussen (ed.), *Carmichael's Manual of Child Psychology*, Vol. 2. New York: Wiley.

Moghaddam, F. M., Fathali, M., Stolkin, A. J., and Hutcheson, L. S. (1997) A generalized personal/group discrepancy: Testing the domain specificity of a perceived higher effect of events on one's group than on oneself. *Personality and Social Psychology Bulletin* 23: 743–50.

Molina, L. E., and Wittig, M. A. (2006) Relative importance of contact conditions in explaining prejudice reduction in a classroom context. *Journal of Social Issues* 62: 489–509.

Monteith, M. J. (1993) Self-regulation of prejudiced responses: Implications for progress in prejudice-reduction efforts. *Journal of Personality and Social Psychology* 65: 469–85.

Monteith, M. J. (1996) Contemporary forms of prejudice-related conflict: In search of a nutshell. *Personality and Social Psychology Bulletin* 22: 461–73.

Monteith, M. J., Devine, P. G., and Zuwerink, J. R. (1993) Self-directed versus other-directed affect as a consequence of prejudice-related discrepancies. *Journal of Personality and Social Psychology* 64: 198–210.

Monteith, M. J., Sherman, J. W., and Devine, P. G. (1998a) Suppression as a stereotype control strategy. *Personality and Social Psychology Review* 2: 63–82.

Monteith, M. J., Spicer, C. V., and Tooman, G. D. (1998b) Consequences of stereotype suppression: Stereotypes on AND not on the rebound. *Journal of Experimental Social Psychology* 34: 355–77.

Morgan, M. (1982) Television and adolescents' sex-role stereotypes: A longitudinal study. *Journal of Personality and Social Psychology* 43: 947–55.

Morgan, N. (1988) *The Equality Game: Women in the Federal Public Service (1908–1987)*. Ottawa: Canadian Advisory Council on the Status of Women.

Morrison, K. R., and Ybarra, O. (2008) The effects of realistic threat and group identification on social dominance orientation. *Journal of Experimental Social Psychology* 44: 156–63.

Mosher, D. L., and Scodel, A. (1960) Relationships between ethnocentrism in children and authoritarian rearing practices of their mothers. *Child Development* 31: 369–76.

Moya, M., Glick, P., Exposito, F., de Lemus, S., and Hart, J. (2007) It's for your own good: Benevolent sexism and women's reactions to protectively justified restrictions. *Personality and Social Psychology Bulletin* 33: 1421–34.

Mullen, B., and Hu, L. (1989) Perceptions of ingroup and outgroup variability: A meta-analytic integration. *Basic and Applied Social Psychology* 10: 233–52.

Mullen, B., Brown, R. and Smith, C. (1992) Ingroup bias as a function of salience, relevance, and status: An integration. *European Journal of Social Psychology* 22: 103–22.

Mummendey, A., and Otten, S. (1998) Positive–negative asymmetry in social discrimination. In W. Stroebe and M. Hewstone (eds), *European Review of Social Psychology*, Vol. 8, pp. 107–43. Chichester: Wiley.

Mummendey, A., Klink, A., and Brown, R. (2001a) Nationalism and patriotism: National identification and outgroup rejection. *British Journal of Social Psychology* 40: 159–72.

Mummendey, A., Klink, A., and Brown, R. (2001b) A rejoinder to our critics and some of their misapprehensions. *British Journal of Social Psychology* 40: 187–91.

Mummendey, A., Simon, B., Dietze, C., Grünert, M., Haeger, G., Kessler, T., Lettgen, S., and Schäferhoff, S. (1992) Categorization is not enough: Intergroup discrimination in negative outcome allocations. *Journal of Experimental Social Psychology* 28: 125–44.

Murphy, M., Steele, C. M., and Gross, J. (2007) Signaling threat: How situational cues affect women in math, science and engineering. *Psychological Science* 18: 879–85.

Myrdal, G. (1944) *An American Dilemma*. New York: Harper Row.

Nail, P. R., Harton, H. C., and Decker, B. P. (2003) Political orientation and modern versus aversive racism: Tests of Dovidio and Gaertner's (1998) integrated model. *Journal of Personality and Social Psychology* 84: 754–70.

Nakanishi, D. T. (1988) Seeking convergence in race relations research: Japanese–Americans and the resurrection of the internment. In P. A. Katz and D. Taylor (eds), *Eliminating Racism: Profiles in Controversy*, pp. 159–80. New York: Plenum.

Nelson, T. E., Biernat, M., and Manis, M. (1990) Everyday base rates (sex stereotypes): Potent and resilient. *Journal of Personality and Social Psychology* 59: 664–75.

Nesdale, D. (2004) Social identity processes and children's ethnic prejudice. In M. Bennett and F. Sani (eds), *The Development of the Social Self*, pp. 219–45. Hove: Psychology Press.

Nesdale, D., and Flesser, D. (2001) Social identity and the development of children's group attitudes. *Child Development* 72: 506–17.

Nesdale, D., Durkin, K., Maass, A., and Griffiths, J. (2005a) Threat, group identification, and children's ethnic prejudice. *Social Development* 14: 189–205.

Nesdale, D., Maass, A., Durkin, K., and Griffiths, J. (2005b) Group norms, threat, and children's racial prejudice. *Child Development* 76: 652–63.

Neuberg, S. L., and Fiske, S. T. (1987) Motivational influences on impression formation: Outcome dependency, accuracy-driven attention, and individuating processes. *Journal of Personality and Social Psychology* 53: 431–44.

Neumark-Sztainer, D., and Haines, J. (2004) Psychosocial and behavioral consequences of obesity. In J. K. Thompson (ed.), *Handbook of Eating Disorders and Obesity*, pp. 349–71. Hoboken, NJ: Wiley.

Nier, J. A., Mottola, G. R., and Gaertner, S. L. (2000) The O. J. Simpson criminal verdict as a racially symbolic event: A longitudinal analysis of racial attitude change. *Personality and Social Psychology Bulletin* 26: 507–16.

Nosek, B. A., Smyth, F. L., Hansen, J. J., Devos, T., Lindner, N. M., Ranganath, K. A., Tucker Smith, C., Olson, K. R., Chugh, D., Greenwald, A. G., and Banaji, M. R. (2007) Pervasiveness and correlates of implicit attitudes and stereotypes. *European Review of Social Psychology* 18: 36–88.

Nunez, J., and Gutierrez, R. (2004) Class discrimination and meritocracy in the labor market: Evidence from Chile. *Estudios de Economia* 31: 113–32.

Oakes, P. J. (1994) The effects of fit versus novelty on the salience of social categories: A response to Biernat and Vescio (1993). *Journal of Experimental Social Psychology* 30: 390–8.

Oakes, P. J., and Turner, J. (1986) Distinctiveness and the salience of social category membership: Is there an automatic bias towards novelty? *European Journal of Social Psychology* 16: 325–44.

Oakes, P. J., and Reynolds, K. J. (1997) Asking the accuracy question: Is measurement the answer? In R. Spears, P. J. Oakes, N. Ellemers, and S. A. Haslam (eds), *The Social Psychology of Stereotyping and Group Life*, pp. 51–71. Oxford: Blackwell.

Oakes, P. J., Haslam, A., and Turner, J. C. (1994) *Stereotyping and Social Reality*. Oxford: Blackwell.

Olson, J. M., and Fazio, R. H. (2004) Reducing the influence of extrapersonal associations on the implicit association test: Personalizing the IAT. *Journal of Personality and Social Psychology* 86: 653–67.

Olson, M. A., and Fazio, R. H. (2006) Reducing automatically activated racial prejudice through implicit evaluative conditioning. *Personality and Social Psychology Bulletin* 32: 421–33.

Operario, D., and Fiske, S. T. (2001) Ethnic identity moderates perceptions of prejudice: Judgments of personal versus group discrimination and subtle versus blatant bias. *Personality and Social Psychology Bulletin* 27(5): 550–61.

Ostrom, T. M., and Sedikides, C. (1992) Outgroup homogeneity effects in natural and minimal groups. *Psychological Bulletin* 112: 536–52.

Otten, S., and Moskowitz, G. B. (2000) Evidence for implicit evaluative in-group bias: Affect-biased spontaneous trait inference in a minimal group paradigm. *Journal of Experimental Social Psychology* 36: 77–89.

Oyserman, D., Coon, H. M., and Kemmelmeier, M. (2002) Rethinking individualism and collectivism: Evaluation of theoretical assumptions and meta-analyses. *Psychological Bulletin* 128, 3–72.

Padgett, V. R., and Jorgenson, D. O. (1982) Superstition and economic threat: Germany 1918–1940. *Personality and Social Psychology Bulletin* 8, 736–41.

Páez, D., Marques, J. M., Valencia, J., and Vincze, O. (2006) Dealing with collective shame and guilt. *Psicologia Politica* 32: 59–78.

Paluck, E. L. (2009) Reducing intergroup prejudice and conflict using the media: A field experiment in Rwanda. *Journal of Personality and Social Psychology* 96: 574–87.

Paolini, S., Hewstone, M., Cairns, E., and Voci, A. (2004) Effects of direct and indirect cross-group friendships on judgments of Catholics and Protestants in Northern Ireland: The mediating role of an anxiety-reduction mechanism. *Personality and Social Psychology Bulletin* 30: 770–86.

Park, B., Judd, C. M., and Ryan, C. S. (1991) Social categorization and the representation of variability information. *European Review of Social Psychology* 2: 211–45.

Park, R. E. (1924) The concept of social distance as applied to the study of racial attitudes and racial relations. *Journal of Applied Sociology* 8: 339–44.

Patterson, M. M., and Bigler, R. (2006) Preschool children's attention to environmental messages about groups: Social categorization and the origins of intergroup bias. *Child Development* 77: 847–60.

Payne, B. K. (2001) Prejudice and perception: The role of automatic and controlled processes in misperceiving a weapon. *Journal of Personality and Social Psychology* 81: 181–92.

Payne, B. K., Shimizu, Y., and Jacoby, L. L. (2005) Mental control and visual illusions: Toward explaining race-biased weapon misidentifications. *Journal of Experimental Social Psychology* 41: 36–47.

Pederson, A., Beven, J., Walker, I., and Griffiths, B. (2004) Attitudes toward indigenous Australians: The role of empathy and guilt. *Journal of Community and Applied Social Psychology* 14: 233–49.

Pehrson, S., Brown, R., and Zagefka, H. (2009a) When does national identification lead to the rejection of immigrants? Cross-sectional and longitudinal evidence for the role of essentialist ingroup definitions. *British Journal of Social Psychology* 58: 61–76.

Pehrson, S., Vignoles, V., and Brown, R. (2009b) National identification and anti-immigrant prejudice: Individual and contextual effects of national definitions. *Social Psychology Quarterly* 72, 24–38.

Pendry, L. F., and Macrae, C. N. (1994) Stereotypes and mental life: The case of the motivated but thwarted tactician. *Journal of Experimental Social Psychology* 30: 303–25.

Pendry, L. F., and Macrae, C. N. (1996) What the disinterested perceiver overlooks: Goal-directed social categorization. *Personality and Social Psychology Bulletin* 22: 249–56.

Penny, H., and Haddock, G. (2007) Anti-fat prejudice among children: The 'mere proximity' effect in 5–10 year-olds. *Journal of Experimental Social Psychology* 43: 678–83.

Perdue, C. W., Dovidio, J., Gurtman, M. B., and Tyler, R. B. (1990) 'Us' and 'them': Social categorization and the process of intergroup bias. *Journal of Personality and Social Psychology* 59: 475–86.

Perrin, A. J. (2005) National threat and political culture: Authoritarianism, anti-authoritarianism, and the September 11 attacks. *Political Psychology* 26: 167–94.

Petrocelli, J. V. (2002) Ambivalent sexism inventory: Where's the ambivalence? *American Psychologist* 57: 443–4.

Pettigrew, T. F. (1958) Personality and sociocultural factors in intergroup attitudes: A cross-national comparison. *Journal of Conflict Resolution* 2: 29–42.

Pettigrew, T. F. (1971) *Racially Separate or Together?* New York: McGraw Hill.

Pettigrew, T. F. (1979) The ultimate attribution error: Extending Allport's cognitive analysis of prejudice. *Personality and Social Psychology Bulletin* 5: 461–76.

Pettigrew, T. F. (1985) New patterns of racism: The different worlds of 1984 and 1964. *Rutgers Law Review* 1: 673–706.

Pettigrew, T. F. (1997) Generalised intergroup contact effects on prejudice. *Personality and Social Psychology Bulletin* 23(2): 173–85.

Pettigrew, T. F. (1998) Intergroup contact theory. *Annual Review of Psychology* 49: 65–85.

Pettigrew, T. F. (2004) Justice deferred: A half century after *Brown* v. *Board of Education*. *American Psychologist* 59: 521–9.

Pettigrew, T. F., and Meertens, R. W. (1995) Subtle and blatant prejudice in western Europe. *European Journal of Social Psychology* 25: 57–75.

Pettigrew, T. F., and Meertens, R. W. (2001) In defense of the subtle prejudice concept: A retort. *European Journal of Social Psychology* 31: 299–309.

Pettigrew, T. F., and Tropp, L. (2006) A meta-analytic test of intergroup contact theory. *Journal of Personality and Social Psychology* 90: 751–83.

Pettigrew, T. F., and Tropp, L. (2008) How does intergroup contact reduce prejudice? Meta-analytic tests of three mediators. *European Journal of Social Psychology* 38: 922–34.

Pettigrew, T. F., Christ, O., Wagner, U., and Stellmacher, J. (2007) Direct and indirect inter-group contact effects on prejudice: A normative interpretation. *International Journal of Intercultural Relations* 31: 411–25.

Pettigrew, T. F., Christ, O., Wagner, U., Meertens, R. W., van Dick, R., and Zick, A. (2008) Relative deprivation and intergroup prejudice. *Journal of Social Issues* 64: 385–401.

Pettigrew, T. F., Jackson, J. S., Brika, J. B., Lemaine, G., Meertens, R. W., Wagner, U., Lemain, G., Meertens, R.W., Wagner, U., and Zick, A. (1998) Outgroup prejudice in western Europe. In W. Stroebe and M. Hewstone (eds), *European Review of Social Psychology*, Vol. 8, pp. 241–73. Chichester: John Wiley.

Pfafferott, I., and Brown, R. (2006) Acculturation preferences of majority and minority adolescents in Germany in the context of society and family. *International Journal of Intercultural Relations* 30: 703–17.

Piaget, J. (1954) *The Construction of Reality in the Child*. New York: Basic Books.

Pilger, J. (1989) *A Secret Country*. London: Vantage.

Pinel, E. C. (1999) Stigma consciousness: The psychological legacy of social stereotypes. *Journal of Personality and Soial Psychology* 76(1): 114–28.

Plant, E. A., and Devine, P. G. (1998) Internal and external motivation to respond without prejudice. *Journal of Personality and Social Psychology* 75: 811–32.

Plomin, R. (1990) *Nature and Nurture: An Introduction to Human Behavioral Genetics.* Pacific Grove, CA: Brooks/Cole.

Popper, K. (1963) *Conjectures and Refutations: The Growth of Scientific Knowledge.* London: Routledge and Kegan Paul.

Populus (2008) *Poll for BBC Newsnight: Executive Summary.*

Porter, J. D. R. (1971) *Black Child, White Child: The Development of Racial Attitudes.* Cambridge, MA: Harvard University Press.

Powers, D. A., and Ellison, C. G. (1995) Interracial contact and black racial attitudes: The contact hypothesis and selectivity bias. *Social Forces* 74: 205–26.

Powlishta, K. K., Serbin, L. A., Doyle, A.-B., and White, D. R. (1994) Gender, ethnic and body type biases: The generality of prejudice in childhood. *Developmental Psychology* 30: 526–36.

Pratto, F., Sidanius, J., Stallworth, L. M., and Malle, B. F. (1994) Social dominance orientation: A personality variable predicting social and political attitudes. *Journal of Personality and Social Psychology* 67: 741–63.

Pratto, F., Stallworth, L. M., Sidanius, J., and Siers, B. (1997) The gender gap in occupational role attainment: A social dominance approach. *Journal of Personality and Social Psychology* 72: 37–53.

Quanty, M. B., Keats, J. A., and Harkins, S. G. (1975) Prejudice and criteria for identification of ethnic photographs. *Journal of Personality and Social Psychology* 32: 449–54.

Quattrone, G. A. (1986) On the perception of a group's variability. In S. Worchel and W. G. Austin (eds), *Social Psychology of Intergroup Relations*, pp. 25–48. Chicago: Nelson.

Quillian, L. (1995) Prejudice as a response to perceived group threat: Population composition and anti-immigrant and racial prejudice in Europe. *American Sociological Review* 60: 586–611.

Quinn, P. C., Yahr, J., Kuhn, A., Slater, A. M., and Pascalis, O. (2002) Representation of the gender of human faces by infants: A preference for female. *Perception* 31: 1109–21.

Raabe, T., and Beelmann, A. (2009) Age differences and development of prejudice among children and adolescents: A meta-analysis. Paper presented at the Society for Research in Child Development (SRCD), Denver, USA (April).

Rabbie, J. M., and Horwitz, M. (1969) Arousal of ingroup bias by a chance win or loss. *Journal of Personality and Social Psychology* 13: 269–77.

Rahhal, T. A., Hasher, L., and Colcombe, S. J. (2001) Instructional manipulations and age differences in memory: Now you see them, now you don't. *Psychology and Aging* 16: 697–706.

Rankin, R. E., and Campbell, D. T. (1955) Galvanic skin response to negro and white experimenters. *Journal of Abnormal and Social Psychology* 51: 30–3.

Ratazzi, A. M. M., and Volpato, C. (2003) Social desirability of subtle and blatant prejudice scales. *Psychological Reports* 92: 241–50.

Reicher, S. (1986) Contact, action and racialization: Some British evidence. In M. Hewstone and R. Brown (eds), *Contact and Conflict in Intergroup Encounters*, pp. 152–68. Oxford: Blackwell.

Reicher, S. (2004) The context of social psychology: Domination, resistance, and change. *Political Psychology* 25: 921–45.

Reicher, S., and Hopkins, N. (2001) *Self and Nation.* London: Sage Publications.

Repetti, R. L. (1984) Determinants of children's sex-stereotyping: Parental sex-role traits and television viewing. *Personality and Social Psychology Bulletin* 10: 457–68.

Reynolds, K. J., Turner, J. C., Haslam, S. A., and Ryan, M. K. (2001) The role of personality and group factors in explaining prejudice. *Journal of Experimental Social Psychology* 37: 427–34.

Richardson, S. A., and Green, A. (1971) When is black beautiful? Coloured and white children's reactions to skin colour. *British Journal of Educational Psychology* 41(1): 62–9.

Rimé, B., Kanyangara, P., Yzerbyt, V. Y., Philippot, P., and Páez, D. (2008) Social rituals and collective expression of emotion after a collective trauma. Paper presented at the European Association of Experimental Social Psychology, Opatija, Croatia, July.

Robinson, J. P., Shaver, P. R., and Wrightsman, L. S. (1991) *Measures of Personality and Social Psychological Attitudes*. San Diego: Academic Press.

Roccas, S., Klar, Y., and Liviatan, I. (2006) The paradox of group-based guilt: Modes of national identification, conflict vehemence, and reactions to the in-group's moral violations. *Journal of Personality and Social Psychology* 32: 1674–89.

Roccas, S., and Schwartz, S. H. (1993) Effects of intergroup similarity on intergroup relations. *European Journal of Social Psychology* 23, 581–95.

Roese, N. J., and Jamieson, D. W. (1993) Twenty years of bogus pipeline research: A critical review and meta-analysis. *Psychological Bulletin* 114: 363–75.

Rojahn, K., and Pettigrew, T. F. (1992) Memory for schema-relevant information: A meta-analytic resolution. *British Journal of Social Psychology* 31: 81–109.

Rokeach, M. (1948) Generalized mental rigidity as a factor in ethnocentrism. *Journal of Abnormal and Social Psychology* 43: 259–78.

Rokeach, M. (1956) Political and religious dogmatism: An alternate to the authoritarian personality. *Psychological Monographs* 70(18) (whole issue).

Rokeach, M. (1960) *The Open and Closed Mind*. New York: Basic Books.

Rokeach, M. (1973) *The Nature of Human Values*. New York: Free Press.

Rokeach, M., and Mezei, L. (1966) Race and shared belief as factors in social choice. *Science* 151: 167–72.

Rokeach, M., Smith, P. W., and Evans, R. I. (1960) Two kinds of prejudice or one? In M. Rokeach (ed.), *The Open and Closed Mind*. New York: Basic Books.

Rombough, S., and Ventimiglia, J. C. (1981) Sexism: A tri-dimensional phenomenon. *Sex Roles* 7: 747–55.

Rosch, E. (1978) Principles of categorization. In E. Rosch and B. Lloyd (eds), *Cognition and Categorization*, pp. 27–48. Hillsdale, NJ: Lawrence Erlbaum.

Rosenberg, M., and Simmons, R. G. (1972) *Black and White Self-Esteem: The Urban School Child*. Washington, DC: American Sociological Association.

Rosenthal, R. (1966) *Experimenter Effects in Behavioral Research*. New York: Appleton.

Rosenthal, R., and Jacobson, L. (1968) *Pygmalion in the Classroom: Teacher Expectations and Student Intellectual Development*. New York: Holt, Rinehart and Winston.

Ross, L. D. (1977) The intuitive psychologist and his shortcomings: Distortions in the attribution process. In L. Berkowitz (ed.), *Advances in Experimental Social Psychology*, Vol. 10, pp. 173–220. New York: Academic Press.

Rothbart, M. (1981) Memory processes and social beliefs. In D. L. Hamilton (ed.), *Cognitive Processes in Stereotyping and Intergroup Behavior*, pp. 145–81. Hillsdale, NJ: Erlbaum.

Rothbart, M., and John, O. P. (1985) Social categorization and behavioural episodes: A cognitive analysis of the effects of intergroup contact. *Journal of Social Issues* 41: 81–104.

Rothbart, M., and Park, B. (1986) On the confirmability and disconfirmability of trait concepts. *Journal of Personality and Social Psychology* 50: 131–42.

Rubin, M., and Hewstone, M. (2004) Social identity, system justification, and social dominance: Commentary on Reicher, Jost et al., and Sidanius et al. *Political Psychology* 25: 823–44.

Ruble, D. N., Boggiano, A., Feldman, N., and Loebl, J. (1980) A developmental analysis of the role of social comparisons in self-evaluation. *Developmental Psychology* 12: 192–7.

Rudman, L. A., Feinberg, J., and Fairchild, K. (2002) Minority members' implicit attitudes: Automatic ingroup bias as a function of group status. *Social Cognition* 20: 294–320.

Ruggiero, K., and Taylor, D. M. (1995) Coping with discrimination: How disadvantaged group members perceive the discrimination that confronts them. *Journal of Personality and Social Psychology* 68: 826–38.

Ruggiero, K., and Taylor, D. M. (1997) Why minority group members perceive or do not perceive the discrimination that confronts them: The role of self-esteem and perceived control. *Journal of Personality and Social Psychology* 72: 373–89.

Ruggiero, K. M., and Marx, D. M. (2001) Retraction: 'Less pain and more to gain': Why high status group members blame their failure on discrimination. *Journal of Personality and Social Psychology* 81: 178.

Ruggiero, K. M., and Major, B. (2002) Retraction. Group status and attributions to discrimination: Are low or high status group members more likely to blame their failures on discrimination? *Personality and Social Psychology Bulletin* 28: 284.

Ruggiero, K. M., Steele, J., Hwang, A., and Marx, D. M. (2001) 'Why did I get a "D"?' The effects of social comparisons on women's attributions to discrimination: Retraction. *Personality and Social Psychology Bulletin* 27: 1237.

Ruggiero, K. M., Mitchell, J. P., Krieger, N., Marx, D. M., and Lorenzo, M. L. (2002) 'Now you see it now you don't': Explicit versus implicit measures of the personal/group discrimination discrepancy': Retraction. *Psychological Science* 13: 511–14.

Runciman, W. G. (1966) *Relative Deprivation and Social Justice. A Study of Attitudes to Social Inequality in Twentieth Century England.* London: Routledge and Kegan Paul.

Rutland, A., Cameron, L., Bennett, L., and Ferrell, J. (2005a) Interracial contact and racial constancy: A multi-site study of racial intergroup bias in 3–5 year old Anglo-British children. *Applied Developmental Psychology* 26: 699–713.

Rutland, A., Cameron, L., Milne, A., and McGeorge, P. (2005b) Social norms and self-presentation: Children's implicit and explicit attitudes. *Child Development* 76: 451–66.

Rutland, A., Brown, R., Ahmavaara, A., Arnold, K., Samson, J., and Cameron, L. (2007) Development of the positive–negative asymmetry effect: Ingroup exclusion norm as a mediator of children's evaluations on negative attributes. *European Journal of Social Psychology* 37: 171–90.

Ryan, C. S. (2002) Stereotpye accuracy. *European Review of Social Psychology* 13: 75–109.

Ryan, M. K., and Haslam, A. (2007) The glass cliff: Exploring the dynamics surrounding women's appointment to precarious leadership positions. *Academy of Management Review* 32: 549–72.

Ryen, A. H., and Kahn, A. (1975) Effects of intergroup orientation on group attitudes and proxemic behavior. *Journal of Personality and Social Psychology* 31: 302–10.

Sachdev, I., and Bourhis, R. (1987) Status differentials and intergroup behaviour. *European Journal of Social Psychology* 17: 277–93.

Sachdev, I., and Bourhis, R. (1991) Power and status differentials in minority and majority group relations. *European Journal of Social Psychology* 21: 1–24.

Sagar, H. A., and Schofield, J. W. (1980) Racial and behavioral cues in black and white children's perceptions of ambiguously aggressive acts. *Journal of Personality and Social Psychology* 39: 590–8.

Sales, S. M. (1973) Threat as a factor in authoritarianism: An analysis of archival data. *Journal of Personality and Social Psychology* 28: 44–57.

Samson, E. E. (1999) *Dealing with Differences: An Introduction to the Social Psychology of Prejudice.* New York: Harcourt Brace.

Sangrigoli, S., and de Schonen, S. (2004) Recognition of own-race and other-race faces by three-month-old infants. *Journal of Child Psychology and Psychiatry* 45: 1219–27.

Sassenberg, K., Moskowitz, G. B., Jacoby, J., and Hansen, N. (2007) The carry-over effect of competition: The impact of competition on prejudice towards uninvolved outgroups. *Journal of Experimental Social Psychology* 43: 529–38.

Saucier, G. (1994) Separating description and evaluation in the structure of personality attributes. *Journal of Personality and Social Psychology* 66: 141–54.
Schaller, M. (1991) Social categorization and the formation of group stereotypes: Further evidence for biased information processing in the perception of group-behaviour correlations. *European Journal of Social Psychology* 21: 25–35.
Schaller, M., and Maass, A. (1989) Illusory correlation and social categorization: Toward an integration of motivational and cognitive factors in stereotype formation. *Journal of Personality and Social Psychology* 56: 709–21.
Schatz, R. T., Staub, E., and Lavine, H. (1999) On the varieties of national attachment: Blind versus constructive patriotism. *Political Psychology* 20: 151–74.
Scheepers, D., Spears, R., Doosje, B., and Manstead, A. S. R. (2006) The social functions of ingroup bias: Creating, confirming, or changing social reality. *European Review of Social Psychology* 17: 359–96.
Schmader, T. (2002) Gender identification moderates stereotype threat effects on women's math performance. *Journal of Experimental Social Psychology* 38: 194–201.
Schmader, T., Johns, M., and Forbes, C. (2008) An integrated process model of stereotype threat effects on performance. *Psychological Review* 115: 336–56.
Schmitt, M., and Branscombe, N. (2002a) The internal and external causal loci of attributions to prejudice. *Personality and Social Psychology Bulletin* 28: 620–8.
Schmitt, M. T., and Branscombe, N. R. (2002b) The meaning and consequences of perceived discrimination in disadvantaged and privileged social groups. In W. Stroebe and M. Hewstone (eds), *European Review of Social Psychology*, Vol. 12, pp. 167–199. Chichester: John Wiley and Sons.
Schmitt, M. T., Branscombe, N., and Kappen, D. M. (2003) Attitudes toward group-based inequality: Social dominance or soical identity. *British Journal of Social Psychology* 42: 161–86.
Schofield, J. W. (1979) The impact of positively structured contact on intergroup behavior: Does it last under adverse conditions? *Social Psychology Quarterly* 42: 280–4.
Schofield, J. W. (1982) *Black and White in school: Trust, Tension, or Tolerance*. New York: Praeger.
Schofield, J. W., and Sagar, H. A. (1977. Peer interaction patterns in an intergrated middle school. *Sociometry* 40: 130–8.
Schofield, J. W., and Eurich-Fulcer, R. (2001) When and how school desegregation improves intergroup relations. In R. Brown and S. Gaertner (eds), *Blackwell Handbook of Social Psychology: Intergroup Processes*, pp. 475–94. Oxford: Blackwell.
Schuman, H., Steeh, C., Bobo, L., and Krysan, M. (1997) *Racial Attitudes in America: Trends and Interpretations*. Cambridge, MA: Harvard University Press.
Schütz, H., and Six, B. (1996) How strong is the relationship between prejudice and discrimination? A meta-analytic answer. *International Journal of Intercultural Relation*, 20: 441–62.
Seago, D. W. (1947) Stereotypes: Before Pearl Harbor and after. *Journal of Social Psychology* 23: 55–63.
Sears, R. R. (1988) Symbolic racism. In P. Katz and D. Taylor (eds), *Eliminating Racism: Profiles in Controversy*, pp. 53–84. New York: Plenum.
Sears, R. R., and Kinder, D. R. (1971) Racial tensions and voting in Los Angeles. In W. Z. Hirsch (ed.), *Los Angeles: Viability and Prospects for Metropolitan Leadership*, pp. 51–88. New York: Praeger.
Sears, R. R., and Henry, P. J. (2005) Over thirty years later: A contemporary look at symbolic racism. *Advances in Experimental Social Psychology* 37: 95–150.
Sears, R. R., Maccoby, E. E., and Levin, H. (1957) *Patterns of Child Rearing*. Oxford, England: Row, Peterson and Co.

Seibt, B., and Förster, J. (2004) Stereotype threat and performance: How self-stereotypes influence processing by inducing regulatory foci. *Journal of Personality and Social Psychology* 87: 38–56.

Semyonov, M., Raijman, R., and Gorodzeisky, A. (2006) The rise of anti-immigrant sentiment in European societies, 1988–2000. *American Sociological Review* 71: 426–49.

Serbin, L. A., Tonick, I. J., and Sternglaz, S. H. (1978) Shaping cooperative cross-sex play. *Child Development* 48: 924–9.

Shapiro, J. R., and Neuberg, S. L. (2007) From stereotype threat to stereotype threats: Implications of a multi-threat framework for causes, moderators, mediators, consequences and interventions. *Personality and Social Psychology Review* 11: 107–30.

Shelton, J. N. (2003) Interpersonal concerns in social encounters between majority and minority group members. *Group Processes and Intergroup Relations* 6: 171–85.

Shelton, J. N., Richeson, J. A., and Salvatore, J. (2005) Expecting to be the target of prejudice: Implications for interethnic interactions. *Personality and Social Psychology Bulletin* 31: 1189–202.

Sherif, M. (1966) *Group Conflict and Cooperation: Their Social Psychology.* London: Routledge and Kegan Paul.

Sherif, M., and Sherif, C. W. (1953) *Groups in Harmony and Tension.* New York: Harper.

Sherif, M., White, B. J., and Harvey, O. J. (1955) Status in experimentally produced groups. *American Journal of Sociology* 60: 370–9.

Sherif, M., Harvey, O. J., White, B. J., Hood, W. R., and Sherif, C. W. (1961) *Intergroup Conflict and Cooperation: The Robbers Cave Experiment.* Norman, Oklahoma: University of Oklahoma Book exchange.

Sherman, D. K., and Cohen, G. L. (2006) The psychology of self-defense: Self-affirmation theory. *Advances in Experimental Social Psychology* 38: 183–242.

Shils, E. A. (1954) Authoritarianism: 'Left' and 'right'. In R. Christie and M. Jahoda (eds), *Studies in the Scope and Method of 'The Authoritarian Personality'*, pp. 24–49. Glencoe, IL: Free Press.

Sidanius, J., and Pratto, F. (1999) *Social Dominance: An Intergroup Theory of Social Hierarchy and Oppression.* Cambridge: Cambridge University Press.

Sidanius, J., Liu, J., Pratto, F., and Shaw, J. (1994) Social dominance orientation, hierarchy-attenuators and hierarchy-enhancers: Social dominance theory and the criminal justice system. *Journal of Applied Social Psychology* 24: 338–366.

Sidanius, J., Levin, S., Liu, J., and Pratto, F. (2000) Social dominance orientation, anti-egalitarianism and the political psychology of gender: An extension and cross-cultural replication. *European Journal of Social Psychology* 30: 41–67.

Sidanius, J., Pratto, F., van Laar, C., and Levin, S. (2004) Social dominance theory: Its agenda and method. *Political Psychology* 25: 845–80.

Siegel, A. E., and Siegel, S. (1957) Reference groups, membership groups and attitude change. *Journal of Abnormal and Social Psychology* 55: 360–4.

Sigall, H., and Page, R. (1971) Current stereotypes: A little fading, a little faking. *Journal of Personality and Social Psychology* 18: 247–55.

Simon, B. (1992a) Intragroup differentiation in terms of ingroup and outgroup attributes. *European Journal of Social Psychology* 22: 407–13.

Simon, B. (1992b) The perception of ingroup and outgroup homogeneity: Reintroducing the intergroup context. *European Review of Social Psychology* 3: 1–30.

Simon, B., and Brown, R. (1987) Perceived intragroup homogeneity in minority–majority contexts. *Journal of Personality and Social Psychology* 53: 703–11.

Simon, B., Glassner-Boyerl, B., and Stratenworth, I. (1991) Stereotyping self-stereotyping in a natural intergroup context: The case of heterosexual and homosexual men. *Social Psychology Quarterly* 54: 252–66.

Simpson, G. E., and Yinger, J. M. (1972) *Racial and Cultural Minorities: An Analysis of Prejudice and Discrimination* New York: Harper Row.

Sinclair, L., and Kunda, Z. (1999) Reactions to a black Professional: Motivated inhibition and activation of conflicting stereotypes. *Journal of Personality and Social Psychology* 77: 885–904.

Sinclair, S., Dunn, E., and Lowery, B. S. (2005) The relationship between parental racial attitudes and children's implicit prejudice. *Journal of Experimental Social Psychology* 41: 283–9.

Sinha, R. R., and Hassan, M. K. (1975) Some personality correlates of social prejudice. *Journal of Social and Economic Studies* 3: 225–31.

Skowronski, J. J., Carlston, D. E., and Isham, J. T. (1993) Implicit versus explicit impression formation: The differing effects of overt labelling and covert priming on memory and impressions. *Journal of Experimental Social Psychology* 29: 17–41.

Slaby, R. G., and Frey, K. S. (1975) Development of gender constancy and selective attention to same-sex models. *Child Development* 46: 849–56.

Slavin, R. E. (1979) Effects of biracial learning teams on cross-racial friendships. *Journal of Educational Psychology* 71: 381–7.

Slavin, R. E. (1983) *Cooperative Learning*. New York: Longman.

Smith, A. (1994) Education and conflict in Northern Ireland. In S. Dunn (ed.), *Facets of the Conflict in Northern Ireland*, pp. 168–86. London: Macmillan.

Smith, A. D. (2001) *Nationalism: Theory, Ideology, History*. Cambridge: Polity Press.

Smith, A. E., Jussim, L., and Eccles, J. (1999) Do self-fulfilling prophecies accumulate, dissipate or remain stable over time? *Journal of Personality and Social Psychology* 77: 548–65.

Smith, E. R. (1993) Social identity and social emotions: Toward new conceptualizations of prejudice. In D. M. Mackie and D. L. Hamilton (eds), *Affect, Cognition and Stereotyping*, pp. 297–315. San Diego: Academic Press.

Smith, E. R., and Henry, S. (1996) An ingroup becomes part of the self: Response time evaluation. *Personality and Social Psychology Bulletin* 22: 635–42.

Smith, E. R., Murphy, J., and Coats, S. (1999) Attachment to groups: Theory and management. *Journal of Personality and Social Psychology* 25: 873–82.

Smith, H., and Ortiz, D. J. (2002) Is it just me? The different consequences of personal and group relative deprivation. In I. Walker and H. Smith (eds), *Relative Deprivation: Specification, Development and Integration*, pp. 91–115. Cambridge: Cambridge University Press.

Smith, H. J., and Leach, C. W. (2004) Group membership and everyday social comparison experiences. *European Journal of Social Psychology* 34: 297–308.

Sniderman, P. M., and Tetlock, P. E. (1986) Symbolic racism: Problems of motive attribution in political debate. *Journal of Social Issues* 42: 129–50.

Sniderman, P. M., Piazza, T., Tetlock, P. E., and Kendrick, A. (1991) The new racism. *American Journal of Political Science* 35: 423–47.

Snyder, C. R., Lassegard, M., and Ford, C. E. (1986) Distancing after group success and failure: Basking in reflected glory and cutting off reflected failure. *Journal of Personality and Social Psychology* 51: 382–8.

Snyder, M. L. (1981) On the self-perpetuating nature of social stereotypes. In D. L. Hamilton (ed.), *Cognitive Processes in Stereotyping and Intergroup Behavior*, pp. 183–212. New York: Lawrence Erlbaum.

Snyder, M. L., and Swann, W. B. (1978) Hypothesis-testing processes in social interaction. *Journal of Personality and Social Psychology* 36: 1202–12.

Snyder, M. L., Tanke, E. D., and Berscheid, E. (1977) Social perception and interpersonal behavior: On the self-fulfilling nature of social stereotypes. *Journal of Personality and Social Psychology* 35: 656–66.

Snyder, M. L., Kleck, R. E., Strenta, A., and Mentzer, S. J. (1979) Avoidance of the handicapped: An attributional ambiguity analysis. *Journal of Personality and Social Psychology* 37: 2297–306.

Son Hing, L. S., Chung-Yan, G. A., Hamilton, L. K., and Zanna, M. (2008) A two-dimensional model that employs explicit and implicit attitudes to characterize prejudice. *Journal of Personality and Social Psychology* 94: 971–87.

Spears, R., Jetten, J., and Doosje, B. (2001) The (il)legitimacy of ingroup bias: From social reality to social resistance. In J. T. Jost and B. Major (eds), *The Psychology of Legitimacy: Emerging Perspectives on Ideology, Justice and Intergroup Relations*, pp. 332–62. Cambridge: Cambridge University Press.

Spears, R., Oakes, P. J., Ellemers, N., and Haslam, S. A. (eds) (1997) *The Social Psychology of Stereotyping and Group Life*. Oxford: Blackwell.

Spencer-Rodgers, J., Hamilton, D. L., and Sherman, S. J. (2007) The central role of entitativity in stereotypes of social categories and task groups. *Journal of Personality and Social Psychology* 92: 369–88.

Spencer, M. B. (1983) Children's cultural values and parental rearing strategies. *Developmental Review* 3: 351–70.

Spencer, S. J., Steele, C. M., and Quinn, D. M. (1999) Stereotype threat and women's math performance. *Journal of Experimental Social Psychology* 35: 4–28.

Spielman, D. A. (2000) Young children, minimal groups, and dichotomous categorization. *Personality and Social Psychology Bulletin* 26: 1433–41.

Stagner, R., and Congdon, C. S. (1955) Another failure to demonstrate displacement of aggression. *Journal of Abnormal and Social Psychology* 51: 695–6.

Stangor, C. (1988) Stereotype accessibility and information processing. *Personality and Social Psychology Bulletin* 14: 694–708.

Stangor, C. (1995) Content and application inaccuracy in social stereotyping. In Y. T. Lee, L. Jussim and C. R. McCauley (eds), *Stereotype Accuracy*, pp. 275–92. Washington, DC: American Psychological Association.

Stangor, C., and Ford, T. E. (1992) Accuracy and expectancy-confirming processing orientations and the development of stereotypes and prejudice. *European Review of Social Psychology* 3: 57–89.

Stangor, C., and McMillan, D. (1992) Memory for expectancy-congruent and expectancy-incongruent information: A review of the social and social–developmental literature. *Psychological Bulletin* 111: 42–61.

Stangor, C., Sullivan, L. A., and Ford, T. E. (1991) Affective and cognitive determinants of prejudice. *Social Cognition* 9: 359–80.

Stangor, C., Lynch, L., Dunn, C., and Glass, B. (1992) Categorization of individuals on the basis of multiple social features. *Journal of Personality and Social Psychology* 62: 207–18.

Stangor, C., Swim, J., Van Allen, K., and Sechrist, G. (2002) Reporting discrimination in public and private contexts. *Journal of Personality and Social Psychology* 82(1): 69–74.

Stathi, S. and Crisp, R. J. (2008) Imagining intergroup contact promotes projection to outgroups. *Journal of Experimental Social Psychology* 44: 943–57.

Steele, C. M. (1988) The psychology of self-affirmation: Sustaining the integrity of the self. *Advances in Experimental Social Psychology* 21: 261–302.

Steele, C. M. (1997) A threat in the air: How stereotypes shape intellectual identity and performance. *American Psychologist* 52: 613–29.

Steele, C. M., and Aronson, J. (1995) Stereotype threat and the intellectual test performance of African Americans. *Journal of Personality and Social Psychology* 69: 797–811.

Steele, C. M., Spencer, S. J., and Aronson, J. (2002) Contending with group image: The psychology of stereotype and social identity threat. *Advances in Experimental Social Psychology* 34: 379–440.

Stein, D. D., Hardyck, J. A., and Smith, M. B. (1965) Race and belief: An open and shut case. *Journal of Personality and Social Psychology* 1: 281–9.

Steiner, I. D. (1986) Paradigms and groups. *Advances in Experimental Social Psychology* 19: 251–89.

Stellmacher, J., and Petzel, T. (2005) Authoritarianism as a group phenomenon. *Political Psychology* 26: 245–74.

Stephan, W. G. (1977) Cognitive differentiation in intergroup perception. *Sociometry* 40: 50–8.

Stephan, W. G. (1978) School desegregation: An evaluation of predictions made in *Brown* vs. *Board of Education*. *Psychological Bulletin* 85: 217–38.

Stephan, W. G., and Rosenfield, D. (1978) Effects of desegregation on racial attitudes. *Journal of Personality and Social Psychology* 36: 795–804.

Stephan, W. G., and Stephan, C. W. (1984) The role of ignorance in intergroup relations. In N. Miller and M. Brewer (eds), *Groups in Contact: The Psychology of Desegregation*, pp. 229–55. New York: Academic Press.

Stephan, W. G., and Stephan, C. W. (1985) Intergroup anxiety. *Journal of Social Issues* 41: 157–75.

Stephan, W. G., and Stephan, C. W. (2000) An integrated threat theory of prejudice. In S. Oskamp (ed.), *Reducing Prejudice and Discrimination*, pp. 23–46). Mahwah, NJ: Erlbaum.

Stephan, W. G., and Renfro, C. L. (2002) The role of threat in intergroup relations. In D. M. Mackie and E. R. Smith (eds), *From Prejudice to Intergroup Emotions: Differentiated Reactions to Social Groups*, pp. 191–207. New York: Psychology Press.

Stephan, W. G., Ybarra, O., and Bachman, G. (1999) Prejudice towards immigrants: An integrated threat analysis. *Journal of Applied Social Psychology* 29: 2221–37.

Stephan, W. G., Demitrakis, K. M., Yamada, A. M., and Clason, D. L. (2000) Women's attitudes towards men: An integrated threat theory analysis. *Psychology of Women Quarterly* 24: 63–73.

Stephan, W. G., Ybarra, O., Martinez, C., Schwarzwald, J., and Tur-Kaspa, M. (1998) Prejudice towards immigrants to Spain and Israel: An integrated threat theory analysis. *Journal of Cross-Cultural Psychology* 29: 559–76.

Stephan, W. G., Renfro, C. L., Esses, V. M., Stephan, C. W., and Martin, T. (2005) The effects of feeling threatened on attitudes towards immigrants. *International Journal of Intercultural Relations* 29: 559–76.

Stephan, W. G., Boniecki, K. A., Ybarra, O., Bettencourt, A., Ervin, K. S., Jackson, L. A., McNatt, P. S., and Renfro, C. L. (2002) The role of threats in the racial attitudes of blacks and whites. *Personality and Social Psychology Bulletin* 29: 1242–54.

Stone, J., Lynch, C. I., Sjomeling, M., and Darley, J. M. (1999) Stereotype threat effects on black and white athletic performance. *Journal of Personality and Social Psychology* 77: 1213–27.

Stouffer, S. A., Suchman, E. A., DeVinney, L. C., Star, S. A., and Williams, R. M. (1949) *The American Soldier: Adjustment during Army Life*, Vol. 1. Princeton, NJ: University Press.

Stroessner, S. J., Hamilton, D. L., and Mackie, D. M. (1992) Affect and stereotyping: The effect of induced mood on distinctiveness-based illusory correlations. *Journal of Personality and Social Psychology* 62: 564–76.

Stroop, J. (1935) Studies of interference in serial verbal reactions. *Journal of Experimental Psychology* 18: 643–62.

Struch, N., and Schwartz, S. H. (1989) Intergroup aggression: Its predictors and distinctness from ingroup bias. *Journal of Personality and Social Psychology* 56: 364–73.

Suls, J., and Mullen, B. (1982) From the cradle to the grave: Comparison and self-evaluation across the life-span. In J. Suls (ed.), *Psychological Perspectives on the Self*, Vol. 1, pp. 97–125. London: Erlbaum.

Sumner, W. G. (1906) *Folkways*. New York: Ginn.

Sutton, C. D., and Moore, K. K. (1985) Probing opinions: Executive women 20 years later. *Harvard Business Review* 63: 43–66.

Swim, J. K., and Hyers, L. L. (1999) Excuse me – what did you say? Women's public and private responses to sexist remarks. *Journal of Experimental Social Psychology* 35: 68–88.

Swim, J. K., and Miller, D. L. (1999) White guilt: Its antecedents and consequences for attitudes toward affirmative action. *Personality and Social Psychology Bulletin* 25: 500–14.

Swim, J. K., Cohen, L. L., and Hyers, L. L. (1998) Experiencing everyday prejudice and discrimination. In J. K. Swim and C. Stangor (eds), *Prejudice: The Target's Perspective*, pp. 37–60. San Diego: Academic Press.

Swim, J. K., Aikin, K. J., Hall, W. S., and Hunter, B. A. (1995) Sexism and racism: Old fashioned and modern prejudices. *Journal of Personality and Social Psychology* 68: 199–214.

Swim, J. K., Hyers, L. L., Cohen, L. L., and Ferguson, M. J. (2001) Everyday sexism: Evidence for its incidence, nature, and psychological impact from three daily diary studies. *Journal of Social Issues* 57(1): 31–53.

Tajfel, H. (1959) The anchoring effects of value in a scale of judgements. *British Journal of Psychology* 50: 294–304.

Tajfel, H. (1969a) Cognitive aspects of prejudice. *Journal of Social Issues* 25: 79–97.

Tajfel, H. (1969b) Social and cultural factors in perception. In G. Lindzey and E. Aronson (eds), *Handbook of Social Psychology*, Vol. 3, pp. 315–94. Reading, MA: Addison-Wesley.

Tajfel, H. (1978a) Interindividual and Intergroup Behaviour. In H. Tajfel (ed.), *Differentiation between Social Groups: Studies in the Social Psychology of Integroup Relations*, pp. 27–60. London: Academic Press.

Tajfel, H. (1978b) Social categorisation, social identity and social comparison. In H. Tajfel (ed.), *Differentiation between Social Groups: Studies in the Social Psychology of Intergroup Relations*, pp. 61–76. London: Academic Press.

Tajfel, H. (1981a) *Human Groups and Social Categories*. Cambridge: Cambridge University Press.

Tajfel, H. (1981b) Social stereotypes and social groups. In J. C. Turner and H. Giles (eds), *Intergroup Behaviour*, pp. 144–67. Oxford: Blackwell.

Tajfel, H. (1982) Social psychology of intergroup relations. *Annual Review of Psychology* 33: 1–30.

Tajfel, H., and Wilkes, A. L. (1963) Classification and quantitative judgement. *British Journal of Psychology* 54: 101–14.

Tajfel, H., and Turner, J. C. (1986) The social identity theory of intergroup behavior. In S. Worchel and W. G. Austin (eds), *Psychology of Intergroup Relations*, pp. 7–24. Chicago: Nelson Hall.

Tajfel, H., Flament, C., Billig, M. G., and Bundy, R. P. (1971) Social categorization and intergroup behaviour. *European Journal of Social Psychology* 1: 149–78.

Tajfel, H., Jahoda, G., Nemeth, C., Rim, Y., and Johnson, N. B. (1972) The devaluation by children of their own national and ethic group: Two case studies. *British Journal of Social and Clinical Psychology* 2: 235–43.

Tangney, J. P. (1991) Moral affect: The good, the bad, and the ugly. *Journal of Personality and Social Psychology* 61: 598–607.

Tarman, C., and Sears, R. R. (2005) The conceptualization and measurement of symbolic racism. *Journal of Politics* 67: 731–61.

Taylor, D. M., and Jaggi, V. (1974) Ethnocentrism and causal attribution in a South India context. *Journal of Cross-Cultural Psychology* 5: 162–71.

Taylor, D. M., Wright, S. C., Moghaddam, F. M., and Lalonde, R. N. (1990) The personal/group discrimination discrepancy: Perceiving my group, but not myself, to be a target for discrimination. *Personality and Social Psychology Bulletin* 16(2): 254–62.

Taylor, M. C. (2002) Fraternal deprivation, collective threat and racial resentment. In I. Walker and H. Smith (eds), *Relative Deprivation: Specification, Development and Integration*, pp. 13–43. Cambridge: Cambridge University Press.

Taylor, S. E. (1981) A categorization approach to stereotyping. In D. L. Hamilton (ed.), *Cognitive Processes in Stereotyping and Intergroup Behavior*, pp. 83–114. Hillsdale, NJ: Erlbaum.

Taylor, S. E., and Falcone, H. T. (1982) Cognitive bases of stereotyping: The relationship between categorization and prejudice. *Personality and Social Psychology Bulletin* 8: 426–36.

Taylor, S. E., Fiske, S. T., Etcoff, N. L., and Ruderman, A. J. (1978) Categorical and contextual bases of person memory and stereotyping. *Journal of Personality and Social Psychology* 36: 778–93.

Temkin, J., and Krahe, B. (2008) *Sexual Assault and the Justice Gap: A Question of Attitude.* Oxford: Hart Publishing.

Tesser, A., Millar, M., and Moore, J. (1988) Some affective consequences of social comparison and reflection processes: The pain and pleasure of being close. *Journal of Personality and Social Psychology* 54: 49–61.

Tetlock, P. E. (1983) Cognitive style and political ideology. *Journal of Personality and Social Psychology* 45: 118–26.

Tetlock, P. E. (1984) Cognitive style and political belief systems in the British House of Commons. *Journal of Personality and Social Psychology* 46: 365–75.

Thompson, S. C., and Spacapan, S. (1991) Perceptions of control in vulnerable populations. *Journal of Social Issues* 47: 1–21.

Thompson, S. K. (1975) Gender labels and early sex-role development. *Child Development* 46: 339–47.

Thorndike, R. L. (1968) Review of Rosenthal and Jacobson's 'Pygmalion in the classroom'. *American Educational Research Journal* 5: 708–11.

Tougas, F., and Beaton, A. (2002) Personal and group relative deprivation: Connecting the 'I' to the 'we'. In I. Walker and H. Smith (eds), *Relative Deprivation: Specification, Development and Integration*, pp. 119–35. Cambridge: Cambridge University Press.

Tougas, F., Brown, R., Beaton, A., and Joly, S. (1995) Neo-sexism: Plus ça change, plus c'est pareil. *Personality and Social Psychology Bulletin* 21: 842–9.

Triandis, H. C., and Davis, E. F. (1965) Race and shared belief as shared determinants of behavior intentions. *Journal of Personality and Social Psychology* 2: 715–25.

Tripathi, R. C., and Srivastava, R. (1981) Relative deprivation and intergroup attitudes. *European Journal of Social Psychology* 11: 313–18.

Tropp, L., and Pettigrew, T. F. (2005) Relationships between integroup contact and prejudice among minority and majority groups. *Psychological Science* 16: 951–7.

Turner, J. C. (1978) Social comparison, similarity and ingroup favouritism. In H. Tajfel (ed.), *Differentiation between Social Groups*, pp. 235–50. London: Academic Press.

Turner, J. C. (1980) Fairness or discrimination in intergroup behaviour? A reply to Branthwaite, Doyle and Lightbown. *European Journal of Social Psychology* 10: 131–47.

Turner, J. C. (1981) The experimental social psychology of intergroup behaviour. In J. Turner and H. Giles (eds), *Intergroup Behaviour*, pp. 66–101. Oxford: Blackwell.

Turner, J. C. (1999) Some current issues in research on social identity and self categorization theories. In N. Ellemers, R. Spears and B. Doosje (eds), *Social Identity*, pp. 6–34. Oxford: Blackwell.

Turner, J. C., and Brown, R. (1978) Social status, cognitive alternatives, and intergroup relations. In H. Tajfel (ed.), *Differentiation between Social Groups: Studies in the Social Psychology of Intergroup Relations*, pp. 201–34. London: Academic Press.

Turner, J. C., and Reynolds, K. J. (2003) Why social dominance theory has been falsified. *British Journal of Social Psychology* 42: 199–206.

Turner, J. C., Hogg, M. A., Oakes, P. J., Reicher, S. D., and Wetherell, M. S. (1987) *Rediscovering the Social Group: A Self-Categorization Theory*. Oxford: Blackwell.

Turner, R. N. and Crisp, R. J. (in press) Imagining intergroup contact reduces implicit prejudice. *British Journal of Social Psychology*.

Turner, R. N., Crisp, R. J. and Lambert, E. (2007a) Imagining intergroup contact can improve intergroup attitudes. *Group Processes and Intergroup Relations* 10: 427–41.

Turner, R. N., Hewstone, M., and Voci, A. (2007b) Reducing explicit and implicit outgroup prejudice via direct and extended contact: The mediating role of self-disclosure and intergroup anxiety. *Journal of Personality and Social Psychology* 93: 369–88.

Turner, R. N., Hewstone, M., Voci, A., and Vonofakou, C. (2008) A test of the extended intergroup contact hypothesis: The mediating role of intergroup anxiety, perceived ingroup and outgroup norms, and inclusion of the outgroup in the self. *Journal of Personality and Social Psychology* 95: 843–60.

Turner, R. N., Hewstone, M., Voci, A., Paolini, S., and Christ, O. (2007c) Reducing prejudice via direct and extended cross-group friendship. *European Review of Social Psychology* 18: 212–55.

Twenge, J. M. (1997) Attitudes towards women, 1970–1995. *Psychology of Women Quarterly* 21, 35–51.

Twenge, J. M., and Crocker, J. (2002) Race and self-esteem: Meta-analyses comparing whites, blacks, Hispanics, Asians, and American Indians and comment on Gray-Little and Hafdahl (2000). *Psychological Bulletin* 128: 371–408.

Urban, L. M., and Miller, N. M. (1998) A theoretical analysis of crossed categorization effects: A meta-analysis. *Journal of Personality and Social Psychology* 74: 894–908.

US Department of Labor (1992) Trends in wage and salary inequality: 1967–1988. *Monthly Labor Review* 115: 23–39.

van Avermaet, E., and McLintock, L. G. (1988) Intergroup fairness and bias in children. *European Journal of Social Psychology* 18: 407–27.

van den Berghe, P. L. (1967) *Race and Racism*. New York: Wiley.

van Oudenhoven, J. P., Groenewoud, J. T., and Hewstone, M. (1996) Cooperation, ethnic salience and generalisation of interethnic attitudes. *European Journal of Social Psychology* 26: 649–61.

Vanman, E. J., Paul, B. Y., Ito, T. A., and Miller, N. (1997) The modern face of prejudice and sturctural features that moderate the effect of cooperation on affect. *Journal of Personality and Social Psychology* 73 (941–59).

Vanneman, R., and Pettigrew, T. F. (1972) Race and relative deprivation in the urban United States. *Race* 13: 461–86.

Vaughan, G. M. (1964a) The development of ethnic attitudes in New Zealand school children. *Genetic Psychology Monographs* 70: 135–75.

Vaughan, G. M. (1964b) Ethnic awareness in relation to minority group membership. *Journal of Genetic Psychology* 105: 119–30.

Vaughan, G. M. (1978) Social change and intergroup preferences in New Zealand. *European Journal of Social Psychology* 8: 297–314.

Vaughan, G. M. (1987) A social psychological model of ethnic identity development. In J. S. Phinney and M. J. Rotheram (eds), *Children's Ethnic Socialization: Pluralism and Development*, pp. 73–91. Beverly Hills, CA: Sage.

Vaughan, G. M., Tajfel, H., and Williams, J. (1981) Bias in reward allocation in an intergroup and interpersonal context. *Social Psychology Quarterly* 44: 37–42.

Verkuyten, M. (1994) Self-esteem among ethnic minority youth in western countries. *Social Indicators Research* 32: 21–47.

Verkuyten, M. (2006) Multicultural recognition and ethnic minority rights: A social identity perspective. *European Review of Social Psychology* 17: 148–84.

Verkuyten, M., and Hagendoorn, L. (1998) Prejudice and self-categorization: The variable role of authoritarianism and in-group stereotypes. *Personality and Social Psychology Bulletin* 24: 99–110.

Verkuyten, M., Masson, K., and Elffers, H. (1995) Racial categorization and preference among older children in the Netherlands. *European Journal of Social Psychology* 25: 637–56.

Viki, G. T., and Abrams, D. (2002) But she was unfaithful: Benevolent sexism and reactions to rape victims who violate traditional gender role expectations. *Sex Roles* 47 289–293.

Viki, G. T., Abrams, D., and Masser, B. (2004) Evaluating stranger and acquaintance rape: The role of benevolent sexism in perpetrator blame and recommended sentence length. *Law and Human Behavior* 28: 295–303.

Virdee, S. (1997) Racial harassment. In T. Madood, R. Berthoud, J. Lakey, J. Nazroo, P. Smith, S. Virdee, and S. Beishon (eds), *Ethnic Minorities in Britain: Diversity and Disadvantage*, pp. 259–89. London: Policy Studies Institute.

Voci, A. (2000) Perceived group variability and the salience of personal and social identity. *European Review of Social Psychology* 11: 177–221.

Voci, A. (2006) The link between identification and ingroup favouritism: Effects of threat to social identity and trust-related emotions. *British Journal of Social Psychology* 45: 265–84.

Voci, A., and Hewstone, M. (2003) Intergroup contact and prejudice towards immigrants in Italy: The mediational role of anxiety and the moderational role of group salience. *Group Processes and Intergroup Relations* 6: 37–54.

Vollebergh, W. (1991) *The Limits of Tolerance*. Utrecht: Rijksuniversiteit te Utrecht.

Vonofakou, C., Hewstone, M., and Voci, A. (2007) Contact with outgroup friends as a predictor of meta-attitudinal strength and accessibility of attitudes towards gay men. *Journal of Personality and Social Psychology* 92: 804–20.

Vorauer, J. (2006) An information search model of evaluative concerns in intergroup interaction. *Psychological Review* 113: 862–86.

Vorauer, J., and Kumhyr, S. M. (2001) Is this about you or me? Self versus other-directed judgements and feelings in response to intergroup interaction. *Personality and Social Psychology Bulletin* 27: 706–19.

Vorauer, J., Martens, V., and Sasaki, S. J. (2009) When trying to understand detracts from trying to behave: Effects of perspective taking in intergroup interaction. *Journal of Personality and Social Psychology* 96: 811–27.

Vorauer, J., Hunter, A. J., Main, K. J., and Roy, S. A. (2000) Metastereotype activation: Evidence from indirect measures for specific evaluative concerns experienced by members of dominant groups in intergroup interaction. *Journal of Personality and Social Psychology* 78: 690–707.

Vrana, S. R., and Rollock, D. (1998) Physiological response to a minimal social encounter: Effects of gender, ethnicity, and social context. *Psychophysiology* 35: 462–9.

Waldzus, S., Mummendey, A., Wenzel, M., and Boettcher, F. (2004) Of bikers, teachers and Germans: Groups' diverging views about their prototypicality. *British Journal of Social Psychology* 43: 385–400.

Walker, I., and Pettigrew, T. F. (1984) Relative deprivation theory: An overview and conceptual critique. *British Journal of Social Psychology* 23: 301–10.

Walker, I., and Mann, L. (1987) Unemployment, relative deprivation and social protest. *Personality and Social Psychology Bulletin* 13: 275–83.

Walker, I., and Smith, H. J. (eds) (2002) *Relative Deprivation: Specification, Development, and Integration*. Cambridge: Cambridge University Press.

Walton, G. M., and Cohen, G. L. (2003) Stereotype lift. *Journal of Experimental Social Psychology* 39: 456–67.

Wason, P. C., and Johnson-Laird, P. N. (1972) *Psychology of Reasoning*. London: Batsford.

Weber, R., and Crocker, J. (1983) Cognitive processes in the revision of stereotypic beliefs. *Journal of Personality and Social Psychology* 45: 961–77.

Wegner, D. M., Schneider, D. J., Carter, S., and White, L. (1987) Paradoxical effects of thought suppression. *Journal of Personality and Social Psychology* 53: 5–13.

Weigel, R. H., Wiser, P. L., and Cook, S. W. (1975) The impact of cooperative learning experiences on cross-ethnic relations and attitudes. *Journal of Social Issues* 31: 219–44.

Weitz, S. (1972) Attitude, voice and behavior: A repressed affect model of interracial interaction. *Journal of Personality and Social Psychology* 24: 14–21.

Wenzel, M., Mummendey, A., and Waldzus, S. (2007) Superordinate identities and intergroup conflict: The ingroup projection model. *European Review of Social Psychology* 18: 331–72.

Wetherell, M. (1982) Cross-cultural studies of minimal groups: Implications for the social identity theory of intergroup relations. In H. Tajfel (ed.), *Social Identity and Intergroup Relations*, pp. 207–40. Cambridge: Cambridge University Press.

White, L. A. (1949) *The Science of Culture: A Study of Man and Civilization*. New York: Farrar Strauss.

Whitley, B. E. (1999) Right-wing authoritarianism, social dominance orientation and prejudice. *Journal of Personality and Social Psychology* 77: 126–34.

WHO [World Health Organization] (2000) *Obesity: Preventing and Managing the Global EpidemicReport of a WHO Consultation* (WHO Technical Report Series 894). Geneva: WHO.

Wiener, R. L., and Hurt, L. E. (2000) How do people evaluate social sexual conduct at work? A psycholegal model. *Journal of Applied Psychology* 85: 75–85.

Wilder, D. A. (1984a) Intergroup contact: The typical member and the exception to the rule. *Journal of Experimental Social Psychology* 20: 177–94.

Wilder, D. A. (1984b) Predictions of belief homogeneity and similarity following social categorization. *British Journal of Social Psychology* 23: 323–33.

Wilder, D. A. (1986) Social categorization: Implications for creation and reduction of intergroup bias. *Advances in Experimental Social Psychology* 19: 291–355. New York: Academic Press.

Wilder, D. A., and Shapiro, P. N. (1989a) Effects of anxiety on impression formation in a group context: An anxiety assimilation hypothesis. *Journal of Experimental Social Psychology* 25: 481–99.

Wilder, D. A., and Shapiro, P. N. (1989b) Role of competition-induced anxiety in limiting the beneficial impact of positive behavior by an outgroup member. *Journal of Personality and Social Psychology* 56: 60–9.

Williams, J. E., and Morland, J. K. (1976) *Race, Color and the Young Child*. Chapel Hill: University of North Carolina Press.

Williams, R. M. (1947) *The Reduction of Intergroup Tensions*. New York: Social Science Research Council.

Williams, T. M. (1986) *The Impact of Television: A Natural Experiment in Three Communities*. New York: Academic Press.

Wills, T. A. (1981) Downward comparison principles in social psychology. *Psychological Bulletin* 90: 245–71.

Wilner, D. M., Walkley, R. P., and Cook, S. W. (1952) Residential proximity and intergroup relations in public housing projects. *Journal of Social Issues* 8: 45–69.

Wilson, M. S., and Liu, J. H. (2003) Social dominance orientation and gender: The moderating role of gender identity. *British Journal of Social Psychology* 42: 187–98.

Witt, L. A. (1989) Authoritarianism, knowledge of AIDS, and affect towards people with AIDS: Implications for health education. *Journal of Applied Social Psychology* 19: 599–607.

Wittenbrink, B., Judd, C. M., and Park, B. (1997) Evidence for racial prejudice at the implicit level and its relationship with questionnaire measures. *Journal of Personality and Social Psychology* 72: 262–74.

Wittenbrink, B., Judd, C. M., and Park, B. (2001) Spontaneous prejudice in context: Variability in automatically activated attitudes. *Journal of Personality and Social Psychology* 81: 815–27.

Wolsko, C., Park, B., Judd, C. M., and Bachelor, J. (2003) Intergroup contact: Effects on group evaluations and perceived variability. *Group Processes and Intergroup Relations* 6: 93–110.

Worchel, S., Andreoli, V. A., and Folger, R. (1977) Intergroup cooperation and intergroup attraction: The effect of previous interaction and outcome of combined effort. *Journal of Experimental Social Psychology* 13: 131–40.

Word, C. O., Zanna, M. P., and Cooper, J. (1974) The non-verbal mediation of self-fulfilling prophecies in interracial interaction. *Journal of Experimental Social Psychology* 10: 109–20.

Wright, S. C., Aron, A., Mclaughlin-Volpe, T., and Ropp, S. A. (1997) The extended contact effect: Knowledge of cross-group friendships and prejudice. *Journal of Personality and Social Psychology* 73: 73–90.

Wyer, N., Sherman, J. W., and Stroessner, S. J. (2000) The roles of motivation and ability in controlling the consequences of stereotype suppression. *Personality and Social Psychology Bulletin* 26: 13–25.

Wyer, R. S., and Gordon, S. E. (1982) The recall of information about persons and groups. *Journal of Experimental Social Psychology* 18: 128–64.

Yee, M., and Brown, R. (1988) *Children and Social Comparisons*. Swindon: Economic and Social Research Council.

Yee, M., and Brown, R. (1992) Self-evaluations and intergroup attitudes in children aged three to nine. *Child Development* 63: 619–29.

Yee, M., and Brown, R. (1994) The development of gender differentiation in young children. *British Journal of Social Psychology* 33: 183–96.

Yzerbyt, V. Y., Leyens, J. P., and Bellour, F. (1995) The ingroup overexclusion effect: Identity concerns in decisions about group membership. *European Journal of Social Psychology* 25: 1–16.

Yzerbyt, V. Y., Corneille, O., and Estrada, C. (2001) The interplay of subjective essentialism and entitativity in the formation of stereotypes. *Personality and Social Psychology Review* 5: 141–55.

Zagefka, H., and Brown, R. (2002) The relationship between acculturation strategies, relative fit and intergroup relations: Immigrant–majority relations in Germany. *European Journal of Social Psychology* 32: 171–88.

Zagefka, H., González, R., and Brown, R. (2009) Antecedents and consequences of acculturation preferences of non-indigenous Chileans in relation to an indigenous minority: Longitudinal survey evidence. *European Journal of Social Psychology* 39: 558–75.

Zagefka, H., González, R., Brown, R., and Manzi, J. (2008) *To Know You Is to Love You? Differential Longitudinal Effects of Intergroup Contact and Knowledge on Intergroup Anxiety and Prejudice among Indigenous and Non-Indigenous Chileans*. London: Royal Holloway, University of London.

Zander, A., Stotland, E., and Wolfe, D. (1960) Unity of group, identification with group, and self-esteem of members. *Journal of Personality* 28: 463–78.

Zimbardo, P. G., Weisenberg, M., Firestone, I., and Levy, B. (1965) Communicator effectiveness in producing public conformity and private attitude change. *Journal of Personality* 33: 233–55.

Zuckerman, D. M., Singer, D. G., and Singer, J. L. (1980) Children's television viewing, racial and sex-role attitudes. *Journal of Applied Social Psychology* 10: 281–94.

主题索引[1]

黑体数字代表对概念进行定义或是详细讨论的位置。

accessibility 可及性（参见 categorization: category accessibility）

acculturation orientation 文化适应倾向, 273-5

acquaintance potential 熟悉度, **245-6**, 254

acquiescence response set 默认反应定势, 19

activation 激活（参见 stereotypes）

ageism 年龄主义/年龄歧视, 7

（另见 prejudice）

aggression 攻击, 14-15, 19-20, 74

（另见 frustration-aggression hypothesis）

ambivalent prejudice 矛盾性偏见（参见 prejudice; 另见 racism; sexism）

anti-Semitism 反犹主义, 15, 31, 62

（另见 prejudice）

anxiety 焦虑, 92-3, 203, 235, 238, 262, 275

（另见 intergroup anxiety）

assimilation 同化（参见 categorization: category assimilation; cultural assimilation）

associative priming 联想启动（参见 priming）

attributions 归因

  attribution theory 归因理论, **89**

  in children 儿童的归因, 120, 127

  fundamental attribution error 基本归因偏误, **90**

  stereotypes 刻板印象, 68, 71, 78-9, 89-90

  ultimate attribution error 终极归因偏误, **90**, 127

authoritarianism 权威主义

  authoritarian personality 权威主义人格, **15-18**, 21-3, 28-32, 108, 120, 174

  left-wing authoritarianism 左翼权威主义

  （参见 dogmatism）

  right-wing authoritarianism 右翼权威主义, 17, **18-20**, 21-3, 25-6

automatic processes 自动化过程, 42, **83-9**,

---

[1] 索引中的页码为英文原书页码，见于正文边栏处。——译者注

103–4, 206
aversive prejudice 厌恶性偏见（参见 prejudice；另见 racism）
awareness 觉察（参见 categorization: category awareness）

belief congruence 观念一致, 64–6
benevolent sexism 善意的性别主义（参见 sexism）
bicultural identity 双文化认同（参见 identity）
bogus pipeline 假通道, **184–5**

categorization 分类, 35–6
 categorization vs belief similarity 分类还是观念相似性, **63–6**, 146, 154
 category accessibility 类别的可及性, 54–6, **60–3**, 101, 103
 category assimilation 类别同化, 35, **37–8**, 44, 49
 category awareness 类别觉察, 109–11, 113, 136, 138
 category conjunction 类别联结, **47**
 category differentiation 类别分化, 35, **37–8**, 41, 44, 52, 75, 136, 140, 151–2, 155, 159
 category dominance 类别优势, **47–9**, 60
 category fit 类别契合度, **54–9**, 77
 category identification 类别认同, 27, 32, 52, 63, 114–16, 122, 130–1, 138–40, 150–2, 154, **159–65**, 167, 175–7, 192, 230–1, 236, 270, 274
 category preference 类别偏好, 39, 111–12, 114–23, 130, 137–8, 140, 248
 category salience 类别凸显, 26, 29, 48, 56, 109, 139, 259–64, 267, 269

crossed categorization 交叉分类, **44–9**, 59
levels of categorization 类别的水平, **53**（另见 sub-typing）
civic nationalism 公民民族主义（参见 nationalism）
cognitive busyness 认知繁忙, **91**
cognitive closure 认知闭合, **16**
cognitive dissonance theory 认知失调论, **237**, 239, 241, 245
collective guilt 集体内疚, 165, 264
collectivism 集体主义（参见 individualism）
common fate 共同命运, 38, **55**, 57, 128–9
common ingroup identity model 共同内群体认同模型, **265–7**, 270, 273, 277
competition 竞争, 26, 73, 128, 130, 145–9, 158, 244, 249, 252–3, 262
（另见 conflicting group interests）
concrete operational period 具体运算阶段, 137
conflicting group interests 冲突的群体利益, 144–9, 152, 164
（另见 realistic group conflict theory）
conservation 守恒, 137–8
contact 接触, 92, 111, 127, 179, 193, 220, 238, **243–80**
 contact hypothesis 接触假设, **243–4**, 249–50, 254, 257–9, 263
 extended contact 扩展接触, **275–8**
 imagined contact 想象接触, 238, **276–7**
co-operation 合作, 73, 93, 146, 148, 153, 161, 248–50, 256–7, 259, 262, 265–6
 co-operative learning groups 合作学习小组, 255–7, 261
（另见 competition）
creative ingroup bias 创造性内群体偏向（参见 ingroup bias）

crossed categorization 交叉分类（参见 categorization）

cultural assimilation 文化同化，266，**273 – 4**

decategorization 去类别化，48，56 – 7，259 – 60，263，277

desegregation 反隔离，70，245 – 6，273 – 4，277

    in schools 学校里的反隔离，250 – 7

development of prejudice 偏见的发展（参见 prejudice）

differentiation 分化（参见 categorization: category differentiation）

discrimination 歧视，**3 – 5**，10

    attribution to discrimination 对歧视的归因，226，228 – 31，241

    in children 儿童的歧视，116 – 20，125，128 – 9，137

    （另见 prejudice）

displacement 移置，14，166

distinctiveness 特异性，56 – 8，60，75，144，151 – 4，273

    reactive vs reflective distinctiveness 反应式还是反射式特异性，154，156

    （另见 positive distinctiveness）

dogmatism 教条主义，21 – 23

doll studies 玩偶实验，**114 – 17**，121 – 2，133

dual identities 双重认同（参见 identity）

egocentrism 自我中心主义，137

egoistic deprivation 以自我为中心的剥夺（参见 relative deprivation）

emotion 情绪，47，92 – 3，207，223，267

    （另见 intergroup emotions）

empathy 共情，269，278

entitativity 实体性，**55 – 7**，77 – 8，162

equal status 平等地位（参见 status）

essentialism 本质主义（参见 group: group essentialism）

ethnic constancy 种族恒常性，138

ethnic nationalism 种族民族主义（参见 nationalism）

ethnicity 种族

    ethnic identity 种族认同（参见 identity）

ethnocentrism 种族中心主义，15，17，21 – 2，193，207，267 – 8

    in children 儿童的种族中心主义，30，114 – 15，121 – 2，125，133 – 4，137 – 8

    （另见 prejudice; racism）

evolution 进化，24，28

explicit prejudice 外显偏见（参见 prejudice）

expressive ingroup bias 表达性内群体偏向（参见 ingroup bias）

extended contact 扩展接触（参见 contact）

F-scale F 量表，**15**，16 – 22，28

false consciousness 虚假意识，238

favouritism 偏爱（参见 ingroup favouritism; outgroup favouritism）

fit 契合度（参见 categorization: category fit）

focus 聚焦

    prevention focus vs promotion focus 预防聚焦还是促进聚焦，235

fraternalistic deprivation 兄弟式的剥夺（参见 relative deprivation）

frustration–aggression hypothesis 挫折 – 攻击理论，166 – 7

fundamental attribution error 基本归因偏误（参见 attributions）

Gacaca trials 盖卡卡审判, 222-3
gender constancy 性别恒常性, **122-3**, 126
gender differentiation 性别分化, **198**, 202
（另见 sexism：benevolent sexism）
gender identity 性别认同（参见 identity）
gender segregation 性别隔离, 110, **123-4**, 133, 139-40
generalization 泛化, 77, 247, 249, **256-63**, 266-7, 269
'glass ceiling' "玻璃天花板", 184
'glass cliff' "玻璃悬崖", 184
'grain of truth' "以偏概全", **70-1**
group 群体
    group bias 群体偏向（参见 prejudice; ingroup：ingroup favouritism）
    group deprivation 群体剥夺（参见 relative deprivation）
    group distinctiveness 群体特异性（参见 distinctiveness）
    group essentialism 群体本质主义, 78, **162-3**
    group identification 群体认同（参见 categorization：category identification）
    group identity 群体身份认同（参见 identity：social identity）
    group salience 群体凸显（参见 categorization：category salience）

habituation paradigm 习惯化范式, 112
hate crime 仇恨犯罪, 220-2, 226, 245
heterosexual intimacy 异性恋亲密关系, **199**, 202
（另见 sexism）
homogeneity 同质性
    ingroup homogeneity 内群体同质性, 51-3

intragroup homogeneity 群体内同质性, **49**, 52-3, 71, 101
outgroup homogeneity 外群体同质性, 49, **50-2**, 92, 110, 112
outgroup homogeneity effect 外群体同质性效应, **50-1**, 110, 112-13
homophobia 恐同, 4, 7, 19, 194, 205, 221
（另见 prejudice）
hostile sexism 敌意的性别主义/性别歧视（参见 sexism）

identification 认同（参见 categorization：category identification）
    parental identification 对父母的认同, 134-5
identity 身份认同
    bicultural (dual) identity 双文化（双重）认同, **267**, 273-4, 277
    gender identity 性别认同, 122-3, 175
    national identity 民族认同, 161-2, 175
    social identity 社会认同, 29, 52-3, 56, 66, 138-9, 144, **149-53**, 155, 157, 160, 231, 267
    social identity development theory 社会认同发展理论, 138
    social identity theory 社会认同论, **150-60**, 165, 174, 177, 275
    threats to identity 认同威胁, 32, 152-4, 157-8, 165, 176, 192, 235
illegitimate status differences 非法的地位差异（参见 status；legitimacy）
illusory correlation 伪相关, **73-7**, 92
image theory 形象理论, 73, **148-9**
imagined contact 想象接触（参见 contact）
immigration 移民, 9, 146-8, 162, 173-4, 179, 193-4, 268-9

impermeable group boundaries 不可渗透的群体边界（参见 permeability）

implicit association test 内隐联想测验，**134**，140，210-5，239，276

implicit prejudice 内隐偏见（参见 prejudice）

inclusion of other in the self 将他人包含在自我中，**275-6**

individual deprivation 个体剥夺（参见 relative deprivation）

individualism 个体主义，196-7，203

 individualism-collectivism 个体主义-集体主义，161，228

ingroup 内群体

 ingroup bias 内群体偏向（参见 ingroup favouritism creative *vs* expressive ingroup bias），155-7

 ingroup favouritism 内群体偏爱，39-43，46，75，83，116-20，125-6，129-30，137-40，145-6，148，150-1，159，164，211，249

 ingroup homogeneity 内群体同质性（参见 homogeneity）

 ingroup over-exclusion effect 内群体过度排斥效应，**61-3**

 ingroup projection 内群体投射，**266**

institutional support 制度支持，**244-5**，253-4

integrated threat theory 整合威胁论（参见 threat）

integration 融合（参见 desegregation）

integrative complexity 整合复杂性，16

intercategory differentiation 类别间分化（参见 categorization: category differentiation）

interdependence 互依，39，146，254-5

 negative interdependence 消极互依，**145-6**，149（另见 competition）

positive interdependence 积极互依，93，**145-6**，254（另见 co-operation）

intergroup 群际

 intergroup anxiety 群际焦虑，92，178，214，234，263，267-9，272，276

 intergroup comparison 群际比较，144，150，155，157，161，163（另见 relative deprivation; social comparison）

 intergroup contact 群际接触（参见 contact）

 intergroup discrimination 群际歧视（参见 discrimination）

 intergroup emotions 群际情绪，7，171，176-8，203

 intergroup perception 群际知觉，5

 intergroup relations 群际关系，7-8，73，118，138-9，**143-8**，156，177，184，221，237，252-3，257，266，268

interpersonal contact 人际接触（参见 contact）

intolerance of ambiguity 模糊不耐受，16

intracategory assimilation 类别内同化（参见 categorization: category assimilation）

Islamophobia 伊斯兰恐惧症，31，178，221

J-curve hypothesis J 形曲线假设，168-169

learning disabilities 学习障碍，111，256

left-wing authoritarianism 左翼权威主义（参见 dogmatism）

legitimacy 合法性，25，27，**158**，191-2，238

linguistic intergroup bias 语言的群际偏向，**91**，101，127

majority group 多数群体，51，57，90，116，120，258，260-1，266，271

（另见 status: superior status）

marginalization 边缘化, 274
maximizing difference 差异最大化, 40–1
meta-contrast ratio 元对比率, **56**, 75
meta-stereotype 元刻板印象, **272–3**
minimal group paradigm 最简群体范式, 39–**41**, 43, 50–1, 65, 127–9, 148, 151, 156
minority group 少数群体, 51–2, 57, 74, 116, 121, 138–9, 189, 196, 220, 227–8, 258, 261, 271, 274
  （另见 subordinate status）
misidentification 错误认同, 114–16, **121**
modern prejudice 现代偏见（参见 prejudice；另见 racism；sexism）
mood states 情绪状态（参见 emotion；另见 anxiety；intergroup：intergroup emotion）
multiculturalism 多元文化主义, 196, 264, 273

national identity 民族认同（参见 identity）
nationalism 民族主义, 17, 25, 161–3
  in children 儿童的民族主义, 116
  civic nationalism 公民民族主义, 162–3
  ethnic nationalism 种族民族主义, 162–3
  （另见 prejudice；racism）
negative interdependence 消极互依（参见 interdependence）
neo-sexism 新性别主义（参见 prejudice；sexism）
norms 规范, 8–9, 23, 28–30, 32, 70–1, 102, 108, 118–19, 123, 130–1, 139–40, 157, 164, 184, 186, 188–9, 202–5, 245, 249, 267–8, 275–8

old-fashioned prejudice 传统偏见（参见 prejudice；另见 racism；sexism）
optimal distinctiveness 最优特异性, 154
  （另见 distinctiveness）
outgroup 外群体
  outgroup bias 外群体偏向（参见 outgroup favouritism）
  outgroup homogeneity effect 外群体同质性效应（参见 homogeneity）
  outgroup favouritism 外群体偏爱, 114–15, 138, 158, 239–40
  outgroup identification 外群体认同（参见 misidentification）

paternalism 父权主义, **198**, 202
  （另见 sexism：benevolent sexism）
patriotism 爱国主义, 161–2
permeability 渗透性, 130, 157–8
person–group discrepancy 个体–群体差异, **224**, 230
perspective-taking 观点采择, 269–70
positive distinctiveness 积极特异性, **150**, 155, 157, 165
positive interdependence 积极互依（参见 interdependence）
positive–negative asymmetry effect 正–负不对称效应, **41–2**, 118–19
power 权力, 24, 71, 148, 155, 177, 198, 238, 271
prejudice 偏见, **4–11**
  ambivalent prejudice 矛盾性偏见, 6, 188, **196–202**
  automatic vs controlled 自发的还是受控制的偏见, 208, 210, 212–5（另见 automatic processes；explicit vs implicit prejudice）
  aversive prejudice 厌恶性偏见, 188, **202–8**

blatant prejudice 公然的偏见, 194

compunction 内疚, 207

development of prejudice in children 儿童偏见的发展, 115, 117 - 20, 125, 131 - 41

explicit prejudice *vs* implicit prejudice 外显还是内隐偏见, 85, 88, 133 - 5, 140 - 1, 185 - 6, **208 - 16**

modern prejudice 现代偏见, **188 - 96**, 197, 207 - 8

old-fashioned prejudice 传统偏见, 188, 194, 208

prejudice reduction 偏见的减少, **243 - 80**（另见 crossed categorization）

prejudiced personality 偏见性人格（参见 authoritarianism）

socialization of prejudice 偏见的社会化（参见 socialization）

subtle prejudice 微妙的偏见, 188, 194

symbolic prejudice 象征性偏见（参见 prejudice: modern prejudice；另见 racism: modern racism）

prevention focus 预防聚焦（参见 focus）

priming 启动, 58, 59, 81 - 2, 84 - 6, 88 - 9, 94 - 5, 233

associative priming 联想启动, **210 - 11**

subliminal priming 阈下启动, **43**, 59, 82, 84 - 6, 88 - 9, 94 - 5, 187, 210, 212

promotion focus 促进聚焦（参见 focus）

racism 种族主义, 4, 7, 13, 15, 19, 25 - 6

ambivalent racism 矛盾性种族主义, 188, **196 - 8**, 202 - 3

aversive racism 厌恶性种族主义, 188, **202 - 8**, 216

blatant racism 公然的种族主义, 192 - 3

modern racism 现代种族主义, 188, **189 - 96**, 198, 203, 206 - 7, 209 - 10, 246 - 7

old-fashioned racism 传统种族主义, 188, 189, 207

subtle racism 微妙的种族主义, 192 - 3, 196, 203

symbolic racism 象征性种族主义（参见 racism: modern racism；另见 prejudice）

rape myth acceptance 对强奸迷思的接受, 202

reactive distinctiveness 反应式特异性（参见 distinctiveness）

realistic group conflict theory 现实群体冲突论, **144 - 8**, 152, 155, 163, 174, 248

realistic threats 现实性威胁（参见 threat）

rebound effects 反弹效应, 102 - 3

recategorization 重新分类, 41 - 2, 56 - 7, 264 - 6

refencing 重新分割, 99

reflective distinctiveness 反射式特异性（参见 distinctiveness）

rejection-identification model 拒绝 - 认同模型, 230

relative deprivation 相对剥夺, 166 - 73, 193

egoistic (individual) deprivation *vs* fraternal (group) deprivation 以自我为中心的（个体）剥夺还是兄弟式的（群体）剥夺, 167, 169 - 72

relative deprivation theory 相对剥夺理论, **166 - 8**, 174

temporal deprivation 时间性剥夺, 169

relative gratification 相对满足, 168, 170, 172 - 3

（另见 relative deprivation）

resegregation 重新隔离, 251 - 2, 277

（另见 gender segregation）

response amplification 反应放大效应, 197

right-wing authoritarianism 右翼权威主义（参见 authoritarianism）

salience 凸显（参见 categorization：category salience）

scapegoat theory 替罪羊理论（参见 frustration-aggression hypothesis）

schadenfreude 幸灾乐祸, 240

segregation 隔离, 29, 158, 243, 277

（另见 gender segregation）

self-affirmation 自我肯定, 236

self-categorization theory 自我分类理论, **159**

self-esteem 自尊, 121, 150, 157, 220, 226–31, 252

self-fulfilling prophecy 自我实现预言, 9, 81, **94–8**, 127, 234

separation 分离, **274**

sexism 性别主义/性别歧视, 7, 25–6

  ambivalent sexism 矛盾性性别主义, 6, 188, 196, **198–202**

  benevolent sexism 善意的性别主义, 198–202

  hostile sexism 敌意的性别主义, 199–202

  modern sexism 现代性别主义, 188, **193**, 198–9

  neo-sexism 新性别主义, 188, **193**

  old-fashioned sexism 传统性别主义, 193, 198

  （另见 prejudice）

sexual harassment 性骚扰, 176, 201

  （另见 sexism）

similarity 相似性, 55, 64–6, **153–5**, 246

social comparisons 社会比较, 130, 151, 162, 170, 228, 236

（另见 intergroup comparisons; relative deprivation; relative gratification）

social desirability 社会赞许, 70, 134, 140, 184, 186, 189–90, 194–5, 208, 211, 213, 215

social dominance orientation 社会支配倾向, **24–9**

social dominance theory 社会支配论, **23–8**, 31

social identity 社会认同（参见 identity）

social identity development theory 社会认同发展理论（参见 identity）

social identity theory 社会认同论（参见 identity）

social mobility 社会流动性（参见 permeability）

socialization 社会化, 9, 14, 18–20, 22, 25, 30–1, 69, 85, 87, 108, 118, 132–3, 136, 189, 203, 267

status 地位

  equal status 平等地位, 129, 156, **247–8**, 249–50, 252–4, 265

  status relations 地位关系, 8, 25–6, 28, 93, 130, 135, 139, 148, 153, **155–9**, 198, 240, 264, 271

  subordinate status 从属地位, 6–7, 23, 41, 70–1, 116–17, 121, 155–6, 158, 230

  superior status 优势地位, 6, 71, 82, 93, 116, 120, 130, 155–6, 158, 173, 239

stereotypes 刻板印象, 68

  stereotype activation 刻板印象激活, 82, 86, 88, 91–2, 94, 104, 233, 235（另见 priming; automatic processes）

  stereotype change 刻板印象改变, 69–70, **98–104**, 135, 146, 164, 183, 259（另见 prejudice: prejudice reduction） stereotype confirmation 刻板印象证实，81，101，247，262

stereotype dilution 刻板印象稀释，99-101，264

stereotype disconfirmation 刻板印象证伪，83，99-101，246-7，259

stereotype expectancies 刻板印象期望，80-1，94-7，127

stereotype lift 刻板印象提升，234，236（另见 stereotypes：stereotype threat）

stereotype origins 刻板印象起源，**68-78**

stereotype suppression 刻板印象抑制，102，104

stereotype threat 刻板印象威胁，98，**233-8**，272

stereotype use 刻板印象使用，15，78-83，91-3

stereotypes and attribution 刻板印象和归因（参见 attribution）

stereotypes and judgements 刻板印象和判断，78-80，85，92，268

stereotypes and perception 刻板印象和知觉，70，81-2（另见 illusory correlation）

stereotypes and recall 刻板印象和回忆，58-9，63，75，77，82-3

stigma 污名，219，223-4，226-31，234-6，238-9，269，271

subtle prejudice 微妙的偏见（参见 prejudice；另见 racism；sexism）

sub-typing 亚型化，54，**99-101**，200

superordinate goals 超级目标，**145**，244，248（另见 positive interdependence）

symbolic prejudice 象征性偏见（参见 prejudice：modern prejudice；另见 racism：modern racism；sexism：modern sexism）

symbolic threats 象征性威胁（参见 threat）

system justification theory 体制合理化理论，**238-41**

temporal deprivation 时间性剥夺（参见 relative deprivation）

threat 威胁，130-1，139-40，165，173，**174-9**，230，248

integrated threat theory 整合威胁论，178-9

realistic threats 现实性威胁，178

symbolic threats 象征性威胁，178

（另见 identity）

typicality 典型性，72，101，260-3

ultimate attribution error 终极归因偏误（参见 attribution）

unstable status differences 不稳定的地位差异（参见 status）

V-curve hypothesis V 形曲线假设，172-3

xenophobia 仇外主义，17，135，161-2，178，266

（另见 prejudice；racism）

译后记

一直认为自己不能很好地利用碎片时间，直到遇见了这部《偏见》。2019年3月到11月，历时9个月，不论是在假期还是在旅途，不论是赶基金申请还是忙结项，雷打不动的1~2个小时每天，一共400余小时，一字一句一标点地完成了全部的翻译工作。

感谢自己，多年社会学和心理学的专业训练让我在翻译这本被亚马逊读者评价为"太烧脑"的书时也能得心应手；感谢课题组里的小可爱，看到你们稚嫩却认真的稿子时为你们的成长而骄傲；感谢Brea和Ian，"the two dearly loved members of my favorite ingroup"（借用原作者布朗教授的话），你们为我提供了有价值的建议、灵感和精神支持。

此时在芝加哥的家中已经闭门两月有余而未曾外出，美国的新冠肺炎疫情暴发，确诊人数飙升至120万。从2020年1月开始，在经历并观察这场人类浩劫的过程中，我看到了人与人的合作，但也看到了反复上演的、各种形式的偏见：象征性的、现代的、厌恶性的、矛盾性的、微妙的……这些都将激励我作为一名社会心理学的科研工作者去重新思考偏见的本质以及它的文化含义。

张彦彦

2020年5月4日

当代西方社会心理学名著译丛

《欲望的演化：人类的择偶策略》（最新修订版）

- 著名心理学家戴维·巴斯富有开创性和争议性的经典力作
- 用进化心理学揭开人类择偶和爱情的神秘面纱
- 用真实数据赋予读者塑造亲密关系的强大力量

基本信息
《欲望的演化：人类的择偶策略》（最新修订版）
【美】戴维·巴斯 著
王叶 谭黎 译
ISBN：978-7-300-28329-6
出版时间：2020 年 8 月
定价：79.80 元

《归因动机论》

- 著名社会心理学家、归因理论集大成者伯纳德·韦纳收山之作
- 深入探究社会动机，独到剖析社会正义，透彻解读道德情感

基本信息
《归因动机论》
伯纳德·韦纳 著
周玉婷 译
ISBN：978-7-300-28542-9
出版时间：2020 年 9 月
定价：59.80 元

《努力的意义：积极的自我理论》

- 全球最大教育奖"一丹教育奖"首位获奖者扛鼎之作
- 汇集30余年自我理论研究之精华，挑战错误的教育观念
- 帮助下一代充分实现自我潜能，成为比我们更了不起的人

基本信息

《努力的意义：积极的自我理论》
【美】卡罗尔·德韦克 著
王芳 左世江 等 译
ISBN：978-7-300-28458-3
待出版
定价：59.90元

Prejudice: Its Social Psychology, 2nd Edition by Rupert Brown

ISBN: 9781405113069

Copyright © 2010 Rupert Brown

All Rights Reserved. This translation published under license. Authorized translation from the English language edition, published by John Wiley & Sons, Inc. No part of this book may be reproduced in any form without the written permission of the original copyright holders.

Simplified Chinese version © 2021 by China Renmin University Press.

Copies of this book sold without a Wiley sticker on the cover are unauthorized and illegal.

本书中文简体字版专有翻译出版权由 John Wiley & Sons, Inc 授予中国人民大学出版社。未经许可，不得以任何手段和形式复制或抄袭本书内容。

本书封底贴有 Wiley 防伪标签，无标签者不得销售。

图书在版编目（CIP）数据

偏见：第 2 版/（英）鲁珀特·布朗（Rupert Brown）著；张彦彦译. --北京：中国人民大学出版社，2021.1
（当代西方社会心理学名著译丛/方文主编）
书名原文：Prejudice：Its Social Psychology，2e
ISBN 978-7-300-28793-5

Ⅰ.①偏… Ⅱ.①鲁… ②张… Ⅲ.①成见-研究 Ⅳ.①C912.62

中国版本图书馆 CIP 数据核字（2020）第 225934 号

当代西方社会心理学名著译丛
方文　主编
偏见（第 2 版）
［英］鲁珀特·布朗　著
张彦彦　译
Pianjian

出版发行	中国人民大学出版社	
社　　址	北京中关村大街 31 号	邮政编码　100080
电　　话	010-62511242（总编室）	010-62511770（质管部）
	010-82501766（邮购部）	010-62514148（门市部）
	010-62515195（发行公司）	010-62515275（盗版举报）
网　　址	http://www.crup.com.cn	
经　　销	新华书店	
印　　刷	北京昌联印刷有限公司	
规　　格	170 mm×240 mm　16 开本	版　次　2021 年 1 月第 1 版
印　　张	26.5 插页 2	印　次　2021 年 11 月第 2 次印刷
字　　数	451 000	定　价　98.00 元

版权所有　侵权必究　　印装差错　负责调换